Theodor Cords

Die Bedeutung der Binnenschiffahrt für die deutsche Seeschiffahrt

Eine Studie über Deutschlands Seeverkehr in seiner Abhängigkeit von der Binnenschiffahrt im Zeitraum 1890-1903

Theodor Cords

Die Bedeutung der Binnenschiffahrt für die deutsche Seeschiffahrt

Eine Studie über Deutschlands Seeverkehr in seiner Abhängigkeit von der Binnenschiffahrt im Zeitraum 1890-1903

ISBN/EAN: 9783954273232
Erscheinungsjahr: 2013
Erscheinungsort: Bremen, Deutschland

www.maritimepress.de | office@maritimepress.de

Bei diesem Titel handelt es sich um den Nachdruck eines historischen, lange vergriffenen Buches. Da elektronische Druckvorlagen für diese Titel nicht existieren, musste auf alte Vorlagen zurückgegriffen werden. Hieraus zwangsläufig resultierende Qualitätsverluste bitten wir zu entschuldigen.

DIE BEDEUTUNG

DER

BINNENSCHIFFAHRT

FÜR DIE

DEUTSCHE SEESCHIFFAHRT

EINE STUDIE ÜBER DEUTSCHLANDS
SEEVERKEHR IN SEINER ABHÄNGIGKEIT VON DER
BINNENSCHIFFAHRT IM ZEITRAUM 1890—1903

VON

TH. M. CORDS,
DOKTOR DER STAATSWIRTSCHAFT

STUTTGART UND BERLIN 1906
J. G. COTTA'SCHE BUCHHANDLUNG NACHFOLGER

Vorwort

Der gewaltige Aufschwung des deutschen Seehandels und seine überragende Bedeutung — die Denkschrift über die Steigerung der deutschen Seeinteressen 1896—98 [1]) kam zum Ergebnis, daß dem Landhandel von 3 Milliarden Mark 7 Milliarden des Seehandels gegenüberzustellen sind [2]) — machen es begreiflich, daß sich die Aufmerksamkeit immer weiterer Kreise auf die deutsche Seeschiffahrt richtet. Die Regierung widmet dem Seeverkehr ihre ganz besondere Fürsorge, teils indirekt durch den Ausbau einer machtvollen Kriegsflotte, teils durch direkte Zuwendungen. Preußen hat den Handelshäfen von Königsberg bis Emden namhafte Zuschüsse für Erweiterung und Verbesserung der Hafenanlagen etc. gewährt. Das Reich trug zum Teil die Kosten der Einrichtung von Zollausschlußgebieten in den Hansestädten und subventioniert Reichspostdampferlinien mit Ostafrika und Ostasien. Insbesondere aber unterstützen die preußischen Staatsbahnen seit mehr als 20 Jahren die nationalen Häfen durch ein stetig erweitertes System von Seehafenausnahmetarifen, hinsichtlich der Einfuhr allerdings nur im Rahmen der allgemeinen schutzzöllnerischen Wirtschaftspolitik. Es entspricht nur dieser wachsenden Bedeutung des Seehandels, wenn neuerdings in steigendem Maße versucht worden ist, die ursächlichen Beziehungen auf dem Gebiete des deutschen Seeverkehrs durch exakte Untersuchungen zu klären. Begreiflicherweise sind zuerst die nächstliegenden Faktoren für die Entwicklung der deutschen Seehäfen Gegen-

---

[1]) Drucksachen des Reichstags 1898/99, Bd. 5, S. 3417.

[2]) Wobei noch der über die holländischen und belgischen Häfen geleitete Seeverkehr des westlichen und südlichen Deutschlands als Landverkehr erscheint.

stand eingehender wissenschaftlicher Forschung geworden. Vor allem ist die Kenntnis der technischen Ausrüstung der Hafenplätze, sowie von deren Handels- und Schiffahrtsorganisation und dem Einfluß dieser Faktoren auf die Blüte der einzelnen Häfen in neuester Zeit recht erheblich erweitert worden, wozu hinsichtlich der Nordseehäfen in erster Linie Wiedenfeld beigetragen hat. Ich habe es nun versucht, die Aufmerksamkeit auf einen anderen Zusammenhang zu lenken, dem meines Erachtens keine geringere Bedeutung für den deutschen Seeverkehr innewohnt: ich bestrebte mich, den Einfluß der verschieden günstigen Hinterlandsverbindungen der einzelnen Häfen darzustellen. Meine hauptsächliche Aufgabe habe ich in der Feststellung gesehen, wie sich der Schienenweg und die Wasserstraße als die beiden Binnenbeförderungsmittel in die Bedienung des Seeverkehrs teilen, der allein in der Transportarbeit der Hafenplätze statistisch erfaßbar ist, um auf diese Weise zu ermitteln, welchen Einfluß die Binnenschiffahrt überhaupt auf die Verkehrsstellung der Seehäfen ausübt. Zur Ausschaltung von Zufälligkeiten und zur Beobachtung etwaiger Entwicklungstendenzen habe ich meine Untersuchung rückwärts bis zum Jahr 1890[1]) ausgedehnt. Bei dem außerordentlich umfangreichen Zahlenmaterial war es von vornherein ausgeschlossen, die Entwicklung durch alle einzelnen Jahre hindurch zu verfolgen. In jedem Falle habe ich die Jahre 1890, 1895, 1900, 1902, 1903[2]) einem zahlenmäßigen Vergleich unterworfen; indessen habe ich nicht versäumt, eine etwaige abnorme Verkehrsgestaltung während der dazwischen liegenden Jahre aufzuweisen.

---

[1]) Für Hamburg und Bremen hat der Anschluß an das deutsche Zollgebiet 1888 die Grundlagen der statistischen Anschreibung derart geändert, daß ein Vergleich mit früheren Jahren schlechterdings unmöglich ist; vgl. S. 61.

[2]) Bei dem großen Umfang meines Materials konnten in erschöpfender Weise nur die Verhältnisse bis Ende 1903 behandelt werden, während die neuesten Änderungen z. B. in den Hafeneinrichtungen (Antwerpen, Bremen) nur gestreift werden konnten.

Inhalt

I. Teil

Die Verbindung mit dem Meere, sowie die Handelsorganisation in ihrem Einfluß auf die heutige Verkehrsstellung der deutschen Häfen

---

Einleitung

Die Gestaltung des Verkehrs in den einzelnen deutschen Seehäfen

Wenn wir als die allgemein wirkende Ursache für die unausgesetzte Steigerung des Seeverkehrs die Umwälzung im ökonomischen Charakter des Deutschen Reiches ansehen dürfen, so zeigt sich bei der Zergliederung dieser Steigerung, daß sie für die einzelnen Häfen sehr verschieden wirksam gewesen ist [1].

Nach der Statistik des Deutschen Reiches [2] liefen zu Handelszwecken Schiffe mit Registertonnen ein in:

	1883		1903		Zunahme der Tonnage in Proz. der Ziffern von 1863
		netto		netto	
Emden .	591	27000	1714	492700	+ 1725
Freie Stadt Bremen	2374	974200	3848	2675700	+ 177
„ Hamburg	5936	3285900	11574	9033800	+ 175
Altona	585	188800	3933	283600	÷ 104
Kiel . . .	3217	439500	4333	577000	+ 31
Freie Stadt Lübeck .	2003	360400	2672	559800	+ 55

---

[1] Aftalion, Le développement des principaux ports maritimes de l'Allemagne in: Revue d'économie politique 1901, p. 562.

[2] Wegen der Verschiedenheit der Grundsätze bei der Anschreibung eignen sich die statistischen Angaben der einzelnen Handelskammern, welche Aftalion a. a. O. benutzt, nicht zu einer vergleichenden Übersicht.

	1883		1903		Zunahme der Tonnage in Proz. der Ziffern von 1883
		netto		netto	
Rostock	720	80 600	1988	423 100	+ 425
Stettin [1])	3251	859 100	4435	1 460 200	+ 71
Neufahrwasser (Danzig)	2352	652 800	2347	672 500	+ 3
Königsberg [2])	2025	560 300	2122	619 100	+ 10
Memel	940	230 100	570	201 100	— 13

Die niederländischen und belgischen Häfen weisen folgende Entwicklung auf: Eingang:

	1890		1903		
Amsterdam [3])	1675	1 482 500	1977	2 551 700	—
(2,833 cbm brutto = 1 Rgt. netto)					
Rotterdam [4])	4535	2 918 400	7499	7 626 300	—
Antwerpen [5])	4532	4 517 700	5775	9 115 400	—

Die Unterschiede in der Entwicklung der Schiffsbewegung in den verschiedenen Häfen treten klar hervor; vor allem auffällig ist der Gegensatz der Nordsee- und Ostseehäfen, indem der Verkehr der letzteren in den betrachteten zwanzig Jahren fast allgemein stationär gewesen ist gegenüber dem schnellen Anwachsen in den deutschen wie fremden Nordseehäfen. Noch deutlicher wird dies, wenn die Schiffsbewegung des deutschen Nordseegebiets der des Ostseegebiets gegenübergestellt wird [6]). Angekommen im:

	1883		1903		
Nordseegebiet	30 784	5 382 000	52 102	14 837 000	+ 176
Ostseegebiet	26 217	4 005 100	38 983	6 100 100	+ 52

---

[1]) Für Stettin ist 1903 der Verkehr von Kratzwieck hinzugerechnet, der früher in dem Stettins enthalten war.

[2]) Und Pillau.

[3]) Chambre of commerce and factories at Amsterdam. Report 1903, p. 37.

[4]) Ysselsteyn, Le port de Rotterdam, p. 101. 2. Aufl. 1904.

[5]) Jahresbericht der Rotterdamer Handelskammer über 1903, S. 111.

[6]) Die Summe des Schiffsverkehrs in den einzelnen Häfen übersteigt regelmäßig den der betreffenden Küstenstrecke; es ist daher nur zulässig, die Bewegung des Ostseegebiets mit derjenigen des Nordseegebiets direkt zu vergleichen, nicht aber mit der gesamten Schiffsbewegung des Deutschen Reiches, die ähnliche Differenzen aufweist.

Diese Tatsache lehrt, daß die Häfen des einen und des anderen Gebiets unter derartig grundverschiedenen Bedingungen stehen müssen, daß eine entsprechend getrennte Behandlung im Laufe der Untersuchung erforderlich ist[1]). Viel mehr läßt sich aus den obigen Zahlen nicht entnehmen. Die Nachweise, welche einfach registrieren, daß ein Schiff eingelaufen (oder ausgelaufen) sei, enthalten keine Winke, in welchem Maße das Schiff Transportarbeit für den betreffenden Hafen geleistet hat[2]). Sie ist natürlich ganz verschieden, wenn ein Ozeandampfer in Hamburg oder Bremen als dem Anfangsort seiner Fahrt die gesamte Ladung einnimmt, oder wenn er Emden anläuft, um Bunkerkohlen überzunehmen, oder Antwerpen besucht, um die Ladung zu vervollständigen. Aus der Größe der Schiffsbewegung allein kann kein Hafen seine Stellung im Seeverkehr ableiten. Der Streit, den in dieser Beziehung Hamburg und Antwerpen um den ersten Platz unter den kontinentalen Häfen ausfechten — Hamburg macht geltend, daß die belgische Vermessung die Schiffe um etwa 17 % größer erscheinen läßt als die deutsche[3]), während Antwerpen für den Elbhafen den Verkehr Cuxhavens in Abzug bringen will[4]) — ist ohne praktisches Interesse, da die Tragfähigkeit der unvollkommenste Maßstab für die verkehrswirtschaftliche Stellung ist. Ein besseres Bild von den Transportleistungen der einzelnen Plätze gibt die Übersicht über die von ihnen beförderten Gütermengen[5]): Tonnen à 1000 kg:

	Eingang zur See		Ausgang zur See	
	1890	1903	1890	1903
Antwerpen[6])	3 437 600	(1902: 6 393 600)	1 269 300	(1902: 4 988 200)
Rotterdam .	4 227 200	11 846 400	?	3 296 700

---

[1]) Aftalion a. a. O. S. 563.

[2]) Nauticus, Jahrbuch für Deutschlands Seeinteressen 1901, S. 432/33.

[3]) Jahresbericht der Handelskammer zu Hamburg 1903, S. 9, zu Rotterdam 1903, S. 112.

[4]) E. R . . . ., La part de l'Allemagne dans le trafic du port d'Anvers, in Revue d'économie politique 1904, p. 792.

[5]) Nach den Jahresberichten der betreffenden Handelskammern, resp. der Ältesten der Korporation der Kaufmannschaft.

[6]) In dem Aufsatze in der Revue d'écon. polit. 1904, p. 793 wird

	Eingang zur See		Ausgang zur See	
	1890	1903	1890	1903
Amsterdam .	(1895:) (1 053 400)	1 312 800	(1895:) (511 400)	677 500
(Generalimport, resp. -export)				
Emden	(1900:) (168 500)	501 400	(1900:) (51 000)	283 100
Bremen .	1 465 900	2 592 300	799 500	1 882 100
Hamburg	5 007 000	10 535 200	2 512 000	5 357 800
Lübeck	406 300	537 000	166 900	328 400
Stettin	1 425 000	2 273 700	618 000	963 200
Danzig	415 600	856 900	525 200	765 100
Königsberg [1])	339 000	743 000	505 300	687 800

Bei diesem Maßstab erscheint die Entwicklung der Ostseehäfen in einem etwas helleren Lichte, indessen der gewonnene Eindruck, daß die beiden großen Gruppen in verschiedener Weise aus dem wirtschaftlichen Aufschwung Deutschlands Nutzen gezogen haben, wird nicht verwischt. Hinsichtlich dieser Verkehrsgruppen tritt zu Tage, daß für die einzelnen Hafenplätze besondere Faktoren ausschlaggebend gewesen sein müssen, welche die Wirkung der allgemeinen Verkehrssteigerung vertieften, wo sie mit ihr parallel gingen, sie zum Teil oder ganz aufhoben, wo sie fehlten. Diese Faktoren für die verschiedenen Seehäfen aufzudecken und ihre Bedeutung zueinander klarzustellen, ist die Aufgabe der folgenden Untersuchung.

A. Die Nordseehäfen

1. Die Verbindung mit dem Meere

a) Die Meereslage

Solange die ökonomischen Kräfte eines Gebiets hinsichtlich der Produktion und Konsumtion noch nicht ausreichen, um zur See regelmäßige Verbindungen mit fremden Ländern

---

fälschlich die Gesamteinfuhr und -ausfuhr Antwerpens auf See- und Binnenschiffen mit dem Seeverkehr der anderen Häfen verglichen.

[1]) 1 Festmeter Holz = 0,59 t.

zu unterhalten, solange also im Weltverkehr Stapelplätze ver-
mittelnd eingreifen müssen, gehört die geographische Lage zu
den großen Meeresstraßen zu den über die Bedeutung eines
Seehafens entscheidenden Faktoren [1]). Nach der Entdeckung
der neuen Welt konnten sich Brügge [2]), Antwerpen, Amsterdam, London nacheinander zu Mittelpunkten des gesamten
Weltverkehrs aufschwingen, weil an dieser schmalen Stelle
zwischen dem Ozean und der Nordsee die von Südeuropa,
Indien und Amerika kommenden Wasserwege zusammentrafen
mit den vom Nordosten Europas heranführenden Meeresstraßen [3]). Hamburg stützte gleichfalls in späterer Zeit seine
Bedeutung zu einem Teil auf den Güterumschlag zwischen
Westeuropa und Skandinavien dank seiner Lage im südöstlichen
Scheitelpunkt des Winkels der Nordseeküste. Der Wert der
Seelage für die Verkehrsstellung des einzelnen Hafens hat sich
in Asien und Afrika bis jetzt erhalten, da die moderne Entwicklung, welche allgemein auf die Zurückdrängung des Stapelverkehrs gerichtet ist, sich dort erst in den letzten Jahren
durchzusetzen begonnen hat. Anders in Europa; hier hat die
mächtige Steigerung der verfrachteten Güter bereits in zahlreichen Plätzen, die früher nur durch London eine Verbindung
mit fremden Erdteilen hatten, die Errichtung direkter Schiff-
fahrtslinien ermöglicht. Deshalb hat in den Häfen der Nordsee der Seeumschlagsverkehr seine wichtige Rolle ausgespielt.
Für die Einzelheiten über die Zurückdrängung desselben im
Zeitraum 1890/1903 muß auf die Betrachtung des Hinterlandsverkehrs von Hamburg und Bremen verwiesen werden. Hier
mögen nur einige Daten zur Veranschaulichung dienen. Der
Gesamtwert der in Hamburg seewärts eingegangenen Güter

---

[1]) Wiedenfeld, Die nordwesteuropäischen Welthäfen: London,
Liverpool, Hamburg, Bremen, Amsterdam, Rotterdam, Antwerpen, Havre
in ihrer Verkehrs- und Handelsbedeutung, S. 12 ff.

[2]) „Brügges große Stellung wurde hinfällig, als die Schiffer gelernt
hatten, in einer Fahrt vom Mittelmeer bis zur Ostsee zu fahren." Ratzel,
Politische Geographie, 1897, S. 413. Der Verfasser hat übersehen, daß
Brügges Niedergang zum größten Teil durch Versandung verursacht
wurde, gegen die die damalige Technik ohnmächtig war.

[3]) Wiedenfeld a. a. O. S. 13.

belief sich 1903 auf 2397,6 Mill. Mk., die Abfuhr mit den
Eisenbahnen und auf der Oberelbe erreichte 1522,4 Mill. Mk.
Indessen die Bedürfnisse einer Bevölkerung von 800 000 Seelen
sind so umfangreich, daß ein großer Teil der Differenz von
875,2 Mill. Mk. auf ihre Rechnung zu setzen ist. Andererseits nähert sich der Wert der Zufuhren aus dem Hinterland (1637,4 Mill. Mk.) der Ziffer der Ausfuhr über See
(2025,5 Mill. Mk.), wenn auch ein Bruchteil der aus dem
Binnenland empfangenen Werte, als dem Platzkonsum dienend,
in Abzug zu bringen ist. Im einzelnen ist bei den Nahrungs-
und Genußmitteln [1]) die Wiederausfuhr nur erheblich bei den
Kolonialwaren; insbesondere wurden von 152,5 Mill. Mk. Kaffee
66,3 wieder zur See verladen. Den 25,5 Mill. Mk. seewärts
ausgeführten Weinen und Likören steht trotz des Konsums
und der starken Ausfuhr binnenwärts nur die Summe von
33,3 Mill. Mk. an Einfuhr zur See gegenüber [2]). Von den
übrigen Verzehrungsgegenständen wird der größte Teil entweder am Platze verbraucht oder dem deutschen Hinterlande
zugeführt. Ähnlich verhält es sich mit den Rohstoffen; nur
einige Güter außereuropäischen Ursprungs werden teilweise
wieder exportiert, so z. B. 18,0 Mill. Mk. Chilisalpeter bei
65,6 Mill. Mk. Einfuhr. Von 79,9 Mill. Mk. Gummi und
Harzen verließen 27,6 Hamburg auf dem Seewege; von Baumwolle (118,1 Mill. Mk.) kehrten 26,5, von Petroleum (43,8)
2,9 Mill. Mk. seewärts ins Ausland zurück. Hinsichtlich der
Fabrikate wird die Wiederausfuhr verschwindend klein sein [3]).
Für den Verkehr Bremens liegen die Verhältnisse nicht wesentlich anders: 1903 in Millionen Mark

---

[1]) Nach Hamburgs Handel und Schiffahrt 1903, Tabellarische Übersichten:

Einfuhr von Verzehrungsgegenständen zur See .	757,7 Mill. Mk.
Ausfuhr von Verzehrungsgegenständen per Eisen- bahn und Oberelbe	420,2

[2]) Spirituosenfabrikation im Freihafengebiet!

[3]) Zur See kamen 206,8 Mill. Mk. Fabrikate herein, ins Binnenland
gingen 195,5. Von letzteren wurden 829,4 Mill. Mk. eingeführt, und
nur 774,6 gelangten überhaupt zur Ausfuhr.

	Verzehrungs-gegenstände	Rohstoffe u. Halbfabrikate	Fabrikate
Seewärtige Einfuhr .	205,1	625,1	53,7
Ausfuhr ins Binnenland	148,5	444,4	29,1

Ähnlich unbedeutend ist auch z. B. die Wiederausfuhr in Rotterdam. Sogar hinsichtlich der Kolonialwaren ist dieselbe vergleichsweise nicht von Belang — abgesehen von Reis, welcher dort einer Bearbeitung unterzogen wird [1]). Heute gibt danach in den Nordseehäfen der auf den Bedürfnissen des Hinterlandes beruhende Seeverkehr den Ausschlag [2]). So natürlich es ist, daß ein Umschlagsverkehr sich vorzugsweise dort entwickelt, wo die Verbindung mit möglichst vielen Häfen gesichert erschien, so klar ist es, daß ein Schiffahrtsverkehr, der im Binnenlande Ursprung und Ziel sucht, sich dorthin wendet, von wo aus die billigsten und bequemsten Verbindungen zum Hinterland gegeben sind. Ich habe bereits erwähnt, daß der Verkehr mittels Seeschiff unvergleichlich billiger bewirkt wird als selbst auf den Binnenwasserstraßen [3]). Es genügt schon ein geringer Vorteil in den festländischen Entfernungen zu Gunsten eines dasselbe Hinterland bedienenden Hafens, um ein beträchtliches Mehr im Seewege auszugleichen. In der Tat sind die Entfernungsunterschiede zwischen den Häfen von Antwerpen bis Hamburg derartig gering, daß sie praktisch nicht in Betracht kommen. Es beträgt die mittlere Entfernung [4]) in Seemeilen (1 Seemeile = 1,852 km):

	nach New York	San Thomas	Lissabon
von Hamburg	3610	4130	1340
Bremerhafen	3560	4075	1280
Amsterdam	3365	3885	1095
Rotterdam	3340	3860	1070
Antwerpen	3310	3830	1040

---

[1]) Reis: 31 400 t von 46 600 t 1903; dagegen nur 11 900 t Kaffee von 85 600 t; Baumwolle 5200 von 21 200 t; Tabak etc. 2300 von 38 700 t.

[2]) Wiedenfeld a. a. O. S. 15.

[3]) v. d. Borght, Die wirtschaftliche Bedeutung der Rhein-Seeschiffahrt, 1892, S. 16: „Es ist ... in der Tat in allen Schiffahrtsländern nachgewiesen, daß der Wettbewerb des Meeres allem anderen Bewerb voransteht."

[4]) Nach F. Hegemann, Mittlere Entfernung auf Dampferwegen,

Was bedeutet gar bei den gewaltigen Entfernungen
Hamburg-Buenos-Ayres = 6630 Seemeilen, oder -Kapstadt
= 6495 Seemeilen und -Yokohama = 11710 Seemeilen eine
Differenz von 300 Seemeilen, welche Antwerpen vor Hamburg
voraus hat. Ein zahlenmäßiger Frachtenvergleich ist leider
nicht durchführbar. Vor allem gebricht es an einer umfassenden Statistik der Seetransportpreise, die nach systematischen
Gesichtspunkten aufgestellt ist. Ob eine solche amtliche Auf-
zeichnung, die Murken [1]), als ein nationalökonomisches Postulat
ersten Ranges bezeichnet, Abhilfe schaffen wird, ist fraglich.
Wohl lassen sich jetzt, nachdem sich die Trennung von Reederei
und Seehandlung durchgesetzt hat, die reinen Transportpreise
ermitteln, aber diese von gewöhnlichen Frachtschiffen erzielten
Beförderungspreise bewegen sich, ähnlich wie in der Binnenschiffahrt, unter dem Einfluß wechselnder Konjunkturen in
überaus starken Schwankungen. Dürfen somit die in einigen
Häfen regelmäßig vorgenommenen Aufzeichnungen auch nicht
miteinander verglichen werden, so schafft statt dessen eine
andere Erwägung die nötige Aufklärung. In den letzten Jahren
sind unter dem Wettbewerb der neueingerichteten direkten
Linien die Frachtsätze der Seegüterbeförderung überall auf
einen Stand heruntergedrückt, der verhältnismäßig große Unterschiede im absoluten Betrag kaum empfinden läßt [2]). Van der
Borght bemerkt [3]): „Gewöhnlich wird bei längeren Seefahrten
nur das Küstengebiet, das den Endpunkt der Fahrt bilden soll,
im allgemeinen bestimmt, so daß es gleichgültig ist, in welchen
Hafen eingelaufen wird. Dadurch kommt es, daß oft Entfernungsunterschiede von mehreren hundert Kilometern den
Frachtsatz im ganzen nicht verschieben." Nach der gemeinen
Bestimmung der Chartepartie von Übersee nach dem europäischen Festland pflegt denn auch die Seefracht für alle Häfen
zwischen Havre und Hamburg dieselbe zu sein. Selbst bei
kleineren Entfernungen wird die dann relativ bedeutendere

1897. Annalen der Hydrographie u. Meteorologie 1897, Beiheft 1, und
R. Jannasch, Die Wege und Entfernungen im Weltverkehr, 1904.

[1]) a. a. O. S. 45.

[2]) Wiedenfeld a. a. O. S. 15.

[3]) v. d. Borght, Verkehrswesen, 1892, S. 271.

Differenz zwischen verschiedenen Häfen vollständig verwischt, wurden doch z. B. 1904 am Londoner Frachtenmarkt spanische Erze zur Auswahl über Rotterdam und Emden zu gleich billigen Frachtsätzen expediert [1]). Angesichts dieser Tatsachen fällt die Behauptung [1]) in sich zusammen, daß Emden als westlicher deutscher Hafen für den nach Westen gerichteten Seeverkehr sich im Vorteil gegen die anderen deutschen Häfen befinde. Im Gegenteil ist einerseits der Nachteil, der diesen Hafenplätzen aus ihrer zurückgezogenen Lage für den Verkehr mit fremden Weltteilen früher erwuchs, durch die moderne Schiffahrtsorganisation so gut wie ausgeglichen; so ergibt sich daraus für sie andererseits ein Vorsprung in den Verbindungen von Mittel- und Osteuropa mit dem Westen. Weil die Kosten der Beförderung im Ozeandampfer niedriger sind als im kleinen Fahrzeug der Nord- und Ostsee, so entsteht das Bestreben, die Umladung in das teuere Schiff möglichst nahe an den endgültigen Bestimmungsort zu verlegen. Namentlich Hamburg hat aus diesem Grunde seinen Umschlagsverkehr mit den nordischen Reichen und dem baltischen Rußland zur heutigen Blüte treiben können. Indessen darf man auch in diesen Beziehungen der Lage zum Meere nur eine untergeordnete Bedeutung beimessen, sonst bleibt unaufgeklärt, daß das benachbarte Bremen sich hat so weit von der Elbestadt überflügeln lassen. In der Regel spielt daher bei der Wahl des Verschiffungshafens für einen Transport aus dem Binnenland nach Übersee die Meeresentfernung keine Rolle. Dies meinte der bremische Oberbaudirektor Franzius [2]), als er schrieb: „Für den Verkehr von einem Punkte des Landes bis zu zwei gleich guten Häfen kommt . . nur die Differenz der Entfernungen auf dem Lande in Frage.“ Für den Hinterlandsverkehr der Häfen ist die Lage zur See fast bedeutungslos geworden. In gleicher Weise richtet sich in den europäischen Häfen der Umschlagsverkehr, da er, wie dargetan ist, ein Anhängsel des Hinterlandsverkehrs ge-

---

[1]) Fürbringer, Zweck, Bedeutung . . . des Emdener Hafens. Ztschr. f. Binnensch. 1904, S. 411.

[2]) Franzius, Art. Seehäfen im Handbuch der Ingenieurwissenschaften, 1900, Bd. III, Abt. 3, S. 350.

worden ist, nach den für letzteren ausschlaggebenden Bedingungen. Bei aller absoluten Größe kann er allein einem Hafen keine Bedeutung mehr verleihen. Er stützt sich infolgedessen hauptsächlich auf die in einem Hafen gegebene Häufigkeit der Verschiffungsgelegenheit, die aber heute von dem vom Hinterland hervorgerufenen Verkehr abhängig ist[1]).

b) Die Fahrstraße zum Meere

Eine Lebensfrage für jeden Hafen ist die leichte Zugänglichkeit für die in der großen Fahrt beschäftigten Ozeandampfer. Je mehr nun die Überzeugung zum Durchbruch kam, daß Schiffe größter Dimensionen allein noch vermögen, einen Gewinn zu erzielen, je mehr man deshalb zur Einstellung immer größerer Schiffsgefäße schritt, desto empfindlicher wurde der Mangel einer diesen neuen Verhältnissen angepaßten Fahrtiefe. Seit der Eröffnung des Suezkanals war dessen Tiefe das Mindestmaß für alle Häfen, wenn sie nicht auf den Verkehr mit Asien und den Gestaden des Indischen und Stillen Ozeans verzichten wollten. Dies bedeutet nach der Erhöhung der Maximaltauchung auf 8 m vom 1. Januar 1902 eine gleiche Minimaltiefe für die Zufahrten aller Welthäfen. Sie standen infolgedessen vor dem Dilemma, entweder die Fahrten ihrer Schiffe in einem weiter stromab gelegenen Vorhafen endigen zu lassen, hier kostspielige Hafenbauten auszuführen, kurz die gesamte Verkehrs- oder Umschlagstätigkeit dorthin zu verlegen, oder aber mittels kostspieliger Arbeiten die erforderliche Tiefe der Zufahrt für den Haupthafen herzustellen. Ohne Ausnahme haben die betreffenden Hafenplätze den letzteren Weg gewählt und diesen Entschluß mit bewundernswerter Zähigkeit und gewaltigen Kosten in die Wirklichkeit umgesetzt. Nicht so sehr die technische Bequemlichkeit der offenen Ladungsbecken, die an unteren Flußmündungen wegen der großen Unterschiede in den Wasserständen ausgeschlossen sind, als vielmehr die Rücksicht auf die Beziehungen zum Hinterland war es, die wuchtig für die tief ins Binnenland einge-

---

[1]) Wiedenfeld a. a. O. S. 16.

betteten Häfen sprach. Es war der Wunsch, den Übergang
auf das teuere Binnenbeförderungsmittel möglichst weit in das
Land hineinzuverlegen. Bis in die neueste Zeit war Hamburg
in dieser Beziehung empfindlich im Rückstand. Nach der
Regulierung der Elbe 1868—73 und 1883 bot dieselbe in
Hamburg allerdings bei Hochwasser Tiefen von 7,80—8,20 m,
in den neuen Häfen sogar 10 m, d. h. bei Niedrigwasser 8 m[1]).
Aber der Maximaltiefgang aller nach Hamburg bestimmten
Schiffe war von der unterhalb bei Blankenese befindlichen
Barre abhängig, die selbst nach den Ende der 90er Jahre
unternommenen Vertiefungsarbeiten nur 7,20—7,50 m Tiefe
bot[2]). Eine endgültige Korrektion der Unterelbe, deren Vor-
arbeiten augenblicklich von Hamburg und Preußen gemeinsam
begonnen sind, ist vor 4—5 Jahren nicht. zu erwarten. Um
aber das unabweisbare Bedürfnis nach einer leistungsfähigeren
Zufahrt schon früher zu befriedigen, wurde 1902 beschlossen,
auf der schwierigsten Strecke, von der Stadt bis zur Lühe
eine um 2 m tiefere, also ca. 10 m bei Hochwasser tiefe Rinne
durch Baggerung herzustellen[3]). Bereits 1903 zeigten sich die
Wirkungen der in der Ausführung begriffenen Verbesserung
des Fahrwassers; es haben bereits Schiffe von 9 m Tiefgang
unter günstigen Umständen, ohne zu leichtern, an die Stadt
gelangen können[4]). Gewöhnlich leichtern jedoch die größten
transatlantischen Dampfschiffe, vorzüglich die der Hamburg-
Amerikalinie, bei Brunshausen, 30 km vor Hamburg an der
erwähnten Barre. Die Behauptung, daß der Verkehr auf der
Elbe von Hamburg an abwärts Dimensionen annimmt, die bei
weiterer Steigerung Gefahren für die Sicherheit der Schiffahrt
bringen, entspringt nur der Phantasie mißgünstiger Wett-
bewerber, und man muß bedauern, daß sie in dem lesenswerten
Aufsatze des Freiherrn von Maltzahn kritiklos wiederholt wird[5]).
Eine Minderung der Transportsicherheit, das würde heißen,

---

[1]) **Lehmann-Felskowsky**, Deutschlands Häfen u. Wasserstraßen
in Wort u. Bild, 1906, S. 10/11.

[2]) **Aftalion** a. a. O. S. 502.

[3]) Jahresbericht der Handelskammer zu Hamburg 1902, S. 38.

[4]) Jahresbericht der Handelskammer zu Hamburg 1904, S. 52.

[5]) v. **Maltzahn** a. a. O. S. 279.

eine Minderung der Konkurrenzfähigkeit der Elbhäfen, kann hierauf nicht in geringstem Umfange begründet werden.

In einer ungleich bedenklicheren Lage befand sich vor zwei Jahrzehnten Bremen. Im Jahre 1886 war die nutzbare Wassertiefe der Unterweser auf 2,75 m gesunken [1]. Die gesamte Schiffsbewegung war nach Bremerhaven, 65 km talwärts gedrängt, während der gesamte Handel, die Schuppen und Speicher in Bremen verblieben. Der Transport dorthin wurde mittels Leichter, die obenein mit den Schwierigkeiten des Fahrwassers zu kämpfen hatten, bewerkstelligt. Dadurch verteuerte sich die Seefracht um mindestens 2 Mk. per Tonne [2], so daß trotz der Anstrengungen Bremens, die Hafenanlagen den Fortschritten des Schiffsbaus anzupassen, sein Verkehr nur sehr mäßig zunahm, während die Nachbarhäfen von Hamburg bis Antwerpen immer mehr aufblühten. Kein Wunder, daß man die gewaltigen Kosten nicht scheute, am Ende der 80er Jahre die Unterweser einer durchgreifenden Korrektion zu unterziehen. Im Jahre 1893 war die nutzbare Tiefe bereits auf 5 m gebracht, wie von dem bremischen Oberbaudirektor Franzius vorgesehen war; 1900 konnten Schiffe über 5,6 m Tiefgang Bremen erreichen. Somit muß die alte Hansestadt dauernd darauf verzichten, Schiffe der großen Fahrt über diese Dimensionen hinaus bei sich zu beherbergen. Aber der Erfolg ist bedeutsam genug; er läßt sich genau an der Zahl der eingelaufenen Seeschiffe beobachten [3]:

1880:	993 Schiffe mit	62 200	Registert. netto
1890:	1137	173 400	
1895:	1731	652 000	
1900:	2108	895 800	
1902:	2273	1 100 300	„

Sein Vorhafen Bremerhaven ist indessen durch fortgesetzte Vertiefungsarbeiten an der Außenweser den größten transatlantischen Dampfern zugänglich geblieben. Dort erhält sich

---

[1] L. u. G. Franzius, R. Rudloff, Seekanäle, Strommündungen, Seehäfen, S. 59. Ergänzung des 3. Bandes des Handbuchs der Ingenieurwissenschaften.

[2] Aftalion a. a. O. S. 513.

[3] Bericht der Handelskammer zu Bremen 1902, S. 68.

andauernd eine Fahrrinne von 8 m bei Niedrigwasser [1]), was
bei Hochwasser 11,5 m entspricht, also weitgehenden An-
sprüchen genügt. Ein gleiches gilt für Emden. Die Unter-
ems trägt die größten Seeschiffe, welche die konkurrierenden
Hafenplätze erreichen können [2]), indem selbst bei Niedrigwasser die Fahrtiefe bis zum Außenhafen nicht unter 8 m
sinkt [3]).

Amsterdam hat schon vor einem Menschenalter durch die
Eröffnung des Nordseekanals am 1. Januar 1876 [4]) für eine
moderne Zufahrt mit dem Meere gesorgt. Allein die damals
bewiesene Voraussicht hat nicht verhindern können, daß die
geschaffene Tiefe von 9 m jetzt für ungenügend erachtet wird.
Daher sind Erweiterungen im Bau, die wahrscheinlich zu Beginn des Jahres 1907 beendet werden [5]). Dann wird Amsterdam eine Verbindung von 10,3 m Tiefe mit dem Vorhafen
Ymuiden besitzen.

Rotterdams Neuer Wasserweg gewährt bei Hochwasser
Schiffen bis zu 8 m Tiefgang Zutritt [6]). Der Maashafen be-
müht sich, wenigstens 9 m zu erreichen und wird damit das
Suezkanalmaß innehalten. Er wird auf den Verkehr der größten
Amerikafahrer wie Amsterdam Verzicht leisten. Dagegen will
Antwerpen sich die Möglichkeit einer Beteiligung offen halten,
dadurch daß es die heutige Fahrwassertiefe von 6,0 resp. 10,4 m
auf 8,0 resp. 12,4 m bringen will [7]).

Abgesehen von dem Verkehr der europäisch-amerikanischen
Schnelldampfer, der schon aus anderen Gründen in Cuxhaven

---

[1]) Bericht der Handelskammer zu Bremen 1904, S. 69.

[2]) Schweckendieck, Festschrift zur Eröffnung des neuen Emdener
Seehafens 1901, S. 65.

[3]) Fürbringer, Zweck, Bedeutung .. des Emdener Hafens, S. 403.
Ztschr. f. Binnensch. 1904.

[4]) Schnurmann, VI. Internation. Binnenschiffahrtskongreß 1894.
2. Frage: Der Hafen von Amsterdam, S. 2.

[5]) Report . . chamber of commerce and factories at Amsterdam 1903,
S. 45.

[6]) Ysselsteyn, Le port de Rotterdam, 1904, S. 21. Rotterdam selbst
hat 9,0 m Wassertiefe, aber unterhalb bei Maasluis verringert sie sich
auf 8,2 m, resp. 6,6 m. bei Niedrigwasser.

[7]) Wiedenfeld a. a. O. S. 72 (Tabelle).

und Bremerhaven konzentriert ist, der aber in nur verschwin-
dendem Umfange dem Gütertransport dient, sind die Fahr-
straßen der nordwesteuropäischen Festlandshäfen, in den letzten
Jahren in ihrem technischen Zustande einander so nahe gerückt, daß sich auf sie die Verschiedenheiten in der Verkehrsbedeutung nicht zurückführen lassen [1]).

Wenn ich den ausschlaggebenden Einfluß der Fahrstraße
hervorgehoben habe und die Behauptung aufrecht erhalte, daß
er infolge der nahezu gleichen Bedingungen für die Konkurrenz
der in Betracht kommenden Häfen ausgeschaltet ist, so zeigt
sich andererseits die ganze Bedeutung dieses Faktors bei dem
Bestreben, den Rheinhafen Köln dem großen Seeverkehr zu
erschließen. Ich will an späterer Stelle darauf eingehen,
welche Gründe dazu führten, die Unabhängigkeit des Rhein-
Seeverkehrs von den holländischen und belgischen Häfen zu
erstreben. Im Jahre 1879 wurde für die Rheinstrecke unterhalb Kölns die Tiefe des Fahrwassers auf 3 m unter dem ge-
mittelten niedrigsten Wasserstande mit Holland vereinbart. Im
Verein mit neuen Hafenanlagen waren die Voraussetzungen
für eine beschränkte Seeschiffahrt der niederdeutschen Rheinhäfen im europäischen Verkehr erfüllt. Mit Eifer unternahmen
es Köln, Düsseldorf und Duisburg, die nötigen Schiffahrtslinien
ins Leben zu rufen. Insbesondere Köln träumte sich in der
Zukunft unter den Welthäfen des Deutschen Reiches; es hat
seine Hoffnungen arg herabspannen müssen. Sein Güterverkehr
im Seedienst hat 1903 noch nicht die ersten Hunderttausend
Tonnen erreicht und beschränkt sich, wie aus der nebenstehenden
Übersicht hervorgeht, in der Hauptsache auf England und die
deutschen Häfen der Nord- und Ostsee [2]).

Der Verkehr mit Großbritannien ist demnach in Rückgang
begriffen, nur der Verkehr mit der deutschen Küste, vor allem
mit Bremen und Hamburg, mit welchen ein intensiver Seeleichterdienst unterhalten wird, weist einige Fortschritte auf.
Die These des Mitdirektors des Kopenhagener Freihafens,
Hage, auf dem Düsseldorfer See- und Binnenschiffahrtskon-

---

[1]) Wiedenfeld a. a. O. S. 73.
[2]) Jahresber. d. Handelsk. zu Köln 1903, S. 315.

Empfang (Tonnen):

	Britische Häfen	Deutsche Häfen der Nordsee	Deutsche Häfen der Ostsee	Insgesamt	
1895	17 424	9 588	9 320	36 960	
1900	17 761	21 689	12 787	54 869	
1902	9 994	27 368	15 543	54 985	
1903	8 048	34 427	12 314	60 943	64 057
					94 477
Versand (Tonnen):					94 806
1895	14 423	7 765	4 909	27 097	97 139
1900	11 665	17 899	7 860	41 110	
1902	10 580	17 079	8 654	39 821	
1903	5 957	20 847	8 855	36 196	

greß: „Eine direkte Fahrt ist immer billiger als zwei kombinierte Fahrten [1]“, kann in dieser Allgemeinheit nicht aufrechterhalten werden. Unbestreitbar geht die Tendenz dahin, dem Seeschiff einen Weg tief ins Land zu bahnen, aber unter der Voraussetzung, daß das Seeschiff das billigere Transportmittel darstellt. Diese Bedingung fehlt bisher für die Fortentwicklung des Rhein-Seeverkehrs. Zwar können bei günstigen Wasserständen die großen, 3,5 m tieftauchenden Seeschleppschiffe bis Köln verkehren, doch ist dieser Schleppverkehr hauptsächlich auf geringere Entfernung vorteilhaft, weil der Schleppdampfer mit zwei Leichtern im Anhang auf See die doppelte Zeit wie ein gewöhnliches Dampfschiff braucht. Die für längere Fahrten einzustellenden Dampfer erweisen sich als unrentabel, selbst wenn zu jeder Zeit nutzbare Tiefen von 3—4 m vorhanden wären [2]. In Wirklichkeit ist bei den wechselnden Rheinwasserständen die Minimaltiefe von 3 m nicht vorhanden. In jedem Jahre klagt z. B. die Handelskammer zu Köln über unzureichende Fahrtiefen besonders auf der niederländischen Strecke [3]. Alljährlich berichtet sie über kostspielige Leichte-

---

[1] Ztschr. f. Binnensch. 1904, S. 284. Prof. Bubendey, Die Frage der Seeleichter.

[2] Bubendey a. a. O. S. 284 meint, daß die Seitenkanäle des St. Lorenzstromes, welche 4,5 m tief sind, keineswegs eine von Chicago nach Liverpool oder Hamburg durchgehende Schiffahrt ermöglichen, denn Schiffe von 4 m Tiefgang seien auf so langen Reisen nicht rentabel.

[3] Handelskammerbericht über 1903, S. 167; 1902, S. 164; 1900,

rungen, welche die Dampfschiffe nötigte, ihre Ladung ganz oder teilweise abzugeben. In diesem Falle macht außerdem die deutsche Zollbehörde Schwierigkeiten. Im allgemeinen werden die Ladungsräume der von deutschen Seeplätzen nach dem Rhein auslaufenden Seedampfer zollamtlich verschlossen, worauf dann am deutschen Rhein nur die Unverletztheit der Siegel geprüft wird. Muß auf dem niederländischen Rhein geleichtert werden, so muß, selbst wenn die holländischen Zollbeamten den Verschluß abnehmen und wieder anlegen, bei jedem Stücke der Ladung der deutsche Ursprung nachgewiesen werden. Alle diese Umstände machen es verständlich, warum die Erwartungen getäuscht sind, warum z. B. die direkten Fahrten (des Argo in Bremen) vom Rhein nach St. Petersburg und Italien 1902 eingestellt wurden, nachdem sie erst im Jahre vorher eingerichtet waren[1]). Jetzt wird die Petersburger Fahrt ab Rotterdam, die italienische ab Antwerpen wie vordem betrieben. Neuerdings hat die in Köln errichtete Obstimportgesellschaft mit mehreren größeren Dampfern eine direkte Verbindung mit Spanien in die Wege geleitet[2]). Man sieht, das Stadium des Versuchs ist noch lange nicht überwunden. Selbst die Optimisten halten nun 6—7 m für die geringste Tiefe, um Düsseldorf und Köln zu wahren Seehäfen zu machen. Ich will hier ganz davon absehen, ob ein Nordseehafen sich ohne das Suezkanalmaß auf die Dauer halten, geschweige denn entwickeln kann, ferner lasse ich unerörtert, ob es technisch überhaupt möglich ist, in dem aus Kies und Sand bestehenden Bett des Rheins auf 300 km eine derartige Fahrrinne offen zu halten. Um den Seeweg herzustellen, wäre das Einverständnis der Niederlande als der Mündungsstaaten einzuholen. Van der Borght vertritt die Anschauung, daß Holland keine Hindernisse bereiten wird: „Die Holländer können nicht übersehen, daß der frühere Widerstand gegen die Freiheit der Rheinschiffahrt   sie nicht geschützt hat vor der . . . Konkurrenz

---

S. 150; 1890, S. 288 u. Zentralkommission f. d. Rheinschiffahrt. Jahresbericht über 1902, S. 103.

[1]) Zentralkommission für die Rheinschiffahrt 1902, S. 102.

[2]) Jahresber. d. Handelsk. zu Köln 1903, S. XXII.

der belgischen und deutschen Nordseeplätze" [1]). Er glaubt auffallenderweise, Rotterdam und Amsterdam würden sich gutwillig mit dem Verkehr der für den Rhein-Seeweg zu tief tauchenden Schiffe begnügen. Nur scheinbar wird diese Annahme durch die Äußerung des niederländischen Ministers für Wasserbau bestätigt: „Eine Tiefe von 3 m ist ... noch nicht auf allen Strecken durchgeführt. ... Es gibt noch wichtigere Gründe für Holland, diese Arbeiten sofort weiter zu verfolgen ... der Verkehr auf dem Rhein könnte leiden und das ist der springende Punkt" [2]). Aber der Minister hat selbstverständlich nur den Verkehr auf dem Rhein im Auge, welcher in den holländischen Häfen Anfang und Ende findet. Die Niederländer haben kein Interesse, dem deutschen Transitverkehr die Umgehung der Mündungshäfen zu erleichtern. Die Vertiefung auf 3 m kam den letzteren hauptsächlich als Zielpunkten der Stromschiffahrt zu Gute. Eine weitere Erhöhung der Fahrtiefe bedeutet dagegen die direkte Schädigung Amsterdams und Rotterdams, und mir scheint es völlig ausgeschlossen, daß zu ihrer Durchführung die niederländische Regierung die Hand bieten wird [3]). Damit scheiden die deutschen Rheinhäfen für diese Betrachtung aus.

c) Der Hafenbetrieb

Die verkehrswirtschaftliche Bedeutung eines für den modernen Verkehr ausreichenden Hafenbetriebes äußert sich vor allem in dem Einfluß auf den Transportpreis, der sich bis zum Momente der Weiterversendung ins Hinterland oder der Wiederausfuhr der Stapelgüter aus der Seefracht und den Platzkosten mit Versicherung zusammensetzt. Es wäre denkbar, daß die

---

[1]) v. d. Borght, Die wirtschaftliche Bedeutung der Rhein-Seeschiffahrt, 1892, S. 207.

[2]) In der zweiten Sitzung der Kammer der niederländischen Generalstaaten vom 19. Dezember 1888.

[3]) So auch Dufourny, Der Rhein in seiner technischen u. wirtschaftlichen Bedeutung ...; übersetzt und ergänzt von S. Landgraf 1898, S. 30. Wiedenfeld a. a. O. S. 352.

Bequemlichkeit der Hafeneinrichtungen und die Höhe der Schiffs-
gebühren auf die Höhe der Frachtraten einwirkte; ich glaube
indessen gezeigt zu haben, daß dies bei den Häfen unserer
Gruppe nicht der Fall ist, indem für alle Plätze ein Gleichstand der Seefrachten beobachtet wird. Wohl aber können
Mängel des Hafenbetriebs dadurch indirekt die Konkurrenzfähigkeit eines Hafens beeinträchtigen, daß sie die Rentabilität
der denselben bedienenden Schiffahrtslinien mindern und dergestalt eine Einschränkung des Seetransportdienstes herbei-
führen können. Ob dies im einzelnen eingetreten ist, wird bei
der Betrachtung der Schiffahrtsorganisation festzustellen sein.
Die Platzspesen dagegen, welche besonders von der Beschaffenheit der Hafeneinrichtungen abhängig sind, erhöhen direkt die
Beförderungskosten der Güter. Beginnen wir also mit diesem
Teile des Hafenbetriebs.

α) Die Hafeneinrichtnngen

Die Dampfschiffahrt mit den stetig wachsenden Dimensionen,
die zur Herstellung und Unterhaltung gewaltige Kapitalmengen
erfordert, hat für eine genügende Verzinsung und Rentabilität
des festgelegten Geldes häufige Reisen und schnelle Abfertigung
beim Löschen und Laden nötig. Zu den Umschlagsvorrichtungen im freien Strom muß sich die Möglichkeit gesellen,
die Güter direkt an das Ufer zu setzen. Zu diesem Zweck
müssen künstliche Bassins ausgehoben werden, seien sie offen
wie in Hamburg, Bremen, Rotterdam, oder gegen das Meer
abgeschlossen, wie in Bremerhafen, Amsterdam und Antwerpen
und teilweise in Emden. Es wird notwendig, auf den Kais die
Zahl und Tragfähigkeit der Kranen und des übrigen Hebezeugs
zu vermehren, ferner Hallen oder Schuppen aufzuführen, in welche
die Ozeandampfer ihre Ladung ohne Zeitverlust absetzen können.
Für die Einlagerung der Waren braucht man ausgedehnte,
massive Speicher. Einige Waren verlangen besondere Anlagen,
so das Petroleum zylindrische Tanks, das Getreide Silos und
Elevatoren. Längs den Schuppen und Speichern laufen die
Gleise der Eisenbahn; die Binnenschiffahrt kann besondere
Bassins für ihre Kähne nötig haben, wo das Wasser weniger

tief und erregt ist[1]). So sieht in skizzenhaften Zügen das
Rüstzeug eines modernen Hafens aus, das er ebensowenig wie
eine genügende Fahrtiefe entbehren kann[2]). Wie sind nun
diese Erfordernisse in den verschiedenen Häfen der Nordsee
erfüllt? Im Schiffahrtsbetrieb sind Hamburg, Bremen und
Rotterdam dadurch vor den übrigen Plätzen der Nordsee bevorzugt, daß der geringe Wasserstandsunterschied es in allen
drei Städten erlaubt hat, die Hafenbecken frei an den Strom
zu legen. Emden kann aus der offenen Lage des Außenhafens
— der Binnenhafen, welcher durch eine Schleuse von der See
abgeschlossen ist, hat nur eine Tiefe von 6,5 m resp. 7 m[3]) —
nur sehr bedingt für sich einen Vorteil ableiten, denn die vielleicht erreichte bequemere Zuwegung wird in ihrem Vorzug
durch die Tatsache aufgewogen, daß die Schiffe im Außenhafen häufig durch den Wellenschlag bei stürmischem Wetter
das Löschgeschäft unterbrechen müssen[4]), was natürlich mit
Kosten an Zeit und Geld verknüpft ist. In Antwerpen leidet
die Schiffahrt wegen der Schachtelung der Becken unter der
durch die Dockanlagen hervorgebrachten Verkehrsbeschrän-
kung[5]). In Bremerhaven wird selbst der Leichterverkehr
weniger durch die Dockbecken berührt, als man annehmen
sollte. Hier werden für diesen Zweck, der langen Strecke
Bremerhaven-Bremen entsprechend, geräumige Kähne verwendet, deren Beladung an sich längere Zeit in Anspruch
nimmt, so daß die durch den Schleusenschluß erzwungene
Ruhelage voll ausgenutzt wird. Alle Häfen bemühen sich,
gemäß der Steigerung des Verkehrs die Fläche der Bassins
und der offenen Stromstrecken, welche für die Seeschiffe zugänglich sind, zu erweitern. Hamburg war mit Aufwendungen
hierfür seit der Eröffnung des Freihafens sehr zurückhaltend
gewesen. Das Gedränge der Fahrzeuge begann in der Mitte
der 90er Jahre die Sicherheit des Verkehrs empfindlich zu
bedrohen, doch jetzt haben die Anlagen am linken Ufer der

---

[1]) Aftalion a. a. O. S. 500.
[2]) Nauticus, Jahrbuch für Deutschlands Seeinteressen 1899, S. 201.
[3]) Fürbringer a. a. O. S. 403.
[4]) Vgl. Die Zeitungsfehde englischer Kapitäne im Fairplay, Dez. 1903.
[5]) Wiedenfeld a. a. O. S. 154.

Elbe auf Kuhwärder, die aus zwei Seeschiffshäfen, mit drei
mächtigen Schuppenreihen und einem für die Übernahme von
Kohlen bestimmten Kai bestehen, einigermaßen Abhilfe geschaffen [1]). Außerdem wird Vorsorge getroffen, die Hafenbecken der in die Wege geleiteten Vertiefung der Unterelbe
entsprechend auszugestalten.

In Bremen vollzog sich der Ladevorgang bis Ende der
80er Jahre im freien Strom. Dann jedoch ging Hand in Hand
mit der Unterweserkorrektion eine Ausgestaltung des eigentlichen Hafens. Auf den Ausbau des Hafenbassins, das für
den zollfreien Verkehr bestimmt ist, folgte die Ausschachtung
des sogen. Holz- und Fabrikhafens. Augenblicklich hat der
Schiffsverkehr schon den Tonnengehalt von 1 Million überschritten, d. h. das Maximum, auf welches die Hafenanlagen
berechnet sind [2]).

Eifrig hat die Bürgerschaft Bremens die nötige Erweiterung
in Angriff genommen, und schon Ende dieses Jahres wird
voraussichtlich das Bassin II des Freihafens dem Verkehr zur
Verfügung gestellt [3]). Den Emdener Hafen darf man, was
den Umfang anbetrifft, als ausreichend bezeichnen, wenn auch
öfters zu bestimmten Jahreszeiten eine Überfüllung bemerkt
worden ist [4]). Hollands Welthäfen sind als die im Verhältnis
zum Verkehrsumfang geräumigsten Häfen der Nordseegruppe
zu bezeichnen [5]). Zumal Rotterdam ist bestrebt, sich diesen
Ruf trotz des raschen Anschwellens des Verkehrs durch Vergrößerung der den Ozeandampfern zugänglichen Wasserflächen
zu wahren [6]). In Antwerpen hielt dagegen längere Zeit der
Ausbau des Hafens nicht Schritt mit seinem Aufschwung zum
zweiten Seehafen des Kontinents. Obwohl das Gedränge auf

[1]) Bericht der Handelskammer zu Hamburg 1904, S. 53. Über die
damaligen Übelstände Laux, Die Binnenhäfen Hamburgs u. moderne
Speicheranlagen dort. Ztschr. f. Binnensch. 1902, S. 113.

[2]) Bericht der Handelskammer zu Bremen 1902, S. 68.

[3]) Bericht der Handelskammer zu Bremen 1903, S. 74; 1904, S. 72.

[4]) Fürbringer a. a. O. S. 413.

[5]) Wiedenfeld a. a. O. S. 153.

[6]) Ysselsteyn a. a. O. S. 35—37, so noch 1904 Herstellung von
8,5 m Tiefe im Maashafen.

der Schelde zu Zeiten nicht viel ärger war als in Hamburg vor der Inbetriebnahme der Kuhwärderhäfen, so war dies für die Entwicklung Antwerpens doch bedenklicher, weil es seine Bedeutung zum großen Teil aus dem Anlaufsverkehr gewinnt und dieser weit empfindlicher gegen Mängel im Hafenbetrieb ist, als ein Verkehr, der im betreffenden Hafen Anfang und Ende findet. Antwerpen ist sich der ihm drohenden Gefahr wohl bewußt; durch den Bau des Südhafens, der 1903 fertig wurde, hat es einer Verschlimmerung seiner Lage vorgebeugt, und im gleichen Jahre hat die Stadtverwaltung 7½ Mill. Frs. für die Aushebung zweier neuer Bassins bewilligt [1]).

In der Ausstattung mit Ladeeinrichtungen, mit Absetz- schuppen und Hebezeugen stehen die Festlandshäfen ungefähr auf einer Stufe; nirgends fehlt es an festen oder beweglichen, mechanisch betriebenen Kranen, sei es unter Anwendung elektri- scher Kraft, wie überwiegend in Emden [2]) und neuerdings teil- weise in den holländischen Häfen [3]), oder hydraulischer An- lagen [4]), so in höchster Ausbildung in Bremen [5]), oder sei es mittels Dampfkraft, wie noch in einigen älteren Teilen des Hamburger Hafens vorherrschend, wogegen auch hier in den neueren Häfen und schon im Freihafen durchweg elektrischer Antrieb vorgesehen ist [6]). Nirgends muß man heute besondere Umschlagsvorrichtungen für den Getreide-, Kohlen- oder Pe- troleumtransport vermissen. Während sich noch vor einem Jahrzehnt in Rotterdam der Getreideverkehr ganz mittels Hand-

---

[1]) Chambre de commerce d'Anvers. Rapport ... 1903, S. 60.

[2]) Fürbringer a. a. O. S. 403.

[3]) In Amsterdam am Y-Kai, Jahresber. der Handelsk. zu Amsterdam 1903 (engl.), S. 54; in Rotterdam am I. Katendrechtsschen Hafen. Yssel- steyn a. a. O. S. 112.

[4]) Z. B. in Antwerpen auf den neuen Quais du Sud. Jahresber. der Handelsk. zu Antwerpen 1903, S. 60.

[5]) 70 hydraulische Kranen im Freibezirk (Uferkranen). Lehmann- Felskowsky a. a. O. S. 26; dagegen in Bremerhafen elektrischer Turm- kran für 150 t.

[6]) In den älteren Häfen: 448 fahrb. Kranen, davon 263 Dampf- betrieb, 84 elektrischer Antrieb mit 1—3 t Tragfähigkeit, außerdem größere Hebewerkzeuge bis 159 t; in den neueren Häfen allein 119 fahrb. elek- trische Portalkranen.

arbeit vollzog, bürgert sich jetzt auch dort mehr und mehr die Anwendung von Elevatoren ein. Erst vor kurzem hat eine Interessentenvereinigung für ihre Zwecke zwei schwimmende Elevatoren größter Leistungsfähigkeit in Tätigkeit gesetzt[1]). Kohlenkippern begegnet man in allen Häfen; auch Hamburg hat sich letztens diese technische Neuerung angeeignet, nachdem die Eisenbahnverwaltung lange mit ihrer Errichtung zögern mußte, bis endlich über die zur Kohlenüberladung verwendbaren Kaistrecken endgültige Anordnungen getroffen worden sind[2]). Das Petroleum erfordert besondere Umschlagsvorrichtungen, die indessen sowohl in Antwerpen und Rotterdam[3]) wie in den Elb- und Weserhäfen erfüllt sind. Hierbei mit der Ausnahme, daß Hamburg in seinem Petroleumhafen die Herrichtung von Tankanlagen versäumt hat, was dazu beigetragen hat, einen Teil des auf den Umschlag in den Bassinwagen basierten Petroleumsverkehrs nach dem in dieser Beziehung besser ausgerüsteten Harburg abzulenken[4]), wie andererseits die Einfuhr der Weserhäfen teilweise über die Tankeinrichtungen Geestemündes geleitet wird. Der Erztransport hat in den verschiedenen Häfen, welche auf denselben reflektieren, spezielle Anlagen hervorgebracht. Rotterdam hat sogar hierfür einen besonderen Hafen, den Poortershaven unterhalb von Maasluis, bereitet, in welchem eigenartige, gigantische Kranen die Erze in die Rheinschiffe umschlagen[5]). In Hamburg, Bremen und Rotterdam haben die neuen Hafenbauten so gelegt werden können, daß die Lagerhäuser zugleich dicht am Hafen und in der Nähe der kaufmännischen Kontore zu liegen kamen, daß also der Vorteil, den Amsterdam und Antwerpen genossen, ihnen nicht verloren ging. Überall ist

---

[1]) Ysselsteyn a. a. O. S. 109. Auch Emden kann sich einer solchen Einrichtung rühmen. Fürbringer a. a. O. S. 405.

[2]) Jahresber. der Handelsk. zu Hamburg 1904, S. 43. Nach Lehmann-Felskowsky a. a. O. S. 12 sind jetzt im neuen Kohlenhafen drei Kohlenkipper im Gebrauch, während Bremen einen Kohlenstürzkran wegen des Vorzugs größerer Schonung der Kohlen aufgestellt hat.

[3]) In Antwerpen Eröffnung neuer Anlagen 1903, in Rotterdam seit 1888 besonderer Hafen mit Tanks.

[4]) Dorn, Die Seehäfen des Weltverkehrs, 1891, Bd. I, S. 758.

[5]) Ysselsteyn a. a. O. S. 95 u. 111.

den hochwertigen Waren gegen die Unbilden der Witterung durch umfassende Lagerräume Schutz gewährt, insbesondere Bremen hat sich bemüht, und ist noch beschäftigt[1]), seine Schuppen und Speicheranlagen auszudehnen, da in den Weserhäfen die Lagergelegenheit eine größere Rolle spielt als in Hamburg, wo ein sehr großer Teil des Umschlags zwischen Schiff und Flußkahn direkt stattfindet. Von Rotterdam hieß es noch 1881 in der Schrift Havestadts: Die Wasser- und Landverbindungen Rotterdams: „In Ermangelung von ausreichenden Entrepôts auf den Kais bleiben die Güter, ähnlich wie in Antwerpen, oft tagelang in Schmutz und Regen, nur unter der schützenden Hülle von Teerdecken und alten Segeln — unter freiem Himmel liegen. " Vieles ist seitdem geschehen, aber noch jetzt findet man auf den Kais des nördlichen Ufers keine Schuppen. Die dort verkehrenden Schiffe, welche die regelmäßigen Verbindungen mit den Häfen der Nordsee unterhalten, müssen heute ebenso wie vor 25 Jahren ihre Ladung auf den offenen Kai absetzen[2]). Hierin ist die eine Ursache zu sehen, warum für hochwertige Güter oft Antwerpen dem Maashafen vorgezogen wird. Gleicherweise beruht der Fortschritt Bremens im Verkehr mit Baumwolle bei den Mengen, welche die Spedition beschäftigen, zum guten Teil auf der Vorzüglichkeit der hierfür vorhandenen Lagereinrichtungen, was sich besonders in der Konkurrenz mit Antwerpen fühlbar macht[3]).

Dem weiteren wichtigen Zweige der Hafenanlagen, dem Anschluß an das Hinterland, ist in allen nordwesteuropäischen Häfen die gleiche Sorgfalt zugewandt. Hamburg, Bremen, Emden, Amsterdam, Rotterdam, Antwerpen, haben alle in wenig

---

[1]) Bericht der Handelskammer zu Bremen 1903, S. 76.

[2]) Ysselsteyn a. a. O. S. 41.

[3]) Chambre de commerce ... Rapport ... 1903, S. 71: „Les importations (de coton) à Anvers sont rendues assez difficiles par le coût élevé du magasinage et surtout par la prime d'assurance contre incendie, qui est sensiblement plus élevée qu' à Brême", und Jahresbericht der Handelskammer zu Mannheim 1898, I, S. 30*. Die Ursache der Abnahme im Baumwollverkehr ... verkörpert sich zum größeren Teil in der Ablenkung nach Bremen, dessen Hafen wegen seiner vorzüglichen Einrichtungen von den deutschen Spinnern den Rhein-Seehäfen vorgezogen wird.

abweichendem Umfange ihre Hafenbecken mit den nötigen Gleisverbindungen versehen und auch Anlagen für den Anschluß der Binnenschiffahrt geschaffen, die im allgemeinen dem Bedürfnis entsprechen, wenn auch z. B. in Hamburg wegen der Enge der Häfen lebhaft über die Erschwerung der Bewegungsfreiheit der Binnenschiffe geklagt wurde [1]), welche die Platzspesen wesentlich verteuerte. Ich stelle nochmals fest, daß alle Häfen in der besprochenen Organisation des Hafenbetriebs im ganzen miteinander Schritt gehalten haben, daß jedenfalls kein Platz weit hinten den Konkurrenten zurückbleibt. Gerade die letzten Jahre haben in dieser Hinsicht solche Ausgleiche eintreten sehen, daß in der Gegenwart mit noch größerem Rechte, als es Wiedenfeld vor zwei Jahren tat, behauptet werden kann: „Daß sich keiner hoch genug über den durchschnittlichen Stand erhebt, um allein durch die Vortrefflichkeit der Anlagen Schiffe anzuziehen" [2]), daß auch bei keinem der etwaige Minderverkehr auf Mängel seiner Anlagen zurückgeführt werden muß.

β) Insbesondere Freihafen und Zollausschlüsse

In die Organisation des Hafenbetriebs kann unter Umständen die Handhabung der Zollaufsicht störend einwirken. Einerseits liegt es im Interesse des Kaufmanns, seiner Ware ein möglichst großes Absatzgebiet zu sichern, d. h. im Deutschen Reich, wo die Einfuhr in den freien Verkehr erhebliche Verteuerungen durch Zölle tragen muß, wird der Handel sich die Wahl vorbehalten wollen, die Güter nach der Lage des Marktes dem einheimischen Konsum zuzuführen oder bessere Absatzbedingungen in fremden Ländern auszunutzen. In allen deutschen Nordseehäfen ist diesem Bedürfnis Rechnung getragen. Hamburg und Bremen haben sich zollfreie Gebiete bei dem Anschluß an das deutsche Zollinland bewahrt, Emden erhielt im Oktober 1901 einen Freibezirk [3]). Die Bedeutung

---

[1]) Cords, Der Elbe-Travekanal und seine wirtschaftliche Bedeutung. Schmollers Jahrb. 1905, S. 247.

[2]) Wiedenfeld a. a. O. S. 150.

[3]) Fürbringer a. a. O. S. 404.

derartiger Exemptionen ist oft übertrieben worden. Ich habe
die relativ geringe Größe des Stapelverkehrs in den Nordseehäfen dargetan, damit ist das Vorhandensein der Freibezirke
zu einem Faktor zweiten Ranges für die Entwicklung des Seeverkehrs geworden [1]). Jedenfalls kann es die verschiedene Bedeutung der deutschen Plätze an der Nordsee nicht erklären,
da sie sämtlich denselben Vorteil genießen. Für Hamburg ist
geltend gemacht, daß die Sonderstellung als Freihafen [2]) ihm
in hohem Maße förderlich gewesen ist, ein Argument, welches
Wiedenfeld mit keiner Zeile gewürdigt hat. Im Hamburger
Freihafen hatten im Jahre 1899 83 Betriebe, welche ungefähr
10 000 Arbeiter beschäftigten, ihr Domizil aufgeschlagen. Wenn
man die Schiffswerften und einige andere Fabriken, welche aus
technischen Rücksichten dort ihren Standort gewählt hatten,
abzieht, blieben nur etwa 2500 Arbeiter übrig. Die Mehrzahl
dieser Betriebe bestand schon vor dem Beitritt der Hansestadt zum Zollverein. Vielleicht sehen nur die Fabriken, welche
Alkohol zu Likören und Spirituosen verarbeiten, in ihrer Lage
im Zollausschlußgebiet einen wirklichen Vorzug. Aber ich
muß mit Aftalion [3]) fragen: Besteht dieser Vorzug nicht überwiegend in der Möglichkeit, Spirituosen herzustellen, ohne mit
den Reichsgesetzen wegen Fälschung der geistigen Getränke
und Anwendung falscher Marken in Konflikt zu geraten? Der
Hauptgrund, weshalb die Verarbeitung im Freihafen keinen
größeren Umfang angenommen hat, liegt in der Tatsache, daß
den hier erzeugten Produkten der Absatz in das Deutsche
Reich versagt ist, da in diesem Falle der vielfach höhere Zoll-
satz des fertigen Produkts statt des Zolles für das Rohmaterial
entrichtet werden muß. Da wäre der Fabrikant genötigt, nur
für fremde Märkte mit dem ihnen anhaftenden größeren Risiko
zu arbeiten. Man begreift, daß er die Lage im Inland, wo
ihm der Absatz ins Binnenland offen steht, vorzieht. Ich kann
deshalb im Freihafen Hamburgs keine wesentliche Begünstigung

---

[1]) Aftalion a. a. O. S. 196.

[2]) Der Unterschied vom Freibezirk ist zollgesetzlicher Natur. Im
Freihafen darf eine Verarbeitung der lagernden Waren und Industrie-
betrieb stattfinden, während der Freibezirk nur Verkehrszwecken dient.

[3]) Aftalion a. a. O. S. 194/95.

desselben erblicken. Ihren Wert erlangen die Zollausschlüsse
vorzugsweise durch die bequemere Gestaltung der Zollaufsicht.
Dasselbe Ziel ist aber auch in den ausländischen Häfen erreicht. Holland, das nur noch Finanzzölle erhebt, und sich
die Pflege des Transits sehr angelegen sein läßt, richtet sich
im allgemeinen bei der Zollbehandlung nach den Schiffspapieren
und begnügt sich, deren Zuverlässigkeit durch Stichproben
festzustellen. In Belgien sind die Behörden bestrebt, die
Härten der Aufsicht, die wegen des Zollschutzes der eigenen
Industrie auftreten, mit Rücksicht auf die Durchfuhr zu mildern.
In Antwerpen leidet der Schiffsverkehr umsoweniger unter der
Kontrolle, als der größte Teil der Ladung zuerst auf die Kais
entlöscht, auf diesen, nicht an Bord der Schiffe, zollamtlich
untersucht wird. Die Ufer der Schelde sind durch Gitter nach
dem Lande zu abgegrenzt, hinter denen auch bei Dunkelheit
die Schiffe Ladung einnehmen und abgeben können. Man muß
berücksichtigen, daß ein etwaiger Vorzug Hamburgs hinsichtlich der Zollaufsicht nicht einmal voll zur Geltung gelangt,
weil bisher geeignete Lösch- und Ladestellen im Zollinland
fehlten. Nach den Stationen der Oder und der übrigen östlichen Wasserstraßen kann die Verladung der Güter nicht mit
sogen. Verschlußkähnen vorgenommen werden, was zur Folge
hat, daß alle zollpflichtigen Güter einzeln durch Schuten von
den Abladestellen im Freihafen geholt werden müssen, um
dann im Zollinland den betreffenden Kähnen zugeführt zu
werden [1]). Unter Berücksichtigung aller dieser Verhältnisse
behaupte ich, daß in der Handhabung der Zollaufsicht die
deutschen und ausländischen Häfen einander ziemlich nahe
gerückt sind [2]), somit die Zollausschlüsse der ersteren oder
gar der Freihafen Hamburgs für Verschiedenheiten der Entwicklung nicht verantwortlich zu machen sind.

---

[1]) La u x, Die Binnenhäfen Hamburgs . . . Ztschr. f. Binnensch. 1902,
S. 113.

[2]) Wiedenfeld a. a. O. S. 163.

γ) Die Hafenabgaben bezw. die Platzspesen

Die Gunst und Ungunst des Hafenbetriebs setzt sich in eine Beschleunigung oder Verlangsamung, d. h. Verbilligung oder Verteuerung des Transportgeschäfts um und baut sich zum guten Teil auf den unabänderlichen Bedingungen der natürlichen Lage und der historischen Entwicklung auf. Demgegenüber tritt denn auch tatsächlich die von den Interessenten wohl gelegentlich in den Vordergrund gerückte Frage der Hafenabgaben zurück[1]. Die letzteren sind der finanzielle Niederschlag, durch welchen hauptsächlich in der Beschaffenheit der Zufahrt und der Hafeneinrichtungen der Preis des Transports berührt wird. Die eigentlichen Hafenabgaben, ich meine die Abgaben für die Benutzung der Fahrstraße und den Liegeplatz, könnten nur, wie überhaupt der Zustand derselben, dessen finanzielle Funktion sie ja sind, indirekt durch Anregung seewärtiger Verbindungen auf den Güterverkehr eines Platzes wirken. Daß indessen sogar dieser mittelbare Einfluß der Hafenabgaben unwahrscheinlich ist, soll kurz dargelegt werden. Wo der Staat für eine genügende Fahrstraße gesorgt hat, da hat er in den meisten Fällen auf eine spezielle Entgeltlichkeit verzichtet. Holland hat den Nordseekanal Amsterdams und Rotterdams Neuen Wasserweg der Schiffahrt gebührenfrei zur Verfügung gestellt; ebenso verzichtet Belgien auf jedes Entgelt für die Befahrung der Schelde. Dem bremischen Staate ist durch Gesetz vom 5. April 1886 die Erlaubnis erteilt worden, entgegen der Reichsverfassung eine reine Schiffahrtsabgabe zu erheben, bis die für die Korrektion der Unterweser verausgabten Kosten getilgt sein werden. Und tatsächlich entrichtet jetzt jedes Schiff über 300 cbm Raumgehalt 10 Pfg. per 1 cbm für die Befahrung der Außenweser, die gleiche Gebühr auf der Strecke Bremerhafen-Bremen. Wenn erst die geplante, großzügige Vertiefung der Unterelbe zur Ausführung gelangt sein wird, wird wahrscheinlich Hamburg den gleichen Weg zur

---

[1] Wiedenfeld a. a. O. S. 168.

Aufbringung seiner Kosten einschlagen [1]). Die Gebühren für
den Lotsen, welche allenthalben zu entrichten sind, variieren
nach dem Tiefgang des Schiffes und der Länge des zurückzu-
legenden Weges, wobei nur die Höchstsätze von Staats wegen
normiert sind. Die Preise der Schleppkraft, welche Segelschiffe zur Überwindung der Zufahrtsstraße brauchen, schwanken
mit dem Verhältnis von Angebot und Nachfrage. In Hamburg
und Bremen bezeichnen die Konnossemente gewöhnlich den
Hafen selbst als Bestimmungsort, so daß ein etwaiger Auf-
wand für die Verwendung von Leichtern dem Frachtführer zur
Last fällt. Überall, wo der freie Strom zum Ladegeschäft benutzt werden kann, erhebt die Hafenverwaltung eine allgemeine
Hafenabgabe, Tonnengeld oder wie sie sonst genannt sein mag,
so in Hamburg in der Regel 10 Pfg., bei einigen minder-
wertigen Gütern 5 Pfg. für jede Nettoregistertonne Schiffsraum; in Bremerhaven 3—7 Pfg. für kleinere Fahrzeuge,
30 Pfg. für Dampfer über 6800 Registert., in Bremen 3 bis
7 Pfg. per 1 cbm des Nettoraumgehalts [2]), in Rotterdam
3³/₄ Cts., in Amsterdam 4¹/₃ Cts. für dieselbe Einheit. Wird
der Kai benutzt, so ist außerdem in Hamburg eine abgestufte
Abgabe zu zahlen, desgleichen in Antwerpen eine Kajen- oder
Dockgebühr. Dagegen ist es üblich, den regelmäßigen Linien
in allen Häfen bestimmte Liegeplätze gegen feste Jahres-
zahlungen in Pacht zu geben [3]). Möglicherweise müssen die
Schiffe zur Einnahme von Ladung noch innerhalb des Hafens
verschleppt werden, was die betreffenden Kosten erhöht. Es
sind somit in den Kosten, welche das Anlaufen eines Hafens
dem Seeschiff verursachen, eine Anzahl Faktoren enthalten,
welche sich der genauen Feststellung entziehen. „Eine entscheidende Bedeutung für die Verschiedenheiten der Verkehrsstellung der Nordseehäfen ist aber den Abgaben in ihrer

---

[1]) Mitteilung des Senats über die vorläufigen Vertiefungsarbeiten
vom 28. April 1902.

[2]) Aftalion a. a. O. S. 517. (1 cbm = 2,83 Registert.)

[3]) So in Hamburg die Hamburg-Amerikalinie (Kaiser-Wilhelmhafen,
Ellerholzhafen), Levantelinie (Petersenkai), Woermannlinie u. Ostafrikalinie.

heutigen Gestaltung nicht beizumessen" [1]). Mit dieser Wertung stimmt überein, wenn die Interessenten des Manchester-Seeschiffkanals, die über die Höhe der Liverpooler Hafengebühren nicht genug stöhnen konnten, schließlich zugaben, daß eine Ermäßigung der Tarife auch nicht einen einzigen Baumwollballen mehr nach Liverpool führen würde [2]). In gleicher Richtung sagten vor der Londoner Hafenuntersuchungs-kommission Sir A. Jones (Elder, Dempster and Co.) und Sir Th. Sutherland (Peninsular and Oriental) aus, als sie erklärten, daß die Möglichkeit einer schnellen Ent- und Beladung, die Organisation des Hafenbetriebs wichtiger sei als die Höhe der Hafenabgaben [3]). Damit soll nicht geleugnet werden, daß im einzelnen Fall, zumal wenn ein Hafen nur als Zwischenstation in Betracht kommt, die Verschiedenheit der Abgaben eine Reederei bestimmen kann, einem konkurrierenden Hafen den Vorzug zu geben, so wie der Norddeutsche Lloyd mit Antwerpen gegenüber Rotterdam verfahren ist. Es ergab sich [4]), daß die Kosten des einmaligen Anlaufens für die Schiffe der Preußenklasse (5000 brutto Registert.) betrugen in Antwerpen 119,30 Mk., in Rotterdam 2750 Mk., für die Schiffe der Prinzenklasse (6200 brutto Registert.) 166,65 resp. 3000 Mk. Man darf diese Differenz nicht, wie Murken will [5]), als die Folge kurzsichtiger Fiskalität Rotterdams ansehen, da der holländische Hafen nur bestrebt ist, seine Selbstkosten einzubringen; sondern sie ist die Wirkung der Vergünstigung, welche die belgische Regierung dem Norddeutschen Lloyd gewährt [6]); ähnlich, wie die hamburgischen Behörden versucht haben, durch Herabsetzung des Tonnengeldes um die Hälfte für die vom Rhein kommenden Schiffe, die in einem ausländischen Hafen ihre Ladung aus Beischiffen überladen müssen, die Wettbewerbsfähigkeit der dortigen Linien nach dem Rhein

---

[1]) Wiedenfeld a. a. O. S. 174.

[2]) Bindewald, Binnenwasserstraßen und Eisenbahnen zwischen Manchester und Liverpool. Archiv für Eisenbahnwesen 1902, S. 864.

[3]) Zitiert bei Wiedenfeld a. a. O. S. 175.

[4]) Drucksachen des Reichstags 1897/98, Bd. II, S. 1495.

[5]) Murken a. a. O. S. 14.

[6]) Jahresbericht der Handelskammer zu Mannheim 1898, I, S. 326.

mit den zwischen London und dem Rhein verkehrenden Schiffen zu stärken. Allein kein Sachverständiger betrachtet diese Maßregel als Grund des Erfolges, den Hamburg im Verkehr mit den deutschen Rheinhäfen zu verzeichnen hat. Vor einer Überschätzung der Abgaben warnt ferner der Umstand, daß sie nicht einmal den größeren Teil der Hafenkosten (allem Anscheine nach) ausmachen, sondern zum Teil schon von den Löschungskosten erheblich übertroffen werden[1]). Ist man danach zu der Annahme berechtigt, daß die Abgaben, welche der Frachtführer zu tragen hat, im allgemeinen nicht die seewärtigen Verbindungen eines Hafens beeinflussen, wie verhält es sich dann andererseits mit den Umschlagskosten, welche das Gut bis zum Transport in das eigentliche Binnenbeförderungsmittel direkt belasten? Werden für das Ladegeschäft die behördlichen Vorrichtungen und Arbeitskräfte verwendet, so richtet sich der Preis nach stark ins einzelne gehenden Tarifen. Jede besondere Hilfeleistung, wie z. B. die Gestellung der Kranen, ist überall besonders zu bezahlen. Berücksichtigt man ferner die für die einzelnen Güter verschiedenen Kosten des lokalen Transports und der Lagerung, die mit der Zeit und den Arbeitslöhnen wechseln, so erhellt, daß hier die Möglichkeit eines ziffernmäßigen Vergleichs aufhört. Wir sind bei der allgemeinen Gegenüberstellung darauf angewiesen, auf den Zustand der Hafeneinrichtungen zurückzuverweisen, von denen doch die Kosten des Umschlags abhängig sind; und wir haben gesehen, daß die einzelnen Häfen in dieser Beziehung auf einer Stufe stehen, sind also zu dem Schlusse berechtigt, daß auch die Umschlagspesen nur unwesentlich voneinander abweichen werden. Das schließt nicht aus, daß wegen der Differenz der Platzkosten in speziellen Fällen Sendungen über einen anderen Hafen dirigiert werden. Allein solche Ausnahmen, denen wir später vielleicht noch begegnen werden, bestätigen nur die Regel, wie denn auch in der erwähnten englischen Kommission kein Reeder in der Lage war, brauchbare Vergleiche anzustellen[2]).

---

[1]) Wiedenfeld a. a. O. S. 174.
[2]) Wiedenfeld a. a. O. S. 173.

d) Die Organisation der Schiffahrt

Die Bedeutung leistungsfähiger Schiffahrtsverbindungen liegt bei den Nordseehäfen nicht in ihrem Einfluß auf die Billigkeit der Fracht, denn dieselbe ist ja für alle Häfen im ganzen als gleich hoch anzunehmen. Hinsichtlich der Sicherheit des Transports, die sich in einer höheren Versicherungsprämie äußern würde, ist gleichfalls kein Unterschied anzunehmen. Schnelligkeit und Regelmäßigkeit sind also die alleinigen Mittel, durch welche die Organisation der Schiffahrt auf die Verkehrsentwicklung der Häfen einwirkt. Aftalion bemerkt richtig: „La flotte marchande .. fait aussi bien que les installations maritimes, partie de l'outillage des ports qui   reçoivent aussi une extension artificielle, et sont comme prolongés jusque dans les régions les plus éloignées" [1]). Ist es schon schwierig, im speziellen Fall auseinanderzuhalten, inwieweit der Zustand des Hafenbetriebs, der Fahrstraße u. s. f. die Ursache eines vermehrten Verkehrs war, oder ob er nicht vielmehr als dessen Folge anzusprechen war, so vergrößern sich die Schwierigkeiten bei der Ausweitung der seewärtigen Verbindungen. Die bestehenden Linien sind nicht nur das Ergebnis eines bisher indirekt oder gelegentlich bewirkten Güteraustausches; sie tragen andererseits wieder zur weiteren Hebung des Verkehrs bei. „Es entsteht eine Wechselwirkung zwischen dem Anwachsen des Austauschbedürfnisses und der Verbesserung der Austauschmittel, wobei nicht mehr auseinandergehalten werden kann, was an dem Endergebnis dem einen, was dem anderen Faktor zuzurechnen ist" [2]). Noch vor einem halben Jahrhundert war regelmäßig der Schiffahrtsbetrieb an den Handel geknüpft; damals war der Verkehr abhängig von der Blüte der Reederei in dem betreffenden Hafenplatze. Nun bildet aber schon lange der Schiffahrtsbetrieb den Gegenstand eines selbständigen Gewerbes. Damit hat die Reederei aufgehört, den Maßstab für die Verkehrsbedeutung eines Platzes zu bieten. Schon Roscher [3])

[1]) Aftalion a. a. O. S. 522.
[2]) Wiedenfeld a. a. O. S. 180/81.
[3]) Roscher-Stieda, Nationalökonomie des Handels und Gewerbfleißes, 7. Aufl. S. 563.

konstatierte im kleinen an dem Beispiel von Liverpool und Manchester, daß Seehandel und Reederei nicht immer parallel gehen. Wo aber, wie in Bremen, 60 % des angekommenen Schiffsraumes die heimische Flagge führt, gegen nur 38 % in Hamburg [1]), da können wir nicht umhin, der Reederei einen Anteil an der Verkehrsentwicklung zuzuschreiben; die große Schiffahrtsgesellschaft des „Norddeutschen Lloyd" und die „Hansa" dirigieren beträchtliche Frachtmengen auf Bremen [2]). Es kommt aber vor, daß die Schiffe einer Reederei nicht einmal im Jahr den Heimatshafen anlaufen, und für ihn nicht die geringsten Transportdienste verrichten. Daher ist die Zahl der von einem Hafen aus unterhaltenen regelmäßigen Schiffahrtsverbindungen ein weit sichereres Kriterium des Problems, inwieweit die Organisation der Seeschiffahrt den Verkehr über die verschiedenen Häfen begünstigt. Sogleich ist festzustellen, daß sich hier seit einem Menschenalter die Sachlage völlig umgestaltet hat. Während noch im Jahre 1870 allein die englischen Häfen London und Liverpool nach allen Seiten hin regelmäßige Dampfschiffahrtslinien ausstrahlten, auf dem Festland dagegen die drei Häfen im Mündungsgebiet des Rheins ohne jede feste Überseeverbindung waren und Hamburg sowie Bremen sich auf Verbindungen mit der Europa zugewandten Küste Amerikas beschränkten, sind Antwerpen und Hamburg den englischen Rivalen durchaus ebenbürtig geworden; auch die übrigen Häfen unserer Gruppe haben ihre regelmäßigen Verbindungen stark über den damaligen Stand ausgedehnt. Wiedenfeld hat versucht, die wöchentlichen Verbindungen nach Übersee zusammenzustellen und er kommt für unsere Gruppe zu folgendem Ergebnis 1901:

	von Hamburg	Bremen	Amsterdam	Rotterdam	Antwerpen
nach der Ostküste Nordamerikas	4½—5¼	3—4	½	3—4	4½—5
dem amerikanisch. Mittelmeer	2	1	½	—	2—3

---

[1]) Aftalion a. a. O. S. 580.
[2]) Aftalion a. a. O. S. 580: c'est la flotte de Brême qui apporte à son port d'attache le trafic le plus considérable.

	von Hamburg	Bremen	Amsterdam	Rotterdam	Antwerpen
nach der Ostküste Süd-					
amerikas	4—5	1½	—		4—6
der Westküste Ame-					
rikas .	1	—	—	—	1
Afrika	3½	¾	½	1¼	2
Vorderindien	¾	1	—	—	2
Hinterindien .	¼	¼	1—2	½	⅓
Ostasien	1	½—¾	—	¼	2
Australien	¾	¾	—	—	1½

Nur sehr selten läßt sich nachweisen, daß der Mangel an geeigneten Schiffahrtsverbindungen die letzte Ursache einer ungenügenden Entwicklung des Verkehrs ist. Gewiß, das Fehlen der überseeischen Verbindungen ist ein Grund für die unbedeutende Stellung Emdens im Seeverkehr. Doch warum hat der Norddeutsche Lloyd, welcher in Emden eine Niederlassung begründen wollte, seine Rechte an die Hamburg-Amerikalinie abgetreten? Wohl in erster Linie, weil er mit der Bereitstellung seiner Schiffe allein noch keinen Verkehr ablenken kann und im Gegenteil regelmäßig den Verkehr um seiner Rentabilität willen aufsuchen muß, wo er sich am bequemsten vollzieht. Daher ist in der Ausdehnung der Schiffahrtslinien meistens ein Symptom für die Verkehrsstellung zu erblicken, nur ausnahmsweise eine Ursache. In dieser Anschauung dürfen wir uns nicht durch die Klagen der Interessenten irre machen lassen, die ja gewöhnlich sehr rasch mit einer genehmen Ursache bei der Hand sind [1]). Eine Ausnahme machen allerdings in gewissem Sinne die hochwertigen Güter, die des eventuellen Zinsverlustes halber schleunige Beförderung erheischen. Die zu diesem Zwecke geeigneten Schiffe stellen eine so riskante und umfangreiche Kapitalanlage dar, daß über solche Dampfer verfügende Seeplätze in dieser oder jener Verkehrsrichtung leicht ein faktisches Monopol besitzen, wäh-

---

[1]) Z. B. wenn die Handels- und Gewerbekammer von Amsterdam wiederholt das Fehlen regelmäßiger Verbindungen mit den Einfuhrländern für die abnehmende Bedeutung Amsterdams als Getreidemarkt gegenüber Rotterdam verantwortlich macht. Report ... 1903, S. 100; 1900, S. 83.

rend bei gewöhnlichen Massengütern die Schnelligkeit der Beförderung nicht ausschlaggebend ist. Die einmal erworbene Überlegenheit im Transportdienst, die nach der obigen Tabelle Antwerpen aufweist [1]), ist Anlaß, daß es für die hierfür empfänglichere hochwertige Ausfuhr deutscher Industrieprodukte gegenüber Rotterdam von den Exporteuren bevorzugt wird. Nun haben die beiden Hansestädte mit Hilfe der neuzeitlichen Technik ein Mittel gefunden, um sich ihre erlangte Position, das Übergewicht in den seewärtigen Verbindungen, zu erhalten, ja den Radius ihrer verkehrswirtschaftlichen Wirksamkeit auszudehnen, ich meine die Organisation der Seeschleppschiffahrt. Beide Städte haben eine große Anzahl regelmäßiger Verbindungen mit den Nachbarhäfen, mit der Ems, dem Rhein, seit der Eröffnung des Nord-Ostseekanals mit der deutschen Ostseeküste, den Häfen des finnischen Meerbusens und des südlichen Schwedens, durch Seeleichter ins Leben gerufen, welche als vortreffliche Zubringer und Verteiler für ihre entwickelten Schiffahrtslinien hervorragende Dienste leisten. Sie haben dadurch unbestrittenermaßen die selbständige Verkehrsentwicklung Emdens bis jetzt vereitelt und auch größtenteils die deutschen Ostseestädte von der Errichtung direkter Schiffahrtsverbindungen mit überseeischen Gebieten abgehalten. Mit einiger Berechtigung kann man hierin das Wiederaufleben des schon überwunden geglaubten Stapelverkehrs unter Anpassung an die neue Zeit sehen. Besonders Bremen verdankt ihm die Möglichkeit zum Teil, die alte Stellung im Weltverkehr soweit zu behaupten, wie es ihm tatsächlich gelungen ist [2]). Bei einem, wie nachgewiesen wird, sehr beschränkten natürlichen Hinterland war Bremen darauf angewiesen, die Güter für die Seeschiffahrt von den benachbarten Küsten und dem Elbgebiet heranzuziehen. Die Küstenschiffahrt von der Weser aus und namentlich die zur Elbe hat infolgedessen stets eine besondere

---

[1]) Revue d'économie politique 1904, p. 786: La Part de l'Allemagne ... dans le trafic d'Anvers ... E ... R ...

[2]) In Bremen ist man sich dessen wohl bewußt: Der Staat hat alle von Bremen nach Emshäfen oberhalb Emdens und umgekehrt auf dem Seewege beförderten Waren von der Unterweserabgabe befreit. Jahresbericht der Handelskammer zu Duisburg 1900, S. 16.

Bedeutung gehabt[1]). Jedoch erst in den 90er Jahren ist die
Leistungsfähigkeit der Seeleichter auf einen Stand gebracht,
der den Anforderungen hinsichtlich Sicherheit und Billigkeit
entsprach. Die Seetüchtigkeit der Fahrzeuge hat eine erhebliche Steigerung erfahren, so daß sie nicht, wie Fitger[2]) noch
1902 meint, mehr unbedingt auf gutes Wetter angewiesen sind.
Da sie nur einer kleinen Besatzung bedürfen, und nicht selbst
navigiert werden, kann fast der ganze Raum mit Ladung voll-
gestopft werden. Infolgedessen entspricht ein Raumgehalt von
1300 Registert. brutto, welchen Inhalt die neuesten Seeleichter
erreichen, der hohen Tragfähigkeit von ca. 2000 t. Dem entsprechend stellen sich die Selbstkosten des Transports außerordentlich niedrig, so daß die Entwicklung seit 1896 wohl
erklärlich ist: Nach der Statistik des Deutschen Reiches waren
an Seeleichtern vorhanden:

	1896		1900	
	Zahl	Rgt. brutto	Zahl	Rgt. brutto
in deutschen Häfen überhaupt	136	31 761	178	53 468
„ Bremen	80	21 474	102	31 386
„ Hamburg	51	9 721	58	19 933

Um einer Überschätzung des durch den Seeschleppdienst
vermittelten Verkehrs vorzubeugen, will ich daran erinnern,
daß er sich im Rahmen des Stapelverkehrs bewegt, dessen
enge Grenzen ich eingangs dargelegt habe. Für Hamburg
und Bremen ist er relativ unerheblich, aber seine Haupt-
wirkung besteht darin, die übrigen deutschen Seestädte in
verkehrswirtschaftlicher Abhängigkeit von ihnen zu halten,
eine Wirkung, die später bei den Ostseestädten genauer zu
behandeln ist. Ist somit die Bedeutung der Organisation der
Schiffahrt im Seeleichterverkehr nicht ganz von der Hand zu
weisen, so muß ich andererseits für die Gegenwart jeden maßgebenden Einfluß der transatlantischen Personenbeförderung
auf den Güterverkehr der betreffenden Häfen leugnen, der
noch vereinzelt ernsthaft behauptet wird. Ich will natürlich

---

[1]) Intern. Schiffahrtskongreß 1902, Abt. II. 2. Frage: Verkehr mit
Seeprähmen: G. de Thierry.

[2]) Fitger, Die wirtschaftliche und technische Entwicklung der Seeschiffahrt 1902, S. 46.

nicht bestreiten, daß der gewaltige Auswandererstrom, der über Bremen und Hamburg hauptsächlich in die Neue Welt flutet[1]), früher von außerordentlicher Tragweite für die beiden deutschen Nordseehäfen gewesen ist. Indem die Millionen Europamüder über die deutschen Häfen die Wanderung über den Ozean antraten, gaben sie der deutschen oder vielmehr der Hamburger und Bremer Reederei Kapitalien, um erst Segelschiffe hervorragender Güte, dann Dampfer von stetig wachsendem Wert zu erbauen. Zugleich boten sie den heimkehrenden Schiffen Gelegenheit, überseeische Waren, namentlich amerikanische, zu niedrigen Frachten zurückzubringen; namentlich der Tabakhandel Bremens ist auf diese Weise wesentlich gefördert worden[2]). In der Folgezeit hat die Steigerung des Personenverkehrs zu einer vollständigen Arbeitsteilung in der Schiffahrt Anlaß gegeben. Gewiß, dem starken Menschenverkehr ist es zu verdanken, daß die Hansestädte die schönsten und schnellsten Dampfschiffe aller Häfen nach Nordamerika laufen lassen können[3]). Aber die Schnelldampfer mit Geschwindigkeiten bis über 22 Knoten, welche die Personenbeförderung erst ermöglicht hat, dienen dem großen Güterverkehr nicht. Dieser stützt sich vielmehr auf die großen gemischten Fracht- und Passagierdampfer von 10—16 Knoten, sowie die reinen Frachtdampfer der großen Fahrt, welche die überwiegende Zahl der festen Seeverkehrslinien durch pünktliche und regelmäßige Verbindungen schaffen. Der Schnellverkehr übt heute hauptsächlich nur dadurch noch eine mittelbare Wirkung auf den Gütertransport aus, daß er vielleicht

---

[1]) Fitger a. a. O. S. 19. Im jährlichen Durchschnitt:

1861—70 von Hamburg 34 466,   1862—71 von Bremen 45 213 Pers.
1881—90 „ „ 90 889,   1882—91 „ „ 97 909
1891—1900 „ „ 60 041,   1892—1900 „ „ 61 379 „

[2]) Fitger a. a. O. S. 19; auch Nauticus, Jahrbuch 1899: Die Haupthäfen Deutschlands und ihr Hinterland, S. 197.

[3]) Nach Murken a. a. O. S. 40 wurden gelandet 1901 in New York:

1. durch den Norddeutschen Lloyd (Bremen)   91 207 Passagiere
2. die Hamburg-Amerika-Linie (Hamburg)   83 747
3. Red-Star-Line (Antwerpen)   39 034
4. Holland-Amerika-Linie (Rotterdam)   31 561

einen Hafen zur Anlage einer leistungsfähigen Zufahrt und inneren Ausrüstung durch deren intensivere Ausnutzung in den Stand setzt.

2. Die Organisation des Handels

Die Trennung, welche wir in der Gegenwart zwischen dem Handel und der Reederei als bereits verwirklicht konstatieren müssen, hat sich nicht auf diesen Zweig der Verkehrsorgani-sation beschränkt, sondern sie hat sogar begonnen, die gesamte Verkehrsstellung der Seehäfen zu erschüttern. Den Großhandel beherrscht in seiner Geschäftsführung ein ausgeprägter Kon-servatismus, der in dem straffen Festhalten alteingelebter Ver-bindungen zum bezeichnenden Ausdruck gelangt. Tritt zum wenigsten im Güterverkehr die Eigenart der Schiffahrtsunter-nehmung bei der Wahl des Verladers hinter den sachlichen Momenten der Billigkeit und Schnelligkeit zurück, so ist da-gegen „die Abwicklung eines großzügigen Handelsgeschäfts dermaßen auf das Vertrauen von Person zu Person begründet, daß es schon sehr erheblicher Vorteile bedarf, wenn ein Neu-ling sich in lang bestehende, von gegenseitiger Kenntnis ge-tragene Beziehungen einschieben will" [1]). Der Eigenhandel der Seehäfen, welcher früher für ihre verkehrliche Wettbewerbs-stellung allein maßgebend war, wird also noch heute eine wichtige Stütze der letzteren sein. Aber unverkennbar ist die Bedeutung des damals entscheidenden Faktors in der Abnahme begriffen. „Der Seehafen ist, was die Verteilung der Güter anlangt, in eine sekundäre Stellung eingetreten" [2]), so sagte schon vor fast 20 Jahren der Syndikus der Bremer Handels-kammer. Gerade die Ausbildung des modernen Verkehrswesens hat diese Entwicklungstendenz verstärkt. An die Stelle des ge-brochenen Verkehrs schiebt sich immer mehr der durchgehende Verkehr. Die großen Transportunternehmungen, vor allem die Eisenbahnen und Dampfergesellschaften, kommen zu Ver-einbarungen, die eine Reihe von Zwischenpersonen beim Über-

---

[1]) Wiedenfeld a. a. O. S. 268/69.
[2]) Marcus, Die Seehäfen im heutigen Weltverkehr, 1886, S. 11.

gang des Transports in den Bereich einer anderen Verwaltung überflüssig machen. Während sich früher der Handelsabschluß immer nur auf die Ware allein bezog, der Bezieher mithin die Fracht, die Versicherung und sonstigen Spesen nebenher kalkulieren mußte, ist ihm jetzt in einer Reihe von Geschäftszweigen, in den sogen. Kostfrachtgeschäften, die Möglichkeit geboten, Preisberechnungen unter Einschluß der Fracht und Kosten, sowie unter Umständen auch der Versicherung zu erhalten. Diese beiden Umstände zusammen mit der großartigen Entfaltung des Nachrichtendienstes haben in vielen Fällen die Veranlassung gegeben, daß im Binnenlande selbst große Märkte entstanden sind, welche ebenbürtig neben diejenigen der Hafenplätze traten. Ja oft sind auch jene entbehrlich geworden, weil der Konsument infolge der Verringerung der ökonomischen Entfernung durch Post und Telegraph leicht mit dem überseeischen Produzenten selbst sich in Verbindung setzen konnte. Demgemäß „liegt das Schwergewicht der eigentlichen Handelstätigkeit fortan weniger in den mit der Warenbewegung zusammenhängenden Aufgaben, als in dem Abschlusse des Geschäfts und dessen scharfer Berechnung im Hinblick auf die Verhältnisse des Weltmarkts" [1]). Daraus folgt für den Seehafen, daß sein Eigenhandel dem Kommissionsgeschäft und der Spedition weichen muß. Schließlich wird sogar durch die Versendung mittels direkter See-Flußkonnossemente und die Erstellung zusammenhängender Eisenbahn-Seetarife der Spediteur ausgeschaltet. Diese Erfahrung müssen alle Seeplätze mehr oder weniger an sich machen; am energischsten hat sich die obige Tendenz in den Rhein-Seehäfen durchgesetzt, vor allem in Rotterdam, welches jetzt überwiegend Transitplatz der für die deutschen Rheinstädte und ihren Eigenhandel bestimmten Gütermengen ist. Nicht in allen Geschäftszweigen hat sich die geschilderte Entwicklung vollzogen; sie wird begünstigt, falls es sich um Waren handelt, welche im Großbetrieb zum Verbrauche gelangen. Hier kann der Konsument sich am ehesten unter Umgehung aller Zwischenglieder an den Produzenten

---

[1]) Marcus a. a. O. S. 6; vgl. Landgraf, Die verkehrspolitische Mission Mannheims, S. 12/13.

wenden. Bei Gütern, welche wie die Verzehrungsgegenstände in kleineren Mengen konsumiert werden, wird der Hafenplatz leichter seine Stellung im Eigenhandel behaupten, ebenso bei Waren, die in ihrem Preise durch spezielle, nicht zu klassifizierende Eigenschaften maßgebend beeinflußt werden wie Wolle, oder bei Waren, bei welchen eine Fermentation vor sich geht, wie Tabak[1]). Im Laufe dieser Entwicklung hat Hamburg den Spiritusexport und Wollhandel sowie den Getreideimport fast ganz an Berlin verloren, nur in Kolonialwaren, besonders in amerikanischem Kaffee, in Kakao, Tee, Reis, Gewürzen, Häuten und Farbhölzern hat es einen kräftigen Eigenhandel bewahrt. Bremen kann sich seines Handels in Baumwolle, Petroleum, Tabak, Reis und tropischen Nutzhölzern rühmen. Amsterdam hat Weltmarktsbedeutung nur noch im Umsatz ostindischer Produkte, wie Zinn, Tabak, Kaffee, Kakao etc. In Rotterdam ist allein das Propregeschäft in Kaffee und Eisenerzen nennenswert. Der Eigenhandel des Scheldehafens schließlich umfaßt Kaffee, argentinischen Weizen und Häute derselben Provenienz, außerdem afrikanisches Elfenbein und Kautschuk des Kongostaats. Noch erheblich stärker ist die Handelsbedeutung der nordwesteuropäischen Häfen im Export zurückgetreten, dessen Leitung sie ganz an das Binnenland abgegeben haben. Ist somit die Bedeutung der Handelsorganisation für die Blüte der Seestädte ganz allgemein im Rückgang begriffen, so hat auch andererseits die nicht zu leugnende bevorzugte Stellung, welche manche Seehäfen für einzelne Importartikel im Eigenhandel inne haben, aufgehört, die Verkehrsstellung erfolgreich zu stützen. Es ist eine Tatsache, daß im kaufmännischen Kalkul die Transportspesen eine desto größere Bedeutung gewinnen, je mehr der Warenverkehr sich ausweitet, je mehr die Konkurrenz sich verschärft, je komplizierter und empfindlicher die Absatzverhältnisse sich gestalten[2]). Dem Geist der Rechenhaftigkeit, der das gesamte Wirtschaftsleben immer stärker durchdringt, kann auch der

---

[1]) Marcus a. a. O. S. 11/12.
[2]) Seidler u. Freund, Die Eisenbahntarife in ihren Beziehungen zur Handelspolitik, 1904.

Kaufmann am Seeplatze auf die Dauer nicht widerstehen. Er kann nur hoffen, seine Ware mit Vorteil abzusetzen, wenn er unter mindestens gleich günstigen Bedingungen arbeitet wie seine Konkurrenten am Nachbarhafen oder im Binnenland. So lange wie möglich wird er die von ihm gehandelte Ware über den Ort beziehen, wo er seßhaft ist; doch schon kleine Spesenunterschiede zwingen ihn heute, um seine Wettbewerbsfähigkeit zu erhalten, die Güter auf dem im Transport billigsten Weg zu befördern. Daher klingt es sehr unglaubwürdig, wenn der Syndikus der Dortmunder Handelskammer, Martens, behauptet, daß eine Menge von Fabrikaten der verschiedensten Art aus dem Hagener, Iserlohner und Siegener Gebiet einstweilen aus alter Gewohnheit immer noch über Ruhrort-Duisburg gehen, obwohl rechnungsmäßig bewiesen werden könnte, daß eine Verfrachtung über den Dortmund-Emskanal vorteilhafter sei[1]). Wahrlich, eine solche Macht des Herkommens in der Geschäftswelt der Rheinlande stände vereinzelt da. Überall finden wir das Gegenteil. Der Eigenhandel der Seestädte hat sich den Grundlagen des Verkehrs anschmiegen müssen, indem er in den begünstigteren Plätzen Filialen errichtete oder die Güter dort der Obhut eines Spediteurs anvertraute. Tatsächlich wird fast der ganze Verkehr der Deutsch-amerikanischen Petroleumaktiengesellschaft, welche in Bremen ihren Sitz hat, über Hamburg und Rotterdam geleitet, kommt also dessen Stellung und Seeverkehr gar nicht zu gute, wie schon Marcus 1882 konstatierte[2]). Ein weiteres Beispiel sei für Hamburg mitgeteilt. Sehr häufig ziehen die dortigen Importeure es vor, statt die aus Ostafrika bezogenen Ölsaaten über Hamburg den Rheinlanden zuzuführen, sie dorthin direkt über Rotterdam zu dirigieren[3]). Deshalb kann selbst dem noch bestehenden Eigenhandel nicht mehr die frühere Bedeutung für die Verkehrsstellung des einzelnen Hafens bei-

---

[1]) Martens, Die wirtschaftlichen Interessen von Rheinland und Westfalen und der Dortmund-Emskanal. Ztschr. für Binnensch. 1904, S. 416.

[2]) Protokoll über die Verhandlungen der für ... das Projekt einer Kanalisierung der Fulda gebildeten Kommission, 1882.

[3]) Jahresbericht der Handelskammer zu Mannheim 1890, I, S. 145.

gemessen werden [1]). „Die Seehäfen werden die Kreuzungs-
punkte, wo der Verkehr sich in verschiedenen Richtungen
abzweigt. Die Plätze, aus denen die meisten Radien gezogen
sind, haben als Häfen die größte Bedeutung. Die Radien
kann man in drei Arten einteilen: die Seelinien, die Bahnlinien
und die Linien für die Binnenschiffahrt" [2]). Den Verbindungen
mit dem Meere sowie der Handelsorganisation kann in ihrer
heutigen Gestaltung jedenfalls nicht die revolutionierende Wirkung auf das Stärkeverhältnis der Nordseehäfen zugeschrieben
werden, die wir eingangs nur flüchtig aber deutlich genug erkennen konnten. Hamburg, Antwerpen, Rotterdam und in
weitestem Abstand neuerdings Emden zeigen die gleiche gewaltige Verkehrsentwicklung. In der Schiffahrtsorganisation
kann sich Bremen mit Hamburg messen, während Antwerpen
und Rotterdam darin hinter ihnen zurückstehen, im Eigenhandel
übertreffen Bremen und Antwerpen die Elbestadt, ganz zu
schweigen von Rotterdam oder gar Emden. Es bleibt also
unsere Aufgabe, die gemeinsame Ursache der Verkehrsentwicklung in dem dritten Faktor zu suchen, der die Stellung der
Seehäfen beeinflussen kann, nämlich in den Beziehungen zum
Hinterland.

B. Die Ostseehäfen

1. Die Lage zum Weltverkehr

Nachdem die prinzipielle Bedeutung der einzelnen Faktoren
im vorigen Abschnitt bereits dargelegt ist, kann ich mich bei
den Ostseehäfen kürzer fassen und mich im wesentlichen auf
die tatsächlichen Verhältnisse beschränken.

Nach den in der Einleitung gegebenen Zahlen sank der
Anteil der Ostsee an der Schiffahrtsbewegung des Deutschen
Reiches von 43,7 % der Tonnage der eingelaufenen Seeschiffe
im Jahre 1883 auf 29,6 % 20 Jahre später. Ebenso klar
trat der einschneidende Unterschied hervor, wenn die einzelnen

---

[1]) Wiedenfeld a. a. O. S. 271.

[2]) de Jongh, Der Hafen von Rotterdam. VI. Intern. Binnenschiff-
fahrtskongreß 1894, 2. Frage, S. 8.

Häfen der Nord- und Ostsee ins Auge gefaßt werden; dort eine Steigerung der Tonnenzahl, welche für Hamburg und Bremen etwa das Dreifache erreicht, hier in vielen Plätzen ein Stillstand, so in den drei ostpreußischen Häfen Danzig, Königsberg und Memel, in anderen nur ein mäßiger Fortschritt, am bedeutendsten in Stettin, wo die Tonnage sich fast verdoppelt, allein auch im letzteren Fall zeigt sich, daß die Steigerung hauptsächlich auf den Zeitraum bis 1890 entfällt. Die von den Ostseehäfen geleistete Transportarbeit ist in ähnlichem Grade hinter dem Nordseegebiet zurückgeblieben. Der Grund liegt auf der Hand. Mit der wachsenden Bedeutung der großen Meeresflächen und der sie umgebenden Küsten sinkt naturgemäß die relative Wichtigkeit der kleineren geschlossenen Meere, wenn auch der absolute Verkehr sich hier vervielfältigen kann. Der transatlantische Verkehr in den deutschen Ostseehäfen ist minimal geblieben [1]), kaum 10 % nimmt er in der Warenbewegung Stettins ein, in Lübeck bildet er kaum 1 % der Tonnage der dort verkehrenden Schiffe, in Königsberg rechnet er nur nach Promille-Sätzen, Danzig gar verzeichnet nur zwanzig eingehende Schiffe im transozeanischen Verkehr am Ende der 90er Jahre. Hamburg und Bremen hingegen ziehen aus der Schiffahrt mit fremden Erdteilen $\frac{1}{2}$ resp. ungefähr $\frac{3}{4}$ ihres gesamten Verkehrs. Mithin beschränkt sich der Verkehr der deutschen Ostseestädte auf Beziehungen mit den Küsten der Ostsee wie der Nordsee, vorzüglich England. Haben wir schon bei den Häfen der nordwesteuropäischen Gruppe konstatiert, daß der Hinterlandverkehr es ist, der heute den einzelnen Häfen ihre Bedeutung und den Rückhalt gibt, so gilt dies hier in noch umfassenderer Weise. Kein baltischer Hafen kann einen nennenswerten Umschlagverkehr, eine Wiederausfuhr seewärts angebrachter Güter aufweisen. Selbst Lübeck hat nicht den geringsten Rest seiner mittelalterlichen Stellung als Hauptstapelplatz zwischen den Ostseeländern und dem übrigen Europa in die Gegenwart hinüber-

---

[1]) Aftalion a. a. O. S. 584. Dix, Die deutschen Ostseestädte und die Grundlagen ihrer wirtschaftlichen Entwicklung. Preußische Jahrbücher 1900, S. 480.

gerettet, Je mehr die nordischen Länder mit der Erhöhung
ihres allgemeinen Lebensstandes den Antrieb und die Mittel
gefunden haben, aus ihren lokalen Handelskreisen herauszu-
treten und sich den Zentren des großen Weltverkehrs zu
nähern, desto mehr haben sie direkte Handelsbeziehungen zu
den westlichen Industriestaaten ausgebildet, eine Tendenz, die
deutlich in der Ausbreitung der regelmäßigen Dampfschiffs-
linien nach dem Atlantischen Ozean zum Ausdruck kommt.
Die Ausschaltung des Zwischenhandels, die die Nordseehäfen
London gegenüber bereits durchgesetzt haben, ist nun auch
den deutschen Ostseeplätzen fühlbar geworden. Also allein
das Hinterland ist der Verkehrsträger, von dessen ökonomi-
schem Zustande das Schicksal der vorgelagerten Häfen bedingt
ist. Die erste Grundtatsache ist der überwiegend agrarische
Charakter dieses Hinterlandes. In Schleswig-Holstein, Mecklenburg, Pommern, Schlesien gehört mehr als ein Drittel, in
Westpreußen, Ostpreußen und Posen mehr als die Hälfte der
Bevölkerung der Landwirtschaft an [1]. Lübeck und Stettin
können an ein Binnengebiet anknüpfen, welches wenigstens
teilweise dem industriellen Deutschland, à la nouvelle Allemagne sagt Aftalion [2], zugeteilt werden kann, und hierin liegt
ein Grund der erfreulicheren Entwicklung dieser beiden Städte
gegenüber den ostpreußischen Häfen. Wie im einzelnen das
Hinterland der letzteren beschaffen ist, wie die Handelsbeziehungen Deutschlands mit seinem östlichen Nachbarn die
Lage der altpreußischen Häfen beeinträchtigt haben, ist erst
darzulegen, wenn die Beziehungen zum Hinterland untersucht
werden. Im Augenblick bezwecke ich nur, die Würdigung
der Meereslage auf das richtige Maß zurückzuführen. Wenn
die übrigen Bedingungen für das Gedeihen der baltischen
Häfen erfüllt wären, dann würden die paar Seemeilen längerer
Fahrt der Ausdehnung des Verkehrsbereichs nach Übersee nicht
hindernd im Wege stehen [3]. Bis jetzt hat indessen die geringe
Verkehrsintensität des Hinterlandes verhindert, direkte Ver-

---

[1] Dix a. a. O. S. 464.
[2] Aftalion a. a. O. S. 585.
[3] Wiedenfeld a. a. O. S. 344.

bindungen mit außereuropäischen Ländern auf die Dauer rentabel zu machen. Die einzige regelmäßige Dampferlinie, welche Stettin allein mit Nordamerika unterhielt, ist neuerdings durch den Mangel an Rückfracht so gut wie zum Erlöschen gebracht [1]). Soweit die nordischen Reiche nicht selbst den Verkehr mit Übersee in die Wege geleitet haben, liegt der Umschlagsverkehr vorwiegend in den Händen Hamburgs, wo er von dessen ausgedehnten westlichen Schiffahrtsverbindungen getragen wird. Insbesondere seit der Eröffnung des Nord-Ostseekanals im Jahre 1895 dringt der Elbehafen bedrohlich in den Ostseeverkehr ein. Von 1894—1900 steigt der Raumgehalt der in Hamburg im Ostseeverkehr einlaufenden Schiffe von 232 600 Registert. auf 480 200, d. h. um 106,4 %, gegenüber nur 29,3 % im Gesamteingang.

Es ist naheliegend, die neue Verbindung zwischen den beiden Meeren als letzte Ursache für die verstärkte Konkurrenz Hamburgs in der Schiffahrt der Ostsee anzusehen. Und sicher ist nicht richtig, daß man sagt, die Ostseehäfen würden durch den Nord-Ostseekanal in demselben, wenn nicht gar höherem Maße an die Nordsee gerückt, wie Hamburg an die Ostsee gerückt werde [2]). Das ist natürlich als geographisches Faktum unbestreitbar, aber verkehrspolitisch muß beachtet werden, daß der Kaiser-Wilhelmkanal Hamburg in den Stand setzte, sein kommerzielles und verkehrswirtschaftliches Übergewicht mittels Einrichtung eines ausgedehnten Seeleichterdienstes kraftvoller als je den Ostseestädten gegenüber zur Geltung zu bringen und

---

[1]) Jahresbericht der Vorsteher der Kaufmannschaft I, S. 60. Stettin 1903. Ein Hemmnis eigener Art ist übrigens zu erwähnen, nämlich das polizeiliche Verbot des Auswanderungsbetriebs. Unter den Vorwänden sanitärer Natur birgt sich wahrscheinlich die Besorgnis der Regierung, die Leutenot des agrarischen Ostens zu vermehren, indem man den dortigen Arbeitern einen Auswandererhafen vor die Tür setzt. Sei dem wie ihm wolle, auf jeden Fall bedeutet die Maßregel eine schwere Schädigung Stettins, ich brauche nur daran zu erinnern, in welchem Maße der Auswandererstrom durch die Möglichkeit, die Güterfrachten zu verbilligen, die Weserstadt früher in der Anknüpfung überseeischer Beziehungen unterstützt hat. Vgl. Dix a. a. O. S. 502/03.

[2]) Sartori, Der Nordostseekanal und die deutschen Seehäfen, 1894 S. 59.

ihnen die letzte Möglichkeit zu rauben, selbständig in den großen
Weltmeerverkehr einzugreifen.

Die Nordseestädte sind in verhältnismäßig kleinem Abstande
einem tiefen Hinterlande vorgelagert, treten deshalb für ausgedehnte Teile desselben in den Wettbewerb miteinander und
es war angebracht, sie insgesamt auf ihre Wettbewerbs-
bedingungen zu vergleichen. Anders bei den deutschen Hafenplätzen der Ostsee. Da dieselben über einen weitgestreckten
Küstensaum verstreut sind, und über weniger weit ins Binnenland reichende Beziehungen verfügen, ist eine Konkurrenz sämt-
licher deutscher baltischen Seestädte schlechterdings ausgeschlossen. Wir haben nach der Natur der Dinge eine westliche
Gruppe mit Lübeck und Stettin zu trennen von dem östlichen
Hafenkomplex, der außer Danzig, Königsberg und Memel in
gewisser Beziehung auch Stettin wieder mit umfaßt.

2. Die seewärtige Verkehrsstellung der westlichen Ostseestädte

Wird man zugeben müssen, daß unter den heutigen Verhältnissen die Meereslage der Ostseestädte nicht dazu angetan
ist, dem Stapelverkehr Hamburgs mit dem Ostseegebiet Abbruch zu tun, so muß es andererseits doch Befremden erregen,
daß Hamburg in jährlich zunehmendem Umfang einen Teil des
Verkehrs des deutschen Binnenlandes mit den nordischen
Reichen an sich reißt. Die Ausfuhr Hamburgs nach der Ostsee betrug 1897 504 000 t; von denen 20 % dem Elbhinter-
land entstammten; umgekehrt entfielen von der 343 000 t
starken Einfuhr aus der Ostsee 50 % auf den Versand in das
Elbgebiet inklusive Brandenburg. Demnach konnte schon damals der gesamte Elbgüterverkehr Hamburgs mit der Ostsee
auf 273 000 t eingeschätzt werden [1]), der überwiegend bloßer
Umladeverkehr war. Kann etwa die günstige Entwicklung,
die dieser Ostseeverkehr Hamburgs trotz der Anstrengungen
Lübecks und Stettins genommen hat, auf die vorteilhaftere

---

[1]) Vgl. meine Studie über den Elbe-Travekanal. Schmollers Jahrbuch 1905, S. 654.

Meereslage der Elbstadt zurückgeführt werden? Verkehrswirtschaftlich offenbart sie sich, wie im ersten Teil näher begründet ist, in der Höhe der Frachtsätze. Da stellt sich heraus, daß trotz der Erleichterungen, die der Nord-Ostseekanal für den Anschluß der Nordseehäfen geschaffen hat, Hamburg hinsichtlich der Billigkeit hinter dem benachbarten Lübeck und teilweise hinter Stettin zurückbleibt (s. die nebenstehende Übersicht).

Diese Betrachtung ergibt im allgemeinen für Lübeck einen Frachtvorteil bei gering- und höherwertigen Massengütern von 1—2 Mk. und mehr per Tonne gegen Hamburg. Ähnlich günstig standen die Seefrachten für Stettin im Vergleich mit dem Elbhafen, wenn es auch in manchen Verkehrsrichtungen Lübeck den Vorrang überlassen hat, so in den Transporten nach Königsberg und Danzig, bei welchen die Lübecker Seefrachten besonders niedrig sind. Niemand wird somit aus der Meereslage einen Vorteil Hamburgs oder gar Stettins gegenüber Lübeck ableiten können, der sicher vorhanden sein muß, wie die verschiedene Entwicklung der drei Häfen, insbesondere der langsame Fortschritt Lübecks vermuten läßt. Verschiedenheiten in der Organisation der Seeschiffahrt sprechen nicht zu Ungunsten der baltischen Hansestadt. Zwar ist die Reederei Stettins fortgeschrittener als in Lübeck. Zu Beginn des Jahres 1904 waren in letzterem Hafen 48 Dampfschiffe mit 59 000 Registert. brutto beheimatet, dagegen in Stettin 100 mit 74 000 Registert. brutto [1]). In der heutigen Zeit gibt indessen nicht mehr der Schiffsbesitz den Ausschlag für die Stellung eines Hafens im Seeverkehr. Daß dies auch in der Ostsee zutrifft, lehrt die Tatsache, daß z. B. Flensburg, welches mit dem Tonnengehalt seiner Dampfer sogar Stettin um $1/4$ übertrifft (97 000 Registert.), in der Verkehrsbewegung nicht die geringste Rolle spielt. Einen zutreffenderen Maßstab der Schiffahrtsorganisation bilden die regelmäßigen Linien, die von den einzelnen Häfen aus unterhalten werden. In dieser Beziehung kann sich Lübeck einer Überlegenheit vor seinen Nebenbuhlern rühmen, die insbesondere durch die Garantie

---

[1]) Statistik des Deutschen Reiches Bd. 160, I.

Seefracht für Dampfschiffe im Durchschnitt des Sommers 1899[1]

Von Hamburg nach Kopenhagen	Rohzucker	9,00 Mk.,	Gerste	9,00 Mk.,	Ölkuchen	9—10,00 Mk.
Lübeck	"	6,20	"	5,62	"	6,75
Hamburg Stockholm	Salpeter	9,00	Kupfer	9,00	Schmieröle	13,50
Lübeck	"	5,62	"	10,12	"	9,00 "
Hamburg Petersburg	Kainit	8,00	Schienen .	8,00	Backmehl	12—15,00
Lübeck	"	5,00	"	6,00	"	8— 9,00
Hamburg Königsberg	Salz .	7,00	Sirup	12—14,00	Schmalz	8—10,00
Lübeck		3,00		4,00		3,00

In umgekehrter Richtung stellten sich die Frachten:

		nach Hamburg	nach Lübeck
Getreide von Petersburg		5—6,00 Mk.	4—5,00 Mk.
	Libau	4—5,00	4,50—4,75
	Riga	5—6,00	4—5,00
Ölsaaten	Petersburg	6—8,00	4—5,00
	Königsberg	4—5,00	3—4,00

[1] Vgl. meine Studie über den Elbe-Travekanal. Schmollers Jahrbuch 1905, S. 656.

schneller Beförderung dem Stückgüterverkehr nach Dänemark, Schweden, Rußland und Nordostdeutschland zu statten kommt. Aber einen wesentlichen Vorsprung darf man hieraus für den Massengüterverkehr nicht ableiten, da ihm Hamburg und Stettin ähnliche Bedingungen bieten. Ich muß wiederholen, daß die Schiffahrtsorganisation in der Gegenwart vielleicht mehr eine Folge als die treibende Ursache der durch die übrigen Faktoren herbeigeführten Verkehrsentwicklung ist, eine Erfahrung, die sich auch in der Ostsee bestätigt hat. Wir haben begriffen, daß der technische Zustand der Häfen eine dieser Grundlagen ist. Wie ist es damit in den konkurrierenden Plätzen bestellt? Von allen Häfen gilt in gewissem Umfange, was Nauticus im Jahre 1898 allgemein von den deutschen Häfen, in erster Linie aber von denen der Ostsee aussagen konnte: „Vielversprechend für die Zukunft der meisten deutschen Häfen ist die neuerdings mit gleicher Energie vom Rhein bis zum Pregel aufgenommene Verbesserung und Erweiterung der Verkehrseinrichtungen: Fahrwasserkorrektionen und Vertiefungen, Hafenanlagen, Freihäfen-, Eisenbahn- und Speicherbauten etc." Den Anstoß gab der Bau des Nord-Ostseekanals und die durch ihn geschaffene Steigerung der hamburgischen Konkurrenz, weit weniger die phantastischen Hoffnungen, die Aftalion den Ostseestädten unterlegt[1]). Stettin verfügt jetzt nach den 1901 vollendeten Arbeiten über eine Zufahrt von 7 m Tiefe, während das Haff auf 8 m gebracht ist. Die Verbindung mit der Ostsee wurde bereits 1880 durch die Herstellung der „Kaiserfahrt" in den nötigen Abmessungen gesichert[2]). Lübeck hat in gleicher Weise für eine bequeme Zufahrt seiner Häfen gesorgt. Bisher war es nur für Schiffe von 5,5—6 m Tiefgang erreichbar, die Arbeiten zur Verbesserung der Fahrstraße haben inzwischen (1906) die Tiefe schon auf 7,5 m gebracht. Hamburg begnügt sich zur Zeit mit denselben Abmessungen, aber selbst größere Tiefen wird es

---

[1]) Aftalion a. a. O. S. 518 spricht davon: que le canal de l'empereur Guillaume . a fait naître dans ces villes de grands espoirs, excité de vastes ambitions.

[2]) Dix a. a. O. S. 490. Aftalion a. a. O. S. 518.

vorderhand im Verkehr mit der Ostsee nicht mit Erfolg ver-
wenden können. Nauticus behauptet [1]), wie der Suezkanal mit
seiner jetzigen Tiefe von 9 m eine feste Anforderung an alle
diejenigen Häfen stellte, die den Verkehr mit Ostasien pflegten,
so habe auch der Nord-Ostseekanal die gleiche Tiefe für die
deutschen Ostseehäfen notwendig gemacht. Für den inneren
Verkehr der Ostsee ist aber die anwendbare Tiefe von den
Verhältnissen der nordischen Häfen abhängig, und ihnen entspricht die in Lübeck und Stettin gebotene Fahrwassertiefe
vollkommen. In beiden Städten hat die Fürsorge des Staates
und der Korporationen moderne Hafeneinrichtungen entstehen
lassen. Die Hafenbecken sind entsprechend erweitert und vertieft, so daß weder in Stettin noch in Lübeck eine lästige
Überfüllung zu beobachten ist. Hydraulische [2]) und andere
mechanisch betriebene Hebewerkzeuge erleichtern den Umschlag. Moderne Lagerhäuser und Absetzschuppen bieten Gelegenheit, empfindliche Güter vor den Unbilden der Witterung
zu schützen, überall ist der Anschluß an das Eisenbahnnetz
vorhanden. Kurz, beide Häfen sind mit Erfolg bemüht, das
unentbehrliche Rüstzeug eines Seehafens sich anzueignen. Hier
interessiert vor allem die Wirkung, die der Zustand des Hafenbetriebs auf den Umschlag der Güter hinsichtlich der Billigkeit ausübt, d. h. die Höhe der Platzspesen [3]). Hamburg,
Stettin und Lübeck konkurrieren vorwiegend in dem durch die
Binnenschiffahrt vermittelten Verkehr, der Kürze halber will
ich mich deshalb auf die Umschlagskosten des letzteren beschränken. Bei einem durch nichts gehinderten Verkehr von
Bord zu Bord sind in Hamburg Spesen von etwa 0,60 Mk.
per Tonne wie in Lübeck in Ansatz zu bringen. Diese geringe Umschlagsgebühr erfährt aber zu Zeiten lebhaften Verkehrs in Hamburg recht beträchtliche Zuschläge. Dann ergeben sich infolge der erwähnten Engigkeit der Bassins weitere
Unkosten, wie Hafenschleppkosten der Oberländerkähne, Schuten-

---

[1]) Nauticus, Jahrbuch 1899, S. 201.

[2]) Man beginnt auch in Lübeck dem elektrischen Betrieb vor den
Druckwasseranlagen den Vorzug zu geben wie in Hamburg.

[3]) Vgl. für das folgende meine Studie über den Elbe-Travekanal
a. a. O. S. 657—659.

miete, Hinhaltungskosten. Außerdem ist die Bewegungsfreiheit
dadurch eingeengt, daß dort nur Partien von 50 t aufwärts
von Bord zu Bord übergenommen werden dürfen. Stettin erfreut sich derselben geringen Spesen wie Lübeck, doch kommen
bisweilen auch hier Zuschläge für Schutenbenutzung vor. Die
geringe Umschlagsgebühr (3 Pfg. per Tonne) ist ohne praktische Folgen. Die Umladung kleinerer Partiegüter und Stückgüter setzt im allgemeinen die Benutzung der Kais voraus,
wobei die Leistung des Lübecker Hafens durch Billigkeit vorteilhaft hervortritt. In Hamburg erfordert die Abfertigung
eines Gutes an den Kais 4—6 Mk. per Tonne; allein der Umfang der Abgabepflicht inklusive Arbeitslohn stellt sich für
Güter aller Art auf 3,85 Mk. Im neuen Hafen Stettins am
Dunzigkai und im Freibezirk, wohin sich der Verkehr wegen
seiner bequemeren Lage zumeist gezogen hat, beläuft sich die
Abgabenpflicht und der Arbeitslohn inklusive Lagergeld für
2 Tage auf ca. 2,80—3,30 Mk.; in Lübeck dagegen bei dem
Recht auf 14tägige Lagerung rund 0,55—0,70 Mk.; mit Kran-
benutzung höchstens 1,70 Mk. Die seewärtigen Verbindungen
mitsamt den Hafeneinrichtungen weisen nach diesen Darlegungen
keine bedeutsamen Verschiedenheiten auf, in keinem Falle aber
kann man in ihnen die Ursache für das wachsende Eindringen
Hamburgs in den Hinterlandverkehr der beiden Ostseeplätze
nach den nordischen Reichen erblicken; im Hafenbetrieb ist
Lübeck wie Stettin der Elbstadt überlegen, in der Schiffahrtsorganisation kann sich besonders der erstere Hafen des Vor-
zuges größerer Billigkeit und regelmäßigen Dienstes rühmen.
Wie bei den Nordseehäfen soll auch hier der Einfluß des
Handels erwogen werden. Es ist einleuchtend, daß im Bereiche der Ostsee der Eigenhandel dem Verkehr gegebenenfalls eine bessere Stütze darzubieten vermag, als er es in den
nordwesteuropäischen Häfen tatsächlich tut. In dem wirtschaftlich verhältnismäßig gering entwickelten Norden Europas hat
sich das Herkommen gegenüber dem Geiste der Rechenhaftigkeit noch weit stärker behauptet. Der Kaufmann, welcher
dorthin Handel treibt, ist deshalb in der Lage, selbst dann
seine Waren über seinen Wohnsitz zu leiten, wenn sich recht
erhebliche Mehrkosten gegenüber der Spedition über den

Nachbarhafen herausstellen, ja er wird dies müssen, weil die weitauseinanderliegenden Bedürfnisse der nordischen Geschäftswelt in Bezug auf Geschmack, Warengattung und Konsumtionsart eine umsichtige Tätigkeit des Eigenhändlers erfordert, zu deren Durchführung die betreffenden Waren unter seinen Augen sein müssen. Trotzdem bleibt auch hier wahr, daß der Handel mehr durch den Verkehr beeinflußt wird, d. h. sich ihm anpaßt, als dieser durch jenen. Nur zeigt es sich hier gewöhnlich nicht darin, daß der Handel des betreffenden Platzes seine Güter über andere Häfen dirigiert und dort Filialen errichtet, sondern daß gemäß der relativen Starrheit des Handels mit der sinkenden Verkehrsstellung auch die Bedeutung des Handels abnimmt. Sonst wäre unerfindlich, daß der starke Eigenhandel Lübecks in nordischen Rohstoffen wie Holz, und Ausfuhrartikeln wie Kolonialwaren und Eisenwaren, der im Gegensatz zur überwiegenden Speditionstätigkeit Stettins bemerkenswert ist, nicht den gleichen Verkehrsaufschwung zur Folge gehabt hat, während doch die seewärtige Lage gleich günstig war. Es bleibt also nur übrig, die Hauptursache der verschiedenartigen Entwicklung von Stettin, Lübeck und Hamburg in der Gunst oder Ungunst der Hinterlandsbeziehungen zu suchen.

3. Die seewärtige Lage der ostdeutschen Hafenstädte

Im Nordosten Deutschlands kämpfen Danzig und Königsberg um den Vorrang im Verkehr, den ihnen ihr gemeinsames vorwiegend agrarisches Hinterland zuführt. Noch ist Danzig in diesem Ringen Sieger geblieben, wie die von beiden Häfen geleistete Transportarbeit beweist[1]. Weit hinter beiden steht Memel im äußersten Nordosten zurück, indem hier im Jahre 1903 die Tonnenzahl der zu Handelszwecken eingelaufenen Seeschiffe nur 200 000 Registert. netto betrug gegen je rund 600 000 in Neufahrwasser, dem Vorhafen Danzigs, und Königsberg-Pillau. Der Wert der seewärts bewegten Gütermengen, welche fast nur in ausgeführtem Holz bestanden, erreichte gar nur 26 Mill. Mk. gegen 220—230 Mill. Mk. in den kon-

---

[1] S. hierüber in der Einleitung S. 2.

kurrierenden Plätzen. Ich stehe deshalb nicht an, Memel in dieser vergleichenden Übersicht zu übergehen, und behalte mir vor, seiner bei der Erörterung der Beziehungen zum Hinterland näher zu gedenken. Ich will deshalb hier nur kurz feststellen, inwieweit Danzig und Königsberg die Verbindung mit dem Meere ausgestaltet haben. Danzig selbst ist nur für Schiffe von weniger als 4—5 m erreichbar, aber der erwähnte Vorhafen Neufahrwasser hat eine Fahrwassertiefe von 7½ m. Hier wurde 1899 ein Freibezirk geschaffen, mit Schuppen versehen, und neuerdings hat man begonnen, dort elektrische Portalkranen aufzustellen. In Danzig selbst dagegen sind wenig Vorrichtungen zur Erleichterung des Ladegeschäfts getroffen. Der größte Teil der hier angelieferten Getreidemengen wie die meisten übrigen Güter werden ohne jede maschinelle Hilfe einfach mittels Menschenkraft umgeschlagen [1]). Wenigstens ist jedoch durch den Ausbau der sogen. Schutenlake (1903) für genügenden Raum gesorgt worden. Königsberg andererseits war bis vor wenigen Jahren in der ernsten Gefahr, wegen Rückständigkeit hinsichtlich der Zufahrt im Wettbewerb mit Danzig beeinträchtigt zu sein. Der Pregelfluß zwar hinderte die große Schiffahrt nicht, aber die Tiefe im frischen Haff war nicht über 3,80 m zu bringen [2]). Die Seeschiffe waren immer mehr gezwungen, Pillau anzulaufen, welches sich seit dem Weichseldurchbruch 1855 einer Tiefe von 7 m erfreut, um dann nach dem Leichtern eines Teiles der Ladung die Fahrt auf Königsberg fortzusetzen. Die Folge war, daß dort der Schiffahrtsverkehr eine rückläufige Bewegung zeigte: Tonnenzahl (Registertonne netto) der eingelaufenen Schiffe zu Handelszwecken (nach der Statistik des Deutschen Reiches):

	Königsberg	Pillau
1890 .	385 000	133 700
1900 .	336 100	297 000

Da in Pillau keine ausreichende Lagergelegenheit vorhanden war, und die ganze Handelswelt in der alten Hafenstadt ihren

---

[1]) Aftalion S. 520; auch Jahresbericht des Vorsteheramtes der Kaufmannschaft zu Danzig 1899, S. 14; 1900, S. 102.

[2]) Simon, Syndikus, Der Königsberger Seekanal und die ost-

Sitz hatte, so waren kostspielige Leichterungen notwendig, um den Anschluß an die Königsberger Speicher herzustellen; die Handelsspesen wurden zu teuer, der Betrieb umständlich und durch die Errichtung von Filialen in Pillau belastet. Seit einer Reihe von Jahren wurde deshalb der Plan eines Seekanals von 5 m Tiefe erörtert. Während der aus Staatsgeldern bestrittenen Ausführung erachtete man die geplante Abmessung von 5 m richtigerweise als zu klein; der Kanal wurde unter Garantie der Kaufmannschaft für die entstehenden Mehrkosten auf 6½ m gebracht und zuerst im November des Jahres 1901 dem freien Verkehr übergeben. In derselben Zeit wurden die Hafenbecken Königsbergs angemessen vertieft, erweitert und verbessert. Der Erfolg ist nicht ausgeblieben, indem der Raumgehalt der in Königsberg eingelaufenen Handelsschiffe von 1900—03 um 80000 Registert. anwuchs, in Pillau dagegen die Schiffsbewegung um dieselbe Summe gesunken ist. So kann man heute behaupten, daß in der Verbindung mit dem Meere die beiden ostdeutschen Häfen ebenbürtig sind. Die Fahrtiefe reicht für den Verkehr, der hier sich hauptsächlich in der Richtung auf die Nordseehäfen vollzieht, aus. Wir können ruhig den kleinen Nachteil Königsbergs vernachlässigen, daß es auf den Besuch der amerikanischen Tank-Dampfer verzichten muß, weil die Hafeneinrichtungen in Pillau ihnen noch nicht soviel Ableichterungen gestatten, um mit dem Rest der Ladung den Seekanal befahren zu können [1]), daß daher der Import des Petroleums zur See unbestritten Danzig verblieben ist. Ebenso hat Danzig aus der Anlage seines Freibezirks seit 1899, dem Eröffnungsjahr, äußerst geringen Nutzen gezogen, wie das bei der Industriearmut des Hinterlandes zu erwarten war. Für den Getreide- und Mehltransport kommt eben die Neuerung wenig in Betracht, da ihm mittels der Transitlager zolltechnisch ein ähnlicher Vorteil gesichert ist. Die Errichtung des Freibezirks in Danzig-Neufahrwasser ist mehr ein Glied in jener Kette von Maßnahmen, die Industriali-

---

preußischen Binnenwasserstraßen. Zeitschrift für Binnenschiffahrt 1902, S. 48.

[1]) Jahresbericht des Vorsteheramtes der Kaufmannschaft zu Königsberg 1902, S. 101.

sierung des Ostens zu fördern, als eine wesentliche Stütze des Danziger Verkehrs. Die Gleichartigkeit des Hafenbetriebs wird vergrößert durch den neuen, seit dem 1. April 1904 geltenden, für die betreffenden Häfen gleichmäßigen Seehafengeldtarif. Die Wirkungen der für die westwärtsgerichteten Verfrachtungen geographisch etwas nachteiligen Lage Königsbergs sind ökonomisch durch die Organisation der Schiffahrt aufgehoben; die Konkurrenz zusammen mit dem seit Jahren in der Ostsee bemerkbaren Überangebot von Schiffsraum hat die Frachtsätze derartig heruntergedrückt, daß selbst größere relative Frachtdifferenzen wenig empfunden würden. Aber eben dieser Wettbewerb der Reedereien hat auch die Frachtsätze Danzigs und Königsbergs in wichtigen Relationen ausgeglichen, z. B. kann man für 1903 für die englische Fahrt folgende Durchschnitte annehmen: Dampferfracht:

	von Danzig [1]	von Königsberg [2]
nach London für die Tonne Zucker	5 bis 6 sh	5 sh 3 d bis 5 sh 9 d

	nach Danzig	nach Königsberg
von der Ostküste Englands für die Tonne Steinkohlen	3 sh 9 d bis 4 sh 6 d	4 bis 6 sh

Die zurückgezogene Lage Memels ist hinsichtlich der Frachten im Nordseeverkehr sogar Danzig gegenüber ohne Einfluß: Es wurde bezahlt 1902 an Dampferfracht:

	von Danzig	von Memel [3]
nach der Ostküste Englands für das Load Sleepers	6 sh 6 d bis 7 sh 6 d	5 sh 3 d bis 7 sh

Ja, die Kaufmannschaft Königsbergs klagt, daß die Getreidefrachten nicht mehr nach der wirklichen Entfernung bemessen würden, so daß sogar die russischen Getreidehäfen Libau und Riga die gleichen, oft niedrigere Sätze verzeichnen als die deutschen Häfen. Damit hat auch hier die Meereslage an Bedeutung eingebüßt. Kein Hafen kann mehr seine günstigen

---

[1] Jahresbericht des Vorsteheramtes der Kaufmannschaft zu Danzig 1903, S. 77.

[2] Jahresbericht des Vorsteheramtes der Kaufmannschaft zu Königsberg 1903, S. 140/41.

[3] Jahresbericht der Vorsteher der Kaufmannschaft zu Memel 1902, S. 52.

Verbindungen zur See gegen seine Konkurrenten als Trumpf ausspielen; sie erlauben keine Schlüsse auf die Verkehrsstellung der einzelnen Plätze. Deshalb sind auch für Danzig und Königsberg die Beziehungen zum Hinterland, und die Verbindungen mit ihm, der Faktor geworden, dessen Gunst die Stellung beider Häfen im Seeverkehr der Gegenwart entscheidend bestimmt. Er ist die Grundlage, auf welcher im Wettbewerb um dasselbe Hinterland sich dessen Aufteilung an die vorgelagerten Häfen vollziehen wird.

Nachtrag zum ersten Teil

S. 49: Mit der Eröffnung des Freibezirks 1898 ist die Modernisierung der Stettiner Hafeneinrichtung zum vorläufigen Abschluß gelangt. Diese Anlage ist nach dem Muster des bremischen Freibezirks erbaut. Sie verfügt über im ganzen 44 laufende Uferkranen mit durchweg hydraulischem Antrieb von $1^1/_2$—5 t Tragfähigkeit (2 Bahngleise, Absatzschuppen, 2 Gleise, Speicher). Am Dunzig wird noch Dampfkraft verwendet (14 laufende Kranen à $1^1/_2$ t). An der Parnitz, dem Liegeplatz der Königsberger Tourdampfer, fehlt es dagegen an genügenden Schuppen. Nur wenige offene Hallen sind hier vorhanden. — In Lübeck ist man noch damit beschäftigt, die alten Holzschuppen durch massive zu ersetzen und den alten stadtseitigen Kai des inneren Hafens auf hochwasserfreies Niveau zu bringen.

Aus dem Werke des Oberbaudirektors R e h d e r : „Die bauliche und wirtschaftliche Ausgestaltung und Nutzbarmachung der lübeckischen Hauptschiffahrtsstraßen", 1906, ist nachzutragen, daß die Vertiefung der Fahrstraße folgende Fortschritte gemacht hat:

a. a. O. S. 218:

Zwischen Rotterdam und dem Meere 8,8 m bei Hochwasser (S. 13).

Hamburg 9,50 m in der Zufahrt bei mittlerem Hochwasser, in den Hafenbecken 9,20 resp. 9,90 m (S. 11).

Emden-Außenhafen 10 m unter gewöhnlichem Hochwasser (S. 19).

Swinemünde 9 m Zufahrt (S. 48); Neufahrwasser 8 m (S. 52).

a. O. S. 221:

daß der Bremer Freibezirk 1902 zum Freihafen erhoben ist (S. 25).

II. Teil

Die Verbindungen mit dem Hinterland

Einleitung

Über die Schwierigkeiten, die Bedeutung der Binnenschiffahrt für den Seeverkehr statistisch festzustellen

Im ersten Teil meiner Arbeit habe ich in knappen Zügen die verschiedenartige Entwicklung dargelegt, welche in den letzten 15 Jahren (von 1890 an), die deutschen Seehäfen genommen haben. Ich habe klarzustellen versucht, daß innerhalb der miteinander in Wettbewerb tretenden Gruppen in der Lage zum Meere, im Hafenbetrieb, in der Organisation der Schiffahrt und des Handels im großen keine derartigen Verschiedenheiten auftreten, um die abweichende Gestaltung des Verkehrs zu erklären. Wo solche aber bestehen, sind sie in der Gegenwart, wie ich an manchen Beispielen gezeigt habe oder noch zeigen werde, weit öfters die Folgen eines aus anderen Gründen aufgeblühten Verkehrs als dessen Ursache. Diese anderen Gründe sehe ich in dem letzten Faktor, der das Wohl und Wehe eines Hafens bestimmt, in dem Hinterland und den Verbindungen eines Hafens mit diesem. Hier beginnt meine eigentliche Aufgabe: „Die Bedeutung der Binnenschiffahrt für die deutsche Seeschiffahrt." Vielleicht ist es genauer, wenn ich sage: „Der Anteil der Binnenschiffahrt an dem Güterverkehr der deutschen und grenznachbarlichen Seehäfen," denn dieser Anteil kann sowohl ein bedeutender als auch minimaler sein. Der Seeverkehr des Deutschen Reiches ist in überwältigendem Maße Hinterlandverkehr. Man wird daher nur einen

kleinen, allerdings unvermeidlichen Fehler begehen, wenn man
den Anteil der Binnenschiffahrt an dem Hinterlandverkehr der
einzelnen Häfen feststellt und diesen dann auf deren Seeverkehr bezieht. Immer ist der Grundsatz festzuhalten, daß der
Hinterlandverkehr nur soweit zu berücksichtigen ist, als er
dem seewärtigen Verkehr dient. Am treffendsten wird sich
dies durchführen lassen, falls die Untersuchung hinsichtlich der
verschiedenen Güter möglichst spezialisiert vorgenommen wird.
Die Fehler häufen sich indessen, sobald einfach der gesamte
Ein- und Ausgang auf dem einen Binnenwege dem auf dem
anderen gegenübergestellt und damit ohne weiteres auf ihre
Bedeutung für den Seeverkehr geschlossen würde, wie das
meistens bis jetzt geschehen ist[1]). Gewiß, ich werde diese
Gesamtziffern auch bringen, doch stelle ich sie an den Anfang
der Untersuchung, da ich ihnen höchstens symptomatischen
Wert zugestehen kann. Vor allem ist es der Gesamteingang,
welcher durch den Einschluß aller für den Platzverbrauch bestimmten Gütermengen entstellt wird — ich erinnere nur an
die gewaltigen Quantitäten von Bau- und Brennmaterial, sowie
der Lebensmittel, welche eine Hafenstadt von der Größe Hamburgs oder Bremens bedarf. Überall scheidet der Verkehr der
Landstraße aus; da er allgemein relativ gering ist und seine
Bedeutung stetig abnimmt, ist es unbedenklich, daß er mangels
genügender Nachweise völlig vernachlässigt wird, mithin die
Untersuchungen sich auf die Eisenbahnen und die Binnenwasserstraßen beschränken. Andere Schwierigkeiten liegen in
der Natur der Sache. Einige Artikel, so z. B. Erze, Metalle,
Eisenwaren, gewisse Hölzer etc. werden direkt vom Seeschiff
ins Binnenbeförderungsmittel oder umgekehrt umgeschlagen ·
und dementsprechend in den Verzeichnissen der betreffenden
Behörde gebucht. Andere dagegen, wie z. B. manchmal Holz,
Getreide oder Baumwolle sind zunächst in Lager übergegangen
und gelangen vielleicht erst im nächsten Jahre zur Weiterversendung ins Hinterland. Wieder andere, so ungeschälter Reis,
Rohzucker, Getreide, Roheisen, haben im Bezirk des Hafenorts
Umwandlungen erfahren, ohne daß dafür durchweg Anschrei-

---

[1]) Z. B. Lafitte a. a. O. S. 199.

bungen vorliegen. Da bleibt nur der Ausweg anzunehmen, daß Eisenbahn und Wasserstraße in gleicher Weise an der seewärtigen Einfuhr eines Rohstoffs beteiligt sind, wie sie tatsächlich das daraus hergestellte Fabrikat weiter ins Inland transportieren. Umgekehrt sind darnach die beiden Binnenbeförderungsmittel an der Seeausfuhr beispielsweise von Roggenmehl in dem Maße beteiligt, als sie Roggen zugeführt haben. Von prinzipieller Bedeutung ist ferner die Frage, ob der gesamte Verkehr in einer Ware auf der Eisenbahn und Wasserstraße zum Vergleich heranzuziehen ist oder nicht. Gewiß ist nur ein Teil z. B. des Eingangs nach See bestimmt, ein anderer Teil wird am Platze verbraucht, jener wird landeinwärts weiterbefördert, geht aus dem Flußschiff in den Eisenbahnwagen über, oder wird gar mittels eines anderen Flußschiffes wieder ausgefahren. Nirgends ist festgestellt, und es ist auch vielfach unmöglich festzustellen, ob z. B. ein per Eisenbahn eingegangenes Gut wirklich zum Versand seewärts gelangt, oder einen anderen Weg einschlagen wird. Gezwungenerweise mutmaße ich, daß Wasserstraße und Eisenbahn in ebendemselben Umfang und Verhältnis ihre Güter dem Seeverkehr zur Verfügung stellen, wie sie solche wirklich heranbringen, es sei denn, daß im einzelnen Fall besondere Gründe dagegen sprechen. Einem angesehenen Vorfechter der Binnenschiffahrt, Viktor Kurs, haben diese Anhaltspunkte nicht genügt in seiner im Jahre 1898 erschienenen Abhandlung: „Über den Anteil der deutschen Binnenwasserstraßen an dem Seehandel der deutschen Häfen" [1]). Vorerst unternimmt er, den Anteil der Wasserstraße an dem seewärtigen Verkehr direkt zu berechnen. Dies zwingt ihn, aus den Bruttozahlen des Seeverkehrs die Nettozahlen auszusondern, d. h. die jeweilige Wiederausfuhr zur See in Abrechnung zu bringen. Ich begnüge mich damit, jeweils die etwaige Bedeutung des reinen Transitverkehrs hervorzuheben. Herr Kurs geht weiter, er nimmt an, daß Eisenbahn und Wasserstraße nur soweit für den Seeverkehr in Betracht kommen, als sie in der Ein- und Ausfuhr eine Differenz aufweisen. Dies Verfahren wäre unter der Voraussetzung richtig, daß alle Güter,

---

[1]) Zeitschrift f. Binnenschiffahrt 1898, S. 164 ff.

welche binnenwärts eingehen, nur zur See ausgehen oder das
gleiche Binnenbeförderungsmittel benutzen müßten. Tatsächlich
ist aber bezüglich des Wasserwegs sehr oft oder gar meistens
das Gegenteil richtig. So wird z. B. das Holz, welches per
Eisenbahn nach Danzig kommt (1903 rund 85 000 t) nur zum
geringsten Teil auf dem gleichen Wege wieder ausgehen. Der
hohe Ausgang bahnwärts (43 000 t) entstammt zu einem hohen
Prozentsatz der Anfuhr auf der Weichsel; würde man mit
V. Kurs nur den Mehrempfang, d. h. die Differenz des Bahneingangs und -ausgangs (42 000 t) in Anschlag bringen, so
würde der Schienenweg schlecht wegkommen. Nehmen wir
ein anderes Beispiel und berechnen nach der Methode des Herrn
Kurs die Nettoeinfuhr Hamburgs an Roheisen:

Nettoeinfuhr an Roheisen 1903 (Hamburg).

Gefahren sind:	von Hamburg		nach Hamburg	Mehr-einfuhr	Mehr-ausfuhr	
auf der See	61 730		125 343	63 616 (Netto- einfuhr)		
		%				%
Eisenbahn	9 266	9,3	5 848		4 417	5,5
Oberelbe	90 278	90,7	13 819		76 459	94,5
	99 544				80 876 (Nettoausgang binnenwärts)	

Die Verzerrung der Tatsachen ist hier nicht ebenso sinn-
fällig, wie im ersten Beispiel, und doch ergibt sich auch ein
Unterschied, demzufolge die Eisenbahn nach Kurs nur mit
5,5 % des landseitigen Ausgangs figurieren würde, während sie
in Wirklichkeit aber 9,3 % bewältigt. Die Nettozahlen versagen vollständig, wenn es sich um den Ausgang seewärts für
Roheisen handelt. Der Verfasser hat für solche Fälle sein
Verfahren nicht verraten. Also die Nettozahlen geben kein
genaueres Bild, sie sind weit ungenauer als die einfachen. In
seinem Bestreben, die Leistungen der Binnenschiffahrt unmittelbar mit der Seeschiffahrt zu verknüpfen, verirrt er sich zu
noch unhaltbareren Berechnungen. Er führt in die Aufstellung
die Summe der verarbeiteten Materie ein, die nur auf bloßen
Schätzungen beruhen kann, die Bestände, welche nur zu einem

Teile sichtbar sind, und den Platzverbrauch; zumal der letztere
ist, wo überhaupt Zahlen mitgeteilt werden, in den Handelskammerberichten einfach nach obigen Faktoren als deren Differenz geschätzt worden. Herr Major a. D. V. Kurs gibt selbst
zu: „Ob die Schätzungen und Berechnungen . annähernd
der Wirklichkeit entsprechen, steht bei der Unsicherheit der
Unterlagen freilich dahin" [1]). Ich bin auf diese Arbeit nur
deshalb näher eingegangen, weil sie meines Wissens die einzige ist, welche sich systematisch mit meinem Thema beschäftigt hat. Nicht als ob die Bedeutung der Binnenschiffahrt von
der deutschen Seeschiffahrt nicht erkannt wäre! Im Gegenteil,
die Kaufmannschaft aller Hafenplätze von Memel bis Emden
hat sehr gut ihr Interesse verstanden, die Berichte derselben
wissen sich kaum genug zu tun auf die Verbesserung vorhan-
dener Wasserstraßen oder die Schaffung neuer hinzuwirken oder
auch solches im Wettbewerb der Nachbarhäfen gegebenenfalls
unter wissenschaftlichem Deckmantel zu hintertreiben, wie Hamburg es bei dem ihm gefährlichen Projekt des Rhein-Elbekanals zu tun beliebt. Aber sonst ist noch nie versucht worden, die Bedeutung der Binnenwasserstraßen für den deutschen
Seeverkehr quantitativ festzustellen. Lafitte berührt im IX. Ka-
pitel seiner Enquete „La Rôle de la Batellerie dans le Développement du Commerce Maritime" [2]) die Frage, nimmt jedoch
den gesamten statistischen Unterbau kritiklos von V. Kurs
herüber. Wiedenfeld rollt für die Nordseehäfen die ganze
Frage auf, da er es unternimmt, die Beziehungen dieser Plätze
zum Hinterland zu schildern. Ausführlich werden die Verbindungen mittels Eisenbahnen und Wasserstraßen erörtert,
bezüglich ihrer tatsächlichen Leistungen aber, die doch im
Vordergrund zu stehen hätten, beschränkt er sich auf die Skizzie-
rung der Grundlinien, wie K. Thieß in einer Kritik zutreffend
bemerkt hat [3]).

Laufen die obigen Betrachtungen darauf hinaus, daß es

[1]) V. Kurs a. a. O. S. 166.
[2]) Lafitte a. a. O. S. 199 ff.
[3]) K. Thieß, Kritik zu Wiedenfeld. Schmollers Jahrbuch, Jahrg. 27,
S. 348.

sich um die Vergleichung des Eisenbahn- und Binnenwasser-
straßenverkehrs unter dem höheren Gesichtspunkte des Seeverkehrs der verschiedenen Häfen handelt, so stoßen wir auf
eine fundamentale Schwierigkeit. Denn wie steht es mit der
Vergleichbarkeit der statistischen Aufzeichnungen auf diesen
drei Verkehrswegen? Der Seeverkehr bereitet bei den deutschen Häfen der hinreichenden Spezialisierung keine Hindernisse; die holländischen Häfen sind schon sparsamer mit ihren
Ausweisen und Antwerpen bietet gar nur die nackten Zahlen
des Gesamtein- und Ausgangs zur See. Die einzelnen Güter
werden sehr störend nur unter der Rubrik: par mer, canaux
et rivières aufgeführt, was oft unmöglich macht, den reinen
Seeverkehr herauszuschälen. Die Umwälzungen, welche Hamburg und Bremen Ende der 80er Jahre des vorigen Jahrhunderts anläßlich des Zollanschlusses erlebten, ist nicht ohne erheblichen Einfluß auf die Gestaltung der seewärtigen Verkehrsstatistik geblieben. Schon aus diesem Grunde wäre es untunlich,
die Entwicklung weiter zurückzuverfolgen. Die Güterstatistik
der Binnenschiffahrt dagegen ist weitaus am schlechtesten aus-
gebaut. Die Klassifikation der Reichsstatistik betreffend Binnenschiffahrt enthält nur 61 Positionen, von denen allein 9 durch
Holz- und Holzwaren[1] eingenommen werden. Im übrigen
sind da die heterogensten Dinge zusammengebracht, z. B.
Nr. 13: Erde, Lehm, Sand, Kies, Kreide, oder Nr. 50, wo
unter „fette Öle und Fette" Butter, Schmalz, Margarine, Paraffin, Rüböl, Leinöl etc., medizinische fette Öle u. s. f. fallen.
Unter Nr. 57 werden Asphalt, Pech, Teer mit Gummi und
anderen Harzen vereinigt. Namentlich sind die Anschreibungen
des Stückgutverkehrs (Nr. 61) unsicher. Die einzelnen Positionen pflegen vom Schiffer ohne Sorgfalt, manchmal allein
nach dem Gedächtnis aufgestellt zu werden[2]. Die Zahlen
dürften fast überall zu niedrig sein, da die Schiffer, insbesondere, wenn sie über die amtlich vermessene Tragfähigkeit ihrer
Kähne hinausgeladen haben, zu geringeren Angaben neigen.

---

[1] Nr 29—35; 37 u. 38.
[2] G. Seibt, Die verkehrswirtschaftliche Bedeutung der Binnenwasserstraßen. Schmollers Jahrbuch, Jahrg. 26, S. 948.

Über den Binnenschiffahrtsverkehr von Stettin gibt die Reichsstatistik keine Auskunft. In den Ostseestädten begnügen sich
die Handelskammern oder andere Interessenvertretungen der
Kaufmannschaft in ihren Jahresberichten mit der Wiedergabe
dieser Statistik. Für Stettin finden sich erst seit 1901 ganz
summarische Ziffern [1]). Hamburg und Bremen führen eigene
Register, welche denen des Seeverkehrs entsprechen. Sie
weichen teilweise recht erheblich von der an gleichem Orte
aufgemachten Reichsstatistik ab. Ich halte die von dem lokalen statistischen, resp. handelsstatistischen Bureau der beiden
Hansestädte herausgegebenen Übersichten für die glaubhafteren.
Der damit erlangte Vorteil einer guten Spezialisation muß aber
aufgegeben werden, sobald es sich um Kombination mit der
Reichsstatistik handelt, um die Herkunft oder Bestimmung des
Wasserverkehrs zu ermitteln; die holländischen und belgischen
Häfen versagen völlig. Die Zahl der eingegangenen Binnenschiffe und ihres Raumgehalts ist das einzige, was den Handelskammerberichten zu entnehmen ist. Der Wasserverkehr der
Rheinmündungshäfen ist nur soweit erfaßbar, als er beim holländischen Grenzzollamt Lobith die deutsche Grenze über-
schreitet [2]). Der ganze Verkehr innerhalb der nationalen ausgedehnten Kanalnetze [3]), sowie mit den besonders für Antwerpen wichtigen französischen Wasserstraßen kann nicht
ermittelt werden. Die holländischen Notierungen in Lobith
decken sich nicht ganz genau mit denen in Emmerich. Der
Unterschied der Gesamtziffern ist indessen meist unerheblich.
Nachdem im Jahre 1900 holländischerseits zum ersten Male,
wie bisher in Emmerich, auch der direkte Durchgangsverkehr
vom deutschen Rhein und umgekehrt (der sogen. Rhein-See-

---

[1]) Jahresbericht der Vorsteher der Kaufmannschaft zu Stettin 1901,
S. 87.

[2]) Die Aufzeichnungen zu Lobith fassen alle belgischen Häfen zusammen. Dagegen sondert Le tableau général du commerce avec les
pays étrangers (ministre des finances et des travaux publiques du royaume)
den Gesamtverkehr des Deutschen Reichs auf Flüssen und Kanälen aus
betreffs Antwerpen. Vgl. Revue d'économie politique 1904. E. R. . . .
S. 779 ff.

[3]) Für Rotterdam vgl. Ysselsteyn a. a. O. S. 103.

verkehr) angerechnet wurde[1]), ist diese Differenz weiter gesunken. Die Minderanschreibungen in

	1900 Tonnen	1895 Tonnen		1900 Tonnen	1895 Tonnen	
Lobith .	4146730	3001949	} zu	8935482	4615693	} zu
Emmerich	4153037	3070132	} Tal	9038888	4887168	} Berg
	6307	68183		103406	271475	

welche sich zum Teil aus noch bestehenden Unterschieden in den Grundsätzen bei der Anschreibung erklären[2]), können im allgemeinen kein Anlaß sein, an ihrer Stelle die Statistik Emmerichs zu benutzen, zumal da die letztere nichts über die Verteilung der Güter auf die holländischen und belgischen Häfen aussagt. Die Reichsstatistik gibt dann im weiteren Verlauf nur den Hafenverkehr der größten deutschen Rheinhäfen. Viel umfassender ist die Statistik der Zentralkommission für die Rheinschiffahrt, die über alle Hafenplätze Rechenschaft ablegt. Allein auch sie erfaßt einen gewaltigen Teil des Verkehrs nicht. Nach den Angaben der Kommission[3]) wurden außerhalb der eigentlichen Häfen an nur 8 deutschen privaten Ladestellen im Jahre 1903 schon 1714000 t umgeschlagen. Der Verkehr der anderen zahllosen Uferorte entzieht sich jeder Beobachtung[4]). Für die übrigen deutschen Ströme sind wir allein auf die amtliche Statistik der Binnenschiffahrt angewiesen. Es ist ja gerade ein unbestrittener Vorzug der Binnenwasserstraßen vor der Eisenbahn, daß sie im Gegensatz zu den Eisenbahnen, die besondere technische Vorkehrungen brauchen, im allgemeinen an jeder Stelle ihres Laufes mit den einfachsten Hilfsmitteln Güter annehmen und abgeben können. Der Natur des Wasserverkehrs nach gelangt nur ein Teil desselben in

---

[1]) Jahresbericht der Zentralkommission für die Rheinschiffahrt 1900, S. 58.

[2]) v. d. Borght, Die wirtschaftliche Bedeutung der Rhein-Seeschiffahrt, 1892, S. 4.

[3]) Jahresbericht der Zentralkommission für die Rheinschiffahrt 1903, S. 86.

[4]) Dufourny, Der Rhein in seiner technischen u. wirtschaftlichen, bes. auch verkehrstarifarischen Bedeutung; ergänzt und übersetzt von J. Landgraf 1898.

besonderen Häfen zum Umschlag, und eine Statistik, welche nur die bedeutendsten dieser Punkte umspannt, wird daher immer lückenhaft sein. Nicht nur die Anwohner machen von diesem Vorteil des Wasserwegs für den Absatz ihrer landwirtschaftlichen Rohstoffe wie Holz, Zuckerrüben und Getreide regen Gebrauch, sondern vielfach sind zu seiner Ausnützung an den Ufern die verschiedensten industriellen Betriebe angelegt worden, die den Wasserweg sowohl zum Bezug ihrer Rohstoffe als zum Versand ihrer Fabrikate mittels eigener Anlagen benutzen. Da die Anlage von Ladestellen der behördlichen Genehmigung unterliegt, so ist die staatliche Verwaltung über deren Zahl und Umfang vollständig unterrichtet, und es ist anzuerkennen, daß sie sie für einige Stromgebiete veröffentlicht hat[1]). Eine einfache Gegenüberstellung der vorhandenen Ladestellen und der statistisch erfaßten mag einen Begriff von der Lückenhaftigkeit der heutigen Binnenschiffahrtsstatistik geben. An Ladestellen verzeichnet die amtliche Schrift: Das Gebiet der Weser, 1901, R.-St. Bd. 39, IIb, für diesen Strom ca. 30 Plätze (oberhalb Bremens bis hann. Münden) mit 7 Eisenbahnanschlüssen[2]), von denen in der Statistik nur 3[3]) berücksichtigt werden. Für die Elbe beziffern sich die Ladeplätze oberhalb Hamburgs bis zur Reichsgrenze auf ca. 100 nach den veralteten Angaben 1888/89 betr. das Elbgebiet mit 11 Eisenbahnverbindungen, während die Statistik nur den Hafenverkehr von zuletzt 9 Plätzen[4]) ausweist, ganz zu schweigen von den Nebenflüssen der Elbe. Für die Oder[5]) können wir an eigentlichen Ladestellen ungefähr 60—70 feststellen

---

[1]) Die Stromgebiete des Deutschen Reichs: Es sind erschienen: Reichsstatistik Bd. 39:

Teil I	Gebiet der Ostsee	1891
II a:	Elbe	1900
II b:	Weser	1901
„ II c:	Ems	1902

[2]) Vgl. Metterhausen, Die Oberweserschiffahrt, 1892—1902.

[3]) Minden, Karlshafen, Münden.

[4]) Hitzacker, Dömitz, Wittenberge, Magdeburg, Schönebeck, Aken. Wallwitzhafen, Dresden, Schandau.

[5]) Oberhalb Stettin bis Ratibor.

dagegen nur 7 Erhebungsorte [1]). Bei den östlichen Wasserstraßen, der Weichsel, Pregel und Memel wird, abgesehen vom
Mündungshafen, höchstens für einen Ort der Hafenverkehr
festgestellt (Weichsel: Thorn; Memel: Tilsit). Hier tappen
wir sogar hinsichtlich der Zahl der Ladestellen ganz im Dun-
keln; die betr. Schrift über die deutschen Stromgebiete begnügt
sich mit dem Hinweis, daß sehr viele Anlieger sich private
Einrichtungen beschafft hätten. Mit der Unmöglichkeit, den
gesamten Empfang und Versand eines Wasserwegs statistisch
zu erfassen, wird man sich für immer abfinden müssen, und
man wird es verhältnismäßig leichten Herzens tun, denn es
gibt einen Ausweg, das ist die genaue Feststellung des Durchgangsverkehrs in größeren Abständen. Sie würde damit wenigstens den Warenverkehr für einen kleineren oder längeren
Stromabschnitt aussondern. Aber heute ist die Ermittlung des
Durchgangsverkehrs noch mangelhafter als die des Hafenverkehrs ausgebildet. Auf dem deutschen Rhein wird der Groß-
schiffahrtsverkehr bis Mannheim überhaupt nicht wieder statistisch aufgenommen. Ähnlich steht es damit auf den übrigen
Strömen. Auf der Elbe, Weichsel und Memel [2]) sind nur zwei
Durchgangsstellen: an der Mündung und an der Reichsgrenze.
Auf der Oder wird der gesamte Verkehr nur noch in Breslau
und Ohlau (kanalisierte Oder) erfaßt, seitdem an der wichtigen
Durchgangsstelle zu Küstrin seit 1903 die Notierung unterlassen wird. Etwas ausgiebiger ist die Ermittlung auf der
Weser (3) und dem Dortmund-Emskanal mit 4 Durchgangsstellen, dann überhaupt auf allen künstlichen Wasserstraßen,
wo die Erhebung von Abgaben das statistische Interesse der
Verwaltung belebt. Ebenso darf man sich bezüglich der Genauigkeit aller dieser Erhebungen keiner Illusion hingeben.
Ich habe schon darauf aufmerksam gemacht, daß die Schiffer
fahrlässig und oft absichtlich niedrigere Angaben machen.
Aber häufig entgehen einzelne Schiffe ganz der Feststellung
der betreffenden Behörde. Die mit der Notierung beauftragten

---

[1]) Küstrin, Tschicherzig, Glogauer Vorstadt, Maltsch, Breslau, Kosel.

[2]) Die Notierungen zu Tilsit sind in den verschiedenen Jahren anders
aufgemacht, so daß sie sich nicht zu Vergleichen eignen. Vgl. Statistik
des Deutschen Reichs Bd. 39, I, S. 8.

Beamten sind teilweise mit anderen Arbeiten derart überlastet, daß nach dem Eingeständnis der Verwaltung selbst mancher Kahn am hellen Tage unbemerkt passiert. Die nächtlicherweile durchgehenden Schiffe werden gar nicht notiert. Um nichts genauer sind die Angaben über den Verkehr an den einzelnen Schleusen der Kanäle; sie richten sich hauptsächlich nach der Erhebung der Abgaben, und findet diese, wie gewöhnlich, an einer Stelle für die ganze Kanalstrecke statt oder ist die Möglichkeit gegeben, die Schleusengelder an einem Punkte zu erlegen, so wird dadurch natürlich die Notierung an den übrigen Schleusen beeinflußt; z. B. ist es in hohem Maße bei der wichtigen Schleuse zu Eberswalde (Finowkanal) gemäß der eigenen Erklärung des dortigen Hauptsteueramts 'der Fall[1]). An Punkten, wo sich ein Verkehrsstrom gabelt, so für die von Hamburg kommenden Güter bei Havelberg nach Berlin und Magdeburg, oder ein senkrechter Abstecher Waren den Hauptstrom auf- und abwärts schicken kann[2]), oder wo sich endlich zwei große Verkehrsrichtungen kreuzen, z. B. Breslau-Stettin, und Warthe-Finowkanal (Berlin), ist es bei Gütern, welche nach [verschiedenen Richtungen gefahren werden, der gewagtesten Kombination unmöglich, den Anteil des Hafenplatzes auch nur annähernd zahlenmäßig zu bestimmen. Der heutige trostlose Zustand der Binnenschiffahrtsstatistik ist umso bedauernswerter, als er erst vom Jahre 1882 datiert. Beim Entwurfe der bis dahin geltenden Bestimmungen vom 7. Dezember 1871 bestand die Absicht, die Mittel zur Herstellung einer Statistik des gesamten im Innern des Reiches zu Wasser und auf den Eisenbahnen stattfindenden Güterverkehrs zu gewinnen. Im Jahre 1881 wähnte man eine entsprechende Eisenbahnstatistik in weitem Felde[3]). Flugs wurde die Zahl der Notierungsstellen beschränkt, die geplante Angabe des Herkunfts- und Bestimmungsortes fallen gelassen und die Nummern des Warenverzeichnisses von 141 auf 62 herabgesetzt. Im gleichen

---

[1]) Statistik des Deutschen Reichs Bd. 39, II, S. 98.

[2]) Z. B. der Elbe-Travekanal bei der Elbe, der Rhein-Spoykanal beim Rhein, der Finowkanal bei der Oder, der Bromberger Kanal bei der Weichsel.

[3]) Statistik des Deutschen Reichs Bd. 63, Vorwort.

Jahre trat, o Tücke des Schicksals, die Statistik der Güterbewegung auf deutschen Eisenbahnen ins Leben, welche über
die Herkunft und Bestimmung der Waren innerhalb des
Reiches schon allein nach 36 Bezirken Auskunft gibt. Die
Spezialisierung der Güter ist ausgedehnt auf 101 Nummern
(mit Unterteilungen). Sie kann keineswegs als Vorbild aufgestellt werden, aber der unleugbare Fortschritt gegenüber der
Binnenschiffahrtsstatistik wird hinfällig, sobald ein Vergleich
mit letzterer in Frage kommt. Dann muß das umfangreichere
Warenverzeichnis mühselig auf den Stand der unvollkommeneren
Statistik zurückgeschraubt werden. Bei einigen Artikeln bleibt
die Gegenüberstellung trotzdem mangelhaft, z. B. umfaßt in
der Eisenbahnstatistik Eisenerz nicht auch sogen. Eisensauen
und zur Verhüttung bestimmte Schlacken. Diese Gegenstände
sind vielmehr unter „andere rohe Erze" mitenthalten. In der
Schiffahrtsstatistik ist es umgekehrt[1]). Am empfindlichsten
stört aber der Mangel dieser Eisenbahnstatistik hinsichtlich
ihrer territorialen Ausgliederung. Kein Hafen ist als besonderer Verkehrsbezirk ausgeschieden. Da wird es notwendig,
wieder die Handelskammerberichte u. s. f. hervorzunehmen, um
ihnen die Übersichten über den Eisenbahngüterverkehr der
einzelnen Plätze zu entnehmen. Leider sind diese nach sehr
verschiedenen Grundsätzen aufgebaut. Hier ist nur der Wagenladungsverkehr berücksichtigt, dort umschließen sie auch den
Stückgutverkehr; bald sind sämtliche Bahnhöfe des Hafen-
bezirks vereinigt, bald fehlt dieser oder jener Güterbahnhof
ganz oder eine Eisenbahnlinie kann überhaupt keine Ausweise
bringen. Der Wirrwar erreicht den Gipfel, wenn diese Momente bei einem Hafen zeitlich nacheinander eintreten. Dann
sind zum mindesten umständliche Rechnungen nötig, um die
Vergleichbarkeit einer Reihe von Jahren annähernd aufrecht
zu erhalten. Antwerpen gibt nichts als die Ziffern des bahnwärtigen Gesamtein- und -ausgangs, und auch diese sind in
ihrer Vollständigkeit zweifelhaft. Das Nähere muß der Untersuchung der einzelnen Hafenorte vorbehalten bleiben. Für alle

---

[1]) Jahresbericht der Handelskammer zu Ruhrort 1899, .S. 72. Auch
ist die Einreihung von Schwefelkies unter die Erze verschieden.

gilt, mit Ausnahme von Danzig und Lübeck, daß sie fast nichts
oder überhaupt nichts über den Verbleib oder die Herkunft
der Güter mitteilen. Hierfür ist man demnach auf eine Kombination mit der allgemeinen Eisenbahnstatistik angewiesen,
die in manchen Fällen kein befriedigendes Resultat bieten wird.
Wollen wir weiter nachforschen, woher die Güter stammen,
welche die Binnenschiffahrt dem Seeverkehr zur Verfügung
stellt oder wie er die ihm entnommenen Waren verteilt, so
werden wir sehr selten zu einem Ergebnis gelangen; denn von
allen großen Binnenumschlagsplätzen sind nur Breslau, Berlin,
Ruhrort-Duisburg-Hochfeld und Mannheim-Ludwigshafen als
Verkehrsbezirke abgesondert. (Hauptsächlich habe ich mich
über die Unzulänglichkeit des statistischen Materials verbreitet,
um verständlich zu sein, wenn ich an manchen Punkten kein
glattes Fazit ziehen kann und in den Schlußfolgerungen große
Vorsicht walten lassen muß.) Eine tröstliche Aussicht auf
eine glücklichere Zukunft der deutschen Güterbewegungsstatistik
kann ich wenigstens geben. Es verlautet nämlich, daß das
kaiserlich statistische Amt einen Entwurf für Vorschriften aufgestellt hat, die den Zweck haben, den Güterverkehr auf den
deutschen Wasserstraßen dergestalt zu erfassen, daß aus der
Binnenschiffahrtsstatistik in Gemeinschaft mit der Eisenbahngüterstatistik eine Übersicht über die Güterbewegung innerhalb
des Deutschen Reiches entnommen werden kann[1]). Damit
steht zu hoffen, daß die allgemein als unumgänglich empfun-
dene Revision dieser Statistik nicht mehr lange auf sich warten
läßt, und daß bei dieser Neuregelung den höheren Gesichtspunkten, welche man 1882 preisgab, gebührend Rechnung getragen wird. In jüngster Zeit hat sich auch der Deutsch-
Österreich-Ungarische Verband für Binnenschiffahrt eingehend
mit dieser Frage beschäftigt und der Regierung entsprechende
Vorschläge gemacht. Es ist jedoch zu bedauern, daß gerade
der wichtigste Teil der statistischen Erhebung, nämlich die
Frage der Warenstatistik, hierbei nur ganz flüchtig gestreift
worden ist[2]).

---

[1]) Bericht der Handelskammer zu Bremen 1904, S. 88.
[2]) Deutsch-Österreich-Ungarischer Verband f. Binnensch. Nr. XXXII,

A. Die deutschen Ostseehäfen, sowie Hamburg

1. Die Verkehrsmittel

a) Die Binnenwasserstraßen

Die wichtige Erscheinung, daß Hamburg in vielfacher Hinsicht gerade in seinen Beziehungen zum Hinterland mit den Interessen der Ostseehäfen in untrennbarer Weise verflochten ist, so daß ihr Schicksal ohne Rücksichtnahme auf die gleichzeitige Entwicklung des Elbhafens zu verkehrten Schlüssen Anlaß geben müßte, hat mich bewogen, Hamburg in diesem Zusammenhang zu betrachten. Wenn ich dann Hamburg den übrigen Nordseehäfen gegenüberzustellen habe, kann ich auf die in diesem Abschnitt gemachten Ausführungen verweisen. Von den bedeutenden Häfen unserer Gruppe muß keiner völlig auf eine rückwärtige Verbindung mittels Wasserstraßen verzichten. Hamburg, Stettin, Danzig, Königsberg und Memel liegen im Mündungsgebiet größerer Ströme, deren wirtschaftlicher Wert allerdings außerordentlich verschieden ist. In hohem Grade ist er von ihrer eigenen Leistungsfähigkeit abhängig; doch nicht allein, denn die Bedeutung zweier technisch gleich hochstehenden Wasserstraßen für einen Hafen wird verschieden sein, je nach der Art und Menge der Güter, die für sein Hinterland in Frage kommen und je nach der Ausgestaltung des Eisenbahnnetzes und den für seine Verwaltung maßgebenden Grundsätzen, also nach dem anderen Faktor, der für die Verbindungen mit dem Hinterland hoch bedeutsam ist. Bekanntlich ist die verkehrswirtschaftliche Bedeutung eines Verkehrsmittels bedingt durch den Preis, die Schnelligkeit, Sicherheit und Regelmäßigkeit des Transports, wobei im Massenverkehr die Höhe der Fracht im allgemeinen den Ausschlag gibt. Indessen aus nicht näher darzulegenden Gründen liegen für den Wasserverkehr keine wissenschaftlich haltbaren

---

neue Folge S. 7, betreffend Führung einer einheitlichen Binnenschiffahrtsstatistik in den ... zum Verband gehörigen Staaten, Prof. A. Ölwein, 1906.

umfassenden Feststellungen über die Frachtpreise vor [1]). Wir müssen daher annehmen, daß bei der tatsächlichen Herrschaft der freien Konkurrenz im Gebiete der Elbe und östlichen Wasserstraßen deren wirtschaftliche Leistungsfähigkeit im ganzen durch die Höhe ihrer technischen Beschaffenheit bestimmt wird. Betrachten wir also kurz die Wasserstraßen, die den einzelnen Häfen zur Verfügung stehen.

Die Elbe und anschließend die Moldau führt den Einfluß Hamburgs bis nach Böhmen hinein unter Berührung von Städten wie Magdeburg (300 km), Dresden (570 km) und Prag (790 km). Bis nach Aussig (660 km) ist die Elbe für 800 t-Schiffe befahrbar. Berlin (370 km) ist mittels Havel und Spree für Schiffe von 600 t erreichbar. Von hier läuft der Oder-Spreekanal (400 t) nach Fürstenberg und schließt somit die obere Oder (Kosel: 950 km) und Breslau (790 km) an die Elbmündung an [2]). Der Finowkanal mit 170 t Maximaltragfähigkeit sorgt für Verbindung mit der unteren Oder und der Warthe (Posen 750 km),. ja schafft durch die Netze und den Bromberger Kanal eine durchgehende Binnenwasserstraße zum

---

[1]) Die umfassendsten Frachtnotierungen sind für den Rhein bekannt durch die Jahresberichte der Zentralkommission für die Rheinschiffahrt, ferner wöchentlich in einigen Tageszeitungen (Kölnische Zeitung, Frankf. Zeitung, Rhein- und Ruhrzeitung), sowie in den Fachblättern „Das Rheinschiff" (Mannheim) und der „Niederrhein" (Ruhrort). Auch die jährlichen Frachtzusammenstellungen der Mannheimer Handelskammer gehören hierher. Aber alle diese Angaben beziehen sich nur auf die Tagesfrachten für Massengüter wie Erze, Getreide, Kohlen. Aber die weitaus meisten dieser Transporte geschehen nach Jahresfrachten, die in den Kontoren der Spediteur- und Reedereifirmen abgeschlossen und ängstlich als geschäftliches Geheimnis gehütet werden. Die Stückgutfrachten entziehen sich überhaupt jeder Bekanntgabe; die Ziffern in den Berichten der Zentralkommission sind nichts als bloße Schätzungen. Dieselben heben an mehreren Stellen selbst die Unzuverlässigkeit der von Interessenten gemachten Mitteilungen hervor. Vgl. Fr. Schulte, Die Rheinschiffahrt u. die Eisenbahnen. Schriften des Vereins für Sozialpolitik Bd. CII, 3, S. 525.

[2]) H. R. Meyer sagt mit wenig bedeutender Sachkenntnis über diese Verbindungen a. a. O. S. 50: In the important traffic between Hamburg-Berlin and Breslau, using the small canals and rivers connecting the Elbe and Oder, the transportation charges are fixed by 200 t-vessels.

Weichselgebiet. Auf der linken Elbseite ziehen Saale und Unstrut, gemäß ihren geringen Abmessungen nur mit geringem Erfolg, Thüringen in den Verkehrsbereich Hamburgs. Der Elbe werden im Durchschnitt 301 Schiffahrtstage zugeschrieben [1]), in ³/₄ dieser Periode kann mindestens die Hälfte der vollen Tragfähigkeit beansprucht werden. Hochwasser führt fast nie empfindliche längere Störungen herbei, wohl aber niedriger Wasserstand, der in die Monate August bis Oktober fällt. Die letzten Jahre haben gezeigt, wie bedeutsam in ausnahmsweise trockenen Jahren solche jährliche Ereignisse zu monatelangen, wahren Kalamitäten auswachsen können. Für Kiel darf man den Nord-Ostseekanal nicht als Binnenwasserstraße in Anspruch nehmen, da er wegen der Schiffahrtsverhältnisse auf der Unterelbe ausschließlich seefähigen Fahrzeugen zugänglich ist. Lübeck hat sich im Jahre 1900 an Stelle des mittelalterlichen Stecknitzkanals einen modernen Elbe-Travekanal (67 km) gebaut, der vollständig der Leistungsfähigkeit des Elbstroms entspricht. Da er selbst zu jeder Jahreszeit genügend Wasser hält, ist Lübeck für die weitere Verbindung mit der Oberelbe ganz von den obigen Wasserständen der Elbe abhängig, also in dieser Hinsicht mit Hamburg gleichgestellt. Die mecklenburgischen Häfen entbehren einer leistungsfähigen Schiffahrtsverbindung mit dem Hinterland. Für Rostock ist vielleicht noch die obere Warnow zu erwähnen, welche durch die mecklenburgische Seenkette und Elde von der Elbe bei Dömitz erreicht werden kann; allein hier fehlt die Anpassung an die Größenverhältnisse des Elbstromnetzes. Mit der mittleren Elbe (Magdeburg 390 km) steht Stettin durch die untere Oder, die Hohensaathener Wasserstraße (den Finowkanal), die Havel und den Plauenschen und Ihlekanal in Verbindung, zumal Berlin (260 km) mittels des Finowkanals an sich fesselnd. Der letztere vermag nur Schiffe bis zu 170 t [2]) aufzunehmen. Diese Be-

---

[1]) Die Elbe ist in den meisten Jahren schon Ende Februar eisfrei, manchmal bleibt die Schiffahrt bis zum Jahresschluß geöffnet (Magdeburg). Noch geringer ist die Behinderung durch Frost im Verkehr mit Berlin.

[2]) Vgl. meine Studie über den Elbe-Travekanal a. a. O. S. 244 u. 245. Bei Wiedenfeld a. a. O. S. 312 und anderen Autoren wird die höchste

schränkung ist umso ärgerlicher, als sie Stettin hindert, die größere Tragfähigkeit der zur Mittelelbe führenden märkischen Wasserstraßen (400 t) für sich zu verwerten. (Obendrein ist der Finowkanal durchschnittlich im Jahre 2 Monate lang zwecks Ausbesserungen gesperrt, so daß die Schiffahrt meistens erst am 1. März eröffnet wird.) Dagegen erfreut sich der Kanal einer guten Wasserhaltung, und weil Stettin zum Anschluß nur die untere Oder zu benutzen braucht, ist es für die westlichen Verbindungen von den wechselnden Wasserständen des Oderstroms unabhängig. Die Oder stromauf bis Breslau (495 km) trägt als Maximum 450 t-Schiffe; in der darauf folgenden Endstrecke, der kanalisierten Oder[1]), bis Kosel (656 km) 400 t. Die Schiffahrtsperiode können wir mit Sympher zu 284 Tagen annehmen, von denen nur $\frac{1}{4}$ Teil die volle Ausnutzung gestattet. Nach der Eröffnung der Schiffahrt im Anfang des März tritt gewöhnlich im April Hochwasser auf dem Oberlauf ein, das die Befahrung zeitweise hindern kann. Im Juli und September erreicht das Wasser bei Breslau den tiefsten Stand, der sich bisweilen bis in den November hinzieht, und damit die Schiffahrt nicht selten wochenlang zum Stillstand zwingt. Ende dieses Monats ist bereits wieder mit Behinderung durch Eis zu rechnen. Nach der Neumark und Posen (-Stadt 376 km) führen die Warthe und Netze als rechte Zuflüsse der Oder, doch bleibt infolge der geringen Tragfähigkeit (normal 158 t)[2]) und des rasch wechselnden Wasserstandes[3]) ihr Nutzen in engen Grenzen. Die größte Tragfähigkeit der Weichsel, mit deren Mündung Danzig verbunden ist, beträgt 350 t[4]). Die Zulässig-

---

Tragfähigkeit auf 150 t angegeben. Neuere Schiffstypen fassen aber schon 170 t.

[1]) Von Kosel abwärts bis zur Mündung der Glatzer Neiße.

[2]) G. Seibt, Die Wartheschiffahrt. Schriften des Vereins für Sozialpolitik. Schiffahrt der deutschen Ströme Bd. 1, S. 258. Bei gutem Wasserstand gelangen vereinzelt selbst größte Oderkähne bis Posen. Jahresbericht der Handelskammer zu Posen 1899, S. 281.

[3]) Unterhalb Posen 296 Schiffahrtstage, davon $\frac{1}{3}$ je halbe und volle Ladung (1895—1900).

[4]) G. Seibt, Die verkehrswirtschaftl. Bedeutung der Binnenwasserstraßen a. a. O. S. 945 u. 952.

keit von 400 t bleibt auf dem Papier (Zeitschrift für Binnenschiffahrt 1902 S. 339). Die meisten Kähne fassen 150—200 t,
schon um nicht vom Durchgangsverkehr über Bromberg nach
dem Westen ausgeschlossen zu sein. Die Ausnutzung steigt
in manchen Jahren kaum über die Hälfte [1]), gewöhnlich aber
ist sie in der (nach Sympher) 261 Tage betragenden Schiff-
fahrtsperiode während $\frac{1}{4}$ dieses Zeitraums voll. Die Schiff-
fahrt dauert von der zweiten Hälfte des März bis gegen Mitte
November, gleichviel ob mildes oder hartes Wetter herrscht,
aus Furcht vor dem plötzlich eintretenden Grundeistreiben [2]).
Andererseits erleidet die Flößerei im Hochsommer oft Unterbrechungen durch hohe Wasserstände, z. B. im Jahre 1903.
Über Thorn hinaus (227 km ab Neufahrwasser) auf der russischen Weichsel sind die Verhältnisse derart, daß deutsche
Schiffe gewöhnlich nach dem Frühjahrhochwasser nicht höher
als Warschau (330 km) hinaufgehen. Flußabwärts kommen
weiter aus dem Innern Rußlands auf der Weichsel und dem
Bug bei günstigem Frühjahrswasser größere floßähnliche Fahrzeuge, die bis zu 250 t fassen. Wenn das Hochwasser schnell
verläuft, müssen sie nicht selten zur Weiterfahrt das andere
Jahr abwarten [3]). Nach der Provinz Posen hin steht die Unter-
brahe, der Bromberger Kanal sowie die obere Netze zur Verfügung. Die Elbinger Weichsel und der Weichsel-Haffkanal
vermitteln den Verkehr mit den Orten des Frischen Haffs, insbesondere mit Elbing und Königsberg. Die Elbinger Weichsel,
für welche V. Kurs in Verwechslung mit dem Weichsel-Haffkanal 400 t Tragfähigkeit angibt [4]), versandet seit dem Durchbruch bei Neufähr immer mehr. Sie dient nur noch bei Hochwasser zur Verbindung von Weichsel und Haff, besonders wenn
deswegen im Kanal zu Rothebude nicht geschleust werden

---

[1]) Danzig 1900, S. 102.
[2]) Danzig 1903, S. 19. Königsberg 1903, S. 153: Eine besonders
frühzeitige Eröffnung der Binnenschiffahrt bringt dieser nicht die Vorteile,
die man davon erwarten sollte. Unser Hinterland rechnet mit einem
langen Winter und versorgt sich dementsprechend bis zum April.
[3]) Statistik des Deutschen Reichs Bd. 39, I, S. 70.
[4]) Viktor Kurs, Art. Binnenschiffahrt im Handbuch der Wirtschaftskunde Deutschlands 1904, Bd. IV, S. 328.

kann [1]). Störungen durch Niedrigwasser sind hier unbekannt. Eben derselbe Weg dient dem Pregelhafen Königsberg als Wasserverbindung mit dem Weichselgebiet. Die nächste Verbindung mit der oberen Weichsel durch die Nogat hat das gleiche Schicksal betroffen wie die Elbinger Weichsel. Ebenfalls versandet ist allmählich der obere Pregel von Wehlau (73 km) aufwärts. Nur bei hohen Wasserständen können mit Sicherheit Fahrzeuge von 100 t Insterburg (130 km) erreichen [2]). Königsbergs Hauptwasserweg ist die Memel, welche von der Deime, einem Mündungsarm des Pregels, durch den Großen Friedrichsgraben, Seckenburger Kanal und Gilge unterhalb von Tilsit (150 km) erreicht wird. Die Memel ist für den Seehafen gleichen Namens die naturgegebene Wasserstraße nach seinem Hinterland. Bei Schmalleningken tritt der Niemen auf deutschen Boden über und teilt sich unterhalb Tilsit in Ruß und Gilge, welche sich beide in das Kurische Haff ergießen. Da dessen seeartiger Charakter und die ungleiche Tiefe die Befahrung mit Flößen und Binnenschiffen ausschließt, ist Memel auf den ersteren Mündungsarm angewiesen, um mittels Athmath, Minge und des König-Wilhelmkanals den Anschluß an den Memelfluß herzustellen. Jenseits der Grenze (165 km) ist der Strom so verwahrlost [3]), daß die politische Grenze auch eine solche für Flußschiffe bedeutet, welche die Memel bis nach Tilsit (110 km) im Lokalverkehr befahren. Nur ausnahmsweise dringen kleine Schiffe über Kowno (260 km) hinaus bis nach Grodno (550 km) vor, den Endpunkt der Schiffahrt. Selbst die Flößerei leidet oft unter schlechten Wasserständen in Rußland [4]), deren Nachwirkungen auch eine wirksame Regulierung der deutschen Memel vereiteln. Da der Strom selten vor Ende März, meistens erst Anfang April eisfrei wird und schon in der zweiten Hälfte des November wieder einfriert, so ist eine günstige Schiffahrtsperiode, d. i. hier ein trockener Sommer,

[1]) Statistik des Deutschen Reichs Bd. 39, I, S. 70.
[2]) Königsberg 1901, S. 34. Simon, Der Königsberger Seekanal u. die ostpreußischen Binnenwasserstraßen. Zeitschrift für Binnenschiffahrt 1902, S. 62.
[3]) Königsberg 1901, S. 35. Lafitte a. a. O. S. 174.
[4]) Königsberg 1900, S. 83.

doppelt belangreich. Oft aber erschweren die reichlichen Niederschläge die Flößung. Die Flöße können der starken Strömung nicht ausgesetzt werden oder die Schleuse zu Lankuppen (König-Wilhelmkanal) muß wochenlang gesperrt werden[1]. Dann führt außerdem die Minge, die stromauf zur Weiterbewegung der Holztriften benutzt werden muß, so viel reißendes Wasser, daß oft selbst mit den stärksten Schleppern, die unter hohen Kosten von Tilsit und Königsberg requiriert werden müssen, schlechterdings an ein Fortkommen der Flöße nicht zu denken ist. Wohl muß auch Königsberg eine Wasserstraße, die Deime, auf der Fahrt von Rußland bergwärts benutzen, aber solche lästigen Strömungen wie auf der Minge sind hier nicht zu verzeichnen. Endlich ist Memel für besondere Fahrzeuge direkt durch das Kurische Haff und die Deime mit dem Pregelhafen verbunden.

Dem geschilderten Zustande der Fahrstraße, deren Leistungsfähigkeit gemäß der klimatischen Beschaffenheit im allgemeinen rasch von Westen nach Osten abnimmt, entspricht im ganzen der Zustand der vom Massenverkehr geforderten Lade- und Umschlagsplätze. Die ost- und westpreußischen Wasserstraßen entbehren vollständig derartiger moderner Anlagen. Besonders gefahrvoll ist die Schiffahrt auf der russischen Weichsel, denn dort gibt es nirgends Winterhäfen, und die so bedeutende Handelsstadt Warschau bedient den großen Schiffsverkehr mit den gleichen Einrichtungen wie seit Dutzenden von Jahren[2]. Umschlagsstellen zwischen Flußschiff und Eisenbahn sind an keiner Stelle vorhanden und ohne die Mitwirkung des Schienenwegs reicht naturgemäß der Einfluß des Wasserwegs nicht über seine Uferflächen hinaus. Für die Oder und Elbe habe ich die aus dem Band 39 der Reichsstatistik zusammengestellten Zahlen der Ladestellen bereits mitgeteilt. Mit modernen technischen Vorrichtungen, mit tragkräftigen Kranen, Kohlenkippern und praktischem Eisenbahnanschluß sind an der Oder nur der Hafen von Kosel, über dessen räumliche Enge neuerdings geklagt wird, und der Ende 1901 eröffnete Hafen zu Breslau

---

[1] Memel 1895, S. 32; 1900, S. 33; 1903, S. 31.
[2] Danzig 1902, S. 86.

resp. Pöppelwitz[1]) ausgestattet. Außerdem sind die Häfen von Küstrin, Glogau, sowie an der Netze und Warthe Posen, Orzechovo und Montwy mit primitiven Anschlüssen versehen. Am Finowkanal finden sich keine eigentlichen Hafenanlagen, eine minderwertige Eisenbahnverbindung nur in Niederfinow. Die Einrichtungen Berlins für die Binnenschiffahrt sind anerkanntermaßen ganz unzureichend. Die wenigen eigentlichen Hafenbecken sind fast nirgends mit leistungsfähigen Ladevorrichtungen versehen, der Umschlag auf die Bahn ist auf zwei Stellen angewiesen; ebenso mangelhaft sind die Mengen an Lager- und Speicherräumen. Hauptsächlich wegen Differenzen der Stadtverwaltung mit der Staatsregierung sind die seit langem ausgearbeiteten Pläne, durch umfangreiche Neuschöpfung diesen Übelständen abzuhelfen, bis heute noch nicht verwirklicht worden. An der unteren Havel sind [2]) fünf Plätze mit Eisenbahnanschluß versehen. Die größere Leistungsfähigkeit der Elbe kommt in der Ausgestaltung der Binnenhäfen deutlich zum Ausdruck; am Strome selbst zählen wir auf deutschem Boden allein zwölf Umschlagsstellen, und in Böhmen dazu fünf. Die Häfen von Magdeburg-Schönebeck, Riesa, Dresden, Laube-Tetschen, Aussig sind bekannt genug.

b) Die Eisenbahnverbindungen

α) Die hauptsächlichen Linien der einzelnen Hafenplätze

Nachdem die Einrichtungen, welche im Seehafen den Umschlag zwischen Seeschiff, Eisenbahnwagen und Flußschiff besorgen, bei Erörterung der Hafeneinrichtungen erledigt sind, bleibt noch übrig, die Häfen auf ihre rückwärtigen Eisenbahnverbindungen[3]) zu untersuchen. Beginnen wir mit Hamburg. Über Harburg führen die linkselbischen Ost- und Südverbin-

---

[1]) Breslau 1899, S. 13; 1900, S. 13.

[2]) Spandau, Potsdam, Werder, Brandenburg, Havelberg.

[3]) Zimmermann, Der Landverkehr, im Handbuch der Wirtschaftskunde Deutschlands. Bd. IV: Die Hauptlinien des Güterverkehrs, S. 242 bis 244.

dungen dieses Hafens. Es sind jene des großen Personen- und
Güterverkehrs östlich auf Bremen, von dort über Osnabrück
und Münster in das rheinisch-westfälische Industriegebiet und
jene südlich auf Hannover und von dort einmal südwestlich
über Minden in das gleiche Gebiet, bezw. zum Rhein; dann
aber auch südlich auf Frankfurt a. M. mit seinen weiteren
Verzweigungen nach Süddeutschland und direkt über Ülzen
nach Magdeburg, Halle, Leipzig und von diesen Punkten weiter
nach Thüringen, in das sächsische Industriezentrum und über
Dresden nach Böhmen. Auf dem rechten Elbufer ist als
wesentlichste die Verbindung nach Berlin hervorzuheben, die
dann die weiteren Linien nach dem Osten nördlich und südlich gibt. Bei Wittenberge zweigt eine Route nach Magdeburg ab, die sich auf Halle und Leipzig fortsetzt und so eine
doppelte Verbindung mit diesem wichtigen Gebiet schafft. Östlich gehen in gleicher Weise mehrfache Nebenbahnen nach
Mecklenburg u. s. w. ab. Nordöstlich haben wir in direkter
Hauptlinie die Verbindung mit Lübeck und von da weiter nach
Osten zu; nördlich noch die auf Kiel, Schleswig, Vamdrup.
Kiel hat nach Süden die Bahn nach Neumünster mit Zweigen
nach Hamburg, Lübeck und direkt über Oldesloe nach Hagenow
an der Hamburg-Berliner Strecke, außerdem eine gerade Verbindung mit Lübeck über Eutin. Lübeck hat außer diesen
Verbindungen mit Kiel, westlich die nach Hamburg, südwestlich durch die Linien auf Büchen-Lüneburg den Anschluß an
die Südverbindungen Hamburgs auf Hannover etc., durch die
Linie auf Hagenow unmittelbaren Anschluß an die Route Hamburg-Berlin. Lübeck hat endlich östlich direkte Bahnen nach
Mecklenburg und darüber hinaus nach Stettin. Wismar steht
nach Osten zu mit Rostock in Verbindung. Nach Süden läuft
ein Schienenstrang auf Kleinen (Lübeck-Stettin), der dann die
Strecke Hamburg-Berlin bei Ludwigslust trifft, und so die Verbindung mit Berlin und ebenmäßig über Stendal mit Magdeburg abgibt; eine fernere Bahn führt nach Südosten über
Blankenburg (Lübeck-Stettin) auf Waren an der Linie Rostock-
Berlin. Rostock hat westlich die Verbindung mit Lübeck über
Bützow, südlich die schon genannte über Waren und Neu-
strelitz auf Berlin, südöstlich die über Neubrandenburg nach

Stettin und endlich östlich die über Ribnitz nach Stralsund.
Der Hafenplatz Saßnitz auf Rügen ist auf die Bahn nach
Stralsund angewiesen, wo die Linien nach Berlin über Neu-
strelitz und über Angermünde zum Odergebiet abzweigen.
Stettin hat nach Norden die Eisenbahn nach Stralsund, nach
Nordwesten und Westen auf Lübeck und Hamburg. Nach
Süden läuft eine Bahn nach Berlin, von wo das Elbgebiet in
Magdeburg, Halle und Riesa erreicht wird. Das Odertal wird
durchlaufen von der Bahn nach Breslau über Küstrin und
Glogau mit dem weiteren Verlauf nach Oppeln-Oderberg
(Mähren) und Kattowitz-Krakau (Galizien). Ebenfalls südöst-
lich läuft der Schienenweg Stargard-Kreuz-Posen, endlich ost-
wärts über Stargard auf Danzig u. s. w. Danzig-Neufahr-
wasser hat nach Westen eben die letzterwähnte Verbindung
über Stolp und Stargard auf Stettin, ferner südlicher die über
Dirschau und Schneidemühl nach Berlin führende, sowie von
Schneidemühl in der Südrichtung die auf Posen und Breslau;
eine zweite Verbindung mit Breslau zieht sich über Bromberg
und Gnesen. Außerdem laufen über Dirschau die direkten
Schienenstränge nach Rußland und Polen, einmal über Thorn,
Alexandrowo, Skierniewize nach Polen und weiter nach Galizien,
die andere über Illowo-Mlawa nach Warschau und weiter nach
dem Innern Rußlands. Östlich ist die Bahn über Elbing nach
Königsberg zu nennen, mit mannigfachen Abzweigungen nach
Süden hin. Königsbergs Hauptlinie nach Westen und Südwesten ist dieselbe. Südlich hat es unmittelbaren Anschluß
an die Strecke Thorn-Allenstein-Insterburg durch die Linie
auf Korschen, die sich dann auf Prostken an der russischen
Grenze fortsetzt (Warschau und Wilna). Direkt östlich läuft
die Linie Insterburg-Eydtkuhnen (Wilna und Petersburg), endlich nordöstlich die Bahn nach Tilsit. Memel hat nördlich nur
eine Nebenbahn bis zur Grenzstation Bajohren und ist im
übrigen auf die Verbindung nach Tilsit angewiesen, die alsdann sich in die Linien nach Insterburg (Thorn), Königsberg
und über Stallupönen nach Eydtkuhnen teilt.

β) Grundsätze der Eisenbahntarifpolitik gegenüber
See- und Binnenschiffahrt

Diese Skizze hat gezeigt, daß alle Häfen mit Ausnahme
von Memel ihren Einfluß gleichmäßig nach allen Seiten ihres
geographischen Hinterlandes ausdehnen können. Aber bedeutsamer als diese Betriebsgestaltung, wie Wiedenfeld [1]) es bezeichnet, ist die Tarifpolitik der Eisenbahnen, entscheidet doch
meistens im Massenverkehr der Preis des Transports über die
Wahl des Beförderungsweges, zumal da die Zeitdifferenzen auf
den verschiedenen Eisenbahnlinien meist gering sind. Hier
kann es sich nicht darum handeln, die Tarifpolitik im einzelnen
darzulegen — das geschieht besser bei der Betrachtung des
tatsächlichen Verkehrs —, sondern nur darum, die Grundzüge
der Politik, welche die verschiedenen Eisenbahnverwaltungen
gegenüber Seeschiffahrt und Binnenwasserstraßen, die jener
dienen, anwenden. Die ost- und westpreußischen Häfen verfügen nur über einen schmalen Streifen heimischen Hinterlandes. Sie müssen ihr eigentliches, weiteres Hinterland gemäß ihrer geographischen Lage im russischen Staatsgebiet
suchen. Daher ist die Erhaltung des Durchgangsverkehrs mit
ausländischen Bodenerzeugnissen von ganz besonderer Wichtigkeit [2]). Dieser hängt natürlich in erster Linie von der Gestaltung der handelspolitischen Verhältnisse mit dem agrarischen Nachbarreiche ab [3]). Sie haben uns hier im allgemeinen
nicht zu beschäftigen, wenn auch bei der tatsächlichen Gestaltung des Verkehrs ihr Einfluß im einzelnen wohl dargelegt
werden muß. Dagegen muß die Entwicklung des Eisenbahn-
tarifwesens im russischen Reich uns einige Augenblicke in Anspruch nehmen. In Rußland fand man es seit dem Anschluß
der Häfen Danzig, Königsberg und Memel an das russische
Staatsbahnnetz vorerst dem eigenen Interesse entsprechend, die

---

[1]) W i e d e n f e l d a. a. O. S. 316.
[2]) F. S i m o n a. a. O. S. 46 u. 48. Königsberg 1900, S. 33.
[3]) S t e p h a n J o n a s, Handelspolitische Interessen der deutschen
Ostseestädte 1890—1900 in Münchner Volkswirtschaftl. Studien Nr. 53.
1902.

wirtschaftlichen Beziehungen zu diesen Häfen zu pflegen. Das änderte sich mit dem Ausbau des russischen Eisenbahnnetzes, welches neue fernere Gebiete Rußlands der Getreideausfuhr erschloß. Die in Rußland aufkommende chauvinistische Strömung fand es im Verein mit den Sonderbestrebungen wichtiger Privatbahnen angebracht, durch künstliche Bildung der Gütertarife die Ein- und Ausfuhr mehr und mehr über die eigenen russischen Hafenplätze zu lenken [1]. Wohl blieb es im Interesse einzelner russischer Privatbahnen, nach wie vor den Verkehr mit Königsberg und Danzig nicht zu vernachlässigen, und seitdem die Verstaatlichung der Eisenbahnen in Rußland Fortschritte gemacht hat, wirkten die dortigen leitenden Kreise auf wiederholte deutsche Vorstellungen hin allmählich zeitweise darauf hin, Königsberg und Danzig auf dem Fuße kilometrischer Gleichheit mit den eigenen Häfen zu behandeln. Immerhin waren beide Plätze bis zum Abschluß des Handelsvertrags vom 10. Februar 1894 völlig auf den guten Willen der russischen Verwaltung angewiesen. Namentlich wuchs der Ende der 70er Jahre noch unbedeutende russische Ostseehafen Libau in überraschend kurzer Zeit zu einem wichtigen Handelsemporium. Der Zollkrieg verschärfte die Situation sehr zu Ungunsten der deutschen Häfen. Zumal der Speditionsverkehr, welcher schon durch die früheren Maßnahmen der russischen Eisenbahnpolitik schwer bedrängt war, erlitt mit den am 1. Januar 1891 in Kraft tretenden Importtarifen einen neuen Schlag. Während die früheren Einfuhrtarife nach Moskau und Kiew über Königsberg, Memel, Libau und Riga fast gleich waren, verteuerte sich nun der Bezug über Königsberg erheblich gegenüber der russischen Konkurrenz [2]. Der deutschrussische Handelsvertrag legte wenigstens den Grundsatz tarifarisch gleichmäßiger Behandlung der beiderseitigen Hafenstationen fest. Aber wenn irgendwo, so gibt es auf dem Gebiete des Tarifwesens versteckte Maßnahmen genug, um die unliebsamen Wirkungen dieser Abmachungen unschädlich zu

---

[1] Z. B. für Baumwolle Einführung eines Zuschlagszolls auf der Landesgrenze 1888; für Jute Kündigung der direkten Importtarife im deutschpolnischen Verkehr.

[2] Königsberg 1890, S. 4 u. 22.

machen und in dieser Hinsicht scheint sich seit 1894 die Fürsorge der russischen Regierung für die heimischen Häfen zu
betätigen [1]). Noch ausgiebiger haben die deutschen Staatsbahnen von jenen Mitteln und Mittelchen Gebrauch gemacht.
Nachdem Fürst Bismarck in der Tarifpolitik der Eisenbahnen
ein verstecktes, doch darum vielleicht gar wirksameres Werk-
zeug der allgemeinen Handelspolitik entdeckt hatte [2]), ist es
klar, daß die Seehäfen nur insoweit eine Förderung durch Ausnahmetarife u. s. w. erwarten konnten, als ihr Verkehr nicht
der jeweiligen Handelspolitik unbequem war. Dies war in
größtem Maßstabe für die Ausfuhr der Fall. Dagegen setzten
unter der Ära des Schutzzolls diejenigen Tarifmaßnahmen, die
das heimische Gewerbe und vorzüglich die Landwirtschaft gegen
fremde Einfuhr schützen sollten, kräftig ein, d. h. sie blieb
auf die hohen Sätze des Normaltarifs angewiesen. Demnach
wird der Verkehr über deutsche Seehäfen nur soweit die Ausfuhr in Betracht kommt, unbedingt begünstigt, die Einfuhr
indessen nur, soweit die Schutzzollpolitik des Reiches nicht
gestört wird, d. h. hauptsächlich mit Beschränkung auf die
kolonialen Produkte etc. [3]). Berücksichtigt man, daß gerade
die hauptsächlichen Ausfuhrgegenstände der in Frage kommenden östlichen Häfen derartige landwirtschaftliche Rohstoffe sind,
die verarbeitet oder roh von den Hafenplätzen sowohl direkt
mit der Eisenbahn als auch durch seewärtige Verschiffung nach
anderen deutschen Gebieten geworfen werden können, dann ist
begreiflich, daß die Entwicklung von Danzig, Königsberg und
Memel teilweise der auswärtigen Handelspolitik aufgeopfert
worden ist. Bis zum Jahre 1898 bemühten sich die betreffenden Häfen vergebens um die Durchrechnung der während des
handelspolitischen Konflikts 1892 in Rußland eingeführten Holzexporttarife auf den preußischen Bahnen, die ihnen den Wett-

---

[1]) Aftalion a. a. O. S. 188.

[2]) Auswärtige Handelspolitik und innere Verkehrspolitik. G. Zoepfl,
Deutsch-Österreich-Ungarischer Verband f. Binnensch. Nr. LII, 1900.

[3]) Lotz, Einleitung zu: Eisenbahntarife u. Wasserfrachten. Schriften
des Vereins für Sozialpolitik 89, S. XXV. Bereits 1882 wurden die Ausnahmetarife für Getreide und Mühlenfabrikate von deutschen Nordseehäfen nach Rheinland-Westfalen aufgehoben.

bewerb mit russischen Ostseehäfen und Odessa fast zur Unmöglichkeit machten[1]). Erst nachdem im russischen Verkehr
1896 ein neuer ermäßigter Staffeltarif eingeführt war, ent-
schloß sich die preußische Verwaltung für den Transitverkehr
vom Jahre 1899 ab, die Tarife für Holz entsprechend herab-
zusetzen (1,8—2,2 Pfg. anstatt 3,0—2,2 Pfg.)[2]). Ebenfalls
nur für die Ausfuhr über See wurden im gleichen Jahre von
verschiedenen russischen Stationen für Zucker seitens der
preußischen Bahnen eine erhebliche Verbilligung zugestanden[3]),
da 1898 in Rußland zur Ausfuhr ein Tarifschema zur Anwendung gelangte, das für Libau, den wichtigsten russisch-
baltischen Zuckerexporthafen, bedeutsame Frachtverbilligungen
enthielt[4]). Trotz zahlreicher Beschwerden wird den Häfen die
Anwendung der direkten Getreidetarife für Sendungen, welche
in russischen Elevatorstationen gelagert haben, preußischerseits
fortgesetzt verweigert, während die russischen Wettbewerbs-
häfen derartige Transporte unter Berechnung des direkten
Tarifsatzes von der Versandstation bis zum Hafen beziehen
können[5]). Ebenso wurden Mitte der 90er Jahre Ausnahmetarife
aus dem Gebiet des Dnjepr und Dnestr nach Königsberg, die
sogen. Sommernavigationstarife, aufgehoben. Ähnlich steht es
mit den Tarifen für Flachs und Hanf[6]). Außerdem klagt
Königsberg insbesonders über die noch bestehende Begünstigung
der russischen Häfen im Speditionsverkehr, die noch beträchtlicher wurde, als die im Jahre 1902 eröffnete Eisenbahnlinie
Riga-Creuzburg die Entfernung zu Gunsten Rigas bedeutend
abkürzte[7]). Noch in einer anderen Beziehung hat die Tarifpolitik die ost- und westpreußischen Häfen in ihrer Entwicklung geschädigt. Ein großer Teil ihres Seeverkehrs spielt sich

---

[1]) Danzig 1896, S. 61; 1897, S. 8: 1899, S. 11. Königsberg 1897,
S. 64—66. Memel 1894, S. 34, 35. Jonas a. a. O. S. 63 u. 64.

[2]) Aftalion a. a. O. S. 188.

[3]) Danzig 1899, S. 11: von russischen Stationen, welche mehr als
300 km von der Grenze entfernt liegen, doch einschließlich Iwangorod und
Lublin, kommt Spezialtarif II zur Anwendung (3,5 Pfg. statt 4,5 Pfg.).

[4]) Danzig 1898, S. 16.

[5]) Königsberg 1900, S. 65. Jonas a. a. O. S. 45.

[6]) Königsberg 1900, S. 34.

[7]) Königsberg 1902, S. 8.

mit westdeutschen Ost- und Nordsee- auch Rheinhafenstationen
ab. Mit dem Inkrafttreten der gestaffelten Stückgütertarife
1898, sowie der Detarifierung heimischen Rohzuckers 1900
(Spezialtarif[1]) III statt I) und der Versetzung von Spiritus
und Sprit[2]) in Spezialtarif III haben die Provinzen Ost- und
Westpreußen unter Ausschaltung der vorgelagerten Seehäfen
bahnwärts vielfache direkte Beziehungen mit Westdeutschland
angeknüpft. Nicht die gleichen üblen Folgen scheint der bekannte Getreidestaffeltarif (1. September 1891 bis 1. August
1894) gehabt zu haben[3]). Zweifelsohne wäre die deutsche
Wirtschaftspolitik ihnen viel verhängnisvoller geworden, wenn
ihnen nicht in jener kritischen Zeit für die wichtigsten Verbindungen nach Rußland Privatbahnen zur Verfügung standen,
denen der eigene Vorteil möglichste Rücksichtnahme auf Danzig
und Königsberg gebot. Man kann sich vorstellen, mit welchem
Mißtrauen beide Städte der Verstaatlichung jener Linien ent-
gegensahen, die für die ostpreußische Südbahn (Königsberg-
Prostken) im Jahre 1903, bei der Marienburg-Mlawkaer Bahn
(Danzig-Illowo) im Jahre vorher erfolgte. Dies Mißtrauen war
umso natürlicher, als im preußischen Herrenhaus das Verlangen
nach Verstaatlichung beider Linien damit motiviert wurde, daß
die Leitung durch Privatgesellschaften die russische Getreideeinfuhr begünstige[4]). Von der preußischen Regierung sind
die beruhigendsten Zusicherungen gemacht worden und in der
Tat ist bis jetzt an Beschwerden nichts verlautet. Danzig war
besonders der Direktion der Marienburg-Mlawkaer Bahn zu
Dank verpflichtet, weil sie es verstand, die Wettbewerbsfähigkeit gegenüber Königsberg für das russische Gebiet herzustellen,
galt es doch, die Mehrentfernung nach den wichtigsten Landesteilen von 120 km bei jeder Tarifbildung durch ein Schema
zu paralysieren, welches Danzig einen bescheidenen Anteil am
russischen Verkehr sicherte[5]). Auch in dieser Beziehung wird

---

[1]) Danzig 1901, S. 6.

[2]) Danzig 1902, S. 18.

[3]) Jonas a. a. O. S. 23.

[4]) Stenographische Berichte über die Verhandlungen des preußischen
Herrenhauses 1901, S. 11 u. 41 ff. Königsberg 1900, S. 20.

[5]) Danzig 1902, S. 3.

der Staatsbetrieb keine wesentlichen Änderungen eintreten lassen.

Die übrigen Häfen unserer Gruppe sind von der Tarifpolitik der deutschen Eisenbahnen abhängig, welche, wie dargelegt ist, im Rahmen der allgemeinen Wirtschaftspolitik bestrebt ist, auch die Interessen der deutschen Seeplätze zu fördern. Es ist indessen hier nicht richtig, daß die meisten Seehafenausnahmetarife diesem Bestreben entsprungen sind, wie Wiedenfeld für die Nordseehäfen behauptet [1]). Meines Erachtens sind sie bei unserer Gruppe vorwiegend aus fiskalischen Gesichtspunkten entstanden, nämlich zum Wettbewerb mit den Binnenwasserstraßen. Nur sehr selten hat die preußische Eisenbahnverwaltung allerdings diese Gründe offen ausgesprochen, gewöhnlich schiebt sie populärere Gründe vor, deren beliebtester ja die Förderung der deutschen Seeschiffahrt ist. Aber die näheren Umstände, wie und wo solche Erleichterungen getroffen sind, lassen erkennen, daß andere Beweggründe ausschlaggebend gewesen sind. Sind uns im Gebiet der östlichen Wasserstraßen an derartigen Maßnahmen nur die Detarifierung von Rohzucker und Spiritus vorgekommen, so häufen sie sich im Bereich der Oder. Nachdem bereits durch ältere Ausnahmetarife die Artikel Blei, Zink, Eisen des Spezialtarifes II [2]) getroffen wurden, wurden im Jahre 1895 Getreide, Mühlenfabrikate, Ölsaaten und besonders Steinkohle [3]) in den Seehafentarif einbezogen. Des neuerlichen Zuckerausfuhrtarifs ist schon Erwähnung getan. Im Jahre 1894 wurde bezüglich der Einfuhr Danzig ein Ausnahmetarif für den Transport überseeischer Eisenerze und Schwefelkiesabbrände nach oberschlesischen Hüttenwerken bewilligt, im Jahre 1901 wurde er auf Stettin ausgedehnt [4]). Vergleicht man diese billigen Parallel-

---

[1]) Wiedenfeld a. a. O. S. 321.

[2]) Jahresbericht der Handelskammer zu Breslau 1895, S. 304.

[3]) Steinkohle auch für Stettin loco: Berichte der Vorsteher der Kaufmannschaft zu Stettin 1895, S. V. Besondere Vergünstigung gewährt neuerdings die Verwaltung im Versand von Schlesien nach Dresden und Ostseestädten, falls die Verladung einer bestimmten Quantität im Jahre garantiert wird. Vgl. Verhandlungen des Landeseisenbahnrats 1900, Nr. 4.

[4]) Danzig 1896, S. 7. Stettin 1901, S. 16.

tarife mit den normalen Perpendikulartarifen, so wird es klar,
daß sich auch die ersteren vornehmlich gegen die Binnenschiffahrt richten. Die letztere gedeiht nur im Zusammenhang
mit den Eisenbahnen. An sich endet und beginnt ein Fracht-
weg, bei welchem die Flußschiffahrt mitwirkt, sehr häufig nicht
an den Hafenplätzen [1]). Für solche Transporte kann also die
Leistungsfähigkeit der Wasserstraßen und die Länge der im
Anschluß an Binnenhäfen entstehenden Bahnbeförderung von
der jeweiligen Tarifpolitik entscheidend beeinflußt werden [2]).
Bezüglich der Oder kommen hauptsächlich die Umschlagsplätze
Breslau und Kosel in Frage. Auf die wiederholten, dringen-
den Vorstellungen der Breslauer Handelskammer ist immer,
zuletzt noch 1904, der Bescheid ergangen, daß die Einführung
von Umschlagstarifen prinzipiell nicht zugestanden werden
könne [3]), weil für gewisse ausländische Güter die inländischen
Erwerbszweige einem verschärften Wettbewerb ausgesetzt würden [4]). Das ist natürlich hinsichtlich der Ausfuhr überhaupt
nicht stichhaltig. Vielleicht hat die Verwaltung neben dem
Fiskalismus die Bedenken, daß die Erstellung von Oderum-
schlagstarifen die gleiche Tarifbildung bei anderen Binnenhäfen,
besonders des Niederrheins, zur Folge haben und so die ausländischen Rheinmündungshäfen den deutschen Hafenplätzen
gleichstellen würde. Zwei Beispiele mögen die Benachteiligung
der Oderschiffahrt genügend zeigen. Von den Hüttenbezirken
kommt für Kohle nach Stettin ein Ausnahmetarif zur Anwendung (1,34 + 60), während die Umschlagsplätze mit dem Rohstofftarif vorlieb nehmen müssen (2,00 + 70). Eisen und Stahl
zu Schiffbauzwecken wird von Kattowitz nach Stettin (520 km)
zu 1,20 + 60 gefahren, was 1,32 Pfg. pro Tonnenkilometer
entspricht, nach Kosel (69 km) dagegen wird der Spezialtarif II (3,50 + 120) berechnet = 5,24 Pfg. pro Tonnenkilometer [5]). Ja, die Eisenbahnverwaltung geht noch weiter.
Durch besondere Verfügung ist die Anwendung des mehrfach

---

[1]) Lotz a. a. O. S. XVIII.
[2]) Lotz a. a. O. S. XX.
[3]) Breslau 1903, S. 55.
[4]) Breslau 1903, S. 56.
[5]) Nicht 1,31, resp. 4,78 Pfg., wie Seibt a. a. O. S. 1011 angibt.

berührten Ausnahmetarifs für Eisenerze etc. bei Stationen, die gleichzeitig Wasserumschlagstellen haben, für Transporte, die wasserwärts eintreffen, ausgeschlossen [1]). Praktisch ist dies Vorgehen für die Oderschiffahrt ohne große Bedeutung, aber als Symptom für die Stellung der preußischen Staatsbahnen zu den Wasserstraßen charakteristisch genug. Ebenso bezeichnend ist, daß die Verwaltung diese bedenklichen Grundsätze bereitwillig verlassen hat, wo eine Umgehung durch andere Verkehrswege, durch die sächsischen und österreichischen Bahnen droht [2]). Sie hat 1903 die Bereitwilligkeit versprochen, die Erstellung von Ausnahmetarifen für Kolonialartikel, wie Reis, Heringe, Harze, Öle, Baumwolle, Jute u. s. w., beim Versande nach Österreich-Ungarn zu betreiben, falls die dortigen Bahnen mitwirken würden. Nur von einer einzigen für die See- und Binnenhäfen zugleich wichtigen Ausnahme weiß ich zu berichten, das ist die allgemeine Ausdehnung des Rohzuckerausfuhrtarifs auf die Binnenhäfen im Jahre 1901 [3]). Hoffentlich gibt die Zukunft demjenigen recht, der hier etwas voreilig eine Wendung in der heutigen preußischen Tarifpolitik wittert. Unter diesen Umständen ist die strikte Weigerung der Verwaltung, ihrerseits bei der Herstellung von Umschlagsplätzen mitzuwirken, wohl eine Bestätigung, wie sehr der fiskalische Gegensatz zu den Wasserstraßen die Leitung der preußischen Staatsbahnen beherrscht. Der Grundsatz, den z. B. ein mit Rücksicht auf die Weser ergangener Ministerialerlaß von 1881 noch betont, daß die Herstellung von Anschlüssen

---

[1]) Breslau 1903, S. 331.

[2]) Bezüglich der österreichischen Bahnen auch vom Adriatischen Meere her; Breslau 1903, S. 57; ja sogar vom Schwarzen Meer (Galatz und Braila): Magdeburg: Jahresbericht der Ältesten der Kaufmannschaft I, S. 41.

[3]) Seibt a. a. O. S. 1010. Zeitschrift f. Binnensch. 1904, S. 204: Freymark, Syndikus: Oderumschlagstarife. Außerdem besteht im Odergebiet ein Umschlagstarif für Grubenhölzer, der indessen für die Schiffahrt von geringer Bedeutung ist; auf die Umschlagshäfen an der Elbe, Weser und Ems ausgedehnt wurde, ferner der Ausnahmetarif für Griffel, Schiefertafeln etc. von thüringischen Versandstationen (Spezialtarif III bei 10 t) vom Februar 1904 an. Vgl. Jahresbericht der freien Vereinigung der Weserschiffahrtsinteressenten 1903, S. 14. Duisburg 1903, S. 98.

an Schiffahrtsstraßen überall da vorzunehmen sei, wo davon
eine Förderung des allgemeinen Verkehrs erwartet werden
könne, ist stillschweigend dem Gegenteil gewichen, wie zahlreiche Bescheide dieses Ministeriums in der Neuzeit bezeugen [1]).
Den österreichischen und sächsischen Eisenbahnen kann es
gleichgültig sein, ob sie die Güter zur Weiterbeförderung an
die preußischen (sächsischen) Bahnen oder der Binnenschiffahrt
in Laube-Tetschen, resp. Dresden und Riesa übergeben. Sie
haben deshalb der Elbschiffahrt umfangreiche Konzessionen
gemacht. Hamburg und die übrigen an den Elbstrom angeschlossenen Häfen genießen demnach für den Oberlauf den
Vorteil eines ähnlichen Zusammenarbeitens beider Binnentransportmittel, wie wir es später zwischen der Rheinschiffahrt
und den badischen Staatsbahnen beobachten werden. Die
preußische Verwaltung lehnt auch für die Elbe jede freund-
nachbarliche Berührung mit der Binnenschiffahrt ab, wodurch
die preußischen Elbhäfen Aken, Schönebeck und auch Magdeburg wesentlich geschädigt werden [2]). Die Tarifpolitik ist für
den Verkehr Hamburgs als des einen großen deutschen Hafens
für die überseeische Ausfuhr und die Einfuhr kolonialer Produkte naturgemäß viel wirksamer als bei den Ostseehäfen. Da
aber der Nachbarhafen Bremen durchweg dieser Vergünstigungen
teilhaftig ist, so kommen sie, wie die Absicht war, hauptsächlich dem Wettbewerb mit den holländischen und belgischen
Häfen zu gute; ich werde auf sie deshalb erst an jener Stelle
eingehen. Dagegen ist Hamburg sehr wohl interessiert, daß
ihm zur Konkurrenz mit Bremen der Umschlag über Magdeburg nach Thüringen und Bayern nicht durch Verweigerung
billiger Anschlußfrachten verteuert wird. Lübeck steht im
Fernverkehr ebenfalls unter dem Zeichen der gleichen preußischen Politik, denn für ihn wäre eine selbständige Frachten-
politik der Lübeck-Büchener Privatbahngesellschaft belanglos.
In dem für Lübeck recht erheblichen Verkehr mit Hamburg
aber versucht sie wohl manches zu erreichen. Hier haben wir
neuerdings das in Deutschland seltene Schauspiel erleben

---

[1]) Jahresbericht der freien Vereinigung der Weserschiffahrtsinteressenten 1897, S. 41; 1900, S. 22.

[2]) Jahresbericht der Handelskammer zu Magdeburg 1900, II, S. 15.

können, daß Eisenbahn und Wasserstraße auf kurze Entfernungen hin in lebhafte Konkurrenz getreten sind. Sowie im Laufe des Jahres 1900 der Elbe-Travekanal eröffnet wurde, setzte sogleich (Ende 1900) die Bahn ihre Tarife zur Ausfuhr über See im Verkehr zwischen Lübeck und Hamburg bedeutend herab und erklärte sich bereit, größeren Verladern Rabatte oder Refaktien zu gewähren, so daß z. B. für Rohzucker auf der kurzen Strecke (63 km) die Fracht sich stellte auf 4,6 Pfg. pro Tonnenkilometer [1]), was ungefähr dem preußischen Satz für Rohzucker zur Ausfuhr (Spezialtarif III unter 100 km) 2,60 + 120 = 4,5 Pfg. pro Tonnenkilometer entspricht. Wo dieser Tarif der preußischen Politik in die Hand arbeitet, kommt es unter Umständen zu wahren Anomalien. Ich weiß z. B. aus eigener Erfahrung, daß es infolge der verschiedenen Bemessung der Seefracht ab Hamburg für einzelne Gebiete Mittel- und Westdeutschlands vorteilhafter war, Güter, welche gemäß dem gemischten Eisenbahn-Seetarif, dem sogen. Ostafrikatarif [2]), verfrachtet wurden, den Umweg über Lübeck per Eisenbahn nach Hamburg machen zu lassen, als sie direkt nach Hamburg zur Verschiffung bereitzustellen. Man muß anerkennen, daß die preußische und im allgemeinen auch die mecklenburgische Eisenbahnverwaltung verschmäht haben, ihre eigenen Häfen Stettin, Kiel, Altona, Harburg und Rostock, Wismar in tarifarischer Beziehung vor den beiden Hansestädten zu bevorzugen; das gleiche werden wir bis 1903 im Nordseeverkehr festzustellen haben.

2. Die Binnenschiffahrt als Verteilerin und Zubringerin des Seeverkehrs bei den einzelnen Häfen

a) Hamburg, sowie die übrigen Elbhäfen

Hamburg rühmt mit Recht seiner Verwaltung nach, daß sie von allen deutschen Hafenplätzen am genauesten die Be-

---

[1]) Ausnahmetarif zwischen Hamburg und Lübeck für den Seetransitverkehr über Lübeck 1903/04. Rohzucker in Wagenladungen bei Verfrachtung an einen Empfänger (im Laufe des Jahres) von 250 t 3,90 Mk. pro Tonne; von 2500 t 2,90 Mk. = 4,6 Pfg. pro Tonnenkilometer.

[2]) Nach Stationen Ostafrikas mittels der Ostafrikalinie seit 1895.

wegung des gewaltigen Warenverkehrs zu erfassen sucht. Mit
vorzüglicher Ausgliederung wird in den jährlichen „Tabellarischen Übersichten des Hamburgischen Handels und Verkehrs"
der Seeverkehr, wie der Verkehr auf den Eisenbahnen und der
Oberelbe, nach einzelnen Waren ausgewiesen [1]), und es bleibt
nur zu bedauern, daß das hamburgische statistische Bureau
eine Zusammenfassung zu größeren Gruppen unterlassen hat,
und man diese zeitraubende, aber notwendige Arbeit selbst
vornehmen muß. Wenn grundsätzlich der gesamte Verkehr
zur See [2]) und mit der Oberelbe erfaßt werden soll, so wird
dieses erste Postulat der Statistik, die Vollständigkeit, beim
Eisenbahnverkehr bewußt aufgegeben, indem seit 1888 die
Nachweise über den Verkehr auf der Kiel-Altonaer Bahn, der
einen wichtigen Verbindung mit Schleswig-Holstein, weggefallen
sind. Die Scheidung nach den drei Hauptlinien, nach Lübeck,
Berlin und Venlo, gibt nicht einmal einen schwachen Anhalt
über die Richtung dieses Verkehrs, da die letztere Route, die
ja vorwiegend Westdeutschland mit Hamburg verknüpft, auch
via Ülzen bedeutende Mengen aus dem Elbgebiet heranbringt.
Hier muß eine Kombination mit der Statistik der Güterbewegung
auf deutschen Eisenbahnen aushelfen, die indessen die gesamten
Elbhäfen in einen Verkehrsbezirk zusammenpackt. Nun liefert
Harburg und auch Altona nur ganz summarische Zahlen über
den Eisenbahnverkehr. Schon dieser Umstand nötigt, die Elbhäfen insgesamt zu behandeln. Wollen wir ferner über die
Richtung des Elbverkehrs irgendwie ins klare kommen, so
müssen wir die Aufzeichnungen am oberen Stromlauf, z. B.
Schandau oder Rathenow a. H., vergleichend auf den gesamten
Verkehr an der Mündung beziehen, d. h. wir müssen neben
dem Verkehr auf der Oberelbe, der ohnehin schon den Verkehr Altonas umfaßt, auch den der Süderelbe (Harburg) in

---

[1]) Nettogewicht, berechnet in den Tabell. Übersichten nach dem deklarierten Bruttogewicht. Wo für 1890 das Quantum anders als nach
dem metrischen System angegeben ist, habe ich solches auf Grund des
deklarierten Wertes und des Marktpreises auf Gewicht zurückgeführt.

[2]) Hamburger Tabellarische Übersichten 1888; Vorwort: Die Übersicht über den Seeverkehr umfaßt sowohl denjenigen des Freihafens als
auch den Verkehr, der sich über den Zollhafen bewegt.

Rechnung stellen [1]). Dabei, ist das Mißliche, daß der neben
Hamburg wichtige Platz, Harburg, sich über den Güterein-
und -ausgang zur See überhaupt ausschweigt [2]). Sobald daher
sein Anteil vernachlässigt werden kann, beschränke ich mich
auf den Verkehr Hamburgs. Außer durch die Hamburger
Statistik wird der Verkehr mit der Oberelbe noch durch die
Reichsstatistik bei Entenwärder erfaßt, dem Punkt, wo vor
dem Zollanschluß die Zollgrenze lag. Das kaiserliche statistische
Amt gibt zu, daß hier an eine Vollständigkeit der Anschreibungen nicht mehr zu denken ist [3]), und in der Tat wird die
Differenz mit der Hamburger Statistik immer offenkundiger,
wie aus nachstehender Übersicht hervorgeht.

	1890	1895	1900	1902	1903
Hamburg ab zu Berg (netto Tonnen) (1000 t) .	1672	2309	3457	3336	3800
Entenwärder d. zu Berg .	1683	1942	2875	2778	2961
	+ 11	— 367	— 582	— 558	— 839

Demnach werden wir uns an die vollkommenere Hamburger
Statistik halten, welche nur die dem täglichen Bedarfe Hamburgs dienenden Gegenstände außer acht läßt. Wir werden
die Reichsstatistik aber zur Kontrolle nicht ganz entbehren
können, zumal wenn ihre Ziffern mit der Warenbewegung im
weiteren Stromlauf besser übereinstimmen als die örtlichen
Notierungen zu Hamburg. Die Binnenschiffahrtsstatistik gestattet für die Elbe einigermaßen Schlüsse auf die Richtung
des Wasserverkehrs. Den Gesamtverkehr nach den einzelnen
Flußgebieten entnehme ich den Tabellarischen Übersichten. Betrachten wir z. B. den Ausgang nach der Oberelbe in einzelnen
Gütern unter diesem Gesichtspunkt. Für den Verkehr zur
Oder kommen die Durchgangsstellen zu Eberswalde (Finowkanal) und Fürstenberg (Oder-Spreekanal) in Betracht; sie

---

[1]) Da Wiedenfeld dies unterläßt, kommt er zu einem für den
Wasserweg zu ungünstigen Resultat.

[2]) Der Seeverkehr Altonas wird in den Hamburger Tabellarischen
Übersichten veröffentlicht, über Harburg ist nur die Zahl und Tragfähigkeit der ein- und ausgelaufenen Seeschiffe bekannt.

[3]) Statistik des Deutschen Reichs, Neue Folge, Bd. 161, Bemerkungen
S. 27.

entsprechen den Verkehrsbezirken 1—4, 12—15 der Bahnstatistik, d. h. Pommern, Posen, Schlesien, Ost- und Westpreußen, sowie ferner Verkehrsbezirk 50, 51 (Polen und Rußland). Den Versand nach der Mark Brandenburg (Verkehrsbezirk 16, 17) ermittele ich als Differenz des Durchgangs zu Rathenow und der Ziffern der zur Oder führenden Wasserstraßen. Der Verkehr zu Dömitz und Lübeck (Elbe-Travekanal) gibt Ziffern über Mecklenburg und Schleswig-Holstein (Verkehrsbezirk 5—7). Für den etwaigen Versand nach der Provinz Hannover (Verkehrsbezirk 9—11) u. s. f. liegen bei Lüneburg und Hitzacker Angaben vor. Als Versand nach Österreich-Ungarn etc. (Verkehrsbezirk 52—55) ist der Durchgang zu Schandau anzusehen. Nach Abzug aller dieser Faktoren erhalten wir endlich den Verkehr mit der Mittelelbe, d. h. der Verkehrsbezirke 18—20, welche außer den beiden Sachsen die thüringischen Staaten umschließen. Am getreuesten wird natürlich das Bild, wo es sich um Warengruppen handelt, die vorwiegend überseeischen Ursprungs sind, weil dann nur ein etwaiger Wasserverkehr von Lübeck und Stettin zu berücksichtigen ist. Anderenfalls kann der Verkehr der Flußhäfen untereinander, insbesondere eines Produktionszentrums wie Berlin, jede Kombination unmöglich machen, so im Versand von Mühlenfabrikaten und verarbeitetem Eisen zum Odergebiet. Diese Störung tritt westwärts bei dem Hafenverkehr der mittleren Elbe in die Erscheinung, da sie mit der Oder und Berlin einen lebhaften Verkehr unterhält. Demgemäß ziehe ich die Anschreibungen über den Empfang zu Magdeburg, Aken, Wallwitzhafen, Dresden u. s. f., erst in zweiter Linie heran. Nur sehr wenig wird davon der Durchgang zu Schandau berührt; er kann vollständig für den Abgang zu Hamburg in Anspruch genommen werden. In diesen großen Zügen ist eine Gegenüberstellung des Eisenbahn- und Binnenschiffahrtsverkehrs durchführbar, und auf diese Weise begegnen wir dem Mangel der Bahnstatistik, die keinen Elbhafen als eigenen Bezirk aussondert, indem wir annehmen dürfen, daß in einem derartig ausgedehnt abgegrenzten Gebiet die wasserwärts angebrachten Güter auch endgültig verbleiben.

Wenden wir uns nun dem s e e w ä r t i g e n Eingang zu,

so haben wir die grundlegende Tatsache festzustellen, daß der
Empfang in Hamburg aus See, der schon 1890 rund 5 Mill.
Tonnen erreichte, in ununterbrochener Steigerung sich bis 1903
verdoppelt hat, in diesem Jahre 10½ Mill. Tonnen betrug.
An dieser Steigerung haben die übrigen Elbhäfen nicht teilgenommen. Altonas Seeeinfuhr (1890: 353 000 t) ist bis auf
190 000 t von Hamburg aufgesogen worden, dort werden Getreide (1890: 149 000 t) und Petroleum (1890: 114 000 t) fast
gar nicht mehr gelöscht, und die eingeführten Kohlen (1890:
38 000 t; 1903: 87 000 t) dienen vornehmlich nur dem wachsenden Bedarf der Stadt selbst. Wie bei Altona, so hat Hamburg auch gegenüber dem südlichen Mündungshafen Harburg
seine Überlegenheit in der Hafeneinrichtung [1]) erfolgreich geltend gemacht, wenn auch die Industrie, die sich dort an den
Seeverkehr anknüpft, die Wirkung abgeschwächt hat. Wie
angemerkt, besitzen wir keine Nachricht über den Harburger
Güterverkehr zur See, doch der Rückgang der seewärts eingelaufenen Schiffe seit 1895 (130 600 Registert. gegen 99 600
1902) zusammen mit dem Stillstand der Ausfuhr nach dem
Hinterland [2]): 1895: 581 000; 1902: 545 000 t berechtigt zu
dem Schlusse, daß der Seegüterverkehr eher rückläufig als
steigend ist. Das gleiche Tempo wie beim seewärtigen Eingang hat die Abfuhr Hamburgs in das Hinterland innegehalten;
sie steht 1903 auf 4,9 Mill. Tonnen, dem doppelten Quantum
wie 1890 (2,5 Mill. Tonnen). Hiervon bewältigt die Elbe
3,8 Mill. gegen 1,7 Mill. Tonnen 1890, und damit ist der Anteil derselben, abgesehen vom Jahre 1900, in dem die Wasserstände der Oberelbe außerordentlich schlechte waren, ohne
Unterbrechung von 67,1% auf 77,0% gestiegen. Nehmen wir
den Versand aller Elbhäfen, so erhalten wir allerdings etwas
geringere Anteile (1890: 62,2%), aber der Fortschritt der Elbe
kommt hier ebenfalls zum Ausdruck: 1903: 65,8%. Zum

---

[1]) Altona besitzt nur eine Wassertiefe von 6,4—8,1 m. Vgl. den Abschnitt über die Hafeneinrichtungen Hamburgs S. 21.

		1895	1902
[2])	Harburger Bahnhöfe	391 691 t	454 930 t
	Süderelbe ab zu Berg	188 882 „	90 868 „
		580 573 t	545 798 t

größten Teil ist die Abschwächung dem Hafen Harburg zuzuschreiben, indem bei mäßig steigendem Bahnversand der Abgang zu Wasser absolut sinkt: 1895: 189 000 t; 1903: 95 000 t, mithin die schlechten Hafenverhältnisse vor allem den Wasserverkehr (Petroleum) beeinträchtigten. Die steigende Bedeutung des Wasserwegs kann sich darauf gründen, daß überhaupt die Gebiete, für welche der Wasserweg konkurrieren kann, wachsenden Einfluß im Hamburger Seeverkehr gewinnen, oder aber, daß in diesen Gebieten, also vornehmlich dem Elbe- und Odergebiet, der Wasserverkehr gegenüber dem Schienenweg Terrain gewonnen hat. In letzterem Falle liegt wieder die Möglichkeit vor, daß der Verkehr in Gütern, die vorzugsweise die Elbe benutzten, sich besonders entwickelt hat, oder daß der Wasserweg seinem Rivalen vordem von diesem beförderte Warengruppen abspenstig gemacht hat, was auf eine erhöhte Konkurrenzfähigkeit der Binnenschiffahrt hindeuten würde.

Die erste Möglichkeit wird mittels umstehender Verteilung des Versandes[1]) entschieden (s. S. 94).

Über die Zuteilung der Verkehrsbezirke 5—7 (Schleswig-Holstein und Mecklenburg) kann man zweifelhaft sein, meiner Ansicht nach teilt man am besten den Wasserverkehr dem Elbgebiet, den Eisenbahnverkehr der anderen Gruppe zu.

Mithin ist die Bedeutung des Elb- und Odergebiets für Hamburgs Einfuhr zur See relativ keineswegs größer geworden, im Gegenteil läßt sich eher eine Steigerung des westdeutschen Anteils ableiten (1890: 24,0%, 1903: 24,7%), und zugleich ist aus jenen Zahlenreihen positiv ersichtlich, daß im weiteren Flußgebiet der an den Elbhafen angeschlossenen Ströme der Wasserweg seine Herrscherstellung dem Schienenweg gegenüber gefestigt hat; hier (Gruppe I)[2]) erreicht sein Anteil im letzten Jahre 87,5% (gegen 83,3% 1890). Dadurch allein erklärt sich die steigende Bedeutung des Wasserwegs für die

---

[1]) Die einzigen Angaben über die Richtung des Wasserverkehrs entstammen den Tabellarischen Übersichten. Es ist in Bruttogewicht gezählt, während der Bahnversand, welcher der Eisenbahngüterstatistik entnommen ist, netto zählt.

[2]) Ohne Elbe-Travekanal.

Es waren bestimmt ins:

Gebiet	E./W.	1890	%	1895	%	1900	%	1902	%	1903	%
Deutsche Elbgebiet, auch Saale: Vkbzk. 18—20	E.	162400	—	195500	13,6	281900	—	234900	—	205200	10,8
	W.	975200	—	1244100	86,4	1521300	—	1451000	—	1692700	89,2
Öster. Elbgebiet (Aussig u. Tetschen, Laube): Vkbzk. 52—55	E.	45100	—	56700	14,0	70600	—	53900	—	46400	5,5
	W.	303000	—	349200	86,0	701900	—	680800	—	805900	94,5
Odergebiet: Vkbzk. 1—4, 12 bis 15, 50, 51	E.	58700	—	90500	39,0	139200	—	139400	—	140000	34,5
	W.	63600	—	142600	61,0	270700	—	289900	—	265500	65,5
Havel- u. Spreegebiet: Vkbzk. 16, 17	E.	81500	—	96600	13,3	158800	—	164600	—	154900	12,7
	W.	377600	—	628400	86,7	1011600	—	959200	—	1065600	87,3
I.	E.	347700	16,7	439300	15,7	650400	15,7	592800	14,7	546500	12,5
	W.	1719400	83,3	2364200	84,3	3505600	84,3	3381200	85,3	3829700	87,5
Elbe-Travekanal	W.	247700	—	442700	—	603800	—	633500	—	667300	—
Schleswig-Holstein, Mecklenb.: Vkbzk. 5—7	E.	—	—	—	—	91200	—	48200	—	62800	—
West- u. Süddeutschland etc.: Vkbzk. 9—11, 21—96, 56, 57	E.	408900	—	603100	—	802700	—	768000	—	787000	—
I. E. + W.	W.	2077700	76,0	2808500	72,8	4187200	74,8	4022200	74,2	4439000	75,3
II. E.	E.	655900	24,0	1045800	27,2	1406500	25,2	1396500	25,8	1454800	24,7

Seeeinfuhr der Elbhäfen. Insbesondere hat der Sieg der Elbe sich für die ferneren Gebiete herausgestellt; im Versand nach dem Oberlauf ist er am ausgeprägtesten mit 94,5% gegen 86,0% 1895. Der Anteil am Verkehr mit dem Odergebiet wächst infolge der Eröffnung des Oder-Spreekanals rasch auf 61,0% 1895, sodann langsam fort bis 65,5% 1903. Ebenso stetig mehrt sich das Übergewicht der Elbe für den Mittellauf von 86,4% 1895 auf 89,2%; während für Havel und Spree das äußerste Maß schon zu Anfang unserer Periode erreicht ist (1895: 86,7%), das sie dann unter Schwankungen bewahren (1903: 87,3%). Viel verwickelter ist die Lösung der anderen Frage, wie sich der Anteil des Wasserwegs im einzelnen an der Verteilung der seewärts eingeführten Güter gestaltet, und hierbei beantwortet sich nebenher das Problem, ob die Steigerung aus einer erhöhten Leistungsfähigkeit entspringt. Betrachten wir daraufhin die verschiedenen größeren Posten des hamburgischen seewärtigen Eingangs.

Ungefähr stets ein volles Drittel der Gesamteinfuhr macht die Einfuhr von Steinkohlen und Koks aus (1890: 1600000 t; 1903: 3053000 t), die fast ausschließlich der Produktion Großbritanniens entstammen [1]); von ihnen verläßt nur ein geringer Bruchteil das Hafengebiet landeinwärts. Im Jahre 1903 wurde beispielsweise etwa ein Viertel dieser Menge (724000 t) ins Inland verbracht. Davon benutzten nur 55600 t die Eisenbahn. Ebensoviel wurden wahrscheinlich in Altona und Harburg in den Waggon verladen, denn die Eisenbahngüterstatistik gibt für die Elbhäfen einen Versand von 116500 t an [2]); die ungefähr je zur Hälfte nach Hannover (Verkehrsbezirk 9—11) und den angrenzenden Teilen des rechten Elbufers: Schleswig-Holstein und Mecklenburg (Verkehrsbezirk 5—7) gingen [3]).

---

[1]) Die Einfuhr aus Westfalen und der Rheinprovinz blieb 1903 mit zusammen 11000 t unbedeutend.

[2]) Davon entstammt ein geringer Teil jedenfalls dem Bahneingang aus dem Ruhrrevier. Das gleiche gilt wohl auch für den Versand elbaufwärts. Ganz unglaublich aber ist die Behauptung H. R. Meyers a. a. O. S. 39, daß 1899 150000 t Ruhrkohle in Hamburg derart mit der Bestimmung nach Berlin in Elbkähne umgeschlagen worden seien.

[3]) 51500, resp. 58800 t.

In diesen nahen Gebieten konkurriert die Elbe nur für Orte, die unmittelbar an sie angeschlossen sind. Bei Dömitz werden 12800 t zu Berg gemeldet, die dort größtenteils auf die Bahn umgeschlagen wurden, da ja der Elde die Anpassung an die Größenverhältnisse der Elbe fehlt. Derselbe Mangel verurteilt die linken Zuflüsse, Ilmenau und Jeetzel zu wachsender Bedeutungslosigkeit[1]). Über diese Provinzen reicht der Einfluß des Schienenwegs gewöhnlich nicht hinaus. Die Versorgung Berlins und der Mark von der Elbe aus beherrscht die letztere vollständig. Im Jahre 1890 gingen bei Rathenow 60300 t die Havel bergwärts, während diese Summe schnell auf 457500 t 1903 stieg, wogegen der Bahnbezug kaum der Erwähnung bedarf[2]). Ebenso geringfügig sind die Verladungen der Bahn ins mittlere Elbgebiet[3]), dessen Kohlenbedarf allein der Wasserweg mit ca. 188000 t[4]) 1903 (1890: 41000 t) deckt. In den letzten Jahren hat sich der Bereich der Elbhäfen über die Reichsgrenze nach Böhmen ausgedehnt; dorthin sandte die Elbe in den Jahren 1902/03 17000 resp. 7000 t. Danach ist Hamburg für den Absatz seiner seewärts bezogenen Kohle überwiegend auf die Elbe angewiesen. Ihr fielen 1890 schon 86,6% zu, ein Anteil, der sich mit dem Übergewicht der Zentren Berlin und Magdeburg auf 92,3% hob; die Steigerung wird sehr auffällig in den Jahren 1900 mit 83,4% und 1902 mit 87,7% unterbrochen. Sicherlich hat der vom September 1900 bis Ende 1902 auf die Beförderung von Steinkohlen und Koks von Seehafenstationen nach dem Binnenlande ausgedehnte Ausnahmetarif beigetragen, den Bahnausgang auf 203000 und 146000 t zu heben. Aber schon die Erscheinung, daß gerade bei der Einführung des Tarifs (1900) der Ausgang erheblich höher ist als 1902, da er das ganze Jahr wirken konnte, warnt vor einer Überschätzung seiner Bedeutung. In der Tat hat er den Wettbewerb mit der Elbe kaum berührt; im Jahre 1902 wurden in das ganze Elbgebiet samt der Mark (Verkehrs-

---

[1]) Zu Berg 1903: 5800 t gegen 7000 t 1890.
[2]) Verkehrsbezirk 16, 17: 1903: 1900 t.
[3]) Verkehrsbezirk 18—20: 1903: 2600 t.
[4]) Davon kamen in Magdeburg-Schönebeck 147000 t an.

bezirk 16—20, 52—55) nicht mehr als 13 900 t abgefertigt[1]).
Die ungewöhnlich hohen Mengen, welche 1900 ins engere Elbgebiet bahnwärts geschafft wurden: Verkehrsbezirk 18—20;
52—55: 61 500 t, erklären sich aus dem Streik in der böhmischen Braunkohlenindustrie, der zusammen mit den damaligen
niedrigen Wasserständen einen schleunigen Ersatz mittels Eisen-
bahnzufuhren erheischte.

Wie die Brennstoffe, so dienen auch die seewärtigen Bezüge an Baumaterialien vorzüglich dem Bedarf der Hafenstadt
selbst. Die von 79 500 t 1890 auf 204 200 t 1903 steigende
Einfuhr an Holz aller Art wird zur Hälfte von den Vereinigten Staaten von Amerika gestellt, welche 123 000 t meist
wertvollere harte Nutzhölzer lieferten; in die verbleibenden
Mengen weicher Bau- und Nutzhölzer teilen sich Norwegen
(15 200 t) und die Ostseehäfen (Schweden: 31 700 t; Rußland
8 900 t und deutsche Ostseehäfen: 12 400 t). Wenig mehr als
ein Drittel dieser Einfuhr erscheint im landseitigen Versand
wieder (1903: 81 900 t)[2]). Bei Entenwärder passierten 1903
69 500 t Holz und Holzwaren zu Berg, das ist doppelt so viel
wie 1890 und 1895 (37 000 t)[3]). Die Hauptmengen gehen
zur Provinz Brandenburg und Berlin, die auch das wachsende
Quantum aufgenommen haben (Rathenow z. B. 1890: 15 000 t;
1903: 45 000 t). An dem Wachstum des für die Mittelelbe
ermittelten Versands von 22 000 t 1890 auf 58 000 t 1903
haben die Elbhäfen nicht teilgenommen; es ist lediglich die
Folge der von Lübeck durch den Elbe-Travekanal dorthin verfrachteten Mengen: 1903: 47 000 t[4]), so daß der entsprechende

---

[1]) 1903 gegen 4600 t.

[2]) Außerdem wurden 12 000 t (1890: 22 000 t), fast ausschließlich überseeische Nutzhölzer, in das Ostseegebiet seewärts wieder ausgeführt.

[3]) Über den Wasserversand gehen die Angaben der Hamburger und
der Reichsstatistik erheblich auseinander, indem die der letzteren Notierungsstelle bis exkl. 1903 größer sind. Bei der Durchfuhr zu Tal ist dasselbe
zu verzeichnen. In beiden Fällen scheint die Reichsstatistik der Wahrheit am nächsten zu kommen, da im allgemeinen allein die Notierungen
bei Rathenow z. B. die der Hamburger Statistik übertreffen; sie ist deshalb für 1890—1902 herangezogen; da 1903 der Unterschied 1000 t nicht
übersteigt, ist hier auf die Tabellarischen Übersichten zurückgegriffen.

[4]) Lübeck, Elbe-Travekanal ab zu Berg.

Versand von Hamburg mit 15—20 000 t stabil gewesen ist [1]).
Der sehr bescheidene Bahnversand schwankt zwischen 13 000 t
(1903) und 24 000 t (1900), so daß der Anteil des Wasserwegs 1890 72,1% beträgt und stetig bis auf 83,6% 1903
steigt. In Wirklichkeit ist die Beteiligung der Elbe noch bedeutender, da die Bahn teilweise zum Umschlag der von der
Oberelbe angebrachten Hölzer in die benachbarten preußischen
Provinzen dient. Dieser Umstand ist besonders ausgeprägt in
den Zahlen der Eisenbahngüterstatistik, nach welcher die Elbhäfen 75 000 t Holz versandten, davon allein 38 000 t nach
Hannover und 16 000 t zur Rheinprovinz etc. Sie sind insofern wertvoll, als auch nach ihnen, ziffernmäßig belegt, die
Eisenbahn den Wettbewerb mit der Elbe überhaupt nicht versucht; nur 4500 t stellt sie hier der Wasserstraße entgegen [2]).

Die Seeeinfuhr von S t e i n e n und S t e i n w a r e n hält sich
auf der Höhe von ca. 100 000 t seit 1890 [3]). Es handelt sich
vorwiegend um granitene Pflastersteine von der skandinavischen
Halbinsel (Schweden 1903: 68 000 t); außerdem um Mauersteine etc. [4]) Der fraglos steigende Bedarf Hamburgs wird
mittels der Elbe durch die Ziegeleien der Unterelbe, andererseits durch die Steinbrüche Sachsens und Böhmens befriedigt.
Wenn wir der Reichsstatistik Glauben schenken wollen [5]), so
schwankt die Abfuhr nach der Oberelbe zwischen 10 000 und
13 000 t, wovon das Jahr 1900 mit 32 000 t eine Ausnahme
macht. Fast die gleichen Mengen Pflastersteine (1900: 10 000 t)
gelangen von der Süderelbe, d. h. Harburg, stromauf. Könnten
wir den Notierungen zu Rathenow für die früheren Jahre voll

---

[1]) Die Mengen, welche im Hafenverkehr von Magdeburg-Schönebeck
oder Dresden als angekommen zu Berg ausgewiesen werden (1903: 69 000,
resp. 13 000 t) sind nicht für den Versand der Elbhäfen in Anspruch zu
nehmen, da sie umfangreich durch den Plauerkanal aus dem Osten her-
beigeschafft sind; in geringerem Maße gilt dies für die wenigen Holzwaren, die über Schandau bergwärts verbracht werden (1903: 3800 t).

[2]) Verkehrsbezirk 1—4, 12—20, 52—55.

[3]) 1890: 100 000 t, 1900: 153 000 t, 1903: 103 000 t.

[4]) Vornehmlich aus England: 1903: 11 000 t.

[5]) die durchweg höhere Ziffern bringt als die tabellarischen Übersichten; die Angabe 1900: 232 000 t ist ein offenbarer Druckfehler für
32 000 t.

vertrauen, so hätten die Verladungen in die Mark von 6000 t 1890 auf 29000 t 1900[1]) zugenommen, und dementsprechend nach der mittleren Elbe abgenommen[2]). Unbestreitbar ist die Nachfrage der Reichshauptstadt heute für den Versand der Elbhäfen an Steinen maßgebend geworden, wie denn z. B. die Steigerung 1900 auf die erhöhte Bautätigkeit Berlins zurückzuführen ist. Eine wahrscheinliche Zurückdrängung der Stettiner Verkehrssphäre wird besser bei diesem Hafen erledigt. Die per Eisenbahn versandten Steinwaren — es werden für die Elbhäfen 1903 45000 t gezählt — sind zum Teil Mauersteine der heimischen Produktion, die überwiegend nach Schleswig-Holstein und Hannover bestimmt sind; ich entnehme daher der Eisenbahngüterstatistik nur den Nachweis, daß ins Elbgebiet nur unerhebliche Mengen verschickt worden sind[3]). Doch halten wir uns an die Tabellarischen Übersichten. Sie verzeichnen einen sinkenden Bahnversand (1890: 12300 t; 1903: 6200 t), von denen obendrein einige Tausend Tonnen aus dem Flußschiff von der Oberelbe umgeschlagen sind. Demnach sind es Minimalzahlen, wenn der Anteil der Elbe an der Versendung von Steinwaren für 1903 auf 67,7% angegeben wird, gegen 1890: 51,2%. Den gleichen Anteil beansprucht der Wasserweg an der Verfrachtung von Erden mit 67,6% 1903 (40000 t)[4]), die als Schwerspat, Kaolin, Kreide, Bimstein besonders aus England (15800 t) und Skandinavien (5500 t) im Gewicht von zusammen 50000 t (gegen 22400 t 1890) seewärts eingingen. Über den Verbleib dieser Erden läßt sich bei der Unvollkommenheit der Reichsstatistik natürlich nichts aussagen. Den breitesten Raum unter den mineralischen Rohstoffen der Hamburger Einfuhr nehmen, abgesehen von den Kohlen, die Erze verschiedener Art ein mit 209000 t 1903

---

[1]) Ohne Mauersteine etc.

[2]) Die Angaben über den Ortsverkehr der Mittelelbe können nicht herangezogen werden, da sie durch die Ankünfte von der Oder (Stettin) beeinflußt sind. Die über Schandau nach Böhmen gelangenden Steinwaren sind wohl sächsischen Ursprungs: 1900: 6000 t.

[3]) Verkehrsbezirk 12—20: 4300 t.

[4]) 1902: 68,8%, 1900: 66,1%; für 1890 und 1895 wird in den Tabellarischen Übersichten der Hinterlandsverkehr nicht veröffentlicht.

gegen 109000 t 1890. Neben 153000 t von der Pyrenäenhalbinsel importierten Schwefelkieses sind nur die Manganerze
der russischen Schwarzmeerhäfen (10000 t) erwähnenswert.
Äußerst sinnverwirrend ist die versuchte Scheidung zwischen
Eisenerz und Schwefelkies. Außer im Jahre 1890, wo augenscheinlich Schwefelkies zu Eisenerz geschlagen ist, figuriert
das letztere in der Einfuhr mit minimalen Zahlen, während
es in der Abfuhr bahnwärts mit erheblichen Mengen erscheint.
Ebenso muß die Trennung bei der Binnenschiffahrtsstatistik
von dem Gutdünken der einzelnen Beamten abhängen, sonst
bleibt es rätselhaft, daß z. B. in Magdeburg 1903 12000 t
Eisenerz bergwärts eingetroffen sind, wogegen über Lübeck
und Hamburg überhaupt nur 4800 t elbaufwärts gesandt sind.
In Anbetracht der geringen Quantitäten sind Schlüsse auf die
Beteiligung der beiden Binnenbeförderungsmittel unzulässig.
Wegen der überragenden Bedeutung der übrigen Erze, einschließlich Schwefelkies, ist für sie der Versuch aussichts-
voller. Von Hamburg gingen 1903: 126000 t nach der Oberelbe ab (gegen 1890: 17000 t und 1895: 80000 t). Hiervon
blieben wohl 72000 t im Gebiet der mittleren Elbe. Außerdem sind seit Mitte der 90er Jahre umfangreiche Mengen nach
Böhmen [1]) expediert: 1895 31000 t, 1903 49000 t. Seit derselben Zeit erweiterte der Oder-Spreekanal die Möglichkeit,
die Oder von Hamburg auf dem Wasserwege zu versorgen;
allein im ganzen gelangten 1903 nur 10800 t ins Odergebiet [2]).
Man geht nicht fehl, wenn man die Ursache in dem Ausnahmetarif für Eisenerze (Schwefelkies) nach Oberschlesischen Hüttenwerken von 1894 und in der Ausdehnung des Rohstofftarifs
auf alle Erze 1897 sieht, welche beide Stettin wie Danzig
einen Vorsprung gegeben haben. Die letztere Ermäßigung ist
dem Hamburger Hafen ganz beschränkt zu gute gekommen.
Nach Böhmen und Mähren versenden die Elbhäfen auch jetzt
keine Erze auf dem Bahnwege, und nach Sachsen und Thüringen [3]) blieben die Bahnverfrachtungen auf dem gleich niedrigen

---

[1]) Schandau zu Berg.
[2]) Eberswalde und Fürstenberg zur Oder; diese Notierungen decken
sich im wesentlichen mit denen bei Rathenow zu Berg.
[3]) Verkehrsbezirk 18—20.

Niveau von 1890 (10 000 t, 1903 12 000 t), so daß also der Wasserweg demgegenüber nichts eingebüßt hat. Ein Vorteil des Tarifs von 1897 liegt ebensowenig in einer etwaig gestärkten Wettbewerbsfähigkeit Hamburgs gegen die Rheinmündungshäfen, denn die Verfrachtung aller Erze nach Rheinland-Westfalen erreichte 1903 knapp 3000 t [1]). Und wenn der Absatz in südwestlicher Richtung bei Eisenerzen von 17 000 t auf 39 000 t stieg, während „andere Erze" nur die Höhe von 14 000 t [2]) (gegen 1890 12 000 t) erreichten, so wird dies allein dem größeren Bedarf Hannovers verdankt. Die Steigerung seiner Erzeinfuhr verdankt Hamburg nach alledem voll der Elbe, die dementsprechend ihren Anteil [3]) von 39,1 % 1890 auf 84,0 % 1903 stetig vergrößerte.

Im Jahre 1903 wurden in Hamburg 125 000 t Roheisen, allein aus England 102 000 t seewärts importiert. Etwa 20 000 bis 30 000 t absorbierten die lokalen Industrien und 100 000 t gingen weiter ins Binnenland, zu 90,7 % (90 300 t) per Elbschiff. Die Abfuhr auf der Elbe bewegt sich seit 1890 der seewärtigen Einfuhr parallel und erreicht gleich dieser im Jahre 1900 den höchsten Stand mit 250 000 t. Vom Wasserversand waren 1903: 56 000 t, das ist die Hälfte für das mittelelbische und speziell sächsische Industriegebiet bestimmt [4]), über Schandau nach Böhmen gelangten 25 200 t und der Rest zu etwa 19 000 t ins Gebiet der märkischen Wasserstraßen [5]). Die Eisenbahn tritt fast gar nicht in Konkurrenz mit der Elbe. Ihr bleiben nur die Absatzgebiete in Westdeutschland; so versandten die Elbhäfen 1903 dorthin [6]) 11 100 t von überhaupt 17 000 t. Dabei ist Harburg noch sehr interessiert, denn der Eisenbahnversand Hamburgs betrug 9300 t. Die Einfuhr von verarbeitetem Eisen aller Art, welche noch 1890 weit

---

[1]) Verkehrsbezirk 9—11, 21—28.

[2]) Verkehrsbezirk 9—11, 21—28.

[3]) Andere Erze, auch Schwefelkies (Tabellarische Übersichten).

[4]) In Magdeburg-Schönebeck, Wallwitzhafen und Dresden kamen zu Berg an: 40 700 t.

[5]) Die zu Eberswalde und Fürstenberg zur Oder gemeldeten Mengen Roh- und Brucheisen sind wohl Abfälle Berlins.

[6]) Verkehrsbezirk 9—11, 21—28.

hinter dem Import des Rohstoffs zurückstand (91 900 t), hat
ihn neuerdings mit dem Aufschwung auf 180 400 t 1903, bezw.
256 000 t 1900 überholt. Etwa ein Drittel liefert Großbritannien in Form von Blechen und Maschinen (64 000 t), es folgt
Schweden mit 56 000 t Stangen und Stahl, sowie die Rheinprovinz und Westfalen mit zusammen 48 000 t, den Rest füllt
Nordamerika mit der Einfuhr von Maschinen. Die Abfuhr der
Eisenbahn ist inzwischen stabil gewesen: 1903 49 600 t gegen
1890: 43 400 t, während die Elbe die wachsenden Einfuhren
des Seeverkehrs aufgenommen hat: 1890 12 200 t; 1903 92 900 t,
das bedeutet einen Anteil von 65,2 % (1890: 21,9 %) [1]. Vorzugsweise hat sich der Wasserverkehr mit Berlin entwickelt;
1890 noch so geringfügig, daß die Durchgangsstelle zu Rathenow keine Anschreibung vornahm, wird er heute dort zu
60 400 t (1903) notiert; in der gleichen Zeit wuchs der Versand nach der Mittelelbe von 9 800 t auf 24 700 t und in demselben Tempo der Durchgang bei Schandau: 1903 11 900 t.
Die Richtung der bahnwärts ausgegangenen Eisen- und Stahl-
fabrikate ist nicht einwandsfrei festzustellen, da mit der Ausbreitung der Eisenindustrie an der Unterelbe die Angaben über
die Bahnabfuhr Hamburgs und die der gesamten Elbhäfen
immer mehr auseinanderfallen. Wenn hier trotzdem die Eisenbahn ihren Versand in das weitere Elbgebiet [2] nur von 22 100 t
auf 29 900 t steigerte, so heißt das ein Unterliegen in der
Konkurrenz. Unter den Mengen, welche sie nach den Landesteilen nördlich der Elbe befördert [3], stecken sicher viele Waren,
die der Elbhafen auf dem Landwege, besonders aus dem Rheingebiet, empfangen hat; mithin ist der Anteil des Schienenwegs
an der Verteilung der seewärtigen Einfuhr mit 34,8 % (1903)
noch reichlich bemessen. Aus der Gruppe Eisen- und Stahlwaren sondern sich deutlich die Maschinen und Maschinenteile ab; sie wurden 1903 zu 44 300 t eingeführt, ungefähr
je zur Hälfte von Großbritannien und den Vereinigten Staaten
von Amerika. Bei diesen empfindlichen, hochwertigen Gegen-

[1] Diese Tendenz fehlt dem Elbverkehr Harburgs: ab zu Berg: 1895:
12 100 t, 1900: 27 900 t, 1903: 3400 t.
[2] Verkehrsbezirk 1—4, 12—50, 52—55.
[3] Verkehrsbezirk 5—7: 18 400 t.

ständen hat der Schienenweg mit 66,6% 1903 (25 400 t) sein Übergewicht besser gewahrt, doch verzeichnet der Wasserweg gegenüber seinem Rivalen auch hier einen Fortschritt von 14,8% zu 33,4%. Es ist beachtenswert, daß die Steigerung der Seeeinfuhr seit 1890 nur der Elbe zuzuschreiben ist, die ihren Versand von 4300 t auf 12 700 t erhöhte. An sonstigen Metallen in rohem Zustande wurden 1903 43 100 t Kupfer, überwiegend aus der Union[1]), und Blei zu 34 600 t, davon 27 600 t aus der Union und Mexiko, sowie 4500 t aus Australien eingeführt, an sonstigen unbearbeiteten Metallen zusammen 93 100 t; gegen 20 000 t 1890. In beiden Artikeln betreibt Hamburg einen schwungvollen Zwischenhandel nach den Ostseeländern. Es wurden 1903 20 800 t Blei wieder ausgeführt, ebendarauf beruht zum größten Teil die Kupferausfuhr von 12 400 t. Indessen steht der Hinterlandsverkehr keineswegs hinter dem Transitverkehr zurück; er hat sich für diese unedlen Metalle von 12 600 t auf 51 700 t entwickelt, woran sich der Wasserweg steigend zu 82,7% 1903 (gegen 53,8%) beteiligt. Die Abfuhr von Blei, nach der Mittelelbe bestimmt, macht ihm die Eisenbahn nicht strittig (95,2%). Inwieweit eine Konkurrenzierung der Elbe für Kupfer vorliegt, ist wegen der Mangelhaftigkeit der Statistik zweifelhaft[2]). Vermutlich ist ein Teil der bahnwärts versandten 7200 t Kupfer (21,4%)[3]) ins Elbgebiet bestimmt. Demgegenüber gehen allein zu Rathenow 1903 21 000 t unedle Metalle (außer Eisen) zu Berg, die wir als Kupfer für die Berliner Elektrizitätsindustrie ansprechen dürfen. Nach vorstehendem ist die Einfuhr Hamburgs und der anderen Elbhäfen hinsichtlich der Verteilung der geringwertigen, schweren Massengüter, sowie für die Zunahme der Einfuhr an verarbeitetem Eisen fast ausschließlich auf die Binnenschiffahrt angewiesen. Nach der Erfahrung, daß die zeitweise Ermäßigung des Kohlenimporttarifs keine erhebliche

---

[1]) 30 200 t.

[2]) Die Eisenbahngüterstatistik weist an rohen Metallen nur Blei und Zink aus.

[3]) Des gesamten Hinterlandsverkehrs nach den Tabellarischen Übersichten.

Wirkung ausübte, scheint hier die Bedeutung des Wasserwegs von der Handhabung der Tarifpolitik unabhängig zu sein.

Anders bei der zweiten großen Gruppe der Hamburger Einfuhrgüter, den Getreiden und Hülsenfrüchten, deren Gewicht von 692000 t 1890 auf 1926000 t 1903 gestiegen ist. Wenn hier die Elbe während der ganzen Zeit 93,3% (1890) bis 95,8% (1902) der Verteilung in das Hinterland bewerkstelligt, so ist ein gewichtiger Grund zweifellos die der Schutzzollpolitik angepaßte Tarifpolitik der preußischen Bahnen, welche das Getreide zu den hohen Normaltarifen (Spezialtarif I) von den Seehäfen empfangen. Nun im einzelnen: Von der Weizeneinfuhr stammten 1903 350000 t aus Amerika, 140000 t vom Schwarzen Meer[1]), sie betrug insgesamt 498000 t, hat sich mithin gegen 1890: 49000 t, verzehnfacht. Ein fühlbarer Bruchteil wird wieder exportiert (1903: 97000 t), ein anderes Quantum wird von der großen Mühlenindustrie verarbeitet, deren Produkte dem städtischen Konsum dienen, oder dem Hinterland und überwiegend dem Seeverkehr zugeführt werden. Der bedeutende Rest (1890: 9200 t, 1902: 284500 t, 1903: 182700 t) wird an das Inland weitergegeben. Die Eisenbahn beschränkt sich hierbei auf die Versorgung der benachbarten, auf dem Wasserwege nicht erreichbaren Provinzen, und nur wenn diese Gebiete, vor allem Schleswig-Holstein, infolge von Mißernten eine regere Nachfrage entwickeln, wie z. B. 1895, hebt sich der Versand auf 18000 t; gewöhnlich ist er minimal[2]). Die gewaltigen übrigen Mengen fördert allein die Binnenschiffahrt bergauf, so daß sie 1903 mit 99,0% gegen 63,0% 1890 der gesamten Abfuhr figuriert. Den größten Teil nimmt die mittlere Elbe zur Vermahlung auf[3]), so 1903: 151800 t; aber auch die märkischen Wasserstraßen mit Berlin haben ihre

---

[1])

Vereinigte Staaten von Amerika	269000 t
Argentinien . .	76000 „
Schwarzes Meer: Rußland	126000 „
Rumänien	12000 „

[2]) Kaum 2000 t (1903: 1800 t).

[3]) Steigende Mengen insbesondere Dresden: 1890: 16300 t, 1903: 49300 t (nur symptomatische Bedeutung). Mittlere Elbe insgesamt 1890: 4900 t nach den Tabellarischen Übersichten.

Bezüge von der Elbe her auf 81 700 t 1902 und 26 300 t 1903 gebracht [1]). Der praktisch ausschließlich von den Häfen des Schwarzen Meeres eingeführte Roggen (1895: 473 000 t, 1902: 337 500 t, 1903: 185 300 t) [2]) geht in stärkerem Maße unverarbeitet ins Binnenland weiter, ebenso ist die Wiederausfuhr mit 31 600 t 1903 viel geringfügiger als beim Weizen. Die Bahnabfuhr gestaltet sich analog, ja die Beschränkung auf die umliegenden Gebiete ist gar noch strenger. Unbestritten besorgt die Elbe den Absatz der Roggeneinfuhr zu 97,1 % (1890: 99,7 %), indem sie 1903: 98 000 t, 1902: 225 800 t und 1890: 234 300 t ausführte. Der Versand nach der Havel und Spree ist besonderen Schwankungen ausgesetzt [3]), da er sehr von dem Ernteausfall der Mark und der östlichen Provinzen abhängt. Mehl und Mühlenfabrikate, unter denen das aus der Union stammende Weizenmehl (1903 61 000 t von 69 000 t) die Hauptrolle spielt, wurden 1903 zu 82 500 t seewärts eingeführt [4]). Die mit der Eisenbahn und auf der Oberelbe abgeführten Mengen, die der Entwicklung des seewärtigen Eingangs stetig gefolgt sind: 1903: 81 200 t [5]), sind sicher nicht sämtlich überseeischen Ursprungs. Aber wenn auch zum Teil die importierten Mühlenfabrikate in Hamburg konsumiert sind und zum Teil die Abfuhr in das Binnenland auf die Vermahlung im Hafengebiet zurückgeführt werden muß, so ist dies doch bei derartig vertretbaren Gütern für unsere Zwecke ziemlich gleichgültig. Wir können ruhig den Anteil der Elbe an dem Hinterlandsverkehr von 90,1 % auf die Seeeinfuhr beziehen, und zugleich die Steigerung um fast 10 % seit 1890 (81,1 %) hervorheben. Der kaum der Erwähnung bedürftige Bahnversand, im ganzen 1903 8500 t, vollzieht sich nur als Verkehr mit den nahen Elbufern, mit den

---

[1]) Rathenow zu Berg; für 1890 wird bergwärts kein Weizen ausgewiesen.

[2]) Davon von russischen Schwarzmeerhäfen   152 000 t
„ Rumänien . .   •   20 000 „

[3]) Rathenow zu Berg: 1895: 170 000 t, 1900: 22 000 t, 1902: 105 000 t.

[4]) Gegen 1890 nur 4800 t.

[5]) Gegen 1890 nur 7700 t.

Provinzen Schleswig-Holstein und Hannover [1]). Die Verfrachtungen der Elbe sind für die gleichen Gebiete wie die des
Brotgetreides bestimmt. Im Jahre 1903 gingen 37 200 t, 1902
gar 86 900 t über Rathenow zu Berg, die wohl in der Provinz
Brandenburg und Berlin verzehrt wurden; unter den 22 700 t,
welche 1902 durch den Oder-Spreekanal zur Oder gelangten,
ist die Elbmündung wahrscheinlich mit 19 000 t [2]) vertreten
gewesen; ähnlich wird es mit der Durchfuhr zu Eberswalde
zu Tal von 13 000 t bestellt sein. Die fehlenden Mengen,
zusammen mit dem Abgang zu Harburg: 12 700 t und Lübeck
2900 t, sind in den Häfen der Mittelelbe abgeladen, das sind
1903: 49 700 t [3]). Reger unterstützt die Eisenbahn die Einfuhr von Kleie, welche von 23 700 t 1890 auf 180 500 t angewachsen ist. Über 100 000 t lieferte Amerika [4]), außerdem
England, Norwegen, Rußland (Schwarzes Meer) und Britisch
Ostindien je 10—15 000 t. Ihr fallen 70 600 t zu, die sie dem
Bedarf der nahen Verkehrsbezirke 5—7 und 9—11 verdankt.
Mit der Elbe nimmt sie den Wettbewerb nur matt auf. Von
den bahnwärtigen Versendungen der Elbhäfen, welche zusammen das doppelte Quantum, 134 000 t, verfrachten, entfallen
11 000 t auf das Elbgebiet und das östliche Deutschland. Dagegen gehen allein von Hamburg 92 800 t elbaufwärts, so daß
für diesen Platz die Flußschiffe immer rund die Hälfte ab-
führen [5]) (1890: 50,5%; 1903: 56,8%). Die seewärtige Einfuhr von Gerste, als deren Ursprung das Gebiet des Schwarzen

---

[1]) Die Eisenbahngüterstatistik gibt den Versand aller Elbhäfen 1903
auf 32 900 t, woran sich Altona und Harburg stark beteiligen. Er richtet
sich nach Verkehrsbezirk 5—7: 17 000, und Verkehrsbezirk 9—11: 14 200 t.
Also auch hier bleibt der Versand ins eigentliche Elbgebiet und nach
dem Osten minimal.

[2]) Berlin durch zu Berg.

[3]) Leider können zur Bestätigung die Eingänge zu Berg der Häfen
von Magdeburg bis Dresden (1903: 221 000 t) nicht herangezogen werden,
da sie völlig von dem Quantum abhängen, das Berlin durch den Plauer-
Kanal zur Elbe schickt.

[4]) Davon Vereinigte Staaten von Amerika 19 000 t, Argentinien
79 000 t.

[5]) Weiteres ist wegen der Reichsstatistik, die den Artikel überhaupt
vernachlässigt, nicht zu erfahren.

Meeres zu nennen ist, macht über ein Viertel der ganzen Getreidezufuhr aus (1890: 131600 t; 1903: 570000 t) [1]) aus. Sie wird zur Hälfte im Stadtbezirk konsumiert oder reexportiert; die andere Hälfte (1890: 91400 t; 1903: 240400 t) verteilt die Elbe zu 96,4% (1890: 94,4%). In der Hauptsache verbleiben diese Mengen in den Bezirken der mittleren Elbe, nämlich 203400 t, wovon allein in Magdeburg-Schönebeck 115900 t zu Berg eintreffen, und nur 28500 t gelangen über Rathenow ins Gebiet der märkischen Wasserstraßen. Die Gersteabfuhr der hamburgischen Bahnen erreicht knapp 9000 t, die ausschließlich in Schleswig-Holstein und Hannover abgeladen werden [2]). Darunter ist die österreichische Brau- und Futtergerste mitgezählt, die aus dem Elbkahn umgeschlagen ist. Die verhältnismäßig geringe Einfuhr von Hafer 1903: 57800 t, von ihnen 50000 t aus der russischen Ostsee, wird vorwiegend in Hamburg selbst verfüttert; was binnenwärts ausgeht (1903: 27600 t) wird von der Elbschiffahrt [3]) befördert, und zwar abzüglich 11300 t, die über Rathenow Berlin aufsuchen, zur mittleren Elbe. Neuerdings hat sich die Einfuhr des Mais mit 820800 t 1900 und 564200 t 1903 den ersten Platz in der Getreideeinfuhr Hamburgs erobert. Neben Amerika kommt in weitem Abstande nur das Schwarze Meer als Herkunftsgebiet in Frage [4]). Im letzten Jahre wurden 133500 t im Transitverkehr seewärts verschifft, vom übrigen Quantum wurden 342700 t ins Hinterland abgesetzt (gegen 211400 t 1890). Die Eisenbahnen führten nur 22300 t ab, nicht mehr als ihnen schon 1890 zugefallen war (24700 t), die fast ausnahmslos in Schleswig-Holstein und Hannover blieben [5]). Anderer-

---

[1]) Davon Rußland (Schwarzes Meer): 538000 t, Rumänien 27000 t.

[2]) Die Elbhäfen versenden bahnwärts 1903: 38100 t; davon verbleiben in den Verkehrsbezirken 9—11 und 5—7: 38000 t.

[3]) Zu 96,3%; 1900: 99,2% von 45000 t.

[4])

Vereinigte Staaten von Amerika 1903	347000 t
Argentinien . . .	169000 „
Schwarzes Meer: Rußland	21000 „
Rumänien .	16000 „

[5]) Für alle Elbhäfen (nebst Hamburg besonders Harburg) werden 58800 t Mais ausgewiesen; von ihnen gehen nach Verkehrsbezirk 5—7 und 9—11: 49300 t.

seits stieg der Versand auf der Wasserstraße stetig von 186 600 t auf 320 500 t, und infolgedessen ihr Anteil auf 93,5 % 1903 (1890: 88,3 %). Über die Verteilung des Wasserversands kann ich nur im Zusammenhang mit den fehlenden Getreidearten und Hülsenfrüchten Auskunft geben, die 1903 zu 52 800 t als Buchweizen, Hirse, Bohnen, Erbsen etc. besonders vom Schwarzen Meer und der Ostsee importiert wurden [1]). Von den 341 000 t Mais, anderem Getreide und Hülsenfrüchten [2]), welche Hamburg elbaufwärts verließen, waren 80 000 t [3]) für Berlin und die Mark bestimmt, 23 000 erreichten über Eberswalde und Fürstenberg die Oder, und der Rest, 245 000 t, blieb im Elbgebiet, von denen 13 000 t die österreichische Grenze passierten.

Die Einfuhr der Ölfrüchte zerfällt ungefähr zu gleichen Teilen in Ölnüsse und Kopra, welche in Afrika (161 000 t) und Ostindien (35 000 t) erzeugt werden, und Ölsaat, vorzugsweise Leinsaat aus Britisch Ostindien (105 000 t) und Argentinien (82 000 t), sowie Raps- und Rübsaat aus Britisch Ostindien (47 000 t); sie stellt sich im ganzen auf 484 000 t 1903 (1890: 93 000 t). Teils werden sie in Hamburg, teils in den großen Harburger Ölmühlen verarbeitet; im Anschluß an den hierdurch leistungsfähigen Markt hat sich ein lebhafter Zwischenhandel zur See entwickelt, der heute 82 400 t umfaßt. Nicht minder bedeutsam für die seewärtige Einfuhr ist der Versand in das Hinterland mit 171 700 t geworden [4]). Er beruht völlig auf den Leistungen der Binnenschiffahrt [5]). Das Hauptziel der Verladungen ist die mittlere Elbe mit ca. 85 000 t; 25—27 000 t gehen über Rathenow nach Berlin oder weiter zur Oder [6]). Steigende Mengen scheinen in letzter Zeit nach

---

[1])   Hirse (Schwarzes Meer)   17 000 t
        Buchweizen (russ. Ostsee)   10 000 „
        Bohnen (Chile, preuß. Ostsee, Rumänien)   8 400 „
        Erbsen (preuß. und russ. Ostseehäfen)   9 700 „

[2]) Die Binnenschiffahrtsstatistik vereinigt Mais und anderes Getreide.

[3]) Rathenow zu Berg abzüglich Eberswalde und Fürstenberg zur Oder.

[4]) Sämereien aller Art, auch Ölnüsse und Kopra.

[5])   Ölnüsse .   64 000 t = 99,9 % der Abfuhr
       Ölsaat .   76 200 „ = 99,7 „   „   „

[6]) Eberswalde zu Tal: 14 100 t, Fürstenberg zur Oder: 7700 t.

Böhmen zu gelangen, wohin noch 1890 der Versand unwesentlich war (1903 Schandau z. B. 63800 t)[1]. Inwieweit nun die
in den Elbhäfen hergestellten fetten Öle in das Inland übergehen, bleibt infolge des gleichzeitigen Durchgangsverkehrs in
Ölen und Fetten ungewiß. Dieser Import belief sich 1903
auf 186700 t (1890: 123900 t) und setzte sich aus Schmalz:
55000 t (Vereinigte Staaten von Amerika), Margarine (12500 t
Vereinigte Staaten von Amerika), Talg 12000 t (Amerika und
England), Tran 13000 t (Japan, Norwegen, England), sowie
je gleichen Mengen Baumwollensaatöl (Vereinigte Staaten von
Amerika und England), und Kokosnußöl aus Britisch Ostindien zusammen. Dagegen wurden mit der Eisenbahn und
auf der Oberelbe 114700 t abgesetzt, per Elbschiff zu 75,0%
gegen 65,8% 1890. Die Notierungen des Binnenschiffahrtsverkehrs widerstreben der Vereinigung zu einem einheitlichen
Bilde[2]. Wir können deshalb nur schätzen, daß der größere
Teil über Rathenow nach Berlin und durch den Oder-Spreekanal zur oberen Oder[3] geleitet worden ist, und daß, nach
den Notierungen des Hafenverkehrs zu urteilen, besonders
Dresden[4] wachsende Quantitäten aufgenommen hat. Ähnliche
Schwierigkeiten bereitet die Eisenbahngüterstatistik, indem sie
Harburg einbegreift, und deshalb fast den doppelten Versand
wie die Tabellarischen Übersichten ausweist. Doch sie lehrt
wenigstens, daß die Eisenbahn dem Wasserweg nur ganz beschränkt Konkurrenz bereitet, denn von dem gesamten Versand der Elbhäfen: 1903: 53100 t entfallen 39100 t auf Süd-
und Westdeutschland, sowie Schleswig-Holstein[5]. Die im
Jahre 1903 (189400 t) binnenwärts ausgeführten Ölkuchen
werden zu 62,6% (1890: 56,4%) von der Elbschiffahrt be-

---

[1] Mehr ist nicht anzugeben, da die Angaben über Ölsaaten sehr unsicher sind und sich oft widersprechen.

[2] Die Durchfuhr bei Rathenow betrug 1903: 100000 t, während von
Hamburg und Harburg (17200 t) nur gerade ebensoviel (103000 t) abgemeldet waren. Obenein kamen in den Häfen von Magdeburg bis Dresden
rund 26000 t fette Öle und Fette zu Berg an, und bei Schandau passierten außerdem noch 19000 t.

[3] Fürstenberg zur Oder 1900: 24800 t.

[4] Dresden an zu Berg: 1890: 4800 t, 1903: 13000 t.

[5] Verkehrsbezirk 5—7, 21—36.

wältigt, sie gehören wohl ohne Zweifel zu der 245 000 t (1890: 117 000 t) hohen Seeeinfuhr, deren Herkunft in Nordamerika[1]) (145 000 t), Frankreich (44 000 t) und Britisch Ostindien (20 000 t) zu finden ist. Über den Verbleib der Flußabfuhr sind keine Ziffern bekannt, ebensowenig auch über den umfangreichen Versand Harburgs auf der Süderelbe[2]). Und weil der Versand der Elbhäfen wesentlich durch die Produktion dieser Stadt bedingt ist, bringt die Eisenbahngüterstatistik keine Ausweise, die in Parallele mit dem Wasserversand gestellt werden könnten.

Während die deutschen Eisenbahnen es hinsichtlich der vorstehenden Güter ganz allgemein abgelehnt haben, die Interessen der Seehäfen zu vertreten, um nicht die Absichten der deutschen Schutzzollpolitik zu durchkreuzen[3]), haben wir jetzt Warengruppen zu erörtern, für die sie der Seeeinfuhr ihre Unterstützung in Gestalt billiger Seehafenausnahmetarife leihen, mögen diese nun als ein wertvolles Geschenk an die heimische Landwirtschaft gedacht sein, wie beim Tarif für Düngestoffe, oder wie bei den Ausnahmetarifen der meisten kolonialen Produkte nach Rheinland-Westfalen und Süddeutschland als Waffe gegen die ausländischen Rheinmündungshäfen und die Rheinschiffahrt oder endlich gegen den Wettbewerb der Häfen des Mittel- und Schwarzen Meeres in Österreich-Ungarn und Rußland. Bei den letzteren kann die preußische Verwaltung ihre Nebenabsicht gegen die Elbschiffahrt nur unvollkommen unter der Fürsorge für die ˏdeutschen Nordseehäfen verstecken. Als Guano (Peru (12 000 t), Chilisalpeter (366 000 t) und Phosphate aller Art (Vereinigte Staaten von Amerika 123 100 t, Algier und Tunis 49 000 t) wurden im Jahre 1903 620 000 t künstliche Düngemittel in Hamburg eingeführt, und zu 489 200 t ins Inland verbracht; der Rest wurde größtenteils seewärts nach den Gestaden der Ostsee

---

[1]) Hauptsächlich Baumwollensaatmehl.

[2]) Im Warenverzeichnis der Reichsstatistik fehlt Ölkuchen. Per Eisenbahn versenden die Elbhäfen 194 000 t Ölkuchen, von denen Hamburg nur 71 000 t liefert.

[3]) Ausgenommen Hafer, Mais und Ölsaat, sowie fette Öle und Fette nach Rheinland-Westfalen, die von deutschen Seehäfen zum Streckensatz von 3,3, statt 4,5 Pfg. befördert werden.

exportiert. An der Versendung beteiligte sich die Eisenbahn mit 142 900 t. Es hält schwer, über ihren Verbleib zahlenmäßig Rechenschaft zu geben, da die gesamten Elbhäfen das doppelte Gewicht (293 600 t) absenden [1]). Wertvoll ist die Tatsache, daß sie gleich der Bahnabfuhr Hamburgs seit der Einführung des Rohstofftarifs für gewisse Düngemittel 1890 (244 100 t) stationär ist, und daß sich seitdem ihr Schwergewicht allmählich verschoben hat. Der Versand nach Hannover [2]) ist wahrscheinlich unter dem Andrängen Bremens von 94 300 t 1890 auf 62 700 t 1903 gesunken; ebenso der Versand in das Elbgebiet [3]) von 52 700 auf 28 200 t unter dem Wettbewerb des Wasserwegs. Nunmehr vollzieht sich der Versand überwiegend nach den nahen landwirtschaftlichen Gegenden Schleswig-Holsteins und Mecklenburgs. Außerdem wuchs durch den auf Düngemittel, die unmittelbar in den Konsum übergehen, gewährten Tarifabschlag von 20 % die Verladung nach der Provinz Brandenburg [4]), und insbesondere nach Posen und Pommern (Verkehrsbezirk 1—4, 12—15: 29 600 t 1890; 67 000 t 1903). Die Elbschiffahrt allein hat den Verkehrsbereich Hamburgs auf Böhmen ausgedehnt (Schandau durch zu Berg 1890: 6600 t; 1903: 90 400 t) und mit den 221 500 t, welche an der Mittelelbe verbleiben, ist sie dort völlig Herrin der Situation. Aber auch im Gebiet östlich der Elbe hat sie neben der Eisenbahn Fortschritte gemacht, denn der Durchgang zu Rathenow stieg von 4100 t 1890 auf 75 200 t 1902 und zugleich gingen durch den Oder-Spreekanal 36 000 t zur Oder. Daraus folgt, daß die Eisenbahntarifpolitik dem Wasserverkehr auch in dieser Richtung keinen Abbruch getan, sondern ihre Sendungen den Ostseehäfen Danzig und Stettin entzogen hat. Im ganzen hat die Elbe ihren Anteil an der Abfuhr Hamburgs von Düngemitteln von 60,1 % 1890 auf 70,8 % 1903 erhöht. Auf der Elbe basiert ferner der Hinterlandsverkehr Hamburgs in Gummi und

---

[1]) Der Unterschied wird Harburg zuzuschreiben sein.
[2]) Verkehrsbezirk 9—11.
[3]) Verkehrsbezirk 18—20, 52—55.
[4]) Verkehrsbezirk 16, 17: 1890: 10 200 t, 1903: 29 200 t.

Gummiharzen, die zu 95300 t[1]) insbesondere von Amerika
(64500 t) und Afrika eingeführt worden sind [2]), mit 88,3 %
1903 = 54600 t (gegen 83,8 % 1890). Leider können wir
die Verteilung nur in Verbindung mit der Abfuhr von Teer,
Pech und Asphalt verfolgen, die zu 51400 t 1903 (1890:
16800 t) in Hamburg eingingen und sich in noch stärkerem
Masse dem Wasserweg zuwenden [3]). Von der Abfuhr auf der
Oberelbe in der Höhe von 99800 t, wozu noch 12300 t der
Süderelbe gerechnet werden müssen, wurden 41400 t (gegen
8000 t 1890) bei Rathenow zu Berg gemeldet; kleinere Beträge, etwa 7000 t, nehmen ihren Weg zur oberen Oder [4]),
während der Rest in Berlin und Umgegend abgesetzt wird.
Die Versorgung der mittelelbischen Industrie hat dagegen
nach den übereinstimmenden Angaben über den Durchgangs-
und Hafenverkehr wenig zugenommen (1890: 32000; 1903:
49000 t). Bemerkenswerterweise erreicht die Abfuhr über Schandau nach Böhmen 18700 t. In allen diesen Gebieten, die der
Elbschiffahrt überhaupt zugänglich sind, beherrscht sie trotz
der Ausnahmetarife für Harz und Pech [5]) völlig den Versand.
Dem Schienenweg bleiben nur die seltenen Transporte nach
Westdeutschland, wo die Konkurrenz Bremens bald Einhalt
gebietet. Sie beschränkt die Verfrachtungen sogar empfindlich
für die nächste Provinz Hannover auf 5900 t [6]); (1890: 5000 t).
Auch die Versendungen nach dem Norden über Lübeck [7]) sind
der Bahn nunmehr bestritten, nachdem der Elbe-Travekanal

---

[1]) Gegen 1890: 34600 t.

[2]) Davon wurden 61800 t mit den Eisenbahnen und der Oberelbe
abgeführt, 25700 t erscheinen wieder als Ausfuhr seewärts.

[3]) An Teer etc. empfing Hamburg seewärts 1903 besonders Asphalt
47000 t, besonders aus Italien. Von der Abfuhr binnenwärts an Harz,
Teer, Asphalt etc. von 1903: 108300 t benutzten 92,2 % die Elbe.

[4]) Berlin durch zu Berg; die Notierungen zu Fürstenberg sind durch
die Produktion Berlins beeinflußt. Ebenso besteht der bedeutende Durchgang zu Eberswalde hauptsächlich aus Teerprodukten der Berliner Gas-
werke.

[5]) Ausnahmetarif der deutschen Nordseehäfen seit 1884: Streckensatz
3,25—3,65 Pfg.

[6]) Verkehrsbezirk 9—11.

[7]) Verkehrsbezirk 5—7: 1903: 10800 t.

etwa 2400 t an sich gerissen hat. Die Einfuhr von Petroleum und anderen Mineralölen hat sich mit 417 400 t 1903 gegen 1890 verdreifacht (150 700 t). Raffiniertes Petroleum ist darunter mit 332 500 t vertreten, welches in erster Linie aus der Union, sodann von den Häfen des Schwarzen Meeres importiert wird [1]). In umgekehrtem Verhältnis sind obige Gebiete an der Einfuhr von Mineralschmierölen (1903: 95 000 t) beteiligt [2]). Wegen der Steigerung ist jedoch zu berücksichtigen, daß ein bedeutender Teil derselben auf Kosten Altonas und Harburgs erfolgt ist, deren Hafeneinrichtungen nicht mit den Anforderungen der Neuzeit Schritt gehalten haben [3]). Der seewärtige Eingang Hamburgs erscheint zu $2/3 - 3/4$ im Hinterlandsverkehr wieder. Der Seeexport übersteigt auch heute nicht ein verhältnismäßig geringes Maß (1903: 22 100 t raffiniertes Petroleum). Der Bahn [4]) fallen einmal die Mengen zu, deren die anliegenden Landesteile steigend bedürfen. In die Verkehrsbezirke 5—7 versendet sie 1903 23 700 t (1890: 17 000 t), für den hier einbegriffenen Verkehr nach Lübeck wird sie durch die neue Wasserverbindung nicht unerheblich beeinträchtigt [5]). Fast ebensoviel (20 500 t) beträgt ihr Absatz auf dem linken Elbufer nach der Provinz Hannover (Verkehrsbezirk 9—11), den sie seit 1890 (7000 t) auf Kosten Bremens errungen hat. Andererseits ist durch besondere Ausnahmetarife [6]) Hamburg in der Lage,

---

[1])	Vereinigte Staaten von Amerika	253 900 t
	Schwarzes Meer: Rußland	52 800 „
	Rumänien	15 800 „
[2])	Russ. Schwarzes Meer	47 500 t
	„ Ostsee	8 100 „
	Vereinigte Staaten von Amerika .	34 700 „

[3]) Die direkte Seeeinfuhr Altonas betrug 1890: 114 000 t; heute ist sie minimal. Während noch 1890 von Harburg 125 000 t Petroleum elbaufwärts befördert wurden, wird dort heute kein Petroleum mehr notiert.

[4]) Der hier herangezogene Verkehr der Elbhäfen ist stets etwa 1/3 größer als der Hamburgs.

[5]) Lübeck: Elbe-Travekanal an zu Tal: 1903: 3300 t.

[6]) Ausnahmetarif von deutschen Nordseehäfen 1884: 3,5 Pfg. Streckensatz; 1889 weiter ermäßigt auf 2,2 Pfg., vgl. Aftalion a. a. O. S. 185 und Jahresbericht der Handelskammer zu Ruhrort für 1899/1900, S. 50 und 51, Wiedenfeld a. a. O. S. 322—324.

seinen Einfluß nach Westfalen und der Rheinprovinz auszudehnen: Verkehrsbezirk 21—28: 16000 t 1903 gegen 6000 t
1890. Immerhin umfaßt der Bahnversand Hamburgs nur bescheidene Summen: 1903 54500 t[1]). Im weiteren Elbgebiet
versagt die Eisenbahn ganz[2]). Hier ist der Seeverkehr ganz
auf die Mitwirkung der Elbschiffahrt angewiesen. Über Rathenow wurden 1903: 95400 t Petroleum zu Berg gefahren,
davon nahm die Provinz und Berlin etwa 80000 t auf und
13100 t gingen durch den Oder-Spreekanal zur oberen Oder.
Die größere Hälfte des Bergverkehrs der Elbmündungshäfen
war für die Mittelelbe bestimmt: 157000 t (gegen 112000 t
1890), ein Aufschwung, der durch die Verkehrsgestaltung in
Magdeburg und Dresden bestätigt wird[3]). Der Wasserverkehr
nach Böhmen (Schandau zu Berg 9300 t) ist deshalb bemerkenswert, weil die Bahn trotz der gewährten Ausnahmefrachten
nach Österreich-Ungarn und Galizien nicht konkurrieren kann.
Mithin ist der Anteil der Elbe an der Verteilung des Petroleums seit 1895 konstant auf 83 % zu bemessen (1903: 82,7 %).

Bei den eigentlichen Kolonialwaren, wie Kaffee, Reis,
Wein, Tabak u. s. f. hat der Zwischenhandel zur Ostsee seine
frühere Bedeutung bewahrt, wie im ersten Abschnitt bereits
dargelegt wurde, und in Kaffee etc. — es wurden 212000 t
Kaffee und 34000 t Kakao mit Mittel- und Südamerika als
hauptsächlichem Bezugsland, sowie 3500 t Tee aus China und
Ostindien importiert — haben wir sogar den dem Hamburger
Seeverkehr sonst fremden Fall, daß der Transitverkehr stärker
zugenommen hat als der Hinterlandsverkehr. Die Ausfuhr
zu See stieg 1890—1903 von 36400 t auf 105300 t; der Ausgang per Eisenbahn und Wasserstraße aber nur von 63500
auf 102000 t. Der Bahnversand ist nach den Tabellarischen

---

[1]) Elbhäfen insgesamt: 75200 t.

[2]) Die 9000 t, welche die Elbhäfen in die Verkehrsbezirke 18—20
bahnwärts schickten, bestehen zum Teil aus Maschinenölen etc.

[3]) Für 1890 muß natürlich der bedeutende Verkehr der Süderelbe
berücksichtigt werden. In Magdeburg und Dresden kamen zu Berg an:
1890: 44800 t, 1903: 69500 t. Im obigen sind die Zahlen der Reichsstatistik herangezogen, da sie besser zu den Notierungen der übrigen
Durchgangsstellen passen.

Übersichten seit 1895 (57 300 t) in steter Abnahme begriffen
und nähert sich mit 43 100 1903 dem Stande des Jahres 1890
(41 900 t). Da die Eisenbahngüterstastitik für die Elbhäfen
ganz abweichende, wesentlich niedrigere Ziffern liefert [1]), entzieht sich die Richtung dieses Rückgangs der näheren Kenntnis.
Aus dem gleichen Grunde kann ich mich über die Verteilung
der Bahnabfuhr nur sehr allgemein äußern. Über die Hälfte
des hier ausgewiesenen Kaffees sind nach West- und Süddeutschland bestimmt [2]), davon nach letzteren Bezirken auf der
Basis von Ausnahmetarifen über zwei Drittel; kleinere Quantitäten gehen nach dem nahen Schleswig-Holstein, Mecklenburg und Lübeck. Die fehlende kleinere Hälfte empfängt
das Elbe- und Odergebiet, vornehmlich das Königreich Sachsen.
Demgegenüber befördert der Wasserweg zur mittleren Elbe
etwa 27 600 t, während unter der Wirkung des billigen Tarifs nach Österreich-Ungarn die Vorherrschaft von 1890 an
die Eisenbahn abgetreten wurde [3]). In den Gebieten normaler
Tarifbildung, im Gebiet der märkischen Wasserstraßen und
Ostdeutschland hat der Wasserversand seine führende Stellung
behauptet: 10 600 t liefert er nach der Provinz Brandenburg,
8600 t über Fürstenberg nach Schlesien und mit 4500 t trägt
er den Einfluß Hamburgs ins untere Tal der Oder und Warthe.
Trotz der niedrigen Tarife für den Verkehr zwischen Lübeck
und Hamburg hat der Elbe-Travekanal mit 6900 t dem
gleichlinigen Bahntransport empfindlichen Abbruch getan, und
es scheint, als wenn hier die Ursache für den rückgängigen
Bahnversand Hamburgs zu finden ist, die dazu beigetragen
hat, den Anteil des Wasserwegs von 34,0 % 1890 und 29,7 %
1895 auf 57,7 % 1903 zu heben. Die Einfuhr an Reis aus
Indien und Siam [4]), 172 900 t betragend, wird in den Fabriken
des Freihafens konsumfähig gemacht und geht als geschälte

---

[1]) 1890: 21 200 t, 1903: 32 700 t.

[2]) 18 200 t; davon Verkehrsbezirk 21—36, 56, 57: 13 600 t. (Streckensatz: 3,5 Pfg. statt 6 Pfg.) Verkehrsbezirk 5—7: 6500 t.

[3]) Abgesehen von den unkontrollierbaren Mengen, welche in den
sächsischen Elbhäfen für Böhmen umgeschlagen wurden.

[4]) Von Bremen kommen 22 000 t; eine Nachwirkung seines straffen
Eigenhandels und der guten Schiffahrtsverbindung mit diesen Ländern.

Ware oder Reismehl überwiegend auf dem Seewege nach den Ostseeländern wieder aus (1903: 119 000 t). Die Abfuhr in das Hinterland beschränkt sich infolge der Bremer Konkurrenz auf das Elbgebiet. So kommt es, daß die Elbe in der Abfuhr von 41 100 t 1903 ganze 95,3 % beansprucht; bei Rathenow gingen 9100 t zu Berg, mit denen sie über Berlin hinaus die oberen Odergebiete zu 4700 t (Fürstenberg zur Oder) versorgte. Ebenso erhält sich Hamburg nur vermittels der Binnenschifffahrt seinen Verkehrsbereich in Böhmen und dem entfernteren Österreich (Schandau durch zu Berg 15 200 t) [1]. Die bedeutenden Mengen Rohtabak des seewärtigen Eingangs (1890: 27 200; 1902: 48 300 t) verdankt Hamburg vor allem seinen dem Schwesterhafen Bremen überlegenen Schiffahrtsverbindungen mit den amerikanischen Produktionsländern (22 000 t 1903 von 38 100 t), welche den Bremer Eigenhandel nötigen, einen Teil seines Imports über Hamburg an sich zu ziehen [2], wie denn auch die Seeausfuhr mit der wachsenden Einfuhr fortgeschritten ist (1890: 14 200 t; 1902: 22 000 t). Von der seit 1890 zwischen 9000 und 11 000 t schwankenden Eisenbahnabfuhr dient die Hälfte der einfachen Überleitung nach den Fabriken des Weserhafens. Trotz des Seehafenausnahmetarifs fallende Mengen nehmen die Rheinlande und Süddeutschland auf (1890: 2200; 1903: 1400 t), und dessen einziger Erfolg beruht in der Abfertigung von 1400 t 1903 nach den Ländern der österreichischen Krone. Er konnte aber nicht verhindern, daß der Elbverkehr nach Böhmen auf 5300 t (Schandau zu Berg gegen 2700 t 1890) anwuchs. Geringere Mengen gelangen wasserwärts zur mittleren Elbe [3]. Wegen ungenauer Notierungen wissen wir den Bezug Berlins nicht; für die Oder läßt sich indessen nachweisen, daß in den letzten Jahren steigende Mengen nach Schlesien verfrachtet wurden [4].

---

[1] Denn vermittels des Ausnahmetarifs (wie des für Kaffee) dringt keine Tonne Reis von Hamburg dorthin.

[2] Ein besser ausgebauter Schiffahrtsdienst Bremens sowie Amsterdams mit den indischen Ländern zwingt Hamburg, von ihnen 5600 resp. 2800 t Rohtabak zu beziehen.

[3] Wo Dresden 1903: 2500 t empfing.

[4] Zuletzt Fürstenberg zur Oder 1500 t.

Danach hat allein die Binnenschiffahrt die Steigerung des
Hinterlandsverkehrs auf 17 700 t (1903) gegen 14 800 t 1890
ermöglicht, indem sie ihren Anteil von 24,6 % auf 50,4 %
verbesserte. In Bezug auf Wein, welcher 1903 zu 32 100 t
besonders aus Frankreich, Spanien und der Rheinprovinz eingeführt wurde, ist die Bedeutung des Transitverkehrs zur See
nicht völlig so groß, doch ist er [1]) mit ^{2}/$_3$ des Hinterlandsverkehrs der Erwähnung bedürftig. Wie beim Tabak hat sich
die Elbe immer mehr der Abfuhr bemächtigt (1890: 39,0 %;
1903: 62,4 %), wobei seit 1900 die Leistung der Eisenbahn
sogar auffällig sinkt: 1890: 9500 t; 1903: 6700 t. Dieses
Übergewicht ist durch den Elbe-Travekanal herbeigeführt, der
der Bahn im letzten Jahre 1300 t entzog, indem der Bahnversand in der Zwischenzeit um diesen Betrag sank [2]). Die
beträchtliche Einfuhr an Spiritus und Spirituosen (1903:
16 800 t), zu der die preußischen Ostseehäfen 10 900 t Spiritus
stellen, wird getragen durch eine rege Wiederausfuhr zur See.
Der Hinterlandsverkehr von 3800 t, davon 21,2 % per Elbschiff, ist nur dieser flüchtigen Erwähnung wert. Konnten
wir bei den bisher behandelten Nahrungs- und Genußmitteln
von einer überragenden und dabei noch steigenden Beteiligung
der Elbe berichten, so ist für zwei weitere Artikel dieser
Gruppe das Gegenteil der Fall. Die Fischeinfuhr steigt
1890/1903 von 56 300 auf 96 200 t; davon im letzten Jahre
55 800 t Heringe aus England [3]), Niederland, Norwegen und
den deutschen Ems- und Weserhäfen, 22 300 t frische Fische
aus England und Norwegen und 11 400 t getrocknete Fische
aus dem letzteren Land. Dieser Steigerung entspricht vor
allem ein wachsender Konsum Hamburgs, und ein Wachstum
der Verladung binnenwärts von 47 900 auf 55 200 t [4]), an
denen sich der Wasserweg von 67,4 % auf 56,9 % sinkend
beteiligt. Eine schon an sich unwahrscheinliche verminderte

---

[1]) 1903: 13 000 t.
[2]) Verkehrsbezirk 5—7: 1900: 2900 t, 1903: 1300 t.
[3]) England 28 000 t.
[4]) Die Ausfuhr zur See erhöht sich nur langsam von 12 100 t auf
18 100 t.

Leistungsfähigkeit der Elbe wird durch die Tatsache hinfällig, daß von den seit 1890 eingeführten 45—65 000 t Heringen die Elbe steigende Mengen, nämlich zuletzt 79,3 %,
gegen 1890 75,2 % aufgenommen hat [1]). Mithin erklärt sich
die relative Abnahme der Flußschiffahrt durch die fortgesetzt
steigenden Quantitäten frischer Fische, die zumal zur Sommerszeit eine besonders schnelle und gekühlte Beförderungsgelegenheit erheischen. Diese Annahme wird durch die Richtung des
Versands nur bestätigt. Die elbwärts beförderten Mengen,
nur Heringe, sind überwiegend zur Mittelelbe bestimmt (1903:
21 800 t), wachsende Mengen gehen über Schandau und Rathenow hinaus und konkurrieren mit dem hier gleichfalls
gesteigerten Bahntransport [2]). Die Veränderung liegt in dem
Anteil West- und Süddeutschlands [3]) (1890: 3100; 1903:
8700 t) und besonders Lübecks, welches neuerdings genötigt
ist, frische Ware für seine Heringsräuchereien aus der Nordsee
zu beziehen [4]). Die andere abweichende Gestaltung des
Binnenschiffahrtsanteils finden wir bei O b s t, G e m ü s e u n d
F r ü c h t e n, deren Seeeinfuhr schnell von 47 000 t 1890 auf
140 200 t gestiegen ist. Die Hälfte, 78 300 t, nehmen Apfelsinen und Zitronen ein, aus Spanien und Italien stammend.
Außerdem umfaßt sie 30 100 t frisches Obst (Amerika) und
Gemüse (Niederland), 10 600 t Pflaumen (Vereinigte Staaten
von Amerika) und 12 300 t Rosinen aus Kleinasien und
Spanien. Unter Abzug von 13 700 t Südfrüchten, welche zur
Ostsee transitieren, erscheint die Einfuhr mit 92 000 t (1890:

---

[1]) Damit fällt die Möglichkeit, die verringerte Beteiligung der Elbe
durch den Seehafenausnahmetarif von 1884 für Heringe (3,25—3,65 Pfg.)
zu erklären.

	1890	1903
[2]) Rathenow (ab Eberswalde u. Fürstenberg)	1100 t	6300 t
Verkehrsbezirk 16, 17	1700 „	6000 „
Schandau .	1200 „	2700 „
Verkehrsbezirk 52—55	300 „	1600 „

[3]) Verkehrsbezirk 9—11, 21—36, 56, 57.
[4]) Verkehrsbezirk 5—7: 1890: 2700 t, 1903: 15 800 t. (Zu Anm. 2
bis 4: Die Zahlen der hier wiedergegebenen Eisenbahngüterstatistik sind
ungefähr um $^1/_3$—$^1/_4$ größer als diejenigen der Tabellarischen Übersichten,
was dem lebhaften Fischhandel Altonas zuzuschreiben ist.)

17 300 t) in der landseitigen Abfuhr. Auffallenderweise ist der Anteil der Elbe 1890 nur 20,4 % und eine leise Tendenz zum Steigen ist erst im letzten Jahre zu bemerken: 1900: 20,3 %, 1902: 18,9 %, 1903: 26,8 %. Der Wettbewerb der Eisenbahn hat absolut gesiegt im Verkehr mit Berlin, wo dem Durchgang bei Rathenow von 8000 t [1]) 22 100 t der Verkehrsbezirke 16 und 17 gegenüberstehen. Sehr eingebüßt hat der Wasserweg selbst im eigentlichen Elbgebiet, wenn er auch mit 17 800 t noch das Übergewicht [2]) inne hat. Vervollständigt wird die Niederlage der Wasserstraße durch die bedeutenden Verfrachtungen nach Schleswig-Holstein, Hannover und dem südwestlichen Deutschland [3]). Eine wirksame Ausnahmetarifierung liegt nicht vor (denn diejenige für Rosinen 3,5 Pfg. statt 6 Pfg., kann dafür gewiß nicht angesehen werden). Der Grund liegt in der Zunahme der Apfelsinen und Zitronen, die im Hinterlandsverkehr eine immer bedeutsamere Rolle spielen (1890: 8300 t, 1903: 42 100 t). Dieser Transport frostempfindlicher Früchte geht gerade in der kältesten Zeit vor sich, wo dem Wasserweg außer der Schutzlosigkeit gegen Temperaturschwankungen noch der erstere steigernde Mangel längerer Beförderungsdauer anhaftet, und es ist noch erstaunlich, daß er seinen Anteil daran von 0,4 % auf 19,4 % gehoben hat. Er hält indessen die Beteiligung des Wasserwegs an der Beförderung von Früchten etc. überhaupt auf der obengenannten niedrigen Stufe.

Es bleibt noch übrig, der Rohstoffe inländischer Industrien zu gedenken, welche als höherwertige Massengüter die Einfuhr Hamburgs vervollständigen. An Drogen, Chemikalien, Farbstoffen und Farbwaren [4]) gingen 1890 171 300 t ein, eine Summe, die sich bis 1903 auf 376 300 t verdoppelt hat.

---

[1]) Abzüglich Eberswalde und Fürstenberg. Die Ziffer dürfte in Wirklichkeit um einige tausend Tonnen höher sein.

[2]) Verkehrsbezirk 18—20: 10 400 t. Ein Vergleich mit 1890 oder 1895 ist unstatthaft, da für jene Jahre die Eisenbahngüterstatistik, die schon gewöhnlich gegen die Tabellarischen Übersichten nach unten abweicht, außerordentlich niedrige Zahlen bietet.

[3]) Verkehrsbezirk 5—7: 8400 t; Verkehrsbezirk 9—11: 6100 t; Verkehrsbezirk 21—28: 6800 t.   [4]) Ohne Salpeter.

Ihr folgt die landwärtige Abfuhr von 111 600 t auf 206 000 t,
so daß für eine beträchtliche Wiederausfuhr zur See Raum
bleibt. Schon 1890 umfaßte die Elbe fast $^3/_4$ dieser Abfuhr
(73,8 %) und ihr Anteil stieg fortwährend bis 85,8 % 1903.
Nun zu den einzelnen größeren Posten dieser Gruppe. Eine
besonders kräftige Entwicklung weist die Einfuhr von Gerbstoffen aller Art auf mit 23 500 t 1890 und 142 800 t
1903, deren Hauptinhalt [1]) Quebrachoholz aus Argentinien,
Myrobalen aus Britisch Ostindien und Dividivschoten aus Süd-
und Mittelamerika sind. Der Zwischenhandel, noch 1890 dem
Hinterlandsverkehr gleichstehend, ist neuerdings hinter diesen
zurückgetreten (1903: 26 900 t). Der Verkehr der Eisenbahn
hält sich seit 1895 zwischen 4000 und 6000 t, während der
Binnenschiffahrtsverkehr der Einfuhr parallel gegangen ist und
nunmehr bei der Verteilung (1890: 5100 t, 1903: 38 500 t)
ganze 88,7 % beansprucht (gegen 62,6 % 1890) [2]). Der Empfang an Farbholz und -Extrakten aus Mittel- und Südamerika hat sich von 49 000 t auf 34 700 t [3]) 1903 (28 000 t
1902) vermindert. Der bedeutende Transitverkehr zum Ostseegebiet hat ungefähr seinen Umfang bewahrt (1903: 10 200,
1890: 13 500 t), so daß die Verringerung allein dem Bedarf
des Inlands zur Last fällt, der infolge des Ersatzes durch
künstliche Farbstoffe von 30 000 auf 16 700 t zurückging.
Diese Verdrängung ist vor allem an der mittleren Elbe
(sächsisches Industriegebiet) fühlbar, wo der Wasserversand
von 19 200 t auf 9200 t sinkt, ähnlich ist der Rückgang im
Versand nach Berlin [4]) und nach Böhmen [5]). Dafür kann auch
die Erschließung Schlesiens [6]) durch den Oder-Spreekanal nicht

---

[1]) Quebrachoholz 90 100 t, Myrobalen 12 700 t, Dividivi 11 400 t, diverse
Gerbstoffe und Gerbstoffextrakte 24 700 t. Unberücksichtigt ist die Borke
und Lohe mit einer Seeeinfuhr von 1903: 11 900 t (Afrika), deren Verteilung der Wasserweg mit 80,3 % besorgt.

[2]) Für die nähere Verteilung bieten weder die Eisenbahngüter-, noch
die Reichsbinnenschiffahrtsstatistik die erforderlichen Ausweise.

[3]) Davon ca. 2000 t Blauholzextrakt aus Frankreich.

[4]) Berlin an zu Berg, auch Charlottenburg: 1890: 6800 t, 1903:
2100 t.

[5]) Schandau zu Berg: 1890: 3200 t, 1902: 900 t, 1903: 2100 t.

[6]) Fürstenberg zur Oder: 1890: 0 t, 1903: 1000 t.

entschädigen. Der Rückschritt der an sich schon schmalen [1] Bahnabfuhr von 4400 auf 1200 t ist im wesentlichen durch die Eröffnung des Elbe-Travekanals verursacht, der im Jahre 1903 1500 t an sich gerissen hatte [2]. Und ihm hat es der Wasserweg zu danken, daß sein Anteil am Hinterlandsverkehr von 85,2 % auf 92,6 % erweitert ist. Unter den Chemikalien ragt noch der 1903 zu 26 000 t (1890: 10 900 t) aus Italien bezogene Schwefel hervor. Soweit er nicht zur Ostsee überführt wird (1903: 6600 t), besorgt die Elbe seinen Absatz vollständig (1890: 91,5 %, 1903: 97,6 %) [3]. Der erste Rang unter den höherwertigen Rohstoffen wird durch den Bedarf der Textilindustrie bestimmt. An Baumwolle wurden 1903: 150 700 t eingebracht gegen 90 600 t 1890; davon etwa die Hälfte aus Britisch Ostindien und ein weiteres Drittel aus der Union [4]. Der Transitverkehr hat sich aus kleinen Anfängen stark entwickelt (1903: 30 400 t), insbesondere auf Kosten der Lübecker Spedition, doch liegt das Schwergewicht bei weitem im Versand in das Hinterland (1890: 84 400, 1903: 111 710 t). Die relative und absolute rückläufige Bewegung des Wasserversands bis 1900: 36 600 t, = ‘45,2 % gegen 1890: 50 100 = 59,4 % erstreckt sich über das gesamte Elbgebiet, indem sowohl für die Mittelelbe (1890: 31 700, 1900: 22 700 t) als auch für Böhmen (Schandau durch zu Berg 1890: 18 400 t, 1900: 12 000 t) geringere Mengen notiert wurden. Der Grund ist sicherlich die 1889 erneute außerordentliche Tarifverbilligung nach Österreich-Ungarn, Streckensatz 2,2 Pfg., die auch den anhaltinischen und sächsischen Häfen einen Teil der dorthin umgeschlagenen Güter entzogen [5] und so auch ihre Leistungsfähigkeit im Verkehr

---

[1] Trotz des Seehafenausnahmetarifs.
[2] Verkehrsbezirk 5—7: 1890: 1700 t, 1903: 0 t.
[3] Die Verteilung bleibt aus dem gleichen Grunde wie bei den Gerbstoffen unbekannt.
[4] Britisch-Ostindien 74 000 t, Vereinigte Staaten von Amerika 53 000 t, Ägypten und England je 7000 t.

[5]		1890	1900
	Wallwitzhafen an zu Berg	5 900 t	2 600 t
	Dresden an zu Berg	15 900 „	12 400 „

mit sächsischen Bezirken geschwächt hat [1]). Desgleichen verschob der auf Rheinland-Westfalen ausgedehnte Ausnahmetarif die Beteiligungsziffer zu Gunsten der Eisenbahn (Verkehrsbezirk 9—11, 21—36, 56, 57): 1890: 3600 t, 1903: 15 400 t). Wenn trotzdem in den letzten Jahren die Elbe die Oberhand gewonnen hat (1903: 56,9 %), so läßt sich das nur auf eine neuerliche Vervollkommnung des Schiffahrtsbetriebs schieben [2]). Daß der Anteil der beiden Binnenbeförderungsmittel bis zu einem gewissen Grade durch die Tarifpolitik der Eisenbahn beeinflußt wird, zeigt auch der Verkehr in Häuten, Fellen und Leder, deren seewärtige Einfuhr 110 600 t 1903 beträgt (gegen 48 900 t 1890), wobei Süd- und Mittelamerika (80 000 t) ausschlaggebend sind [3]). Genau wie der Transitverkehr hat sich der Absatz ins Inland von 27 600 t auf 47 900 t gehoben, wobei der Anteil der Elbe von 29,9 % auf 48,7 % verschoben wird. Gleichmäßig hat sich die Verfrachtung nach der Oder, nach Berlin, nach Böhmen und der Mittelelbe ausgedehnt, so daß auch 1903 die letztere den größten Posten (11 200 t) aufnahm [4]). Ueber den Bahnverkehr läßt sich nur sagen, daß er mit der Binnenschiffahrt nur schwach in Wettbewerb tritt, und hauptsächlich das anschließende rechte Elbufer und mittels des Ausnahmetarifs das entferntere Südwestdeutschland versorgt [5]). Umge-

---

[1]) Demgegenüber Zunahme des Bahnverkehrs der Elbhäfen (auf Grund des Seehafenausnahmetarifs mit 2,2 Pfg. Streckensatz):

	1890	1900
Verkehrsbezirk 52—55	2900 t	9 000 t
„ 18—20 .	. 3800 „	16 900 „

[2]) In gleicher Richtung wirkte der Elbe-Travekanal, der der Bahn (Verkehrsbezirk 5—7) den Rest der Spedition über Lübeck streitig macht:

1900 .	2000 t,	Bahn 6600 t
1903 .	4100 „	„ 2000 „

[3]) Daneben sind zu erwähnen Indien mit 13 000 t Roßhäuten und die russischen Ostseehäfen mit 10 000 t.

[4]) Fürstenberg d. zur Oder: 1600 t; Berlin zu Berg: 7500 t; Schandau d. zu Berg: 4600 t.

[5]) Der Versand der Elbhäfen 1903 ist bedeutend höher als der Hamburgs: 39 700 t; davon Verkehrsbezirk 5—7: 14 400 t, Verkehrsbezirk 21 bis 36, 56, 57: 13 200 t.

kehrt ist bei der Wolle, in deren Einfuhr von 100 600 t
1903 (1890: 59 600 t) sich Argentinien (46 100 t) mit Australien (14 000 t) und Großbritannien (17 000 t) teilt[1]), die Beteiligung der Elbe erheblicher: 1903 48,4 % von 61 400 t,
gegen 1890 33,5 % von 46 800 t. Hier, wo die Bahn nor-
male Frachten berechnet, ist ihr Versand ins Elbgebiet absolut
im Rückgang, nur nach Böhmen hält sie mit der Entwicklung
des Elbverkehrs Schritt[2]). Wenn die Eisenbahn bis jetzt
wenigstens den absoluten Stand von 1890 behauptet hat, so
dankt sie es dem wachsenden Bedarf des benachbarten Hannover, das 1903: 13 300 t aufnahm (gegen 9700 t 1890). In
dem letzten Fall, bei den 134 000 t Jute, Hanf etc. —
erstere wird zu 121 600 t direkt oder über England aus Britisch Ostindien eingeführt —, wo der kräftige Bremer Eigenhandel den Weg nach Süd- und Westdeutschland versperrt,
ist Hamburg für den Absatz[3]) in das Hinterland (1903:
72 500 t, 1890: 50 800 t) fast ganz auf die Binnenschiffahrt
angewiesen. Sie befördert 82,1 % (1890: 90,8 %), in der
Hauptsache zur Mittelelbe (41 900 t), kleinere Mengen über
Berlin (11 000 t) zur oberen Oder.

Damit ist der Kreis der Hamburger Einfuhrgüter nicht
geschlossen; auch für die Halb- und Ganzfabrikate hat sich
der Wasserweg eine erhebliche Beteiligung erobert. Für
Eisen- und Stahlwaren ist sie schon erledigt. Unbedeutend ist
der Hinterlandsverkehr in Glas und Glaswaren (16 300 t
1903), die vorzugsweise aus dem Wesergebiet eingehen[4]); doch
es ist symptomatisch interessant, daß der Anteil des Wasserwegs von 11,4 % 1890 auf 32,4 % 1903 gestiegen ist. Prak-

---

[1]) Die Ausfuhr zur See ist geringer als bei der Baumwolle, doch
immerhin umfangreich: 1903: 29 800 t (1890: 9300 t).

		1890	1903
[2])	Verkehrsbezirk 16. 17	8 200 t	2 800 t
	„ 18—20	14 100 „	10 800 „
	„ 52—55	1 900 „	5 300 „
	Mittelelbe .	14 100 „	24 200 „
	Schandau zu Berg	1 400 „	3 900 „

[3]) An Jute transitieren zur See 1903: 30 000 t.

[4]) Oldenburg 6900 t, Bremen 4600 t; Ausgang landwärts 3800 t.

tisch bedeutungsvoller ist die Abfuhr binnenwärts in Papier und Pappe (ohne Papiermasse) von 19 500 t; die sich an die Einfuhr seewärts von 53 700 t (1890: 11 500 t) aus Schweden und Norwegen (26 400 t), sowie besonders Hannover (11 700 t) anschließt. Sie wird zu 71,9 % (1890: 50,4 %) von der Binnenschiffahrt bewältigt, und aus der Eisenbahngüterstatistik ist wenigstens mit Sicherheit zu entnehmen, daß ihr von seiten der Bahn keinerlei Konkurrenz erwächst [1]). Ganz ungelöst bleibt die Frage nach der Verteilung der seewärts eingeführten Manufakturwaren und Garne. Es handelt sich dabei um Garne aller Art aus Großbritannien (37 200 t) und Britisch Ostindien (Kokosgarne 10 700 t) Baumwoll- und Wollwaren aus ersterem Land (10 000 t) und um Säcke und Packleinen (24 700 t) aus beiden Gebieten und Bremen, zusammen 84 500 t. gegen 46 500 t 1890. Der Hinterlandsverkehr ist dieser Bewegung etwas schleppend gefolgt von 39 200 t auf 54 300 t [2]) und wir wissen nur, daß der Versand per Elbschiff dementsprechend gestiegen ist und wie 1890 (31,3 %) so auch 1903 ein volles Drittel (32,5 %) ausmacht.

Die seewärtige Ausfuhr Hamburgs erreichte 1890 2 1/2 Mill. Tonnen, d. h. die halbe Höhe der Einfuhr, und hielt mit deren Entwicklung gleichen Schritt mit 5 1/3 Mill. Tonnen 1903 [3]). Nicht die ganze Summe beruht auf dem Hinterlandsverkehr des Elbhafens, sondern dem reinen Transitverkehr kommt ein erheblicher Teil zu. Mit einiger Sicherheit entfallen auf ihn, wie bereits mehrfach angedeutet, folgende Posten:

	1903	1890
Chilisalpeter . .	90 000 t	30 000 t
Unedle Metalle (Blei und Kupfer) .	32 000 „	8 000 „

---

[1]) Von dem doppelt so hohen Versand der Elbhäfen 1903: 12 000 t, waren bestimmt nach Verkehrsbezirk 16—20: 1200 t.

[2]) Infolge Vergrößerung des nicht zahlenmäßig ausscheidbaren Zwischenhandels.

[3]) Der direkte Seeverkehr Altonas und Harburgs entzieht sich der Beobachtung. Es ist zu vermuten, daß er, wie die Einfuhr zur See, an Umfang eingebüßt hat. Der Abgang zu Tal: Harburg, enthält wahrscheinlich auch dessen seewärtige Ausfuhr, doch läßt sich nicht ersehen, wieviel davon auf den Zubringedienst nach Hamburg abgerechnet werden muß.

	1903	1890
Farbholz	10 000 t	13 000 t
Gerbstoffe .	24 000 „	5 000 „
Gummi und Harze .	17 000 „	5 000 „
Nutzholz (außereuropäisches) .	39 000 „	20 000 „
Jute, Flachs .	36 000 „	5 000 „
Wolle	30 000 „	9 000 „
Baumwolle	30 000 „	8 000 „
Petroleum	22 000 „	10 000 „
Schmalz .	18 000 „	?
Weizen (½ Ausfuhr)	40 000 „	—
Roggen (⅔ Ausfuhr)	20 000 „	—
Mais .	133 000 „	18 000 „
Ölnüsse, Kopra .	48 000 „	6 000 „
Ölsaat	34 000 „	—
Apfelsinen und Zitronen	14 000 „	2 000 „
Kaffee	105 000 „	36 000 „
Tabak .	16 000 „	14 000 „
Wein	10 000 „	6 000 „
Spirituosen	18 000 „	26 000 „
Fische .	15 000 „	11 000 „

Außerdem sind die Fabrikate einzurechnen, welche am Platze aus den Rohstoffen der Seeeinfuhr gewonnen sind, und zur See verarbeitet ausgehen: Reis und Reismehl 1903: 119 000 t (1890: 67 000 t), Mehl aus Getreide:[1]) 70 000 t (70 000 t), Palm- und Kokosöl: 39 000 t, Ölkuchen 37 000 t. Im Ganzen ergeben sich für 1903: ca. 1 000 000 t Güter = 19% der Ausfuhr, gegen 370 000 t = 15 % im Jahre 1890, wobei es wegen der schätzungsweise gefundenen Gesamtziffern unzulässig wäre, aus der Steigerung des relativen Anteils weitere Schlüsse zu ziehen. Es bestätigt sich aber hier im einzelnen die im ersten Teil aufgestellte Behauptung, daß der Transitverkehr heute nur als ein Anhängsel des übrigen Verkehrs aufzufassen ist.

Wir wenden uns jetzt dem Hinterlandsverkehr und der darauf basierten Ausfuhr zur See zu. Der erstere weist dieselbe aufsteigende Bewegung wie der Seeverkehr auf, er hat sich von 3⅕ Mill. Tonnen fast auf 5⅘ Mill. Tonnen verdoppelt; daran ist die Elbschiffahrt immer mit etwas über der

---

[1]) Seeausfuhr abzüglich Zufuhr mittels Eisenbahn und Elbe.

Hälfte beteiligt gewesen: 1890: 53,5 %, 1903: 55,9 % [1]). Wenn man berücksichtigt, daß der Eisenbahn fast allein die gewaltigen Zufuhren an Steinkohlen und Koks für den Platzkonsum zufallen, während der Wasserempfang für diesen nur die wesentlich niedrigeren Mengen an Holz, Steinen und Erden enthält, so ergibt sich, daß obige Zahlen nur das äußerste Minimum für den Anteil des Binnenwasserwegs an der Seeausfuhr bieten können. Das gleiche Bild zeigt der erfaßbare Eingang der gesamten Elbhäfen auf Eisenbahnen und Binnenwasserstraßen: 1890: 48,4 % — Einsenkung 1895 und 1902 auf 44,8 % und 44,7 % — 1903: 50,9 % auf der Elbe [2]). Die unbedeutende Abweichung zu Gunsten der Bahn findet ihre Erklärung in der umfangreichen Heranschaffung von Brenn- und Baumaterial für Altona und Harburg. Ueber die Herkunft dieses Hinterlandsverkehrs gibt nebenstehende Tabelle Aufschluß.

Nach dieser geographischen Analyse des Empfangs stellte West- und Süddeutschland, d. h. die Region, für die ein Wettbewerb der Elbschiffahrt ausgeschlossen ist, während der ganzen Zeit die gleiche kleinere Hälfte: 1890: 41,7 %, 1903: 41,6 %. Und was die ersten rohen Beteiligungsziffern ahnen ließen, daß diese nämlich ein Ausdruck für eine gleichbleibende Leistungsfähigkeit des Wasserwegs gegenüber der Eisenbahn seien, bestätigt sich durch die Ziffern der Summe I, ja ein leiser Ausschlag nach der Seite der Binnenschiffahrt ist nicht zu verkennen: 1890: 83,0 %, 1900: 84,3 %,

---

[1]) In den Jahren besonders schlechter Elbwasserstände wie 1895 und 1902 sinkt der Anteil auf 49,5, resp. 49,6 %.

[2])

		1890	
Elbhäfen an gesamt per Eisenbahn		1 899 174 t = 51,6 %	
Hamburg an zu Tal (Tabell. Übers.)	1 729 220		
Harburg an zu Tal (Reichsstat.)	52 176	1 781 396 „ = 48,4 „	
		3 680 570 t	

		1903	
Elbhäfen an gesamt per Eisenbahn		3 281 777 t = 49,1 %	
Hamburg an zu Tal (Tabell. Übers.)	3 226 987		
Harburg an zu Tal (Reichsstat.)	171 456	3 398 443 „ = 50,9 „	
		6 680 220 t	

Es stammten aus dem einzelnen Gebieten[1]):

		1890		1895		1900		1902		1903	
Deutsches Elbgebiet, auch Saale: Vkbzk. 18—20	E.	171800	13,0	192300	13,4	252000	11,9	256500	12,5	238900	9,5
	W.	1146600	87,0	1241700	86,6	1860200	88,1	1797800	87,5	2273700	90,5
Österr. Elbgebiet (Aussig, Laube, Tetschen): Vkbzk. 52—55	E.	63000	15,7	66100	22,5	70600	17,5	127700	32,8	103200	20,1
	W.	338300	84,3	228100	77,5	333700	82,5	261800	67,2	410100	79,9
Odergebiet: Vkbzk. 1—4, 12 bis 15, 50, 51	E.	61200	37,2	74500	31,0	81800	22,3	86500	24,7	90900	19,4
	W.	103500	62,8	165700	69,0	285300	77,7	262800	75,3	378300	80,6
Havel- u. Spreegebiet: Vkbzk. 16, 17	E.	66100	26,3	61700	30,1	99500	31,6	89500	30,7	108200	27,2
	W.	185100	73,7	143100	69,9	215800	68,4	202400	69,3	289900	72,8
Summe I (auch Elbe-Travekanal)	E.	362000	17,0	394600	18,2	503900	15,7	560200	18,0	541800	13,8
	W.	1773400	83,0	1778600	81,8	2708600	84,3	2545400	82,0	3386900	86,2
Elbe-Travekanal	W.	—	—	—	—	13700	—	20600	—	35000	—
Schleswig-Holstein, Mecklenb.: Vkbzk. 5—7	E.	371900	—	330300	—	389600	—	438200	—	442300	—
West- u. Süddeutschland etc.: Vkbzk. 9—11, 21—36, 56, 57	E.	1155700	—	1525800	—	2028700	—	2162800	—	2357900	—
Mithin II.	E.	1527600	41,7	1856100	46,1	2418300	42,9	2601000	45,6	2800200	41,6
I. (E + W)	W.	2135400	58,3	2173200	53,9	3212500	57,1	3105600	54,4	3928200	58,4

(Gruppen: I. und II.)

[1]) Über die Methode vgl. die betr. Ausführungen bei der Einfuhr.

1903: 86,2 % [1]). Wirksam ist diese Tendenz im deutschen Elbgebiet gewesen, wo der hohe Anteil der Elbe von 87,0 % auf 90,5 % steigt; noch ausgeprägter ist das Vordringen der Binnenschiffahrt im Odergebiet mit 80,6 % 1903 gegen 62,8 % 1890. Für den Empfang aus der Mark Brandenburg und Berlin macht sich wie beim Versand ein Verharren auf den großen Beteiligungsziffern geltend: 1890: 73,7 %, 1903: 72,8 %, dagegen anders als beim Versand ein geringer Rückgang im Verkehr mit der österreichischen Elbe von 1890: 84,3 % auf 79,9 % 1903, wobei dieser energisch auf ungünstige Wasserstände reagiert: 1895: 77,5 %, 1902: 67,2 %.

Erledigen wir erst kurz den gewichtigen Empfang an Brenn- und Baustoffen. Ein volles Fünftel der Zufuhr aus dem Hinterland nimmt seit 1895 der Artikel Kohlen und Koks ein (1895: 840 100 t, 1903: 1 092 700 t) [2]). Nach der Lage der deutschen Kohlenreviere kommt für die Steinkohlen nur der Bahntransport aus dem Ruhrrevier in Betracht [3]); für die Braunkohlen und Koks dagegen fast ausschließlich das weitere Elbgebiet, nämlich Böhmen, Provinz Sachsen und Brandenburg, sowie für die Koksproduktion die größeren Städte der Mittelelbe und vor allem Berlin. Es scheint indessen, als ob die Braunkohlentransporte immer mehr durch die see- und bahnwärts eingebrachten Steinkohlen und -Koks verdrängt würden, denn die Tabellarischen Übersichten weisen einen Verkehr auf, welcher sich nur langsam entwickelt, im letzten Jahr sogar auf einen unglaublich kleinen Betrag zusammenschrumpft [4]). Danach hat der Wasserweg jede Bedeutung

---

[1]) Dazwischen die bekannten Senkungen: 1895: 81,8 %, 1902: 82,0 %.

[2]) Die Anfuhr in den gesamten Elbhäfen stellt sich immer 2—300 000 t höher.

[3]) Verkehrsbezirk 21—28: 1 355 000 t von 1 372 000 t Steinkohlen und Steinkohlenkoks.

[4])

1890	58 600 t
1900	56 900 „
1902	87 400 „
1903	10 300 „

Die Reichsstatistik (Oberelbe durch zu Tal) gibt seit 1900 sehr viel höhere Ziffern: 1900: 156 000 t, 1903: 185 000 t, wobei indessen dadurch Zweifel

für die Zufuhr an Brennstoffen eingebüßt (1890: 12,3 %,
1903: 0,9 %), und vollends für die Ausfuhr seewärts hat er
sie nie besessen. Sie umfaßt nicht Braunkohlen, und erreicht
etwa den zehnten Teil der Anfuhr, nämlich 1903 (91 000 t
Koks und 26 000 t Steinkohlen) 117 200 t (gegen 1890 55 400 t),
wovon 73 300 t nach Mittel- und Südamerika bestimmt waren.
Vom Platzverbrauch werden die übrigen $^9/_{10}$ aufgezehrt, und
man kann nur behaupten, daß ein Teil derselben den Seeverkehr indirekt durch die Bekohlung der Dampfer unterstützt. In noch höherem Maße dient die unablässig steigende
Zufuhr an Steinen und Steinwaren (1890: 145 200 t,
1903: 334 200 t) der Befriedigung des Baubedürfnisses Hamburgs. Die Eisenbahn beschränkt sich hauptsächlich auf die
Zufuhr von Mauersteinen, Dachziegeln etc. aus den angrenzenden Gebieten (42 200 t)[1]) und überläßt es der Binnenschiffahrt,
die gewaltigen Mengen an Sand- und Granitsteinen von den
sächsischen, thüringischen und böhmischen Steinbrüchen, und
an Mauersteinen und Klinkern aus Schlesien und der Mark
herbeizuschaffen (1890: 122 400 t, 1903: 292 000 t). Somit
fallen der Elbe volle 87,4 % (1890: 84,3 %) zu. Diesen Anteil
können wir auch für die äußerst niedrige Seeausfuhr von
14 000 t (1890: 16 600 t) an Mauersteinen, Granit und Mühl-
steinen, sowie anderen Steinwaren einsetzen. Ähnlich belanglos ist ferner die seewärtige Ausfuhr von Erden aller Art
(1890: 14 200 t, 1903: 28 300 t), unter denen Porzellan- und
ähnliche Erden mit 18 300 t, besonders nach den Vereinigten
Staaten, England und dem Rußland der Ostseehäfen, und
Schwerspat mit 7200 t nach denselben Ländern vertreten sind.
Wohl bewältigt die Elbe von der erheblichen Zufuhr von
Erden, Kreide, Lehm, Schwerspat, Kalk und Gips (1890:
111 000 t, 1903: 330 300 t) fast drei Viertel (1903: 70,7 %,
gegen 1890: 45,6 %), aber die zur Ausfuhr gelangenden
Mengen höherwertiger Erden stammen aus Hessen-Nassau,
den thüringischen Staaten und Hannover, woher sie durch die

---

ihrer Richtigkeit auftauchen, daß der größere Teil ausdrücklich als Steinkohlen ausgewiesen wird.

[1]) Die Zufuhren aller Elbmündungshäfen belaufen sich auf das Doppelte: 87 000 t, davon aus Verkehrsbezirk 5—7 und 9—11: 45 000 t.

Bahn auf Grund des Rohstofftarifs befördert werden [1]). Viel
wichtiger ist schon für den Seeverkehr der Empfang von
Holz und Holzwaren aus dem Hinterland, der zwischen
150—250 000 t schwankt [2]). Die Bahn schafft die Bau- und
Nutzhölzer herbei, welche die umliegenden Gebiete Schleswig-
Holsteins, Hannovers und Mecklenburgs in gleichbleibender
Höhe abgeben: 1902: 105 400 t (1890: 105 200 t) [3]). Den
größeren Rest deckt die Elbe durch Bezüge von der mittleren
Elbe und der Mark Brandenburg, wo meistenteils die vom
Oberlauf der Elbe (Böhmen), resp. von Ostdeutschland und
Rußland geflößten Holzmengen geschnitten und verarbeitet
werden, und es hängt von den Wasserverhältnissen insbesondere
der östlichen Binnenwasserwege ab, ob die obere Elbe oder
die Havel das Hauptkontingent stellt [4]). Im ganzen hat der
Empfang zu Wasser langsam von 112 200 t 1890 auf 160 100 t
1903 zugenommen und damit ist sein Anteil von 51,6 % auf
62,6 % angewachsen. Sicher geht der größere Teil in den
Verbrauch Hamburgs über, denn die Ausfuhr zur See erreichte
1903 nur 115 000 t (41 000 t 1890) und sie umfaßt auch die
bedeutenden Quantitäten, welche Hamburg im Transitverkehr
an außereuropäischen Nutzhölzern nach den Ostseegebieten,
an Bauholz von diesen nach Westeuropa verschickt. Zu den
ersteren sind wahrscheinlich die ausgeführten 39 000 t Nutzholz zu rechnen, während das letztere nicht statistisch erfaßbar ist. Der Rest besteht aus Bauholz (38 000 t), groben und
feinen Holzwaren (27 000 t) und Mobilien (9300 t). Für ihn

---

[1])   Verkehrsbezirk 21—28   6 600 t
              „   9—11   43 300 „

[2]) 1890: 217 000 t, 1895: 153 000 t, 1903: 256 000 t.

[3]) Von den nach der Eisenbahngüterstatistik in den Elbhäfen eingegangenen Hölzern entfielen auf Verkehrsbezirk 5—7 und 9—11 zusammen:
94 500 t von 116 700 t.

	1890	1902	1903
[4]) Es gingen bei Rathenow zu Tal	6 600 t	142 500 t	24 600 t
Dagegen stammten von der mitt- leren Elbe unter Einrechnung der An- künfte zu Harburg (1890: 17 800 t, 1903: 26 800 t) und Lübeck 1903: 8900 t .	123 300 „	27 000 „	170 400 „

gilt also vornehmlich obiger Anteil des Wasserwegs [1]). Unter der Ausfuhr von Baumaterialien nimmt der Z e m e n t mit 395 000 t 1903 (1890: 120 000 t) die erste Stelle ein. Mehr als die Hälfte, 212 000 t, sind nach Amerika bestimmt (nach den Vereinigten Staaten allein 144 000 t), der Rest verteilt sich ziemlich gleichmäßig auf China, England, Australien und Ostafrika mit je 16—28 000 t. Überwiegend liefern diesen Ausfuhrgegenstand die Portlandzementwerke, die im Gebiet der Unterelbe zahlreich vertreten sind, mittels der ihnen zu Gebote stehenden Wasserverbindung, weshalb die mittels Eisenbahnen und von der Oberelbe her bewirkten Transporte verhältnismäßig gering sind: 1903: 109 000 t (1890: 27 200 t) [2]). Die Eisenbahn hat ihren Bezug aus den Provinzen Hannover und Schleswig-Holstein verdoppelt: 1903: 51 700 t, aber die Binnenschiffahrt hat sich sehr viel stärker entwickelt. Außer, daß es ihr gelungen ist, in Konkurrenz mit dem Schienenweg die wachsende Produktion der anliegenden hannöverschen Werke an sich zu fesseln, wofür die zu Lüneburg abgehenden Mengen ein Symptom sind [3]), hat sie fernere Gebiete, besonders die Mark Brandenburg, der Hamburger Ausfuhr nutzbar gemacht, wie denn zuletzt 20 400 t über Rathenow die Havel zu Tal gefahren wurden. Daraus resultiert eine Steigerung ihrer Beteiligung an der aufgezeichneten Zufuhr von 4700 t = 17,1 % auf 56 900 t = 52,4 %.

Bei den vorstehenden Gütern handelt es sich um geringwertige Massenartikel, welche die Eisenbahn, abgesehen von Steinkohlen [4]), für die indessen der Wettbewerb der Elbe nicht

---

[1]) In Wirklichkeit ist der Anteil desselben noch etwas geringer, da ein Teil des elbwärts eingetroffenen Holzes auf die Bahn umgeschlagen wird; vgl. bei der Einfuhr von Holz.

[2]) Nicht viel höher sind die Ziffern für die gesamten Elbhäfen, auch wenn man für die Elbe die Zahlen der Reichsstatistik über Zement, Traß, Kalk benutzt: 1903:

E. 131 700 t, davon Verkehrsbezirk 5—7 und 9—11: 130 000 t.
W.   72 700 „

204 400 t

[3]) Lüneburg (Ilmenau) ab zu Tal: 1890: 7100 t, 1903: 15 700 t.

[4]) Ausfuhrtarif nach deutschen Nordseehäfen und zum Export mit dem Streckensatz 1,25—2 Pfg.

in Betracht kommt, zu sehr billigen Normaltarifen fährt, sei
es zum Rohstofftarif (70 + 2,2 Pfg. resp. 1,4 Pfg.) oder wie
Zement zum Spezialtarif III (120 + 2,6 Pfg. resp. 2,2 Pfg.),
in allen Fällen aber verbleibt der Wasserstraße die Abfuhr aus
den ihr erreichbaren Gebieten vollständig. Bei den folgenden,
teils gering- teils höherwertigen Waren hat eine ausgedehnte
Ausnahmetarifierung Platz gegriffen, die in erster Hinsicht die
deutsche Ausfuhr unterstützen soll. Unter der Ausfuhr unedler Metalle außer Eisen, die 1903: 59 200 t umfaßte, beruht
die des Zink nach England, Frankreich und Japan mit den
während der Periode unveränderten Beträgen von 13 400 t
(1895 u. 1902) — 15 500 t (1890) auf dem Empfange aus dem
Hinterland, der daher der Ausfuhr genau entspricht (12 600
bis 15 100 t). Vermittels des Ausnahmetarifs [1]) beförderte die
Bahn 1890 ca. 8300 t, verminderte diese Menge aber seit 1895
auf 5800—4800 t im Jahre 1903. Während also der Schienenweg an den vorwiegend aus Schlesien stammenden Zink-
sendungen verlor [2]), gewann die Binnenschiffahrt in dieser Richtung, wie die Durchfuhr bei Rathenow zu Tal verdeutlicht [3])
und ebenso der Empfang Hamburgs zu Wasser beweist (1890:
6800, 1903: 9400 t Zink). Damit stieg ihr Anteil von 44,9 %
ununterbrochen bis auf 66,2 %|o 1903. Nach den Tabellarischen
Übersichten wuchs die Ausfuhr von unverarbeitetem Eisen
seit 1890 (28 400 t) bis zum Jahre 1902 auf das Dreifache:
83 700 t und bewahrte auch dann 1903 eine beträchtliche Höhe:
61 700 t. Der umfangreichste Posten mit 25 400 t gelangte
zur Verschiffung nach Italien, nach China und Japan 17 000 t
und nach Amerika noch etwa 10 000 t. Gerade für Eisen und
Stahl ist die Klassifikation der Statistik sehr unsicher, in diesem
Falle ist jede Kombination unmöglich [4]). Ich will daher nur
mitteilen, daß die nach derselben Quelle stets sehr viel ge-

---

[1]) Für Blei und Zink: Streckensatz 2,82 resp. 3,5 Pfg.

[2]) In der Eisenbahngüterstatistik schwächt sich diese rückläufige Bewegung ab, doch weist sie wenigstens einen Stillstand aus: Blei und
Zink aus Verkehrsbezirk 12—15: 1890: 5100 t, 1903: 5300 t.

[3]) Rathenow zu Tal: 1890 unzuverlässig, 1895: 8000 t, 1902: 24 900 t,
1903: 14 900 t unedle Metalle, roh.

[4]) Wahrscheinlich enthält die Ausfuhr bedeutende Mengen Halb-

ringere Zufuhr aus dem Binnenland an Roheisen [1]) (1890:
11 100 t, 1903: 20 000 t) steigend (1890: 36,1 %) zu 70,3 %
1903 die Elbschiffahrt benützt. Die Eisenbahngüterstatistik
gibt wenigstens die Gewißheit, daß der Ausnahmeeinheitssatz
für Roheisen zur Ausfuhr von 1,7 Pfg. den hamburgischen
Seeverkehr um nichts gefördert hat [2]). Anders bei dem verarbeiteten Eisen aller Art. Die Seenausfuhr hob sich hier
ohne Unterbrechung von 118 000 auf 357 000 t [3]). Hier haben
die zahllosen Ausnahmetarife (S. 132 Anm. 4), es sei nur der
niedrigste namentlich genannt, der für Schiffbaueisen (1,4 bis
1,2 Pfg.), für Eisen des Spezialtarifs I zum gleichen Zweck
(2,2 Pfg.), in der Tat den Verkehrsbereich der Elbhäfen außerordentlich nach dem industriellen Westdeutschland und dem
Rheingebiet ausgedehnt. Von den 390 000 t verarbeiteten Eisens,
das 1903 in ihnen per Schienenweg eintraf, gehörten 226 000 t
(gegen 118 000 t 1890) in die Verkehrsbezirke 21—36. Kraft
der ausnahmsweise billigen Tarife wendet sich die Bahn im
Elbgebiet erfolgreich gegen die Wasserstraße und schaffte aus
dem Gebiet der Mittelelbe [4]) allein 43 000 t (1890: 12 500 t)
heran, ähnlich schlugen die tarifarischen Maßnahmen gegenüber dem schlesischen Eisen an, denn der Empfang aus
Schlesien (Verkehrsbezirk 12—15), 1890 noch unbedeutend,
stieg bis 1900 auf 30 700 t, ebenso der Empfang aus Berlin
und Umgegend auf 28 000 t im Jahre 1903 [5]). Trotzdem hat

---

fabrikate; sicher ist dies für die nach Japan und China verfrachteten
Quantitäten, die Hamburg mittels des Ausnahmetarifs nach Ostasien:

für Eisen des Spezialtarifs I	2,2 Pfg.
„ „ II	1,2 „

an sich gezogen hat.

[1]) Diese Summe steigt auch unter der Benutzung der Eisenbahngüterstatistik nicht über 30 000 t.

[2]) Anstatt 2,0—2,2 Pfg. An Roheisen gingen ein von:

	1890	1903
Verkehrsbezirk 9—11	3200 t	2200 t
„ 21—28	1500 „	2800 „

[3]) Davon nach den Vereinigten Staaten, England und Britisch-Ostindien etwa je 30 000 t, der Rest verteilt sich über den ganzen Erdball.

[4]) Verkehrsbezirk 18—20.

[5]) Rathenow durch zu Tal: 1890 unzuverlässig, 1895: 3500 t, 1900:
17 200 t.

der Flußversand aus diesen letzteren Gebieten eine Steigerung aufzuweisen, so daß die Leidträgerin wohl Stettin und die dorthin gerichtete Oderschiffahrt gewesen ist. Infolge der Tarifpolitik der preußischen Bahnen benützten nur diejenigen Transporte die Elbe, welche sie ohne oder mit geringen Vorfrachten erreichen können. Dies trifft in größerem Umfange nur bei der um Magdeburg ansässigen Industrie zu, nicht dagegen bei der über Dresden geleiteten Abfuhr der sächsischen Industrie [1]). Bei alledem gebührt der Elbe nur ein geringer Anteil (1890: 7500, 1903: 24500 t) an der gesamten Zufuhr Hamburgs [2]), immerhin ist beachtenswert, daß er von 4,4 auf 6,9% gestiegen ist. Die Ausnahmetarife an sich können das durch diese Zahlen ausgedrückte starke Eindringen der Bahn im Verkehr mit dem Elbgebiet nicht erklären. Der Grund liegt in ihrer Kombination mit sehr hochwertigen Ausfuhrprodukten dieser Gegenden, das sind Maschinen und Maschinenteile, deren Erzeugungsstätten obendrein vom Umschlagsplatz sehr entfernt sind (Chemnitz). Ihre Ausfuhr zur See hat sich mit 70000 t 1903 seit 1890 verdreifacht (22600 t). Die Bezüge vom Westen sind verhältnismäßig klein und haben sich nur mäßig entwickelt [3]), und die Steigerung der Ausfuhr stützt sich vor allem auf das Elbgebiet, samt der Mark, deren Versand von 10600 t rasch 37900 t 1903 erreichten. Der Versand zu Wasser hat im Elbgebiet selbst wahrscheinlich nachgelassen [4]), und die Verfrachtungen ab Berlin haben diese Lücke nur gerade ausfüllen können, so daß der Empfang zu Hamburg 4800 t (gegen 3000 t 1890) beträgt. Mithin ist die Beteiligung der Elbe an der gesamten Zufuhr [5]) von 11,8 auf 7,4% gesunken und hat dadurch den Anteil der Wasserstraße an der gesamten Eisen-

---

	1890	1903
[1]) Magdeburg ab zu Tal .	700 t	19000 t
Dresden „ „ „	3600 „	6200 „

[2]) Laut den Tabellarischen Übersichten wurden per Bahn zugeführt: 1890: 118000, 1903: 357200 t verarbeitetes Eisen aller Art.

[3]) Von den Maschinen, Dampfkesseln der Eisen-	1890	1903
bahngüterstatistik	22300 t	65800 t
entfielen auf Verkehrsbezirk 21—36 . .	7000 „	15000 „

[4]) Dresden ab zu Tal: 1890: 2400 t, 1903: 900 t.

[5]) 1890: 25400 t, 1903: 64500 t.

zufuhr ungünstig beeinflußt. Welche Bedeutung der Abgelegenheit des Herkunftsgebietes beigemessen werden muß, beweist die Gestaltung bei der Ausfuhr von anderen verarbeiteten Metallen (1890: 6500, 1903: 18600 t). Hier, wo Berlin ein großes Produktionszentrum bildet, steigt die Zufuhr per Flußschiff von 1200 auf 5100 t, hauptsächlich Telegraphenkabel, d. h. von 13,6 auf 26,7 % [1]). Konnte man hinsichtlich der Ausfuhr von Metallen und deren Fabrikaten der Eisenbahn einen gewissen Erfolg nicht absprechen, ja ihn für verarbeitetes Eisen unerwartet groß nennen, so läßt sich dasselbe von den folgenden Artikeln, die die Hauptstütze der Hamburger Ausfuhr darstellen, nicht behaupten. Nehmen wir zuerst die Zufuhr von Düngemitteln mit 467100 t 1903 (gegen 237900 t 1890), auf welcher die seewärtige Ausfuhr, abgesehen von den transitierenden Mengen Chilisalpeter [2]) und Phosphaten beruht. Den breitesten Raum beanspruchen in der letzteren die sogen. Abraumsalze mit 427700 t (1890: 230000 t), von denen 239000 t nach den Vereinigten Staaten, nach England 92000 t, nach Schweden und russischen Ostseehäfen 43000 t bestimmt sind. Die Zufuhr aus dem Inland beherrscht die Elbe völlig, denn sie führte von der Mittelelbe an Abraumsalzen 447000 t (1890: 226000 t) heran [3]), während die Eisenbahn, obschon ihr der Kalitarif (70 + 2,2 Pfg., 201—350 km 1,8 Pfg. Anstoß) zur Verfügung steht, ganz unbedeutende Transporte [4]) aufweist und der Elbe mit 98,2 % (gegen 97,2 % 1890) das Feld überläßt. Wie die Abraumsalze hat auch das Koch- und Steinsalz seine Ausfuhr verdoppelt und erreicht 1903: 124000 t (gegen 62000 1890). Zwei Drittel werden nach Brit.-Ostindien (83200 t), nach Skandinavien und Dänemark etwa 15800 t und an größeren Quantitäten noch 9400 t nach

---

[1]) von 8800, bezw. 19100 t.

[2]) 1903: 90000 t, bezw. 12000 t.

[3]) In der Statistik betr. den Binnenschiffahrtsverkehr der Häfen an der mittleren Elbe ist die Scheidung zwischen Düngemitteln und Salz unrichtig durchgeführt, denn was die Abfuhr der ersteren zu wenig hat, hat die des Salzes zu viel.

[4]) 1890: 6500, 1902 bei schlechten Elbwasserständen: 12700 t, 1903: 8000 t.

Afrika verschifft. Dem entspricht die Steigerung der binnenwärtigen Zufuhr auf 110 300 t [1]) (1890: 54 100 t). Der Eisenbahn fallen einmal die steigenden Mengen des in der nachbarlichen Provinz Hannover gewonnenen Salzes anheim [2]), indem
die äußerst geringe Leistungsfähigkeit der Ilmenau einem
umfangreichen und entwicklungsfähigen Wasserversand ab
Lüneburg entgegensteht; andererseits beteiligt sie sich an
den Transporten von den Bergwerken der preußischen Mittelelbe. Jedoch hier verhinderte die Aufnahme von Salz in den
Rohstofftarif (70 + 2,2 Pfg.) nicht, daß sie sogar absolut an
Terrain verlor [3]). Daraus resultiert für Hamburg eine sehr
geringe, nur schwach steigende Bahnzufuhr 1890: 5200, 1903:
7000 t. Die Ausfuhr seewärts und ihr Wachstum gründet
sich also ausschließlich auf die Elbschiffahrt mit 93,7% 1903
und 90,4% 1890, die ihren Empfang auf die Mittelelbe stützte,
ausgenommen daß in den letzten Jahren einige beträchtliche
Sendungen von mecklenburgischem Steinsalz in Dömitz auf den
Wasserweg umgeschlagen wurden, so 1902 und 1903 10 400
und 9900 t. An hervorragendster Stelle steht in der Ausfuhr
Hamburgs der Zucker mit 986 700 t 1903 und 1 070 100 t
1902 (gegen 738 400 t 1890). Fast 4/5 absorbiert Großbritannien mit 788 000 t 1903, daneben seine Kolonien in Nordamerika
und Afrika noch 32 000 t, es folgen in weitem Abstande Ostasien (China und Japan 57 000 t), die Niederlande (32 000 t),
Norwegen, die Rheinprovinz und Portugal (mit je 10—20 000 t).

---

[1]) Die Differenz gegen die Seeausfuhr ist nur scheinbar, denn es wird
von Harburg aus das dort bahnwärts eingetroffene Salz dem Hamburger
Seeverkehr in Schuten zugebracht.

[2]) Die Anfuhr in den gesamten Elbhäfen ist bedeutend höher als die
für Hamburg in den Tabellarischen Übersichten gebrachten Zahlen, außer
wegen des Konsums von Altona und Harburg aus dem sub 1) genannten
Grunde. Elbhäfen gesamt:

	1890		27 700 t
	1903		19 800 „
Davon			

	1890	1903
Verkehrsbezirk 9—11	6700 t	18 200 t
Lüneburg ab zu Tal	2600 „	3400 „

[3]) Verkehrsbezirk 18—20: 1890: 20 500 t, 1903: 1300 t.

Die Tabellarischen Übersichten wie die Eisenbahngüterstatistik [1]) bekunden übereinstimmend, daß der Empfang per Eisenbahn sehr zurückgeht, nach ersterer von 63 900 t 1890 auf 17 300 t 1903. Dabei hat die Detarifierung des Rohzuckers zur Ausfuhr von Spezialtarif I nach Spezialtarif III seit dem 1. April 1901 diese rückläufige Bewegung nicht zu hemmen vermocht, denn der Aufschwung der Bahneinfuhr, 1902: 62 500 t, ist die Folge des schlechten Binnenschiffahrtsjahres, wie sich dann 1903 deutlich zeigt. Der Rückgang ist nach allen Verkehrsrichtungen hin bemerkbar, in denen 1890 ein erheblicher Verkehr stattfand. Sogar der Empfang der Elbhäfen aus Hannover, worauf derselbe 1890 zur einen Hälfte basierte, hat stark eingebüßt (1903: Verkehrsbezirk 9—11 23 700 t gegen 1890: 50 800 t). Noch erheblicher aber ist der Verlust der Bahn im Gebiet der Mittelelbe und in Mecklenburg, wo diese ihren Versand von zusammen [2]) 41 000 t auf 11 000 t reduzieren mußte. Dementsprechend hat sowohl der Versand über Dömitz einige Bedeutung erlangt [3]), als auch besonders der Wasserversand von der mittleren, preußischen Elbe seine schon 1890 gesicherte Position verstärkt. Ihre Verfrachtungen stiegen seit 1895 von 444 000 t auf 653 000 t [4]). Nachweisbar sind hiervon 1903 234 000 t von Magdeburg - Schönebeck zu Tal abgegangen, etwa je 50 000 t sind für Wallwitzhafen und Aken abgemeldet oder passierten die Saale bei Kalbe [5]). Wegen der Zucker-

---

[1]) 1890: 97 300 t, 1903: 39 900 t. Die Mehrzufuhr gegenüber Hamburg ist Harburg anzurechnen, das sie auf dem gleichen Wege wie Salz meistens dem Hamburger Verkehr zuführt.

		1890	1903
[2])	Verkehrsbezirk 5— 7	17 000 t	5900 t
	18—20	24 400 „	6400 „

[3]) Dömitz ab zu Tal an Zucker, Melasse und Sirup: 1900: 8500 t, 1903: 7200 t.

[4]) Unter Einrechnung der in Harburg (1903: 91 400 t) und Lübeck (16 000 t) eingetroffenen Mengen nach der Hamburger Statistik unter Abzug der bei Rathenow, Schandau und Dömitz zu Tal gemeldeten Tonnen.

[5]) Der Versand der königl. sächsischen Elbe scheint zurückzugehen: Dresden ab zu Tal: 1890: 51 100 t, 1903: 14 100 t, da dort die Zuckerproduktion wohl nicht mit der gesteigerten Konsumfähigkeit Schritt gehalten hat.

bezüge aus entfernteren Gegenden ist der Hamburger Hafen völlig auf den Wasserverkehr angewiesen. Und gerade diese sind im Laufe der Zeit am meisten ausdehnungsfähig gewesen. Über Schandau wurden 1903: 354 000 t österreichischen Zuckers zu Tal befördert gegen 1890: 206 000 t, die fast ausnahmslos zur Ausfuhr über See bestimmt waren. Relativ noch rapider hat sich der Verkehr über Rathenow zu Tal entwickelt: 1895: 111 000 t, 1903: 251 000 t. Es ist dies der großartigste Fall, wie Hamburg in Wettbewerb mit dem Mündungshafen, Stettin, sich das obere Odergebiet tributär gemacht hat. Einen guten Maßstab bietet dafür der Durchgang auf der Spree zu Berlin, derselbe umfaßte, 1890 noch ganz minimal, dann ohne Unterbrechung steigend, im Jahre 1903: 195 000 t. Die Differenz des Rathenower Verkehrs (1900: 56 000 t) entstammte der Mark oder sogar aus dem unteren Oder- und Warthegebiet[1]), so daß der Einflußbereich der Elbmündungshäfen in die unmittelbare Nachbarschaft Stettins vorgeschoben ist, ein glänzendes Zeugnis für den Wert des Binnenwasserwegs. Unter solchen Umständen beträgt der Anteil des Wasserwegs an der Zuckeranfuhr Hamburgs aus dem Hinterland 98,5 %, d. h. er ist seit 1890 noch in steter Vergrößerung (91,1 %)[2]). Hinter Zucker rangieren von den Nahrungsmitteln, die zugleich höherwertige Massengüter darstellen, Getreide und dessen Fabrikate, deren Ausfuhr ebenfalls durch Ausnahmetarifierung nach Möglichkeit über den Schienenweg gelenkt werden soll[3]). Der aus unscheinbaren Anfängen rasch zu 145 000 t 1902 und 97 000 t 1903 Umfang aufgeblühte Weizenversand über See nach Schweden und Dänemark[4]), und den übrigen westlichen Ufern der Ostsee beruht zweifellos größtenteils auf der gewaltigen Seeeinfuhr, doch kann auch die landseitige Zufuhr von 52 000 t 1903 in nicht zu unterschätzender Weise be-

---

[1]) Eberswalde durch zur Havel: 1900: 50 000 t.

[2]) Von im ganzen 1890: 653 000 t, 1903: 1 059 000 t. Unberücksichtigt bleibt die schnell aufgeblühte Wasserzufuhr auf der Süderelbe: 1890: 600 t, 1895: 27 800 t, 1903: 91 400 t.

[3]) Getreide über 100 km 1,43 Pfg., anstatt 4,5 Pfg. (Spezialtarif I)

[4]) Schweden 48 000, Dänemark 20 000 t 1903.

teiligt sein [1]). Die Leistung der Bahn bleibt auf den langsam abnehmenden Empfang aus dem nahen Holstein und Mecklenburg beschränkt, der nur im guten Erntejahr 1900 11800 t erreicht, um dann 1903 wieder auf 2200 t zu sinken. Mit den Ernteergebnissen schwankt auch die Zufuhr der Elbe von der Mittelelbe (Magdeburg) und der Mark [2]) zwischen 5800 t (1902) und 64300 t (1900), jedoch derart, daß ihr Anteil unablässig von 48,8 % 1895 auf 95,7 % 1903 steigt. Fast dasselbe läßt sich von der Ausfuhr an Roggen sagen: 31600 t 1903, denen 13200 t in der binnenwärtigen Zufuhr, davon 82,4 % 1903 auf der Elbe (1890 5,0 %), gegenüberstehen [3]). Die ansehnliche Ausfuhr an Mehl und Mühlenfabrikaten 1903: 161000 t hat seit 1890 (ca. 170000 t) keinen Fortschritt zu verzeichnen, da in den nordischen Ländern, wohin sich die Ausfuhr vorzugsweise richtet, die Steigerung der Aufnahmefähigkeit von einem nennenswerten industriellen Aufschwung in dieser Beziehung begleitet worden ist. Außer Weizenmehl mit 93400 t [4]) wird noch Roggenmehl, Graupen und Kartoffelmehl [5]) in größeren Mengen exportiert. Währenddessen hat die Zufuhr aus dem Hinterland nicht unbeträchtlich nachgelassen, sie beträgt heute mit 45700 t ungefähr $\frac{1}{3}$ der Seeausfuhr, gegen $\frac{1}{2}$ im Jahre 1890 (65300 t) [6]), so daß also die Inlandsmühlen im Absatz über See durch die Vermahlung ausländischen Weizens in den Mündungsstädten verdrängt wurden.

---

[1]) Im einzelnen ist es natürlich nicht nachweisbar, wieviel davon in Hamburg vermahlen oder per Bahn wieder ausgeführt wird.

		1895	1900	1903
[2])	Magdeburg ab zu Tal .	6300 t	30900 t	58100 t
	Rathenow zu Tal .	2200 „	6100 „	8100 „

[3]) Nach der Eisenbahngüterstatistik trafen in den Elbhäfen ein:

	1890	1903					1890	1903
Roggen	9000 t,	4700 t,	davon aus Vkbzk. 5—7:				8700 t,	4000 t
Weizen	11500 „	4600 „	„	„	„	5—7:	10700 „	4500 „

[4]) Davon nach Norwegen 21300 t, russischen Ostseehäfen 20500 t, Dänemark 14800 t, Schweden 5300 t, altpreußischen Ostseehäfen 5100 t.

[5]) Roggenmehl: 21200 t nach Westeuropa; Graupen: 17700 t, zur Ostsee davon 10900 t; Kartoffelmehl: 16100 t nach Spanien und England.

[6]) Es ist hier nur das Mehl aus Getreide berücksichtigt, mit den übrigen Mühlenfabrikaten steht es ähnlich.

Davon wurde am härtesten die Anfuhr der entferntesten
Gebiete Böhmens, welche sich auf der Elbe vollzog, betroffen:
Schandau durch zu Tal: 1890: 31000 t, 1895: 12300 t, 1903:
3600 t; langsam sinkt auch seit 1895 der Versand des Oder-
und Spreegebiets über Rathenow [1]). Diesen Ausfall kann die
etwas erhöhte Abfuhr der Mittelelbe nicht aufwiegen [2]); Hamburg bezieht 1903 40500 t, 1902 gar nur 29400 t auf der
Elbe (1890: 87700 t). Da der Empfang der Bahn sich auf
die umgebenden Landesteile stützt und die Minderzufuhren
aus Schleswig-Holstein in Hannover gerade decken kann: 1890:
27000 t, 1903: 26700 t [3]), sinkt der Anteil des Wasserwegs
von 78,3 auf 59,6 %, im Jahre 1902 dazwischen aus bekannten
Gründen auf 48,0 %. Im Gegensatz zu den obigen Getreidearten bietet der Hinterlandsverkehr die Grundlage der seit 1890
(33400 t) vervierfachten Ausfuhr an Gerste in der Höhe von
141900 t 1903. Diese Mengen, welche zu 46000 t nach
Schleswig-Holstein, zu 34000 t nach England, 22000 t nach
Dänemark verladen wurden, sind überwiegend als österreichische
Brau- und Futtergerste anzusehen, welche ausschließlich der
Wasserweg aus Böhmen herbeischafft: 1890: 58600 t = 99,1 %,
1903: 101800 t = 99,4 % [4]). Der geringe Versand der mittleren
Elbe, z. B. Magdeburg-Schönebeck ab zu Tal 1903 7200 t,
erweist sich noch zum größten Teil als Umladung des vom
Oberlauf eingetroffenen Quantums. Die Ausfuhr an Mais zur

---

[1]) Rathenow durch zu Tal an Mehl und Mühlenfabrikaten: 1895:
28700 t, 1903: 16900 t.

[2]) Der Versand der Mittelelbe ist nicht ausschließlich für die Elbmündung bestimmt, sondern ein Teil geht durch den Plauer Kanal nach
Berlin, ein anderer durch den Elbe-Travekanal nach Lübeck, etwa 20000 t
gehen nach Hamburg.

[3]) Von dem etwas größeren Verkehr der Elbhäfen stammten aus:

	1890	1903
Verkehrsbezirk 5— 7	26600 t	10100 t
„ 9—11	3600 „	20500 „

[4]) Ein kleiner Bruchteil der Ausfuhr mag mit der transitierenden
Seeeinfuhr identisch sein, doch umspannt sie nicht die volle Differenz
zwischen der Zufuhr aus dem Hinterland, wie sie hier mitgeteilt ist,
und der Ausfuhr seewärts; denn die Reichsstatistik gibt für die Elb-
anfuhr (Oberelbe) noch wesentlich höhere Zahlen: 1890: 64500 t, 1903:
128200 t.

Ostsee (1903: 133000 t) ist schon eingangs als Transitverkehr gekennzeichnet. Mit dem Hinterland ist dagegen wieder die Ausfuhr an anderem Getreide und Hülsenfrüchten verwachsen mit 1903 55000 t; vorzugsweise Malz nach den Niederlanden, Brasilien und Argentinien (33000 t), Bohnen (13700 t) und Erbsen. In Übereinstimmung damit ergeben die Tabellarischen Übersichten eine Zufuhr von 65700 t, davon 84,4 % auf der Oberelbe (gegen 82,1 % 1890), die überwiegend aus österreichischem Malz zusammengesetzt ist [1]). In den letzten Jahren hat die Ausfuhr von Kartoffeln, vor allem nach England [2]), 95200 t erreicht, denen ein Hinterlandsverkehr von 162400 t (1890: 37200 t) entspricht. Die Provinzen Schleswig-Holstein und Hannover liefern den Elbhäfen steigende Mengen per Bahn, ähnlich wuchs der Bahnversand von der Provinz Brandenburg und aus Thüringen [3]), nur gelang es in letzterem Fall der Elbe, auch erhebliche Transporte im Umschlag über Magdeburg und die Saale zu Tal an sich zu ziehen, und infolgedessen ihren kargen Anteil im letzten Jahre auf 33900 t (20,9 % gegen 7,6 % 1902 und 15,6 % 1890) zu heben. Wenn sie hier auffallend wenig Erfolg hat, so liegt dies wohl nicht so sehr an der tarifarischen Behandlung der Kartoffel als Rohstoff, die natürlich wie ein Ausnahmetarif wirkt, als in dem Umstande, daß der Versand dieses frostempfindlichen Produkts, ähnlich der Apfelsineneinfuhr, sich in die kalte Jahreszeit hineinzieht. Gleich niedrig und dazu fallend ist nach der Statistik die Beteiligung der Binnenschiffahrt an der Zufuhr von frischem Obst und Gemüsen 1890: 24,4 %, 1903: 21,8 %),

---

[1]) Nach der Durchfuhr zu Schandau hätte sich der Wasserbezug aus Böhmen von 27600 auf 6100 t vermindert, demgemäß gegenüber dem wachsenden Bahnbezug (Verkehrsbezirk 52—55: 1890: 2700 t, 1903: 10700 t) doppelt verloren, was den obigen Angaben widersprechen würde, und sich dadurch erklärt, daß die Reichsstatistik Malz nicht unter andere Getreide rechnet; daher auch ihre Minderangaben für Hamburg-Oberelbe.

[2]) 87200 t.

	1890	1903
[3]) Verkehrsbezirk 5— 7 (Holstein, Mecklenburg)	19400 t	44300 t
9—11 (Hannover) .	23600 „	45400 „
16—17 (Brandenburg)	2300 „	16500 „
18—20 (Thüringen)	3100 „	24400 „

auf der der seewärtige Versand von 69 300 t basiert, soweit er nicht aus Südfrüchten besteht[1]); allein 34 000 t[2]) nahm Großbritannien auf. In Wirklichkeit ist der Anteil der Flußschifffahrt größer, denn während bei der Eisenbahnstatistik die umliegenden Gebiete mit ansehnlichen Summen einbezogen sind[3]), vernachlässigt die Binnenschiffahrtsstatistik die Anfuhr der kleinen Gemüseewer aus den fruchtbaren Vierlanden. Die Herkunft der statistisch erfaßten Zufuhr ist überwiegend Thüringen, Provinz Sachsen und Österreich-Ungarn, und es scheint, daß die vermehrte Bahnausfuhr des letzten Landes (Pflaumen?) jene Verschiebung zu Ungunsten der Elbe hervorgerufen hat[4]).

Die Ausfuhr flüssiger Genußmittel über Hamburg ist nie sehr umfangreich gewesen, aber es ist bemerkenswert, daß sie absolut im Rückgang begriffen ist. Die Ausfuhr von Spirituosen ist von 68 600 t auf 34 800 t gesunken, und dies ist hauptsächlich dem verminderten Versand von Branntwein und Spiritus zuzuschreiben[5]), der im Jahre 1903 nur noch 16 500 t betrug, mit denen besonders Afrika, England und die Rheinprovinz beglückt wurden. Diesen Rückgang spiegelt die Zufuhr aus dem Binnenland mit 17 400 t 1903 und 42 100 t 1890 sehr genau wieder. In beiden Jahren ist die Elbschiffahrt mit etwa der Hälfte beteiligt, doch von 58,4 % auf 49,7 % sinkend, indem bei gleich geringen Bezügen über Schandau der gewichtige Versand auf der Havel[6]) aus Ostdeutschland und der Mark verliert. Nur

---

[1]) Etwa 27 000 t; davon 13 700 t Apfelsinen und Zitronen. An getrockneten Früchten etc. wurden 1903 auf dem Binnenwege etwa 3000 t eingeführt, zumeist auf dem Wasserwege von Böhmen.

[2]) Von 39 000 t frischem Obst und Gemüse.

[3]) Verkehrsbezirk 5—7 u. 9—11 für 1903: 8000 t.

	1890	1903
[4]) Verkehrsbezirk 52—55	4 400 t	9 100 t
Schandau zu Tal	. 11 000 „	9 600 „

Dagegen steigt die Talfahrt auf der Saale an Gemüsen: 1890: 5800, 1903: 12 500 t.

[5]) Daneben ließ auch der Zwischenhandel in Kognak, Rum etc. nach.

[6]) Schandau durch zu Tal 1890: 5900, 1900: 5600, 1903: 3500 t. Die Anschreibungen zu Rathenow sind nicht zuverlässig. Doch ist bei alledem eine Abnahme unverkennbar. Ebendafür spricht die Abfuhr von Berlin zu Tal.

dadurch, daß die Bahn in ihrem Gebiet, in Schleswig-Holstein und Mecklenburg ebenfalls kleinere Posten zur Abfuhr erhält, hält die Wasserstraße einigermaßen die frühere Beteiligung aufrecht. Den Stand, welchen der seewärtige Versand von Bier, 1890 21 400 t, inne hatte, ist seitdem trotz der Steigerung ab 1900 mit 19 300 t [1]) 1903 noch nicht wieder erreicht. Aus der Eisenbahngüterstatistik können wir entnehmen, daß die Abnahme sich auf den Empfang bayrischen Produktes gründet, der gegen 1890 19 000 t nur mehr 12 500 t umfaßt [2]). Wie an anderer Stelle zu zeigen ist, liegt die Ursache im erfolgreichen Wettbewerb der Rheinschiffahrt. Ein Ausgleich durch vermehrten Bezug aus Böhmen per Schienen- und Wasserweg aber war nur teilweise möglich, er hat indessen den Anteil der Elbe von 4,9 % ununterbrochen auf 29,2 % gebracht.

Mit den letztgenannten Gütern sind wir schon in die Gruppe der Fabrikate geraten, und nachdem die Produkte der Metallverarbeitung und der Müllerei vorher erledigt waren, haben wir nur noch die wenigen anderen Fabrikate der Hamburger Ausfuhr auf ihre Abhängigkeit von der Elbschiffahrt zu prüfen. Nach der Beteiligung der Wasserstraße steht hier die Ausfuhr an Soda (1903: 14 300 t vorzüglich zur Ostsee) mit einem Prozentsatz von 91,8 % (1890: 73,9 %) von der landseitigen Zufuhr (17 900 t) voran. Für den Bezug kommt nur das Gebiet der preußischen Elbe in Frage, in welchem der Eisenbahn allein im Notfalle die Beförderung übertragen wird. Nach dem Gewicht steht die Verschiffung von Papier und Pappe, die sich über den ganzen Erdball erstreckt, davon England 20 000 t, mit 121 500 t 1903 (1890: 60 800 t) an erster Stelle; ihr entspricht eine Zufuhr von 71 000 t 1890 und 116 200 t 1903, welche in langsamem Ansteigen heute fast zu $^3/_4$ (71,9 % gegen 59,1 % 1890) von der Binnenschiffahrt bewältigt wird [3]); ihre Herkunft können wir nach der Provinz Brandenburg und

---

[1]) Davon nach Afrika 9100 t.

[2]) Die Abnahme des aus Schleswig-Holstein und Hannover bezogenen Bieres, die mit der Entfaltung des städtischen Braugewerbes zusammenhängt, ist für den Versand zur See ohne Bedeutung.

[3]) Mehr ist nicht über die Wasserzufuhr zu erfahren, da ja die Reichsstatistik diese Position nicht kennt.

Sachsen [1]) verlegen, denen auch die Bahn den größten Teil ihres Bezuges entnimmt. In die Gruppe der Fabrikate gehört ferner der Empfang Hamburgs an fetten Ölen und Fetten: 30 600 t 1903, die ein gutes Stück zur seewärtigen Ausfuhr in diesen Artikeln beiträgt [2]). Die Eisenbahn hat insbesondere die Ölindustrie am preußischen Rhein [3]) herangezogen, es aber der Schiffahrt völlig überlassen, Hamburgs Einflußbereich gen Osten [4]) auszudehnen, weswegen diese ihren Anteil von 6600 t = 35,8 % 1890 auf 13 700 t = 44,8 % 1903 steigern konnte. Genau so ist die Entwicklung der Binnenschiffahrt im Verkehr mit Glas und Glaswaren gewesen, 35,8 % 1890 und 46,0 % 1903 des Empfangs von 69 300 t 1903 (1890: 40 800 t) aus dem Hinterland, mit dem der Export nach England und Amerika, insgesamt 76 500 t [5]) (1890: 36 500 t) in gleichem Grade fortgeschritten ist. Im Empfang aus Böhmen steht heute die Elbe gleichberechtigt neben dem Schienenwege [6]), steigende Mengen leitet sie mittels der märkischen Wasserstraßen in Konkurrenz mit diesem und der unteren Oder (Stettin) aus Schlesien und der Mark nach der Elbmündung [7]); ihr ausgedehntes Wirkungsfeld gibt indessen Sachsen (Dresden) ab, denn sie entnimmt der Mittelelbe ungefähr 20 000 t (gegen 11 000 t 1890). Nur der Ausnahmetarifierung (3,1—2,9 Pfg.) verdankt die Bahn ihre schmalen Transporte aus Sachsen, Schlesien und den Rheinlanden, aber trotz derselben bleibt sie mit einer ganzen Hälfte auf den Empfang aus der Provinz

---

[1]) Von 26 200 t der Elbhäfen entfielen auf Verkehrsbezirk 16—20: 10 000 t, Verkehrsbezirk 12—15 u. 52—55: 4600 t.

[2]) Dieselbe erreicht 1903: 120 700 t und beruht vorwiegend auf der Einfuhr aus See und der Produktion der Mündungshäfen. Sie besteht aus 18 000 t Schmalz (Dänemark, preuß. Ostsee), Palmöl 27 000 t (Rheinprovinz, England und Vereinigte Staaten), Kokosnußöl: 12 000 t, Leinöl 10 000 t und Rüböl.

[3]) Verkehrsbezirk 21—28: 1890: 2800 t, 1903: 8400 t.

[4]) Rathenow durch zu Tal 3100 t, 1900: 10 800 t.

[5]) England: 21 700 t, Nord- und Südamerika 33 000 t.

		1890	1903
[6])	Verkehrsbezirk 52—55.	E. 8700 t	6200 t
	Schandau zu Tal	W. 4000 „	6600 „

[7]) Rathenow durch zu Tal 1900: 4800 t, 1903: 5600 t.

Hannover ausgewiesen [1]). Mehr ist dagegen Hamburg für die Ausfuhr von Steingut und Porzellan: 1903: 34400 t der Tarifpolitik verpflichtet. Von diesen hochwertigen Artikeln hat die Elbe nur ca. 19,0 % (1890: 10,0 %) [2]) übernehmen können, welche sie aus dem Gebiet der Mittelelbe schöpft. Die Eisenbahn andererseits erstreckt Hamburgs Einfluß neuerdings nach der Lausitz [3]) und Böhmen, wo die Binnenschiffahrt nur mit geringfügigen Beträgen aufwartet. Den Hauptteil indessen befördert die Bahn aus Thüringen, für welches Gebiet ihr ein besonders niedriger Tarif in der Höhe des Spezialtarifs III [4]) eingeräumt ist. Ist die Beteiligung der Elbe schon für Steingut auf ein unerhebliches Maß zusammengeschrumpft, so erreicht sie bei dem letzten großen Posten der Seeausfuhr, den mannigfaltigen Manufakturwaren samt Garnen und Twisten, den tiefsten Stand von 8,1 % (5200 t) und es ist nur als Zeichen einer gesteigerten Leistungsfähigkeit wertvoll, daß sie auch prozentual im Wachsen begriffen ist (1890: 4,8 %; 2500 t). Im übrigen werden die 87100 t der Ausfuhr (49200 t

---

[1]) Die Angaben der Eisenbahngüterstatistik und Reichsbinnenschiffahrtsstatistik sind im Gegensatz zu den tabellarischen Übersichten nach Bruttogewicht gemacht; sie sind daher, wie bei Steingut etc., mit Recht wesentlich höher:

Tabellarische Übersichten	nach jenen Quellen
1903	1903
E. 37400 t	56000 t
W. 31900 „	38800 „

Das ist nicht zu vergessen bei dem Anteil der entfernteren Verkehrsbezirke: 1903:

Verkehrsbezirk	12—15	6800 t
	16—17	6100 „
	18—20	7300 „
„	52—55	6200 „
„	9—11	20400 „
„	21—28	6800 „

[2]) Von im ganzen 39200 resp. 27200 t.

[3])

Verkehrsbezirk	12—15 .	5500 t
„	52—55 .	8200 „

[4]) Für Griffel, Schiefertafeln etc. von einer Anzahl Stationen des Direktionsbezirks Erfurt.

1890) von der Eisenbahn beschafft; es ist bedauerlich, daß die Mangelhaftigkeit beider statistischen Quellen die Herkunft der Bahn, wie der Wasseranfuhren dunkel läßt.

Wenn eines durch die Einzeldarstellungen wie ein roter Faden hindurchläuft, so ist es die Tatsache, daß einerseits der Wasserweg eine jährlich wachsende Bedeutung für den Seeverkehr Hamburgs gewinnt, daß die gewaltige Steigerung des seewärtigen Ein- und Ausgangs, zumal des ersteren, vor allem auf der Leistung der Binnenschiffahrt beruht, und daß anderseits das zahlenmäßige Maß von drei Viertel der Einfuhr und der Hälfte der Ausfuhr, welches die Gesamtziffern der Elbe einräumen, in der Tat durch die angeführten Umstände als zu niedrig bemessen erscheinen muß. Es ist wahr, Hamburg stützt seine Seestellung rückwärts auf fast das ganze Reich — nur Ost- und Westpreußen, sowie Hinterpommern sind ausgenommen — und auf den größten Teil Österreich-Ungarns, ebenso streckt es in den Spezialartikeln seines Handels Fühler bis nach Rußland und in die Schweiz aus[1]). Allein der Hauptträger dieses Gebäudes ist das engere und weitere Elbgebiet, ist die Elbe, die hier vollständig den Verkehr beherrscht, ja wenn möglich diese Stellung gegenüber dem Schienenweg stetig befestigt[2]); ist die Elbe mit ihren Neben- und Zuflüssen, durch die märkischen Wasserstraßen mit der Oder und weiterhin der Weichsel verbunden. Anerkennenswerten Erfolg hat die preußische Verwaltung mit ihren Bemühungen gehabt, durch Ausnahmetarifierung fast aller deutschen Exportgüter die Ausfuhr über Hamburg aus Westfalen, dem Rheingebiet und Süddeutschland zu unterstützen. Auch wenn wir einschränkend erfahren haben, daß von den 2,8 Mill. Tonnen = 41,6% des Gesamtempfangs, welche die Elbhäfen aus dem hier in Frage stehenden Gebiet (Verkehrsbezirk 21—36 und 9—11) im Jahre 1903 empfangen haben, allein 1,4 Mill. Tonnen auf Steinkohlen etc.

---

[1]) Wiedenfeld a. a. O. S. 342.

[2]) Die unfreundliche Haltung der preußischen Staatsbahnen der Elbe gegenüber hat in der Hauptsache nur den Erfolg gehabt, den Umschlag von den preußischen Häfen (Magdeburg) auf anhaltinische und sächsische Konkurrenzplätze abzulenken. Jahresbericht der Handelskammer zu Magdeburg 1900, B. S. 15.

entfallen, die dem Seeverkehr nicht direkt dienen [1]), so bleiben
doch die Leistungen besonders in der Beförderung von Eisenwaren erstaunlich genug. Aber sobald wir erst die Entwicklung der anderen Seehafengruppe, die aus diesem Gebiete Nah-
rung zieht, nämlich der Rheinmündungshäfen kennen gelernt
haben, werden die Erfolge der Eisenbahn etwas weniger hell
leuchten. Bei der Verteilung der seewärtigen Einfuhr weist
die Bahn in diesen Gebieten, wie in den übrigen dem Wassertransport unerreichbaren Gegenden trotz der Ausnahmetarife
nur da mäßige Anteile auf, wo sie durch einen kräftigen Eigenhandel oder durch überlegene Schiffahrtsorganisation Hamburgs
getragen werden, wie das besonders bei kolonialen Produkten:
Kaffee, Petroleum, Baumwolle, Häuten, Fellen und Ölen, der
Fall ist. Und was stellt der Eisenbahnverkehr mit Österreich-
Ungarn, Rußland, auch mit dem Odergebiet anders dar, als
einen bloßen Schatten, den die kompakte, durch die Elbschifffahrt zusammengeschweißte Verkehrspyramide wirft? Hätten
wir eine den Tatsachen wirklich entsprechende Beteiligungsziffer des Wasserwegs, so würde seine Bedeutung damit noch
nicht erschöpft sein, hat er doch in den von ihm beeinflußten
Gebieten die Eisenbahnen zu einer für die Elbmündung günstigen
Tarifgestaltung veranlaßt. Dieser Einfluß entzieht sich natürlich jeder zahlenmäßigen Berechnung, der Wert indessen läßt
sich nach der ausführlichen Darstellung deutlich ahnen; er ist
umso höher, als die Elbe, wie gezeigt wurde, infolge ihrer
Leistungsfähigkeit sehr wohl den Transport hochwertiger Güter
übernehmen kann [2]). Erst sobald wir in der Elbe „die Lebensader Hamburgs" [3]) erkannt haben, begreifen wir die eigenartige
Stellungnahme der Elbhäfen zum Projekte des Mittellandkanals, gegen den die dortige Kaufmannschaft noch rüstiger

---

[1]) Ferner wäre zum größten Teil der Empfang vom benachbarten
Hannover abzuziehen, da er überwiegend zum Verbrauche der Elbhäfen
bestimmt ist.

[2]) Vgl. G. Seibt a. a. O. S. 105 über die Abstufung des Anteils der
Elbe nach der Wertklasse der Güter.

[3]) Nehls u. Bubendey, Die Elbe, Hamburgs Lebensader, 1892,
aus Hamburgs Handel u. Verkehr, Exporthandbuch 1892—94. A. Dorn,
Die Seehäfen des Weltverkehrs, 1891, I. Bd., S. 750/51.

agitiert hat, als sie es damals für den Oder-Spreekanal getan.
Wir sind schon gewohnt, daß in solchen Fällen unter der Fahne
des nationalen Schutzes gefochten wird; hier muß die Furcht
vor dem Andrängen der ausländischen Rheinmündungshäfen
herhalten [1]). In Wirklichkeit aber fürchtet man den Schwesterhafen Bremen, der mittels der kanalisierten oberen Weser und
des Rhein-Elbekanals an die mittlere Elbe angeschlossen und
zumal in dem durch den Schienenweg nur lose mit der Elbmündung verbundenen Thüringen, Hannover, Braunschweig
und Hessen ein entschiedenes Übergewicht erlangen würde.
Als offenbar wurde, daß die Schaffung einer leistungsfähigen
Binnenwasserstraße für das rheinisch-westfälische Industriegebiet nicht mehr zu hintertreiben war, fand man sich in
Hamburg mit dem kleineren Übel ab und suchte vergeblich
für eine Vertiefung des damals im Bau begriffenen Dortmund-
Emskanals Stimmung zu machen [1]), in der durch die nächste
Zeit zum Teil bestätigten Erwartung, den schwachen Hafen
Emden vermöge der übermächtigen Handels- und Schiffahrtsorganisation durch einen guten Seeleichterdienst als Zubringer
in Abhängigkeit zu erhalten. Zugleich redete man, indem
man das Schlagwort: „Rentabilität als erste Voraussetzung"
übernahm, der Wiedereinführung von Schiffahrtsabgaben auf
den deutschen Strömen das Wort, eine für Hamburg, das doch
so innig mit dem Wasserverkehr verknüpft ist, auf den ersten
Blick unverständliche Taktik. Sie wird nur durch die Erwägung begreiflich, daß man die Rheinschiffahrt und vor allem
den Verkehr auf dem gefürchteten Mittellandkanal von vornherein lähmen wollte, daher denn auch wohlweislich für die
Elbe eine außerordentliche Vertiefung (auf $2\frac{1}{2}$ m) bis nach
Böhmen zur Bedingung setzte [2]). Ich lasse es dahingestellt,
ob man ein solches Vorgehen noch als „fair" bezeichnen kann,
jedenfalls war es auch nicht klug, im Glashause sitzend mit

---

[1]) Jahresbericht der Handelskammer zu Hamburg 1895, S. 41; 1897,
S. 39. Vgl. Zeitschrift für Binnenschiffahrt 1901, S. 150: Die Elbhäfen
und der Rhein-Elbekanal. Ebendahin gehört auch das Projekt der Altonaer
Handelskammer eines Seekanals von Wesel nach Hannekenfähr (Emden).
Vgl. Aftalion a. a. O. S. 568/69.

[2]) Jahresbericht der Handelskammer zu Hamburg 1895, S. 40.

Steinen zu werfen, und wenn es wirklich zur Einführung von Abgaben kommt, — natürlich ohne der Elbe die bedungene Kompensation zuzugestehen, — so darf Hamburg sich am wenigsten über den unausbleiblichen Schaden beklagen.

Wenn auch noch ein abschließendes Wort über die Nachbarhäfen Altona und Harburg geäußert werden soll, so ist darauf hinzuweisen, daß beide Plätze über dieselbe Stromverbindung und die für den Haupthafen geltenden Eisenbahntarife verfügen. Dafür, daß beide mehr und mehr neben der mächtigen Rivalin verschwinden, sind in erster Linie die unzureichenden Hafeneinrichtungen verantwortlich, deren schon an betreffender Stelle Erwähnung getan ist; der tiefere Grund aber liegt in der historisch-politischen Gestaltung dieses Gebietes [1]), welche Hamburg die größere Bewegungsfreiheit verschafft hat.

b) Lübeck und die übrigen Häfen der westlichen Ostsee

Die überwältigende Wichtigkeit der Elbe für die Entwicklung Hamburgs wird erst klar, sobald wir die letztere mit der Entfaltung der benachbarten Nordseehäfen, vor allem des Wesergebietes, und auf der anderen Seite mit der Verkehrsentwicklung der mit ihm um das gleiche Hinterland konkurrierenden deutschen Ostseehäfen vergleichen, das sind Lübeck und die holsteinischen und mecklenburgischen Küstenstädte, dann Stettin als Hauptplatz der pommerschen Gruppe. Beschäftigen wir uns also zuerst mit Lübeck. Wir müssen uns das im ersten Teil betreffend die Lage zum Meere Mitgeteilte vergegenwärtigen, wonach Lübecks Verkehrsrichtung nach und von den Uferstaaten der Ostsee gerichtet ist. Im Jahre 1903 gingen nur 2,2% der Seeausfuhr über dieses Meeresgebiet hinaus und etwa ein Viertel der Einfuhr stammte nicht von der Ostsee, ein Teil, der praktisch ausschließlich englische Kohle umfaßte. Um daher einen gerechten Maßstab anzulegen, müssen wir den Verkehr Hamburgs aussondern, soweit er sich mit den Ostseeländern vollzieht:

---

[1]) **Wiedenfeld** a. a. O. S. 343.

Hamburg: Seeverkehr mit altpreußischen Ostseehäfen, russischen Ostseehäfen, Schweden, Dänemark und Schleswig-Holstein (Tonnen
à 1000 kg):

	Einfuhr	Ausfuhr
1890	158 400	209 400
1895	280 400	305 600
1900	448 600	797 800
1902	342 000	913 100
1903	436 300	983 000

Lübeck: Gesamtverkehr zur See (Tonnen à 1000 kg):

	Einfuhr	Einfuhr, ausschl. Kohlen	Ausfuhr
1890 .	406 300	345 200	166 900
1895 .	393 200	326 700	207 300
1900 .	540 200	430 000	289 400
1902 .	535 900	408 700	317 400
1903 .	537 000	416 000	328 400

Noch 1890 stand Hamburg in seiner Einfuhr aus dem Ostseegebiet weit hinter Lübeck zurück, heute ist es ihm mit
436 000 t gegen 537 000 t bedenklich nahegerückt, ja hat,
wenn die Einfuhr von Steinkohlen abgezogen wird, den Trave-
hafen sogar etwas geschlagen (416 000 t). Stärker hat sich
Hamburgs Übergewicht in der Ausfuhr herausgebildet; mit
209 000 t 1890 Lübeck kaum überlegen, verschickt es 1903
dreimal so viel wie diese Stadt (983 000 t zu 328 000 t). Wie
sehr die Eröffnung des Kaiser-Wilhelmkanals beigetragen hat,
die verkehrswirtschaftliche Überlegenheit des Hamburger Hafens im Gebiet der Ostsee zur Geltung zu bringen, bezeugt
der rapide Aufschwung seit 1895. Ob bei diesem Verkehr
des Elbhafens hauptsächlich der Absatz ins deutsche Hinterland in Betracht kommt, wie bei der Einfuhr, oder der reine
Transitverkehr überwiegt, so beim Versand, in jedem Falle
entzog die Steigerung der lübeckischen Vermittlung und dem
darauf gegründeten Seeverkehr jene Gütermassen. Durch den
Rückgang der Seeeinfuhr, welche von 511 000 t 1889 auf
393 000 t 1895 sank und erst 1899 (513 000 t) den Stand wie
vor einem Jahrzehnt erreichte, ebenso durch die langsame Entwicklung der Ausfuhr von 167 000 t 1890 auf 315 000 t 1899
und 289 000 t 1900 aufgeschreckt, erkannte die Lübecker Kaufmannschaft bald die große Gefahr. Wohl entwickelte sich der

Stückgutverkehr dank der außerordentlichen Häufigkeit und Regelmäßigkeit der Dampfschiffsverbindungen, wie sie sonst kein Platz nach dem Norden unterhält, und dank der Rührigkeit der Spediteure [1]). Aber man sah ein, daß der lebhafte Eigenhandel der Stadt mit der Verkehrsentfaltung im Ostseebecken allmählich den Charakter einer Stütze des Verkehrs verlöre. Die Hafeneinrichtung und die Zufahrt zum Meere wurden, wie ausgeführt, den Anforderungen der Neuzeit angepaßt, und man scheute das große finanzielle Opfer nicht, wie ebenfalls dargelegt ist, mittels des Elbe-Travekanals eine moderne Wasserverbindung mit dem Elbgebiet zu schaffen, um sich in letzter Stunde an dem Massenverkehr, der Grundlage einer bedeutenden Verkehrsstellung, einen Anteil zu sichern. Ich habe nun festzustellen, in welchem Umfange der Elbe-Travekanal die ihm zugedachte Aufgabe gelöst hat, dem Lübecker Seeverkehr neue Güter zuzuführen und wie er sich dabei mit den konkurrierenden Schienenwegen auseinandergesetzt hat. Hierzu wäre ein Vergleich zweier Jahre, zwischen welche die Eröffnung des Kanals fällt, nach Warengruppen und Verkehrsrichtungen, entsprechend der Behandlung Hamburgs, am besten geeignet. Leider wird gerade seit 1900 die statistische Erfassung des Eisenbahnverkehrs geändert. Während diese vordem, in den Tabellarischen Übersichten des Lübeckischen Handels und Verkehrs veröffentlicht, bezüglich der einzelnen Waren den gesamten Verkehr der Lübeck-Büchener-Eisenbahngesellschaft einbegriffen, beschränken sich die hektographierten statistischen Übersichten des Güterverkehrs dieser Gesellschaft seit 1901 auf den Verkehr von Sendungen über 3 t und die Wagenladungen. Dies bedeutet, daß z. B. vom Eingang auf den Linien der Gesellschaft 1903: 278 100 t von 342 500 t, beim Eingang 337 600 t von 416 600 t im einzelnen ausgewiesen werden [2]). Außerdem erfahren wir über den Verkehr auf der mecklenburgischen Friedrich-Franz-Bahn seit alters her nur die rohen Gesamtziffern, für 1903 im Empfang 102 000 t; im Ver-

---

[1]) Jahresbericht der Handelskammer zu Lübeck 1890, Abt. II, S. 35; 1895, S. 54; 1900, II, S. 16; 1902, S. 13.

[2]) Was bei der Bedeutung des Stückverkehrs für Lübeck nicht wunder nimmt.

sand 92000 t. Es wird daher nur möglich sein, mit Vorsicht
die vergleichende Reihe des Eisenbahnverkehrs über den gesamten Zeitraum zu erstrecken. Dagegen ist es von vornherein aussichtslos, die Differenzierung nach Herkunft und Bestimmung der Waren über mehrere Jahre rückwärts zu verfolgen. Gleichfalls fehlen alle statistischen Angaben über die
Herkunft und Bestimmung des Binnenwasserverkehrs im einzelnen.
Ich bin genötigt, sie an der Hand allgemeiner Notizen und
unter Vergleich des Hamburger Verkehrs selbst zu machen [1]).

Wenden wir uns jetzt nach dieser einschränkenden Bemerkung der seewärtigen Einfuhr zu. Sie erreichte, wie wiederholt werden muß, erst 1899 mit 513000 t den Stand von 1889,
stieg dann langsam im folgenden Jahre auf 540200 t und behauptete sich dann mit Mühe auf dieser Höhe: 1902: 535900 t;
1903: 537000 t. Dieser Bewegung ist der gesamte Hinterlandsverkehr gefolgt mit einer Abfuhr von 419700 t 1890,
der Depression 1895 auf 397400 t, der neuerlichen Steigerung
auf 1900: 509900 t und 1903: 573800 t. Die nichtige und
sinkende Bedeutung der lokalen Wasserstraßen, der Trave und
Wakenitz, kommt zum Ausdruck in den Anteilen 4,2% 1890
und 3,8% (15200 t) 1895. Die Mitte 1900 stattfindende Eröffnung des Elbe-Travekanals erhöht diesen Anteil auf 9,8%
(50100 t), der dann 17,0% (91300 t) 1902 umfaßt, um dann im
nächsten Jahr 25,0% (143300 t) des Versands in das Hinterland zu erreichen. Bis zum Jahre 1900 entspricht im allgemeinen die Abfuhr mittels Eisenbahn dem seewärtigen Empfang;
sie steigt bis auf 459800 t, und geht dann unter der Konkurrenz der Wasserstraße langsam bis 430500 t 1903 zurück (s.
die nebenstehende Tabelle).

Danach liegt das Schwergewicht des Eisenbahnversandes
im Verkehr mit den angrenzenden Landesteilen, mit Schleswig-

---

[1]) Die Tabellarischen Übersichten geben keine Analyse über den
Güterverkehr auf den Wasserstraßen. Diese ist aus der Reichsstatistik
entnommen, die z. B. 1903 mit den Angaben der Handelskammer für den
Elbe-Travekanal völlig übereinstimmt:

	Reichsstatistik	Tabell. Übersichten
Angekommen	188700 t	188700 t
Abgegangen	116800 „	116800 „

Der ganze Versand ins Hinterland verteilte sich 1903 folgendermaßen in Tonnen:

I.

	Vkbzk. 5—6: Mecklenburg[2]	Vkbzk. 6d, 7, 8 (ohne Hamburg); Schleswig-Holstein (Stationen des E.-T.-K.), (Trave und Wakenitz)[3]	— Davon Laube-Tetschen	Vkbzk. Hamburg	Unteres Elbgebiet i. g.	Vkbzk. 18—20 (Mittelelbe)	— Davon Magdeburg-Schönebeck	— Davon Dresden
E.[1]	91600	80200 72,7	?	60000 69,8	?	20500 21,6	?	10200
W.	—	30100 27,3	1400	25900 30,2	28900	64500 78,4	24000	—

II.

	Vkbzk. 52—55 (Böhmen)	— Davon Aussig	Vkbzk. 12—17 (Märkische Wasserstraßen und Oder)	— Davon Berlin
E.	1200 7,9	?	8100 57,5	?
W.	13900 92,1	3100	6000 42,5	4800

III.

	Vkbzk. 9—11 (Hannover)	Vkbzk. 21 bis 36 (Südwest- und Südd.)
E.	55000	46400
W.	—	—

Summe I. { E. 171800 85,1 / W. 30100 14,9 } 201900 —

Summe II. { E. 89800 44,2 / W. 113300 55,8 } 203100 —

Summe III. E. 101400 —

+ Stückgut E. 366000 —

E. 430500 75,0
W. 143300 25,0
573800 —

---

[1] Das heißt also der Verkehr in Wagenladungen auf der Lübeck-Büchener-Eisenbahn; es verbleiben unausgewiesen die 64400 t Stückgüter etc.

[2] Lübeck-Büchener Eisenbahn und der ganze Verkehr der mecklenburgischen Bahn nach den Tabell. Übersichten.

[3] Reichsstatistik. Der sonstige Wasserverkehr aus den Tabellarischen Übersichten.

Holstein und Mecklenburg, zusammen 171800 t und im Versand nach West- und Südwestdeutschland mit 101400 t. In der letzteren Richtung ist Lübeck auf die alleinige Unterstützung des Schienenweges angewiesen, und gerade auf dieser bedeutungsvollen Route scheint eine Stagnation seit 1890 eingetreten zu sein, welche ihre Erklärung zum größten Teil in der Verdoppelung des entsprechenden Hamburger Versandes findet. Für die nähere Umgebung konkurrierte der Wasserweg, d. h. die Trave, die Wakenitz und der Kanal mittels seiner Stationen mit 27,3% (30100 t). Den Verkehr nach dem gesamten Elbgebiet bewältigt der Elbe-Travekanal mit 55,8%. Hierbei behauptet die Bahn für das etwa 60 km entfernte Hamburg das Übergewicht: 69,8% von 85900 t; im bedeutungsvollen Versand in das mittlere Elbgebiet steht die Wasserstraße mit über drei Viertel weit voran (78,4% von 95000 t), und den kleinen Transport nach dem österreichischen Elbgebiet (15100 t) [1]) übernimmt die Elbe fast ausschließlich (92,1%), während sie sich für die Mark und Oder (14100 t) zu 42,5% beteiligt. Nun zu den einzelnen Artikeln.

Fast die Hälfte der seewärtigen Einfuhr nimmt der Empfang an Holz und Holzwaren in Anspruch. Er hat mit seiner Steigerung 1895/1900 von 169000 t auf 262800 t die entsprechende Bewegung der Gesamteinfuhr wesentlich verursacht und sinkt auch mit ihr langsam bis auf 248500 t 1903 zurück. Ungefähr zur Hälfte stammt die Einfuhr aus Schweden, es folgen Finnland und Rußland mit zusammen 82400 t; während die preußischen Ostseehäfen mit 31300 t vertreten sind [2]). Unter Berücksichtigung der durch die Zwischenlagerung im Hafengebiet entstandenen zeitlichen Verschiebung folgt der Absatz nach dem Hinterland der Einfuhr: 1890: 145100 t; 1900: 213400 t; 1903: 225000 t. Gleich dieser sinkt die Bahnabfuhr 1900/03 von 197600 t auf 174700 t, wahrscheinlich infolge der verminderten Bautätigkeit im westlichen und süd-

---

[1] Es ist zu beachten, daß ein Teil des Verkehrs mit der oberen Elbe sich im Umschlag von Magdeburg vollzieht, also der Versand nach Böhmen in Wirklichkeit etwas größer ist.

[2]) Ein geringer Posten Bretter (6900 t) stammt aus Nordamerika.

lichen Deutschland, wohin die Bahn 1903 71100 t [1]) verschickte,
und des Wettbewerbes seitens des Wasserweges im Verkehr
mit Hamburg (1903: 41200 t). Ein anderer Teil verbleibt
im benachbarten Holstein [2]) und Mecklenburg. Hat so der
Elbe-Travekanal im Versand nach der Unterelbe nur das Verhältnis zwischen Eisenbahn und ihm geändert, so hat er der
Lübecker Einfuhr für den Verkehr nach der Mittelelbe, vor
allem der Saale, nach Magdeburg und Dresden, neue Gütermengen zugeführt, denn der Versand dorthin auf dem Schienenwege, welcher 1903 14500 t [3]) betrug, war auch vordem nicht
beträchtlicher. Nach dem Stillstand in der Abfuhr Hamburgs
auf der Oberelbe ist der Schluß berechtigt, daß der Elbe-
Travekanal seinen Verkehr hauptsächlich dem Elbhafen ent-
fremdet hat. Im ganzen stieg die Ausfuhr wasserwärts von
15800 t [4]) (7,4%) auf 50300 t, d. h. fast ein Viertel (22,4%)
des Gesamtversands. An zweiter Stelle stehen in der Einfuhr
die Steinkohlen mit 121000 t aus England. Die Verdoppelung seit 1890: 61100 t ist auf das Anwachsen der Stadt zurückzuführen, die überdies fast die ganze Einfuhr konsumiert;
nur etwas über ein Zehntel geht auf dem Binnenwege wieder
aus (1890: 9700 t; 1903: 18500 t). Dem Wasserweg fallen
einmal die gleichbleibenden Quantitäten zu, welche die umliegenden, unmittelbar mit ihm verbundenen industriellen Werke
verbrauchen; ein Absatz, den der Kanal auf die an ihm
liegenden Ortschaften ausdehnte [5]). Die Eisenbahn ist ebenfalls auf die Versorgung der nächsten Umgebung beschränkt [6]),
deren steigender Bedarf die gleiche Bewegung beim Versand

---

[1]) Verkehrsbezirk 9—11, 21—36.

[2]) Verkehrsbezirk 6d, 7, 8 (ohne Hamburg) 56200 t; Mecklenburg
ohne Angabe, doch wird sich der größte Teil der Abfuhr auf der Friedrich-
Franzbahn: 88000 t aus Holz zusammensetzen.

[3]) Verkehrsbezirk 18—20.

[4]) Davon 14000, resp. 47500 t auf dem Kanal, für den lokalen Wasserverkehr bleiben nur einige tausend Tonnen übrig: 1890: 4300 t, 1903:
2800 t.

[5]) Im ganzen 1890: 6300 t, 1903: 9100 t; davon Kanal 2000 t.

[6]) 1903: 9500 t; davon nach Holstein 8900 t; der Verkehr nach
Mecklenburg, welcher nicht unbeträchtlich sein mag, muß unberücksichtigt bleiben.

hervorruft, bis 1900 dann auch hier der Kanal eingreift. Demzufolge hebt sich der auf 34,0% 1900 (1890: 64,7%) gesunkene Anteil der Wasserstraße auf 48,9% 1903. Wie die Einfuhr von Steinkohlen, so dient auch die Einfuhr von Steinen und Steinwaren vornehmlich dem Bedarfe Lübecks. Sie wuchs mit seiner Ausdehnung von 1895: 5800 t auf 32500 t und flaute gleich ihr auf 16200 t 1903 ab; davon waren 13600 t Granit(Pflaster)steine aus Schweden und etwa 2100 t Flintsteine aus Dänemark. Die Bahn führt nur diese letzteren nach West- und Süddeutschland, und etliche Transporte Pflastersteine nach dem benachbarten Schleswig-Holstein und Hamburg weiter[1]). Der Elbe-Travekanal hat mit seiner Ausfuhr von 5200 t = 67,2% 1902 und 2600 t = 39,7% 1903[2]) den Bereich Lübecks auf die Mittelelbe und Berlin ausgedehnt, indem er jene Güter dem Stettiner Hafen entrissen hat. Ebendavon abgelenkt hat er die 3500 t Schlemmkreide und Spat aus Schweden, welche zu 90,5% nach der Mittelelbe weitergingen[3]). Ganz auf dem Wasserwege beruht ferner der Versand der seewärts eingeführten Erze, insbesondere Eisenerz aus Nordschweden, mit 9200 t 1900 und 2900 t 1903. Sie werden zu 67,1% (1900) bis 82,5% (1902) auf ihm nach der oberen Elbe verfrachtet[4]). Der Rückgang ist hervorgerufen durch ungünstige Absatzverhältnisse in Böhmen, die auch im Durchgang bei Schandau deutlich geworden sind[5]). Der seewärtige Empfang an Eisen aller Art aus Schweden ist unter der Einwirkung der wachsenden heimischen Produktion auf 11900 t 1900 (1890: 17000 t) zurückgegangen und hält sich auf dieser Höhe. Der Versand per Eisenbahn erreicht etwas größere Summen (1900: 19200 t), da er außer dem Absatz des seewärts bezogenen Eisens nach Westdeutschland auch noch die Verteilung des durch den Eigen-

---

[1]) Im ganzen ohne Mauersteine etc. 4000 t; davon Verkehrsbezirk 6 d, 7, 8: 2600 t.

[2]) Ohne Mauersteine etc.

[3]) Ausgewiesen werden für 1903: 1700 t Erden etc. per Wasserweg.

[4]) Der geringe Bahnversand: 1900: 3000 t, 1903: 1000 t nach Hannover etc. basiert auf dem durch den Kanal geweckten Verkehr und sinkt mit ihm.

[5]) Zu Berg: Eisenerz: 1900: 10700 t, 1903: 2900 t.

handel dorther eingekauften Eisens nach den umliegenden landwirtschaftlichen Distrikten übernimmt. Weil nun dieser sich
im kleinen vollziehende Verkehr seit 1901 nicht mehr statistisch
erfaßt wird, erscheint die Bahn für 1902 mit einer verringerten
Summe: 13200 t. Der Konkurrenz des Kanals ist sie keineswegs zuzuschreiben, denn er erreicht erst 1903 kaum 1600 t;
und nach dem vorigen muß der rechnungsmäßige Anteil des
Wasserwegs von 9,9 % [1]) noch als zu hoch betrachtet werden.

Die noch 1890 sehr rege Einfuhr von Getreide und
Sämereien aus dem Ostseegebiet (60200 t) fiel im nächsten
Jahrzehnt, insbesondere seit 1896, schnell auf fast die Hälfte
(36800 t 1900). Es war dies die Leistung der Häfen Hamburg und Stettin, welche durch die Wasserverbindungen unterstützt, den Einfluß Lübecks auf den Bahnversand nach der
unmittelbaren Umgebung zurückschraubten (1890: 50700 t;
1900: 18600 t). Mit der Eröffnung des Kanals stieg die Einfuhr wieder bis auf 54700 t. An dem Hinterlandsverkehr
(43700 t 1903) beteiligte sich derselbe steigend zu 67,3 % 1903,
indem er dem Lübecker Verkehr teilweise die über Stettin
geleiteten Transporte wiedergewann und daneben auch die
letzten Reste der Bahnverladungen nach dem Elbgebiet übernahm [2]). Nun im einzelnen: Die Einfuhr an Brotgetreide
(1890: 19000 t) ist unwiderbringlich dahin, sie ist dem auf
den gewaltigen überseeischen Import gestützten Elbhafen nicht
wieder zu entreißen. Was davon verblieben ist, aus Rußland
2500 t Weizen — zusammen 4700 t Roggen und Weizen,
geht zu 2400 t unverarbeitet weiter, zu 55,6 % auf dem Wasserwege; zum anderen ist es unter den 6300 t Mehl und Mühlenfabrikaten [3]) enthalten, an denen der Kanal ähnlich (47,0 %)
beteiligt ist. In beiden Fällen beschränkt sich der Bahnversand auf die Nachbarschaft [4]). Die kleine Gersteeinfuhr aus
Rußland bleibt mit 6100 t 1903 ebenfalls unter dem Stande

---

[1]) Davon obliegt der Versand der 1700 t aus Schweden eingegangenen
Maschinen fast ausschließlich der Bahn.

[2]) Der gesamte Bahnversand betrug 1903 nur mehr 14300 t.

[3]) Dieser Abfuhr steht nur die Seeeinfuhr von 2200 t gegenüber.

[4]) Von 3000 t Mehl waren 2700 t nach Schleswig-Holstein und Hamburg bestimmt.

von 1890 (8100 t). Soweit sie nicht am Platze konsumiert
wird, führt die Eisenbahn sie dem Bedarf der landwirtschaftlichen Umgegend zu [1]). Der Verlauf der Hafereinfuhr bestimmt die Bewegung des Empfangs an gesamtem Getreide.
Sie sinkt von 15900 t 1890 auf 9700 t 1900; ihr folgt der
Eisenbahnversand [2]), in der Folge bleibt er stabil, beschränkt
auf Schleswig-Holstein und Hamburg. Die Einfuhr seewärts
dagegen steigt beträchtlich auf 22600 t 1903, sie verdankt
dies den wachsenden Verladungen nach der Elbe (1903: 14400 t);
womit der Wasserweg eine Beteiligung von 68,3% erringt.
Genau so verhalten sich die anderen Getreidearten und
Hülsenfrüchte, als Buchweizen, Erbsen etc.; sie werden 1895
zu 17600 t eingeführt, 1900 zu 11500 t, und die Steigerung
auf 19200 t 1902 und 17000 t 1903 [3]) entspricht dem Eingreifen der neuen Wasserstraße: 6100 t = 64,1% 1903, während die Abfuhr mittels Eisenbahn stetig sinkt (1895: 9500 t)
bis auf 3400 t, die nach Holstein und Hannover bestimmt
waren. Ebenfalls nur die neue Wasserverbindung zur Mittelelbe hob die auf 1500 t 1900 zurückgegangene Einfuhr an
Ölsaaten und anderen Sämereien aus Preußen auf 4300 t;
indem sie allein 7100 t [4]) aufnahm = 81,4%. Die Einfuhr von
Kleie ist zu geringfügig (5400 t aus Rußland 1903), als daß
der Mangel an Angaben über den Verbleib auf dem Wasserwege störend empfunden würde [5]).

An ferneren vegetabilischen Rohstoffen [6]) wäre noch die

---

[1]) 1890: 5700 t, 1903: 1500 t; die Abfuhr per Elbschiff erreichte
1900 nur 800 t.

[2]) 1890: 15800 t, 1900: 6800 t, 1903: 6700 t; davon Verkehrsbezirk 6 d, 7, 8: 6100 t.

[3]) Zu 3/4 aus Preußen, 1/4 aus Rußland.

[4]) Die landwärtige Abfuhr übersteigt mit 8700 t die Seeeinfuhr, weil
mittels Eisenbahnen aus der Nähe ebenfalls Ölsaaten eingebracht werden.

[5]) Per Bahn gingen aus 2600 t. Ebenso steht es um die Einfuhr von
Papier und Pappe: 3200 t 1903 vorzugsweise aus Finnland, dem gegenüber 2600 t per Bahn ausgingen.

[6]) Die Einfuhr von Flachs, Hanf etc. aus Preußen 1890: 2800 t ist
heute völlig bedeutungslos. Der seewärts bezogene Reis: 1903: 1100 t
aus Nordseehäfen dient fast restlos dem Konsum der Stadt und ihrer
Nachbarschaft.

Einfuhr von Früchten etc. zu nennen mit 6400 t 1903
(gegen 1400 t 1890), fast ausnahmslos Kronsbeeren (rote
Heidelbeeren oder Preißelbeeren) aus Schweden oder Finnland.
Je zur Hälfte war die entsprechende Bahnabfuhr nach West-
und Süddeutschland, und ins weitere Elbgebiet bestimmt; es ist
interessant, daß sich auch bei diesen schleunigst zu befördernden
Waren der Wasserweg einen bescheidenen Anteil: 9,7 % von
3900 t 1903 gesichert hat. Mit Vorstehendem sind die heute
bedeutsamen Einfuhrartikel Lübecks erschöpft, es bleiben nur
noch einige Güter flüchtig zu erwähnen, die zum Teil ihre
frühere Rolle verloren haben. Die noch 1890 mit 11 900 t
recht erhebliche Einfuhr von russischem Petroleum ist
ganz von dem Elbhafen aufgesogen worden, der seinen Absatz
überwiegend auf dem Elbstrom vollzog. Nachdem Lübeck
seine Bedeutung für Petroleum eingebüßt hat, muß der Wasserweg neuerdings dazu dienen, den Bedarf der Stadt in Konkurrenz mit der Eisenbahn aus Hamburg zu decken [1]). Ähnlich herabgesunken ist die Einfuhr von Fischen und Heringen aus Schweden seit 1895, wo sie noch 15 800 t betrug,
auf 4000 t 1903. Die Ergiebigkeit der Ostseegewässer hat
nämlich seit jener Zeit bedenklich nachgelassen, so daß Lübeck
nunmehr durch Bezüge aus der Nordsee auf dem Bahnwege
über Hamburg Ersatz schaffen muß [1]), dessen die ausgedehnte
Räucherei bedarf. Deshalb beruhen die starken Ausgänge
landwärts heute nur zum Teil auf dem Seeverkehr; sie um-
faßten 1900: 12 400 t, 1903: 4800 t von ihnen 15,5 % auf
dem Kanal, während die Bahn die gleichen Summen nach
Schleswig-Holstein, dem Elbgebiet und Süd- und Westdeutschland versendet, zusammen 4100 t. Soweit die Einfuhr von
Käse, Butter und anderen Fetten, die 1903 4900 t
betrug, ins Hinterland weitergeht, beteiligt sich der Wasserweg zu 21,9 % (von 2500 t). Umfangreicher unterstützt der
Kanal die Einfuhr von Teer und Pech im Betrage von

---

[1]) Es gingen 1903: 7900 t Petroleum etc. binnenwärts ein, davon
43,4 % auf dem Elbe-Travekanal. Es gingen 1903: 6100 t Fische binnenwärts ein, davon 3,7 % auf dem Elbe-Travekanal; 1900: 11 300 t Fische,
davon 2,9 % auf dem Elbe-Travekanal.

3800 t besonders aus Finnland und Rußland (gegen 5900 t
1890). Während die Eisenbahn ihre Verfrachtungen nach
dem Westen fortgesetzt unter dem Wettbewerb der Nordseehäfen vermindert hat, eröffnete der Elbe-Travekanal ein neues
bescheidenes Absatzfeld im Gebiet der mittleren Elbe (1800 t
= 48,2 %) und hinderte so den gänzlichen Verfall dieses Ein-
fuhrgutes. Auch bei Wein verhalf der Wasserweg zu einem
Wiederaufleben der seewärtigen Einfuhr aus dem Rheingebiet
und Frankreich, welche von 1200 t 1890 auf ein Minimum
1895 und 1900 zusammengeschrumpft war. Er beförderte
1903: 500 t und brachte so im Verein mit dem alten Eigenhandel die Einfuhr von neuem auf 1100 t [1]). Da die Einfuhr
an Häuten und Fellen aus Rußland und Schweden überwiegend nach West- und Süddeutschland gerichtet ist, wo
einer Vergrößerung die mächtige Konkurrenz der Nordseehäfen
entgegensteht, so schwankt der Seeempfang zwischen 5000 t
(1890 und 1903) und 7000 t (1900 und 1902), und mit ihm
der Bahnausgang. Aus diesem Grunde besagen die geringen
Vorteile, welche der Elbe-Travekanal im Elbgebiet gegen
Hamburg und Stettin erkämpft hat, fast gar nichts (1903: 8,7 %).

Ich habe schon darauf hingewiesen, daß die Ausfuhr
zur See sich erfolgreicher der Konkurrenz von seiten Hamburgs und Stettins erwehrt hat, da die Überlegenheit Lübecks
in der Schiffahrtsorganisation für die meist hochwertigen Ausfuhrartikel bedeutungsvoller ist als für die eingebrachten Rohstoffe der nordischen Länder. Ununterbrochen stieg die Ausfuhr von 166 900 t 1890 bis auf 314 600 t 1899; dann dem
Mitte 1900 eingetretenen Niedergang des deutschen Wirtschafts-
lebens folgend für dieses Jahr eine Depression (289 400 t),
welche erst 1902 völlig überwunden wurde (317 400 t). Mit
328 400 t erreichte der Ausgang alsdann 1903 die doppelte
Höhe wie am Beginn dieser Periode. Da derselbe bis ins
Jahr 1899 allein auf dem Eisenbahnverkehr basierte, so finden
wir bei diesem die entsprechende Steigerung von 385 000 t

---

[1]) Es ist zu beachten, daß der Weinversand ab Lübeck meistens als
Stückgut geschieht, sich dadurch die scheinbar große Einbuße der Bahn
von 1600 t 1900 auf 150 t 1902 erklärt, mithin dürfte der danach be-
rechnete Anteil des Wasserwegs von 87,7 % zu hoch sein.

auf 607 400 t [1]). Die Eröffnung des Kanals leitet sofort eine rückläufige Bewegung ein, die erst im Jahre 1903 mit 516 600 t gegen 536 200 t 1900 und 506 300 t 1902 zum Stillstand kommt. Gleichzeitig steigt der Wasserverkehr schnell auf 202 600 t 1900 und 366 700 t 1903 [2]), er bringt somit seinen Anteil auf 27,4 % resp. 41,6 %. Wie sich später zeigen wird, enthält der Eingang beider Binnenbeförderungsmittel vielfach Güter, die dem Platzverbrauche dienen, so daß die obigen Ziffern nur als ungefährer Maßstab gelten können. Über die Verteilung der letztjährigen Zufuhr aus dem Hinterland s. die Tabelle auf S. 162.

Fast die halbe Zufuhr [3]) aus dem Hinterland entstammt dem benachbarten Mecklenburg und Schleswig-Holstein. Diese 348 000 t, welche zu 59,3 % von der Binnenschiffahrt befördert werden, sind fast ausnahmslos zur Befriedigung des lokalen Bau- und Nahrungsbedürfnisses bestimmt, dienen also überhaupt nicht der seewärtigen Ausfuhr. Die andere größere Hälfte des Empfangs hat zu beinahe gleichen Teilen ihren Ursprung im Elbgebiet (245 000 t) und im westlichen und südlichen Deutschland (211 000 t). Von der Zufuhr aus dem Bereich der Elbe fährt die Schiffahrt etwa $\frac{2}{3}$ (65,1 %). Im Verkehr mit dem nahen Hamburg, woher dieser Empfang zur Hälfte (120 000 t) stammt, erreicht sie 50 % (49,4 %); von den 100 000 t, welche von der Mittelelbe und ihrem Verkehrsgebiet eintreffen, aber nimmt sie 86,5 % in Beschlag. Der Anteil an der schmalen Zufuhr aus Böhmen (7300 t) entspricht mit 67,0 % der Beteiligung der Wasserstraße am Verkehr mit dem weiteren Gebiet der Elbe überhaupt, und von den 14 700 t aus dem ganzen Landstrich östlich der Elbe herangeschafften Gütern beansprucht der Elbe-Travekanal

---

[1]) Der quantitativ nicht belanglose Empfang per Kahn, 1890: 94 700 t = 19,7 %, aus der Nachbarschaft besteht fast ausschließlich aus Erden von der Untertrave, Mauersteinen und Holz von der Obertrave und Wakenitz für die Bautätigkeit der Stadt, kommt also für den Seeverkehr überhaupt nicht in Betracht.

[2]) Davon auf dem Elbe-Travekanal zu Tal: 1900: 72 500, 1903: 188 700 t.

[3]) 348 000 t der später im einzelnen ausgewiesenen 800 000 t.

Im letzten Jahre (1903) verteilte sich die Zufuhr aus dem Hinterland auf folgende Gebiete:

I.

Gebiet	E.	%	W.	%
Vkbzk. 5—6: Mecklenburg	108 000		—	
Vkbzk. 6 d, 7, 8 (ohne Hamburg): Stationen des E.-T.-K., Trave und Wakenitz	32 200	13,4	207 700	86,6

Summe I. { E. 140 200 (40,3) | W. 207 700 (59,7) } 347 900

II.

Gebiet	E.	%	W.	%
Vkbzk. Hamburg	60 100	50,6	58 600	49,4
Unteres Elbgebiet	?		62 000	
Vkbzk. 18—20: Mittelelbe	13 500	13,5	86 600	86,5
— Davon Magdeburg-Schönebeck	?		70 800	
Vkbzk. 52—55 (Böhmen)	2 400	33,0	4 900	67,0
— Davon Aussig	?		4 500	
Vkbzk. 12—17: Märkische Wasserstraßen und Oder	9 500	64,6	5 200	35,4
— Davon Berlin	—		2 400	

Summe II. { E. 85 500 (34,9) | W. 159 300 (65,1) } 244 800

III.

Gebiet	E.	W.
Vkbzk. 9 bis 11: Hannover	57 100	—
Vkbzk. 21 bis 28: Westdeutschl.	146 300	—
Vkbzk. 29—36, 56, 67: Südd. und Italien	7 200	—

Summe III. E. 210 600 —

Insgesamt E. 439 600 —

+ Stückgut { E. 516 600 58,4 | W. 366 600 41,6 } 883 200 —

immerhin noch ⅓ (35,4 %). Der aus West- und Süddeutschland herbeigezogene Rest der landseitigen Zufuhr (211000 t
wie angegeben) wird sich zu einem gewichtigen Teil als Steinkohlen etc. erweisen, mithin wird diesem Eisenbahnverkehr
nicht die große Bedeutung für den Seeverkehr zugestanden
werden dürfen, welche ihm nach dem quantitativen Verhältnis
zum Gesamtempfang (1 : 4) gebührt.

Diese Einfuhr an Steinkohlen etc. mit ihrer Verdoppelung auf 113300 t 1903 (1890: 57100 t) vollzieht sich praktisch ganz auf dem Bahnwege, und zwar aus dem Ruhrrevier [1]).
Die weitaus größere und wachsende Quantität befriedigt den
Bedarf der Stadt; der Elbe-Travekanal führt nur geringe
Mengen Braunkohlen aus Sachsen und Böhmen (1900: 8,7 %,
1903: 5200 t = 4,6 %) heran. Nur ein geringer Teil,
etwa 18000 t (1890) — 27000 t (1902), wird seewärts nach
Schweden (1903: 10600 t), Finnland und Dänemark verfrachtet,
und dieser wird, da er allein aus Steinkohlen besteht [2]), ganz
dem Bahneingang anzurechnen sein. Von hervorragender Bedeutung für die Seeausfuhr Lübecks sind dagegen Eisen
und Eisenwaren aller Art, deren Versand von 30000 t 1890
rasch auf 60000 t 1903 gestiegen ist. Im letzten Jahre
nahmen Schweden 18100 t, Rußland und Finnland 22000 t,
die preußischen Häfen 16400 t und Dänemark 3600 t auf.
Wie bei den Kohlen ist Lübeck vornehmlich auf die Produktion
West- und Südwestdeutschlands und demgemäß auf den Bezug
per Schienenweg angewiesen, der entsprechend der Verschiffung
auf 75800 t 1903 (40300 t 1890) [3]) zunimmt. Die Wasserstraße muß sich mit den geringen Mengen begnügen, die die
mittlere und untere Elbe zur Verfügung stellt: 1903: 2800 t
= 3,5 %. Sie besteht, neben Blechen und anderen Fabrikaten

---

[1]) Von 1903: 108100 t aus Verkehrsbezirk 21—28: 90800 t; daneben
aus dem Elbgebiet (Verkehrsbezirk 18—20) und Brandenburg (Verkehrsbezirk 16, 17) zusammen etwa 5000 t Braunkohlen und 12000 t Koks aus
Schleswig-Holstein (Hamburg) und Hannover.

[2]) An Braunkohlen und Koks wurden 1903 nur 1100 t nach Schweden
exportiert.

[3]) Davon 1903 aus dem Rheinisch-Westfälischen Industriegebiet (Verkehrsbezirk 21—28): 44100 t, Hannover (Verkehrsbezirk 9—11) 19600 t.

aus der Einfuhr Hamburgs, zu 1100 t aus Maschinen und deren Teilen von der mittleren Elbe. Bei diesen letzteren, deren Export seit 1890 zwischen 8000 und 10000 t schwankt [1]), kommt in stärkerem Maße als bei den übrigen Eisenerzeugnissen das Gebiet der mittleren Elbe mit seinen Gießereien in Frage, und hier erreicht daher, ähnlich wie beim Empfang Hamburgs, die Wasserverbindung eine höhere Beteiligungsziffer, nämlich 14,5 % von 7800 t, indem sie den gleichgerichteten Eisenbahnen lebhaften Wettbewerb bereitet [2]). Ebenfalls auf dem Bahnempfang aus Westdeutschland beruhte die Ausfuhr von Erden, Gips etc. im Betrage von 10500 t 1900. Die neuerliche Zunahme auf 12800 t, davon nach Rußland 3700 t Flußspat und Erden, und 1800 t nach Schweden, wird dem Kanal verdankt, der beträchtliche Mengen Spate und Gips von Magdeburg dem Stettiner Verkehr abspenstig gemacht hat und somit den Bereich Lübecks über den ihm von Hamburg und Bremen bestrittenen Gips aus Hannover und Tonerden aus Hessen erweiterte [3]).

Ist bei den vorigen Gütern der Anteil des Wasserwegs notwendig ein recht bescheidener, so ändert sich das Bild hinsichtlich der folgenden Waren, die vorwiegend im Gebiet der mittleren Elbe gewonnen werden. Es ist der Elbe-Travekanal, welcher die umfangreiche Ausfuhr von Düngesalzen und anderen Dungstoffen (1903: 22000 t [4]) 1895: 1300 t) ermöglicht hat. Die Eisenbahn vermochte nur geringe Mengen aus dem Elbgebiet und etwas Chilisalpeter von Hamburg über Lübeck zu ziehen. Sie mußte sie zum Teil an den Kanal abgeben [5]), dem es gelang, darüber hinaus bedeutende Quanti-

---

[1]) 1890: 10100 t, 1900: 10700 t, 1903: 8400 t; davon nach russischen und finnischen Häfen: 3900 t, Schweden: 2700 t, Preußen: 1100 t.

[2]) Von der Bahnzufuhr, 6700 t, entfielen auf Verkehrsbezirk 9—11 und 21—36: 3300 t, Verkehrsbezirk 12—20: 2000 t.

[3]) Die 135400 t Erden, Kalk etc., welche 1903 auf dem Wasserwege eingingen, bieten keinen Anhalt, da sie Baumaterialien darstellen, ebensowenig der Eingang auf dem Kanal: 5900 t. Die Bahnzufuhr betrug 12300 t; davon aus Verkehrsbezirk 9—11: 9200 t, Verkehrsbezirk 21—28: 2500 t, Verkehrsbezirk 12—20: 600 t.

[4]) Davon nach Schweden 10300 t, Dänemark 6600 t, Rußland 4200 t.

[5]) Zufuhr bahnwärts: 1900: 9800 t, 1903: 6600 t; davon Verkehrs-

täten Kalisalze über Lübeck zu leiten, so daß heute der Wasserweg 67,4 % der Zufuhr (20 100 t) bewältigt. In Betreff der Steigerung der Salzausfuhr auf 19 500 t 1903 (gegen 6000 t 1890), von denen 10 200 t auf Schweden und 6500 t auf Dänemark entfallen, gilt dasselbe. Vor dem Jahre 1900 wurde sie von dem nicht entwicklungsfähigen Eisenbahnbezug[1]) aus Hannover (Lüneburg) getragen. Erst der Kanal machte die Produktion der Provinz Sachsen umfangreich dem Lübecker Seeverkehr nutzbar, indem er wie bei den Kalisalzen energisch in die Sphäre besonders des Oderhafens eingriff, und sich somit einen Anteil von zuletzt 64,8 % (von 20 300 t) sicherte. Die Eisenbahn ist fast gänzlich auf die Anfuhr aus Hannover abgedrängt worden, sie macht der Elbe nur sehr geringfügig Konkurrenz[2]). Der Versand von Zucker nahm seit 1890 (4600 t) stetig ab (1900: 1900 t), da einerseits der schwedische Markt sich für den deutschen Export immer dichter absperrte, und andererseits der Mangel einer Wasserverbindung den Wirkungskreis der Hansestadt auf die nächste Umgebung, Schleswig-Holstein, Mecklenburg und Hannover einengte. Mittels des Kanals stieß dann Lübeck wieder ins Elbgebiet vor und erhöhte die Ausfuhr von Zucker und Sirup bis auf 12 800 t 1903. Der Anteil der Wasserstraße von 78,5 % 1903 (von 20 000 t) dürfte etwas zu hoch gegriffen sein, weil ein Teil des Wasserempfangs nur nach Lübeck kommt, um die überaus billige Lagerung im dortigen Zuckerschuppen zu genießen, und dann ebenfalls per Kanal nach Hamburg zur endgültigen Verschiffung weitergeht, und weil im Bahnempfang die aus Mecklenburg bezogenen Mengen fehlen[3]). Völlig hat auch der Wasserweg die nach Schweden (4000 t), Dänemark und Finnland verfrachtete Soda, zusammen 7300 t 1903 (1900: 500 t) dem Seeverkehr von der Mittelelbe zugeführt (94,5 %

---

bezirk 6 d, 7 8 (Hamburg) 2100 t, Verkehrsbezirk 9—11, 21—28: 1400 t Verkehrsbezirk 18—20: 500 t.

[1]) Eingang per Bahn: 1890: 7800 t, 1895: 7300 t.

[2]) Eingang per Bahn: 1900: 8800 t, 1903: 7100 t; davon Verkehrsbezirk 9—11: 4800 t, Verkehrsbezirk 18—20: 1700 t.

[3]) Der statistisch erfaßte Eingang von 4300 t 1903 (1890: 8100 t) stammte zu 2800 t aus Schleswig-Holstein und zu 1000 t aus Hannover.

von 8300 t). Wenn wir noch die kleine Ausfuhr an Holz und Holzwaren nach Rußland, Schweden und dem Rheingebiet von zusammen 8900 t 1903 erwähnen, für welche es zweifelhaft ist, inwieweit sie auf der Zufuhr binnenwärts (17 100 t mit 57,7 % des Wasserwegs) [1] fußt, so beschließen wir damit die Reihe der Massengüter, welche das Gebiet der oberen und mittleren Elbe der lübeckischen Ausfuhr liefert. Kurz sind dann auch die übrigen Waren zu erledigen, die aus dem deutschen Wirtschaftsleben über Lübeck zum Export gelangen. Da sind zuerst die Erzeugnisse der Textilindustrie zu nennen, welche als Garne, Leinen-, Woll- und Baumwollwaren etc. zu langsam steigenden Beträgen [2] (1890: 4500 t), zuletzt 8900 t, nach Schweden, Dänemark und Preußen ausgeführt wurden. Wahrscheinlich sammelt die Spedition diese Mengen aus ganz Deutschland zusammen. Über die genaue Herkunft dieses hauptsächlich als Stückgut eingehenden Verkehrs herrscht Ungewißheit [3]. Ebenso steht es um die Ausfuhr in Papier und Pappe nach Preußen und Schweden von 1903: 4000 t [4]). Wenn auch über den Binnenwasserverkehr keine Angaben vorliegen, so scheint für ihn doch neben der hohen Bahnzufuhr in beiden Fällen wenig Raum geblieben zu sein. Die umliegenden landwirtschaftlichen Distrikte dienen dem Export über Lübeck, abgesehen von Zucker, nur ausnahmsweise. Als z. B. die Kartoffelernte in Schweden und Finnland 1900 und 1902 mißraten war, führten sie dorthin 19 200 t resp. 16 100 t Kartoffeln aus, die mit der Bahn aus Schleswig-Holstein und Mecklenburg angeliefert wurden [5]. Dieser Versand sank indessen mit dem Eintritt

---

[1] Die Ausfuhr wird zum größten Teil von der seewärtigen Einfuhr und den diese verarbeitenden lokalen Sägemühlen getragen. Die Zufuhr bahnwärts kommt überwiegend aus dem nahen Schleswig-Holstein.

[2] Die geringe Ausfuhr von Lumpen, welche auf dem entwickelten Eigenhandel ruht (1900: 3100 t) wurde zu 12,4 % durch den Kanal angebracht.

[3] Daher auch der scheinbare Rückgang des Bahnempfangs von 10 200 t 1900 auf 1800 t 1902. Die hier als Wagenladungsverkehr ausgewiesene Menge entfällt fast ganz auf Hamburg (England?).

[4] Ebenso daher Bahnempfang 1900: 3900 t, 1902: 1500 t.

[5] Ohne Mecklenburg 1902: 15 300 t.

normaler Verhältnisse auf 2000 t zurück. Der Export von
Teer, Harzen, Asphalt etc. stieg von 3800 t 1890 auf 7400 t
1903, welche zu 4900 t aus Teer und Asphalt für Finnland,
zum übrigen aus Harz und Gummi nach Schweden, Rußland
und den östlichen Häfen Preußens bestehen. Während der
Schienenweg die Transporte von Teer etc. aus Hannover und
Mecklenburg [1]) besorgte, gab der Kanal durch Bezüge von
Harz etc. ab Hamburg (31,9 % von 7500 t 1903) insbesondere
der Ausfuhr die Möglichkeit zu obiger Steigerung [2]).

Wir sind damit schon halb in die Gruppe von Gütern eingetreten, welche Lübeck als Zwischenglied aus der überseeischen Einfuhr des Elbhafens empfängt, um sie an die
nordischen Länder zu verteilen. Es sei nur daran erinnert,
daß dieser Verkehr insgesamt 120 000 t umfaßt, von denen
die Hälfte dem Wasserweg zugeflossen ist. Die seit 1900
(11 300 t) ziemlich rege Ausfuhr von Getreide und Hülsenfrüchten [3]) wird, abgesehen von den Zufuhren aus der Umgegend, vornehmlich aus der mächtigen Einfuhr Hamburgs
geschöpft. In beiden Richtungen beteiligt sich der Wasserweg
mit zusammen 46,3 % (von 22 700 t 1903) [4]). Von der Unterelbe stammen auch die 13 000 t Mehl aus Getreide, welche
das Material für die Ausfuhr von 9900 t 1903 nach Finnland
und Dänemark abgeben. Bei gleichbleibendem Bahnempfang [5])

---

[1]) Von 5100 t aus Verkehrsbezirk 5—6: 2800 t, Verkehrsbezirk 9—11:
1700 t.

[2]) Der gleiche Gang ist bei der kleinen Ausfuhr von anderen unedlen
Metallen roh zu verfolgen: 1890: 600 t, 1900: 1100 t, 1903: 1300 t Blei
und Kupfer nach Rußland, für welche der Kanal zu der Bahnanfuhr aus
Schleswig-Holstein (Bruch) und Westdeutschland: Verkehrsbezirk 9—11,
21—28: 1100 t, im ganzen 2200 t, noch Bezüge an Kupfer aus Hamburg
hinzufügte: 1903: 1100 t = 34,3 %.

[3]) Von der Ausfuhr 1903, 9400 t, waren Weizen 4400 t hauptsächlich
nach Schweden, und Erbsen 2300 t.

[4]) Die Zufuhr per Bahn vollzog sich zu 10 400 t aus den Verkehrsbezirken 6 d, 7, 8; davon Hamburg allein 6200 t (Mecklenburg fehlt!).
Die zu 80,8 % per Elbschiff aus Böhmen in Umladung zu Magdeburg etc.
angebrachte Gerste (2200 t) hat nur einen minimalen Versand über See
nach Schleswig-Holstein und Mecklenburg (1903: 1100 t) hervorgerufen.

[5]) 1900: 6200 t, 1903: 5000 t; davon Hamburg 3800 t. Die Lübecker
Mühlen setzen hauptsächlich in das Inland ab.

vermehrte der Elbe-Travekanal langsam seine Transporte und befördert heute 61,5 % der obigen Zufuhr. Aus dem schon gelegentlich der Hamburger Einfuhr berührten Grunde hat sich der Schienenweg die Zufuhr von Früchten, Obst etc. mit 89,2 % [1]) (von 6000 t 1903) besser bewahrt, allein er hat der Ausfuhr von Südfrüchten ab Hamburg nach Rußland und Preußen (4000 t), sowie anderem Obst, insgesamt 8000 t, nur zu einem minimalen Aufschwunge in den letzten Jahren verholfen (1900: 7000 t). Der Export von Fetten (Margarine nach Rußland, Wachs nach Preußen), welcher seit 1895 um 7000 t schwankt, hat durch den Kanal eine Stärkung nicht erfahren; dieser hat nur dem Eisenbahnverkehr, der sich aus Empfängen [2]) vom Rheingebiet und von Hamburg zusammensetzt, einen Teil des letzteren abspenstig gemacht (35,5 % von 7900 t 1903). Die Bemühungen der Lübeck-Büchener Bahn, den anfangs der Wasserstraße zugefallenen Teil ihr durch niedrige Tarifierung wieder zu entreißen, ist nur für die Ausfuhr von Häuten und Fellen nach Königsberg und Danzig (1903: 6400 t) von einigem Erfolg begleitet gewesen. Schon in dem halben Jahre 1900 hatte der Kanal 1000 t = 17,3 % angefahren, eine Summe, die sich bis 1903 nur auf 1500 t hob [3]). Bei allen anderen Gütern hat sich der Wasserweg zum größten Teil des Empfangs aus Hamburg bemächtigt, wenn auch wegen der seit 1901 geänderten Anschreibung des Bahnverkehrs diese Steigerung etwas zu steil in die Erscheinung tritt, so z. B. bei der Ausfuhr von Gerbstoffen: 5100 t nach Königsberg und Rußland, welche der Kanal hinsichtlich der ausgewiesenen Mengen [4]) zu 82,1 % 1903 beansprucht. Die seit 1890 auf 1000 t stabile Ausfuhr von Farbholz nach Rußland ist völlig (1500 t = 100 % 1903) auf ihn über-

---

[1]) Von 5400 t aus Hamburg 3100 t.

[2]) Im ganzen 5100 t 1903; davon Verkehrsbezirk 9—11, 21—28: 2200 t, Hamburg 1200 t.

[3]) Der Rückgang des Bahnverkehrs von 5000 t auf 3800 t ist nur scheinbar, ebenso die darauf begründete Zunahme des Wasserwegs auf 28,1 %, da ja seit 1901 die Sendungen unter 3 t weggefallen sind.

[4]) Wie bei Anm. 3 vermindert sich der Bahnempfang von 5000 auf 500 t.

gegangen. Am ausgesprochensten war die Umgehung des Lübecker Hafens infolge direkter Verfrachtung von Hamburg für die Baumwolltransporte nach Rußland. Der Ausfuhr 1890: 21 100 t standen 1895 allein 15 200 t gegenüber, 1900 gar nur mehr 8500 t. Hier hat der Elbe-Travekanal wenigstens einer weiteren großen Minderung entgegengearbeitet: 1903: 6300 t, indem er die entsprechenden Zufuhren zu 70,3 % in Händen hat; wogegen er die Einbuße an Tabak: 1890: 1400 t, 1903: 350 t, dessen Anfuhr ihm mit 42,8 % zugefallen ist, nicht hat ausgleichen können. Im Verkehr mit Hamburg hat auch bezüglich des Weins, welcher während der ganzen Zeit in der Höhe von ungefähr 1900—2700 t über die gesamten Uferstaaten der Ostsee verteilt worden ist, die Kanalschiffahrt völlig die Oberhand (1903 67,8 % von 2000 t) und der Schienenweg ist auf die geringe Zufuhr aus dem Rheingebiet beschränkt [1]). Wenn bei allen bisherigen Gütern, die Lübeck dem Seeverkehr der Elbhäfen verdankt, der Wasserweg allein einer drohenden Umgehung sich entgegengestemmt hat, so hat er für Kaffee, gestützt auf den kräftigen Eigenhandel in Kolonialwaren, positive Erfolge für die Ausfuhr seewärts zu verzeichnen. Der Empfang per Bahn übersteigt seit 1900 keine 7000 t [2]), so daß der Aufschwung des Exports nach Rußland, Finnland und Schweden von 7000 t 1895 auf 10 300 t 1900 und 13 600 t 1903 [3]) dem Elbe-Travekanal und seiner Zufuhr von 6900 t = 52,4 % 1903 verdankt ist [4]).

Wir haben hier im Verkehr mit Hamburg die interessante Tatsache, daß ein künstlicher Wasserweg auf kurze Entfernung hin den Wettbewerb mit der 63 km langen Bahnstrecke aufnimmt, und dabei besonders für die Verfrachtung höherwer-

---

[1]) Verkehrsbezirk 21—36: 350 t, Hamburg: 180 t, insgesamt: 630 t.

[2]) Der zahlenmäßige Rückgang auf 6200 t 1903 beruht wahrscheinlich auf dem Anteil des Stückgutverkehrs.

[3]) Die darin enthaltenen 3600 t Zichorien nach Preußen liefert die Elbschiffahrt von der Mittelelbe.

[4]) Unbedeutend ist die Ausfuhr von Reis: 1000 t 1903 (1890: 500 t), bei welcher der Wasserweg nur eine kleinere Beteiligung erlangt hat, da ein Teil des Bezugs per Bahn von den Weserhäfen kommt, 19,3 %.

tiger Massengüter, also im Versand von Hamburg [1]), außerordentlich erfolgreich ist. Obwohl die Entfernung zu Wasser fast doppelt so lang ist (113 gegen 63 km), und obwohl die Eisenbahn völlig nach privatwirtschaftlichen Prinzipien verwaltet wird und dies auch Ende 1900 durch Kampftarife bezeugte, blieb die Binnenschiffahrt doch noch um die Hälfte unter dem erwähnten niedrigsten Tarif für Ausfuhrzucker [2]) und fesselte auf diese Weise 50 % des Verkehrs an sich. Auf den ersten Blick mag es scheinen, als wenn dieser Wettstreit der beiden Binnenbeförderungsmittel dem Seeverkehr nur einen ganz unerheblichen Nutzen gebracht hat, da eigentlich allein für Kaffee eine Vergrößerung desselben resultiert ist. Aber wir müssen bedenken, daß der Transitverkehr des Elbhafens über Lübeck mit dem Norden seit 1890 und besonders seit der Eröffnung des Kaiser Wilhelmkanals 1895 ständig abnahm, und es wäre schon verdienstlich genug, wenn der Elbe-Travekanal diese Umgehung durch direkte Dampferlinien zum Stillstand gebracht hat, denn es kann nicht zweifelhaft sein, daß die Bahn und damit der Seeverkehr Lübecks sonst die an ihn abgegebenen Mengen zum größten Teil an jene verloren hätte [3]). Indessen liegt fraglos im Gebiet der mittleren Elbe das hauptsächliche und entwicklungsfähige Wirkungsfeld für die neue Wasserstraße. Nach dieser Richtung stehen wir vor der Tatsache einer durch die Kanalschiffahrt verursachten Erweiterung des bisherigen Güteraustausches. Der Bahnverkehr mit diesen Gebieten (Verkehrsbezirk 12—20) übersteigt nach wie vor nicht 50 000 t (1903: 51 600 t), der Kanal dagegen fügte 1903: 162 000 t Güter zu. Wohl hat dieser auch die österreichische Elbe mit 19 000 t 1903 in den Verkehrsbereich Lübecks gezogen, doch fehlt noch immer der Anfang eines direkten Verkehrs mit Laube-Tetschen, dem Zentral-

---

[1]) Nicht so sehr im Versand nach Hamburg (30 %), wo Holz die Hauptrolle spielt.

[2]) 1903: Niedrigster Bahnsatz für Rohzucker 2,90 Mk. pro Tonne, Kahnladung 1,80 Mk. bis 2,20 Mk.

[3]) Wobei vorausgesetzt ist, daß die Privatbahn die heute durch den Kanal erzwungenen Ermäßigungen auch im Wettbewerb mit den Seeverbindungen Hamburgs eingeführt hätte.

hafen des böhmischen Transitverkehrs. Es erklärt sich dies
aus der langen Transportdauer, indem der jetzige Verkehr mit
der oberen Elbe noch nicht die Kähne füllt und diese zur
Vervollständigung ihrer Ladung zu mehrfachem Anlaufen genötigt sind [1]). Für die Mittelelbe ist der Erfolg im Wettbewerb mit Hamburg bis jetzt gering gewesen. Durchschnittlich standen die Elbfrachten für Lübeck um etwa 50—60 Pfg.
pro Tonne im Jahre 1903 höher als für Hamburg. Einzig in
dem Falle, wo außer den geringeren Platzspesen die überaus
niedrige Seefracht im Verkehr mit Königsberg und Danzig die
teuere Binnenfracht aufwiegt, so in Holz einerseits und Zucker
andererseits, hat Lübeck dem Hamburger Elbverkehr nennenswerten Abbruch getan. Die hauptsächlichen Erfolge des Elbe-
Travekanals liegen in der verstärkten Konkurrenzfähigkeit mit
Stettin, dem fast der ganze über Lübeck geleitete Verkehr
der Mittelelbe entzogen ist, was erst 1903 voll zum Ausdruck
kam, da die ungünstigen Elbwasserstände 1900 und 1902 in
diesen Jahren den Wettbewerb der neuen Wasserstraße in
engen Schranken hielt [2]). — Die Kehrseite werden wir eingehend beim Stettiner Seeverkehr kennen lernen. — Diese
Sachlage ist natürlich auf die Stellung beider Seehäfen von
der größten Bedeutung, insbesondere hat sie die Schiffahrtsorganisation zu Gunsten Lübecks beeinflußt. Als Symptom
hierfür mag gelten, daß die „Neue Dampferkompanie", die
mit ihren Schiffen von beiden Plätzen Verbindungen mit
Königsberg unterhält, auf der Lübecker Linie 44000 t 1903
gegen 19700 t 1900 beförderte, während sie die Fahrten
zwischen Königsberg und Stettin hat wesentlich einschränken
müssen [3]). Ebenso zieht der Kanal die kleinen Ostseesegler von
Stettin nach Lübeck, deren der Export nach den nordischen

---

[1]) Jahresbericht der Handelskammer zu Lübeck (Wirtschaftlicher Teil)
1902, S. 18.

[2]) Die dadurch verursachte Frachtensteigerung war für Lübeck viel
drückender wegen der längeren Strecke, welche die Kähne auf freiem
Strom zurückzulegen haben.

[3]) Sie steht wie die Griebelsche Reederei vor der Frage, diese Route
nur noch mit zwei Dampfern anstatt wie bisher mit drei zu befahren,
vgl. meine Studie über den Elbe-Travekanal a. a. O. S. 265.

Ländern in großer Zahl bedarf, was dazu beigetragen hat, die großen Transporte an Düngesalz und Siedesalz nach dort abzulenken [1]). Es läßt sich nicht verkennen, daß Lübeck nach dem beschlossenen Umbau der Hohensaathener Wasserstraße gegenüber Stettin in eine schwierige Lage geraten wird, mithin Bedacht nehmen muß, beizeiten das Schwergewicht auf den Wettbewerb mit Hamburg zu verlegen. Die höheren Elbfrachten im Verkehr mit Lübeck sind nicht, wie Wiedenfeld [2]) es will, überwiegend auf die geringere Leistungsfähigkeit des Kanals als künstliche Wasserstraße gegenüber dem freien Elbstrom zurückzuführen [2]), sondern darauf, daß es in Lübeck an Bergfrachten fehlt, welche dem Hamburger Hafen aus dem Nordseeverkehr reichlich verfügbar sind, und daß dem auch die Talfrachten die Rechnung tragen müssen. Gelingt es, diesem Mangel durch Etablierung einer wirklichen nach dem Inlande absetzenden Großindustrie, wie sie vor allem mit dem im Bau befindlichen Hochofenwerk geplant ist, abzuhelfen [3]), ohne daß durch die gleichzeitige notwendige Ausgestaltung der Hafeneinrichtung und die Vertiefung der Fahrstraße der heutige Vorteil niedriger Platzspesen verloren geht, so ist das größte Hindernis für die Wettbewerbsfähigkeit mit Hamburg gehoben. Dann wird auch Lübeck den Elbe-Moldau-Donaukanal, dessen Ausführung in absehbarer Zeit sichergestellt ist, und einen bei Magdeburg mündenden Mittellandkanal für seinen Seeverkehr verwerten können.

Anders liegen die Dinge bei dem größten Ostseehafen

---

[1]) Bericht der Vorsteher der Kaufmannschaft zu Stettin 1908, I, S. 62 u. 72.

[2]) a. a. O. S. 343.

[3]) Ein Eindringen Lübecks in die westlichen Schiffahrtsbeziehungen Hamburgs, der andere Ausweg, ist nur sehr beschränkt möglich. Vgl. Siewert, Die Entwicklung der Industrie in den deutschen Seestädten, 1902. — Es ist wohl nur aus Gründen der Taktik zu verstehen, daß man in leitenden Kreisen zuerst den Elbe-Travekanal befürwortete, um den Seeverkehr und die Industrie zur Entfaltung zu bringen, und man nun für die finanzielle öffentliche Unterstützung des Hochofenwerks u. a. geltend macht, daß es zu schaffen sei, um den Kanalverkehr zu befruchten. Eine solche Auffassung von der Wechselwirkung zwischen Industrie und Seeverkehr bezw. Kanalverkehr ist allerdings schief.

Schleswig-Holsteins, Kiel. Hier ist es die nach Nordwesten exponierte Lage, welche infolge der beträchtlichen Mehrentfernung vom kompakten deutschen Wirtschaftsgebiet gegenüber Lübeck und den deutschen Elbhäfen den Verkehrsbereich Kiels auf die Provinz beschränkt hat. Seine Seeeinfuhr ist beinahe ganz für den Konsum der Stadt bestimmt und steigt langsam mit ihm. Unter den 677 000 t des eigentlichen seewärtigen Empfangs [1] (1892: 410 000 t) befinden sich allein 271 000 t Kohlen und Koks aus England, und der Versand in das Hinterland hat von 63 000 t 1890 auf 45 600 t 1903 abgenommen, insbesondere wegen des Vordringens inländischer Steinkohlen [2]; ebenso sank der Absatz von Holz von 39 200 t auf 26 500 t; so daß die Steigerung der Holzeinfuhr auf 92 400 t 1903 (1890: 78 700 t) aus altpreußischen und schwedischen Häfen lediglich dem Verbrauche des Baugewerbes und der Schiffswerften zu danken ist. Ausschließlich auf dem lokalen Bedarf beruht die Einfuhr von inländischen gebrannten Steinen und schwedischen Pflastersteinen, letztere zu 36 300 t 1903, von ostpreußischem Hafer (6100 t), Zucker, Petroleum und Ölen aus Hamburg (zu je 2—4000 t), überwiegend auch die Einfuhr von Futtergerste aus Hamburg und Dänemark, indem der Einfuhr von 15 000 t 1903 ein Bahnversand von nur 5700 t entspricht [3]. Gerade das Getreidegeschäft ist immer mehr durch Hamburg auf die Versorgung der nächsten Umgegend eingeschnürt worden [4]. Wie allgemein dieser Druck auf dem Kieler Verkehr lastet, beweist der Stillstand des bahnwärtigen Ausgangs auf 1903: 178 000 t (1892: 165 000 t). Noch deutlicher zeigt er sich in dem Rückgang der schon an sich minimalen Ausfuhr zur See von 98 500 t 1892 auf 46 400 t, und davon basiert eigentlich nur der Versand von Bier (3100 t), Weizen (4800 t) und Mehl (2700 t) auf dem Hinterland, und

---

[1] Von den in den Handelskammerberichten für Kiel 1903 gegebenen Ziffern sind 16 000 t im Eingang und 14 000 t im Ausgang abgerechnet worden, die auf den Hafenverkehr (Kieler Bucht) entfallen.

[2] Jahresbericht der Handelskammer zu Kiel 1903, S. 133.

[3] Die Mehleinfuhr: 16 600 t und von Kleie 4300 t stammt fast ganz aus dem Hafengebiet (Neumühlen).

[4] Jahresbericht der Handelskammer zu Kiel 1903, S. 128 u. 138.

die Ausfuhr von Kohlen, verarbeitetem Eisen, Ölen und Ölkuchen ist ein Transitverkehr mit teilweiser Verarbeitung der
seewärts eingegangenen Rohstoffe (Eisen und Ölsaat). Kiel
bewirbt sich nun schon lange um die Ausführung einer Wasserverbindung mit der Elbe, indem es geltend macht, ihm würde
durch diesen Elbe-Kielkanal [1]), wie es durch den Elbe-Travekanal für Lübeck geschehen sei, ein Ersatz für den durch den
Kaiser-Wilhelmkanal geschaffenen Verlust geschaffen [2]). Hierbei ist jedoch vergessen, daß die gegen Lübeck größere Entfernung vom Hinterland — der geplante Kanal soll vom Elbe-
Travekanal abzweigen — durch keine etwaige bessere Ausrüstung
des Hafens oder der Schiffahrtsorganisation aufgewogen wird;
sondern daß Kiel in beidem gegen den südlicheren Platz entschieden zurücksteht. Es mögen strategische Erwägungen, um
im Kriegsfall den Flottenstützpunkt Kiel mit Kohle, Eisen etc.
ausreichend versehen zu können, den Bau der Wasserverbindung
wünschenswert erscheinen lassen, dem Handelsverkehr zur See
wird er nicht dienlich sein.

Wie Kiel nur eine provinzielle Bedeutung für Schleswig-
Holstein erlangt hat, so auch Rostock [3]) für Mecklenburg.
Im Jahre 1902 umfaßte sein seewärtiger Eingang 217200 t,
davon 135900 t Steinkohlen. Von diesen geht nur ein geringer Teil in das Hinterland über; per Bahn wurden 42300 t
abgeführt, mittels Flußschiff auf der Oberwarnow 13300 t.
Die 34500 t aus Schweden etc. bezogenen Steine werden zu
11700 t vom Schienenweg weiterbefördert. In gleichem Verhältnis dient er der 15800 t betragenden Einfuhr an Holz;
außerdem gibt er die geringe Einfuhr an Mais (7100 t) und
Düngemitteln (7500 t) an die landwirtschaftliche Umgebung
weiter. Die Ausfuhr Rostocks bleibt mit 56100 t 1902 noch
hinter der Kiels zurück, sie bestand zu 35900 t aus Getreide
und Ölsaaten, besonders Hafer und Roggen. Außer der kleinen

---

[1]) Vgl. Sartori: Der Elbe-Kielkanal 1898.

[2]) Jahresbericht der Handelskammer zu Kiel 1900, S. XXI.

[3]) Die statistischen Angaben sind dem Jahresbericht der Korporation
der Kaufmannschaft zu Rostock 1902 entnommen. Für den Eisenbahnverkehr beziehen sie sich auch auf Warnemünde, doch fehlt der Verkehr
Rostock-Stralsund seit 1903.

Ausfuhr von Kartoffeln (7600 t) ist noch der Versand von Zucker mit 11 000 t erwähnenswert, weil er ungefähr zur Hälfte durch die Binnenschiffahrt herangeschafft wird. Nachdem durch den Ausbau des Großschiffahrtsweges Berlin-Stettin das Gegenprojekt Rostock-Berlin so gut wie hinfällig geworden ist, ist diesem Hafen die Aussicht genommen, sein Hinterland über Mecklenburg auszudehnen, und zu Bedeutung unter den deutschen Ostseehäfen aufzurücken. Wir haben nur noch festzustellen, daß nach dem vorigen die Wasserverbindung der Warnow, welche nur auf einen primitiven Kleinverkehr eingerichtet ist, dennoch für den Seeverkehr Rostocks nicht unerheblich ist, indem sie am gesamten Ein- und Ausgang binnenwärts von 1902: ca. 240 000 t zu etwa 14 % beteiligt ist (ca. 40 000 t). Einen Ersatz kann die am 1. Oktober 1903 eröffnete Dampffähre Warnemünde-Gjedser keinesfalls bieten, denn auf den Stückgutverkehr, für welchen allein sie durch die schnellere Beförderung Vorteile hat, kann kein Hafen seine verkehrswirtschaftliche Stellung gründen. Aber die Erfolge, welche diese neue Verbindung wie die Fähre Saßnitz-Trelleborg seit der Überwindung der ersten Schwierigkeiten verzeichnet, obwohl die konkurrierenden Linien von Stettin und Lübeck ihre Frachtsätze erheblich herabsetzten [1]), lehren, daß die Stückgutspedition heute außerordentlich beweglich ist, und daß es daher berechtigt ist, wenn jene Häfen sich mit aller Energie der Pflege der Massengüter, d. h. aber der Binnenwasserstraßen widmen.

c) Stettin

Dieselbe Entwicklung wie der westliche Haupthafen der Ostsee, Lübeck, weist der um das Drei- bis Vierfache größere Seeverkehr Stettins, des Hafens von Pommern, auf; nur daß die Verlangsamung der aufsteigenden Bewegung in den letzten Jahren noch ausgesprochener ist. Die Ausfuhr von 618 000 t 1890 hält allerdings die Steigerung ein mit 963 000 t 1903,

---

[1]) Jahresbericht der Handelskammer für Mecklenburg (Rostock) S. 24 u. 25, 1903. Diese Berichte enthalten nur allgemeine Angaben.

doch ist der Stillstand 1899—1902 (883—885000 t) [1] bedeutsam genug. Die Einfuhr (1890: 1425000 t) aber erreicht ihren höchsten Stand mit 2464000 t 1900 und 1898 und ist seitdem sogar im absoluten Niedergang begriffen: 1902: 2214000 t, 1903: 2274000 t; der umso erheblicher ist, als von den letzten zahlenmäßigen Angaben größere Mengen nicht für das eigentliche Hafengebiet Stettins bestimmt waren [2]. Jener Stillstand bleibt auch bestehen, wenn man den Vorhafen Swinemünde berücksichtigt, denn sein Verkehr stagniert seit 1890 ebenfalls in der Einfuhr auf 369000 t, in der Ausfuhr auf 33400 t [3] im Jahre 1903. Gleich dem Verkehr der übrigen deutschen Ostseehäfen ist der Seeverkehr Stettins als ausschließlicher Hinterlandsverkehr zu kennzeichnen. — Die Wiederausfuhr von 13400 t Heringen und 6700 t Petroleum 1903, sowie von Wein (1600 t), Fetten und Farbholz (1000 t) nach benachbarten Küsten fällt natürlich nicht ins Gewicht —, und es fragt sich nun, wie die Binnenschiffahrt sich an diesem beteiligt und wie sie sich insbesondere zu der Bewegung des Seeverkehrs gestellt hat. Leider ist die letztere Frage für den Güterverkehr im ganzen exakt überhaupt nicht zu beantworten, da erst seit 1901 und dann auch nicht sehr zuverlässig der Wasserverkehr Stettins statistisch gemessen wird, und da auch die verschiedenen Grundsätze bei der Erfassung des Bahnverkehrs dessen zeitliche Vergleichung äußerst erschweren [4]. Nur für die einzelnen Güter, welche ihrer Natur nach überwiegend dem Verkehr Stettins angehören, läßt sich die Entwicklung und die geographische Verteilung des Hinterlandsverkehrs indirekt aus den Notierungen an der Oder und Warthe (Küstrin) sowie am Finowkanal (Eberswalde) und aus den Angaben der Eisenbahngüterstatistik betreffend die Häfen Pommerns ableiten. Immerhin kann diese bei dem Übergewicht Stettins,

---

[1] Davon 1902: 16000 t früher nicht notierte Bunkerkohle; vgl. Jahresbericht der Vorsteher der Kaufmannschaft zu Stettin 1902, S. XV.

[2] So z. B. 1902 für das Eisenwerk „Kraft" in Kratzwieck 378000 t.

[3] 1890 347000 resp. 37600 t.

[4] Da der Bahnverkehr der einzelnen Güter allmählich besser erfaßt wird, so ist bei vielen ein Teil der steigenden Entwicklung darauf begründet.

welches im Empfang über ²/₃ und im Versand über ⁴/₅ in Anspruch nimmt, bei vorsichtiger Benutzung auch über die Gestaltung und zeitliche Veränderung des gesamten Eisenbahnverkehrs wertvollen Aufschluß geben.

Dem seewärtigen Eingang ist seit dem Jahre 1895, wo zuerst vollständige Angaben vorliegen [1]), die Abfuhr per Eisenbahn nur sehr zögernd gefolgt: 1895: 785 000 t, 1900: 922 000 t, dann sinkt sie aber um die volle Minderung derselben auf 765 000 t, d. h. unter den Stand von 1895 zurück, so daß die Abfuhr auf der Oder mit 1 179 000 t 1903 = 60,6 % (1902: 1 043 000 t = 58,5 %) die größere Hälfte des Hinterlandsverkehrs bewältigt, und schon aus dem Verhältnis des See- und Bahnverkehrs kann auf eine Zunahme ihrer Beteiligung seit 1895 geschlossen werden. Über die Verteilung des Versands [2]) nach einzelnen Gebieten s. die Tabelle S. 178.

Ungefähr stets die Hälfte des Bahnversands (1890: 53,9 %, 1900: 50,4 %, 1903: 50,0 %) ist in das Gebiet der Oder und Elbe bestimmt, den Gebieten, für welche ein Wettbewerb der Wasserstraße in Betracht kommt. Abgesehen vom Jahre des allgemeinen wirtschaftlichen Aufschwungs 1900 (534 400 t) stellt sich seit 1895 ein durchgreifender Stillstand heraus (1895: 467 700 t, 1903: 457 000 t), während doch die Wasserstraße, nach der Bewegung der Seeeinfuhr zu urteilen, ihre Transporte dementsprechend ausgedehnt haben muß. Ihre absolute Höhe ist oben erwähnt; sie erreichen 1902: 70,0 %, 1903: 72,0 % der Abfuhr nach diesen Gebieten. An erster Stelle steht das gewaltige Konsumtionszentrum Berlin mit 702 000 t 1903. Hier sind die pommerschen Häfen fast ausschließlich auf die Wasserstraße angewiesen, welche 94,9 % befördert (1902: 93,1 %). Die kleine Bahnabfuhr von 56 900 t 1890 ist bis 1903 auf 35 700 t gesunken. Ähnlich gestaltet

---

[1]) 1890 wird nur der Dunzigbahnhof ausgewiesen.

[2]) Der Wasserverkehr ist den Stettiner Berichten entnommen. In welchem Umfange der hier herangezogene Eisenbahnversand der gesamten Häfen Pommerns durch Stettin beherrscht wird, zeigt sich in der völlig gleichen Entwicklung: 1895: 919 000 t, 1903: 923 000 t; so daß diese Zahlen gut als Maßstab gelten können; doch ist zu beachten, daß die Anteilsziffern des Wasserweges Minimalzahlen darstellen.

Vom Ausgang der Häfen Pommerns nach dem Hinterland waren bestimmt nach:

		1890		1895		1900		1902		1903	
		Menge	%	Menge	%	Menge	%	Menge	%	Menge	%
Provinz Pommern: Vkbzk. 3	E.	207 900	—	305 800	—	337 200	—	334 900	—	319 800	—
• Brandenburg: Vkbzk. 17	E.	99 900	—	105 000	—	131 000	—	104 700	—	95 400	—
Grhrzt. Mecklenburg: Vkbzk. 5	E.	13 500	—	19 600	—	23 400	—	21 300	—	20 400	—
(Vkbzk. 1 u. 2, 12, 50—51: Warte- und Netzegebiet)	E.	83 900	—	79 500	—	93 100	—	90 400	66,2	93 800	59,1
	W.	—	—	—	—	—	—	46 100	33,8	64 900	40,9
Vkbzk. 13—15: Schlesien (Odergebiet)	E.	148 200	—	165 500	—	174 300	—	125 900	38,5	127 800	30,8
	W.	—	—	—	—	—	—	200 700	61,5	287 400	69,2
II. Vkbzk. 16: Berlin (Berlin)	E.	56 900	—	44 800	—	46 400	—	48 700	6,9	35 700	5,1
	W.	—	—	—	—	—	—	652 700	93,1	666 300	94,9
Vkbzk. 18—20: Elbe (Elbegebiet)	E.	57 100	—	68 600	—	75 900	—	42 600	22,5	39 400	19,8
	W.	—	—	—	—	—	—	147 000	77,5	160 000	80,2
Vkbzk. 52—55	E.	50 800	—	109 300	—	144 700	—	138 800	—	160 300	—
	W.	—	—	—	—	—	—	—	—	—	—
III. { Vkbzk. 6—11 } Nord-, West- und	E.	9 900	—	8 200	—	10 100	—	11 800	—	14 600	—
21—36 Süddeutschland	E.	11 000	—	11 100	—	18 400	—	12 400	—	13 700	—
Summe III.	E.	20 900	—	19 300	—	28 500	—	24 200	—	28 300	—
II. { (in Proz. des Gesamteisenbahnausgangs)	E.	396 900	53,9	467 700	50,8	534 400	50,4	446 400	48,0	457 000	50,0
	W.	—	—	—	—	—	—	1 043 000	70,0	1 178 600	72,0
E. + W.		—	—	—	—	—	—	1 489 400	30,0	1 635 600	28,0
I.	E.	321 300	—	430 400	—	491 600	—	460 900	—	435 600	—

ist die Lage im deutschen Elbgebiet, indem der Schienenweg seinen Versand dorthin von 57100 t 1890 nach der Steigerung bis 1900: 75900 t auf 39400 t mindert, und so zuletzt der Binnenschiffahrt 80,2 % (1902: 77,5 %) einräumt. Derselbe Rückgang der Bahnabfuhr unter den Stand von 1890 ist für das eigentliche Odergebiet (Verkehrsbezirk 13—15) eingetreten (1890: 148200 t, 1903: 127800 t) und in diesen Gegenden, welche in zweiter Linie für die seewärtige Einfuhr Stettins in Frage stehen, hat der Wasserweg noch mit 287200 t = 69,2 % 1903 (1902: 61,5 %) entschieden das Übergewicht, dagegen muß er es im Warthe- und Netzegebiet, dem auch Ost- und Westpreußen, sowie Rußland zuzurechnen sind, mit 40,9 % von 158700 t (1902: 33,8 %) an die Eisenbahn abgeben. Außer in diesen Gebieten (1890: 83900 t, 1903: 93800 t) vermag diese nur noch in Österreich-Ungarn, von dem zweifelhaft ist, ob es dem Oder- oder Elbgebiet anzugliedern ist, ihren Versand von 50800 t 1890 auf 160300 t 1903 zu erhöhen und so die absoluten Verluste in Schlesien, Berlin und an der deutschen Elbe seit 1895 einigermaßen auszugleichen. Dadurch allein hält sie ihren Absatz auf dem Umfang jenes Jahres, denn der an sich beträchtliche Versand nach den umliegenden Landesteilen, den Provinzen Pommern und Brandenburg und den Großherzogtümern Mecklenburg hat sich seitdem als nicht entwicklungsfähig erwiesen (1895: 430400 t, 1903: 435600 t). Ganz geringfügig ist endlich der Anteil der pommerschen Häfen an der Versorgung des entfernteren West- und Süddeutschlands (1903: 28300 t).

Das Fundament der Einfuhr bilden wie bei den meisten Häfen die aus England empfangenen Steinkohlen mit 1903: 600000 t[1]), welche während der ganzen Periode rund ¼ der gesamten Einfuhr ausmachen[2]), und seit 1900 um obigen Be-

---

[1]) Nur 93000 t stammen aus Zollvereinshäfen und Niederland, sind also als rheinische Kohle anzusprechen.

[2]) Die geringe Angabe 1890: 151000 t entspricht nicht der Wirklichkeit und ist wohl auf die ausgedehnte Inanspruchnahme des Leichterdienstes (Swinemünde ab zu Berg über 200000 t) zurückzuführen. Ihr steht auch der große Durchgang bei Eberswalde zu Berg entgegen: ca. 500000 t, der überwiegend von Stettin stammen muß. Oberschlesien

trag schwanken. Die Eisenbahn kommt bei normalen Verhältnissen nur für den Versand nach dem benachbarten Pommern und Mecklenburg in Betracht, im ganzen seit 1895 mit
fallenden Beträgen, zuletzt 28 900 t [1]). Auch die Ausdehnung
des Ausnahmetarifs auf den Import 1900—02 vermochte die
rückläufige Bewegung nicht zu unterbrechen. Selbst wenn wir
den weit höheren Versand der gesamten pommerschen Häfen
heranziehen, so ergibt sich doch nur, daß es die Dringlichkeit
des Bedarfs war, die wie bei Hamburg zusammen mit dem
Streik in Böhmen im Jahre 1900 den Bahnversand nach Berlin
und der mittleren Elbe zu einiger Erheblichkeit wachsen ließ [2]).
Sonst beherrscht die Wasserstraße völlig den Absatz nach diesen
Gebieten mit 255 100 t = 89,8 % 1903. Sie waren bis auf
geringe Transporte zur Warthe und mittleren Oder [3]) nach
Berlin und zu 23 900 t zur Elbe bestimmt. Allein es scheint,
als ob der Wasserverkehr in Stettin nicht vollständig erfaßt
wird, denn die Notierungen im Finowkanal gehen darüber um
100 000 t hinaus, mithin wäre die Beteiligung der Oder noch
bedeutender. Aus ihrem Stillstand seit 1895 [4]) ist klar zu entnehmen, daß die Steigerung der seewärtigen Einfuhr ausschließlich auf dem Konsum der Stadt und ihrer nächsten industriellen
Umgebung beruht. Soweit der große Mehrbedarf Berlins an
Steinkohlen von der Seeseite her gedeckt worden ist, hat ihn
allein Hamburg mittels der Elbschiffahrt an sich gerissen [5]);
auch in Jahren, wie z. B. 1900 und 1902, wo die größere
Tragfähigkeit der Elbe infolge schlechter Wasserstände den
Maßen des Finowkanals sich annäherte, erhebt sich der Ver-

---

verfrachtete hauptsächlich auf dem in diesem Jahre eröffneten Oder-Spreekanal.

[1]) Vom Versand der pommerschen Häfen 1903: 42 600 t gingen nach
Verkehrsbezirk 3 u. 5: 30 100 t; Verkehrsbezirk 16—17: 9700 t.

[2]) Vom Versand der pommerschen Häfen 1900: 119 100 t gingen nach
Verkehrsbezirk 18—20: 12 400 t; Verkehrsbezirk 16—17: 41 700 t.

[3]) Warthe und Netze 1903: 5500 t; Küstrin-Oder z. B. 1902: 3300 t.

[4]) Eberswalde zu Berg 1895: 356 000 t
                  1900: 339 000 „
                  1902: 370 000 „
                  1903: 352 000 „

[5]) Vgl. S. 96.

kehr über Stettin kaum, um dann im guten Schiffahrtsjahr
1903 sofort zurückzusinken. Die Einfuhr von Steinen und
Steinwaren (1890: 112100 t) mit 199400 t 1903 schreitet
in Wirklichkeit nur ganz langsam vorwärts, da die Steigerung
zu einem Teil im verringerten Verkehr von Swinemünde ihren
Grund hat, der gemeinsam mit dem eigentlichen Seeverkehr
Stettins betrachtet werden muß [1]). In der Hauptsache handelt
es sich um den Import von Pflastersteinen aus Schweden, insgesamt 1903 150000 t [2]). Der Bahnversand [3]) besteht fast
ganz aus Ziegeleiprodukten der Nachbarschaft, ist demnach
für den seewärtigen Eingang ohne Bedeutung. Für die Abfuhr der Pflastersteine ist Stettin allein auf die Oder angewiesen [4]): 1903 160900 t = 99,9 % (1902: 95,2 %), welche
sie nach Berlin (139900 t) und zum kleinsten Teile zur Elbe
befördert. Noch wird Berlin überwiegend von der Odermündung aus versorgt, aber der Verkehr durch den Finowkanal ist nur wenig gestiegen, dagegen hat die Beförderung
über Rathenow zu Berg von Hamburg rasch zugenommen [5]),
und von dem bescheidenen Versand zur Elbe (18300 t) hat
Lübeck neuerdings durch den Elbe-Travekanal einen Teil ab-
gesprengt; ein gleiches ist bei der Einfuhr von Feldspat und
Quarz etc. aus Schweden, Norwegen und England eingetreten,
indem dieselbe von 46500 t 1900 auf 38500 t 1903 zurückgegangen ist. Eisenbahn wie Wasserstraße haben die Transporte bis auf 23800 t ermäßigt, woran die letztere sich zu
35,3 % beteiligte. Sie entsandte nur mehr 2000 t ins Elbgebiet, da sie vor allem unter dem Wettbewerb des neuen
Wasserwegs gelitten hat [6]). Einen ständigen Rückschritt sogar

---

[1]) Es wurden entlöscht in Swinemünde 1890: 49900 t; 1903: 16100 t
Pflastersteine.

[2]) Daneben wurden aus Dänemark 1903: 23000 t Mauersteine etc.
eingeführt.

[3]) Stettin 1903: 25700 t; die pommerschen Häfen 78500 t.

[4]) Der Verkehr der Warthe und oberen Oder (Breslau) an Steinen
stammt aus der Produktion der Mark (Rüdersdorf).

	1895	1900	1903
[5]) Eberswalde zu Berg	155400 t	141200 t	178100 t
Rathenow „ „	2100 „	29000 „	16800 „

[6]) Stettin, Jahresbericht 1903, I, S. 60.

verzeichnet der Eingang von Holz und Holzwaren: 1890:
155 000 t, 1903: 95 900 t, welcher zu 79 700 t aus den Häfen
Ost- und Westpreußens stammte. In erster Linie ist es der
rückläufigen Bewegung der Bahnabfuhr zuzuschreiben, welche
jetzt mit 9200 t (1895: 40 300 t) ohne Bedeutung ist. Die
Beeinflussung der Ziffern der Eisenbahngüterstatistik [1]) durch
die übrigen Hafenplätze verhindert es, der Richtung dieser
Veränderung nachzugehen, doch spricht auch hier die Minderung des Versands nach der mittleren Elbe für ein Vordringen Lübecks auf dem Wasserwege. Danach wird die
Einfuhr an Holz heute fast völlig (91,4 % von 107 100 t
1903) von der Oder getragen, indem sie 73 700 t nach Berlin
und 17 700 t zur Elbe transportierte. Sie hat sich gegen die
Elbschiffahrt nur mühsam behaupten können; sie hat den
steigenden Bedarf dieser Gebiete ihr völlig überlassen, und
nicht im geringsten daran denken können, die Verluste des
Bahnwegs auszugleichen. Noch bedenklicher ist der Rückschritt in der Einfuhr von Roheisen auf 36 900 t 1903,
davon 20 300 t aus dem Rheingebiet und 14 700 t aus Großbritannien, gegen 139 400 t. Das Hochofenwerk Kratzwieck
und die Eisengewinnung Schlesiens drängten hier das Ausland
am heimischen Markt immer mehr zurück [2]). Insbesondere die
Eisenbahn ist dadurch fast zur Untätigkeit verurteilt worden.
Ihre Transporte nach Schlesien hat sie ganz an die Binnenschiffahrt abtreten müssen (Verkehrsbezirke 12—15: 1890:
27 100 t, 1903: 700 t), der infolgedessen der geringe Rest
der früheren Verladungen dorthin verblieb (1890: Küstrin zu
Berg 52 300 t, 1903: nach Schlesien 15 800 t). Ähnlich
günstig wurden für diese die Verfrachtungen nach der Mark
und der Elbe umgestaltet, hier trägt die Bahn allein die
Differenz [3]), und die Oder hat ihren Stand mit 27 400 t, davon
15 000 t ins Elbgebiet, behauptet. Wenn auch ein großer
Teil dieses Absatzes der Produktion des oben genannten

---

[1]) Ausgang 1890: 21 900 t; 1900: 46 000 t.

[2]) Stettin, Jahresbericht 1902, S. 16.

	1890	1903
[3]) Verkehrsbezirk 16—20	10 000 t	2 400 t
Eberswalde zu Berg	27 800 „	27 400 „

Werkes zu verdanken ist, so kann doch die Beteiligung des Wasserwegs von 85,0 % 1903 wohl als Maßstab an die Seeeinfuhr gelegt werden, wobei klar wird, daß er ausschließlich die Wettbewerbsfähigkeit Stettins gegenüber Hamburg aufrecht erhält. Die entsprechende Änderung in der Beteiligung der beiden Binnenbeförderungsmittel ist für verarbeitetes Eisen eingetreten, welches seit 1895 (53 700 t) abnehmend eingeführt wird: 1902: 33 600 t, vornehmlich aus England, daneben in geringen Mengen aus Schweden und Westdeutschland. Wiederum verringert der Schienenweg die Abfuhr von 37 600 t auf 18 400 t[1]). Auch die Oder konnte sich dieser rückläufigen Bewegung nicht entziehen, da die Eigenproduktion Schlesiens den Bedarf vom Ausland einschränkte[2]), und im Verkehr mit Berlin machte sich das auf die Elbe gegründete Übergewicht Hamburgs geltend, welches 1903: 60 400 t über Rathenow zu Berg schickte (1895: 21 900 t). Demgegenüber sank die Durchfuhr bei Eberswalde auf 3 700 t 1900, und der Versand nach Berlin erreichte erst 1903 mit 11 500 t den früheren Stand wieder (1890), so daß die Oder dadurch eine neue Steigerung ihres Versands[3]) und zugleich der seewärtigen Zufuhr auf 44 000 t ermöglichte. Zahlenmäßig benutzt ungefähr die Hälfte des Versands in das Hinterland die Wasserstraße, allein ihren Anteil an der Verteilung der seewärtigen Einfuhr müssen wir höher schätzen, weil der Bahnversand auch die Mengen oberschlesischer Eisenfabrikate enthält, welche der Stettiner Handel an die Umgegend absetzt[1]).

Während für die vorstehenden, geringwertigen Massengüter die Einfuhr Stettins untrennbar mit dem Schicksal der Binnenschiffahrt verknüpft ist, hat sich die Eisenbahn bei den noch übrigen Gliedern dieser Gruppe, bei Erzen und Düngemitteln, durch Ausnahmetarifierung, welche sich besonders gegen die

---

[1]) Die Eisenbahngüterstatistik gibt wesentlich abweichende Ziffern, ist daher zur Kombination nicht verwendbar; von den hier angegebenen 21 500 t 1903 gingen 9600 t nach Pommern und Mecklenburg.

[2]) Küstrin zu Berg 1890: 2600 t; 1903: 1700 t. Der Wasserempfang Breslaus wird durch die Verladungen von Hamburg und Berlin bestimmt (Fürstenberg).

[3]) Oder (Stettin) zu Berg 1902: 9000 t; 1903: 19 100 t.

Oder richten, ein erhebliches Übergewicht verschafft. Der Empfang an Erzen und Schwefelkies ist seit 1890 (160 200 t) mit 615 000 t 1903 auf das Vierfache gewachsen, und steht damit neuerdings an erster Stelle des Stettiner Imports. In diesem Jahre wurden 444 000 t Eisenerz angebracht, davon aus Schweden allein 318 000 t und aus Spanien 72 000 t. Die Schwefelkiesmengen (81 000 t) stammten von der Pyrenäenhalbinsel und die Manganerze vorwiegend aus Rußland. Zu einem bedeutenden Teil wird dieser Zuwachs von dem dortigen Hochofenwerk (Kratzwieck) aufgenommen, denn der Versand in das Hinterland verdoppelt sich während der gleichen Zeit nur auf 334 000 t 1903. Die Einführung des Ausnahmetarifs für Eisenerze nach oberschlesischen Hüttenwerken 1894 hat die Einfuhr über Stettin fast gar nicht unterstützt, da der Bahnversand nach Schlesien seit 1890 von 94 700 t nur auf 134 700 t 1900 steigt und dann trotz der erneuten Detarifierung 1901 auf 102 500 t zurückgeht [1]). Wenn dennoch der Ausgang bahnwärts bis 1895 auf 213 000 t heraufgeht und sich unter Schwankungen auf dieser Höhe hält (1903: 250 000 t), so verdankt Stettin dies dem vermehrten Bedarf der böhmischen und mährischen Werke, welche auf den Bahnbezug über diesen Hafen angewiesen sind [2]). Diese Tarifpolitik unter schwerer Benachteiligung der Wasserumschlagsstellen hat den Stillstand der Oderabfuhr 1890—1902 auf 31 000—48 000 t verschuldet, ohne indessen selbst für Stettin Ersatz zu schaffen. Im Gegenteil, sie ist die Ursache, daß der steigende Bezug Schlesiens an Erzen über Neufahrwasser abgelenkt worden ist [3]). Unter diesen Umständen betrug der Anteil der Oder an der Verfrachtung von Erzen 1902 nur mehr 14,9 % = 39 100 t, der aber im nächsten wasserreichen Jahr sofort wieder 84 100 t = 25,2 % erreichte, mithin dem Eisenbahnversand nach Schlesien nicht mehr viel nachgibt. Mit diesen Zahlen wird man der Bedeutung der Binnenschiffahrt für die

---

[1]) Jahresbericht der Handelskammer zu Breslau 1902, S. 16: Tarif für Eisenerze und Schwefelkiesabbrände zum Hochofen- und Bleihüttenbetrieb Oberschlesiens vom 1. Juni 1901.

[2]) Verkehrsbezirk 52—55 1890: 28 800 t; 1903: 130 500 t.

[3]) Jahresbericht von Stettin 1898, S. 5.

Erzanfuhr nicht gerecht; man muß berücksichtigen, daß von der Roheisenerzeugung des Hochofenwerks „Kraft", welches nahezu die halbe Einfuhr verschlingt, die ins Inland abgesetzten Mengen zu 85 % 1903 die Wasserstraße benutzt haben. Die Einfuhr von Düngemitteln: 176000 t 1903 bestand zu 145000 t aus natürlichem phosphorsauren Kalk aus den Vereinigten Staaten (87000 t), und mit kleineren Mengen aus Nordafrika und Australien, während 1895 und 1900 nur 71600 resp. 52300 t eingeführt waren. In geringeren Quantitäten wurden sie 1903 (18800 t) als Superphosphat seewärts exportiert, der große Rest (1903: 114000 t) wurde roh oder verarbeitet an das Inland weitergegeben. Es ist nun zu konstatieren, daß mit der Einführung des Rohstofftarifs für gewisse Düngemittel 1890 der Bahnverkehr keineswegs entwicklungsfähig geworden ist, ja er sinkt von 1895: 76500 t auf 61400 t 1903, wobei der Versand nach dem nahen Brandenburg diese Minderung hervorruft [1]. Hier sind es die Elbhäfen, welche vermittelst der Elbe und auf Grund des Rohstofftarifs den Bereich Stettins zurückgedämmt haben; sie haben auch den Eisenbahnabsatz dieses Hafens nach der Provinz Posen und sogar nach der angrenzenden Provinz Pommern auf dem niedrigen Stand von 1890 [2] gehalten; während sie zugleich den Bahnausgang nach jenen Gebieten (Verkehrsbezirke 1—4, 12—15; 50—51) von 30000 t auf fast 70000 t steigerten. Außerdem verfrachten sie seit den letzten Jahren namhafte Mengen Phosphate auf dem Wasserwege nach Schlesien und Posen [3]. So ist die Oderschiffahrt Stettins von allen Seiten eingeengt und kann sich nur im Gebiet der oberen Oder geltend machen, wo sie den parallelen Eisenbahnverkehr ab Stettin bis jetzt völlig aus dem Felde geschlagen hat. Hier hat sie auch gegenüber der Konkurrenz Hamburgs mit erstaunlicher Zähigkeit ihre Transporte bis auf ca. 53000 t = 46,3 % 1903 ge-

---

[1] Nach Verkehrsbezirk 16, 17 1890: 12100 t; 1903: 5600 t.

		1890	1903
[2]	Verkehrsbezirk 12	21700 t	28800 t
	„ 3 u. 5	32000 „	34900 „

[3] Jahresbericht Stettin 1903, I, S. 60.

bracht (1890: Küstrin: Oder zu Berg 11 000 t) und dadurch
dem Verlust der Bahn für den Seeverkehr erfolgreich entgegengearbeitet.

Ist schon der gewaltige Einfluß Hamburgs im Gebiet der
Oder drückend, so ist er für die höherwertigen Massengüter,
welche nach dem Bereich der märkischen Wasserstraßen bestimmt sind, geradezu überwältigend geworden. Bei Brotgetreide versagt die Eisenbahn bekannterweise völlig ihre
Hilfe[1]), so daß Stettin allein auf den Finowkanal mit 170 t
Tragfähigkeit angewiesen war. Nur im Jahre 1900, als der
Wassermangel der Elbschiffahrt empfindliche Störungen be-
reitete, erreichte die Einfuhr seewärts aus deutschen und russischen Ostseehäfen an Roggen und Weizen 155 000 t, aber mit
dem Eintritt normaler Verhältnisse 1903, als auch der Elbe-
Travekanal die Sendungen zur Mittelelbe über Lübeck gezogen
hatte, war die Einfuhr nur noch minimal (10 100 t), weit unter
dem Stande von 1890 (65 800 t). Genau in derselben Weise
ist die Versendung des Mehles etc., welches im Hafengebiet
aus einem Teile der Getreideeinfuhr gewonnen wurde, dem
Wettbewerb der Elbe erlegen[2]). Man kann annehmen, daß
die größere Hälfte des Durchgangs zu Eberswalde von 50 000 t
1890 auf den Bezügen von der Odermündung her beruhte,
während man ihn heute (30 000 t) fast ausschließlich dem Versand der Warthe zurechnen muß (Warthe-Küstrin zu Tal:
1890: 17 400 t; 1903: 38 600 t). Die Einfuhr des aus Nordamerika bezogenen Mais ist bis auf 22 600 t 1903 (1890:
43 700 t) an den Elbhafen verloren gegangen. Die Eisenbahn
hat trotz des Seehafenausnahmetarifes im wesentlichen nur den
Absatz in die Umgebung bewahrt, in der Mark und Berlin hat

---

[1]) Von dem gesamten Ausgang der pommerschen Häfen 1890: 14 700 t;
1903: 10 000 t Roggen und Weizen waren bestimmt nach (Pommern)
Verkehrsbezirk 3 u. 5 1890: 2400 t; 1903: 9100 t, (Berlin und Brandenburg) Verkehrsbezirk 16, 17 1890: 11 500 t; 1903: 600 t.

[2]) Diese sehr kleine Einfuhr von Mühlenfabrikaten, vornehmlich aus
deutschen Häfen, schwankt zwischen 9000 (1900) und 14 000 (1895) t. Die
Bahn beschränkt sich auch hier auf geringe Transporte in die Nachbarschaft: 1903: von pommerschen Häfen 6400 t, davon nach Verkehrsbezirk 3 u. 5 5800 t.

sie und die Oderschiffahrt Hamburg das Feld geräumt[1]). Dieser Hafen ist unaufhaltsam selbst in das eigentliche Odergebiet über Eberswalde nach Posen und Fürstenberg nach Schlesien vorgedrungen[2]). Zur Warthe befördert Stettin überhaupt keinen Mais mehr, und die Transporte nach Breslau und Kosel sind nicht nennenswert. Ebenso bedrohlich ist die Konkurrenz Hamburgs in Ölsaaten geworden, indem die Einfuhr von Leinsaat, Raps und anderen Sämereien aus Rußland und der deutschen Ostseeküste seit 1895 (39 000 t) ständig zurückgewichen ist (1903: 20 500 t). Die Bahn war schon 1890 auf die geringen Bezüge Pommerns und Brandenburgs beschränkt (1890: Pommersche Häfen ab: 11 300 t), und es war der Finowkanal und die Oder, welche den Einfluß nach Berlin und Schlesien trugen, und in beiden Richtungen ist Hamburgs Binnenschiffahrt siegreich gewesen[3]). Die Einfuhr der Futtermittel, Ölkuchen und Kleie von der östlichen Ostsee ist ganz vom Bedarfe der angrenzenden landwirtschaftlichen Gegenden Pommerns, Mecklenburgs und Brandenburgs abhängig und schwankt mit ihm zwischen 20—30 000 t, wobei anscheinend der gewisse Mehrbedarf von den über Hamburg importierenden Getreide- und Ölmühlen der Reichshauptstadt gedeckt worden ist. Die Steigerung des Versands nach dem Hinterland für Ölkuchen im letzten Jahre auf 40 900 t (1902: 31 100 t) hat allein die Binnenschiffahrt durch erhöhte Transporte (18 800 t) = 46,9 % nach Berlin und der Mittelelbe bewirkt. Die Rohstoffe der umfangreichen Leder-, Textil- und Farbwarenindustrie des nahen Berlins, der Mittelelbe und Schlesiens fehlen völlig

	1890	1903
[1]) Verkehrsbezirk 16, 17) anderes Getreide (10 800 t		5200 t
Eberswalde zu Berg) u. Hülsenfrüchte (10 900 „		7700 „
[2]) Eberswalde zu Tal 1900		23 100 t
Fürstenberg zur Oder 1900		25 500 „
[3]) Eberswalde zu Berg 1890		7 900 t
1903		700 „
Küstrin (Oder) zu Berg 1890		7 800 „
1902		300 „
Dagegen:		
Eberswalde zu Tal 1903		14 100 „
Fürstenberg zu Oder 1903 .		7 700 „

in der Reihe der Stettiner Einfuhrartikel [1]). Und wieder ist
es Hamburg und die Elbschiffahrt, welche die Einfuhr von
Harzen etc. (1890: 17400 t) aus Amerika auf 5200 t 1903
sinken ließen, indem sie die vordem oderwärts nach Schlesien
verbrachten Mengen an sich rissen, und auch eine Ausdehnung
des Stettiner Handels nach Berlin mittels des Finowkanals
hintanhielten [2]). Der seewärtige Empfang des Oderhafens an
sogen. Kolonialwaren wird von einem lebhaften Eigenhandel
getragen. Dennoch hat er nur in den Artikeln eine namhafte
Höhe behauptet, wo die Binnenschiffahrt ihm ihre Unterstützung
zu leihen vermag. Dies gilt insbesondere für die Einfuhr von
Fischen und Petroleum nach Schlesien. Seit Beginn unserer
Periode hält sich der seewärtige Bezug von Heringen aus
Großbritannien, den Niederlanden und Norwegen zwischen 80 000 t
(1903) und 106 000 t (1902). Im Gebiet der Mark und der
Elbe sind Bahn wie Schiffahrt gleichermaßen dem Druck der
Elbmündungshäfen absolut gewichen [3]). Da die Provinzen
Pommern und Posen nicht größere Quantitäten per Bahn abgenommen haben, insgesamt von Pommerschen Häfen 1903
etwa 7900 t, und sie sich auch an den Transporten nach Polen,
Österreich-Ungarn und Schlesien auf Grund des Seehafentarifs
nicht hat erholen können, so hat ihr Versand seit 1890 (42 300 t)
stetig nachgelassen (Stettin ab 1903: 31 300 t). Einen Ausfall
für den Seeverkehr vermied indessen die Binnenschiffahrt, welche
ihre Verladungen nach Schlesien von 2600 t 1890 auf ca. 20 000 t [4])
steigerte, so daß sie heute unter Einrechnung der Sendungen
zur Warthe und Netze (ca. 5200 t) etwa 36 900 t = 54,1 %

---

[1]) Eingang seewärts 1903: Häute etc. 2200 t
  Farbholz 400 „
  Flachs etc. 1600 „

[2]) Eberswalde zu Berg   1890: 3300 t 1903: 2900 t
  Küstrin (Oder) zu Berg . „ 3000 „ 1902: 400 „
  über Fürstenberg zur Oder 1903: 11 700 „

[3]) Fische aller Art: 1890   1903
  Verkehrsbezirk 16—20 19 100 t 9700 t
  Eberswalde zu Berg 14 100 „ 8200 „

[4]) Die Ziffern für 1903 sind den Stettiner Berichten entnommen.
Gleichfalls die Ziffern des Wartheverkehrs, über den die Reichsstatistik
keinen Aufschluß gibt.

ins Inland weitergibt. Petroleum wird seit 1895 ungefähr zu 75—85 000 t aus Nordamerika seewärts eingebracht. Über die angrenzenden Landesteile hinaus verfrachtet der Schienenweg nur kleine unveränderliche Quantitäten nach Brandenburg und Posen [1]). Ausschließlich der vermehrte Verbrauch Pommerns [2]) zog die Steigerung des Bahnversands mit sich: 1903: 22 200 t; 1895: 15 100 t. Der Finowkanal kann der leistungsfähigen Elbschiffahrt auf dem Berliner Markt überhaupt nicht begegnen, und die Oderschiffahrt hat Sorge genug, den früheren Umfang im Verkehr mit Schlesien gegenüber Hamburg zu bewahren, welche jetzt schon fast die gleich großen Quantitäten Petroleum über Fürstenberg zur Oder schickt [3]). Noch heute beruht der Absatz Stettins zu 69,6% (von 73 000 t 1903) auf der Leistung der Binnenschiffahrt; von ihrem Erfolge wird auch die fernere Gestaltung des Petroleumverkehrs abhängen, wie es bezüglich des jetzigen Stillstands der Fall ist. Auffällig ist der Verlust des Oderhafens im Versand von fetten Ölen und Fetten nach dem Hinterland, der im wesentlichen als die Folge des Kampfes zwischen den Binnenwasserstraßen Hamburgs und Stettins um Berlin zu betrachten ist [4]). Im Jahre 1890 sandte Stettin über 13 000 t importierte Fette über Eberswalde ins Gebiet der märkischen Wasserstraßen. Es hat sie allmählich restlos der Elbe überlassen müssen, und diese hat sich ebenfalls durch den Oder-Spreekanal des Absatzes in Oberschlesien [5]) völlig bemächtigt. Daß bei alledem der Import zur See auf 54 100 t 1903 (1890: 45 600 t) stehen geblieben ist, verdankt Stettin einerseits dem Konsum der städtischen Bevölkerung, andererseits der Entfaltung der einschlägigen In-

---

[1]) Verkehrsbezirk **16, 17** 1903: 6000 t

      „   12:   „   2500 „

[2]) Verkehrsbezirk 3 u. 5 1890: 6100 t; 1903: 11 100 t.

[3]) Küstrin zu Berg (Oder) 1890: 32 300 t

                            1900: 36 400 „

                            1902: 23 400 „

     Fürstenberg zur Oder   „   21 200 „

[4]) Der Bahnversand Stettins ist seit jeher unbedeutend, er umfaßte 1903 2700 t, welche besonders nach Berlin bestimmt waren.

[5]) Fürstenberg zur Oder 1900   24 800 t

    Küstrin (Oder) zu Berg 1900   300 „

dustrie, welche die aus Frankreich und Amerika bezogenen festen Rückstände verarbeitet und sie größtenteils wieder seewärts exportiert. In anderen Fällen war dieser seltene Ausweg nicht gangbar, der auch die Einfuhr von Heringen und Petroleum erheblich gestützt hat, dann ist die Beeinträchtigung der rückwärtigen Beziehungen auch durch Verringerung der Bezüge über See zum Ausdruck gekommen. So geht die Einfuhr von Reis aus Britisch Ostindien und deutschen Nordseehäfen bis auf 8600 t 1903 zurück (1890: 14 900 t). Daß wir die Ursache wiederum im Wettbewerb der Elbe suchen dürfen, erweisen die starken Sendungen über Fürstenberg zur oberen Oder [1]. Weitere Aufschlüsse kann die Statistik nicht liefern, da sich der bedeutendere Teil des Versands von Reis, Kaffee, Tee und Wein als Stückgutverkehr der Beobachtung entzieht. Es bleibt daher nur noch zu konstatieren, daß die wenig umfangreiche Einfuhr von Kaffee (1903: 8000 t) und Wein (5400 t) nicht fortschreitet, und daß nach den zu Eberswalde notierten Massensendungen zu urteilen, der fallende Anteil des Wasserwegs auch in diesen Waren die Fortschritte des Konsums der angrenzenden Gebiete aufgewogen hat.

Im Vergleich zur seewärtigen Ausfuhr ist der Eingang per Eisenbahn außerordentlich langsam gestiegen; nur bis zum Jahre 1900 hat er einigermaßen Schritt gehalten: 779 000 t gegen 619 000 t 1890; aber während dann der Seeverkehr einen neuerlichen Aufschwung um 150 000 t (1903: 963 000 t) nimmt, sinkt die Anfuhr der Bahn gar absolut um fast 100 000 t (1903: 689 000 t), während der Empfang auf dem Wasserwege ihm parallel bis auf 921 000 t ansteigt, und damit 57,2 % (1902: 706 000 t = 50,3 %) des gesamten Hinterlandsverkehrs ausmacht. Da aber in der Zufuhr beider Verkehrsmittel Güter, welche fast ausnahmslos dem Konsum der Stadt dienen, insbesondere Steinkohlen, eine bedeutende Rolle spielen, so ist jene Beteiligungsziffer nicht ohne weiteres auf die Bedeutung für die Ausfuhr zur See übertragbar, allein die divergierende Bewegung des Gesamteisenbahneingangs läßt vermuten, daß der Wasserweg steigende Bedeutung erlangt hat. Das Bild

---

[1] Fürstenberg zur Oder 1902.: 7200 t.

des Empfangs der pommerschen Häfen in Kombination mit dem Oderverkehr Stettins bietet S. 192.

Sofort springt die abweichende Gestaltung im Eisenbahnverkehr der gesamten pommerschen Häfen ins Auge; sie liegt kurz gesagt in der Steigerung des Empfangs seit 1895 (800000 t; 1903: 1055000 t), die nach den Zahlen für Stettin nicht ihm zu gute gekommen ist. Ebendeswegen ist es schwierig, aus ihrer Entwicklung die eigentliche Bewegung für Stettin abzuleiten. Ein Vergleich beider Angaben lehrt, daß die auseinandergehenden Angaben vorzugsweise auf dem Bezug der übrigen Häfen an Steinkohlen, Düngemitteln, Holz, Mauersteinen, Roggen, Mühlenfabrikaten und verarbeitetem Eisen beruhen. Danach erfährt die Verdoppelung des Verkehrs mit den umliegenden Provinzen Posen und Brandenburg, sowie mit Mecklenburg (Verkehrsbezirke 3 und 5, 17: 1890: 242000 t; 1903: 473000 t), welche für die gesamten Hafengruppen festgestellt ist, hinsichtlich Stettins eine wesentliche Abschwächung. Eine deutliche Steigerung liegt auch hier vor, und wir wollen sie anmerken, denn es ist die einzige Richtung, in der eine solche zu Tage tritt. Die Steigerung im Empfang von Schlesien (Verkehrsbezirke 13—15: 1890: 277000 t; 1903: 378000 t) verwandelt sich nämlich nach Abzug der wahrscheinlich nicht nach Stettin bestimmten Kohlen- und Eisenmengen eher in das Gegenteil. Wenn daher die Oder in diesem Gebiet 1903 mit 311600 t = 45,2 % beteiligt ist, so wird sie in Wirklichkeit über die Hälfte hinausgeben. Da sie genau wie den Versand auch den Empfang aus Berlin (280000 t = 93,8 %) und der mittleren Elbe (178000 t = 81,0 %) beherrscht und zugleich im Warthe- und Netzegebiet mit 70,4 % von 212000 t die Oberhand hat, so darf man ruhig annehmen, daß ihre Beteiligung in dem von ihr erreichbaren Gebiet (Summe II) die gleiche Höhe wie beim Ausgang (70,0 %) ausmacht [1]. Ihm ähnlich ist der Bahnverkehr mit Süd- und Westdeutschland geringfügig (1890: 40600 t), und er ist sogar ohne Unterbrechung im Rückgang begriffen (1903: 35200 t).

---

[1] Gegenüber den rechnungsmäßigen 63,2 %; im Gegensatz zum Versand bleibt auch der Eisenbahnempfang aus Oesterreich-Ungarn (Verkehrsbezirk 52—55) auffällig niedrig: 1903: 35000 t.

Vom Eingang der Häfen Pommerns stammten aus dem Hinterland:

		1890	1895	1900	1902	%	1903	%
I. { Vkbzk. 3 (Pommern)	E.	180 000	251 200	379 100	337 800	—	315 100	—
„ 17 (Brandenburg)	E.	57 700	84 900	133 800	149 300	—	145 300	—
„ 5 (Mecklenburg)	E.	4 500	8 200	12 500	10 500	—	12 500	—
Warthe u. Netze: Vkbzk. 1, 2, 12, 50, 51.	E.	40 600	45 500	54 100	63 500	46,8	62 900	29,6
	W.	—	—	—	72 100	53,2	149 400	70,4
Odergebiet: Verkehrsbezirk 13—15 (Schlesien)	E.	276 500	277 800	408 800	348 900	62,8	377 700	54,8
	W.	—	—	—	204 700	37,2	311 600	45,2
II. { Berlin: Verkehrsbezirk 16	E.	15 700	19 100	19 600	18 400	6,6	18 500	6,2
	W.	—	—	—	259 600	93,4	280 200	93,8
Elbegebiet: Verkehrsbezirk 18—20	E.	30 500	28 300	40 800	38 500	18,5	41 900	19,0
	W.	—	—	—	169 800	81,5	178 300	81,0
Österreich-Ungarn: Vkbzk. 52—55	E.	22 400	22 900	26 100	32 300	—	35 100	—
	W.	—	—	—	—	—	—	—
III. Nordwest- und Süddeutschland: Verkehrsbezirk 6—11	E.	8 600	6 900	8 700	6 600	—	11 100	—
„ 21—36	E.	32 000	33 000	28 700	27 600	—	24 100	—
Summe III.	E.	40 600	39 900	37 400	34 200	—	35 200	—
„	E. + W.	—	—	—	—	—	—	—
II. { in Proz. des Gesamteisenbahneingangs		57,6	49,0	49,0	48,2	—	50,0	—
I.	E.	385 700	393 600	549 400	501 600	41,5	536 100	36,8
	W.	—	—	—	706 200	58,5	920 700	63,2
	E. + W.	—	—	—	1 207 800	—	1 456 800	—
	E.	242 200	344 300	525 400	497 600	—	472 900	—

In der Zufuhr aus dem Hinterland steht quantitativ der Eingang an Steinkohlen etc. mit zuletzt 323000 t an erster Stelle. Es ist oben schon angedeutet, daß er für den Seeverkehr ganz unwichtig sei, denn 1903 gingen davon nur 21300 t seewärts, hauptsächlich nach deutschen Küstenplätzen und Schweden, und der relative Aufschwung seit 1900 (2400 t) hat seinen Grund in der neuerlichen Anschreibung der Bunkerkohle. Wir sind daher berechtigt, den Empfang dieses Gutes, an dem die Oder sich nur zu 52,9% beteiligt, abzusondern. Dann erhalten wir für den gesamten übrigen Verkehr die ein wenig stärkere Anteilsziffer des Wasserwegs von 58,3%, die ungefähr dem Anteil am Versand gleichkommt und die eher auf den seewärtigen Verkehr bezogen werden darf. Damit soll keineswegs behauptet werden, daß die Verteilung des schlesischen Kohlenbezugs zwischen Wasserstraße und Schienenweg ohne Einfluß auf den seewärtigen Verkehr des Mündungshafens sei. Der gewaltige Rückgang der Kohlenzufuhr per Flußschiff, der 1895 infolge der Ermäßigung der Eisenbahntarife für Stettin loco [1]) eintrat, hat natürlich die Leistungsfähigkeit der Oderschiffahrt im ganzen stark beeinträchtigt und damit in Schlesien der Flußschiffahrt auf Hamburg Vorschub geleistet, der gar nicht überschätzt werden kann. Andererseits wäre es falsch, aus der geringen Anfuhr aus dem Hinterland an Roheisen und Zement auf seine Bedeutungslosigkeit für die Ausfuhr dieser Artikel zu schließen. Gewiß, der hohe Export von Zement: 1903: 90000 t nach allen Uferstaaten der Ostsee und von 47500 t Roheisen nach Nordamerika, England und Zollvereinshäfen stammt vielleicht ausnahmslos aus der Produktion des benachbarten Hochofenwerks — die Anfuhr von Zement aus Pommern und mittels Flußschiff aus Schlesien erreicht 1903 kaum 20000 t, davon drei Viertel auf dem Wasserwege; der Empfang an Roheisen ist minimal und besteht aus Alteisen von Pommern und Berlin [2]), aber abge-

---

[1]) Auf den Satz des Seeexporttarifs, vgl. Jahresbericht Stettin 1895, S. V. Der Durchgang zu Küstrin (Oder) sank 1895 auf 117000 t gegen 1890: 550000 t. Jahresbericht Stettin 1900, S. 82/83.

[2]) Eingang per Bahn 1903: 5400 t aus Pommern, Durchgang über Eberswalde zu Tal: 3800 t.

sehen davon, daß diese Industrie vornehmlich auf der Oder ins Inland absetzt, ist sie hinsichtlich der Hilfsstoffe zum großen Teil auf den Bezug auf dem gleichen Wege angewiesen. Dies gilt sowohl für Steinkohlen als auch für Kalkstein etc. (Rüdersdorf) [1]. Demnach wäre es falsch, die Ausfuhr von Roheisen und Zement dem einfachen Transitverkehr anzugliedern.

Ein einziges, bedeutendes Ausfuhrgut, nämlich die Ausfuhr von Holz und Holzwaren, setzt sich durch ausgesprochenes Abflauen zu der durchschnittlichen leisen Aufwärtsbewegung des Gesamtausgangs in scharfen Gegensatz. Ununterbrochen fällt sie bis 1902 mit 32300 t (gegen 64400 t 1890) auf den halben Satz ihres früheren Umfangs und steigt dann im letzten Jahre nur wieder auf 47500 t, wovon 35000 t nach Großbritannien gehen. Den beträchtlichen Ausfall hat die Bahn verschuldet, da die Forstwirtschaft Pommerns und Mecklenburgs immer kleinere Überschüsse zur Ausfuhr bereitgestellt haben. Infolgedessen ist der Bahnempfang, der sich immer nur auf die angrenzenden Gebiete erstreckte [2], ständig auf zuletzt 19400 t (1890: 35100 t) zurückgegangen. Das Holz aus dem wälderreichen Osten schafft allein die Binnenschiffahrt herbei. Im allgemeinen hat die schlechte Beschaffenheit der Wasserverbindung zwischen Weichsel und Oder eine Vergrößerung dieser Bezüge verhindert, in schlechten Flußschiffahrtsjahren, wie z. B. 1900, sind sie sogar beträchtlich nach Danzig abgelenkt worden. Soweit überhaupt die Floßtransporte durch die Warthe gewachsen sind, haben sie ihren Weg nach den märkischen Wasserstraßen genommen, von wo sie hauptsächlich in geschnittenem Zustand weiter zur Elbe gingen und derart dem Hamburger Verkehr zugeflossen sind [3]. Das gleiche gilt vom vermehrten Versand aus dem Gebiet der oberen Oder, die Verfrachtungen zum unteren Stromlauf haben sich eher vermindert [4]. Wenn dann die seewärtige Ausfuhr 1903 einen

---

[1] Eberswalde zu Tal: Erden etc. 1903: 31000 t.

[2] Von dem 1903 dreimal größeren Empfang aller pommerschen Häfen in der Höhe von 63100 t entfielen auf Verkehrsbezirk 3 u. 5 47000 t.

[3] Rathenow durch zu Tal 1890: 6600 t; 1900: 153000 t.

[4] Küstrin zu Tal (Oder) 1890: 12100 t, 1902: 7700 t; dagegen Fürsten-

Aufschwung aufweist, so verdankt sie es der Binnenschiffahrt, welche außer im Verkehr mit der Weichsel auch in den Transporten von der Elbe und Berlin [1]) her erneut von Erfolg begleitet ist und so ihren gesamten Eingang von 27700 t = 52,0% 1902 auf 39300 t hob. Mithin bewältigt heute die Oder volle zwei Drittel (67,0%) des Stettiner Holzempfangs. Gemäß dem agrarischen Charakter des Hinterlandes bilden die Produkte des Körnerbaus die gewichtigste Gruppe in der seewärtigen Ausfuhr. Getreide, Sämereien und Mühlenfabrikate aller Art kamen im Jahre 1903 insgesamt mit 223400 t zur seewärtigen Verschiffung, in deren Anfuhr sich Waggon und Flußschiff genau zur Hälfte teilten (243300 t, davon das letztere 51,4%). Der Versand an Weizen nach Schweden und der westlichen Ostsee schwankt mit dem Ernteerträgnis Pommerns und der östlichen Distrikte Mecklenburgs, woher er mittels Eisenbahn eintrifft [2]), zwischen 3500 t (1902) und 30900 t (1900). Ein Ersatz für die ausbleibenden Mengen aus Posen, welche in gleichem Maße von beiden Verkehrsmitteln beschafft wurden, bot sich für beide in der näheren Provinz Brandenburg [3]). Ausnahmsweisen Umfang nahm 1903 infolge der Mißernten der nordischen Länder, besonders Schwedens und Norwegens, der Versand von Roggen mit 65600 t an, nachdem er noch im Vorjahre nicht der Erwähnung wert war (5800 t). Die umliegenden Provinzen (Verkehrsbezirke 3 und 5, 16) konnten per Bahn wenig mehr als sonst anliefern, die gesteigerte Seeausfuhr wurde vielmehr durch die Bezüge aus Posen auf dem Wasserweg ermöglicht [4]). Der Ausgang

---

berg zur Spree 1903: 81000 t. 1903 Eingang in Stettin aus Schlesien 11800 t; von der Warthe 13800 t.

[1]) Durchgang über Eberswalde zu Tal 1890: 3100 t; 1903: 19400 t.

[2]) Pommersche Häfen, Empfang insgesamt: 1890: 11800 t; 1900: 29200 t, 1903: 13200 t; davon Verkehrsbezirk 3 u. 5 1890: 8300 t; 1900: 22500 t; 1903: 10700 t.

	1890	1903
[3]) Verkehrsbezirk 12:	2300 t	Verkehrsbezirk 16, 17: 2000 t
Warthe zu Tal	2400 „	Eberswalde zu Tal 2400 „

[4]) Pommersche Häfen insgesamt: 1900: 45400 t; 1903: 58100 t; während 1902 die Durchfuhr der Warthe (41200 t) vollständig den märkischen Wasserstraßen zufloß (Eberswalde zu Berg 43100 t), bleibt 1903

an Mehl aus Getreide zu 52 700 t (1890: 30 900 t) besteht
völlig aus Roggenmehl, welches nach Finnland (12 100 t) und
der deutschen Ostseeküste (16 700 t), überhaupt nach allen
Küsten dieser See, und außerdem nach den Niederlanden und
Frankreich abgefertigt wird; es ist teilweise von den Stettiner
Mühlen aus der oben erwähnten Roggeneinfuhr vermahlen. Zur
größeren Hälfte (1903: 39 500 t) wird es fertig aus dem Inland eingebracht, wovon die Eisenbahn nur etwa ein Viertel
aus Pommern und Brandenburg liefert (1903: 10 100 t). Mit
Rücksicht auf die neuerliche ähnliche Beteiligung für den Rohstoff, dürfen wir die 74,4% der Oder im Verkehr mit Mehl
ohne Bedenken als Maßstab auf die gesamte Ausfuhr in diesem
Artikel übertragen. Von den 29 400 t wasserwärts angelieferter
Mehle stammten 17 800 t aus dem Gebiet der Netze und Warthe,
6700 t aus Schlesien, und der Rest ging über die märkischen
Wasserstraßen ein. Wir stehen hier wiederum vor der Tatsache, daß die Oderschiffahrt vom oberen Flußlauf äußerst geringe, nicht einmal wachsende Quantitäten dem Mündungshafen zugeführt, und daß dagegen die erhebliche Mehrproduktion
ihren Weg über den Oder-Spreekanal nach Berlin und dem
Konkurrenzhafen Hamburg gefunden hat [1]. An der Erzeugung
Berlins hat sich Stettin ebensowenig wie im Gebiet der Elbe
einen irgendwie nennenswerten Anteil mittels des Finowkanals
schaffen können. Die anderen zur See ausgeführten Mühlenfabrikate, außer Dextrin (14 600 t), vor allem Kartoffelmehl
mit 41 200 t nach Zollvereinshäfen und England, fallen in
höherem Grade der Eisenbahn zu, da es ihr bei diesen höherwertigen Fabrikaten gelungen ist, neben der Produktion Pommerns auch einen großen Teil der Abfuhr aus der Provinz
Posen [2] mittels des niedrigen Seehafentarifs an sich zu ziehen.
Andererseits reicht der Rohstofftarif nicht aus, um ihr die
dortige Abfuhr an Kartoffeln zu sichern; allein es sind auch

---

fast die Hälfte der gesteigerten Durchfuhr (151 700 t Warthe zu Tal und
89 300 t Richtung Berlin) für den Absatz flußabwärts frei.

[1] Oder (Küstrin) zu Tal 1890: 22 800 t; 1902: 21 400 t; Fürstenberg
zur Spree 1903: 36 700 t.

[2] Pommersche Häfen: Empfang 1903 an Mühlenfabrikaten aus Verkehrsbezirk 12: 16 600 t, hauptsächlich Stärke.

nur kleine Mengen, welche der Oder von der Warthe her zuströmen [1]). Der Versand von Kartoffeln über See nach den nordischen Ländern: 27 100 t 1903 [2]), wird überwiegend durch bahnwärtige Zufuhren der umliegenden ländlichen Bezirke bestritten [3]). Daß die Bahn für höherwertige Massengüter, wie Getreide auf längere Entfernungen hin auch nach Gestellung von Exporttarifen den Wettbewerb mit einer ziemlich leistungsfähigen, natürlichen Wasserstraße nicht aufnehmen kann, muß Stettin insbesondere hinsichtlich der Gerste zu seinem Schaden erfahren. Der Schienenweg dient nur als Zubringer der geringen Überschüsse der nachbarlichen Provinzen: 1903 18 500 t [4]). Den Kampf um das ausschlaggebende Gebiet Böhmens und des weiteren Österreichs fechten Hamburg und Stettin mittels der Binnenschiffahrt aus. Und weil im Gegensatz zum freundschaftlichen Entgegenkommen der österreichischen und sächsischen Bahnen die preußische Verwaltung auf den hohen schlesischen Umschlagstarifen beharrt, ist der Sieg der Elbe ein vollkommener [5]). So macht die Oder nur der Eisenbahn die Transporte aus Brandenburg und Posen streitig, wobei sie in letzterer Richtung allerdings entschiedene Erfolge verzeichnet [6]). Das Ergebnis dieser Sachlage ist eine von beiden Verkehrsmitteln gleichmäßig gestützte verhältnismäßig geringe Seeausfuhr von 1903: 25 800 t (1890: 7300 t) nach England und Zollvereinshäfen gegenüber einem gewaltigen Ausgang über Hamburg (142 000 t). Ähnlich beteiligen sich Eisenbahn und Oder an der Zufuhr aus Pommern und Brandenburg an Rapssaat und anderen Sämereien für den geringen seewärtigen Versand (1903: 6400 t), nachdem die Binnenschiffahrt für die vom Umschlag an der oberen Oder allmählich zur Elbe ab-

---

[1]) Warthe (Küstrin) zu Tal 1903: 6400 t.

[2]) 1902 wuchs er ähnlich wie bei Lübeck infolge Mißratens der Ernten in Finnland und Schweden auf 67 900 t an.

[3]) Vom Empfang aller pommerschen Häfen 1903: 33 600 t entfielen auf die Verkehrsbezirke 3 u. 5, 17: 33 200 t.

[4]) Von den in den gesamten pommerschen Häfen angefahrenen 21 300 t stammten aus Verkehrsbezirk 3 u. 5, 12, 16 u. 17 allein 20 500 t.

[5]) Durchgang auf der Oder zu Tal (Küstrin) 1902: 2800 t.

[6]) Eberswalde zu Tal 1903: 7500 t; Warthe zu Tal 1903: 10 500 t.

gelenkten österreichischen Bezüge reichlich Ersatz im Gebiet der Mark gefunden hat [1]).

Die Ausfuhr von Zucker und Sirup nahm im Jahre 1890 mit 156 400 t den ersten Rang im Export Stettins ein, da sie indessen seitdem nicht an Umfang gewonnen hat, so ist sie hinter die soeben behandelte Ausfuhr an Getreide etc. zurück-getreten. In den letzten Jahren ist sie sogar unter dem Stand von 1890 geblieben: 1902 und 1903 je 149 000 t. Davon war die kleinere Hälfte nach Großbritannien bestimmt (69 500 t), die gleiche Menge ging ostwärts nach den preußischen Häfen Danzig bis Memel [2]), außerdem wurde ein kleinerer Teil (11 900 t) nach Norwegen verfrachtet. In den Kreisen der Kaufmannschaft herrscht die Ansicht, daß dieser Stillstand direkt durch Ausnahmetarifierung der Eisenbahn verschuldet sei, daß insbesondere die 1901 erfolgte Detarifierung von Roh-zucker zur überseeischen Ausfuhr (Spezialtarif III) die bahn-wärtige Abfuhr pommerschen und mecklenburgischen Zuckers nach Hamburg und Lübeck abgelenkt habe [3]). Dies wird aber durch die Statistik völlig widerlegt, indem der Eisenbahn-empfang der Elbhäfen aus Mecklenburg seit 1890 äußerst ab-nimmt und heute nur noch kleine Mengen umfaßt [4]), aus Pom-mern überhaupt minimal ist. Dagegen ist es gerade der steigende Bahnverkehr mit diesen Gebieten und Brandenburg, der den Eingang per Schienenweg in Stettin von 46 200 t 1890 auf 73 600 t 1903 [5]) anschwellen ließ und dadurch den absoluten Rückgang des seewärtigen Exports hintanhielt. Wie im Elb-gebiet, stehen wir auch bei der Oder vor der Erscheinung, daß die Bahn unablässig vor der Konkurrenz des Wasserwegs weicht, so in der Provinz Posen [6]). Infolgedessen ruht heute

---

[1]) Eingang bahnwärts in Stettin 1903: 8600 t, Eberswalde zu Tal 1903: 24 100 t.

[2]) Zollvereinshäfen: 64 300 t.

[3]) Jahresbericht von Stettin 1902, S. 18, 1903, S. 61.

[4]) Verkehrsbezirk 5—7 1890: 17 000 t; 1903: 5900 t.

[5]) Von den nach der Eisenbahngüterstatistik für die pommerschen Häfen 1903 gemeldeten 64 000 t Zucker etc. entfielen auf Verkehrsbezirk 3 u. 5: 29 800 t, Verkehrsbezirk 16, 17: 28 700 t.

[6]) Verkehrsbezirk 12: 1890: 10 000 t; 1903: 2900 t.

die Entscheidung bei der Binnenschiffahrt, und wie immer, hat die Überlegenheit der Elbe gegen Stettin entschieden. Ohne Unterbrechung nahm die Ablenkung des Verkehrs Oberschlesiens über den Oder-Spreekanal zu, während zugleich der Durchgang über Küstrin zur Odermündung von 102 600 t auf 41 400 t 1902 sank, und im letzten Jahre gar nur noch 30 100 t in Stettin von Schlesien angemeldet wurden. Fast ebenso wuchtig stieß Hamburg über die Warthe nach Posen vor, indem es hier die bedeutend gesteigerte Ausfuhr bis auf 17 000 t an sich riß [1]). Wenn sich Stettin schon in der Nachbarschaft der auf Hamburg gerichteten Schiffahrt nicht erwehren konnte, so bedarf es wohl kaum der Erwähnung, daß es nur geringe Transporte aus Berlin (8500 t) und dem engeren Elbgebiet (2500 t) an sich zieht. Wegen dieser Tatsachen ist die Einfuhr von Zucker auf der Oder in stetem Rückgang, sie betrug 1903 58 100 t = 44,0 % des Gesamteingangs. In gleicher Weise beherrschte Hamburg die Abfuhr des von den agrarischen Provinzen Ostdeutschlands bereitgestellten Spiritus. Da Stettin von jeher an den über die Warthe flußabwärts gehenden Mengen gar nicht interessiert war, und auch die Ausfuhr Schlesiens fast ganz über den Oder-Spreekanal bewerkstelligt wurde [2]), so wurde der Niedergang dieser Ausfuhr hauptsächlich vom Elbhafen empfunden. Stettin hielt daher den auf den Bahnbezug aus Pommern und Brandenburg basierten Export von Spiritus nach England und den deutschen Nordseehäfen auf der alten Höhe mit 12 500 t 1903 (13 500 t 1890).

Die dritte große Gruppe der auf dem Verkehr mit dem Hinterland beruhenden Ausfuhr des Oderhafens bilden die metallurgischen Produkte der schlesischen Großindustrie, deren

---

[1]) Warthe durch zu Tal (Küstrin) 1895: 17 700 t, 1903: 77 800 t; dagegen gingen im letzten Jahre über Eberswalde zu Berg 74 900 t; 1895 nur 24 100 t. Der Verlust für Stettin ist umso größer, als die Wartheschiffahrt ja auch die Bahnsendungen der Provinz nach pommerschen Häfen aufgesogen hat.

	1890	1903
[2]) Warthe zu Tal (Küstrin)	4 000 t	—
Eberswalde zu Berg	10 900 „	100 t
Oder zu Tal (Küstrin).	2 000 „	—

Transport die Bahn sowohl hinsichtlich des Bleies und Zinks, wie auch der Eisenfabrikate durch billige Tarife an sich zu fesseln bemüht ist. Der Erfolg ist verschieden, für Stettin aber in jedem Fall eine Schädigung. Für B l e i ist dadurch die Konkurrenzfähigkeit der Oder überhaupt nicht beeinträchtigt worden, so daß dessen mit der schlesischen Gewinnung schwankende Seeausfuhr von 5300 t (1890) und 10 800 t (1903) nach England und Rußland vollständig, nämlich zu 93,1 % der entsprechenden Zufuhr (13 800 t) 1903, durch die Binnenschifffahrt bereitgestellt wird. Anders bei der Z i n k ausfuhr nach England, und in kleinen Beträgen nach den Uferstaaten der Ostsee. Hierfür schaffte der Schienenweg im Jahre 1890 etwa 23 000 t heran, bediente also den Seeverkehr von 26 100 t praktisch allein. Nach und nach richtete sich die Oderschifffahrt in den neuen Verhältnissen ein, drängte den Schienenweg auf 18 500 t 1903 zurück und ermöglichte durch ihre steigenden Bezüge (30 400 t = 62,2 %) die Erweiterung des seewärtigen Versands auf 48 600 t resp. 43 600 t 1902/03. Bei verarbeitetem Eisen hat die Ausnahmetarifierung in der Tat jede Entfaltung der Flußschiffahrt auf Stettin unterdrückt [1]), doch hat sie diesem Hafen keine wachsenden Beträge zuführen können. Und wenn trotz des stabilen Bahnempfangs von 40 000 t (1890) und 45 000 t (1903) die Ausfuhr über See nach Dänemark, England und dem Zollinland sich seit 1890 (15 200 t) auf 32 200 t verdoppelt hat, so verdankt Stettin dies einzig der Produktion seiner lokalen Industrie, welche das Roheisen des dortigen Hochofens verarbeitet. Hamburg allein hat aus der Ausnahmetarifierung Nutzen gezogen, indem es in immer wachsendem Maße neben den Transporten auf der leistungsfähigen Oder-Spree-Wasserstraße, ohne daß deren Entwicklung gehemmt wurde, auch die Bezüge per Schienenweg über seinen Hafen geleitet hat [2]). Dasselbe Bild wie die bisher behandelten hoch bedeutsamen Massengüter, zeigt die Ausfuhr der in kleineren

---

[1]) In Stettin trafen oderwärts ein 1903: 4700 t = 9,4 %.

[2]) Elbhäfen: Empfang aus

	1890	1900
Verkehrsbezirk 12—15 etc.	1500 t	30 700 t
Rathenow durch zu Tal	200 „	17 200 „

Quantitäten zur Ausfuhr gelangenden Artikel. Entweder beschränkt sich der Bereich des Hafens auf die umliegenden Provinzen Pommern und Brandenburg samt Berlin, wobei dann trotz der Mitwirkung des Finowkanals [1]) die Entwicklung und der Umfang der aus dem Gebiet der Mark angebrachten Mengen in keinem Verhältnis zu den über Hamburg beförderten steht, so z. B. die Ausfuhr von Papier und Pappe nach der Nordsee (1903: 20900 t gegen 1890: 13400 t), von Tonwaren, insbesondere feuerfesten Steinen nach den verschiedensten Ländern der Welt (1890: 13500 t; 1903: 18700 t), und der Versand von Teer etc. mit 1903: 7800 t nach Rußland und Finnland. Oder aber er reicht mittels Eisenbahn oder Wasserstraße ins Elbgebiet, und in diesen Fällen ist die Ausfuhr nicht nur unbeträchtlich, sondern sie hat nach der Eröffnung des Elbe-Travekanals sogar nachgelassen, typisch ist die Bewegung der Ausfuhr von Abraumsalzen nach Schweden mit 6900 t 1903 gegen 15500 t 1895 und von Salz mit 10400 t 1900 und 7300 t 1902 [2]).

Nach diesen Tatsachen liegt der Grund, weshalb Stettin nicht eine der wirtschaftlichen Entfaltung seines Hinterlandes entsprechende Entwicklung als Seehafen genommen hat, vor allem in dem kräftigen Wettbewerb, den der Elbhafen in dem gewaltigen Bevölkerungszentrum Berlin und dem industriereichen Schlesien ausübt. Man hat sich gewöhnt, die vornehmste Ursache in der Eröffnung des Kaiser-Wilhelmkanals zu sehen. Ich betone noch einmal, was an anderer Stelle bereits ausgeführt ist, daß die durch ihn geschaffene neue verkehrswirtschaftliche Stellung zur See keineswegs ein Übergewicht des Elbhafens im Ostseegebiet gegenüber Stettin bedeutet, da derselbe noch immer weit höhere Seefrachten im Verkehr mit diesen Gebieten notiert. Im Gegenteil, gerade die seewär-

---

[1]) Dem Eingang in Stettin per Bahn steht für Teer etc. (3100 t), für gebrannte Steine (4200 t) der Durchgang bei Eberswalde zu Tal gegenüber: für Teer etc. 15500 t, für gebrannte Steine 10800 t.

[2]) Die Angaben bei Eberswalde sind unbrauchbar, da die Scheidung zwischen Düngestoffen und Salz scheinbar nicht gelungen ist, und auch für Düngemittel entscheidend durch die Phosphattransporte von Hamburg nach Posen beeinflußt sind.

tige Lage Stettins mußte durch die Abkürzung der Entfernung zur Nordsee und zum Weltmeer eine noch größere Verbesserung erfahren, da schon 1890 mehr als die Hälfte seines Verkehrs mit Häfen dieser Meeresgebiete unterhalten wurde [1]). Der Vergleich der Frachten gewährt nach obigem ein für Stettin günstiges Resultat, und damit ist auch ein Versuch hinfällig, dessen offenbar mindere Leistungsfähigkeit aus den dort höheren Hafenabgaben abzuleiten. Dabei ist die Gleichheit der Empfangsspesen unleugbar [2]). Allein die Verschiedenheit in der Verbindung mit dem Hinterland hat demnach die Überlegenheit Hamburgs begründet, nur das dadurch erlangte Übergewicht erklärt, daß Hamburg dann die 1895 eingetretene Erleichterung des Verkehrs zwischen Nord- und Ostsee für sich ausnutzen konnte. Einmal wird der Wettbewerb der Nordseehäfen im geographischen Hinterlande Stettins durch den Eisenbahnverkehr getragen, welcher sich aufbaut auf der in den 80er Jahren des vorigen Jahrhunderts beginnenden Politik der preußischen Bahnverwaltung zur Begünstigung der deutschen Ausfuhr im allgemeinen, sowie der Einfuhr einzelner Güter, besonders der kolonialen Produkte. Mittels dieser Seehafenausnahmetarife brachten die Elbhäfen im Jahre 1903 den Eisenbahnverkehr mit dem deutschen Elbgebiet auf 444 000 t (1890: 334 000 t) mit Österreich - Ungarn auf insgesamt 150 000 t (1890: 108 000 t), in Berlin und Brandenburg auf 263 000 t (148 000 t) und endlich im weiteren Gebiet der Oder auf 231 000 t (120 000 t). Demgegenüber sah sich der Oderhafen in dem durch den Schienenweg vermittelten Verkehr im wesentlichen auf das nächste Hinterland, d. h. die Provinzen Pommern, Brandenburg und Posen (zusammen 1903: 1 032 000 t in den pommerschen Häfen gegen 670 000 t 1890), sowie auf Schlesien 1903: 505 000 t, 1890: 425 000 t) beschränkt. Nach Berlin und der Mittelelbe versagten die Eisenbahnverbindungen, wie wir im einzelnen gesehen haben, vollständig; nur nach Österreich-Ungarn vermochte Stettin auf Grund der Ausnahme-

---

[1]) Rechnete man sogar alle Zollvereinshäfen zum Ostseegebiet, so ergab sich für dasselbe im Eingang 47,5 %, Ausgang 50 %.

[2]) Jahresbericht Stettin 1902, X.

tarifierung von Erzen bahnwärts einige Bedeutung zu erlangen (Verkehrsbezirk 52—55: 1903: 195000 t gegen 1890: 73000 t). Wie wenig unter diesen Umständen der Schienenweg der seewärtigen Verkehrsstellung Stettins seine Unterstützung leihen konnte, geht aus dem Stillstand oder sogar Rückgang des gesamten Eisenbahnverkehrs dieses Platzes genügend hervor (1895: 1495000 t, 1903: 1454000 t). Mithin hätte die Binnenschiffahrt das alleinige Mittel geboten, mittels Oder und Warthe im südöstlichen Hinterland sich zu behaupten, mittels des Finowkanals in Berlin Fuß zu fassen und weiter ins eigentliche Elbgebiet vorzudringen. Jedoch Hamburg stützt, wie bei der Darstellung dieses Hafens eingehend auseinandergesetzt worden ist, nur zum geringsten Teile in den hier in Betracht kommenden Gebieten seine rückwärtige Verkehrsstellung auf den Schienenweg, sondern auch überwiegend, zu mehr als $^4/_5$, auf die Elbe und die zur Oder führenden märkischen Wasserstraßen. Infolgedessen wird der Kampf um das gemeinsame Hinterland durch die Leistungsfähigkeit der der Elb- und Odermündung zur Verfügung stehenden Binnenwasserwege entschieden. In dieser Sachlage [1]) liegt die unersetzliche Bedeutung einer leistungsfähigen Oderschiffahrt für den Seehafen Stettin. Fassen wir daher zusammen, welche Umstände die Flußschiffahrt mit der Mündung schädigend beeinflußt haben, so werden wir zugleich die tieferen Ursachen der Gestaltung des Stettiner Seeverkehrs erkennen:

1. Die Leistungsfähigkeit der Oderschiffahrt im allgemeinen ist durch die verschiedenen Seehafenausnahmetarife für Kohle, Erze und Eisen etc., sowie für Getreide, Mühlenfabrikate, Zucker, Düngemittel im Verkehr mit Schlesien resp. mit Posen stark gemindert. Teilweise haben sie den Seeverkehr Stettins direkt betroffen, so für die Mengen Erze nach Schlesien, welche über Neufahrwasser abgelenkt wurden, so auch für die Transporte an Eisen und anderen unedlen Metallen, die den Bahnweg nach Hamburg einschlugen. Selbst wenn die

---

[1]) Wo sie weit deutlicher zum Ausdruck kommt als in den 60 %, welche die Binnenschiffahrt noch heute im Eingang und Ausgang binnenwärts behauptet.

Güter im Stettiner Verkehr verblieben, oder überhaupt in der Seeschiffahrt keine Rolle spielten, wie die oberschlesischen Kohlen, so wurde davon die gesamte Binnenschiffahrt in Mitleidenschaft gezogen. Vornehmlich verzögert das Fehlen von Massengütern die Zusammenstellung der Schleppzüge und eine langsame Abfertigung hat wieder die Ablenkung des Stückgutverkehrs von der Wasserverladung zur Folge [1]). Weiter wurde durch die Benachteiligung des Verkehrs mit der Mündung der Schwerpunkt der gesamten Schiffahrt auf die Beziehungen zu Berlin und der Elbe verlegt, wodurch Hamburg die Möglichkeit gewann, über den Finowkanal ostwärts vorzudringen. Mit seiner Hilfe hat es sich das Warthetal tributär gemacht, es fährt in stetig wachsenden Mengen die aus Posen zu exportierenden Mühlenfabrikate, Spiritus und Zucker, vorbei, im Import dahin vergrößert es den Absatz von Futterstoffen und immer mehr auch an Phosphaten [2]). Es scheint sogar, als wenn in Artikeln, wie Kaffee und Zucker, die eine Spezialität des Hamburger Handels bilden, dieser auf dem Wasserwege bis dicht in die Nachbarschaft Stettins verfrachtet [3]).

2. Viel intensiver als ins Tal der unteren Oder ist der Elbmündungshafen seit der Eröffnung des Oder-Spreekanals nach Schlesien, der traditionellen Handelsdomäne Stettins, vorgerückt. Ihm ist es zuzuschreiben [4]), daß Hamburg den Wasserverkehr mit dem Odergebiet von 167 000 t 1890 auf 644 000 t 1903 steigerte und so den Wasserverkehr Stettins mit Schlesien (599 000 t) selbst absolut überflügelte. Die Unregelmäßigkeit der Wasserstände ist auf der unteren Oder so stark, daß man trotz der auf der Elbe auch nicht unbekannten Schwankungen sagen kann, daß die Kanalisation der oberen Oder hauptsächlich dem Verkehr auf Hamburg genützt hat, indem dieselbe fast sicherer von dort als vom Mündungshafen zu erreichen ist [5]). Als darauf die Eisenbahn sich der neuen

[1]) Jahresbericht Stettin 1902, S. 41.
[2]) Jahresbericht Stettin 1903, I, S. 60 u. 62.
[3]) Wiedenfeld a. a. O. S. 340.
[4]) Jahresbericht Stettin 1901, S. 6.
[5]) Wiedenfeld a. a. O. S. 344. Wie sehr die Wettbewerbsfähigkeit

Konkurrenz erwehren wollte, hatte unter diesen Umständen der schwächere Verkehr auf Stettin die Folgen der Tarifpolitik zu tragen, denn dem Siegeszug des Oder-Spreekanals hat sie nicht die geringsten Schranken setzen können, und andererseits hat sie dem parallelen Eisenbahnverkehr mit Stettin nicht etwa die der Oder entzogenen Güter zugeführt, sondern diese sind obenein der Elbmündung zugeströmt.

3. Bedeutete schon die feindliche Haltung der preußischen Staatsbahn gegenüber dem Umschlag an der oberen Oder eine schwere Schädigung Stettins im schlesischen Verkehr, so hindert sie für Österreich-Ungarn die Oderschiffahrt und damit Stettin vollständig an der Wettbewerbsfähigkeit mit Hamburg und der diesen Hafen hier zu mehr als 90% im Ausgang und zu 80% im Eingang bedienenden Elbe, deren Umschlagsverkehr in jeder Richtung durch die sächsischen und österreichischen Bahnen entgegenkommend behandelt wird.

4. Infolge eines mangelnden Großschiffahrtsweges nach Berlin ist Stettin nach Westen zu in eine stetig bedenklichere Lage im dortigen Konkurrenzkampf mit der Elbschiffahrt Hamburgs geraten. Wie sehr die Leistungsfähigkeit des alten Finowkanals mit höchstens 170 t Tragfähigkeit hinter der 600 t tragenden Wasserstraße Hamburg-Berlin zurücksteht, kommt in den weit höheren Flußfrachten der ersten Linie offen zum Ausdruck. Dies ermöglicht Hamburg nicht nur, den aus dem Nordseegebiet zu beschaffenden Mehrbedarf der Reichshauptstadt an Kohlen und Eisen allein seinem Hafenverkehr nutzbar zu machen, sondern es zieht mehr und mehr auch die Bezüge von baltisch-russischem Getreide von Stettin auf den Weg über Hamburg, obwohl die Seefrachten trotz des Kaiser-Wilhelmkanals um 1—2 Mk. teurer sind, denn die Flußfrachten von Stettin aus sind stets um etwa 3 Mk. höher als auf der Elbe [1]. Im Verkehr mit der Mittelelbe hat dann,

---

Stettins gegenüber Hamburg von diesen schlechten Wasserverhältnissen abhängig ist, beweist das für die Oder günstige Schiffahrtsjahr 1903, in welchem Stettins Verkehr mit Schlesien zu Wasser von 405 000 t (1902) auf 599 000 t stieg.

[1] Aftalion a. a. O. S. 569. Damit stimmen die Angaben der Stettiner Kaufmannschaft überein, welche die Surtaxe im Verkehr mit Berlin auf

wie wir im einzelnen beobachtet haben, der Elbe-Travekanal den dorthin gerichteten Fluß- und Eisenbahnverkehr
besonders an Salz, Düngestoffen und Getreiden zum Wanken
gebracht, den Stettin sich noch bis dahin in geringem Umfange vor der auf Hamburg gerichteten Elbschiffahrt gerettet
hatte. Das einzige Mittel, die bedrohte Wettbewerbsfähigkeit Stettins gegenüber Hamburg und Lübeck in der Provinz
Brandenburg und im Elbgebiet zu erhöhen, ist der 1905 endlich beschlossene Bau einer Wasserstraße für 600 t-Schiffe
nach Berlin und der Elbe; er ist neben der Verbesserung der
unteren und mittleren Oder eine Lebensfrage für die gedeih-
liche Entwicklung des Stettiner Seeverkehrs, und die infolge
der Verkettung mit der Mittellandkanalvorlage eingetretene
Verzögerung in seinem Ausbau hat Stettin ungeheuer geschädigt. Gerade das Beispiel Stettins zeigt, wie wenig einem
Hafen allein infolge seiner geographischen Lage das Monopol
für die Bewältigung des Seeverkehrs seines Hinterlandes gesichert ist, und daß der Umfang desselben entscheidend durch
die Verbindungen mit dem Hinterland, insbesondere durch
die verschiedene Beschaffenheit der Binnenwasserwege beeinflußt wird. Die ungleich stärkere Wucht, mit welcher sich
Hamburg auf Stettin geworfen hat, beruht einerseits auf der
Tatsache, daß Hamburgs und Stettins Interessen viel mehr kolli-
dieren, da Lübeck bis zur Eröffnung des Elbe-Travekanals
aus Mangel einer Wasserstraße im Elbgebiet für Massengüter
überhaupt nicht konkurrierte; andererseits hat in Stettin der
bewegliche Speditionsverkehr besondere Bedeutung [1]), der viel
schneller den billigen Spesen folgt als der umfangreiche Eigenhandel der baltischen Hansestadt.

---

1 Mk. per Tonne berechnen, vgl. Jahresbericht Stettin 1903, I, S. 74. Die
in der amtlichen Denkschrift über die Herstellung eines Großschiffahrtsweges Berlin-Stettin (Anlagen zu den Verhandl. d. preuß. Hauses der Ab-
geordneten 1901, S. 723) gemachten statistischen Angaben über die Ver-
änderungen im beiderseitigen Wasserverkehr mit Berlin sind ihrer statistischen Grundlage nach höchst unsicher, wenn sie auch die wirkliche Entwicklung gut kennzeichnen. Vgl. auch Jonas a. a. O. S. 77—79, der
diese Zahlen bringt.

[1]) Jahresbericht Stettin 1902, S. XV.

d) Die west- und ostpreußischen Häfen

α) Danzig

Die jährlichen Berichte des Vorsteheramtes der Danziger Kaufmannschaft enthalten ausgiebige Angaben über den Güterverkehr zur See, doch muß man bei ihrer Benützung Vorsicht walten lassen, da dieselben sehr oft in den verschiedenen Tabellen desselben Jahrgangs auseinandergehen, ohne daß dafür etwa die Heranziehung einer anderen Quelle (Zolllisten des dortigen Hauptsteueramts) als Ursache zu betrachten wäre. Desgleichen ist der Ausgang per Eisenbahn seit 1890 nach dem ausführlichen Warenverzeichnis der allgemeinen Statistik der Güterbewegung auf deutschen Eisenbahnen gegliedert, hinsichtlich der Verkehrsbezirke indessen erst seit 1900 [1]). Dagegen sind die Ausweise des Empfangs in den Jahren 1890 und 1895 auf den direkten Verkehr von Stationen des Auslands und der Marienburg-Mlawkaer Bahn beschränkt. Wo im Text zerstreut Ziffern über den Gesamtempfang der einzelnen Güter gegeben wurden, sind solche verwertet worden. Der Wasserverkehr auf der Weichsel, wie er vorstehenden Berichten entnommen ist, deckt sich im wesentlichen mit den Ziffern der Reichsstatistik [2]), und ist aus ihr ergänzt. Über seine Richtung kann ein Vergleich mit den Notierungsstellen an den Wasserstraßen zum Haff [3]), am Bromberger Kanal und an der russischen Grenze zu Thorn Aufschluß geben. Wird eine Warengattung zugleich berg- und talwärts gefahren, so stört der etwaige Verkehr des Bromberger Kanals die Kombination, weil es zweifelhaft bleibt, ob er mit der oberen Weichsel oder dem Mündungsgebiet unterhalten wird. Noch in anderen Fällen bleibt ungewiß, wieviel vom russischen Grenzverkehr dem Danziger Hafen anzurechnen ist.

Der seewärtige Eingang Danzigs teilte sich noch

---

[1]) In den Jahren 1890 u. 1895 werden nur Ost- und Westpreußen, sowie Rußland und Polen gesondert ausgewiesen.

[2]) 1890 u. 1895 Groß-Plehnendorfer Schleuse bei Danzig; 1900/03 Einlagerschleuse.

[3]) Elbinger Weichsel (Danziger Haupt-) und Weichsel-Haffkanal (Rothebude).

1890 (415 600 t) mit Lübeck in den zweiten Platz unter den deutschen Einfuhrhäfen der Ostsee, heute steht er in seiner Verdoppelung auf 856 900 t 1903 entschieden an zweiter Stelle. In der gleichen Periode wuchs der Versand per Eisenbahn noch intensiver von 238 000 t auf 608 600 t, der Ausgang auf der Weichsel dagegen langsam auf 269 700 t (1890: 196 700 t); während sie mithin 1890 noch fast die Hälfte der Abfuhr ins Hinterland bewältigte (45,2 %), verringerte sie ihren Anteil allmählich bis in das durch schlechten Wasserstand ausgezeichnete Jahr 1900 bis zu 26,9 %, um ihn dann besonders infolge kleiner Bahnabfuhren wieder etwas zu heben (1903: 30,9 %). Wir vermögen hier noch nicht zu entscheiden, ob die Ursache in der verringerten Konkurrenzfähigkeit der Wasserstraße liegt, oder ob sich vielleicht das Schwergewicht der Hinterlandsbeziehungen zu Gunsten der Gebiete verschoben hat, die einer Wasserverbindung mit Danzig entbehren. Daß dieses Moment hineinspielt, ist wahrscheinlich, weil Rußland, Polen, Ost- nnd Westpreußen, welche 1890 ³/₄ (190 000 t) der Bahnabfuhr stellten, jetzt nur mehr ²/₃ (1903: 410 000 t) liefern. Außerdem ist die Wiederverfrachtung nach dem Inland von bahn- und stromwärts eingegangenen Waren nicht unbeträchtlich, so von Holz (1903: 51 000 t), Getreide (23 000 t), Mehl (16 000 t), Zucker (18 000 t) und verarbeitetem Eisen [1]).

An erster Stelle der seewärtigen Einfuhr steht noch immer der Bezug von Steinkohlen aus Großbritannien (1903: 228 000 t) und in kleinen Mengen von deutschen Nordseehäfen, zusammen 256 400 t. Allein heute beträgt er weniger als ⅓ des Gesamtempfangs, während er noch 1890 mit 197 700 t über die Hälfte beanspruchte. Die Steigerung der Einfuhr hält nämlich im Gegensatz zu allen übrigen deutschen Häfen nur bis 1895 an (287 100 t); sie geht dann sogar absolut zurück, die unmittelbare Folge der Ausdehnung des Rohstofftarifs auf inländische Kohle, welche das englische Produkt im Konsum Danzigs und seines Hinterlandes verdrängte. Abgesehen vom Jahre 1900, wo die Kohlennot abnorme Verhältnisse hervorrief, ist die

---

[1]) Holz zu 85 %, Getreide 84 %, verarbeitetes Eisen 71 % des Ausgangs in das Hinterland auf dem Wasserwege.

Hälfte des Empfangs an das Binnenland abgegeben worden. Die Wasserstraße hat davon in der Regel gegen 60 % befördert [1]). Ungefähr ihre halbe Abfuhr richtet sich durch die Elbinger Weichsel und den Weichsel-Haffkanal zum Frischen Haff, wobei sie insbesondere Elbing versorgt [2]); der Rest geht weichselaufwärts nach Marienwerder, Graudenz und Thorn. Unerhebliche Transporte zweigen durch den Bromberger Kanal [3]) zum äußersten Nordosten der Provinz Posen ab, und in denselben Grenzen halten sich gewöhnlich die Verschiffungen nach Rußland [4]). Ebenso ist die Eisenbahn vorwiegend auf den Bedarf der Provinz angewiesen, von 51 400 t blieben 1903 allein 47 000 t in Ost- und Westpreußen. Die kleinen Quantitäten, welche insgesamt von Danzig nach Polen verfrachtet werden, hat sie nach und nach ganz der Weichsel überlassen [5]). Nur als im Jahre 1900 der Kohlenmangel auch dort fühlbar wurde und die Weichsel infolge mißlicher Wasserverhältnisse der Dringlichkeit des Bedarfs nicht entsprechen konnte [6]), wurden ausnahmsweise 25 200 t Kohlen per Eisenbahn dorthin versandt. Diesem Umstande ist es zuzuschreiben, daß in jenem Jahre der Anteil der Wasserstraße unter der Hälfte (45,2 %) stand. Die Wirkung des Ausnahmetarifs für die Kohleneinfuhr ist ganz unmerklich; diese zeitweilige Ermäßigung hat dem Wasserweg keinen Schaden zufügen können [7]), da sein Bereich ohnehin auf die unmittelbar erreichbaren Orte beschränkt ist. Die Einfuhr von Steinen und Steinwaren aus Schweden und daneben aus Norwegen und Dänemark, seit 1895 ungefähr stabil auf der Höhe von 40—50 000 t (1903: 49 300 t) dient gleich der Einfuhr von Zement aus pommerschen Fabriken (13 700 t) vor allem dem Baugewerbe der Hafenstadt, dessen Mehrbedarf durch die einheimischen Ziege-

---

[1]) 1890: 76 000 t = 67,2 %; 1903: 79 500 t.
[2]) Danziger Haupt und Rothebuderschleuse zu Tal 1903: 41 300 t.
[3]) Bromberger Kanal durch zu Berg 1—3000 t.
[4]) Thorn durch zu Berg 3—4000 t.
[5]) Versand per Eisenbahn 1890: 3900 t; 1903: 800 t.
[6]) Der Durchgang zu Thorn hob sich mühsam auf 8100 t.
[7]) Vielleicht, daß sein Erlöschen sich in dem Aufschwung des Anteils der Wasserstraße auf 60,7 % 1903 ausspricht.

leien vom Haff und der oberen Weichsel her gedeckt worden
ist [1]). Die Abfuhr nach der Landseite entstammt gleichfalls
fast ganz der inländischen Produktion, und ist deshalb nur
zum geringsten Teile auf den Seeverkehr zu beziehen. Wie
nach Danzig, so schickt das Gebiet des Frischen Haffs und
der Netze und Brahe auch bergauf große Mengen Ziegeleifabrikate, es ist mithin fraglich, wohin der Danziger Wasserversand sich richtet. Es genügt deshalb die Angabe, daß
von dem Ausgang an Steinen, Mauersteinen etc. nach dem
Hinterland 1903 73,0 % der Weichsel zufielen (1890: 71,1 %).
War die Weichselschiffahrt für die Abfuhr der Steinkohle mit
dem Rohstofftarif nur bei der Möglichkeit direkter Verladung
in Konkurrenz getreten, so muß sie diesem hinsichtlich der
Düngemittel, für welche der Absatzkreis meistens nicht an
der Wasserstraße liegt und für welche obendrein der 20 %ige
Rabatt auf Sendungen an die Verbraucher die Frachtkosten
noch niedriger stellt, völlig das Feld räumen [2]). Die Verteilung der eingegangenen Düngemittel im Betrage von 132 000 t,
darunter allein 102 200 t belgische Thomasschlacken und
21 400 t hauptsächlich über Hamburg und Bremen importierter
Chilisalpeter, obliegt daher dem Schienenweg mit 99,2 % (von
86 300 t). Er hat mittels seines Versands die Steigerung der
seewärtigen Einfuhr von 1890: 17 800 t bewerkstelligt, indem
er nicht nur den wachsenden Bedarf der Provinz versorgte
(Verkehrsbezirk 1—2: 1903: 54 900 t), sondern auch mittels
der neuen Tarifierung westwärts nach Posen und Pommern
vordrang (je 13 000 t) [3]), ohne Zweifel auf Kosten Stettins,
wie aus dessen stationärem Bahnversand hervorgeht. Noch
in einem anderen Artikel, nämlich der Spedition schwedischer
Eisenerze, hat die Tarifpolitik zum Schaden jenes Hafens
dem Danziger Verkehr bedeutsamen Zuwachs (95 600 t 1903)
bereitet, indem der schon genannte Ausnahmetarif für überseeische Eisenerze nach oberschlesischen Hüttenwerken von

---

[1]) Jahresbericht Danzig 1899, S. 7.

[2]) Der Wasserweg beförderte 1900 nur 650 t, die als Durchgang bei
Rothebude und Danziger Haupt (zusammen 720 t) zum Haff gingen.

[3]) Dagegen wurden 1890 nach allen deutschen Stationen außer Ost-
und Westpreußen nur ca. 6000 t abgefertigt.

1894 bereits im nächsten Jahre ausgedehnte Anwendung fand.
Neben Eisenerz, welches 1903 zu 90 100 t bahnwärts nach
Schlesien gefahren wurde, expediert die Bahn steigend andere
Erze (Schwefelkies?) nach Polen [1]), so daß also die Ausdehnung der Einfuhr, soweit sie auf Erzen beruht, in keiner
Weise von der Weichsel getragen ist. Sobald aber Danzig
auf sein normales Hinterland, d. h. das weitere Gebiet der
Weichsel, beschränkt ist, zeigt die Binnenschiffahrt wieder
größere Anteile. Dies gilt von der Einfuhr verarbeiteten
Eisens aller Art: 1903 40 900 t [2]), dessen Herkunft etwa zu
gleichen Teilen in England und dem Rheingebiet zu suchen
ist. Dem Aufschwunge seit 1890 (19 800 t) ist die Abfuhr
der Eisenbahn mit 33 000 t (gegen 15 500 t) im ganzen gefolgt; halb ist sie zu jeder Zeit in der Provinz geblieben [3]),
die kleinere Abfuhr nach Rußland und Polen zeigt die gleiche
Bewegung [4]). Außerdem ist noch des Versands in die Provinz
Posen zu gedenken [5]). Während aller Jahre bleibt die Weichsel
in ihrer Leistung sehr hinter dem Schienenweg zurück, doch
ist ihr Anteil allmählich auf rund 30 % gestiegen [6]) (gegen
24,7 % 1890). Nach Rußland hat sie ihm den alten Vorrang
überlassen, ebensoviel, das sind 2—3000 t, gehen jährlich
zum Frischen Haff (Elbing), aber steigende Mengen führt sie
unter Einengung des bahnwärtigen Absatzes den Städten der
deutschen Weichsel zu. Dies wird beträchtlicher sein, als die
angegebenen Ziffern ausdrücken, da der Bahnversand größere
Mengen schlesischer Fabrikate umfaßt, welche der Danziger
Handel an die Landbevölkerung weitergibt. Die Einfuhr
englischen Roheisens erreichte 1899 21 300 t, ist dann
aber stetig bis 8200 t 1903 gesunken, da die Verladungen
nach Polen infolge entwickelter Eigenproduktion und der
schlesischen Konkurrenz weggefallen sind. Diese Transporte

---

[1]) 1890: — t; 1900: 10 300 t; 1903: 18 900 t.
[2]) 1900: 48 600 t.
[3]) Verkehrsbezirk 1 u. 2: 1890: 9900 t; 1903: 18 200 t.
[4]) Verkehrsbezirk 50, 51: 1890: 4100 t; 1903: 7700 t.
[5]) Verkehrsbezirk 12: 1903: 3100 t.
[6]) 1900: 15 600 t = 31,5 %; 1903: 13 100 t = 28,7 %.

.wurden größtenteils durch die Binnenschiffahrt vollzogen [1]). Wenn trotz dieses Ausfalls und gleich niedrigen Wasserversands zum Haff [2]) dieser insgesamt und damit der Seeverkehr [3]) nicht stärker abgenommen haben, so liegt der Grund in steigendem Absatz ins mittlere Weichselgebiet. Demnach hat der Flußverkehr nicht mehr als auf 48,9 % 1903 (von 14 500 t) gegen 64,8 % von 21 000 t abgenommen.

Bei den übrigen Rohstoffen, welche entweder eine weitere Entfernung zurücklegen, so die von der Industrie Polens verlangten Materialien, oder welche von den in den Städten des Weichseltales ansässigen Gewerben verarbeitet werden, wird schon nach dem Obigen eine stärkere Beteiligung der Weichsel wahrscheinlich; dem ist in der Tat so. In Beträgen von 8000—11 000 t werden Teer, Harz und ähnliche Artikel seewärts eingebracht. Von der Einfuhr des letzten Jahres (10 700 t) entfielen 4200 t auf amerikanisches Harz, der gleiche Betrag auf schwedischen Teer, kleinere Mengen noch auf Asphalt von Trinidad. Die entsprechende Abfuhr in das Hinterland (1903: 12 300 t) wurde zu 67—77 % (1903: 71,6 %) von der Weichsel vollzogen. Sie schickt die Hälfte ihres Versands nach Polen [4]), und hält damit allein dort den Einfluß Danzigs aufrecht, denn die Bahn hat den geringen Export neuerdings völlig an die Elbhäfen abgetreten [5]). Sie kämpft nur noch mit der Weichsel in der Provinz, doch ist auch deren Übergewicht unverkennbar; es stützt sich hier hauptsächlich auf die Verbindung mit dem Haff [6]). Beinahe ausschließlich über-

---

[1]) Thorn durch zu Berg 1890: 8300 t; 1903: 200 t; Verkehrsbezirk 50, 51: 1890: 2600 t; 1903: 100 t.

[2]) Elbinger Weichsel und Rothebude zu Tal 1890: 2600 t; 1900: 2500 t.

[3]) Desgleichen schwankt der Bahnversand nach Schlesien zwischen 3000 u. 4000 t.

[4]) Thorn durch zu Berg: 1890: 3900 t; 1903: 5000 t.

[5]) Verkehrsbezirk 50, 51: 1890: 500 t; 1903: 200 t.

[6]) Der Versand auf der Weichsel abzüglich des Durchgangs bei Thorn betrug 1890: 3400 t; 1903: 3800 t, davon zuletzt 1100 t zum Frischen Haff. Dagegen der Bahnausgang nach Verkehrsbezirk 1 u. 2: 1890: 1200 t; 1903: 2800 t.

nimmt die Binnenschiffahrt das durch Vermittlung der Nordseehäfen importierte Farbholz für die Textilindustrie Polens.
Von der landwärts versandten Menge, etwa 2900 (1890) bis
2200 t (1903), befördert sie stets gegen 90 %. Besser schneidet
die Bahn allerdings hinsichtlich des sich in gleicher Richtung
vollziehenden Verkehrs in Häuten und Fellen ab, da sie sich
von den 10 700 t der Abfuhr im Jahre 1903 6300 t bewahrte.
Aber die Steigerung des seewärtigen Bezugs auf 10 000 t gegen
2900 t 1890 beruht vor allem auf dem Wasserweg, der seinen
Anteil von 16,1 % 1890 bis zu 49,3 % 1902 vergrößerte. Eine
wesentliche Ausnahme unter den Rohstoffen machen nur Baumwolle und Wolle, deren Einfuhr von 1800 resp. 4100 t
vollständig mittels des Bahnwegs [1]) nach Polen weitergegeben
werden.

Die Einfuhr von 16 100 t fetten Ölen und Fetten besonders aus Hamburg (1890: 9900 t) besteht zum Teil noch
aus gewerblichen Rohstoffen, Talg, Leinöl etc., zum anderen
als Schmalz aus Nahrungsmitteln. Eisenbahn und Wasserweg
führen je 1000 t über die russische Grenze. Im Versand nach
dem Inland aber steht der letztere voran, der infolgedessen
von der Gesamtabfuhr immer über 60 % inne hat [2]). Ganz
ähnlich bedeutsam ist der Versand per Flußschiff für die Einfuhr von amerikanischem Petroleum, welche seit 1895
konstant 35 000 (1903) bis 38 000 t (1895, 1900) beträgt, indem er nahezu 70 % der Abfuhr [3]) ausmacht. Die Versorgung
der eigenen Provinz, welche etwa zu gleichen Teilen mittels
beider Verkehrsmittel erfolgt [4]), wird sehr durch das bahnwärts
eindringende russische Produkt erschwert. Die genannte hohe
Einfuhr verdankt Danzig vornehmlich der Abfuhr auf der
Binnenwasserstraße [5]) nach dem Frischen Haff und besonders
nach Königsberg, das durch die Mängel seiner Hafeneinrichtung

---

[1]) 99,0 resp. 97,9 % 1903.

[2]) 1890: 60,8 % von 6400 t; 1903: 7000 t = 64,0 %; von den in diesem
Jahre wasserwärts abgegangenen 7000 t fuhren ca. 2500 t zum Haff.

[3]) 1895: 69,3 % von 35 800 t; 1903: 68,3 % von 34 300 t.

[4]) Versand Danzigs 1903 nach Verkehrsbezirk 1 u. 2, 12: 10 900 t,
auf dem Wasserwege: 8300 t.

[5]) Abzüglich des Durchgangs zum Haff: 15 100 t.

von der Weichselmündung abhängig ist. Mit den letzten
Artikeln sind wir schon in die letzte Gruppe der Danziger
Einfuhr, den Nahrungs- und Genußmitteln [1]), geraten, unter
denen neben den sogen. Kolonialwaren nur noch die Heringe
erwähnt werden müssen. Der seewärtige Eingang an Heringen
aus England und Holland in der Höhe von 35 700 t 1903
(1890: 18 500 t) dient zu einem Teile dem Konsum des nahen
deutschen Hinterlandes. In dieser Richtung hat die Wasserstraße einigen Erfolg zu verzeichnen; sie beförderte dorthin
rund 5200 t (gegen 3900 t 1890), indem die Transporte über
das Haff [2]) zugenommen haben. Im Verkehr nach Rußland
dagegen blieb sie auf 1—2000 t beschränkt, und da insbesondere in dieser Richtung die Ausdehnung des Absatzes erfolgte, so ging ihr Anteil ununterbrochen von 31,8 % (5900 t)
auf 18,8 % (6700 t) zurück. Weit erheblicher ist aber die
Unterstützung, welche sie der Einfuhr der Kolonialwaren lieh.
Die Einfuhr von Salz mit 26 500 t, welche zu 20 000 t von
den Schwarzmeerhäfen (Eupatoria) stammte, beruht überwiegend
auf der neuerlichen Spedition nach Polen. In welchem Umfange deren Steigerung seit 1890 (10 900 t) auf der Weichselschiffahrt beruht, geht aus dem Stillstand des Bahnverkehrs
hervor [3]), während sie inzwischen ihren Anteil von 2100 t
= 23,1 % auf 21 200 t erhöhte, somit heute 72,1 % der Abfuhr beansprucht. Die 7000 t im Jahre 1903 aus deutschen
Nordseehäfen bezogenen Reis verteilt die Binnenschiffahrt zu
52,5 %, wodurch sie zugleich den Einfluß Danzigs über das
Frische Haff und die russische Grenze trägt; ebenso gebühren

---

[1]) Die Einfuhr von Getreide etc. ist minimal: 9400 t. Sie besteht zu
5300 t aus Ölsaaten für die Danziger Öhlmühlen, zu 2400 t aus Mais,
der hauptsächlich von der Bahn an die landwirtschaftlichen Konsumenten
verteilt wird. Die Einfuhr an Mühlenfabrikaten (4200 t) bleibt wahrscheinlich ganz in der Stadt, ebenso die 4900 t Zucker und Sirup.
Die für beide Artikel notierte Abfuhr binnenwärts, an denen sich die
Weichsel zur Hälfte beteiligt, stammt überwiegend aus der inländischen
Produktion.

[2]) Elbinger Weichsel und Haffkanal: 1890: 500 t; 1903: 2700 t;
dagegen Bahnversand nach Verkehrsbezirk 1 u. 2: 1890: 5700 t; 1903:
8900 t.

[3]) 1890: 7100 t; 1903: 8200 t.

ihr 49,6 % am Versand des über Hamburg importierten Kaffees
und ähnlicher Produkte, im ganzen 9800 t. Die Weiterverfrachtung des seewärtigen Tabakeingangs von 1300 t übernimmt sie zu ⅓ (1902: 38,8 %), hinsichtlich der Einfuhr an
Wein (3600 t 1903) beteiligt sie sich gar mit 60,0 %. Die
Richtung dieses Hinterlandsverkehrs auch nur annähernd zu
differenzieren, ist unmöglich, da er an und für sich wenig umfangreich ist und sich zu einem großen Teil als unausgeschie-
dener Stückgutverkehr vollzieht, wie schon der Unterschied
zwischen den Ein- und Abfuhrzahlen zur Genüge klarstellt.
Da aber die auf der Weichsel tätigen Reedereien ihre Haupt-
beschäftigung im Stückgutverkehr [1]) finden, so dürften obige
Zahlen, nach denen die Binnenschiffahrt ungefähr die Hälfte
dieser höherwertigen Güter befördert, wohl das richtige treffen.

Die Ausfuhr über See hat der Bewegung der Einfuhr
nicht folgen können, sie steht heute mit 856 900 t absolut
hinter ihr zurück, während sie ihr 1890 noch ganz beträchtlich mit 525 200 t überlegen war. Aus dem sinkenden Verhältnis der Eingänge auf der Weichsel zur Ausfuhr seewärts
— sie heben sich nur bedächtig von 384 000 t 1890 auf
465 300 t 1903 [2]) — darf geschlossen werden, daß die Binnenschiffahrt jenen Aufschwung des Seeverkehrs nur zu einem
geringen Teil hervorgerufen hat. Immerhin schafft sie noch
heute ein volles Drittel des Gesamtempfangs aus dem Hinterland herbei, 1903: 34,6 % (1900: 33,9 %). Für die Höhe
dieses Anteils ist die eine Säule der Danziger Ausfuhr, Holz
und Holzwaren mit 1903: 260 600 t (1890: 237 500 t), ausschlaggebend [3]), welche zu ⅔ nach England, außerdem nach
deutschen Ostsee- und Nordseehäfen, sowie über Holland und

---

[1]) In seiner stärkeren Ausbildung liegt wahrscheinlich auch die Ursache der Erscheinung, daß die Weichsel mit der Steigerung der Einfuhr von Kaffee und Tabak nicht ganz Schritt gehalten haben. (Kaffee
56,0 %, Tabak 49,1 % 1890.) Vgl. Seibt a. a. O. S. 991.

[2]) Mithin mindert das Verhältnis derselben zum Seeverkehr sich von
70 auf 60 %.

[3]) Wie sehr die Anfuhr von Holz den Gesamteingang wasserwärts
beeinflußt, zeigt die Abnahme des Anteils 1902 auf 29,4 %, da gleichzeitig der Floßantrieb von 257 000 auf 178 000 t wegen frühen Schiff-
fahrtschluß zurückgegangen war.

Belgien zum Rheingebiet bestimmt ist. Von der Zufuhr
(357 100 t) beschaffte sie über ³/₄, nämlich 272 400 t = 76,3 %.
Allerdings hat den Rückgang der über Thorn zu Tal geflößten
Hölzer allein der Binnenverkehr durch den Bromberger Kanal [1])
nach den märkischen Wasserstraßen und Stettin zu tragen gehabt, doch vermochte die Weichsel dem Danziger Seeverkehr
seit 1890 (276 700 t) nur die gleichen Mengen zuzuführen.
Seit der Einführung der die russischen Häfen begünstigenden
Exporttarife am Ende der 90er Jahre ist trotz der Gegenmaß-
regeln der deutschen Bahnverwaltung der Empfang per Schienenweg aus Rußland, welcher 1890 72 000 t (Verkehrsbezirk 50,
51) betrug, stetig geringer geworden (1903: 16 800 t), so daß
der Weichselhafen hinsichtlich der Zufuhr des weiteren ausländischen Hinterlandes mehr als je auf die Schiffahrt angewiesen ist. Wenn die seewärtige Ausfuhr leise ansteigt, so
verdankt es Danzig der größeren Produktion der umliegenden
Provinzen, welche im Jahre 1903 (Verkehrsbezirk 1 und 2)
57 700 t bahnwärts nach dort verfrachtet haben. An erster
Stelle steht heute die Ausfuhr von Zucker. Etwa 220 000 t [2])
wurden nach Großbritannien verladen, nach den Niederlanden
und zum Rhein 40 000 t, außerdem noch größere Transporte
nach Kanada und dem baltischen Rußland [3]), zusammen 318 000 t
Zucker, Sirup und Melasse; diese Höhe wird durch rasches Anwachsen der Ausfuhr des Jahres 1890: 99 000 t erreicht. Hier
hat es die Bahn durch Anwendung des Spezialtarifs II auf die
Ausfuhr russischen Zuckers verstanden, den Empfang dieses
Artikels auf 75 200 t 1903 (Verkehrsbezirk 50, 51) zu bringen
(gegen 1890: 5300 t). Ungefähr ebenso hoch sind ihre Bezüge aus der heimischen Produktion, welche sie bis auf
16 600 t aus der Provinz Posen, von den Fabriken Ost- und
Westpreußens bezieht. Einen bedeutsamen Teil jener Spedition
ausländischen Zuckers hat auch die Weichsel an Danzig ge-

	1890	1903
[1]) Thorn durch zu Tal	955 000 t	832 000 t
Bromberger Kanal . .	611 000 „	466 000 „

[2]) Die Angabe von 321 000 t 1903 ist ein offenbarer Druckfehler für
231 000 t.

[3]) Je 15—16 000 t.

gefesselt[1]), aber ihre hauptsächliche Aufgabe für Danzig erfüllt sie im Gebiet der mittleren und unteren Weichsel. Die Fabrikationsstätten der Stromniederung setzen ihre Produkte fast ganz auf dem Wasserwege ab, indessen ermöglichten es vor allem die Fabriken im Gebiet der Netze und des Bromberger Kanals durch den Wasserversand zur Weichsel[2]), daß der Eingang wasserwärts relativ noch schneller als per Schienenweg auf zuletzt 104 300 t gegen 26 200 t 1890 stieg, und damit seinen Anteil am Gesamtempfang auf 39,6 % (1890: 32,4 %) vergrößerte. Die Kaufmannschaft Danzigs vertritt die Anschauung, daß die 1901 erfolgte Detarifierung von deutschem Zucker zur Ausfuhr der dortigen Binnenschiffahrt umfangreiche Mengen durch Ablenkung auf den Bahnweg entzogen habe[3]). Allein der Rückgang seit 1900 liegt im verminderten Export (Minderung der Ausfuhrprämien!) überhaupt. Das Verhältnis der Bahn- und Wassereinfuhren ist das gleiche geblieben, indem die Weichsel auch 1900 nur 40,6 % beförderte. Auch die Abfuhr aus Posen bahnwärts nach Stettin und Hamburg ist, wie wir gesehen haben, seit 1901 minimal, dagegen ist der Talverkehr der Warthe zur Oder ständig gewachsen, so daß es scheint, als wenn die Tarifermäßigung der Bahn die Wasserfrachten derart tief gedrückt habe, daß sich der Wasserverkehr der Netze in höherem Maße westwärts gewandt hat.

Die Gruppe der Getreide und Ölsaaten, welche in den 70er und 80er Jahren das Fundament der Danziger Ausfuhr bildete, muß sich heute infolge ihrer mäßigen Entwicklung seit 1890 (86 500 t) mit dem dritten Platze hinter Zucker und Holz begnügen. Sie erreicht einen neuen Hochstand im Jahre 1900 (158 400 t), fällt dann aber wieder langsam bis auf 120 100 t 1903. Damit folgt sie dem Empfang aus dem Hinterland, der stets etwa doppelt so hoch ist: 1890: 170 400 t, 1903: 210 500 t. Der Verlauf der Zufuhr auf der Wasserstraße schwankt stark nach dem Ernteerträgnis des Hinterlandes und den Schiffahrtsverhältnissen. Im ganzen ist seit 1895 ein erheblicher abso-

---

[1]) Thorn zu Tal 1890: 6500 t; 1900: 53 200 t; 1903: 32 500 t.
[2]) Bromberger Kanal 2. Schleuse zu Tal 1895: 1000 t; 1903: 44 700 t.
[3]) Jahresbericht Danzig 1901, S. 6.

luter Rückgang (1895: 45 300 t, 1902: 18 800 t) bemerkbar, welcher erst im letzten Jahre durch die Steigerung auf 27 200 t abgelöst wird. Demgemäß bewegt sich ihr relativer Anteil am gesamten Empfang von 26,6 % 1890 über 6,2 % 1900 auf 12,9 %, womit also die damalige geringe Bedeutung der Weichsel für den Getreideverkehr Danzigs weiter abgenommen hat. Die fortschreitende Ausfuhr der meisten Getreidearten wird durch den Rückgang der Verschiffung von Weizen zum größten Teil aufgehoben; sie beträgt 1903 nur noch 26 400 t (1890: 51 400 t), welche zu 10 800 t nach England, außerdem nach den nordischen Ländern und den Niederlanden [1]) verfrachtet wurden. Ihm entspricht die Senkung der Zufuhren von 85 500 t 1890 auf 50 100 t, die hauptsächlich der russischen Tarifpolitik zuzuschreiben ist, indem jetzt die ehedem beträchtlichen Sendungen russischer Ware fast ganz den nationalen Häfen zufließen. Den Ausfall spürt insbesondere die Weichsel, welche 1890: 20 300 t über Thorn zu Tal sandte [2]), und der geringe Rest benutzt vorwiegend die Bahnbeförderung [3]). Somit ist Danzig allmählich ganz auf den Bezug aus den nahen deutschen Gebieten beschränkt. Ist deren Ernte, wie z. B. 1900, sehr reichlich, so schnellt die Ausfuhr bei gleichzeitiger Knappheit in Schweden auf den früheren Stand (61 200 t). Je mehr nun diese Einfuhren aus den umliegenden Distrikten den Ausschlag geben, desto geringer ist natürlich der Anteil der Binnenschiffahrt geworden (1890: 33,8 %; 1900: 11,3 %; 1903: 14,8 %). In ähnlicher Weise verloren die bahnwärtigen Einfuhren von Gerste aus Rußland [4]). In diesem Falle boten die Provinzen wenigstens einen vollen Ersatz [5]), der die gesamte Anfuhr auf der früheren Höhe hielt: 1903: 27 400 t (1890: 24 000 t), wovon im letzten Jahre 10 400 t (1890: 13 300 t) nach Rußland, England und Westdeutschland über See abgesetzt wurden. Der Anteil der Wasserstraße schwankt

---

[1]) Nach Schweden und Dänemark 8600 t, nach den Niederlanden 4300 t.

[2]) 1903 dagegen nur 3400 t.

[3]) Verkehrsbezirk 50, 51: 1890: 27 500 t; 1903: 9500 t.

[4]) Verkehrsbezirk 50, 51: 1890: 17 700 t; 1903: 8700 t.

[5]) Inland 1890: 4300 t; 1903: 16 000 t, davon 5900 t aus Posen.

mit 1100 und 2600 t zwischen 6,3 und 9,4 %, die sie von der mittleren Weichsel und in neuerer Zeit aus dem Ausland[1]) heranbringt. Der Ausfuhr von Hafer haftet der Charakter ungewöhnlicher Sprunghaftigkeit an, sie erreichte 1902: 33 800 t, sank aber sogleich wieder auf den minimalen Satz von 2700 t, indem sie völlig von den Ernten Westpreußens abhängig ist, die 1900 und 1902[2]) außerordentliche Erträge lieferten; die Zufuhren gehen per Eisenbahn ein (1903: 97,9 %), da auf die kurzen Entfernungen hin ein Wettbewerb der Weichsel mit den ermäßigten Exporttarifen aussichtslos ist. Wenn trotzdem die Getreideausfuhr im ganzen nicht zurückgegangen ist, so beruht dies in der günstigen Gestaltung bei Roggen und Hülsenfrüchten. An letzteren wurden 1903: 30 700 t nach der deutschen Ostsee- und der Nordseeküste verfrachtet (1890: 9400 t). Das heimische Gebiet liefert nur den kleinsten Teil[3]), doch weil die ausschlaggebenden Produktionsstätten im südwestlichen Polen und Galizien liegen, wo eine Umgehung Danzigs durch die russischen Häfen praktisch unmöglich ist, ist der Bezug an Hülsenfrüchten auf dem Bahnwege stetig gestiegen, wogegen der Weichsel ganz minimale Transporte aus Rußland zufließen, 1903: 2400 t = 7,1 %. Am bedeutendsten ist heute die Ausfuhr über See von Roggen nach den nordischen Ländern, vor allem nach Dänemark[4]), mit zusammen 44 800 t. Das Schwergewicht liegt heute vollständig auf dem mittels Eisenbahn aus Westpreußen und Posen eingehenden Roggen[5]). Der Empfang von Rußland hat auch hier seine Bedeutung verloren, worunter vor allem der Bezug auf der Weichsel, unter deren Vermittlung er sich überwiegend vollzog[6]), gelitten hat. Infolgedessen ist der Eingang wasserwärts von 21 700 t = 48,0 % 1895 auf 2400 t = 5,4 % 1900

---

[1]) Thorn durch zu Tal 1890: 900 t; 1900: 3700 t.

[2]) 1902: 34 100 t; 1903: 9000 t.

[3]) Per Eisenbahn 1890: 1000 t; 1903: 8300 t.

[4]) Nach Dänemark allein 18 200 t.

[5]) 24 000 resp. 26 000 t 1903, gegen 1890 zusammen 9000 t.

	1895	1903
[6]) Thorn zu Tal . .	16 500 t	5900 t
Empfang aus Verkehrsbezirk 50, 51	7 000 „	300 „

zurückgewichen und erst im letzten Jahre ist er durch größere Beteiligung an der Abfuhr der deutschen Gebiete auf 11000 t = 17,7 % wieder angewachsen. Während früher ein Teil der Getreidezufuhr in verarbeitetem Zustande seewärts ausging, ist heute die Danziger Industrie exportunfähig geworden. Die jetzige Ausfuhr an Mehl und Mühlenfabrikaten neben Roggenmehl (12100 t) zum Rheingebiet, kleinen Mengen Weizenmehl, insgesamt 19100 t 1903, beruht anscheinend auf der Zufuhr aus dem Hinterland (24600 t gegen 1890: 8100 t); sie hat indessen den Rückgang der Ausfuhr (1895: 29800 t) nicht verhindern können. Die einheimischen Mühlen liefern per Bahn an [1]); die größere Hälfte stellt dagegen der Wasserweg [2]) mit 13500 t, die er über Thorn in stark anschwellendem Umfang zu Tal schafft. Der einstige Transitverkehr in russischer Kleie (1890: 32600 t) ist nach den Ausfuhrziffern ganz geschwunden (1903: 3100 t); danach dienen die steigenden Mengen russischer Ware, welche mittels Waggon eintreffen [3]), dem inländischen Bedarf. Die seit 1895 zwischen 9600 t (1895) und 13600 t schwankenden Verladungen von Rüböl nach dem Rhein und England beruhen zum Teil auf der Fabrikation binnenländischer Ölmühlen. Von diesem Empfang fetter Öle (1903: 7800 t) bewältigte die Weichsel durch den Bromberger Kanal etwa 27 % [4]). Zur kleineren Hälfte sind sie das Erzeugnis der lokalen Industrie, und da die Weichsel auch von dem Eingang an Ölsaaten (1903: 14800 t) 20,4 % beschafft, so darf ihr Anteil an der Ausfuhr fetter Öle auf ¼ geschätzt werden. Der Export unverarbeiteter Ölsaat, 1895 noch 14700 t, ist allmählich belanglos geworden (1903: 3400 t), weil das Hinterland davon immer weniger zur Verfügung stellte, indem zumal die umfangreichen Bezüge russischer Ware auf der Eisenbahn und der Weichsel infolge der russischen Tarifpolitik einen anderen Weg eingeschlagen haben. Ähnlich unbedeutend ist

---

[1]) Empfang insgesamt 12 200 t.

	1890	1903
[2]) Danzig an . .	3300 t	13 500 t
Thorn durch zu Tal	7800 „	41 100 „

[3]) Empfang insgesamt 1890: 39 300 t; 1903: 85 300 t.

[4]) Danzig an: 2100 t. Bromberger Kanal zu Tal: 1200 t.

die Ausfuhr von Ölkuchen der lokalen Ölmühlen nach Schweden und Dänemark geworden (1903: 2600 t, 1895: 12500 t); für sie kann die Beteiligung des Wasserwegs an der Einfuhr des Rohstoffs als Maßstab gelten. Statistisch nicht bestimmbar[1] ist die Bedeutung der Weichsel für die Zufuhr an Spiritus und Branntwein aus der Provinz, da er von der Binnenschiffahrt meistens im Stückgutverkehr gefahren wird; deswegen ist die rechnungsmäßige Ziffer von 6,1% 1903 (von 8200 t) sicher viel zu niedrig, allein ihr Sinken (1890: 13,3%) beweist, daß der Rückgang des seewärtigen Exports auf 2500 t (1890: 16300 t) vornehmlich auf den Wasserweg, als den schwächeren Faktor, abgewälzt worden ist[2].

Es ist schon darauf hingewiesen, daß die aus dem Verhältnis des landseitigen Gesamtausgangs zu Lande und zu Wasser abgeleitete Beteiligung der Wasserstraße von 30,9% an der Einfuhr über See hinter der Wirklichkeit zurückbleibt; diese Ansicht ist durch die Darstellung der einzelnen Waren nur bestärkt worden. Wir gewinnen daher ein richtigeres Bild, wenn wir für 18 der wichtigsten Positionen des Seeempfangs[3] die Summe des Hinterlandsverkehrs berechnen, danach erhalten wir für die Weichsel ein volles Drittel (37%). Auch hier kommt die starke Minderung seit 1890 (54%) zum Ausdruck. Noch erheblicher beeinflußt der Empfang Danzigs aus dem Hinterland für den Konsum der Stadt die Gesamtzahlen. Wieder ist es die Eisenbahn, deren Ziffern durch den wachsenden Eingang von Kohlen (über 160000 t) und Eisen

---

[1] Ebenso nicht für die geringe Ausfuhr von Eisen und Eisenwaren 1903: 5600 t, der die gewaltige Zufuhr per Eisenbahn von 48200 t aus der Provinz, Schlesien und Westdeutschland gegenübersteht. Die kleine Zufuhr wasserwärts: 5400 t = 10,1% stammt vom Frischen Haff (Elbing). Es ist gar nicht abzusehen, wie diese Zufuhren sich zur seewärtigen Ausfuhr stellen.

[2] Die steigenden Mengen, die aus Rußland weichselwärts zu Tal gehen, 1900: 5300 t, gehen wahrscheinlich durch die Elbinger Weichsel und den Weichsel-Haffkanal nach Königsberg.

[3] Steinkohlen und Koks, verarbeitetes Eisen, Roheisen, Erze, Steine, Düngemittel, Teer, Harz etc., Farbholz, Häute, Baumwolle, Wolle, fette Öle, Petroleum, Heringe, Salz, Reis, Kaffee, Wein. Man erhält dann: 216900 von 592200 t resp. 157700 von 291800 t.

(48 000 t), mächtig hinaufgeschraubt werden, während die Weichsel für die Hafenstadt selbst in der Hauptsache nur kleine und wenig gesteigerte Mengen Ziegeleifabrikate [1]) herbeibringt. Bemessen wir in diesem Fall den Anteil des Wasserwegs nach den fünf bedeutsamsten Gruppen der Ausfuhr seewärts, Holz, Getreide und Saaten, Mehl, Zucker und Spiritus, so entfällt auf ihn etwa eine Hälfte (48 %) [2]), zugleich gewinnen wir aus der entsprechenden Zahl für 1890 (61 %) Klarheit über seine Abnahme. Diese hohe Bedeutung der Weichselschiffahrt für den Seeverkehr des Mündungshafens muß in Anbetracht ihrer geschilderten niedrigen Leistungsfähigheit auf den ersten Blick überraschen, denn einmal handelt es sich im Verkehr mit der Provinz um einen Wettbewerb auf kurze Entfernungen (Thorn per Weichsel: 227 km), wobei noch die Weichsel durch größere Umwege im Nachteil ist [3]), und andererseits sind der Binnenschiffahrt durch die Verwahrlosung des russischen Stromlaufs enge Schranken gezogen. Da unter diesen Umständen die Frachten sich den Sätzen des Spezialtarifes III nähern [4]), so ist ein Umschlagsverkehr größeren Stils auf der deutschen Weichsel ausgeschlossen, weshalb denn auch die Beteiligung des Wasserwegs am Getreideversand minimal ist. Somit ist die Schiffahrt auf einen schmalen Streifen zu beiden Seiten der Wasseradern angewiesen, an denen indessen das industrielle Leben der Provinz konzentriert ist. Darauf beruht der starke Anteil der Weichsel am Versand von Brenn- und Leuchtstoffen, Kolonialwaren etc., sowie am Empfang des Zuckers. Besondere Wichtigkeit beansprucht hier die Wasserverbindung durch das Delta zum Frischen Haff, wodurch der Bedarf der dort angesiedelten Industrie an Kohlen und Eisen von Danzig aus gedeckt wird, ja für Petroleum erstreckt sich der Bereich dieses Hafens über Königsberg hinaus bis zum Memelgebiet. Der andere Grund der relativ umfangreichen Beteiligung des Wasserwegs ist die Tarifpolitik der russischen

---

[1]) Mauersteine etc. 1890: 17 600 t; 1903: 22 900 t.

[2]) 413 900 von 863 600 t und 353 100 von 577 400 t.

[3]) Z. B. Bromberg-Danzig per Schienenweg 159 km, per Wasserstraße 198 km.

[4]) Seibt a. a. O. S. 991.

Bahnverwaltung, die einen großen Teil des Verkehrs mit dem ausländischen Hinterland über die nationalen Häfen leitet. Sie hat zuwege gebracht, daß der Bahnverkehr mit dem westlichen Teile der Monarchie, mit Polen, insgesamt 1903 nur 130000 t betrug (1890: 75000 t) [1]), wobei im Eingang heute allein Zucker praktische Bedeutung hat und im Ausgang allein Salz, Erze und Wolle eine Zunahme erfahren haben, dagegen die anderweitigen Verladungen dorthin nicht mit dem Bedarfe Polens fortgeschritten sind, und z. B. die frühere Versorgung mit Baumwolle infolge des genannten Zuschlagszolls 1888 bei weitem nicht wieder erreicht ist [2]). Noch empfindlicher ist die Benachteiligung im Verkehr mit dem eigentlichen Rußland, da in diesem Gebiet Danzig auch gegenüber Königsberg durch beträchtliche Mehrentfernung im Hintertreffen ist, es somit zuerst von der Tarifpolitik geschädigt werden mußte. Demzufolge ist der Versand nach dort überhaupt minimal, und wenn wir die Transporte an Kleie (1903: 81000 t) in Abzug bringen, welche nicht dem Seeverkehr dienen, so verwandelt sich die geringe Zunahme im Empfang (1890: 110400 t, 1903: 175400 t) sogar in das Gegenteil, indem die Eingänge an Getreide und Holz, wie wir gesehen haben, zurückgehen. Dagegen hält die Binnenschiffahrt vornehmlich durch die gewaltigen Floßholztransporte den Einfluß Danzigs in Rußland aufrecht. Sie fesselt noch immer dieses Hinterland für den Bezug von industriellen Rohstoffen und kolonialen Artikeln zum Teil an den Weichselhafen, und sie führt außerdem steigende Mengen Mühlenfabrikate und Zucker über Thorn zu Tal, und schwächt auch hinsichtlich des Getreides die Folgen der russischen Politik etwas ab. Die Versuche der preußischen Verwaltung, durch Ausnahmetarifierung dem Danziger Seeverkehr nach dem deutschen Südosten für sein gegebenes, weiteres Hinterland Ersatz zu schaffen, sind im wesentlichen mißglückt; sie scheiterten an dem Wettbewerb der Oder und Elbe; im letzten Jahre gelangten nur 9000 t Hülsenfrüchte nach Danzig,

	1890	1903
[1]) Eingang aus Verkehrsbezirk 51	35 600 t	49 600 t
Ausgang nach Verkehrsbezirk 51 . .	38 800 „	80 000 „

[2]) Eingang seewärts: 1887: 6900 t; 1890: 100 t; 1903: 1800 t.

und der einzige Erfolg liegt in dem Versand von 90 000 t
Eisenerzen nach Schlesien. Sie sind die Ursache für den Rückgang der Beteiligung des Wasserwegs am Gesamtausgang
binnenwärts, der weit stärker ist, als beim Empfang. Auch
zur Provinz Posen [1]) kann Danzig mittels der Tarifierung nur
sehr wenig energisch eindringen, es beschränkt sich im ganzen
auf den Versand geringer Mengen Düngemittel und den Empfang von Roggen und Zucker aus dem nordöstlichen Winkel.
Im übrigen gravitiert dieses Gebiet durch die Warthe und
Netze nach Stettin und neuerdings auch zur Elbmündung. Die
Kaufmannschaft des Weichselhafens weiß genau, daß ihr gerade in dieser Beziehung Gefahr droht, und sie wendet sich
mit allen Mitteln gegen den Plan, eine moderne Verbindung
von der Weichsel zur Oder von 400 t Tragfähigkeit herzustellen. Sie fürchtet nicht allein, daß die großen Mengen Rohzucker aus dem Gebiet der oberen Netze [2]), welche während
der Kampagne in Nakel oder Bromberg eingelagert werden,
künftig auf Hamburg abgelenkt würden, und daß überhaupt
der Verkehr mit dem Süden zu Gunsten des Verkehrs mit den
westlichen Handelsplätzen bedeutend eingeschränkt würde, sondern sie befindet sich nicht im Zweifel', daß obendrein die Ablenkung des durch Danzigs Seeverkehr vermittelten Verkehrs
zwischen Polen und Hamburg, über welche schon jetzt geklagt wird [3]), nach dem Ausbau der Weichsel-Warthestraße
als sogen. Langwasserverkehr beträchtliche Dimensionen annehmen wird. Daher fordert denn Danzig mit Nachdruck als
Kompensation eine gleichzeitige durchgreifende Regulierung der
Weichsel von Bromberg bis Einlage, so daß der Verkehr von
400 t-Schiffen in der Regel unbehindert sei [4]).

β) Königsberg

Während über den Seeverkehr des großen westpreußischen
Hafens seit 1890 ausreichende Angaben vorliegen, werden der

---

[1]) Im ganzen: Verkehrsbezirk 12: 1903: Empfang 68 400 t; Versand
21 900 t.

[2]) Jahresbericht Danzig 1899, S. 24, 25.

[3]) Jahresbericht Danzig 1900, S. 102.

[4]) Jahresbericht Danzig 1899, S. 24.

Erfassung des Hinterlandverkehrs durch die mangelhafte Statistik große Hindernisse bereitet. Die Statistik des Eisenbahnverkehrs umfaßt 1890 und 1895 nicht den Vorhafen Pillau; glücklicherweise läßt sich die Vergleichbarkeit mit den späteren Jahren durch dessen besonderen Ausweis 1900 für manche Güter bewerkstelligen. Der Wasserversand zur Memel und zum oberen Pregel wird als Abgang zu Berg gebucht, der Talverkehr enthält dagegen neben dem Versand über das Frische Haff störend den Leichterverkehr mit Pillau, der indessen in mäßigen Grenzen bleibt. Andererseits ist der in der Reichsstatistik als Binnenschiffahrtsverkehr eingetragene Abgang in Pillau zum großen Teile bloßer Leichterverkehr [1]). Deshalb ist der Abgang Pillaus nur insoweit als wirklicher Binnenschiffahrtsverkehr im folgenden berücksichtigt, als sich nicht für Königsberg zu Berg die gleichen Posten wiederfinden. Die unvermeidliche Ungenauigkeit hat den Vorzug, den Anteil des Wasserwegs eher zu niedrig als zu hoch einzuschätzen. Oftmals und regelmäßig, wenn die Königsberger Ziffern unwahrscheinlich niedrig sind, weist der Durchgang über Labiau zur Memel erheblich größere Summen auf. Dabei macht die Erfassung des Durchgangsverkehrs zu Königsberg den Eindruck besonderer Unvollständigkeit. Die letzteren Angaben sind daher tunlichst am Verkehr der Deime (Labiau) korrigiert worden. In Bezug auf die Spezialisierung nach Güterklassen macht die Eisenbahnstatistik einen Vergleich über einen längeren Zeitraum unmöglich, da sie für die Jahre 1890 und 1895 vorzugsweise in der Abfuhr sehr lückenhaft veröffentlicht ist [2]). Über die Richtung des Bahnverkehrs finden sich nur im Text

---

[1]) Die Korporation der Kaufmannschaft (Jahresbericht Königsberg 1900, S. 165) meint zwar, daß mit der Eröffnung des Seekanals Ende 1901 die Anschreibung dieser Ableichterungen bei den Notierungsstellen des Binnenschiffahrtsverkehrs in Fortfall geraten sind. Es ist demgegenüber klar, daß z. B. die 45 000 t Steinkohlen, welche, abgesehen vom Durchgang zu Berg, im Jahre 1903 in Königsberg bergwärts eintrafen, nur den Ableichterungen ihr Dasein verdanken.

[2]) Das amtliche Schema wurde auf der Ostpreußischen Südbahn (Südbahnhof, Lizentbahnhof, Pillau) erst 1900 vollständig eingeführt; auf der königl. Ostbahn ist es überhaupt erst seit dem 4. Vierteljahr 1900 in Anwendung.

der Jahresberichte oberflächliche Schätzungen der Beziehungen zu Rußland. Bei manchen Waren hilft in diesem Punkte eine Kombination der Statistik der Güterbewegung auf deutschen Eisenbahnen[1]) mit den Angaben Danzigs und Memels aus, falls sie sich in großen Zügen hält. Eine Erstreckung derselben über das Jahr 1903 rückwärts ist als unsicher verwerflich, und wird für 1890 und 1895 überdies durch fehlende und mangelhafte Angaben jener Häfen gegenstandslos.

Die seewärtige Einfuhr Königsbergs hat sich analog dem Eingang Danzigs entwickelt, sie betrug 1890 mit 339 000 t ungefähr 100 000 t weniger als dieser und hält heute mit der reichlichen Verdoppelung auf 743 000 t die frühere Differenz inne. Der Versand auf den Binnenwasserwegen erreichte 1903: 139 000 t[2]), ist demnach seit 1890 (111 000 t) fast gar nicht gestiegen, so daß der Zuwachs des Seeverkehrs auf dem lokalen Verbrauch und der vermehrten Abfuhr mittels Eisenbahn beruhen muß. Das bedeutet also eine Verminderung des Anteils der Binnenschiffahrt[3]), welche im Jahre 1903 etwa ein Fünftel der Abfuhr nach dem Hinterland (22,3% von 622 000 t) beförderte. Ungefähr die Hälfte der Einfuhr über See nehmen die Steinkohlen aus England mit 402 700 t= 1903 (1890: 143 500 t) ein, wobei die absolute Zunahme nur im Jahre 1902 eine beträchtliche Unterbrechung erfahren hat (647 300 t) und so die allgemeine wirtschaftliche Depression widerspiegelt. Wenig mehr als die halbe Einfuhr verbleibt im Gebiet der Hafenstadt. Da der Umschlag in den Waggon überwiegend in Pillau vor sich geht, über dessen Verkehr ja erst seit 1900 nähere Angaben vorliegen, so sind die Ziffern des bahnwärtigen Ausgangs nur von da ab verwertbar. Er betrug damals 127 900 t und verringerte sich darauf bis 83 700 t 1903, die ausschließlich für die Provinz (Verkehrsbezirk 1) bestimmt sind. Der Umschlag in das Flußschiff vollzieht sich ebenfalls größten-

---

[1]) Verkehrsbezirk 2: Ost- und westpreußische Häfen.

[2]) Königsberg durch zu Berg und ab zu Tal und Berg.

[3]) Auf eine Abnahme ihres Anteils läßt auch die Gestaltung 1890 bis 1895 schließen; in diesem Zeitraum sinkt ihr Anteil am Hinterlandverkehr Königsbergs (ohne Pillau bahnwärts) von 28,2% (von 394 000 t) auf 24,8% (von 468 000 t).

teils in Pillau, und wenn wir den greifbaren Leichterverkehr
aussondern, hält er sich 1895/1902 auf derselben Höhe (1895:
40700 t; 1902: 41800 t), um dann plötzlich auf 94900 t zu
steigen. Aus seinem unveränderten Stande bei rasch wachsender Einfuhr darf auf ein Sinken des relativen Anteils geschlossen
werden, welcher 1900: 25,7% betrug. Die zeitweise Einführung des Ausnahmetarifs auf den Kohlenimport vermochte
auch hier die Benutzung des Wasserwegs nicht einzuschränken,
da die schlechte Konjunktur den Handel veranlaßte, die Billigkeit des Transports in erster Linie zu berücksichtigen; langsam stieg dessen Anteil auf 31,5% 1902. Als dann der er-
mäßigte Tarif außer Kraft trat, wuchs er schnell auf 53,1%.
Der Wasserversand richtet sich einerseits auf die Ortschaften
am Frischen Haff, wo er vor der Konkurrenz Danzigs an der
Weichselmündung Halt macht, andererseits pregelaufwärts. Davon wird ein geringer Teil dem Gebiete des oberen Pregel
zugeführt [1]), der größere Rest (1903: 36200 t) fährt die Deime
zu Tal ins Memelgebiet. Insbesondere Tilsit hat stetig an Bedeutung für den Kohlenversand Königsbergs gewonnen, und
das auf Kosten Memels [2]). Dieser Hafen schiebt dem Eindringen schlesischer Kohle, d. h. dem bekannten Ausnahmetarif, die Schuld an der langsamen Entfaltung seiner Seeeinfuhr zu. In Wirklichkeit stieg jedoch die Wasserverfrachtung
von den Häfen zur Memel konstant von 40500 t auf 80200 t
1890/1903 [3]); allein dieser Zuwachs ist dem Pregelhafen zugeflossen, dessen Verladungen dorthin anfänglich minimal
waren [4]). Über die russische Grenze gelangen nur bescheidene
Mengen (1890: 1800 t; 1903: 8300 t), an denen Königsberg
etwa zur Hälfte beteiligt sein wird [5]). Den nächsten Platz in
der Einfuhr nehmen die Baumaterialien ein, welche als Steine
und Steinwaren, auch gebrannte Steine, Zement und Kalk
aus deutschen Häfen (43800 t), außerdem aus Rußland und

---

[1]) 1903 gingen zu Wehlau (Alle) 4900 t bergwärts.
[2]) Jahresbericht Memel 1895, S. 10.
[3]) Memel zu Berg, Labiau zu Tal.
[4]) Labiau zu Tal: 1600 t gegen 1903: 36200 t.
[5]) Wenn man das Verhältnis der Notierungsstellen Memel und Labiau
als Maßstab benützt (45,2%).

Dänemark herangebracht werden, zusammen 82600 t 1900 (gegen 1890: 28900 t). Sie dienen hauptsächlich dem Bedarf der Stadt selbst, und gehen deshalb mit der Abnahme der Bautätigkeit auf 66000 t 1902 zurück[1]). In das Hinterland werden nur die ersteren in einigem Umfange verfrachtet, und zwar ohne Mauersteine etc. 24800 t 1903, welche ausnahmslos im deutschen Reichsgebiet abgesetzt werden. Die Eisenbahn versendet davon 21000 t = 84,4%. Der Bedarf der dem Pregel benachbarten Orte an Steinen wird immer mehr vom Gebiete seines Oberlaufs aus befriedigt (Zementsteine?), tritt also besonders mit dem Wasserausgang Königsbergs in Wettbewerb[2]). Die Binnenschiffahrt muß sich deshalb mit den gleichbleibenden Mengen begnügen, welche von den nahen Stationen des oberen Pregels begehrt werden, so daß ihr Anteil bei wachsender Bahnabfuhr fallen muß (1900: 28,8%; 1903: 15,6%). An sonstigen geringwertigen Massengütern bedarf noch die Einfuhr künstlicher Düngemittel aus heimischen Häfen und Belgien der Erwähnung. Diese steigenden Mengen (1895: 12300 t; 1902: 43600 t) werden ganz mittels der Eisenbahn in die inländischen Bezirke abgesetzt (1902: 40200 t). Da die Binnenschiffahrt nicht mit dem Rohstofftarif konkurrieren kann, führt sie nur unbedeutende Quantitäten zur Memel[3]).

Im Jahre 1890 gelangten 20200 t Eisen und Eisenwaren seewärts nach Königsberg-Pillau, die sich bis 1903 verdoppelten (41500 t), nachdem sie seit 1900 (52600 t) der allgemeinen wirtschaftlichen Lage gemäß etwas nachgelassen haben. Die Abfuhr per Eisenbahn ist im ganzen parallel dieser Entwicklung verlaufen, so 1890: 11700 t, 1903: 25600 t, die allein zur Deckung des provinziellen Bedarfs dienen[4]). Die Wasserstraßen haben nur die geringen Transporte behauptet, welche sie schon 1890 inne hatten. Die Angaben über den

---

[1]) 1903: 72400 t.

[2]) Aus diesem Grunde sind die Ziffern des Durchgangs zu Labiau zur Memel für unsere Zwecke unbrauchbar; er rührt überwiegend nicht vom Seeverkehr her.

[3]) Königsberg ab und durch zu Berg 1895: 600 t, 1903: 400 t.

[4]) Jahresbericht Königsberg 1900, S. 103: nach Rußland waren bestimmt 170 t.

Verkehr auf der Deime[1]) geben sichere Anhaltspunkte über den Versand zur Memel, dem Ziel der meisten Transporte: 1890: 3200 t; 1903: 3900 t Labiau zu Tal. Bleiben diese Mengen in der nahen Memelniederung[2]), so reicht andererseits der Bereich der Binnenschiffahrt auch nach der Weichsel zu nicht weit[3]). Alles in allem haben die Verfrachtungen per Flußschiff 1903: 5000 t = 16% nicht überstiegen, so daß der große Aufschwung der Eiseneinfuhr wie bei den Düngestoffen der vermehrten Bahnabfuhr verdankt worden ist.

Die dritte Warengruppe der Seeeinfuhr wird durch die Gegenstände des häuslichen Bedarfs, vor allem der Nahrungsmittel gebildet. Hier ist beim Empfang von H e r i n g e n aus Schottland gleichfalls eine Zunahme zu verzeichnen: 1890: 41900 t; 1902: 71400 t; 1903: 66700 t. Ihm entspricht im ganzen der seit 1900 bekannte Bahnausgang mit: 1902: 55700 t; 1903: 63100 t[4]). Die Provinz hat davon ziemlich dieselben Mengen absorbiert, 1903 etwa 21800 t; die übrigen zwei Drittel gingen nach Rußland. Soweit der Wasserversand über Labiau dem Konsum Westpreußens dient, hat er sich auf dem gleich niedrigen Niveau gehalten (2000—3000 t), also wenigstens kein Terrain an die Eisenbahn verloren. Der Durchgang bei Schmalleningken, der besonders von Königsberg genährt wurde, ist heute praktisch belanglos[5]), ebenso die Durchfuhr zur Weichsel (Rothebude). Die Bahn besorgt danach allein den Absatz nach Rußland, der immer mehr die Höhe der seewärtigen Einfuhr bestimmt. Der geringe Anteil der Wasserstraße

---

[1]) Die Ziffern der Reichsstatistik für den Abgang und Durchgang zu Königsberg sind sehr schwankend, doch beruht dies anscheinend auf der wechselnden Erfassung des Verkehrs.

[2]) Bis nach Tilsit gelangten z. B. von den 1902 zu Memel und Labiau notierten Mengen (4500 t) nur 200 t.

[3]) Genaue Angaben über diesen Verkehr sind nicht zu machen, da die Mengen an Eisen etc., welche durch den Weichsel-Haffkanal und die Elbinger Weichsel bergwärts passieren, wohl auf die Rechnung der ausgebreiteten Elbinger Eisenindustrie zu setzen ist.

[4]) Die kleine Abweichung wird durch die Lagerung erklärt, die einen Teil der im letzten Vierteljahr eingetroffenen Fische in die Bahnstatistik des nächsten Jahres verschiebt.

[5]) 1895: 1000 t; 1903: 100 t.

ist denn auch stetig gesunken und beträgt 1903 noch 3200 t [1])
= ca. 5 %. Von den weiteren Lebensmitteln ist es der Tee,
bei welchem der Verkehrsbereich des Pregelhafens über die
Grenze reicht. Die im Eigenhandel und speditionsweise unter
Vermittlung der deutschen Nordseehäfen eingeführten Mengen
dienen dem Konsum der russischen Bevölkerung, welchem sie
ausschließlich durch die Bahn angeliefert werden. Seit 1890
(4700 t; 1895: 2200 t; 1903: 4400 t) sind sie in leiser Abnahme
begriffen; immer fühlbarer wird die Konkurrenz Odessas, das
für Moskau tarifarisch günstiger gestellt ist [2]). Selbst Königsberger Händler sehen sich neuerdings gezwungen, einen Teil
ihrer Waren über jenen Hafen zu dirigieren. Die geringe
Einfuhr an Kaffee aus Hamburg (1890: 1900 t) bleibt fast
ganz in Westpreußen und ist deshalb nur einer minimalen
Ausdehnung fähig gewesen (1903: 2500 t). Trotz der bedenklichen Sammelposition: Kaffee, Kakao, Tee etc. ist ersichtlich,
daß der Wasserversand von Kaffee relativ beträchtlich war
(Labiau zu Tal 1902: 670 t; 1903: 330 t), indem der Anteil
am Gesamtversand von Kaffee und Tee 1900: 10 %, 1903: 20 %
erreichte. Er ist in Wahrheit noch erheblich höher, da der
bahnwärtige Ausgang ja die großen Mengen Tee umfaßt; die
Steigerung indessen beruht nur auf dem Sinken der letzteren.
Die Einfuhren von anderen Nahrungsmitteln, wie Zucker aus
Zollvereinshäfen (1903: 11500 t), Reis aus Bremen (5300 t),
englisches Salz (4300 t) sind mit Ausnahme der Salzeinfuhr
im Wachsen [3]); sie decken aber hauptsächlich den Platzbedarf.
Ein kleines Quantum wird in die Provinz verteilt und nur Reis
gelangt überhaupt in das russische Reich. Die Wasserstraße
unterstützt in allen Fällen den Seeverkehr, doch da es sich
um kleine Beträge handelt, die Verhältniszahlen also sehr durch
Zufälligkeiten in Mitleidenschaft gezogen werden, und überdies
der gesamte Verkehr von untergeordneter Bedeutung ist, so
verzichte ich darauf, den Anteil der Binnenschiffahrt ziffernmäßig zu belegen. Die Einfuhr von Petroleum ist, wie bei

---

[1]) Unter Berücksichtigung der Labiauer Notierungen.
[2]) Jahresbericht Königsberg 1895, S. 126.
[3]) 1890: Zucker 6000 t, Reis 2800 t, 1895: Salz 7400 t.

der Betrachtung der Hafeneinrichtung dargetan ist, mangels
der nötigen Vorrichtungen in Pillau stark eingeschränkt worden
(1890: 10200 t; 1900: 1000 t); auch nach Eröffnung des Seekanals hat sie sich nur wenig gehoben[1]). Vielmehr wird der
Bedarf durch Bezüge mittels Binnenwasserstraße von den Danziger Tanks aus gedeckt. Der Versand von Königsberg gehört danach in erster Linie nicht dem eigenen, sondern dem
Danziger Seeverkehr an. Deshalb sei nur erwähnt, daß die
Verfrachtungen zumeist per Waggon vor sich gehen (1903:
6800 t). Der Versand zu Wasser nimmt seit 1895 absolut
ab[2]). Diese Verschiebung zu Ungunsten des Wasserwegs ist
auf die gleiche Ursache wie hinsichtlich Danzigs zurückzuführen;
da er zumal die entfernteren Bezirke versorgt, so wird er durch
die Ausnahmetarife für Petroleum in der Richtung von der
russischen Grenze[3]) am härtesten betroffen. Der auffällig jähe
Rückgang 1902/03 kann die Folge des neuen Abgabesystems
vom 1. Februar 1903 sein, das nach der Ansicht der Kaufmannschaft diesen Artikel zu hoch tarifiert[4]).

Die Ausfuhr seewärts hatte 1890 ungefähr mit 505000 t
die gleiche Höhe wie die Danzigs inne, stieg gleich ihr auf
698000 t 1900 und 662000 t 1902, hielt sich dann auf
688000 t 1903 und machte so die neuerliche Aufwärtsbewegung
des Konkurrenzhafens nicht mit, die, wie wir beobachtet haben,
im wesentlichen der Binnenschiffahrt zu verdanken ist. Dieser
Steigerung ist der Wasserweg nicht teilhaftig geworden, denn
die Anfuhren zu Berg und zu Tal, sowie die Durchfuhr zu
Tal betragen nach dem Höchststand 1900 mit 737000 t im
letzten Jahr 667000 t; das ist der Umfang von 1890 (685000 t).
Somit hat er zum Wachstum des Seeverkehrs eigentlich nichts
beigetragen. Dadurch sinkt sein Anteil am Gesamthinterland-
verkehr[5]) von 55% 1890 auf 46,5% 1900, resp. mit Ein-

---

[1]) 1903: 2600 t.
[2]) Hier sind die Königsberger Angaben sehr unzuverlässig, weshalb
die Notierungen zu Labiau allein eingestellt sind: 1890: 3000 t; 1902:
1700 t; 1903: 600 t.
[3]) Jahresbericht Königsberg 1900, S. 112.
[4]) Jahresbericht Königsberg 1902, S. 41.
[5]) 1890: 1241000 t, 1900: 1587000 resp. 1683000 t, 1903: 1530000 t.

schluß Pillaus auf 43,8%, welche Höhe er dann nach der Depression 1902 (35,7%) im letzten Jahre (43,6%) behauptet.

An hervorragender Stelle steht die Ausfuhr an Getreide und anderen Rohprodukten des Landbaus, denn sie nehmen regelmäßig über die Hälfte der gesamten Ausfuhr ein: 1890: 303000 t, 1903: 379600 t. Der Empfang dieser wichtigen Güter auf den Wasserstraßen ist gering und auch absolut im Rückgang (1890: 31700 t; 1903: 19900 t), so daß der kleine relative Anteil von 7,9% auf 3,4% (resp. 3,1%) 1900 abnimmt, wo er 1903 (3,7%) beharrt. Die Zusammensetzung dieses Exports hat aber eine völlige Umbildung erfahren, indem die Ausfuhr von Brotgetreide von 154600 t auf 75900 t zurückgewichen ist. Wenn auch der Anteil der Binnenschifffahrt an sich unbedeutend ist, so ist es doch interessant zu verfolgen, wie sie sich hierzu im einzelnen gestellt hat. Die gewaltigen Anfuhren von Weizen per Eisenbahn 1890 (109000 t) stammten etwa zu neun Zehntel aus Rußland, worauf die handelspolitischen Verwicklungen die russischen Einfuhren auf minimale Beträge sinken ließen. Auch nach Abschluß des Handelsvertrags 1894 erreichten sie bei weitem nicht die frühere Höhe[1]), da die russischen Ostseehäfen, vor allem Libau, die Zwischenzeit benutzt hatten, um, unterstützt durch die dortige Bahnverwaltung, mit den Produktionsgebieten Verbindungen anzuknüpfen. Die sogen. Sommernavigationstarife aus dem Gebiet des Dnjepr und Dnjestr wurden aufgehoben, die preußischen Bahnen verweigerten hartnäckig die Durchrechnung direkter Tarife für Sendungen aus russischen Elevatorstationen. Das Resultat ist, daß die Zufuhren von Weizen, bei welchem die Zwischenlagerung sehr gebräuchlich[2]) ist, auf 4700 t 1900 fielen und auch seitdem für Königsberg bedeutungslos geblieben sind. Den Verlust konnte die heimische Landwirtschaft nicht entfernt ausgleichen, so daß die Weizenausfuhr die rückläufige Bewegung von 112600 t 1890 auf 36800 t 1903 aufweist, die vorwiegend nach den Uferstaaten der Ostsee, besonders nach Schweden gingen. Die geringen Zufuhren aus Rußland auf

---

[1]) 1893: 14000 t, 1895: 63800 t; vgl. Jonas a. a. O. S. 29.
[2]) Jonas a. a. O. S. 45.

dem Wasserwege über Schmalleningken[1]), durch Überschüsse
des deutschen Memel- und Pregelgebiets vermehrt[2]), haben
ganz aufgehört, da heute die russische Ausfuhrzone sich nach
den südlichen Distrikten verschoben hat und infolgedessen die
Weichsel die einzige Wasserverbindung mit dem Produktionszentrum geworden ist, d. h. Danzig als Mündungshafen allein
in Betracht kommt. Die Mengen, welche in Königsberg zu
Berg eintreffen[3]), stammen aus dem Stromgebiet des Frischen
Haffs. Ihnen ist es zuzuschreiben, daß die Wasserzufuhr
wiederum bis 1903 auf 6000 t (gegen 1895: 4200 t und 1890:
9900 t) gestiegen ist. Bei gleichzeitigem Rückgang des Bahnempfangs macht nunmehr ihr Anteil gar 12,9% aus (1890:
8,3%). Die Ausfuhr von Roggen hat in heftigen Schwankungen mit 39100 t 1903, davon die eine Hälfte über die
Küsten der Ostsee[4]), der Rest nach Norwegen, Holland und
England (1902: 69700 t), die frühere Höhe behauptet (1890:
42000 t). Die Zufuhr wasserwärts zu Tal ist neuerdings belanglos, da das obere Pregelgebiet sein Rohprodukt selbst verarbeitet und die geringe Durchfuhr von der russischen Memel[5])
allmählich eingeschlafen ist. Dagegen kamen 1903 zuerst
größere Transporte zu Berg[6]) an, deren Ursprung wahrscheinlich die Weichselniederung ist. Die Eisenbahn hob ihren
Empfang von 49400 t auf 101700 t und 82300 t 1902/03, so
daß der Wasserweg sich zwischen 6,9% und 5,2% 1903[7]) beteiligt hat. Vom Bahneingang liefert je nach den Ernteergebnissen bald die Provinz, bald Rußland die größere Hälfte. Im
ganzen festigt sich das Übergewicht Rußlands, das seit der
Regelung der handelspolitischen Beziehungen 1894 aus den
angrenzenden Landesteilen wachsende Quantitäten auf den Königsberger Markt wirft. Der Stillstand der Seeausfuhr ist
scheinbar, denn der überschießende Teil wird nach Verarbeitung

---

[1]) Schmalleningken durch zu Tal 1890: 3200 t.
[2]) Königsberg an zu Tal: 5800 t.
[3]) 1890: 1900 t, 1903: 5600 t.
[4]) 18 600 t.
[5]) Schmalleningken zu Tal 1890: 2300 t.
[6]) 4400 t, dagegen Rothebude und Danzigerhaupt zum Haff: 4000 t.
[7]) 1902: 1,6%.

durch die lokale Industrie als Mehl seewärts exportiert. Dementsprechend steigt die Ausfuhr von Mehl und Mühlenfabrikaten von 1890: 10700 t auf 53400 t 1900 und 1903: 47500 t. Die Zollvereinshäfen nahmen 19000 t auf, Rußland fast ebensoviel[1]), und der Rest verteilt sich über die übrige Ostsee und die Staaten der Nordseeküste. Zugleich sank die Zufuhr aus dem Hinterland von 43700 t auf die Hälfte (1903: 21800 t). Die Einfuhr russischer Fabrikate, welche sich auf dem Schienenweg vollzog, ist auf Libau und Riga abgelenkt und nur zum kleinsten Teil durch Wasserversand über die Memel und besonders Weichsel ausgeglichen worden. Damit stieg der relative Anteil der Wasserstraße am Mehlempfang von 18,3% auf 32,3%[2]). Stellen wir aber für die Differenz des Exports und der landwärtigen Zufuhr die Beteiligung an der Roggenzufuhr ein, so erhalten wir 1890: 18,3%, 1903: 17,6%. Somit ist in Wirklichkeit die Bedeutung der Binnenschiffahrt für die Verschiffung der Mühlenfabrikate nicht gewachsen. Den außerordentlichen Aufschwung der Ausfuhr von Hafer nach England, Schweden und dem deutschen Westen[3]), die heute ein volles Drittel aller Getreidearten etc. beträgt (1890: 37400 t; 1900: 145800 t; 1903: 129500 t), hat ebenfalls die Eisenbahn herbeigeführt[4]), die ihre Transporte hauptsächlich aus Rußland heranzieht. Der Empfang mittels Flußschiff kommt[5]) aus der Provinz. Die Bezüge von der Memel und dem Pregel haben sich gemäß ihrer lokalen Bedeutung nicht gehoben[6]), und da auch in Königsberg und Pillau vom Frischen Haff her weniger herangebracht worden ist, so hat der Wasserempfang nicht nur relativ auf 3,7% (1890: 14,6%), sondern auch absolut auf 4800 t[7]) abgenommen. Ähnlich stellt sich der Wasserweg zu der vermehrten Ausfuhr von Hülsen-

---

[1]) 15900 t.

[2]) 6400 und 7000 t.

[3]) 1903 nach England 52100 t, Schweden 31100 t, Zollvereinshäfen 24600 t.

[4]) Empfang 1890: 39400 t, 1903: 125000 t.

[5]) Abgesehen vom unmaßgeblichen Durchgang zu Schmalleningken.

[6]) 1890: 3800 t, 1903: 4600 t.

[7]) 1890: 6700 t.

früchten, insbesondere Erbsen (41700 t), Linsen (28800 t) und Bohnen, zusammen 112500 t 1903 (1890: 46300 t), welche zur Hälfte nach deutschen Häfen, außerdem nach England, Frankreich und den übrigen Nordseestaaten [1]) bestimmt waren. Die Einfuhr über die Memel aus Rußland (1890: 4400 t=12,9%) hat wie bei anderem Getreide aufgehört, und die gesamte Zufuhr wird von der Bahn bewältigt [2]) (99,3%). Unter den landwirtschaftlichen Rohstoffen folgt dem Gewichte nach die Ausfuhr von Lein-, Hanf- und Rübsaat nach deutschen Nordseehäfen sowie England etc. mit 39100 t (1890: 30100 t). Auch hier beteiligt sich die Wasserstraße nur mit 7,8% resp. 7,5% [3]), die sie von den Ufern der russischen Memel und des Frischen Haffs beschafft. Sinkende Tendenz weist ihr Anteil an der geringfügigen Verfrachtung von Gerste (1903: 7300 t) auf, er hebt sich nur 1895 einmal durch ungewöhnliche Bezüge von der Weichsel her auf 12,8%, um dann bis auf 1,4% herabzugehen. In der Einfuhr von Flachs und Hanf bereitet sie der Eisenbahn überhaupt keine Konkurrenz. Für diese Güter ist Königsberg vollständig auf die Bahnverbindungen mit Rußland angewiesen, völlig dem Wettbewerb der russischen Häfen und der diese begünstigenden Bahnen ausgesetzt, und diese Umstände haben hingereicht, um die Ausfuhr nach der Nordsee von 28600 t auf 15300 t herabzudrücken.

Holz und Holzwaren bilden die andere kleinere Hälfte der Königsberger Ausfuhr; sie reihen sich mit ziemlich konstanten Ziffern an, die für 1903: 142900 t betragen (gegen 156600 t 1890) und zu 88100 t nach deutschen Nord- und Ostseeplätzen, zu 38300 t nach Großbritannien gelangen. Die Zufuhren werden vornehmlich auf dem Wasserwege vom Innern Rußlands herangeflößt [4]). Da die Beförderung denselben Schwierigkeiten unterliegt wie zum Mündungshafen Memel, so sind sie besser bei dessen Betrachtung zu erörtern. Daher denn auch die ähnliche Abnahme von 1890: 420800 t auf 1902:

---

[1]) Zollverein 54300 t, England 19000 t, Frankreich 11300 t.

[2]) 1903: 132300 t.

[3]) 1890: 3900 t, 1903: 2800 t.

[4]) Es ist unbegreiflich, daß Jonas (a. a. O. S. 57) behauptet, in Königsberg überwiege der Handel mit inländischem Holz.

275500 t und 1903: 330400 t. Noch im Jahre 1890 war die Anfuhr von Holz per Eisenbahn unbedeutend (14100 t), und sie verharrte in diesem Stadium, bis 1899 die Durchrechnung der seit dem Zollkrieg für russische Häfen eingeführten Holzexporttarife den preußischen Plätzen zugestanden wurde, worauf sie unter Ausnützung der unvorteilhafteren Lage Danzigs auf 44900 t und 62600 t 1902/03 emporschnellte. Während früher nur wertvolle Hölzer, wie eichene Stäbe für den Bahntransport nach Königsberg in Frage standen, wird er jetzt sogar auf größere Partien von Tannenschnittwaren und Ellern ausgedehnt [1]). Diese Posten waren vorher durch Libau, Riga und Windau dem Wasserwege, Memel wie Weichsel, abspenstig gemacht, und wurden nun den deutschen Häfen zurückerobert. Andererseits aber beschleunigten die billigen Tarife die Anlage von Schneidemühlen am Produktionsort, und verminderten so die Menge der über Schmalleningken zu Tal geflößten Hölzer. Damit hat der Wasserweg sein einstiges Monopol für den Holzbezug verloren (1890: 96,8 %), indessen gibt er noch heute bei weitem für die Ausfuhr von Holz mit 84,2 % den Ausschlag.

Neben diese Güter, welche seit langem die seewärtige Ausfuhr ausmachen, sind in jüngster Zeit andere getreten, vor allem Abfallstoffe der Öl- und Getreidemühlen, welche als Futtermittel im westlichen Europa gesucht sind. An Ölkuchen wurden in rascher Aufwärtsbewegung 1903: 34200 t (1890: 1300 t) insbesondere nach Dänemark [2]) verladen, an Kleie nach deutschen Häfen und Schweden 13400 t [3]). Man greift kaum fehl, wenn man den Empfang per Flußschiff, der nicht notiert wird, als unwesentlich betrachtet. Die Zufuhren stammen bei beiden Artikeln aus Rußland, und die bahnwärtigen Eingänge sind schon so hoch [4]), daß neben der Erzeugung der lokalen Industrie, deren Versorgung mit Rohstoff ja auch die Bahn übernimmt, auch bei starkem Absatz in das Inland kein Raum für die Binnenschiffahrt bleibt. Es bleibt noch die Be-

---

[1]) Jahresbericht Königsberg 1900, S. 80 u. 81.
[2]) 1903: 23100 t.
[3]) 1890: 4200 t.
[4]) 1903: Ölkuchen 34200 t, Kleie 25200 t.

teiligung an der seewärtigen Zuckerausfuhr nach Rußland zu erwähnen, da sie in den letzten Jahren 11—16000 t erreicht hat. Die Provinz Ostpreußen besitzt nur drei Zuckerfabriken, deren eine (Hirschfelde) noch dazu nach Danzig absetzt[1]), weshalb Königsberg die nötigen Anfuhren aus Rußland heranzieht. Es ist nun interessant, daß für den eisenbahnseitig hoch tarifierten Zucker sogar der Bezug über die Weichsel in Frage kommt, und daß er seit der Tarifermäßigung des russischen Produkts 1890 (Spezialtarif II) in Abnahme begriffen ist: Königsberg an zu Berg 1895: 9200 t; 1903: 4200 t[2]). Selbstverständlich bedeutet dies einen relativen Rückgang gegenüber dem Bahnverkehr, der denn auch seit 1900 (27,8%; 1903: 23,2%) unmittelbar zu beobachten ist.

Nach dem vorstehenden dient die Binnenschiffahrt nur in beschränktem Maße der Verteilung der Königsberger Seeeinfuhr, allerdings mehr als der Anteil am Gesamtausgang in das Hinterland ergibt. Wir müssen festhalten, daß der Schienenweg umfangreiche Sendungen, die sich in die Umgebung und weiter nach Westdeutschland richten, so Getreide, Flachs und Hanf, Mehl, Kleie und Ölkuchen[3]), nicht aus dem Seeverkehr geschöpft hat, daß wir daher die Beteiligung des Wasserwegs auf gut ein Viertel veranschlagen müssen. Für den Versand nach Rußland kommt er fast gar nicht in Betracht; in dieser Richtung ist Königsberg vollständig auf die Eisenbahn angewiesen, wobei es in heftigem Wettbewerb mit den russischen Häfen der Ostsee und des Schwarzen Meeres steht, die besonders in Speditionsgut, wie Tee, Kaffee, Eisenwaren u. a. dem Pregelhafen direkte Einbuße getan haben. Königsberg ist immer mehr auf den lokalen Absatz in Ost- und Westpreußen zurückgedrängt. Auch hier begnügt sich die Binnenschiffahrt mit einem bescheidenen Anteil. Nur infolge ihrer großen Beteiligung am Kohlenversand ist sie für den Seeverkehr wesentlich, da die Kohle als Rückfracht von England und den Rhein-

---

[1]) Jahresbericht Königsberg 1900, S. 114.

[2]) Rothebude und Danzigerhaupt zum Frischen Haff 1900: 9400 t, 1903: 4800 t.

[3]) Versand 1903: Flachs und Hanf 46 200 t, Mehl und Kleie 24 700 t, Ölkuchen 13 000 t, zusammen 84 000 t; Getreide 1900: 60 000 t.

häfen auf die Herstellung des Gleichgewichts zwischen Ein-
und Ausfuhr hinwirkt, und dies bei Königsberg in den letzten
Jahren tatsächlich erreicht. Diesen Vorteil des Nachbarhafens
weiß Memel richtig zu schätzen, jetzt, wo Königsberg immer
umfassender mit Hilfe seiner besseren Hafenverhältnisse und
Binnenwasserstraße die Kohlenversorgung des Memelgebiets in
die Hand nimmt, so daß Memel ernstlich um seine Holzausfuhr besorgt ist. Dem Kleinkrieg, den Königsberg in anderen
Artikeln, wie Heringen, Salz, Reis, Eisenwaren auf dem gleichen
Wege siegreich gegen diesen Platz ausficht, kommt nur symptomatische Bedeutung zu, da es sich um verhältnismäßig geringe
Mengen handelt. Ebenso bedarf noch der aus dem gesamten
Eingang abgeleitete Anteil der Binnenschiffahrt an der seewärtigen Ausfuhr der Korrektur. Wenn man nämlich die recht
erheblichen Eingänge [1]) an Mauersteinen und anderen Steinwaren, die für den städtischen Bedarf bestimmt sind, in Abrechnung bringt, erniedrigt sich der Anteil auf 49 % 1890,
und 36 % 1903. Berücksichtigt man ferner, daß etwa nur die
Hälfte der überwiegend wasserwärts eingetroffenen Hölzer den
Hafen seewärts verläßt und daß ein bedeutender Teil des mittels
Eisenbahn eingeführten Getreides, der Ölsaaten und des Flachses
roh oder verarbeitet auf demselben Wege wieder ausgeht nach
dem Inland [2]), so kommt man zum Schluß, daß ein gutes Drittel
der Seeausfuhr heute vom Wasserweg angeliefert wird. Dieser
Anteil wird vor allem von der gewaltigen Holzantrift getragen,
aber wir haben gesehen, daß sie sich nicht als entwicklungsfähig erwiesen hat. Die Holzausfuhr wird stetig von der
übrigen Ausfuhr mehr in den Hintergrund gerückt, und dieser
Tatsache ist es zuzuschreiben, daß die Bedeutung der Wasserstraßen für die Ausfuhr, wie die obigen Ziffern bestätigen, von
der Hälfte auf ein Drittel gesunken ist. Es ist begreiflich,
mit welchem Interesse der Königsberger Handel, der sich wohl
bewußt ist, daß Stillstand hier Verlust an die russischen Kon-

---

[1]) Königsberg durch zu Tal und an 1890: 154 000 t, 1903: 177 000 t
Mauersteine und andere Steine.

[2]) Ausgang bahnwärts 1903: Flachs etc. 46 200 t, Getreide, Ölsaat
60 000 t, Mehl und Kleie 24 700 t, Ölkuchen 13 000 t.

kurrenzhäfen, die Ostseehäfen wie auch Odessa, bedeutet, die Änderung der ungünstigen deutschen Holztarife betrieben hat und noch auf ihre Neuregelung in anderen Punkten dringt. Hinsichtlich der landwirtschaftlichen Rohprodukte müssen wir konstatieren, daß die Bezüge mittels Flußschiff bei keinem Artikel zugenommen haben. In der Provinz reicht ihr Einfluß nicht über die anliegenden Ländereien hinaus, hat also gemäß der kurzen Entfernung nur lokalen Charakter. Hier ist ihm während der ganzen Periode ein gleicher, geringer Anteil zugefallen. Hinsichtlich der Mengen, welche trotz der elenden Wasserverhältnisse noch stromab von der russischen Memel und Weichsel nach Königsberg gelangten, ist die Binnenschifffahrt zwischen die Konkurrenz der russischen und deutschen Bahnen geraten und hat sie beiden überlassen. Je ausschlaggebender im einzelnen Fall die Zufuhren von jenseits der Grenze wurden, z. B. bei Hafer, Hülsenfrüchten, Flachs und Hanf, desto minimaler ist ihr Anteil geworden, so daß heute mehr als vordem Königsberg für die wichtigste Hälfte seiner Ausfuhr von den Eisenbahnen, insbesondere von der Politik der russischen Staatsbahnen abhängig ist. Wie sehr die letztere die Konkurrenzfähigkeit der deutschen Häfen für die Transporte aus entfernteren Gebieten beeinträchtigen kann, beweist vor allem der Rückgang der Ausfuhr von Weizen und Flachs. Hieran wird auch der mehrfach geplante Ausbau der Masurischen Wasserstraßen, von dem Königsberg sich viel verspricht, nichts ändern, da er die wachsende Bedeutung des russischen Hinterlandes nicht aus der Welt schaffen kann. Und der Wert der Memel und Weichsel für die vorgelagerten deutschen Häfen beruht gerade darauf, daß sie ihnen in den ausgedehnten Floßtransporten einen Massenverkehr sichern, der sich bis jetzt als der russischen Eisenbahnpolitik unzugänglich gezeigt hat und der auch von den handelspolitischen Verwicklungen unberührt bleibt, beides hochbedeutsam, wie Danzig und Königsberg im Anfang der 90er Jahre zu ihrem Glück erfahren haben.

γ) Memel

Über den seewärtigen Verkehr Memels besitzen wir vollständige Angaben nur für die Einfuhr. Die Ausfuhr ist in ihrem wichtigsten Teile, dem Holzverkehr, nur nach dem Werte abgeschätzt, doch da der Eingang aus dem Hinterland überwiegend zur Verschiffung gelangt, können seine Ziffern als Maßstab für die Entwicklung der Ausfuhr gelten. Jedenfalls zeigen sie, daß bei allen Schwankungen seit 1890 ein Stillstand eingetreten ist, welcher sie zwischen 370 000 (1902) und 500 000 t (1900) hält, ja seit dem Jahre 1900 macht sich eine leise Abwärtsbewegung bemerkbar, was beides in den Ziffern über den Wert der Seeausfuhr seine Bestätigung findet: 1890: 18,8 Mill. Mk., 1900: 23,1 Mill. Mk., 1903: 18,7 Mill. Mk. Der Anteil des Wasserwegs kann den Berichten der Memeler Kaufmannschaft nicht entnommen werden, da in ihnen der Verkehr desselben mit dem relativ beträchtlichen Verkehr per Fuhrwerk vereinigt ist. Ich entnehme ihnen deshalb allein den Eisenbahnverkehr, den Binnenschiffahrtsverkehr aber der Reichsstatistik. Danach betrug der letztere 1890: 96,6 % und ist dann auf 90,2 % 1903 resp. 87,3 % 1902 zurückgegangen. Allein selbst bei dieser kleinen Hafenstadt beeinflußt der bahnwärts gedeckte Bedarf an Kohlen, sowie der Empfang von Flachs und Hanf, welche Güter für den Seeverkehr belanglos sind, die Eingangsziffern zumal der Eisenbahn derart, daß obige Zahlen ein schiefes Bild liefern. Betrachten wir den für die Ausfuhr maßgebenden Posten Holz und Holzwaren, so stellt sich jene rückläufige Bewegung des Wasserempfangs als wesentlich geringer heraus, indem sein Anteil von 97,4 % 1890 auf 92,7 und 94,5 % 1902/03 fällt. Diese Änderung hat neben der gleichen Höhe der Wasserzufuhren ihren Grund in einer steten Steigerung des Bahneingangs, die indessen seit 1900 in das Gegenteil umschlägt. Die Geringfügigkeit des Bahnverkehrs (1890: 11 600 t, 1900: 33 800 t) ist erklärlich, wenn man erfährt, daß er mit der Flößerei überhaupt nur in wertvolleren Waren konkurrieren kann, als welche hauptsächlich nur eichene Stäbe in Frage kommen. Die neuerliche Abnahme auf 21 600 t 1903 läßt erkennen, daß hierin der Mangel geeigneter Bahnverbindung Memel dem Wettbewerb Königsbergs und Libaus unterlegen ist. Demnach liegt das Schwergewicht nach wie vor in dem flußwärts aus Rußland angebrachten Holz. Seine Menge wechselt jährlich mit den Wasserverhältnissen der oberen Memel. Herrscht dort während des Sommers Wassermangel, so gelangt ein geringerer Teil zur Abtrift, der Rest wartet bis zum nächsten Frühjahr. Da ein Wettbewerb des Schienenwegs ausgeschlossen ist, gehen also diese Mengen dem Wasserweg nicht verloren, sondern sie sind die Ursache erheblicher Schwankungen: 1890: 445200 t, 1900: 431900 t, 1902: 315500 t, 1903: 367800 t. Der Einfluß eines frühen Schiffahrtsschlusses ist 1902 ersichtlich, wo die Flößerei wegen Eisgang bereits Mitte November ihr Ende nahm. Wenn wir die Wasserzufuhr mit der Königsbergs in Beziehung[1]) setzen, so steigt der Anteil Memels an der Durchfuhr zu Schmalleningken von 43,3 % 1890 auf 53,9 % 1902 und 50,6 % 1903. Danach scheint der veraltete Zustand des Memeler Hafens und die Beschränkung des Floßverkehrs durch den König-Wilhelmkanal etc., wie dies an früherer Stelle beleuchtet ist, seiner Holzausfuhr dank dem widerstandsfähigen Eigenhandel bis jetzt keinen Schaden zugefügt zu haben. Dem Wasserweg ganz zuzurechnen sind die kleinen Quantitäten Zellulose, welche die 1900 eröffnete Fabrik[2]) aus dem eingegangenen weichen Holz herstellt und seewärts ausführt (1903: 7900 t). Daneben tritt die Ausfuhr von Getreide und anderen Erzeugnissen des Landbaus ganz zurück. An Ölsaaten wurden 1890 noch 7400 t ausgeführt, 1903 aber 900 t. Die Haferausfuhr hat sich nur wenig gehoben (4100 t und 5400 t). In beiden Gütern hat der Wasserweg eingebüßt, aber nur bei Hafer ist die Bahn im stande gewesen, die Differenz durch Mehranfuhren aus der Provinz zu decken. Deutlicher als bei Holz wird es bei diesen Gegenständen, daß der Mangel einer direkten Bahnverbindung mit Rußland vor allem die Schuld an dem Stillstand Memels, hier insbesondere seiner seewärtigen Ausfuhr, trägt[3]). Die Bahn-

---

[1]) Am richtigsten wird die Anfuhr in Memel und die Durchfuhr zu Labiau (Deime) verglichen.

[2]) Jahresbericht Memel 1900, S. 33 ff.

[3]) Jahresbericht Memel 1902, S. 4.

einfuhr aus Rußland vermindert sich seit 1899 fortwährend[1]),
und von dort kommt jetzt überhaupt kein Getreide mehr nach
Memel.

In noch höherem Maße ist dies bei der **Einfuhr seewärts** für den Verkehr mit Rußland der Fall: Versand nach
Rußland: 1899: 7000 t, 1900: 300 t, 1903: 3700 t, so daß
Memel also noch mehr als bei der Ausfuhr über See darauf
angewiesen ist, den Absatz dorthin auf dem Wasserwege zu
bewerkstelligen, der dafür nach dem über den Zustand der
russischen Memel Gesagten sehr ungeeignet erscheint. Es genügt mit Hinweis auf den Verkehr Königsbergs über Schmalleningken zu Berg anzunehmen, daß die gesamte Seeeinfuhr
diesseits der Grenze bleibt, mithin Eisenbahn und Wasserstraße[2]) als kurze Verkehrsleiter auftreten. Wie bei der seewärtigen Ausfuhr das Holz, so dominiert in der Einfuhr die
Steinkohle[3]), welche heute zu $1/3$ in der Stadt selbst verbraucht wird. Das Anwachsen des Empfangs von 57 400 t
1890 auf 94 600 t 1903 entfällt größtenteils auf den steigenden Platzkonsum, zumal der dort angesiedelten industriellen
Anlagen. Die Abfuhr mit der Bahn nach Stationen der Tilsiter
Strecke und mittels Kahn nach Orten des Kurischen Haffs und
nach Tilsit wächst langsamer (44 800 t 1890, 59 100 t 1903)
und sprunghaft (1900: 48 000 t, 1902: 63 700 t). Der Anteil
der Binnenschiffahrt wechselt zwischen 86,9 % 1890, 67,0 %
1900 und 74,4 % 1903, offenbart damit eine kleine Neigung
zur Abnahme. Nicht der Eisenbahnversand Memels hat demgegenüber Terrain gewonnen, sondern der Wasserversand nach
dem südlichen Teile des Haffs hat nachgelassen. Während
noch 1890—95 große Kohlenmengen von Memel über Labiau
zu Berg ins Pregelgebiet gingen[4]), hat jetzt Königsberg seinen
natürlichen Vorteil wahrgenommen und ist, wie dargelegt wurde,
die Deime zu Tal ins Kurische Haff vorgedrungen. Weil die

---

[1]) Insgesamt 1899: 40 500 t, 1903: 18 600.

[2]) Tilsit 110 km.

[3]) Abweichend von der Gestaltung der Nachbarhäfen gelangen neben
englischer Kohle (80 000 t) auch größere Mengen inländischer Ware zur
Einfuhr: 13 500 t.

[4]) 1890: 4700 t, 1895: 2900 t. ·

Kohleneinfuhr den Ausschlag gibt, folgt ihrer Bewegung die
gesamte Seeeinfuhr mit 96 000 t 1890 und 144 200 t 1903,
sowie auch der Anteil des Wasserwegs, der gegen $^2/_3$ im Anfang (67,8 %) heute noch immer über die Hälfte beträgt (1900:
52,7 %, 1903: 55,5 %). In großem Abstand folgen Düngemittel und die zu ihrer Herstellung nötigen Rohstoffe mit
24 000 t 1903 (14 100 t 1890), welche nach der Verarbeitung
seitens der chemischen Fabrik in das nahe landwirtschaftliche
Hinterland abgesetzt werden. Die Steigerung hat mit Ausnahme des letzten Jahres die Eisenbahn an sich gerissen:
1890: 13 100 t, 1902: 22 300 t [1]); die Wasserstraße hat bis
dahin nur gleich geringe Quantitäten abgefahren, in jüngster
Zeit aber Einfluß gewonnen (1903: 6800 t), so daß der 1890
bis 1902 von 15,8 auf 9,1 % gesunkene Anteil alsdann auf
27,8 % emporschnellt. Die seewärts eingeführten Steine und
Steinwaren, hauptsächlich Kalksteine, mit 10 600 t 1902,
bleiben fast zur Hälfte in Memel, der andere Teil geht fast
ausschließlich per Flußschiff nach Tilsit weiter [2]). An Lebensmitteln ist die Einfuhr von Salz und Heringen nennenswert.
Die letztere ist seit 1895 (6900 t) in beständiger Abnahme
begriffen. Der Bedarf der Provinz ist wohl eher gestiegen und
die Ursache liegt in dem Aufhören des Exports nach Rußland.
Die mit besseren Bahnverbindungen ausgerüsteten Nachbarhäfen
Königsberg und Libau haben Memel einfach zurückgedrängt.
Da diese Transporte größtenteils von der Schiffahrt übernommen
wurden, so spricht sich dies in der verminderten Beteiligung
von 7,8 % 1902 (gegen 29,0 % 1890) aus [3]). Die Salzeinfuhr
bleibt ganz in der Provinz; sie hält sich dem gleichmäßigen
Bedarf entsprechend auf gleicher Höhe: 1903: 2700 t [4]). Hier
verändert sich das Verhältnis der beiden Binnenbeförderungs-

---

[1]) 1903: 17 600 t.

[2]) 1890: 2400 t, 1902: 7700 t.

[3]) Memel (Jahresbericht 1903, S. 10) schiebt die Schuld auf die zollfreie Einfuhr norwegischer Heringe über Archangelsk und die Murmansche
Küste, doch der Aufschwung des Bahnversands in den Nachbarhäfen,
wobei auch gleichzeitig die Verfrachtung zur Memel ab Königsberg zurückgeht, zeigt den wahren Grund deutlich.

[4]) 1890: 2200 t.

mittel nicht. Der Anteil der Wasserstraße schwankt zwischen 44,4% 1890, 34,4% 1902 und 39,1% 1903. Die ganze Betrachtung lehrt, daß Wasserstraße und Eisenbahn in ihrer heutigen Ausbildung dem Memeler Seeverkehr nicht die Grundlagen einer gesunden Entwicklung gewähren, ihn höchstens im bisherigen Umfange erhalten können [1]). Eine Regulierung des Memelstromes erscheint wegen der unumgänglichen Mitwirkung Rußlands für absehbare Zeit ausgeschlossen. Deshalb muß Memel trotz der heutigen überragenden Bedeutung der Binnenschiffahrt, die ihm allein den Rest früherer Bedeutung bewahrt hat, seine ganze Hoffnung auf den Ausbau seiner Eisenbahnlinien setzen. Der Anschluß der Grenzbahn Memel-Bajohren an die Route Libau-Romny wird die nächste Vorbedingung erfüllen, doch ist dieser Plan dank der Abneigung der russischen Regierung, die eine Konkurrenzierung ihrer eigenen Häfen befürchtet, der Verwirklichung seit Jahren keinen Schritt näher gebracht [2]).

e) Die Gestaltung des Seeverkehrs in den russischen Ostseehäfen im Hinblick auf den Wettbewerb mit den ost- und westpreußischen Plätzen

Um die Entwicklung und die Stellung der letztbehandelten Gruppe zu verstehen, bedarf es der Gegenüberstellung der konkurrierenden russischen Ostseeplätze, von denen Libau und Riga als die beiden Haupthäfen allein in Betracht kommen. Vor allem ist es wichtig, inwieweit ihr Seeverkehr auf den Beziehungen mit dem Teil des Hinterlandes basiert, für den sie mit den deutschen Häfen in Wettbewerb stehen. Mithin ist der Eisenbahnverkehr nach jenem Gesichtspunkt zu zerlegen. Da aber die dortige Statistik diesen Verkehr nicht wie die deutsche nach Bezirken ausweist, sondern nach einzelnen Linien, so sind diese für diesen Zweck zu ordnen, wobei tunlichst ein Rayon Südwest-Süd, sodann Südost und Ost-Nordost auseinander-

---

[1]) Jahresbericht Memel 1900, S. 4.
[2]) Jahresbericht Memel 1903, S. 4.

gehalten wird, wie in den Tabellen des Anhangs versucht ist, und wobei der erstere als das strittige Gebiet anzusehen ist.

Die Ziffern für Libau[1]) sind der „Handelsstatistik pro 1900", herausgegeben vom dortigen Börsenkomitee, entnommen. Hinsichtlich der früheren Jahre fehlt jede wissenschaftliche Grundlage, da die vordem veröffentlichten „Statistischen Daten über den Handel der Stadt Libau", wie in dem Vorwort zum obigen Werk selbst zugestanden ist, auf privaten Erkundigungen beruhen, daher auf besondere Genauigkeit kaum Anspruch machen dürfen; nur in einzelnen Fällen ist auf dieselben für 1890 zurückgegriffen. Die erste Tatsache, die wohl zu beachten ist, liegt darin, daß die Einfuhr seewärts in Libau hinter der Königsbergs und Danzigs[2]) mit 507 000 t 1900 weit zurücksteht, und daß diese Differenz hinsichtlich des Verkehrs mit dem Hinterland noch größer ist, denn im ganzen wurden nur 149 200 t mittels Eisenbahn abgeführt. Über die Hälfte der Einfuhr besteht aus Steinkohlen und -koks (302 000 t), die fast ausschließlich im Hafenbezirk verbraucht werden, und die 29 500 t, die ins Binnenland[3]) weitergehen, werden nicht über die nahe Umgebung hinausgelangen. Ebenso sind die eingeführten Steine etc., hauptsächlich Ziegelsteine des Inlands, feuerfeste Steine und Pflastersteine aus Schweden und Belgien, insgesamt 47 000 t, ganz für den lokalen Absatz[4]) bestimmt. Der Empfang an Eisen aller Art: 22 600 t, richtet sich knapp zu ⅓ nach Südwesten und Süden, überwiegend nach den östlichen Gegenden[5]). Dagegen waren in das erstere Gebiet

[1]) Der Seeverkehr wird erfaßt als: 1. Der Handel zur See mit dem Auslande. Darunter nimmt der Transitverkehr eine eigenartige Stellung ein. Sein Inhalt ist dunkel, denn er ist nicht im gewöhnlichen Sinne zu verstehen, da angedeutet wird, daß er zum Teil nach Riga, Moskau etc. geht. Da er außerdem unwesentlich ist (3400 t), ist er unberücksichtigt geblieben. 2. Der Handel zur See mit dem Inland. 1 Pud = 16,4 kg = 0,0164 t, 1 Wedro = 12,3 l.

[2]) Danzig 801 000 t, Königsberg 700 000 t.

[3]) Davon 20 000 t nach Süden und Südwesten.

[4]) Ausfuhr bahnwärts 5200 t; desgleichen die 12 900 t Zement aus Deutschland.

[5]) Von der nur zum Teil vom Seeverkehr getragenen Bahnabfuhr, 34 400 t, gingen nach Südwesten 10 000 t.

hauptsächlich die 17 500 t aus Großbritannien bezogenen Düngemittel bestimmt [1]). Die zweite Gruppe der Einfuhr umfaßt die Rohstoffe für die Industrie, welche im Südwesten (Polen) ansässig ist. Hier fällt die Geringfügigkeit des Empfangs auf: Farbholz 3400 t, Harz, Asphalt etc. 1600 t — in beiden Artikeln bleibt überdies ein beträchtlicher Bruchteil in der Stadt [2]), — Häute und Felle 1400 t, Baumwolle 3600 t, von welcher indessen nur geringe Mengen nach Polen gehen. Diese Einfuhr wird nach dem Moskauer Bezirk versandt, steht also mit den Häfen Riga und Reval in Wettbewerb und ist durch die Eisfreiheit bedingt, wechselt folglich stark mit ihr (1890: 20 500 t). Auch die seit 1890 konstante [3]) Einfuhr von Heringen (1900: 21 300 t), soweit sie überhaupt nach dem Inland verfrachtet wird (14 900 t), nimmt nur zur Hälfte die südliche Richtung. Die übrige Einfuhr an Lebensmitteln, quantitativ sehr gering, so Salz 6100 t, Reis 1300 t, außerdem noch kleinere Mengen Kaffee, Wein und Tabak dienen der Versorgung des südwestlichen Hinterlandes.

Die Ausfuhr übertrifft mit 1 035 000 t, dem der Bahnempfang von 1 180 000 t entspricht, die Einfuhr um deren ganzen Betrag. An erster Stelle stehen naturgemäß Getreide. Die Ausfuhr von Roggen (183 400 t) und Weizen (38 400 t) beruht überhaupt nicht auf dem Bezug aus den mit den deutschen Häfen umstrittenen Gebieten; das gleiche gilt selbstverständlich für die daraus hergestellten Mühlenfabrikate [4]) (27 200 t), sowie für die Ausfuhr von Kleie (41 500 t). Den wichtigsten Artikel bildet Hafer mit 377 700 t, allein nur etwa 1/7 (51 000 t) wird vom Südwesten und Süden angeliefert. Denselben Anteil nimmt jener Bezirk in der Verschiffung von 30 300 t Hülsenfrüchte ein [5]). Noch geringer ist er bei den

---

[1]) Von dem bahnwärtigen Versand (12 900 t) 10 800 t.

[2]) Ausgang bahnwärts: 1000 resp. 200 t.

[3]) 1890: 20 500 t.

[4]) Außerdem stammten daher nur 2400 t der mittels Schienenweg eingeführten 13 400 t Mehl etc., an Kleie 3000 t von 38 700 t.

[5]) 4000 t von 28 400 t eingetroffenem anderen Getreide und Hülsenfrüchten.

52 500 t exportierten Ölkuchen zu bemessen[1]). Auch an Ölsaaten, Flachs und Hanf bezieht Libau nur etwa 11—13 000 t
dorther; die Ausfuhr dieser Güter mit 37 600 und 44 400 t
beruht zu ²/₃ auf dem Empfang vom ferneren Südosten. Allein
die verhältnismäßig kleine Ausfuhr von Zucker (16 600 t), sowie Teer und Harz (5800 t) und dann allerdings der umfangreiche Versand an Holz und Holzwaren mit 151 500 t[2]) gelangt
aus dem Südwesten zur Ausfuhr.

Hinsichtlich Rigas werden vom handelsstatistischen Bureau
des dortigen Börsenkomitees äußerst umfassende statistische
Angaben unter dem Titel „Rigas Handelsverkehr auf den
Wasserwegen (I) und Eisenbahnen (II)" veröffentlicht, wobei
auch die wichtige Binnenschiffahrt nicht vernachlässigt wird;
außerdem steht für den Vergleich mit früheren Jahren in
manchen Beziehungen das glaubwürdige „Rigaer Handelsarchiv"
zur Verfügung. Im Bahnverkehr stört aber der Umstand sehr,
daß etwa nur eine Hälfte des Gesamtverkehrs[3]) später bei der
Spezialisierung nach den einzelnen Linien ausgewiesen wird;
eine dringend nötige Erläuterung der Ursache fehlt vollständig.
Der gewaltigen Einfuhr[4]) im Betrage von 938 000 t 1903
steht nur ein Ausgang von 443 000 t nach dem Inland gegenüber; davon nicht mehr als 13 900 t auf dem Wasserwege, die
als Steinkohlen (9500 t) und Düngemittel (2800 t) hauptsächlich mittels der Kurländischen Aa in die nächste Umgebung
versandt werden. Der Unterschied rührt vor allem von der
Einfuhr von Steinkohlen her. Diese eine Hälfte des Gesamtempfangs (462 000 t) wird wie bei Libau im Hafenbezirk konsumiert, nur 37 800 t gelangten per Eisenbahn und Wasserstraße in die Nachbarschaft. Über den Verbleib der aus
Dänemark importierten Kreide, die in der Gruppe der Steine etc.
111 000 t den Ausschlag gibt, fehlt jeder Aufschluß[5]), doch

---

[1]) 5000 t von 43 800 t.

[2]) 1 cbf = 28,3 cbdcm = 0,0283 cbm = 0,017 t. Sleepers 1 Rbl = 0,06 t.
Eichene Stäbe 1 Rbl = 0,04 t (1 Mille = 63 t).

[3]) Beim Eingang 1903: 788 000 t von 1 123 000 t. Beim Ausgang
1903: 235 000 t von 430 000 t.

[4]) Gebucht als Import und Zufuhr seewärts (aus dem Inland).

[5]) Die Eisenbahn notiert Steine ohne Kreide: 12 000 t.

ist aus der Bedeutungslosigkeit dieses Artikels für das westlichere Libau zu folgern, daß sie nicht nach Süden abgesetzt wird. Dies trifft auch bei der zu 23900 t angebrachten Ton- und Porzellanerde ein [1]), außerdem größtenteils für Düngemittel: 42300 t, indem nur 8000 t [2]) nach Südwesten und Süden ausgeführt werden, so daß sicherlich nicht diesen Gebieten die Steigerung seit 1890 (20000 t) verdankt wird. Die mit 45700 t 1903 wenig fortschreitende Einfuhr von Eisen aller Art ist ebenso nur zum kleinsten Teile dorthin bestimmt; von der ihr nur teilweise entnommenen Abfuhr per Schienenweg: 61500 t gingen nach diesen Strecken allein 19500 t. Unter den sonstigen gewerblichen Rohstoffen folgt heute Baumwolle mit 22600 t, die Riga in strengen Wintern (1886—89: 2500 t) an das bevorzugte Libau abtreten muß. Wie dort bildet der Moskauer Rayon das Absatzgebiet, für welches Riga außerdem mit Reval [3]) um den Vorrang kämpft; nur unbedeutende Mengen werden im Wettbewerb mit den deutschen Häfen nach Polen [4]) verladen. Ein ähnliches Verhältnis darf für die Verteilung der seewärts eingebrachten 8800 t Jute etc. angenommen werden [5]). Wenig mehr wissen wir über den Verbleib von Farbholz, da für den Eingang über See: 16000 t nur 3600 t als per Eisenbahn ausgeführt notiert worden sind, davon 1100 t nach Süden und Südwesten. Jedenfalls beweist der Stillstand des Empfangs seit 1890 [6]), daß Riga gegenüber den deutschen Häfen keinen Erfolg während dieser Periode errungen hat. Einen Aufschwung verzeichnet der Import an Harzen, Asphalt etc., der 1903: 10300 t erreichte [7]), aber auch in diesem Fall gingen nur 2200 t südwärts, $3/4$ dagegen nach dem Zentrum Rußlands. Ebenso verteilt sich die geringfügige Einfuhr an Häuten und Fellen [8]), sowie an fetten Ölen

---

[1]) Vom Bahnausgang (8500 t) entfielen 800 t auf Südwesten.
[2]) Von 45000 t.
[3]) Einfuhr seewärts 1890: 60000 t, 1900: 43000 t.
[4]) 1903: 1500 t.
[5]) Ausgang bahnwärts: 7400 t.
[6]) 16000 t.   [7]) 1890: 6600 t.
[8]) Von der Einfuhr seewärts: 3400 t gingen zum Süden und Südwesten 900 t.

und Fetten [1]). Die Nahrungs- und Genußmittel, die Riga unter Vermittlung der westeuropäischen Hafengruppe bezieht, richten sich ebenfalls überwiegend nach Osten und Südosten, so Heringe mit 13900 t (1886—90: 10500 t) aus Großbritannien und Norwegen, 6000 t Tee, Reis mit einer Einfuhr von 1800 t, endlich Wein und Tabak [2]). Der einzige Artikel, in welchem Riga nach Polen und Süden vorstößt, ist Salz, das in jener Richtung zu 6700 t verfrachtet wird. Allein dies bildet nur einen geringen Bruchteil für den Absatz des im Umfange von 45500 t aus Eupatoria bezogenen Salzes.

Stand Riga bezüglich der Einfuhr unter den behandelten Ostseehäfen hinter Stettin zurück, so behauptet es in der Ausfuhr mit 1424000 t unbestritten den ersten Rang. Weit über die Hälfte, ca. 800000 t, entfällt davon auf Holz und Holzwaren, deren Ausfuhr vornehmlich auf der Flößerei der Düna und daneben der Kurländischen und Livländischen Aa samt kleinerer Verbindungskanäle beruht, indem gegenüber dem Werte des Exports mit 16 Mill. Rubel der Eingang an Floßholz auf 15,6 Mill. Rubel geschätzt werden kann. Ähnlich der Gestaltung auf der Memel und Weichsel scheint die Flößerei keine steigenden Quantitäten zu liefern, es ist wahrscheinlich, daß der langsame Fortschritt der Ausfuhr [3]) den steigenden Bahnzufuhren verdankt wird, die heute 218000 t erreichen. Aber hiervon stammen nur ca. 50000 t aus den südlichen und westlichen Bezirken. In der anderen großen Gruppe der Ausfuhr, in Getreiden und Saaten, weist Riga sogar einen erheblichen Rückgang auf. Der Export von Roggen mit 10900 t ist gegenüber der einstigen Höhe fast bedeutungslos (1890: 78000 t), ähnlich hat Hafer mit 22400 t (1890: 81000 t) eingebüßt, desgleichen Ölsaaten: 19600 t (1886—90: 60000 t) und Gerste mit 21600 t gegen 53000 t 1890. Nur Weizen

---

[1]) Die Einfuhr beträgt an Kopra 6100 t, an Fetten und fetten Ölen 4100 t; der Versand bahnwärts dagegen an letzteren 8500 t, davon 3000 t nach Süden.

[2]) Es wurden versandt nach Süden und Südwesten 400 t Heringe, — t Tee und Kaffee und je 100 t Reis und Wein.

[3]) 1895: ca. 700000 t, 1900: 800000 t.

hat die frühere Höhe von 45 000 t (1903: 47 000 t) bewahrt [1]). In allen Fällen handelt es sich um Bezüge aus südöstlicher Richtung, indem die gesamte Einfuhr von Süden und Westen her an Getreide überhaupt keine 20 000 t [2]) erreicht, d. h. nur ¹/₁₀ des Bahnempfangs deckt. Wir dürfen vermuten, daß die Minderanfuhren vor allem durch den Wettbewerb Libaus verursacht sind, sich somit dessen Ausdehnung zu einem Teil gegen Riga wendet. Über die gleichen Linien bewegen sich die Transporte von Butter und Eiern, deren beträchtlicher Versand von 20 000 t und 74 700 t erst aus der neuesten Zeit datiert [3]). Ebenso gelangt etwa nur ¹/₄ der angebrachten 30 000 t Ölkuchen aus der südwestlichen Zone zur Anfuhr; sie speist also die seewärtige Verschiffung von 46 700 t (1890: 22 000 t) nur in diesem Verhältnis. Somit [4]) ist es neben Holz nur Flachs und Hanf mit 33 000 t, die Riga in erheblichem Umfange aus dem umkämpften Territorium an sich zieht, doch umfassen diese Transporte noch kein Viertel des Empfangs: 142 700 t [5]), der vollständig seewärts verladen wird (1890: 73 000 t).

Nach dem vorstehenden muß man sich hüten, aus dem gesamten Seeverkehr Rigas und Libaus den Grad ihres Wettbewerbs mit der deutschen Gruppe ableiten zu wollen, besteht doch der Empfang zu mehr als einer Hälfte aus Steinkohlen und Koks, die im Bereiche beider Plätze bleiben. Aber auch ein Vergleich für einzelne Warengattungen, wie er z. B. seitens Königsbergs hinsichtlich des Getreideverkehrs Libaus in Szene gesetzt [6]) ist, führt zu einem völlig schiefen Bilde, in welchem

---

[1]) Der Export von Mühlenfabrikaten (3600 t) und Kleie (2900 t) ist ohne Belang.

[2]) Von 206 000 t.

[3]) 1890: 100 t und 6000 t; von dem Empfang an Eiern 1903: 77 300 t kamen aus dem Süden und Westen 3000 t.

[4]) Von der Ausfuhr an Fellen im Betrage von 11 600 t entfielen auf den Bezug aus südlicher und westlicher Richtung 2000 t. Der Export an Bakuine: 11 000 t beruht auf der Verarbeitung der aus dem äußersten Südosten beschafften Mineralöle.

[5]) Davon per Wasserweg 3100 t.

[6]) F. Simon, Syndikus des Vorsteheramtes der Kaufmannschaft zu

die Erfolge den deutschen Häfen gegenüber notwendig übertrieben sein müssen. Der große Umfang des Verkehrs in den russischen Häfen basiert eben nicht, wie die Interessevertretungen jener Städte glauben machen wollen, in ausschlaggebender Weise auf der Produktion und dem Bedarf der umstrittenen westlichen und südlichen Gebiete des Zarenreiches. Etwa nur die Hälfte (76 000 t) des bahnwärtigen Versands richtete sich in Libau dorthin, ja eigentlich sind es nur Eisenwaren, Heringe, Salz und Häute mit ca. 23 000 t, für welche Libau lebhafter in Konkurrenz tritt. Bei der Ausfuhr über See ist es mittels der Exporttarife besonders in Holz erfolgreich gewesen, und man geht nicht fehl, darauf die Einbußen Memels und Danzigs im russischen Bahnverkehr zu gründen, wie das auch in beschränktem Umfange für Ölsaaten geschehen mag. Neben Holz aus Wolhynien und Podolien zieht Libau aus dieser Richtung noch beträchtliche Mengen Hafer an sich, ohne indessen den Aufschwung Königsbergs zu beeinträchtigen. Außerdem empfängt es aus den wachsenden Überschüssen der Zuckerproduktion einige Transporte, doch setzt Polen nach wie vor hauptsächlich über Danzig ab. Im ganzen sind es jedoch nur 367 000 t Güter, die auf den westlichen und südlichen Linien eingehen, über ⅔ des Empfangs schöpft es dagegen aus dem Zentrum Rußlands, wohin also völlig das Schwergewicht Libaus fällt. Noch geringer sind die Gütermengen, die Riga dem Verkehr mit dem Südwesten und Süden verdankt; indem sie im Bahnversand 1903 mit 100 000 t kaum die Hälfte, im Bahnempfang noch nicht ⅓ (200 000 t) des nach Linien ausgewiesenen Verkehrs ausmachten. Es sind im übrigen die gleichen Güter wie in Libau: Eisen und Salz einerseits, andererseits Holz und Flachs, Hanf. In beiden Häfen bleiben die Transporte höherwertiger Kolonialwaren und überseeischer Rohstoffe in der Richtung auf Polen auffallend niedrig, so daß bestätigt wird, wie sehr noch immer die Weichsel den Einfluß Danzigs dort aufrecht erhält. Dabei weist der Hinterlandverkehr Rigas seit 1890 entschieden einen Stillstand auf; die Steigerung der see-

---

Königsberg: der Königsberger Seekanal und die ostpreußischen Binnenwasserstraßen. Zeitschr. f. Binnenschiffahrt 1902, S. 49.

wärtigen Einfuhr basiert ganz auf der durch den lokalen Bedarf hervorgerufenen Vergrößerung des Kohlenimports[1]). Im Export hat Riga einen Teil des Getreides an Libau abgeben müssen, das ihm hinsichtlich der Hafeneinrichtung überlegen ist. Anlaß zu Klagen gibt einmal die Höhe der Hafengebühren, die fast doppelt so hoch sind[2]), und die Art ihrer Erhebung — setzen sie sich doch aus zwölf verschiedenen Steuern zusammen —, besonders aber die Unzulänglichkeit des Fahrwassers und der Ladevorrichtungen. Wohl beträgt die Tiefe heute $6^1/3$—7 m[3]); allein häufig werden durch Versandungen der Einfahrt große Schiffe längere Zeit ferngehalten[4]) und auch durch mangelnde Sorgfalt in der Reinigung des Grundes von gesunkenem Holz geraten plötzlich im Hafen Schiffe mit weniger als 6 m Tiefgang fest[5]). Wie mit diesen Mißständen will man ebenso mit der Unzulänglichkeit der eigentlichen Hafeneinrichtung gründlich aufräumen. Der Ausbau des Andreasholms und des Exporthafens, die Vergrößerung des Zollausschlußgebiets, die Aufstellung einer Anzahl großer und kleiner elektrisch betriebener Kranen, die ein besonderes Bedürfnis bildeten, alle diese Pläne müssen jetzt bereits verwirklicht[6]) sein. Außerdem wurde Riga 1900 mit dem nicht einfrierenden Hafen Windau durch die Linie Tuckum-Windau verbunden, wodurch der Vorzug Libaus bezüglich der Zugänglichkeit im Winter bedeutend gemindert ist[7]). Wenn inzwischen trotz des durch obige Mängel herbeigeführten Ausfalls an Getreide nur ein Stillstand, ja vielleicht eine leise Steigerung der Ausfuhr zu beobachten ist, so ist es neben

---

[1]) 1890: 168000 t, 1903: 462000 t.

[2]) Dampfer von 716 Registert. (1400 t Gewicht) eingehend und ausgehend mit Gütern: Riga 224 Rbl, etwa wie in Stettin, Libau 145 Rbl; vgl. Rigaer Handelsarchiv 1900, I, S. 3 u. 4.

[3]) Rigaer Handelsarchiv 1900, I, S. 33.

[4]) Rigaer Handelsarchiv II, S. 79.

[5]) Rigaer Handelsarchiv I, S. 51. Nach annähernder Schätzung verliert jedes Schiff etwa 3—400 Stück Holz. Wie schlimm diese Kalamität werden kann, beweist die Tatsache, daß an einer einzigen Stelle binnen kurzer Zeit 5000 Stück gehoben wurden.

[6]) Rigaer Handelsarchiv I, S. 130 u. 214—217. Der Hafenausbau sollte 1900 höchstens noch 2—8 Jahre beanspruchen.

[7]) Rigaer Handelsarchiv I, S. 118.

der vermehrten Bahnzufuhr von Flachs und Holz vor allem der Leistung der Floßschiffahrt auf der Düna zuzuschreiben, die also hier, obwohl durch den wilden Zustand des Stromes und des Betriebs, die beide nur zu oft Floßstauungen (Saloms) verursachen [1]), stark beeinträchtigt, eine ähnliche Aufgabe wie bei Memel, Königsberg und Danzig erfüllt.

B. Die deutschen Nordseehäfen außer Hamburg, sowie die holländischen und belgischen Rheinmündungshäfen

1. Die Verkehrsmittel

a) Die Binnenwasserstraßen

Wenn wir für die wirtschaftliche Leistungsfähigkeit der Elbe und östlichen Wasserstraßen deren technische Beschaffenheit als maßgebend annehmen durften, weil im Betriebe die freie Konkurrenz herrschte, so dürfen wir aus dem gleichen Grunde diesen Maßstab bei den übrigen deutschen Wasserstraßen anwenden. Gelang es erst Ende 1903 auf der Elbe durch die Fusion der drei größten Schiffahrtsgesellschaften [2]) einen mehr als zeitweiligen Zusammenschluß [3]) der Reedereien zu erzielen, ohne indessen bis jetzt infolge der beträchtlichen Konkurrenz Außenstehender Einfluß auf die Frachthöhe gewonnen zu haben, so gilt für die Rheinschiffahrt auch heute noch das gleiche. Nachdem 1903 die wiederholten Versuche zu der auf 12 Jahre gegründeten Rheinischen Kohlenhandlungs- und Reedereigesellschaft, dem sogen. Kohlenkontor vom 1. April 1904 [4]), geführt haben, ist auch in diesem Fall das tatsächliche Monopol in der Kohlenverfrachtung auf den deutschen Stromlauf beschränkt geblieben. Die Handelskammer zu Ruhrort bemerkt ausdrücklich [5]), daß für Holland die Fixierung der Beteiligungsziffer

---

[1]) Rigaer Handelsarchiv II, S. 79; I, S. 155.
[2]) Gesellschaft vereinigter Saaleschiffer, Ketke und Österr.-Nordwest-Dampfschiff.-Gesellsch.; vgl. Jahresbericht Hamburg 1903, S. 9.
[3]) Vgl. Jahresbericht Hamburg 1896, S. 11, Magdeburg 1903, S. 82 und 86.
[4]) Jahresbericht Duisburg 1903, S. 47.
[5]) Jahresbericht Ruhrort 1903/04, S. 8 u. 9. Es ist bis jetzt nichts

und der Transportsätze nicht in Betracht kommt, denn die Kohlenfirmen mit eigenem Kahnraum und Schleppkraft besorgen die Transporte dorthin nicht mit ihrem Schiffspark, sondern sind zu diesem Zweck wegen der verschiedenen Abmessungen der holländischen Wasserstraßen und der häufigen Zersplitterung der Ladung auf die holländischen Schiffer angewiesen. Auch das im Oktober 1902 geschlossene Frachtenkartell der oberrheinischen Großreedereien — zur Regulierung der Frachten von den holländischen und belgischen Seehäfen nach dem Oberrhein und den Mainhäfen und umgekehrt [1]) — hat bis heute dem Drucke der der Konvention nicht angehörenden Konkurrenz nicht entgegenwirken können [2]). Mithin gilt auch jetzt noch, mit Ausnahme des innerdeutschen Kohlenverkehrs, was Professor Lotz vor einigen Jahren feststellte, daß nämlich die freie Konkurrenz die Grundlage der Frachtbildung im deutschen Wasserstraßenverkehr bildet [3]). Wenden wir uns also der technischen Leistungsfähigkeit der einzelnen Stromgebiete zu.

Hinter dem großartigen Binnenschiffahrtsnetz Hamburgs stehen die rückwärtigen Wasserverbindungen Bremens weit zurück. Die Weser selbst ist bis hannöverisch Münden (162 km ab Bremen) heute für Schiffe von 5—600 t Tragfähigkeit fahrbar, wogegen noch 1890 300 t die Höchstgrenze bildeten [4]). Im Verkehr von dort bis zum Zusammenfluß von Werra und Fulda (Münden 367 km) werden 360 t nicht überschritten. Mit derselben Höchstladung gehen die Flußschiffe die kanalisierte Fulda aufwärts bis Kassel [5]) (393 km), dem Endpunkte der Schiffahrt. Dazu tritt noch die Aller mit der Leine, welche

---

darüber verlautet, daß eine Vereinbarung über die Kohlenfrachten nach Holland perfekt geworden sei, wie mir Ostern 1905 Syndikus Dr. Woltmann mündlich in Aussicht stellte.

[1]) Jahresbericht Frankfurt a. M. 1903, S. 246.

[2]) Jahresbericht Mannheim 1904, I, S. 171.

[3]) Lotz a. a. O. S. V; vgl. auch Ruhrort 1899/1900, S. 32—34.

[4]) Metterhausen, Die Oberweserschiffahrt im letzten Jahrzehnt 1892—1902, S. 63. Seibt a. a. O. S. 945 gibt noch 450 t als oberste Grenze an, Aftalion a. a. O. S. 175 350 t; ebenso Wiedenfeld a. a. O. S. 313.

[5]) Metterhausen a. a. O. S. 16, entgegen Wiedenfelds Behauptungen.

die Stadt Hannover mit der Weser verbindet, aber nur 150t-Schiffe zuläßt. Von der Werra gehen augenblicklich nur geringe Mengen Floßholz auf die Weser über; im übrigen findet auf ihr nur ein Lokalverkehr in Baustoffen etc. statt. Allein jene Maximaltragfähigkeit wird besonders auf dem oberen Stromlauf nur während einer geringen Zeit erreicht, auf der Fulda fehlt es vor allem an einer gleichmäßig nutzbaren Fahrtiefe. Durch Niederlegen der Wehre war die Schiffahrt 1897/1901 durchschnittlich 64 Tage vollständig gesperrt. Unterhalb Karlshafens (321 km) findet zwar im allgemeinen keine Unterbrechung, wohl aber eine Beschränkung des Verkehrs durch niedrige Wasserstände statt. Noch bei Holzminden (286 km) ist die Behinderung so stark, daß die Schiffahrt dort nur an ca. 250 Tagen mit voller oder halber Ladung betrieben werden kann, da den 269 Tagen mit genügendem Wasser noch 19 Tage mit Eisstörungen [1] abzurechnen sind. Auf der unteren Stromstrecke darf unter Veranschlagung der Ruhe wegen Hochwasser und Eis eine Schiffahrtsdauer von 312 Tagen angenommen werden. Bei ihrer verhältnismäßig geringen Längenausdehnung berührt die Weser zwischen Bremen und Kassel nur zwei Städte mittlerer Größe, Hameln und Minden; die Einwohnerzahl aller übrigen bleibt, teilweise erheblich, unter Zehntausend. Unter diesen Umständen ist die Oberweserschiffahrt noch mehr als die der konkurrierenden Ströme auf den Anschluß an das weitere Hinterland mit seinen Bodenschätzen, seinen landwirtschaftlichen und gewerblichen Erzeugnissen angewiesen, umso empfindlicher wird sie daher durch die Weigerung der preußischen Bahnverwaltung getroffen, ihrerseits Eisenbahnverbindungen herzustellen [2]. Infolgedessen bestehen heute auf der gesamten, 393 km langen Strecke von Kassel (exkl. Bremen) nur 9 Gleisanschlüsse, die zum Teil äußerst primitiv sind und von denen nur 4 mit Krahnen versehen sind, an der Aller und Leine bis 1904 überhaupt keine [3].

---

[1] Metterhausen a. a. O. S. 16—20.

[2] Metterhausen a. a. O. S. 37.

[3] Nach Reichsstatistik Bd. 39 II b, Gebiet der Weser 1901; ergänzt durch Metterhausen a. a. O. 1902 und Jahresberichte der Handelskammer zu Bremen 1903. In Celle (Aller) ist endlich 1904 von der Stadt

Wohl ist die Wasserverbindung Emdens mit dem Hinterland, der Dortmund-Emskanal, mit der Entfernung Dortmund-Emden = 270 km in der heutigen Ausgestaltung noch beträchtlich kürzer als die schiffbare ¡Oberweser, aber sie ist durch die Tiefe von 2,5 m, der eine Tragfähigkeit von 600 t[1] entspricht, den Anforderungen des modernen Massenverkehrs angepaßt, und das umsomehr, als die Schleusenanlage eine gleichmäßige Ausnutzung des Kahnraums während des ganzen Jahres gestattet, wenn ihre große Zahl auch (bis Herne 266 km, 20 Schleusen), zusammen mit den Schiffahrtsabgaben, der natürlichen Wasserstraße des Rheinstroms einen großen Vorsprung gibt[2]. Außerdem hat sie gegenüber der Weser den Vorzug, daß sie in das Zentrum des westfälischen Industriebezirks führt, und in unmittelbarer Nähe großer gewerblicher Anlagen vorbeiströmt, mit denen sie durch technisch hochstehende Umschlagsvorrichtungen verbunden ist. Direkten Anschluß gewährt außerdem der Zweigkanal bei Herne (Zeche König Ludwig und Viktor); in Dortmund ist für moderne Eisenbahnverbindungen Sorge getragen[3]. Wenn sich auch die weiteren Zweige des an der Emsmündung zusammenlaufenden Kanalnetzes in geringen, veralteten Abmessungen halten, so sind sie dennoch für den Verkehr Emdens von einiger Bedeutung. Der Ems-Jadekanal führt den Einfluß Emdens westwärts bis nach Wilhelmshafen, die bei Delfziyl mündenden holländischen Wasserwege über Groningen nach Westfriesland. Ähnlich zweigen weiter stromauf noch der Ems-Vechtekanal sowie der Ems-Huntekanal zur Linken und Rechten ab.

Das größte Interesse beansprucht naturgemäß das Stromgebiet des Rheins, welches den Seehäfen Amsterdam, Rotterdam und Antwerpen als großartige Verbindung mit dem Hinter-

---

unter Mitwirkung des Norddeutschen Lloyd eine Eisenbahnverbindung zu stande gebracht. An der Weser ist 1905 mit dem Bau von Geleisanschlüssen bei Bodenfelde und Münden begonnen worden, beide auf Kosten der Interessenten, letztere besonders des Norddeutschen Lloyd; vgl. Jahresbericht Bremen 1904, S. 75, 76.

[1] Aftalion a. a. O. S. 568.

[2] Fürbringer a. a. O. S. 410.

[3] Reichsstatistik Bd. 39 II c, Gebiet der Ems, 1902.

land dient. Nehmen wir Rotterdam als Ausgangspunkt der Rheinschiffahrt, so beträgt die Länge des schiffbaren Stromlaufs bis Straßburg 700 km, wohin heute Schiffe mit 1600 t Tragfähigkeit gelangen können [1]). Da auf der letzten Strecke oberhalb Mannheim jedoch trotz der neueren Regulierungsarbeiten die Wasserstände außerordentlich schwanken, so daß die Schifffahrtsdauer nur vom April bis Oktober währt und selbst in dieser Zeit die Kähne meistens nur $^2/_3$ der Tragfähigkeit ausnutzen können, so ist auch jetzt noch Mannheim bei 565 km als der eigentliche Endpunkt der Großschiffahrt zu betrachten. Bis hierhin dringen in neuester Zeit selbst Schiffe zu 2100 t vor, doch dürfen wir die obige Grenze von 1600 t als Normalfall ansehen. Nach Sympher beträgt die Schiffahrtsperiode des Rheins 304 Tage, an denen zu je $^1/_3$ die volle, dreiviertel und halbe Tragfähigkeit praktisch wird. Jenseits des Durchbruchs durch das Mittelgebirge begegnen wir wieder einer Höchstgrenze über 2000 t[2]); ja von Köln (306 km) vermag

---

[1]) Als Quelle dient in erster Linie die neueste Publikation des kaiserlichen statistischen Amtes: Bd. 39 III a, Gebiet des Rheins 1905, unter Ergänzung durch Handelskammerberichte, Dufourny a. a. O., E. Beyerhaus, Der Rhein von Straßburg bis zur holländischen Grenze in technischer und wirtschaftlicher Beziehung 1902, Wiedenfeld a. a. O. etc. Der letztere gab noch für Straßburg nur 800 t an, ebenso Ysselstein a. a. O. Die Untersuchung: W. Nasse, Der Rhein als Wasserstraße, in Schiffahrt der deutschen Ströme. Schr. d. V. f. S.-P. Bd. CII, 1905, III, bietet keine neuen Angaben in technischer Hinsicht, wogegen die offizielle Denkschrift „Der Rheinstrom" mit 3241 t einen offenbaren Druckfehler enthält.

[2]) Das XIII. Rheinschiffsregister gibt als Schiffe größter Tragfähigkeit an: Leopold Marianne III. 2346 t, Johann Christian 2068 t. Wie wenig die sehr oft zitierte durchschnittliche Tragfähigkeit der Rheinflotte: 1901: 8379 Lastschiffe mit 2 733 207 t Gesamttragfähigkeit = 326 t die für den Gesamtverkehr maßgebende mittlere Schiffsladung widerspiegelt, zeigt die Methode von Beyerhaus a. a. O. S. 115—121, der von der Gesamtladefähigkeit ausgeht. Multipliziert man nämlich für die einzelnen von 50 t zu 50 t abgestuften Schiffsgrößen die mittlere Tragfähigkeit der betreffenden Stufe mit der Gesamttragfähigkeit der auf sie entfallenden Schiffe und dividiert die Summe dieser Produkte durch die Gesamttragfähigkeit der Schiffe aller Stufen, so erhält man die für die Verkehrsbewältigung maßgebende mittlere Schiffstragfähigkeit zu 710 t.

der Rhein sogar Ozeandampfer kleineren Umfangs zu tragen, wie wir im ersten Teil ausgeführt haben. Von seinen Zuflüssen ist die Maas, die in Belgien und als Canal de l'Est in Frankreich kanalisiert ist, auf ca. 600 km für 300 t-Schiffe fahrbar und durch entsprechende Kanäle mit der Seine, dem Rhein und der Saône-Rhone verbunden [1]). Die kanalisierte Mosel ist bis Nancy Kähnen mit 200 t Tragfähigkeit zugänglich und steht ebenfalls mit dem französischen Kanalnetz in Verbindung. Von Metz ab trägt der regulierte Lauf sogar 350 t; etwas geringer ist mit 300 t die Leistungsfähigkeit ihres Nebenflusses, der Saar; hier liegt in Verbindung mit dem Saarkanal der Endpunkt 785 km von Rotterdam entfernt. Auch von Straßburg aus führen künstliche Wasserstraßen durch das ganze Elsaß und weiter zur Saône und Rhone, wenn auch der Wert des Rhein-Rhonekanals infolge seiner veralteten Technik — er trägt nur 150 t-Schiffe und zählt allein bis zur Scheitelhaltung 85 Schleusen — nur gering ist. Auf dem rechten Ufer ist namentlich der Main wichtig, der nach der Kanalisation 1887 für Schiffe von 1650 t bis Frankfurt (530 km) fahrbar geworden ist; er trägt bis Aschaffenburg (585 km) 300 t, bis Bamberg 120 t und führt von hier durch die 99 Schleusen des Ludwigkanals zur Donau; größere Bedeutung hat indessen nur die Strecke bis Würzburg (749 km), dem früheren Endpunkt der Kettenschiffahrt. Dieselbe reicht auf dem Neckar bis Heilbronn, d. h. 680 km ab Rotterdam, wobei gewöhnlich die Tragfähigkeit der Schiffe 100 t nicht übersteigt; nur vereinzelt dringen hierhin Rheinschiffe von 250 t vor. In gutem Verhältnis zu dem geschilderten Zustand der Fahrstraße stehen die Lösch- und Ladevorrichtungen. Sie sind unzählig; allein für den deutschen Rhein führt die Reichsstatistik etwa 120 Ladeplätze auf, die Zahl der eigentlichen Handelshäfen beträgt hier rund 50 [2]). Einen guten Maßstab, der den Gegensatz zu den

---

Dabei ist die wirkliche Tragfähigkeit noch bedeutend höher als die nominelle — um ca. 40 %, in Hamburg bis 80 %; Zeitschrift f. Binnenschifffahrt 1901, S. 69.

[1]) Wiedenfeld a. a. O. S. 313.

[2]) Mit dieser Schätzung stimmt die aus anderen Quellen stammende

übrigen Strömen scharf beleuchtet, ist die Menge der Eisenbahnverbindungen; sie beläuft sich, die durch die Statistik getrennten Hafeneinheiten als solche gerechnet, am deutschen Rhein auf 38, an der Saar und Mosel auf 13, am Main auf 7. Insgesamt können wir für das nationale Stromgebiet ca. 65 Gleisanschlüsse feststellen. Der gewaltige Massenverkehr konzentriert sich in wenigen Häfen oder Hafengruppen, als dessen wichtigste Mannheim-Rheinau-Ludwigshafen und Duisburg-Ruhrort-Hochfeld-Rheinhausen erscheinen. Diese Plätze können, was den technischen Zustand der Häfen, des Hebewerks und der Lagereinrichtungen anbetrifft, mustergültig genannt werden, und sie sind durch fortgesetzte Erweiterungen bestrebt, sich auf dieser Höhe zu halten. Das gleiche Lob beanspruchen auch zu Recht eine Anzahl anderer bedeutender Binnenhäfen, seitdem seit den 90er Jahren einer dem Beispiel des anderen in der Ausgestaltung gefolgt ist, so Straßburg-Kehl, Karlsruhe, das durch einen Stichkanal dem Rhein angegliedert ist[1]), Gustavsburg-Mainz-Kastel-Amöneburg, Frankfurt a. M., Köln-Deutz-Mülheim a. Rh. und Düsseldorf-Neuß, ohne damit ihre Zahl erschöpfen zu wollen. Von den Mündungshäfen liegt Rotterdam zu diesem Komplex von Binnenschiffahrtswegen am günstigsten, indem es Rhein und Maas an sich vorbeifließen läßt. Für Amsterdam hat der holländische Staat erst 1883—92 durch den Merwedekanal, der bei Gorinchem aus der Merwede abzweigt und den Leck kreuzt, eine moderne Zuwegung vom Rhein geschaffen, wobei er auf die Erhebung von Abgaben verzichtet hat[2]). Damit ist die frühere Abhängigkeit von heftig schwankenden Wasserständen beseitigt[3]), aber dennoch befindet sich der Hafen der Zuidersee gegenüber Rotterdam im Nachteil, da trotz der Verbesserung der Kanäle via Vreeswijk

---

Angabe Nasses a. a. O. S. 87 überein, der 51 Häfen angibt; nach ihm kommen für die holländische Strecke bis Rotterdam 14 hinzu.

[1]) Im unteren Stromlauf sind dem ähnlich Neuß durch den Erftkanal, Cleve durch den Spoykanal dem Rhein genähert.

[2]) Abgabenpflichtig sind im Rheingebiet nur die kurze kanalisierte Mosel, der kanalisierte Main, während die französischen Kanäle abgabenfrei sind.

[3]) Jahresbericht Amsterdam 1895, S. 190.

zum Leck und via Gorinchem zum Waal häufige Zeitverluste an den Schleusen zu Vreeswijk resp. Utrecht entstehen[1]). Antwerpen endlich sucht die Maas überwiegend mit Hilfe des Kempenkanals auf, während es für die Fahrt zum Rhein die untere Schelde innerhalb der Seeländischen Inseln, dann das Hollandsche Diep und die Waal benutzt. Dabei kann es Rotterdam den Vorrang nur sehr beschränkt streitig machen, ist doch die Mehrentfernung zum deutschen Rhein recht beträchtlich und der Zugang für die Binnenschiffe manchmal nicht ungefährlich, was beides in höheren Frachtsätzen zum Ausdruck kommt[2]). Für den Lokalverkehr sind bei allen drei Seehäfen noch die zahllosen Kanäle Hollands und Belgiens wichtig, die beide Länder in dichtem Netz durchziehen, und namentlich für Rotterdam und Amsterdam umso bedeutsamer sind, als hier die meisten Speicher sich unmittelbar an den Kanälen erheben und bei deren Benutzung somit wiederholte Umladungen vermieden werden[3]).

b) Die Eisenbahnen, insbesondere die auf die Begünstigung der deutschen Nordseehäfen, zum Teil auch des Bahnverkehrs mit den Rheinmündungshäfen gegenüber der Rheinschiffahrt gerichtete Tarifpolitik der preußischen Staatsbahnverwaltung

Bremens Eisenbahnverbindungen sind für das weitere Hinterland die gleichen, wie die für die Elbhäfen maßgebenden Linien. In Ülzen stößt der von der Wesermündung ausgehende Schienenstrang auf die linkselbische Verbindung Hamburgs mit dem mittleren Elbgebiet und findet in Stendal Anschluß nach Berlin und weiter nach Osten. Eine zweite Linie zur Mittelelbe geht über Hannover nach Magdeburg, wo sich die Verbindungen über Hof nach Oberbayern, über Leipzig nach dem Königreich Sachsen und der böhmischen Elbe, sowie nach Schlesien abzweigen. In Hannover trifft die Bahn von Bremen die zweite große Nord-Südlinie Hamburgs, die in Göttingen sich gabelnd

---

[1]) Jahresbericht Amsterdam 1903, S. 262.
[2]) Jahresbericht Frankfurt a. M. 1901, I, S. 108.
[3]) **Wiedenfeld** a. a. O. S. 314.

über Elm nach Bayern, über Kassel zum Main nach Frankfurt und weiter nach dem Rhein und Süddeutschland führt. Die Verbindung mit dem rheinisch-westfälischen Industriebezirk über Osnabrück ist schon bei Hamburg berührt worden. Der westwärts nach Oldenburg und Emden gerichtete Schienenweg dient letzterem Hafen als Anschlußstrecke nach Bremen für alle Linien nach Ost- und Mitteldeutschland. Die Emshäfen besitzen nämlich nur eine direkte Verbindung mit dem Hinterland, das ist die Linie über Salzbergen, welche sich von dort als Hauptstrecke über Münster zum Industriegebiet und dem Rheintal fortsetzt. Den Rheinmündungshäfen Amsterdam und Rotterdam stehen einerseits ganz westwärts die Linie über Utrecht, Zülphen nach Salzbergen und Osnabrück, den Knotenpunkten im südwestlichen Hannover, zur Verfügung, andererseits mehr südwestlich die den beiden Rheinufern folgende Route, die den Strom bis Basel begleitet und damit auch den Anschluß an das ganze Süddeutschland herstellt. In den Strecken über Goch und Venlo verfügen sie über zwei weitere Einfallspforten nach Wesel und Düsseldorf. Gen Süden führt eine Linie nach Antwerpen und bietet also in ihrem Verlaufe über Brüssel, Namur, Luxemburg, Metz, Straßburg auch diesem Hafen die nächste Verknüpfung mit dem Saargebiet und Elsaß-Lothringen. Außerdem ist Antwerpen über Roermont und Aachen direkt mit Düsseldorf, resp. Köln verbunden, wie auch endlich mit dem französischen Eisenbahnnetz an mannigfachen Punkten. Wir haben demnach eine so reichliche Ausstattung der Nordseehäfen mit Eisenbahnen, daß sie mit Hilfe dieses Verkehrsmittels ihren Einfluß nach allen Seiten des angeschlossenen Landgebiets ohne Rücksicht auf kleine Unterschiede der natürlichen Figuration ausbreiten können [1]). So gilt denn hier die gleiche Beobachtung wie bei der Gruppe der Ostseehäfen, daß heute um vieles wichtiger als die Betriebsgestaltung die Eisenbahntarifpolitik geworden ist. Sie ist das Mittel, mit dem die Eisenbahnen den Kampf der einzelnen Häfen um das gemeinsame Hinterland beeinflussen und dabei selbst Differenzen der natürlichen Lage in das Gegenteil umkehren.

---

[1]) Wiedenfeld a. a. O. S. 315.

Waren schon die Ostseehäfen, insbesondere die Plätze von Stettin ab westlich, völlig von der Politik der preußischen Staatsbahnen [1]) abhängig, so gilt dies in den entscheidenden Punkten vielleicht noch mehr von den hier behandelten Häfen der Nordsee, indem Holland und Belgien zu klein sind, um selbständig auf die Wahl des Weges einen Einfluß auszuüben. Wir haben die Tarifpolitik unter der Bezeichnung des Schutzes der nationalen Seehäfen kennen gelernt [2]) und auch schon bei der Betrachtung Hamburgs im einzelnen Gelegenheit zur Beobachtung ihres Erfolgs gehabt, dagegen es für diesen Zusammenhang aufgeschoben, ihre Ausgestaltung als ganzes System zu schildern. Die ersten Symptome dieser Begünstigungspolitik zeigten sich im Jahre 1884, also zur selben Zeit, als Hamburg und Bremen den Eintritt in den Zollverein vorbereiteten [3]). In dies Jahr [4]) fällt die Erstellung einer Anzahl Ausnahmetarife für die Ausfuhr einer Menge Schwergüter, insbesondere Steinkohlen (Streckensatz 1,25—2 Pfg.), Roh- und Brucheisen (2—2,2 Pfg.), Eisen und Stahl des Spezialtarifs I (2,82—3,04 und 3,4 Pfg.) und II (2,2 Pfg.), Blei und Zink (2,82 Pfg. bezw. 3,5 Pfg.), Glas (2,9—3,1 Pfg. bezw. 3—4,39 Pfg.) und Düngemittel (2,2 Pfg.) [5]), ebenso für gering-, aber auch höherwertige Einfuhrartikel, besonders koloniale Artikel: Eisenerz (1,25—2 Pfg.), Holz (Allgemeiner Ausnahmetarif für europäisches Holz des Spezialtarifs II: 3 Pfg.), Petroleum (3,5 Pfg.), Baumwolle, Farbholz, Hafer, Mais und Ölsaat, Felle und Häute, Heringe, Reis, Kaffee, Rohtabak, Harz und Pech, Talg und Tran (3,25—3,65 Pfg.) [6]). Es folgten weitere Herabsetzungen

---

[1]) Der Artikel: Die Rheinschiffahrt und die Eisenbahnen, F. Schulte, Schr. d. V. f. S.-P. Bd. 102, Die Schiffahrt der deutschen Ströme III, 1905, bietet manche neue Einzelheiten, steht jedoch an Übersichtlichkeit hinter den sonst benutzten Quellen zurück.

[2]) Die von der preußischen Eisenbahnverwaltung proklamierten Grundsätze finden sich in Nr. 47 der Drucksachen des preußischen Landeseisenbahnrats von 1884.

[3]) Gesetz vom 16. II. 1882, resp. 31. III. 1885.

[4]) Dufourny-Landgraf a. a. O. geben fälschlich das Jahr 1887 (S. 24 u. 25) als Anfangsjahr an.

[5]) Auch für die Einfuhr.

[6]) Vgl. Der Niederrhein als Ein- und Ausfuhrstraße Rheinland-West-

in der Einfuhr über die deutschen Nordseehäfen für Petroleum 1886 (2,2 Pfg.), Baumwolle 1889 (2,2 Pfg.), sowie Reis (2,7 Pfg.). Noch erheblicher suchte man die Ausfuhr über Hamburg und Bremen zu unterstützen, einmal reduzierte man zur überseeischen Ausfuhr überhaupt die Tarife für Eisen aller Art [1]), außerdem die Stückguttarife auf die Wagenladungstaxen [2]), andererseits schuf man in dem Levantetarif (1890) und Ostafrikatarif (1895) eine der Form nach eigenartige Ermäßigung für die Ausfuhr nach diesen Ländern [3]). Beide Tarife kommen ausschließlich Hamburg zu gute; auch nachdem der Ostafrikalinie durch den neuen Subventionsvertrag das Anlaufen Bremerhavens auferlegt worden ist, bleibt doch der gemischte Eisenbahnseetarif auf den Elbhafen beschränkt. Alle diese Ausnahmetarife gelten im Verkehr der deutschen Nordseehäfen vor allem mit Rheinland-Westfalen, für das „Die Denkschrift von Vertretern rheinischer Hafenstädte, Handelskammern und Vereinen über die unterschiedliche Behandlung der deutschen Rheinhäfen gegenüber den Nordseehäfen" seitens der preußischen Staatseisenbahn, 1902, eine ausgezeichnete Übersicht (S. 21/22) gibt. Die meisten Einfuhrtarife sind aber, wie schon bei Hamburgs Darstellung zu Tage trat, auf den Verkehr nach dem Osten und Südosten, d. h. Schlesien, Rußland und Polen, sowie dem weiteren Elbgebiet ausgedehnt, wobei Reis, Kaffee, Tabak, Baumwolle, Häute, Petroleum nach Österreich-Ungarn, Rußland und Galizien zu besonders billigen Sätzen befördert werden. Ähnliche Tarife bestehen für die Ein- und Durchfuhr nach Südwestdeutschland, insbesondere Baden, Bayern

---

falens im Wettbewerb mit den preußischen und holländischen Staatsbahnen .. Denkschrift im Auftrag der Handelskammer zu Ruhrort von deren Syndikus (Dr. Arnecke) 1899/1900, S. 50—51.

[1]) Roheisen zur Ausfuhr 1,7 Pfg., Eisen des Spezialtarifs I zur Ausfuhr nach Ostasien 2,2 Pfg., ebenso Eisen der Spezialtarifs II 1,2 Pfg., zur Ausfuhr über See überhaupt 1,7 Pfg. Ähnliche Tarife scheinen neuerdings für Kupfer, Zinn etc. zur Einführung gelangt zu sein, vgl. Antwort der Handelskammer zu Duisburg vom 3. April 1903 auf den Bescheid des Ministeriums der öffentlichen Arbeiten vom 8. September 1902, S. 6.

[2]) Dufourny a. a. O. S. 62.

[3]) Wiedenfeld a. a. O. S. 323. Direkte Abfertigung von Binnenstationen Deutschlands nach Binnenstationen des Orients und Ostafrikas.

und dem Elsaß, sowie nach der Schweiz; gerade für das letztere Gebiet beabsichtigt die preußische Eisenbahnverwaltung in neuester Zeit, das Artikelverzeichnis der schon bestehenden Tarife zu erweitern, und die im Verkehr mit Antwerpen geltenden Sätze unverändert auf Hamburg und Bremen zu übertragen [1]). Bis vor kurzem hatte Preußen es verschmäht, die eigenen Häfen auf Kosten der Hansestädte in irgend einer Weise tarifarisch zu bevorzugen; im Jahre 1904 wurde bedauerlicherweise mit diesem Grundsatze gebrochen, indem damals für die Emshäfen ein Ausnahmetarif für die Ausfuhr von Kohlen und Koks in geschlossenen Sendungen von 2—300 t erstellt wurde und der Antrag Bremens auf gleiche Behandlung der Weserhäfen abgelehnt worden ist [2]). Natürlich sahen die Rheinmündungshäfen den Anstrengungen der deutschen Eisenbahnen nicht müßig zu. Die belgischen Staatsbahnen haben im Auslande, so in Basel, Berlin, Elberfeld, Frankfurt Handelsagenturen eingerichtet, von denen sie über die Zweckmäßigkeit neuer Maßnahmen auf dem laufenden gehalten werden, so daß in teilweise kurzen Intervallen neue Kombinationen veröffentlicht werden. Die Folge ist ein ununterbrochener Tarifkampf der auf Hamburg und Bremen gerichteten deutschen und der Antwerpen bedienenden belgischen Linien. Als z. B. Anfang 1902 ein neuer Ausnahmetarif der preußischen Verwaltung die Eisenfabrikate des Saargebiets und Lothringens, sowie Luxemburgs nach der deutschen Nordsee abzulenken drohte, antwortete Belgien sofort im April mit einer Ausfuhrermäßigung von jenen Gebieten nach belgischen Häfen und Terneuzen [3]). Wenn möglich noch umfassender sind die Maßnahmen der holländischen Bahnen, die ja nicht vom Staate selbst betrieben werden. Hier herrschen daher völlig die privat-

---

[1]) Jahresbericht Köln 1901, S. 408, Jahresbericht Frankfurt a. M. 1901. I, S. 114.

[2]) Vgl. Jahresbericht Bremen 1904, S. 80.

[3]) Vgl. den angeführten Aufsatz: Le Part de l'Allemagne ... d'Anvers, S. 785—787. Z. B. aciers, rails, voitures, fers, fontes, tôles etc. von Burbach (Saar) nach Bremen (591 km) 9,51 Fr. = 1,3 Pfg. p. tkm, nach Antwerpen (379 km) früher 10,25 Fr. = 2,2 Pfg. p. tkm, jetzt 9,35 Fr. = 2,0 Pfg.

wirtschaftlichen Konkurrenzrücksichten gegenüber den fremden Linien und der Rheinschiffahrt. Übrigens geben die offiziellen Tarifhefte von der wirklichen Frachtlage kein zutreffendes Bild, da bei geschlossenen Übernahmen seitens der niederländischen Gesellschaften stets noch Rückvergütungen und Rabatte (10 bis 25 Mk. pro 10 t je nach Menge und Umständen)[1] gewährt werden. Juristisch einwandsfrei sind diese Refaktien, wenn sie dem Berner Abkommen gemäß veröffentlicht werden; ebensowenig sind die Maßnahmen zu beanstanden, daß die Rückvergütungen nur bei offener, eisfreier Rheinschiffahrt gewährt werden — ordnungsmäßige Ankündigung wieder vorausgesetzt — und daß die Wagen in Rotterdam nach und von allen Hafenbezirken kostenlos befördert werden[2]. Aber für die Rheinmündungshäfen hat die preußische Verwaltung mit den dortigen Eisenbahnen selbst eine große Anzahl Ausnahmetarife für den Import und Export eingerichtet[3]. Auch soweit niedrigere Frachtsätze nur von den ausländischen Bahnen gebildet werden, konnte der preußischen Stelle die Tendenz gegen die Binnenschiffahrt unmöglich verborgen sein[4]. Doch die preußischen Eisenbahnen beteiligen sich obenein mit beträchtlichen Ermäßigungen, so im rheinisch-westfälisch-niederländischen Verkehr für die Einfuhr von Eisenerz (1,25 + 6 Pfg.) und Kaffee, Zucker, Rosinen (etwa 3,8 + 6 Pfg.), für die Ausfuhr speziell von Kohlen in geschlossenen Sendungen von 2—300 t[5], sowie im Verkehr mit Langholz (2,5 + 6 Pfg.), Roheisen (1,7 + 6 Pfg.), Eisen des Spezialtarifs II (2,2 + 6 Pfg.) und des Spezialtarifs I

---

[1] So beträgt laut Eisenerztarif (Ausnahmetarif 13) die Fracht für 10 t von Rotterdam nach Bochum 55 Mk., in der Tat aber bei großen Jahresübernahmen nur 35 Mk. oder gar noch 3—5 Mk. weniger; vgl. „Der Niederrhein" (Ruhrort 1899/1900) S. 52.

[2] Denkschrift Der Vertreter rheinischer Hafenstädte etc. a. a. O. S. 17.

[3] So mit den niederländischen Staatsbahnen, der niederländischen Zentral-Eisenbahngesellschaft, der holländischen Eisenbahngesellschaft, der Nordbrabant-deutschen Eisenbahngesellschaft, außerdem mit den belgischen Staatsbahnen und der großen belgischen Zentralbahn.

[4] Jahresbericht Duisburg 1901, S. 26; im rheinisch-wesfälisch-niederländischen Verkehr gelten allein 22 Seehafenausnahmetarife.

[5] Betreffend Kohle vgl. S. 274 und 385/386.

und Blei (3,5 + 6 Pfg.), Eisenvitriol (2,2 + 6 Pfg.) und frisches Obst (4,5 + 6 Pfg.). Daneben gewähren die holländischen Bahnen die üblichen Nachlässe. Die gleichen Ermäßigungen sind für den rheinisch-belgischen Güterverkehr in Kraft; außerdem besteht für den überseeischen Verkehr über Antwerpen ein Ausnahmetarif für bestimmte Abfälle und Futtermittel, doch scheint preußischerseits keine Detarifierung stattgefunden zu haben [1]. In allen diesen Fällen durchkreuzt die preußische Verwaltung also absichtlich ihr oberstes, 1884 formuliertes Prinzip, die deutschen Seehäfen möglichst zu unterstützen, und es unterliegt keinem Zweifel, daß die privatwirtschaftlich-geschäftlichen Rücksichten ausschlaggebend sind [2], d. h. der Wettbewerb mit den ausländischen Bahnen und vor allem der Rheinschiffahrt. Und in diesem Umstande finden wir auch den Schlüssel für die Erstellung der auf die Nordseeplätze des Reiches beschränkten Seehafenausnahmetarife. Auf jeden Fall ist die Binnenschiffahrt, eingekeilt zwischen die Tarifkämpfe der holländischen, belgischen und preußischen Bahnen, in eine äußerst bedenkliche Lage geraten. Aber es liegen kräftigere Beweise für die nicht immer freundliche Haltung der Bahn gegenüber der Rheinschiffahrt vor. Die dem Landeseisenbahn-rat zeitweise zugehenden Übersichten über die Ausnahmetarife führen eine ganze Reihe solcher Tarife auf, als deren Anlaß und Begründung direkt der Wettbewerb mit der Wasserstraße angegeben wird [3]. Daß für die Verwaltung hier privatwirtschaftliche Erwägungen entscheidend sind, zeigen außerdem mehrere allgemeine Anweisungen an die Eisenbahndirektionen, in welchen diese ermächtigt werden, in die Ausnahmetarife ohne vorgängige ministerielle Genehmigung die Stationen aufzunehmen, die auch dem Wasserumschlag zugänglich sind, wie ferner — es ist dessen schon bei Besprechung des Oderver-

---

[1] Denkschrift . der Vertreter rheinischer Hafenstädte a. a. O. S. 16—20.

[2] Daran ändert auch die Erklärung der Verwaltung im Bezirkseisen-bahnrat zu Köln (3. Febr. 1897) nichts, daß sie nur zu dem Zwecke eingerichtet seien, um der deutschen Industrie einen zweiten Weg mit der Eisenbahn zu eröffnen.

[3] Drucksachen des Landeseisenbahnrats 1900, S. 15; 1901, S. 7 ff.

kehrs (Stettins) Erwähnung getan — im Erzausnahmetarif 1901
für Versandstationen an Umschlagplätzen umgekehrt bestimmt
wird, daß die wasserwärts eingehenden Sendungen von der
Frachtermäßigung auszuschließen sind [1]). Alle diese Maßnahmen
bedeuten insoweit eine Verschiebung der Konkurrenzverhält-
nisse, als durch die Eisenbahnen jetzt den deutschen Häfen
der Zugang zu denselben Bedingungen in ein Gebiet eröffnet
ist, das ohne diese Politik billiger mit Hilfe des Rheins von
den holländisch-belgischen Städten bedient werden könnte. Nur
dem Vorwalten privatwirtschaftlicher Gesichtspunkte verdankt
die Binnenschiffahrt das vereinzelte Entgegenkommen der preußischen Staatsbahn, die damit unmittelbar der Förderung des
deutschen Seeverkehrs zuwiderhandelt. Sie hat nämlich den
rheinischen Umschlaghäfen Ausnahmetarife gewährt, wenn es
sich um den Wettbewerb mit einer auswärtigen Eisenbahn
handelt, welche Umschlaghäfen als wichtige Zubringer für
ihre Linien begünstigt: so „im Wettbewerb gegen den Um-
schlagplatz Mannheim der Badischen Bahn“ für Erze nach
Bayern von Frankfurt, Kastel, Gustavsburg und Mainz (2,2 Pfg.
ohne Abfertigungsgebühr, für Eisen des Spezialtarifs I (4,0 + 3 Pfg.)
und II (3,0 + 3 Pfg.) nach schweizerischen Grenzstationen,
ähnlich für amerikanische Hölzer, Petroleum und Schwefel.
Ebenso ist die Ausdehnung des letzten 1904 erstellten Ausnahmetarifs für Griffel, Märbel, Schiefertafeln (etwa Spezialtarif III bei 10 t) von thüringischen Versandstationen nach
deutschen Seehäfen auf die Umschlaghäfen der Weser und
Ems [2]) allein durch den Wettbewerb mit Mannheim eingegeben.
Es ist deshalb von hervorragender Bedeutung für die Rheinschiffahrt, daß sie in Mannheim, Ludwigshafen und den übrigen
oberrheinischen Binnenhäfen, ähnlich wie die Elbschiffahrt seitens der sächsischen und österreichischen Bahnen, hier seitens

---

[1]) Denkschrift   von Vertretern rheinischer Hafenstädte . a. a. O.
S. 3 u. 4.

[2]) Vgl. Duisburg, Jahresbericht 1903, S. 98, auch ausgedehnt auf Elb-
stationen, wie schon früher bemerkt; Mannheim, Jahresbericht 1903, I,
S. 315. Umgekehrt gilt der erwähnte Ausnahmetarif für Kaffee, Tabak etc.,
auch im Verkehr von den deutschen Nordseehäfen nach den bayrischen
Donauumschlagplätzen Passau und Regensburg sub 1 a. a. O. S. 5.

der vormals hessischen Ludwigsbahn, der pfälzischen Bahnen, der bayrischen Staatsbahn, welche den Anschluß nach Öster-reich-Ungarn bildet, und der badischen Staatsbahn, welche Mannheim mit Basel verbindet, Gelegenheit findet, den Bahn-umschlag für Versand und Empfang zu den günstigsten Be-dingungen zu erlangen. So gestattet Baden insbesondere, die auf dem Wasserwege zurückgelegte Strecke bei Berechnung der Umschlagtarife in Mannheim insofern zu berücksichtigen, als die niedrigen Sätze des Staffeltarifs sofort zur Anwendung kommen, falls die Ware durch langen Wassertransport bereits mit hohen Frachtspesen belastet ist[1]). Auch für andere ba-dische Rheinhäfen bestehen derartige Umschlagtarife für eine Reihe Stationen Luxemburgs, der südlichen Rheinprovinz und Lothringens, wobei vor allem die Abfertigungsgebühr um die Hälfte (Petroleum 60 Pfg. pro t) ermäßigt wird[2]). Ein gutes Beispiel für das Zusammenarbeiten von Eisenbahn und Binnen-schiffahrt gewährt endlich der Ausnahmetarif für Kohle 1898, wonach die badischen Rheinhafenstationen dieselbe nach In-landstationen und der Schweiz auf 2,2 Pfg. (1—100 km) mit Anstoß von 1,7 Pfg. (101—350 km) und 1,4 Pfg. + 70 Pfg. Streckensatz verfrachten können[3]). Verfolgen wir also nun im einzelnen, wie sich unter den geschilderten Bedingungen der Seeverkehr der Nordseehäfen und die Bedeutung der Binnen-schiffahrt für dieselben gestaltet hat.

2. Die tatsächliche Gestaltung des seewärtigen Güter-verkehrs in den Nordseehäfen von Bremen bis Antwerpen

a) Bremen, Bremerhafen und die übrigen Weserhäfen

Fußten wir bei der Betrachtung des hamburgischen Ver-kehrs durchweg auf den Ergebnissen der lokalen statistischen

---

[1]) Lotz, Einleitung zu: Eisenbahntarife und Wasserfrachten a. a. O. S. XX.

[2]) Jahresbericht Mannheim 1899, I, S. 209.

[3]) Heubach, Skizzen über Verkehrsentwicklung, Frachtpreise und Verkehrspolitik am Oberrhein und Südwestdeutschland. Schr. d. V. f. Sozialp. Bd. 89, S. 393 und 433; vgl. Mannheim, Jahresber. 1897, I, S. 37.*

Behörde, so sind wir hinsichtlich Bremens in erster Linie ebenso auf das Jahrbuch für Bremische Statistik, 2. Teil betr. den Schiffs- und Warenverkehr angewiesen. Für den Seeverkehr ist es übrigens die einzige, aber auch reichliche und zuverlässige Quelle, die die gesamten bremischen Häfen, d. h. auch Bremerhafen umfaßt. Die Angaben beziehen sich wie bei Hamburg auf Nettogewicht, wobei bei den einzelnen Gütern 1890—1900 gegebenenfalls die allein ausgewiesenen Brutto-Doppelzentner von mir auf Nettotonnen zurückgeführt sind. In den Gesamtzahlen sind die Bruttozahlen einfach übernommen, da die Differenz äußerst geringfügig ist, wie sich aus dem Vergleiche des landseitigen Verkehrs ergibt [1]), für den 1895 beide Angaben gemacht werden. Unangenehmer trifft den Verkehr landwärts die durch die Aufhebung der städtischen Verbrauchsabgabe 1902 bedingte Änderung der statistischen Grundlagen, indem seitdem die Deklarationspflicht auf den Güterverkehr zu Wasser und auf den Eisenbahnen beschränkt wurde [2]). Wenn dieser jetzt vernachlässigte Kleinverkehr auch mit 94 600 t in der Einfuhr und 37 200 t in der Ausfuhr 1902 nicht unbeträchtlich ist, so beträgt er doch nur 2,3 % resp. 1,25 % des Gesamt- und Durchfuhrhandels. Im übrigen sind zum Vergleiche 1902 beide Zahlen eingestellt. Da dieser Kleinverkehr vorwiegend dem Austausche zwischen der Stadt und außerhalb des bremischen Staatsgebiets liegenden, landwirtschaftlichen Gebieten dient, so ist er ganz dem landseitigen Verkehr zugeschrieben. Der Binnenschiffahrtsverkehr entstammt gleichfalls den Angaben des bremischen statistischen Bureaus und bezieht sich natürlich nur auf die Oberweser. Wir müssen wie bei Hamburg in diesem Punkte auf die Benützung der Reichsstatistik verzichten; es drängt sich die gleiche Beobachtung auf, daß dieselbe in wachsendem

---

[1]) Hier ergibt sich

Ausgang landwärts: brutto 1 234 800 t $\Big\}$ 1 dz brutto = 0,9773 netto
        netto 1 193 600 „

Eingang landwärts: brutto 1 133 100 t $\Big\}$ 1 dz brutto = 0,958 netto.
        netto 1 100 900 „

[2]) Außerdem wurde der Mindestwert von 30 auf 60 Mk. erhöht.

Maße an einer unvollständigen Erfassung des Verkehrs leidet [1]).
Der Eisenbahnverkehr ist als die Differenz der Angaben:
Verkehr land- und flußwärts, sowie Verkehr flußwärts, ermittelt. Über seine Verteilung ist nur durch Kombination
mit der allgemeinen Eisenbahngüterbewegungsstatistik Aufschluß zu erlangen, die die Weserhäfen insgesamt als Verkehrsbezirk ausweist. Sie führt indessen zu besseren Resultaten wie
bei Hamburg, da Bremen in seiner Hafengruppe ein weit
größeres Übergewicht inne hat, so daß beide Zahlenreihen nicht
sehr auseinandergehen [2]). Die Zerlegung des Hinterlands erfolgt am treffendsten in ein Gebiet, für das der Wettbewerb
der Oberweserschiffahrt Platz greifen kann, und ein anderes,
weiteres, für welches Bremen allein auf die Leistung des
Schienenwegs angewiesen ist. Als ersteres sind die Provinzen Hannover (Verkehrsbezirk 11) und Hessen-Nassau, sowie
Oberhessen (Verkehrsbezirk 21) anzusehen, wobei den letzteren
Gebieten (Verkehrsbezirk 21) der Verkehr zu Karlshafen,
Hannöverisch-Münden (Reichsstatistik) und seit 1900 zu Kassel
(Fuldahafen, nach den Jahresberichten der freien Vereinigung
der Weserschiffahrtsinteressenten) entspricht. Die Einstellung
des Ortsverkehrs ist umso unbedenklicher, da Bremen, abgesehen von geringen Mengen Bau- und Futterstoffen, den aus-
schließlichen Anfangs- und Endpunkt der Flußschiffahrt bildet [3]);
überdies sind die Notierungen der Durchgangsstellen am mittleren Flußlauf (Minden und Hameln) äußerst unzuverlässig.
Der Weserverkehr Bremens nach Abzug obiger Plätze darf
dann dem Eisenbahnverkehr des Verkehrsbezirks 11 (Hannover
und Oldenburg) gegenübergestellt werden [4]). Das übrige

---

[1]) Oberweser Bremen

	1890	1900	1903
Eingang (Br. St.)	185 500 t	372 900 t	496 700 t
(R. St.)	185 500 „	253 300 „	342 100 „
Differenz	0	— 119 600 t	— 154 600 t

[2]) Eisenbahnverkehr

	1890	1903
Eingang Bremen	828 500 t	1 604 500 t
Weserhäfen	974 100 „	1 852 400 „
Ausgang Bremen	798 300 „	1 321 500 „
Weserhäfen	839 800 „	1 478 100 „

[3]) Metterhausen a. a. O. S. 83.
[4]) Auf den Ortsverkehr kann hier nicht zurückgegriffen werden, da

Hinterland wird wohl zweckmäßig in zwei weitere Haupt-
gruppen geteilt, um die Wettbewerbsverhältnisse im weiteren
Elbgebiet (Verkehrsbezirk 1—8, 12—20, 50—55) und im südwestlichen und südlichen Hinterland (Verkehrsbezirk 22—36,
56, 61) auseinander zu halten; eine weitergehende Differenzierung dieses Eisenbahnverkehrs ist selbstverständlich.

Betrachten wir den seewärtigen Eingang Bremens, so
fällt die fundamentale Tatsache auf, daß er 1890 mit 1 466 000 t
dem Verkehr des Konkurrenzhafens an der Elbe um das
3 1/4fache unterlegen war und daß sich diese Differenz zu seinen
Ungunsten mit 2 592 000 t 1903 auf das Vierfache gesteigert
hat, indem Bremen mit der Verdoppelung des hamburgischen
Verkehrs nicht hat Schritt halten können. Dasselbe spricht
sich in der Entwicklung des Ausgangs mittels Eisenbahn und
Wasserstraße aus, der mit 895 000 t 1890 und 1 596 000 t
1903 stets etwa 3/5 des Eingangs von See erreicht. Hiervon
entfielen auf die Oberweser im Jahre 1890: 10,8 %, ein Anteil, der sich bis 1900 auf 17,7 % (1895: 12,1 %) vergrößerte
und dann mit Ausnahme des außergewöhnlich schlechten
Binnenschiffahrtsjahres 1902 (16,1 %) sich auf diesem Stande
behauptete: 1903: 17,2 %, da der Versand mittels Flußschiff
weit stärker als der See- und Eisenbahnverkehr von 96 800 t
auf 271 300 t 1900 gestiegen ist, nämlich um das Dreifache.
Ähnliche Zahlen ergeben sich, falls der Eisenbahnversand der
gesamten Weserhäfen berücksichtigt wird: 1890: 10,3 %,
1900: 18,0 %, 1902: 14,7 %. Die Verteilung dieses Hinterlandverkehrs bringt die Tabelle auf S. 272 zur Anschauung.

Danach ist das eigentliche Wesergebiet [1]), als welches in
der Folge der Umkreis der Verkehrsbezirke 11 und 21 bezeichnet werden soll, von steigender Bedeutung für die Verteilung der bremischen Einfuhr geworden. Nahm es schon
1890 etwa die Hälfte auf, so beträgt sein Anteil heute fast zwei
Drittel (1903: 61,4 %). Hiernach müßte schon eine gleichbleibende Beteiligung der Weser für diese Bezirke eine Steigerung

---

er äußerst lückenhaft erfaßt wird. An wichtigen Plätzen wie Holzminden,
Höxter, Bodenwerder, Rinteln, Vlotho, Nienburg, Hoya findet keine Anschreibung statt.

[1]) Summe I.

Vom Gesamtausgang waren bestimmt nach:

	1890 Tonnen	%	1895 Tonnen	%	1900 Tonnen	%	1902 Tonnen	%	1903 Tonnen	%
Prov. Hannover (Weser bis Karlshafen exkl.): Vkbzk. 11 — E.	371800	82,2	463200	76,6	605700	72,2	682200	—	773800	76,1
W.	72100	17,8	141700	23,4	234300	27,8	?	—	242400	23,9
Prov. Hessen-Nassau u. Oberhess. (Karlshafen-Kassel): Vkbzk. 21 — E.	24700	71,8	27200	77,9	24700	40,0	23500	—	28700	47,5
W.	9700	28,2	7700	22,1	37000	60,0	?	—	32000	52,5
Mittelrheingebiet: Vkbzk. 22 bis 28, 61 — E.	144200	—	167300	—	211500	—	251900	—	252300	—
Süddeutschland u. die Schweiz: Vkbzk. 29—36, 56 — E.	133800	—	133100	—	142800	—	154500	—	151200	—
Elbgebiet: Vkbzk. 5— 8 — E.	31800	—	36300	—	29400	—	37100	—	39100	—
16—17 E.	11400	—	12800	—	15300	—	19500	—	18300	—
18—20 E.	64000	—	73400	—	100800	—	91500	—	82900	—
52—55 E.	38400	—	48000	—	53200	—	68300	—	63300	—
1—4, 12 bis 15, 50, 51 E.	11900	—	23900	—	36500	—	39400	—	50000	—
Summe III. (Prozente d. Gesamtempfangs) E.	157500	16,8	194400	16,9	235200	15,6	255800	15,8	253600	14,5
II. E.	278000	29,7	300400	26,2	354300	23,6	406400	25,0	403500	23,0
I. E.	396500	80,4	490400	76,6	630400	69,9	705700	74,7	802000	74,5
I. W.	96800	19,6	149400	23,4	271300	30,1	288600	25,3	274400	25,5
I. E. + W.	493300	52,7	639800	55,8	901700	60,0	944800	58,2	1076400	61,4
Gesamtempfang E.	889800	89,7	998300	87,0	1232800	82,0	1385100	85,3	1478100	84,3
W.		10,3		13,0		18,0		14,7		15,7
E.+W.	936600	—	1147700	—	1503600	—	1623700	—	1752500	—

am Gesamtausgang landwärts zur Folge haben; aber auch obenein ist ihr Anteil im Wesergebiet selbst von 19,6 % auf 30,1 % 1900 und 25,5 % 1903 gewachsen. Den Ausschlag gibt das nächste Hinterland, die Provinz Hannover, wohin 1903 1016 000 t von der Wesermündung gingen, an denen die Flußschiffahrt zu 23,9 % (1890: 17,8 %) beteiligt war. Das wirtschaftlich wenig entwickelte Hessen (Verkehrsbezirk 21) nimmt nur geringe Gütermengen auf; die Eisenbahn befördert etwa 24 700—28 700 t, wogegen die Oberweser ihre Transporte von 9700 t 1890 auf 32 000 t vermehrt, somit allein einen Verkehrszuwachs für Bremen ermöglicht hat und infolgedessen ihren Anteil bis auf 60,9 % 1900 und 52,5 % 1903 (gegen 28,2 % 1890) erhöht, der auf Rechnung der Fuldaregulierung (Kassel) zu setzen ist. Entsprechend dem Vorwiegen der umliegenden Landesteile hat sich der Anteil Süd- und Südwestdeutschlands[1] samt der Schweiz vermindert (1890: 29,7 %), beträgt aber immerhin mit 404 000 t 1903 fast noch ein Viertel (23,0 %). Dabei ist bemerkenswert, daß nur das mittlere Rheingebiet und Westfalen (1903: 252 000 t) eine erhebliche Steigerung aufweisen, hingegen der Versand nach Süddeutschland etc. allein die frühere Höhe (1903: 151 000 t) behauptet, eine Erscheinung, deren Ursache (Rheinschiffahrt?) später aufzudecken ist. Noch geringer ist die Bedeutung des übrigen Hinterlandes, welches als das weitere Elbgebiet zusammengefaßt werden kann[2], mit 16,8 % 1890; es scheint diese Ziffer im ganzen aufrecht zu erhalten, wenn auch in neuerer Zeit eine leise Abnahme bemerkbar ist (1903: 14,5 %). Verhältnismäßig gering, zum wenigsten nicht entwicklungsfähig, scheint der Versand nach Schleswig-Holstein, Mecklenburg, dem Gebiet der märkischen Wasserstraßen und der deutschen Mittelelbe zu sein[3]; er bleibt in allen Richtungen erheblich hinter dem gleichlinigen Bahnverkehr Hamburgs zurück. Das letztere gilt auch für den Ausgang nach dem östlichen Deutschland, sowie Rußland[4], doch zeigt sich hier

[1] Summe II.
[2] Summe III.
[3] Verkehrsbezirk 5—8, 16, 17, 18—20.
[4] Verkehrsbezirk 1—4, 12—15, 50, 51.

eine bemerkenswerte Steigerung auf zuletzt 63 000 t 1903 (gegen 1890: 38 000 t). Noch intensiver ist der Versand nach Österreich-Ungarn [1]) auf 1903: 50 000 t (1890: 12 000 t) gewachsen, so daß also die Verkehrsgestaltung der entfernten Gebiete einen relativen Rückgang dieser Gruppe verhindert hat.

Der Unterschied in der verschiedenen Gestaltung des seewärtigen Empfangs der beiden konkurrierenden Hansestädte wird sogleich bei der Betrachtung des Eingangs an Steinkohlen und -koks deutlich, die in Hamburg ein volles Drittel der gesamten Einfuhr ausmachen. Hier dagegen spielen sie mit 134 800 t 1890 und 287 900 t 1903 [2]), als nur etwa $\frac{1}{10}$ derselben, eine untergeordnetere Rolle. Einerseits beruht dies auf dem schwächeren Lokalkonsum Bremens, der hinter dem des gewaltigen Bevölkerungszentrums der Elbemündung wesentlich zurücksteht. Aber der hauptsächliche Grund liegt in dem verschiedenen Absatz nach dem Hinterland, welcher im letzten Jahre nicht mehr als 62 100 t (1890: 22 700 t) erreicht. Dabei entwickelt sich der Eisenbahnverkehr genau wie bei Hamburg, er wächst von 21 300 t 1890 auf 60 500 t 1903. Sie waren fast ausnahmslos nach der angrenzenden Provinz Hannover und nach Oldenburg bestimmt, nur im Jahre 1900 gelangten einige Transporte nach dem Elbgebiet [3]), so daß der Bahnversand auf 71 700 t anschwoll. Es ist schon darauf hingewiesen bei der gleichen Erscheinung in Hamburg, daß dies nicht so sehr durch die Einführung des Rohstofftarifs als vielmehr durch die Dringlichkeit des Bedarfs und den gleichzeitig schlechten Wasserstand der Elbe veranlaßt ist. Also nur unter außergewöhnlichen Umständen kann Bremen mit der Binnenschiffahrt Hamburgs im Elbgebiet konkurrieren, und die Verschiedenheit im Versand ist allein durch den

---

[1]) Verkehrsbezirk 52—55.
[2]) Davon stammen 276 300 t aus Großbritannien, 11 400 t aus Preußen.
[3]) Vom nicht wesentlich höheren Versand der Weserhäfen waren bestimmt nach

	1890	1900	1903
Verkehrsbezirk 11	18 200 t	59 400 t	69 400 t
18—20	—	15 900 „	—
Insgesamt	18 900 t	77 800 t	71 000 t

Mangel derartiger Wasserverbindungen begründet, indem heute der Kampf um die Kohlenversorgung der Mittelelbe und Berlins lediglich zwischen Stettin und Hamburg mit Hilfe der Binnenschiffahrt ausgefochten wird. Die Weser ist infolge der Nähe des Ruhrkohlenbeckens auf die Verfrachtung nach der nächsten Umgebung angewiesen, und beschränkt sich deshalb auf die gleich geringen Mengen [1]), die von den Anliegern abgenommen werden; bei steigendem Bahnversand muß daher ihr Anteil von 6,8 % 1895 auf 2,6 % 1903 fallen.

Dem Gewichte nach gleich hoch ist jetzt die Einfuhr von Baumaterialien, unter denen H o l z u n d H o l z w a r e n mit 219 400 t 1903 gegen 87 000 t 1890 an erster Stelle stehen. Im Gegensatz zu Hamburg ist die Einfuhr amerikanischer Nutzhölzer: 1903: 53 300 t, von untergeordneter Bedeutung, der Hauptanteil besteht aus Bezügen von den nordischen Ländern, unter denen Rußland mit 84 400 t, Schweden mit 67 100 t vertreten sind. Ungefähr die Hälfte: 1890: 50 200 t, 1903: 124 000 t wird davon an das Hinterland weitergegeben; die andere Hälfte dient dem Bedarfe der Hafenstadt [2]). Die Eisenbahnen führten 1903: 102 900 t landwärts aus (1890: 41 800 t). Die Statistik der Eisenbahngüterbewegung liefert für das letzte Jahr mit 132 800 t [3]) höhere Summen, da insbesondere Brake [4]), der oldenburgische Weserhafen, einen erwähnenswerten Holzimport ausgebildet hat. Etwa die Hälfte des Versands verbleibt in der Provinz Hannover [5]), die kleinere Hälfte, die aber ebenso stetig anwächst, ist nach Rheinland-Westfalen bestimmt [6]), wohin sie auf Grund von Ausnahmetarifen für Grubenholz, Stangen- und Stammholz etc. verfrachtet werden. Der kilometrische Vorteil der Weserhäfen in dieser Verkehrsrichtung [7]) ist die Ursache, daß der Versand nach Verkehrs-

---

[1]) Weser ab zu Berg 1890: 1400 t, 1900: 3000 t, 1903: 1600 t.

[2]) Die Ausfuhr an Holz und Holzwaren nach der Ostsee, die auf dem Transitverkehr beruhen könnte, erreicht kaum 1000 t.

[3]) Weserhäfen 1890: 42 200 t.

[4]) Einfuhr seewärts 1903: Holz 52 000 t (Jahresbericht der Handelskammer für das Herzogtum Oldenburg 1903, 2. u. 3. Teil).

[5]) Verkehrsbezirk 11: 1890: 23 100 t, 1903: 67 300 t.

[6]) Verkehrsbezirk 22—28: 1890: 15 000, 1903: 50 400 t.

[7]) In dieser Richtung ist Hamburg auf die über Bremen führende

bezirk 21—28: 53600 t erreichte, während die Elbhäfen
sich mit 16000 t begnügen mußten. Das eigentliche Elbgebiet und die Mark sind hingegen durch die Flußschiffahrt
so eng an die Elbmündung gefesselt, daß Bremen in keiner
Weise hier den Wettbewerb aufnehmen kann [1]). Die Weser
ist der Entwicklung des Bahnverkehrs gefolgt, indem sie 1890:
8400 t, 1903: 21200 t versandte, die fast ganz der Provinz
Hannover zugeführt wurden [2]), doch verharrt der Anteil auf
nur 17,1 %, die er schon 1890 inne hatte (16,7 %). In weit
beträchtlicherem Umfange beruht die Einfuhr von gebrannten
Steinen mit 30000 t aus den preußischen Ost- und Nordseehäfen und dem nahen Oldenburg und von Pflastersteinen aus
Schweden (15100 t) auf dem Ortsverbrauch, denn der seewärtigen Einfuhr an Steinen und Steinwaren im Betrage
von 1903: 60600 t steht nur ein Versand landwärts von
10800 t gegenüber; sie werden zu 94,8 % von der Eisenbahn
und zwar in die nächste Umgebung abgesetzt [3]). Da der
Ausgang nach dem Hinterland seit 1890 (10600 t) stabil ist,
so wird die Steigerung des seewärtigen Empfangs von 25200 t
wie bei Hamburg völlig von der vermehrten lokalen Bautätigkeit getragen. Ebenso dienen die 17200 t (1903) vornehmlich
über Hamburg aus dem unteren Elbgebiet seewärts beschafften
Zements (1890: 15300 t) dem Verbrauche Bremens, denn
die 6500 t, welche per Eisenbahn in die Umgegend ausgeführt
werden [4]), entstammen wahrscheinlich zum größten Teil der
starken Zufuhr von der Oberweser. Unter den geringwertigen
Rohstoffen, die in der heimischen metallurgischen Industrie
verarbeitet werden, ist die Einfuhr von Erzen aller Art
mit 32800 t 1903 (gegen 8500 t 1890) am gewichtigsten; sie

Linie angewiesen, so daß die Differenz zu Ungunsten Hamburgs die volle
Entfernung Hamburg-Bremen = 115 km beträgt.

[1]) Verkehrsbezirk 13—20: 1903: 5000 t.

[2]) Nur 1900 erreichen die Ankünfte im Oberlauf (Karlshafen) 4700 t
und tragen dazu bei, den Anteil des Wasserwegs auf 25,1 % zu erhöhen.

[3]) Vom Versand der gesamten Weserhäfen 1903: 11000 t waren bestimmt nach Verkehrsbezirk 11 9200 t.

[4]) Vom Versand der gesamten Weserhäfen 1903: 5900 t waren bestimmt nach Verkehrsbezirk 11: 4500 t.

besteht praktisch allein aus Schwefelkies (30 000 t) von der pyrenäischen Halbinsel. Ihr entspricht völlig die Abfuhr landwärts mit 32 000 t, von denen der Schienenweg 14 200 t abnahm. War diese Menge, abzüglich kleiner Transporte nach Westfalen [1]), nach der nahen Provinz Hannover bestimmt — so daß der Rohstofftarif 1897, ähnlich wie bei Hamburg, den Bereich Bremens nicht nach dem rheinischen Industriebezirk ausgedehnt hat —, so gilt dasselbe für die Abfuhr per Wasserweg, die sich aus geringen Anfängen (1890: 1300 = 23,2 %) auf 17 900 t emporgearbeitet hat und seit 1895 (62,7 %, 1903: 55,7 %) über die Hälfte der Verteilung bewältigt. Regen Anteil hat die Weser gleichfalls an der kleinen Einfuhr an Erden (1900: 3700 t), insbesondere Porzellanerde aus England und Italien, genommen, sie führte im entsprechenden Hinterlandverkehr 1900: 39,0 % aus. Die seewärtige Einfuhr von Roheisen erlangte nur ausnahmsweise mit 22 900 t 1900 einen erheblichen Umfang, um dann bis 1903 (5500 t) unter den Stand des Jahres 1890 zurückzusinken. Der Absatz wird von der Eisenbahn bewerkstelligt: 1900: 21 000 t, und richtet sich zu gleichen Teilen nach Hannover und Rheinland-Westfalen [2]). Wir haben für Hamburg einen ähnlich niedrigen Stand des Bahnverkehrs festgestellt, und brauchen nur zu wiederholen, daß es seine gewaltige Einfuhr von Roheisen (1900: 316 000 t) überwiegend auf die Elbschiffahrt stützt. Ohne Aufschwung stellt sich der Eingang an verarbeitetem Eisen aller Art dar. Von den 1903: 15 200 t (1890: 13 500 t), welche seewärts empfangen wurden, stammten je 4000 t aus den Vereinigten Staaten, aus Großbritannien und Hamburg. Die Verfrachtung nach dem Inland geschieht auf dem Schienenwege [3]), und wenn sie sich abweichend von der Seeeinfuhr von 11 700 t auf 16 700 t gehoben hat, so ist dies die Folge der bremischen Industrie, die bahnwärts bezogenes Material in verarbeitetem Zustande auf demselben Wege wieder absetzt. Über Hannover und Oldenburg reicht auch hier der Bereich der Weserhäfen

---

[1]) Verkehrsbezirk 24 3200 t.

[2]) Vom Gesamtausgang der Weserhäfen 1900: 25 500 t gingen nach Verkehrsbezirk 11: 10 300 t, Verkehrsbezirk 21—28: 10 200 t.

[3]) Die Oberweser führte nur 5,9 % 1903 aus.

kaum; von ihrem gesamten Bahnversand (1903: 17 900 t) gelangten ins weitere Elbgebiet und nach Süd- und Südwestdeutschland höchstens je 2000 t [1]). Daß demgegenüber Hamburg trotz derselben Stagnation des bahnwärtigen Verkehrs
seine Einfuhr in diesen Artikeln auf 180 000 t steigern konnte,
verdankt es ganz der Leistung der Elbe, wie wir dies auch
speziell für Maschinen und Maschinenteile konstatieren
konnten. Hinsichtlich dieser Güter ist der Bahnausgang Bremens ebenso um 4000 t stabil [2]), mithin beruht die Vermehrung der seewärtigen Einfuhr, an der neben der Union England und Hamburg beteiligt sind, von 5000 t auf 7600 t
keinesfalls auf einem vergrößerten Absatz nach dem Inland.
Noch klarer tritt die auf der Binnenschiffahrt fußende Überlegenheit des Elbhafens im bremischen Hinterlandverkehr für
die übrigen unedlen Metalle hervor. In diesem Falle beschränkt sie Bremen auf den Versand von 1900 t, an denen
der Wasserweg noch mittels Bleisendungen zu 23,8 % (1900:
51,6 %) beteiligt ist, während die Verladungen der Bahn vorwiegend aus Kupfer bestehen. Wenn sich die Einfuhr an
Blei und Kupfer aus den Vereinigten Staaten und Australien dennoch auf 6500 t und 4200 t, d. h. insgesamt ca. 11000 t
gegen 2000 t 1890 gehoben hat, so beruht dies auf der Überlegenheit in den bezüglichen überseeischen Dampferverbin-
dungen, die einen Transitverkehr zur See nach Rußland und
daneben nach Hamburg ermöglichen [3]), so daß Bremen in
letzterer Richtung an der Abfuhr mittels Elbe indirekt parti-
zipiert.

Wesentlich bedeutsamer ist der Anteil der Binnenschiffahrt
für die Verteilung der umfangreichsten Gruppe der bremischen Einfuhr, der Getreide und Hülsenfrüchte; ihre
Menge betrug 1890 schon 255 200 t und hat sich bis 1903 fast
ohne Unterbrechung bis auf 661 400 t gehoben, was ein gutes

---

[1]) Verkehrsbezirk 1 u. 3, 12—20, 53—55: 2200 t, Verkehrsbezirk 21
bis 36: 2300 t.

[2]) 1890: 4800 t, 1903: 4300 t.

[3]) Ausfuhr seewärts von Blei und Kupfer 1890 3100 t, 1903 9700 t,
davon zuletzt 5900 t (Rußland 4400 t) Blei und 3800 t (Rußland 1200 t)
Kupfer.

Viertel des ganzen seewärtigen Empfangs darstellt. Hiervon sind immer etwa $^2/_3$ unverarbeitet in das Hinterland weiterbefördert worden, nämlich 178800 t 1890 und in steter Steigerung 1903: 407900 t. Während von dieser Menge die Oberweser anfänglich nur 25,1 % (1890) in Anspruch nehmen konnte, ist ihre Beteiligung seitdem ununterbrochen bis auf 41,5 % 1903 gewachsen, da sie in diesem Jahre 169400 t (1890: 44900 t) von Bremen abführte, wogegen die Eisenbahn ihren Versand in diesem Zeitraum kaum verdoppelt hat[1]), und seit 1895 keinerlei Fortschritte aufweist. Das größte Wachstum zeigt die Einfuhr von Weizen, welcher 1903 zu 42400 t von der Union, zu 24500 t von den russischen Schwarzmeerhäfen und außerdem von den Laplatastaaten[2]), im ganzen zu 83400 t angebracht wurde, gegen nur 7900 t im Jahre 1890. Einiges (15000 t) wird wieder seewärts nach Hamburg und Preußen exportiert, ein anderes, stets wachsendes Quantum wird von der ansässigen Müllerei verarbeitet und erscheint dann teilweise in dem see- und landseitigen Ausgang von Mehl, aber auch der Weizenversand nach dem Hinterland steigt bis 1895 auf 33400 t und behauptet dann unter Schwankungen diese Höhe (1903: 35700 t). Der Schienenweg hat seine Verladungen, die fast ausschließlich in die angrenzende Provinz bestimmt waren, von 16100 t 1895 auf zuletzt 4700 t vermindert[3]). Die Differenz ging indessen nicht dem Handel Bremens verloren, sondern sie war die Folge einer verstärkten Konkurrenz der Weserschiffahrt in diesem Gebiet. Dieselbe verdoppelte ungefähr ihre Abladungen, so daß sie 1903 mit 31000 t[4]) 86,7 % des Ausgangs bewältigte gegen nur 51,8 % (17300 t) 1895. Das andere Brotgetreide, Roggen, ist ebenfalls in erheblicher Steigerung befindlich; die Einfuhr seewärts

---

[1]) Bremen ab 1890: 193900 t, 1895: 244100 t, 1903: 238500 t.

[2]) 12100 t.

[3]) Von den 4000 t, die 1903 für die Weserhäfen ausgewiesen wurden, gingen nach Verkehrsbezirk 11: 3500 t.

[4]) Nur in diesem Jahre gelangten 1100 t über die Provinz Hannover hinaus nach Karlshafen (an zu Berg). Die Reichsstatistik Bremen (Oberweser) ist für Getreide ganz unzuverlässig, so gibt sie für Weizen 1903 nur 7300 t.

belief sich im Anfang auf 80 800 t und steht heute auf
168 100 t (1903), von denen Rußland (Schwarzes Meer)
136 200 t, die Vereinigten Staaten 25 000 t lieferten. Dabei
ist der einfache Transitverkehr rückläufig, denn es wurden
1903 nur 9400 t wieder über See nach benachbarten Küsten-
strichen Preußens und Oldenburgs ausgeführt (1890: 15 900 t).
Die Eisenbahn bewahrt mit 38 400 t 1903 nur ihren ehema-
ligen Stand [1] (1890: 35 200 t), dringt auch nicht über Hannover und Oldenburg vor [2]), dagegen dehnt die Binnenschifffahrt ihren Versand allmählich auf 39 700 t 1903 aus (1890:
17 200 t), die vollständig in der Provinz Hannover verbleiben,
und hebt dergestalt ihre Beteiligung auf 50,9 % gegen 32,8 %
1890. In der Einfuhr von Mehl: 1903: 25 100 t (1890:
11 200 t) gibt das Weizenmehl (20 000 t) aus Nordamerika
(11 500 t) und Preußen (6200 t) den Ausschlag [3]). Der Hinterlandverkehr umfaßt neben der seewärtigen Einfuhr auch die
aus dem rohen Getreide hergestellten Produkte der in neuerer
Zeit sehr leistungsfähigen lokalen Mühlenindustrie und ist
daher bedeutend höher als die erstere: 1890: 9900 t, 1903:
41 100 t. Von den 34 400 t, welche die Eisenbahn im letzten
Jahre ausführte, verblieb der weitaus größte Teil in der Provinz Hannover und in Oldenburg [4]), wogegen der Versand der
Weser an Mehl und Mühlenfabrikaten bis nach Hessen reichte;
er betrug indessen 1903 nicht mehr als 6700 t = 16,3 % [5]),
zu denen er sich erst seit den letzten Jahren aufgeschwungen
hat (1895: 1,8 %). Daraus ergibt sich, daß die Flußschiffahrt
an der Verfrachtung des Teiles der Roggen- und Weizeneinfuhr, welche im Hafengebiet einer Verarbeitung unterzogen

---

[1]) 1895: 46 000 t, 1902: 48 000 t.

[2]) Von dem Versand der Weserhäfen 1903: 43 400 t (die überschießen-
den 5000 t stammen wahrscheinlich aus der 131 000 t betragenden Seeeinfuhr Brakes) entfielen auf Verkehrsbezirk 11: 41 200 t.

[3]) Daneben 4800 t Roggenmehl aus Preußen und Hamburg.

[4]) Von den gesamten Weserhäfen gingen außerdem nur 2900 t nach
Verkehrsbezirk 22—28.

[5]) Karlshafen-Kassel an zu Berg: 8200 t 1903, wovon ein Teil auf
die Produktion der Mühlen an der mittleren Weser zu rechnen ist. Die
Reichsstatistik gibt für Bremen mit 14 800 t erheblich höhere Ziffern,
doch scheint darin Kleie etc. enthalten zu sein.

wird, geringen Anteil nimmt, daß sich daher ihre Bedeutung für die Verteilung des gesamten Brotgetreides etwas unter die Ziffern für Weizen und Roggen ermäßigen wird, wofür aber keinerlei ziffernmäßiger Ausdruck beigebracht werden kann. Ähnlich liegen die Verhältnisse bei der Ausfuhr von Kleie nach dem Hinterland, an der sich die Oberweser mit 9700 t 1903 = 10,7 % von 90 600 t beteiligt (1890: 15 300 t, davon 7,5 %). Die Eisenbahngüterstatistik zeichnet einen nur etwa halb so hohen Bahnversand [1]) auf wie die bremische Statistik, doch können wir ihr die Tatsache entnehmen, daß eine volle Hälfte an die angrenzenden Gebiete abgegeben wurde, und die andere sich auf die Mittelelbe und Rheinland-Westfalen verteilte, was der Gestaltung des hamburgischen Bahnverkehrs entsprechen würde. Zu einem, heute dem größeren Teil, wird der Versand an Kleie direkt aus der seewärtigen Einfuhr gedeckt: 1890: 4600 t, 1903: 64 400 t, als deren Ursprungsländer neben Nordamerika (38 500 t) das Laplatagebiet und Brasilien (15 600 t), sowie das Schwarze Meer zu betrachten sind. Der Rest ist bremisches Erzeugnis, und somit wie das Mehl auf die Getreideeinfuhr zu beziehen. Mit 201 700 t (gegen 1890: 64 100 t) steht heute die Einfuhr von Gerste von den Häfen des Schwarzen Meeres unter den Getreidearten an erster Stelle. Abgesehen von geringen Mengen, die seewärts nach Preußen und Oldenburg transitieren (1903: 17 000 t) und den vielleicht doppelt so großen Quantitäten für den Lokalbedarf, verbleibt die Einfuhr zu 140 000 t in der nächsten Umgebung. Noch jetzt übernimmt die Eisenbahn davon zwei Drittel (90 500 t = 64,1 %) [2]), aber der Wasserweg hat seit 1890, wo er nur 4400 t = 9,9 % beförderte, stetige Fortschritte gemacht. Ebenso beschränkt sich der Absatz des zu 34 000 t von der russischen Ostsee importierten Hafers, von denen 21 800 t

---

[1]) Weserhäfen ab insgesamt: 41 900 t, davon Verkehrsbezirk 11: 24 400 t; Verkehrsbezirk 18—20: 6900 t; Verkehrsbezirk 21—28: 10 200 t.

[2]) Der Ausgang der Weserhäfen wird vor allem durch die Seeeinfuhr Brakes: 1903: 221 000 t stark beeinflußt; er erhöht sich Bremen gegenüber auf 144 900 t, von denen 141 800 t nach Verkehrsbezirk 11 versandt wurden. Vom Ausgang weserwärts: 1903: 50 600 t gelangten nur unbeträchtliche Mengen nach Karlshafen und darüber hinaus.

binnenwärts weitergingen, auf den Bezirk Hannover und Oldenburg [1]). An der Steigerung seit 1890: 6100 t hat vor allem die Binnenschiffahrt Anteil, denn sie erhöhte ihre Beteiligung von 30,1 % auf zuletzt 48,0 %. Der seewärtige Empfang von Mais aus Nord- und Südamerika [2]), insgesamt 163 200 t (1890: 87 100 t) dient überwiegend dem Bedarf des Hinterlandes, weshalb sich der landseitige Ausgang dem Seeverkehr parallel von 66 300 t auf 125 500 t hebt [3]). Wieder ist der Hauptteil derselben für die umliegenden landwirtschaftlichen Distrikte bestimmt, indem von dem Gesamtversand der Weserhäfen an Mais und Hülsenfrüchten: 1903: 91 200 t allein 76 600 t auf Verkehrsbezirk 11 entfielen, doch dehnt Bremen mittels des Ausnahmetarifs seinen Bereich mit 10 400 t auf Rheinland-Westfalen [4]) aus, dagegen vermag es gegenüber der Elbschiffahrt überhaupt nicht in Wettbewerb zu treten. Ähnlich trägt die Oberweser den Einfluß des Mündungshafens nach Hessen, wobei auch hier trotz der niedrigen Tarifierung der Schienenweg der Wasserstraße unterlegen ist [5]). Im ganzen beansprucht die Weser jetzt ungefähr ein Drittel der Abfuhr (1890: 26,6 %, 1902: 33,0 %, 1903: 29,0 %). Die Einfuhr an ölgebenden Vegetabilien zerfällt in 28 200 t Ölnüsse und Kopra aus Westafrika, Ostindien und Australien, sowie in Ölsaaten (ca. 50 000 t), ferner Leinsaat (29 600 t aus Ostindien und Südamerika), Baumwollsamen aus Amerika (12 700 t) und Sesamsamen aus Ostindien und China; d. h. insgesamt ca. 80 000 t gegen 40 000 t 1890. Der größte Teil dient als Rohstoff für die ausgedehnte Ölmüllerei. Der Absatz nach dem Hinterland ist äußerst geringfügig, Ölnüsse kommen überhaupt nicht in Frage und an Saaten und Samen wurden 1903 nur 8600 t

---

[1]) Verkehrsbezirk 11: 9260 t.

[2]) Vereinigte Staaten von Amerika 118800 t, La Plata 40200 t.

[3]) Außerdem gehen 1903: 26200 t seewärts nach Preußen, Oldenburg und Hamburg wieder aus.

[4]) Verkehrsbezirk 22—28.

[5]) Andere Getreide und Hülsenfrüchte:

	1890	1903
Verkehrsbezirk 21	1800 t	2100 t
Karlshafen-Kassel	2800 „	7300 „

weitergegeben. Hier versagt die Eisenbahn völlig, indem sie stets nicht mehr als 2000—3000 t abnimmt; einige Bedeutung hat infolge der Nachfrage der Fabrik in Hannöverisch-Münden [1]) der Wasserversand gewonnen: 1903: 5900 t = 68,5 %. Die Überlegenheit Hamburgs mit einem Hinterlandverkehr von 170 000 t Ölsaaten, Kopra etc., der fast ausnahmslos auf der Leistung der Elbe begründet ist, spricht für sich genug, ja sie zwingt sogar Bremen, für den Verkehr mit dem Elbgebiet dessen Vermittlung mittels des Seeleichterdienstes in Anspruch zu nehmen, denn die seewärtige Abfuhr an Leinsaat und Ölnüssen: 1903: 12 300 t, vollzog sich allein mit Hamburg. Der Ausgang an Fetten und fetten Ölen nach dem Hinterland mit 19 300 t 1903 (1890: 6900 t) besteht hauptsächlich aus Produkten der städtischen Ölmüllerei. In bescheidenem Maße dringt Bremen auf Grund der Ausnahmetarifierung nach Westfalen und den Rheinlanden vor, in noch geringerem Umfange nimmt es den Kampf mit der Elbschiffahrt auf [2]), so daß gut die Hälfte des 17 800 t 1903 betragenden Bahnausgangs in Hannover und Oldenburg verblieb. Die Weser begnügt sich mit 1902: 2200 t = 11,9 % (1890: 10,7 %), die sie teils in Hannover, teils zum oberen Flußlauf absetzt. Danach muß der Anteil des Wasserwegs an der Verteilung der Ölfrüchte sicher von 68,5 % auf die Hälfte verringert werden. Soweit die seewärtige Einfuhr von Fetten und Ölen (1903: 22 700 t) in den Verbrauch des Hinterlandes übergeht, dürfen wir die Beteiligungsziffern der obigen Abfuhr diesen Artikeln als Maßstab anlegen, aber dies ist eigentlich nur für die Einfuhr von ostpreußischem Rüböl (1600 t) und Paraffin, Baumwollensaatöl aus England (2000 t) der Fall. Die gewichtige Einfuhr von amerikanischem Schmalz (1903: 11 800 t) geht überwiegend (7300 t) seewärts nach der deutschen Ostseeküste wieder aus, da das bedeutsame Elbgebiet mittels der Binnenschiffahrt vollständig in den Bereich Hamburgs fällt. Aus der gleichen Ursache muß Bremen diesem Hafen die Versorgung jener Landesteile mit

---

[1]) Hannöverisch-Münden an zu Berg 1903: 6500 t Ölsaat.

[2]) Vom Versand der Weserhäfen: 1903: 19 200 t waren bestimmt nach Verkehrsbezirk 11: 8700 t; 22—36: 5600 t; 18—20 1600 t.

Ölkuchen überlassen. Der Versand der Weserhäfen erstreckt
sich mit 14100 t auf Rheinland-Westfalen, er erreicht insgesamt 51800 t (1890: 12300 t), die vorwiegend der bremischen Produktion entstammen [1]), somit auf die Beteiligung
an der Einfuhr der Ölfrüchte anzurechnen sind.

Für die bisher behandelten Einfuhrgüter vermochte der
Weserhafen nur bei wenigen Ausnahmen sein Hinterland über
das eigentliche Wesergebiet auszudehnen. Selbst in den Fällen,
wo ihm Ausnahmetarife zur Verfügung stehen, wie bei Holz,
Kohlen, Eisenerz, Mais, Ölsaaten und Futtermitteln scheiterte
jeder Versuch, nach dem Osten vorzudringen, an der Konkurrenz der Elbschiffahrt vollständig, aber auch nach dem Südwesten und Süden hat Bremen gegenüber den auf den Rhein
gestützten holländischen und belgischen Häfen nur für Grubenholz entscheidende Erfolge errungen, denn die dorthin gerichteten Verfrachtungen an Erzen, Mais, Futtermitteln und
Ölen gewähren dem bremischen Handel keine nennenswerte
Unterstützung. Betrachten wir jetzt die andere Gruppe der
Einfuhr, für welche die preußische Eisenbahnverwaltung noch
reichlicher und intensiver mit Ausnahmesätzen zu Gunsten
des Bahnverkehrs der Seehäfen arbeitet. Als geringwertiges
Massengut schließt sich in der Darstellung die Einfuhr von
Düngemitteln am besten an. Sie besteht neben geringen
Mengen von schwefelsaurem Ammoniak aus England und von
chilenischem Salpeter aus 57600 t natürlichem phosphorsaurem
Kalk, der vorzugsweise aus Nordamerika (46700 t) [2]) beschafft
wird; in Summa sind es heute 74600 t, was eine schnelle
Zunahme seit 1890: 10600 t bedeutet. Da der Absatz ausschließlich im Binnenland gesucht wird [3]), entspricht dem Seeverkehr der Ausgang land- und flußwärts mit 9100 t 1890
und 71300 t 1903 vollständig. In diesem Falle hat die Ein-

---

[1]) Die Einfuhr seewärts schwankt nur zwischen 8400 t (1903) und
14400 t (1902). Der Bahnversand Bremens umfaßt mit 10800 t 1903
jedenfalls nicht alle hierher gehörenden Artikel, weshalb die Eisenbahngüterstatistik herangezogen ist.

[2]) Daneben aus Algier 10900 t.

[3]) Abgesehen von 6400 t natürlichen phosphorsauren Kalks die seewärts zur Ostsee (Preußen) verschifft werden.

führung des Rohstofftarifs seit 1890 die Verfrachtungen der Weser auf ein Minimum herabgedrückt [1]), so daß nun die Eisenbahn zu 96,2 % die Ausfuhr der Düngemittel besorgt, gegen 30,6 % 1890. Die größten Fortschritte hat der Versand nach Hannover gemacht, indem die Abladungen der Weserhäfen [2]) nach Verkehrsbezirk 11 von 6000 t auf 61 200 t stiegen. Es ist hier Bremen gelungen, die Elbhäfen aus seinem nächsten Hinterlande zurückzudrängen [3]). Im Verkehr mit Süd- und Südwestdeutschland hat ihm die kilometrische Minderentfernung dazu verholfen, wenigstens das Übergewicht Hamburgs zu brechen, so daß heute beide Häfen etwa 20 000 t mittels der Seehafenausnahmetarife dorthin verfrachten [4]). Nach Osten hin setzt die Elbe unüberwindliche Schranken, nur noch in den Verkehrsbezirken 18—20 vermögen die Weserhäfen mit 10 000 t Fuß zu fassen. Die entgegengesetzte Entwicklung hat die Einfuhr von amerikanischem Petroleum genommen; ohne Unterlaß ist der seewärtige Empfang an Mineralölen von 183 200 t 1890 auf 63 000 t 1903 zurückgewichen. Da die Weser nur den kleinen Bedarf der unmittelbar erreichbaren Ortschaften deckt (1890 2700 t = 2,2 %, 1900 4700 t = 7 %), so ist Bremen für den Massenversand ganz auf den Schienenweg angewiesen; er ist es, der mit der Verringerung seines Versands von 121 200 t auf 48 200 t [5]) die Ursache für die ungünstige Gestaltung des Seeverkehrs bildet. Außer im Ausgang nach dem angrenzenden Hannover und Oldenburg, wo die Weserhäfen mit 27 100 t 1903: (1890 25 000 t) ihren früheren Stand bewahren, weisen trotz des bekannten Ausnahmetarifs für die Nordseehäfen alle Verkehrsrichtungen einen

---

[1]) Bremen ab zu Berg: 1890: 6300 t; 1900: 1000 t; 1903: 2700 t.

[2]) Der Versand der Weserhäfen ist mit 96 800 t wesentlich höher als der Bremens allein, da die übrigen Plätze der Gruppe erhebliche Mengen Düngemittel importierten, so Brake: 1903: 11 000 t Salpeter.

[3]) Elbhäfen ab nach: Verkehrsbezirk 9—11: 1890: 94 300 t; 1903: 62 300 t.

	1890	1903
[4]) Elbhäfen: Verkehrsbezirk 21—36	17 900 t	20 400 t
Weserhäfen: Verkehrsbezirk 21—36 .	300 „	19 500 „

[5]) Den gleichen Rückgang zeigen die gesamten Weserhäfen nach der Eisenbahngüterstatistik: 1890: 143 300 t; 1903: 58 500 t.

absoluten Rückschritt auf. Im weiteren Elbgebiet sinken sie von 18000 t (Verkehrsbezirk 16—20) auf 4600 t, völlig den Elbmündungshäfen, d. h. aber der Elbschiffahrt, das Feld überlassend; noch erheblicher ist die Niederlage, welche Bremen von seiten der Rheinschiffahrt im Rheingebiet und besonders im ferneren Süden Deutschlands erleidet. Der Versand nach Verkehrsbezirk 21—28 vermindert sich von 53400 t auf 13900 t, der Ausgang nach Verkehrsbezirk 29—36, 56 gar von 39800 t auf 2800 t. Diese Schwächung Bremens durch die Binnenschiffahrt hat Hamburg, gestützt auf den ihm durch die Elbe gesicherten Massenverkehr, trefflich ausgebeutet. Es ist auf Grund des Ausnahmetarifs, wie an anderer Stelle gezeigt worden ist, nach Rheinland-Westfalen vorgestoßen, und deckt auch den steigenden Bedarf Hannovers mehr und mehr [1]). Was sich nach den Beobachtungen des damaligen Syndikus Dr. Marcus [2]) am Beginn der 80er Jahre anbahnte, hat sich bis heute in erschreckender Weise vollzogen: der kräftige Eigenhandel hat nicht der Überlegenheit der Rhein- und Elbstraße zum Trotze dem Weserhafen den alten Umfang des Petroleumverkehrs bewahren können, sondern der Petroleumhandel Bremens sieht sich in wachsendem Maße gezwungen, seine Ware der billigeren Elbfracht zuliebe über Hamburg zu dirigieren. Diese Verhältnisse haben auch auf den Umschlagverkehr zur See nachteilig eingewirkt, teilweise ebenfalls zu Gunsten Hamburgs, so daß heute nur mehr 3100 t Petroleum nach Preußen ausgeführt werden, wogegen noch 1890 dieser Versand 24700 t Mineralöle umfaßte. Wir finden hier bestätigt, daß der Transitverkehr heute nur noch ein Anhängsel darstellt, und in seiner Gestaltung von dem Hinterlandverkehr abhängig geworden ist.

Derselbe Nachteil beeinflußt in ähnlichem Grade den Verkehr Bremens in sogenannten Kolonialwaren. Von hervorragender Wichtigkeit ist darunter die Einfuhr von Reis,

---

	1890	1903
[1]) Elbhäfen ab nach: Verkehrsbezirk 9—11	6500 t	20500 t
Verkehrsbezirk 21—28	6000 „	16000 „

[2]) Vgl. Anlage IV, Protokoll der Verhandlungen der Fuldaregulierungskommission 1882 in: Thilo Hampke, Die Kanalisierung der Fulda von Münden bis Kassel im Auftrag der Handelskammer zu Kassel 1895.

welcher 1903 im Gewichte von 188500 t aus Brit. Ostindien und daneben aus Siam stammte. Seit 1890 (220400 t) sind keinerlei Fortschritte, eher ein Rückgang zu beobachten. Einen ausgesprochenen Niedergang weist die Abfuhr in das Hinterland auf, welche von 94000 t 1895 langsam auf 76000 t zurücksank. Die Eisenbahn hat nur in Hannover (Verkehrsbezirk 11) mit 48500 t (gegen 1890: 43300 t) ihre Transportmenge voll behauptet, dagegen hat sie sowohl gegenüber der Elbe als besonders dem Rhein erheblich Terrain verloren [1]), so daß der Bahnversand Bremens auf 58000 t 1903 (1895: 77200 t) zurückgeht. Nur unvollständig hat die Weserschifffahrt mit der Steigerung ihres Versands nach der Provinz (Hoffmanns Stärkefabriken) auf 22200 t 1900 und 18000 t 1903 diese Lücke ausfüllen können, immerhin beteiligt sie sich heute zu einem Viertel am Hinterlandverkehr: 1895: 17,8 %, 1902: 25,7 %. Umso dringender wäre für den Weserhafen die Notwendigkeit, eine Erweiterung seines Absatzes zur See anzubahnen. Wohl beträgt diese Ausfuhr dank der ausgedehnten Veredelungstätigkeit im Freibezirk und der ausgezeichneten Organisation der Schiffahrt im Verkehr mit den Herkunftsländern 116900 t, die sich vor allem nach der neuen Welt und daneben nach den Häfen der Nord- und Ostsee [2]) richtet, aber einer Ausdehnung ist sie nicht fähig gewesen (1890: 117300 t), wogegen Hamburg zugleich mit der Ausdehnung seines Elbversands auch seinen Transitverkehr in diesem Zeitraum verdoppeln konnte, und in letzterer Hinsicht mit 118900 t 1903 den Nachbarhafen bereits eingeholt hat. Die ähnlichen Umstände führen eine gleiche Gestaltung bei Rohtabak herbei, dessen Einfuhr zwischen 47000 t 1895, 58600 t 1902 und 45500 t 1903 schwankt; im letzten Jahre lieferte die amerikanische Produktion davon allein 37500 t, der Rest stammt aus Niederländisch Indien, d. h. im Bezug

---

[1]) Ab Weserhäfen nach:

	1890	1903
Verkehrsbezirk 1 u. 3, 12—20	7400 t	4100 t
Verkehrsbezirk 22—36, 56	24000 „	17900 „

[2]) Vereinigte Staaten von Amerika: 20300 t; Mittel- und Südamerika: 32000 t; England, Belgien, Portugal: 17500 t; Preußen: 20800 t.

von den niederländischen Haupthäfen (Amsterdam). In diesem
Falle hat der kräftige Eigenhandel den Transitverkehr von
12 900 t 1890 auf 20 200 t 1903 erweitern können, doch hat
dies nur die Wirkung gehabt, den Rückgang des Ausgangs
binnenwärts auf 32 000 t 1903 (1890: 35 600 t) auszugleichen.
Die Bahn, welche stets etwa 97 % bewältigt, hat im weiteren
Gebiet der Elbe [1]) mit 7800 t (1890: 7300 t) die früheren
Transporte inne, allerdings den Mehrbedarf der Elbschiffahrt
überlassen [2]), im Verkehr mit Oesterreich-Ungarn [3]) sogar an
sie eingebüßt. Im Verkehr mit Südwestdeutschland und der
Schweiz ist ähnlich wie bei Hamburg der Verlust an die Rheinmündungshäfen trotz der Ausnahmetarifierung ein absoluter,
indem die Weserhäfen dorthin nur mehr 10 800 t Rohtabak
gegen 1890: 12 700 t verschicken [4]). Für Kaffee vereinigt
sich die Wirkung des hamburgischen Propregeschäfts und der
besseren Hinterlandverbindungen, um jeden größeren Umfang
im Bremer Verkehr zu verhindern. Von den 17 000 t Kaffee,
die Bremen 1903 vor allem aus Südamerika an sich zog, ging
nur etwa die Hälfte, 9000 t, in das Hinterland über. Diese
vom Schienenweg zu 91,5 % beförderten Mengen verbleiben,
nach den Notierungen über die Weserhäfen zu urteilen, praktisch
ganz in Hannover und dem näheren Rheingebiet [5]); keinesfalls
nehmen sie den Wettbewerb mit dem Rhein und der Elbe auf.
Die 1900 t chinesischen Tees verdankt Bremen seinen Schiff-
fahrtsverbindungen, ist Bremen doch genötigt, ihn überwiegend
mittels Seeleichter zur Elbmündung [6]) zu schaffen, um die Elbe
zu benutzen. Überhaupt hat dieser Transitverkehr viel mehr

---

[1]) Verkehrsbezirk 1 u. 3, 12—20, 53—55.

[2]) Hamburg ab zu Berg: 1890: 3 600 t, 1903: 8900 t.

[3]) Weserhäfen ab nach: Verkehrsbezirk 53—55: 1890: 1500 t; 1903:
600 t.

[4]) Verkehrsbezirk 22—36, 56; Hamburg-Elbhäfen ab nach: Verkehrsbezirk 21—36, 56: 1890: 2200 t; 1903: 1400 t.

[5]) An Kaffee, Tee etc. verließen bahnwärts die

	1903
Weserhäfen . .	4100 t
davon Verkehrsbezirk 11	1200 „
„ 21—28	1800 „

[6]) Ausgang seewärts nach Hamburg: 1200 t.

zur Steigerung der Einfuhr an Kaffee, Tee etc. (1890: 9400 t,
1903: 19700 t) beigetragen, als der Ausgang per Eisenbahn
und Weserkahn.[1]). Für Wein ist der Umfang des Bahnverkehrs mit 4500 t 1903 dem Hamburger annähernd gleich[2]).
Ueber seine Verteilung ist aus der Eisenbahngüterstatistik kein
wahrheitsgetreues Bild zu gewinnen, da er sich zu einem
großen Teil in der Form des Stückgutverkehrs vollzieht. Der
Unterschied gegenüber dem Elbhafen beruht wieder auf der
verschiedenen Leistungsfähigkeit der Binnenschiffahrt, die hier
nur geringe Mengen, etwa 7,7 % des Hinterlandverkehrs, wie
bei Kaffee, abführt. Da außerdem die Wiederausfuhr auf 1900 t
beschränkt bleibt, erreicht die Einfuhr seewärts aus Frankreich,
den Mittelmeerländern etc. 1903 nur 7500 t, während Hamburg
32100 t empfängt. Aus demselben Grunde ist der Eingang
an Spirituosen mit 3000 t unbedeutend, der etwa zur Hälfte
mittels der Eisenbahn binnenwärts (99,4 %) abgesetzt wird.
Besser erwehrt sich Bremen der Konkurrenz Hamburgs bei
den Gütern, welche, wie Fische und Südfrüchte[3]) wegen der
leichten Verderblichkeit hauptsächlich auf die schnellste Eisen-
bahnbeförderung angewiesen sind, doch sind sie quantitativ
nicht belangreich. Infolgedessen hebt sich der Eingang an
Fischen, besonders Heringen auf 7000 t (1890: 1700 t). Der
Empfang der gesamten Weserhäfen ist aber in Anbetracht der
Hochseefischerei Geestemündes weit bedeutender, denn sie versenden heute per Eisenbahn zusammen 15200 t, die sowohl
zur mittleren Elbe und Berlin als auch nach Südwest- und
sogar Süddeutschland[4]) verfrachtet werden. Ebenso beläuft
sich die Einfuhr von Äpfeln aus Amerika und von Südfrüchten aus dem südlichen Europa, an frischem und getrock-
netem Obst insgesamt auf 22000 t[5]), von denen 6500 t als
Abfuhr nach dem Inland statistisch erfaßt werden, doch stört

	1890	1903
[1]) Ausgang seewärts an Kaffee, Tee etc. .	3400 t	8600 t
„ binnenwärts an Kaffee, Tee etc.	5400 „	9300 „

[2]) Hamburg ab bahnwärts 1903: 7000 t.

[3]) Vgl. Jahresbericht Bremen 1902, S. 32.

[4]) Verkehrsbezirk 16—20: 4600 t; Verkehrsbezirk 21—36: 4800 t.

[5]) Davon Nordamerika 11600 t, Spanien und Italien 6700 t; gegen
1890 insgesamt 7000 t.

auch hier der Mangel einer Wasserverbindung, indem zum
Beispiel 8200 t Äpfel seewärts an Hamburg weitergegeben
werden müssen. Damit ist die Reihe der Nahrungs- und Genußmittel erschöpft[1]) und wir können zur Betrachtung der
letzten bedeutsamen Gruppe, der höherwertigen gewerblichen
Rohstoffe, übergehen, in denen von jeher Bremen einen lebhaften Eigenhandel betrieben hat.

Hinsichtlich der Baumwolle müssen wir den einzigen Fall
konstatieren, wo die Ausnahmetarifierung, unterstützt von einem
gesicherten Eigenhandel und anerkannt mustergültigen Lagereinrichtungen, das Hinterland Bremens mit durchschlagendem
Erfolg zu erweitern im stande gewesen ist. Langsam nur gewinnen die Weserhäfen in Sachsen Terrain: 1890: 18 200 t,
1903 26 100 t[2]), und Hamburg vermag nur durch die kräftige
Unterstützung seitens der Binnenschiffahrt sein Übergewicht
aufrecht zu erhalten; für Österreich-Ungarn hat es dasselbe
immer mehr an Bremen abtreten müssen, welches heute 57 900 t
dorthin sendet (1890: 27 100 t). Mit dem Bereich der Elbe
hört auch der Einflußkreis Hamburgs auf, in Schlesien und
weiter nach Polen beherrscht Bremen vollständig mit 6200
und 25 800 t (1890: 5300 t) den Versand[3]). Da die Weserhäfen im Verkehr in südwestlicher Richtung obenein noch die
kilometrische Minderentfernung gegen Hamburg ausspielen
können, so tritt dieser Hafen hier völlig zurück[4]). Die Wettbewerbsverhältnisse der holländischen und belgischen Gruppe
werden besser später erörtert; es ist hier nur festzustellen,
daß Bremens Versand nach Rheinland-Westfalen[5]) mit 72 500 t
(1890: 27 000 t) und Süddeutschland[6]) vor allem dem Elsaß,
mit 128 100 t (59 000 t 1890) außerordentliche Höhe erlangt
hat, und daß er sich sogar mit 13 300 t nach der Schweiz
ausdehnt, wenn dort auch die Zunahme nicht beträchtlich ist[7]).

---

[1]) Die 3000 t portugiesischen Salzes dienen ganz dem lokalen Bedarf.
[2]) Verkehrsbezirk 18—20.
[3]) Elbhäfen nach Verkehrsbezirk 1—4, 12—15, 50, 51: 1903: 1400 t.
[4]) Elbhäfen nach Verkehrsbezirk 21—36, 56: 1903: 14 100 t.
[5]) Verkehrsbezirk 21—28.
[6]) Verkehrsbezirk 29—36.
[7]) Verkehrsbezirk 56: 10 700 t 1890.

Unumstritten verbleibt natürlich dem Weserhafen die Versorgung des nahen Hannovers mit 14 500 t (1890: 4200), demgemäß ist der gesamte Eisenbahnausgang Bremens von 154 700 t auf 324 900 t angewachsen. Daneben vergrößerte sich auch der Seetransitverkehr, der außer mit Rußland (1903: 57 100 t) mit den skandinavischen Ländern gepflogen wird, seit der Eröffnung des Nordostseekanals bis auf 72 900 t (1895: 11 800 t), so daß die gesamte Einfuhr heute 399 000 t (1890: 170 800 t) beträgt, von denen allein 384 400 t direkt aus der Union importiert werden. Bei Wolle mangelt es an einer ähnlichen tiefgreifenden Tarifermäßigung zu Gunsten der deutschen Seehäfen und sogleich beschränkt sich der Bahnversand auf geringere, seit 1895 (34 500 t) konstante Mengen 1903: 29 800 t. Nach den Rheinlanden greift Bremen gar nicht hinüber, und im Elbgebiet weicht es vor dem Wettbewerb des Elbhafens langsam auf 4800 t (8400 t 1890) zurück, welcher Verlust nur durch den Mehrbedarf Hannovers ausgeglichen wird, in dessen Deckung sich beide Nordseehäfen teilen. Wenn trotzdem die Seeeinfuhr 1890 bis 1895 auf 73 600 t von 45 000 t stieg und seitdem auf diesem Umfang sich erhält: 1903 69 200 t, so verdankt Bremen es seiner guten Schiffahrtsverbindung mit Australien und Südamerika, woher im letzten Jahre 14 900 t und 36 400 t angeliefert wurden, sie ermöglichte ihm, einen ausgedehnten Transitverkehr zu betreiben: 1903: 41 700 t gegen 1890 25 100 t. Außer den 31 800 t, die im letzten Jahre nach preußischen (Ostsee-) Häfen abgefertigt wurden, gingen 8000 t seewärts nach Hamburg, um den Vorteil der Elbfracht zu genießen. Eben darauf beruht der kleine Zuwachs in der Einfuhr ostindischer Jute — 1903 wurden 22 500 t Jute, mit Hanf etc. 24 500 t, ausgeladen gegen 18 100 t 1895 —, indem die Wiederausfuhr zur Elbe einige Bedeutung erlangt hat[1]). Der Hinterlandverkehr dagegen stagniert seit 1895 auf etwa 10 000 t, an denen überdies die Weser zum Beispiel 1902 mit 17,1 % beteiligt war. Nur geringe Mengen gelangen über die Provinz Hannover hinaus nach

---

[1]) Nach Hamburg seewärts 1895: 200 t; 1903: 2100 t.

Rheinland-Westfalen [1]). Genau das gleiche gilt für die kleinere Einfuhr an Häuten und Fellen: ein seit 1890 zwischen 4- und 5000 t schwankender Versand in das Inland mit geringer Erstreckung zum Rheingebiet, ein schwacher, doch steigender Transitverkehr [2]) mit Hamburg und demzufolge eine Seeeinfuhr im Betrage von 5400 t 1890 und 6400 t 1903, wogegen die Steigerung des hamburgischen Hinterlandverkehrs allein von der Elbe hervorgerufen wird. Nach diesen Beobachtungen wird der Seeverkehr Bremens in den noch übrigen höherwertigen Rohmaterialien, bei welchen Hamburg sich zu ungefähr 90 % der Binnenschiffahrt bedient, ein äußerst minimaler sein. Am umfangreichsten ist noch der Empfang an Harzen, Asphalt etc. mit 16 900 t 1903 (1890: 13 300 t), der zu 6600 t aus Asphalt von Trinidad und zu 5600 t aus nordamerikanischem Harz besteht. Das letztere wird fast ganz nach Hamburg aus bekannten Gründen wieder exportiert [3]). Der auf Hannover beschränkte Bahnausgang hat seit 1890 um nichts zugenommen [4]), so daß das Wachstum des Hinterlandverkehrs auf 11 900 t (1895: 8000 t) und damit der seewärtigen Einfuhr vollständig auf dem Anteil der Oberweser beruht, der sich auf 27,9 % 1903 (1895: 8,7 %) erhöhte. Der 1903 zu 6200 t aus Italien importierte Schwefel geht nur in geringem Umfang in den Hinterlandsverkehr [5]) über, 4400 t werden wieder seewärts zur Ostsee verladen; die um 2000 t schwankenden Beträge an mittelamerikanischem Farbholz transitieren überhaupt gänzlich nach Hamburg und Rußland [6]).

Eine noch geringere Rolle als in Hamburg spielt hier die Einfuhr von Industrieerzeugnissen außer Eisenfabrikaten. Die

---

[1]) Weserhäfen an Jute, Hanf etc. nach Verkehrsbezirk 11: 1903: 6700 t; Verkehrsbezirk 21—28: 2100 t.

[2]) Weserhäfen ab an Häuten etc. insgesamt: Verkehrsbezirk 11: 1903: 3600 t; Verkehrsbezirk 21—28: 1100 t. Ausfuhr nach Hamburg an Häuten etc. 1903: 2000 t; insgesamt seewärts 4400 t.

[3]) Ausfuhr nach Hamburg 1903: 3500 t.

[4]) Weserhäfen ab insgesamt 1890: 8600 t; 1903: 8700 t, davon Verkehrsbezirk 11: 6200 t.

[5]) 1903: 1800 t, davon 10,2% per Flußschiff.

[6]) Ausfuhr seewärts 1903: 1900 t.

in der Küstenfahrt herangebrachten geringen Quantitäten Papier
aus Hamburg und Glas aus Oldenburg [1]) sind ganz für den
Verbrauch der städtischen Bevölkerung bestimmt. Die für den
Elbhafen erhebliche Einfuhr von Manufakturwaren schrumpft
bei Bremen auf ca. 10000 t Garne, Twiste und englische
Baumwollwaren zusammen, von denen 8000 t als Bahnversand
wieder erscheinen. Einen Grund neben andern für die Überlegenheit Hamburgs in diesen Gütern ist jedenfalls die hohe
Leistungsfähigkeit der Elbe, welche ein volles Drittel des
Hinterlandverkehrs in Garnen und Manufakturwaren bewältigte,
wie gezeigt worden ist.

Die gesamte Seeausfuhr Bremens betrug 1890: 800000 t
und hat sich in schnellerem Tempo als die Einfuhr entwickelt:
1903: 1900000 t. Schon gelegentlich ihrer Darstellung trat
im einzelnen hervor, daß dem seewärtigen Transitverkehr hierbei eine wesentliche Bedeutung zukommt. Insgesamt sind es
etwa folgende Güter, aus denen er sich nachweisbar zusammensetzt:

	1903	1890
Reis .	117000 t	117000 t
Tabak	20000 „	18000 „
Kaffee	9000 „	8000 „
Weizen .	15000 „	— „
Roggen	9000 „	16000 „
Mais . . .	26000 „	7000 „
Mehl aus Getreide [2])	22000 „	— „
Kleie [2])	15000 „	1000 „
Gerste [2])	14000 „	9000 „
Ölnüsse	8000 „	— „
Ölkuchen	14000 „	3000 „
Schmalz	7000 „	3000 „
Kokosnußöl	4000 „	— „
Petroleum .	3000 „	23000 „
Baumwolle	73000 „	12000 „
Wolle [2])	39000 „	23000 „
Jute .	3000 „	— „
Gummi und Harz .	5000 „	5000 „

---

[1]) Insgesamt: Papier und Dachpappe 6500 t; Glas und Glaswaren
3900 t.

[2]) Ausfuhr seewärts abzüglich Eingang land- und flußwärts.

	1903	1890
Farbholz .	2 000 t	2 000 t
Häute und Felle	3 000 „	1 000 „
Schwefel	4 000 „	—
Blei .	6 000 „	—
Kupfer	4 000 „	2 000 „

Mit Hinzuziehung einiger anderer, quantitativ weniger belangreichen Waren komme ich zu der Überzeugung, daß der
reine Seeumschlagverkehr heute 420 000 t Güter umfaßt, d. h.
23 % obiger Gesamtausfuhr beansprucht, gegen 240 000 t
= 30 % 1890. Diese Ziffern des seewärtigen Ausgangs dürfen
indessen nicht mit denen Hamburgs verglichen werden, was
meines Wissens bei keiner Gegenüberstellung beider Häfen
berücksichtigt worden ist. Die bremische Statistik rechnet
nämlich den gesamten Schiffsbedarf zum Seeverkehr, und wenn
diese 583 000 t, welche fast ausschließlich aus Steinkohlen [1])
bestehen, als Ausrüstung der Handelsflotte in Abzug gebracht
werden (1890 193 000 t), so erhalten wir als eigentlichen
Handelsverkehr 1 300 000 t 1903 und 600 000 t 1890. Mithin
fällt die schnellere Steigerung gegenüber der Hamburger Ausfuhr in sich zusammen. Der Versand Bremens betrug im
Jahre 1890 ¼ derselben und hat sich gleich ihr nur verdoppelt. Ebenso müssen die Anteile des Transitverkehrs auf
40 % 1890 und 33 % 1903 erhöht werden. Mithin bleibt auch
hiernach die erhebliche Verringerung auf ⅓ bestehen. Ist
derselbe auch verhältnismäßig noch weit umfangreicher als in
Hamburg bei 19 % 1903, so ist doch die Bewegung in Bremen
bei der aufstrebenden Entwicklung in letzterem Hafen (1890:
15 %) auffällig genug. Sie zeigt, wie sehr der Elbhafen sein
Übergewicht im Hinterlandverkehr für den Seeumschlag hat
verwerten können.

Die Zufuhr aus dem Hinterland nach Bremen erreichte
1903 mit 2,1 Mill. Tonnen gut die doppelte Höhe als 1890
mit 1,0 Mill. Tonnen [2]); davon hat die Oberweser 1890: 18,3 %

---

[1]) 560 000 t Brennmaterialien.

[2]) Es ist zu beachten, daß 1903 der Kleinverkehr nicht mitgezählt
ist, der 1902 etwa 100 000 t betrug.

bewältigt. Durch die unverhältnismäßig starke Steigerung ihres
Eingangs auf 497 000 t (1890: 186 000 t), die nur im wasser-
armen Jahr 1902 (368 000 t) eine Unterbrechung erfährt, hat
sie aber ihre Beteiligung bis auf 23,6 % (1902: 21,5 %) gehoben. Ein gleiches Resultat liefert die Einstellung des Bahnverkehrs aller Weserhäfen, nur daß die größeren Mengen an
bahnwärts eingebrachten Steinkohlen für den Platzkonsum die
Anteilszahlen des Wasserwegs um ein geringes erniedrigen:
1890: 16,0 %, 1900: 21,5 %, 1902: 18,8 %, 1903: 21,1 %. Eine
Zerlegung nach Verkehrsrichtungen gewährt die Übersicht auf
S. 296.

Ungefähr stets eine Hälfte (Summe II: 1890: 48,7 %,
1903: 51,4 %) beansprucht Südwest- und Süddeutschland vom
ganzen Hinterlandverkehr der Weserhäfen, davon entfallen
auf Süddeutschland und die Schweiz (Verkehrsbezirk 29—36, 56)
nur ganz minimale Quantitäten, so daß Rheinland-Westfalen
als Herkunftsgebiet dieser vollen Hälfte zu betrachten ist. Sein
Versand besteht allerdings zu ³/₄ aus Steinkohlen und Koks,
die für den eigentlichen Handelsverkehr Bremens von untergeordneter Bedeutung sind. So dürfen wir schon jetzt die
Folgerung ziehen, daß das weitere Wesergebiet, welches zahlenmäßig etwa 41 % ausmacht, für den seewärtigen Ausgang die
meisten Güter liefert. Im einzelnen zeigt sich die gleiche Tatsache wie bei der Verteilung der Einfuhr, daß Hessen-Nassau
und Oberhessen nur 40—60 000 t stellen, wobei seit der Kanalisierung der Fulda der kleine Bahnempfang absolut sinkt gegenüber einer entsprechenden Steigerung des Wasserverkehrs.
Damit erhöht sich dessen Anteil von 62,5 % 1890 auf 87,5 %
1900 und 79,9 % 1903. Den Ausschlag gibt aber die Provinz
Hannover, für welches Gebiet die Beteiligung der Weser
49,6 % 1903 (1890: 35,9 %) erreicht, so daß für das gesamte
Stromgebiet ihr Anteil auf mehr als die Hälfte (1900: 53,0,
1903: 51,2 % gegen 38,2 % 1890) gestiegen ist. Darnach
scheint also die größere Bedeutung der Binnenschiffahrt im
Gesamteingang Bremens aus dem Hinterland auf einer gesteigerten Wettbewerbsfähigkeit gegenüber dem Schienenweg
zu beruhen, wie solches schon im Ausgang zu beobachten
war. Das Elbgebiet ist absolut und relativ (1890: 8,3 %,

Es stammten aus:		1890		1895		1900		1902		1903	
		Tonnen	%	Tonnen	%	Tonnen	%	Tonnen	%	Tonnen	%
Prov. Hannover (Weser bis Karlshafen exkl.): Vkbzk. 11	E.	285200	64,1	261400	56,2	328000	50,1	426400	—	462600	50,4
	W.	160000	35,9	203400	43,8	321800	49,9	?	—	455300	49,6
Hessen-Nassau, Oberhess. (Karlshafen-Kassel): Vkbzk. 21	E.	15300	37,5	13300	32,4	7300	12,5	10700	—	10400	20,1
	W.	25500	62,5	27800	67,6	51100	87,5	?	—	41400	79,9
Mittelrheingebiet: Vkbzk. 22 bis 28, 61 . . .	E.	562600	—	605800	—	867700	—	967100	—	1177400	—
Süddeutschland u. die Schweiz: Vkbzk. 29—36, 56	E.	11800	—	20100	—	23300	—	28200	—	29400	—
Elbgebiet: Vkbzk. 5— 8	E.	21300	—	29500	—	98700	—	53600	—	43500	—
16—17	E.	10100	—	8900	—	15900	—	17200	—	22200	—
18—20	E.	49100	—	50000	—	63400	—	65200	—	75400	—
52—55	E.	9600	—	8800	—	11500	—	16100	—	14900	—
1—4, 12 bis 15, 50, 51	E.	6600	—	8100	—	7800	—	10300	—	11700	—
Summe III. (Prozente d. Gesamtempfangs)	E.	96700	8,3	105300	8,5	127300	7,8	162400	8,3	167700	7,1
II.	E.	574400	48,7	625900	50,6	891000	51,4	990800	50,4	1206800	51,4
I. {	E.	300500	61,8	274700	54,3	330300	47,0	437100	54,3	473000	48,8
	W.	185500	38,2	281200	45,7	372900	53,0	368300	45,7	496700	51,2
	E. + W.	486000	41,5	505900	40,9	703200	40,5	805400	41,3	969700	41,3
Gesamtempfang {	E.	974100	84,0	1004900	81,3	1361400	78,5	1594800	81,2	1852400	78,9
	W.	....	16,0	....	18,7	....	21,5	....	18,8	....	21,1
	E. + W.	1159600	—	1236100	—	1734300	—	1963100	—	2349100	—

1903: 7,1 %) mit noch geringeren Summen vertreten als dort.
Über die Elbmündung mit Holstein und Mecklenburg einerseits und die Mittelelbe, d. h. die beiden Sachsen und Thüringen
anderseits erstreckt sich hinsichtlich der Seeausfuhr der Verkehrsbereich der Weserhäfen fast gar nicht. In jeder Beziehung bleiben sie hier außerordentlich weit hinter dem gleichgerichteten Bahnempfang der konkurrierenden Elbhäfen zurück [1]).
Ein gutes Drittel der Zufuhr land- und flußwärts wird durch
Kohlen und Koks ausgefüllt, die 1903 zu 770 200 t, neben
unmaßgeblichen Mengen aus Hannover, aus dem Ruhrrevier [2])
angebracht wurden; im seewärtigen Ausgang figurieren sie mit
588 800 t (gegen 1890: 168 600 t); allein aus den Spezialnach-
weisen ist zu entnehmen, daß 560 000 t als Bunkerkohle für
die Ausrüstung der Handelsflotte nicht dem eigentlichen Seeverkehr angehören, so daß nur 29 000 t wahres Ausfuhrgut
sind, die fast ausschließlich nach Skandinavien und den Staaten
der Ostsee [3]) exportiert werden. In höherem Maße unterstützt
der Eingang an Steinen und Steinwaren die Ausfuhr. Noch
1895 ganz unbedeutend, ist die letztere bis 1903 auf 62 200 t
angewachsen. Dabei handelt es sich in erster Linie um gebrannte Steine: 48 100 t nach Preußen, wahrscheinlich dessen
Ostseehäfen, und daneben um Pflastersteine: 6800 t nach Preußen
und Oldenburg. Von dem rasch von 48 700 bis 296 400 t
steigenden Eingang stellte die Eisenbahn im letzten Jahre
108 500 t, die sie, abgesehen von kleinen Transporten aus
Thüringen und dem Rheingebiet, aus der angrenzenden Provinz
Hannover [4]) an sich zog. Demselben Gebiet entnahm die Binnen-

---

[1]) Eisenbahneingang 1903: Elbhäfen: Verkehrsbezirk 5—7: 442000 t,
Verkehrsbezirk 18—20: 239000 t; Verkehrsbezirk 16, 17: 108000 t;
Verkehrsbezirk 52—55: 103000 t; Verkehrsbezirk 1—4: 91000 t; Weser-
häfen: Verkehrsbezirk 5—8: 44000 t; Verkehrsbezirk 18—20: 75000 t;
Verkehrbezirk 16—17: 22000 t; Verkehrsbezirk 52—55: 15000 t; Verkehrs-
bezirk 12—15, 50, 51: 12000 t.

[2]) Von dem Empfang der Weserhäfen: 903000 t stammten aus Verkehrsbezirk 22, 23: 889200 t, aus Verkehrsbezirk 11: 6200 t.

[3]) Schweden: 8900 t, Preußen 7600 t, Rußland 3100 t, Dänemark
und Norwegen 4300 t.

[4]) Weserhäfen insgesamt an: 1903: 138400 t, davon Verkehrsbezirk

schiffahrt ebenfalls überwiegend ihre Bezüge, nämlich etwa
180 000 t. Aber außer diesen Mengen, welche aus den Steinbrüchen der Wesergebirge stammen, führt sie auch vom Oberlauf (Karlshafen) beträchtliche Steinmassen herbei, doch scheint
dieser Versand nicht steigerungsfähig zu sein (1895: 20 700 t,
1903: 18 800 t[1]). Ein Wettbewerb des Schienenwegs hält
sich aber in engen Grenzen[2]). Insgesamt beförderte die Weser
63,3 % 1903 (1895: 54,2 %) und man darf meiner Ansicht nach
diese Beteiligungsziffern auf den kleineren Teil des Empfangs
übertragen, der zur seewärtigen Verschiffung gelangt. Stetig
an Umfang verloren hat der Eingang von Holz und Holzwaren aus dem Hinterland mit 61 100 t 1903 gegen 119 300 t
1890. Immer mehr bedarf das Wesergebiet seiner Produktion
selbst, infolgedessen hat der Verkehr auf der Weser, welcher
1890 noch 80 400 t = 67,4 % betrug[3]), wesentlich verloren,
indem er 1902 nur noch 22 300 t (35,0 %) und 1903 gar
5100 t (8,3 %) erreichte, die sich überwiegend auf den Versand vom Oberlauf[4]) stützten. Wie schon aus dem obigen
Rückgang ersichtlich ist, hat die Eisenbahn die Lücke durch
Steigerung ihrer Empfänge auf 56 000 t (1890: 38 900 t) bei
weitem nicht stopfen können. Soviel aus der Eisenbahngüterstatistik zu entnehmen ist[5]), scheint in der Tat die Provinz
Hannover keine wachsenden Überschüsse abzugeben; mithin
müßte die Bahn auf fernere Gebiete wie Thüringen zurückgreifen, wo der Wettbewerb der Elbe jede Entfaltung Bremens
im Keime erstickt. Unter diesen Umständen folgt der Seeverkehr der rückläufigen Bewegung des Weserverkehrs mit
70 500 t 1890 und 21 200 t 1903. Darunter sind die Faschinen

11: 107 100 t, Verkehrsbezirk 22—28: 9000 t, Verkehrsbezirk 18—20:
8900 t.

[1]) Karlshafen-Kassel ab zu Tal.

[2]) Verkehrsbezirk 21 (1903): 5600 t.

[3]) Die Reichsstatistik ist wie für Steinwaren auch hier ganz unzuverlässig; sie gibt z. B. für 1890 nur 9200 t Holz bei Bremen an.

[4]) Kassel-Karlshafen ab zu Tal 1903: 4500 t.

[5]) Für die Weserhäfen werden nämlich viel geringere Mengen ausgewiesen, so 1903: 28 800 t, davon:

Verkehrsbezirk 11 .   15 200 t (1890 16 400 t).
Verkehrsbezirk 18—20   6 900 „

und das Buschholz zur fortlaufenden Regulierung der Unterweser (9200 t) einbegriffen. Der bleibende Rest verteilt sich
auf England und die benachbarten preußischen und oldenburgi-
schen Häfen [1]), wovon noch ein Teil dem Transit überseeischer
Nutzhölzer zuzuschreiben ist. Die bis 1900 zwischen 45 000
und 49 000 t schwankende Ausfuhr von Zement nach den
Vereinigten Staaten und dem übrigen Amerika ist neuerdings
auf 64 000 t 1903 [2]) gestiegen. Dies ist einerseits durch die
Eisenbahn veranlaßt, die ihre Bezüge aus der Provinz Hannover
vermehrte und außerdem nach Westfalen vordrang, andererseits
hat hiermit die Entwicklung des Wasserempfangs aus Hannover
gut Schritt gehalten, ja die Weser hat ihren Anteil am Gesamteingang: 100 700 t 1903 (1890: 49 600 t) auf ein ganzes
Drittel gebracht: 34,7 %, gegen 14,5 % 1890. Dieselbe Bedeutung hat sie für den Versand von hannöverschem Asphalt
nach England und den skandinavischen Ländern [3]), insgesamt
22 700 t 1903 (1890: 13 000 t), erlangt. Im Jahre 1890 lag
seine Beförderung mit 14 500 t ganz in den Händen des
Schienenwegs. Er mußte jedoch den Überschuß der Produktion
an den Bahnverkehr der Elbhäfen abtreten [4]), und wenn trotz
des stabilen Bahnempfangs (1903: 14 100 t) die Ausfuhr jene
Entwicklung aufweist, so verdankt Bremen dies dem Eingreifen
der Allerschiffahrt, wodurch heute der Flußverkehr 8600 t
= 37,9 % umfaßt. Nach der Fuldakanalisierung ist der
Wasserstraße vollständig (90,6 % 1903 gegen 30,1 % 1895) [5])
die Beschaffung der Ton- und Porzellanerde aus Groß-
almerode zum Export nach Amerika, England und Rußland,
in Summa 19 600 t 1903 (1890: 11 100 t) zugefallen. Ebenso
hat sie sich gegenüber den Zufuhren von Schwerspat aus

---

[1]) England 5700 t, Preußen 4800 t, Oldenburg 3400 t. Die Ausfuhr nach Hamburg beträgt 2700 t; sie stützt sich auf den Umschlag
amerikanischer Nutzhölzer.

[2]) Davon Vereinigte Staaten von Amerika 36 400 t; Brasilien 10 800 t.

[3]) England 14 100 t, Schweden, Norwegen, Dänemark 5600 t.

[4]) Elbhäfen: Teer, Asphalt, Harz an aus Verkehrsbezirk 9—11: 1890:
4700 t; 1903: 11 700 t.

[5]) Weserhäfen an gesamt: Erde, Lehm etc. aus Verkehrsbezirk 21:
1890: 7900 t; 1903: 1400 t.

dem Rheingebiet [1]) durch lebhafte Bezüge aus Sontra über
Kassel auch an diesem nach den gleichen Ländern verfrachteten
Artikel einen nennenswerten Anteil erobert, infolgedessen sich
ihre Beteiligung hinsichtlich der Ausfuhr aller Erden (1890:
21 900 t, 1903: 33 600 t) von 16,6 % 1890 auf 66,6 % 1903 [2])
gehoben hat. Ähnliche Bedeutung kommt der Weserschiffahrt
mit 64,1 % 1903 für die Ausfuhr von Kalisalzen nach der
Union, insgesamt 169 700 t, zu. In schnellen Sprüngen wuchs
der Verkehr derselben auf 107 500 t 1903 (1895: 6300 t
= 29,7 %), wogegen der geringe Bahnempfang, auf welchem
noch 1890 der seewärtige Ausgang beruhte, bis 1900 auf ein
Minimum herabsank (2,3 %), um dann allerdings an der gesteigerten Förderung Hannovers in Konkurrenz mit der Binnenschiffahrt regen Anteil (1903: 60 200 t) zu nehmen. Es ist
lehrreich, daß der niedrige Ausnahmetarif für rohe Kalisalze
(70 + 2,2 resp. 1,8 und 1,0 Pfg.) wohl der Weser Transporte
streitig machen konnte, aber in keiner Weise etwa gegenüber
der leistungsfähigeren Elbe Erfolg hatte, mit deren Hilfe die
Ausfuhr Hamburgs an Abraumsalzen über 400 000 t erreichte.
Von der 13 500 t betragenden Ausfuhr unedler Metalle außer
Eisen basierte nur das unbeträchtliche Quantum Zink (300 t)
auf dem Hinterland, da die Haupterzeugungsstätten in Schlesien
vornehmlich mittels der Binnenwasserstraßen zur Elbmündung
und nach Stettin absetzen, so daß demgegenüber der Zink-
export Hamburgs 14 000 t umfaßt. Bleibt also der Erfolg der
Ausnahmetarifierung bei den schweren Massengütern aus, in
welchen Bremen gegen die Elbschiffahrt zu kämpfen hätte —
und zu diesen Waren gehört noch Stein- und Kochsalz,
dessen Ausfuhr 1903 keine 5000 t erreicht [3]) —, so ist es
anders für die schweren Massengüter des südwestlichen Hinterlandes, als welche vor allem Eisen und Eisenwaren in Betracht

[1]) Weserhäfen an gesamt: Erde, Lehm etc. aus Verkehrsbezirk 22
bis 28: 1890: 200 t; 1903: 5500 t.

[2]) Bremen an zu Tal: 1903 an Erden: 22 000 t, davon Kassel-Karlshafen 18 700 t ab. Die Ziffern der Reichsstatistik: 1903: 78 100 t.
Bremen-Oberweser enthalten die Anfuhr von Schutt, Baumaterial, sind
daher unbrauchbar.

[3]) Die Ausfuhr basiert ausschließlich auf der Produktion Hannovers.

kommen; in dieser Richtung gibt die kürzere Entfernung dem Weserhafen einen Vorteil vor Hamburg. Demgemäß hat dieser auch fast ausschließlich die in den letzten Jahren erhebliche bahnwärtige Verfrachtung von Roheisen aus Rheinland-Westfalen über die deutschen Nordseehäfen an sich gerissen, außerdem tragen die außerordentlich niedrigen Frachtsätze den Einfluß Bremens bis nach Lothringen [1]); so wurden im Jahre 1903 25 900 t, die meistens nach den Vereinigten Staaten bestimmt waren, exportiert. An verarbeitetem Eisen aller Art hat sich Bremen im Verkehr mit dem rheinisch-westfälischen Industriebezirk etwa die gleich hohen Mengen wie die Elbhäfen gesichert [2]); ebenso bleibt es ihnen in der Provinz Hannover gewachsen [3]) — die Weser scheidet infolge der Ausnahmetarifierung und der geringen Transportlänge völlig aus —. Das Übergewicht Hamburgs im weiteren Elbgebiet [4]) bewirkt jedoch, daß seine Ausfuhr diejenige Bremens mit 357 000 t gegen 160 000 t um das Doppelte übertrifft. Ein ganzes Drittel, nämlich 56 000 t, wendet sich nach Südamerika. Die weiteren 63 000 t nach Ostasien und Australien sind ein Zeugnis für den Wert der überlegenen bremischen Schiffahrtsverbindungen mit diesen Ländern. Unter den Eisenfabrikaten steht die Ausfuhr von Maschinen mit 8400 t 1903 sehr zurück, gleichfalls gering ist die Ausfuhr anderer verarbeiteter Metalle mit 1300 t, da die Gebiete der mittleren Elbe und märkischen Wasserstraßen, die Quellgebiete der umfangreichen hamburgischen Ausfuhr [5]), völlig zur Elbmündung tendieren, und Bremen

---

[1]) Weserhäfen: Roh- und Brucheisen aus Verkehrsbezirk 22—28: 17 400 t, Verkehrsbezirk 29: 5400 t. Elbhäfen: Roh- und Brucheisen aus Verkehrsbezirk 22—28: 2700 t.

[2]) Verarbeitetes Eisen 1903 aus Verkehrsbezirk 1—28: Elbhäfen: 209 000 t, Weserhäfen: 192 900 t.

[3]) Verarbeitetes Eisen 1903 aus Verkehrsbezirk 11: Elbhäfen: 46 900 t. Weserhäfen 38 300 t.

[4]) Weserhäfen:

Verkehrsbezirk 12—17 .	6 000 t	
„ 18—20 .	4 700 „	
„ 53—55 .	4 700 „	

[5]) Hamburg Ausgang seewärts:

	1903	
Maschinen . .	69 600 t	
andere Metalle verarbeitet	18 600 „	

sich deshalb auf die kleinen Bezüge aus Hannover und dem Rheingebiet beschränkt sieht[1]). Unter den höherwertigen Massengütern, welche aus dem Hinterland dem Seeverkehr der Wesermündung zuströmen, ist hinter den Metallwaren Zucker zu nennen, der vor allem in Großbritannien abgesetzt wird. Allein sein Export erreichte 1900 mit 54 700 t den höchsten Stand, und sank dann bis auf 21 700 t 1903 unter den Betrag des Jahres 1890 (35 200 t) zurück. Die Eisenbahn schafft nur seit 1900 die gleichen Mengen herbei (1903: 10 900 t), wobei sie kaum über die angrenzende Provinz hinaus gegen die sächsische, mittelelbische Produktionszone vordringt[2]). In der Hauptsache ist Bremen von der Zufuhr auf der Oberweser abhängig, und diese erreicht im Jahre 1900: 42 100 t = 80,2%, sinkt dann jedoch so schnell, daß sie mit 11 400 t = 51,0% wenig mehr als der bahnwärtige Empfang ausmacht. Diese Bewegung ist die unmittelbare Wirkung der 1901 erfolgten Detarifierung des Rohzuckers zur Ausfuhr. Sie hat dem Bahnverkehr Bremens ebensowenig wie dem Hamburgs erhöhte Mengen zugeführt, und die Abnahme des Empfangs aus Hannover ist nicht unterbrochen worden[3]). Danach stimmt die Behauptung der Vereinigung der Weserschiffahrtsinteressenten, daß die direkte Bahnverladung nach den Seehäfen infolge der Tarifermäßigung an Umfang gewonnen habe, nicht mit den Tatsachen überein[4]). Die Schädigung der Weserschiffahrt und damit Bremens ist die Folge der gleichzeitigen Ausdehnung der niedrigen Tarifsätze auf die Wasserumschlagsplätze, so daß die verkehrswirtschaftlich höherstehende Elbe die Verschiebung der bisherigen Relationen in den Eisenbahnfrachten zum schärferen Wettbewerb gegen die Weser aus-

---

[1]) Weserhäfen: Maschinen an:

	1903
insgesamt	8000 t
davon Verkehrsbezirk 16—20	3000 „

[2]) Verkehrsbezirk 18—20: 2000 t.

[3]) Weserhäfen an aus Verkehrsbezirk 11: 1890: 18 800 t, 1900: 6900 t, 1903: 5100 t. Elbhäfen an aus Verkehrsbezirk 9—11: 1890: 50 800 t, 1900: 24 600 t, 1903: 23 700.

[4]) Jahresbericht der freien Vereinigung der Weserschiffahrtsinteressenten 1901, S. 11.

nutzen konnte. Wohl übertrifft der Mehlexport mit 32400 t 1903 (1890: 2800 t) die heutige Zuckerausfuhr, doch wird er vornehmlich von der ausländisches Getreide verarbeitenden lokalen Mühlenindustrie getragen. Die Anfuhr aus dem Hinterland schwankt nur zwischen 8—10000 t. Immer mehr hat für diese Bezüge aus Hannover die Weser die Oberhand gewonnen, wodurch sich das Verhältnis beider Binnenbeförderungsmittel mit 29,3 % 1890 und 70,5 % 1903 zu Gunsten der Weser gerade umgekehrt hat, für deren Mühlen Bremen den Rohstoff überwiegend auf dem Wasserwege anliefert. Verschwindend klein ist die landseitige Zufuhr von Getreide und Hülsenfrüchten. Die gelegentlich des seewärtigen Empfangs besprochene Ausfuhr an Roggen (1903: 9500 t), Weizen (15000 t) und Mais (26200 t) ist vollständig auf dem Transitverkehr begründet, ebenso der Gersteversand (mit 17000 t)[1]. Erwähnenswert ist nur die geringe Zufuhr auf dem Bahnwege an „anderem Getreide und Hülsenfrüchten" aus der mittleren und oberen Elbgegend[2]), doch gehen davon nicht mehr als 2900 t Malz und Bohnen nach Amerika aus. Ebensowenig kann Bremen die Ausfuhr von Ölsaat und Futtermitteln auf den Hinterlandverkehr stützen. Demgegenüber muß kurz daran erinnert werden, daß die ausgedehnte Gersteausfuhr Hamburgs vollständig auf der Leistung der Elbschiffahrt beruht, die auch bei Malz, Roggen, Hafer und Mehl sehr wesentlich zu dem heutigen hohen Stande des Exports beigetragen hat. Ähnlich hat Bremen für die Verfrachtung von Kartoffeln nach England dem Elbhafen mit 7200 t[3]) völlig den Vorrang überlassen, da ihm das eigentliche Elbgebiet wie im allgemeinen so auch hier für den Massenverkehr verschlossen bleibt[4]). Aus

---

[1]) Die Bremer Statistik gibt allerdings einen Bahnempfang von 3300 t an, doch besteht er wahrscheinlich aus Malz, da die Eisenbahngüterstatistik nur 400 t Gerste für alle Weserhäfen ausweist.

[2]) Weserhäfen an gesamt: 7700 t, davon Verkehrsbezirk 18—20. 53—55: 5300 t.

[3]) Der Gesamtausgang: 12700 t enthält den Schiffsbedarf zu 4900 t.

[4]) Weserhäfen an aus Verkehrsbezirk 16, 17, 18—20   10500 t
     Elbhäfen an aus: Verkehrsbezirk 16, 17, 18—20   68700 „
     Hamburg an zu Tal   33900 „

dem gleichen Grunde nimmt Bremen an dem deutschen Export von Gemüse nach England überhaupt keinen Anteil, indem der kleine Bahnempfang ausschließlich den Bedarf der städtischen Bevölkerung deckt[1]), und die Ausfuhr an frischem Obst etc. aus amerikanischen Äpfeln besteht, die nach Hamburg weitergegeben werden. Von den Genußmitteln[2]) bedarf nur noch die Ausfuhr von Bier nach den Vereinigten Staaten, sowie England und Ostasien, insgesamt 19 600 t 1903 (12 700 t 1890), der Erwähnung. An der entsprechenden Bahnzufuhr der Weserhäfen sind die angrenzende Provinz Hannover, Böhmen und Bayern zu je ⅓ beteiligt. Von einem Rückgang des Exports aus Süddeutschland, der bei Hamburg eine Verminderung des Seeverkehrs nach sich zog, ist nichts zu bemerken, doch erreicht der Empfang der Weserhäfen aus Bayern keine 7000 t.

Von der Gruppe der Industrieerzeugnisse sind die metallurgischen Produkte bereits erledigt; hinter ihnen rangieren nach dem Gewicht Glas und Glaswaren mit 37 900 t im letzten Jahre, die zur Hälfte nach England und im übrigen größtenteils nach der neuen Welt bestimmt waren. Nach der bremischen Statistik hält sich der Bahnbezug seit 1895 zwischen 19 000 (1900) und 28 000 t (1902). Mithin verdankt Bremen die Steigerung der Ausfuhr (1890: 13 300 t) in erster Linie der Binnenschiffahrt, welche ihre Transporte aus geringen Anfängen (1890: 1200 t = 5,2 %) auf 19 300 t = 41,2 % 1903 erhöht hat; insbesondere hat die Ausnahmetarifierung den Bereich des Schienenwegs nur sehr bescheiden über Hannover hinaus nach Österreich-Ungarn, Thüringen, Hessen und dem Rheingebiet verlängert, wie die Ziffern der Eisenbahngüterstatistik beweisen[3]). In höherem Maße hat die Tarif-

---

[1]) Bremen an per Bahn: 1903: 4000 t frisches Obst und Gemüse. Ausfuhr seewärts: 9000 t frisches Obst, davon Äpfel 8200 t.

[2]) Die Ausfuhr an Spiritus etc. erreicht nicht 2000 t, die noch zum Teil aus der Seeeinfuhr stammen.

[3]) Glas und Glaswaren:

	1903
Weserhäfen an gesamt . .	33 200 t
Davon Verkehrsbezirk 16—20	2 300 „
21—28	5 500 „
53—55	3 300 „

politik die Ausfuhr von Steingut und Porzellan nach England und den Vereinigten Staaten gefördert. Dieser Versand,
zusammen 6900 t 1903 (3100 t 1890) beruht ganz auf dem
bahnwärtigen Empfang aus Thüringen und daneben aus Bayern.
Wie sehr jedoch diese Mengen hinter den im Umschlag über
die Häfen des Mittelrheins nach Holland und Belgien gelangenden zurückbleibt, kann an dieser Stelle erst angedeutet werden.
Den seewärtigen Ausgang an Fetten und fetten Ölen haben
wir schon zum größten Teil auf den direkten oder mittelbaren
Transitverkehr verrechnen müssen. Insgesamt wurden in den
Weserhäfen nur 7900 t 1903 an diesen Waren bahnwärts eingebracht, von denen wie bei Hamburg ein geringer Anteil auf
das Rheingebiet entfällt[1]). In auffälligem Gegensatz zum seewärtigen Versand dieses Hafens an Papier und Pappe[2]) erreicht derselbe bei Bremen kaum 8000 t, an denen noch die
Oberweser zu 12,3 % teil hat; ganz fehlt der dort bedeutende
Sodaexport. Die Ursache wird sofort klar, wenn wir uns
erinnern, daß die Elbmündungshäfen in diesen Artikeln sich
zu ³/₄ resp. ⁹/₁₀ auf die Binnenschiffahrt stützten, so daß jeder
Angriff Bremens auf das Elbgebiet, die Hauptproduktionsstätte,
scheitern mußte. Wo der Konkurrenzhafen der machtvollen
Unterstützung seines Stromes entbehrt wie bei Manufakturwaren, da bringt es auch der Weserhafen zu einer umfangreichen Ausfuhr, nämlich 27 600 t 1903 gegen 14 500 t 1890.
Sie setzt sich im letzten Jahre zusammen aus Baumwollwaren
und Wollwaren nach den Vereinigten Staaten und England,
aus Leinenwaren und Säcken nach diesen Ländern und Preußen,
sowie aus geringen Quantitäten Garnen und Twisten[3]). Bedeutsam ist hierbei, daß der große Fortschritt Hamburgs bei

---

[1]) Verkehrsbezirk 26: 2700 t.

[2]) Die Ausfuhr von Lumpen verringert sich von 7600 t 1890 auf
3300 t 1903, während Hamburg, das nicht wie Bremen ausschließlich
auf die Zufuhr Hannovers angewiesen ist, sondern zu 60% die Mitwirkung
der Elbe beanspruchen kann, seine weit größere Ausfuhr auf dem früheren
Stande von 19 000 t hält.

[3])

Baumwollwaren	11 000 t
Wollwaren	2 400 „
Leinenwaren . .	10 400 „
Garne und Twiste.	3 000 „

Bremen seit 1895 (27 000 t) ausgeblieben ist, wie das auch in den Zahlen des landseitigen Eingangs zum Ausdruck kommt [1]). Und es drängt sich die Erklärung auf, daß sich darin das allgemeine verkehrswirtschaftliche Übergewicht Hamburgs als des Mündungshafens des Elbstroms spiegelt.

Nach dem vorstehenden vermag die Weserschiffahrt nur etwa $1/6$ des Ausgangs nach dem Hinterland zu bewältigen, im Eingang ist deren Anteil allerdings wesentlich höher. Die aus der Gesamtziffer gewonnene Beteiligung von 24 % oder $1/4$ läßt die Bedeutung des Schienenwegs zu hoch erscheinen, und wenn insbesondere der für den Export unwesentliche Empfang an Steinkohlen und -koks ausgeschaltet wird, kommen wir schätzungsweise zu $1/3$ als Anteil der Wasserstraße an dem Ausgang Bremens seewärts, soweit er auf dem Hinterland beruht. Danach ist die Eisenbahn ganz überwiegend das landseitige Transportmittel der Weserhäfen, so daß die Tarifpolitik der preußischen Staatsbahnen mehr als in Hamburg dazu berufen wäre, den Verkehrsbereich dieser Hafengruppe über das eigentliche Wesergebiet, d. h. Verkehrsbezirk 11 und 21, auszudehnen. Wie hoch darf nun der Erfolg dieser Politik bemessen werden? Im Verkehr mit den Rheinlanden und Westfalen hat Bremen mittels seiner um ca. 115 km näheren Lage entschieden einen Vorsprung vor dem nördlichen Konkurrenzhafen, zumal da die Tarife beide Plätze gleichmäßig nach dem Kilometermaßstab behandeln; sein Wert wird etwas durch die Notwendigkeit gemindert, im transatlantischen Verkehr von Bremen aus den Vorhafen Bremerhaven (62 km) aufzusuchen. Wiedenfeld vergleicht die Ziffern des gesamten Verkehrs mit den betreffenden Gebieten, und kommt zum Schluß, daß durch obigen Umstand der Entfernungsunterschied zu Gunsten Hamburgs ausgeglichen werde [2]). Dem ist aber nicht so, denn wenn im Empfang die Mengen Steinkohlen und -koks in Abzug gebracht werden, so wird das Übergewicht Hamburgs hin-

---

[1])   Bremen an landwärts: 1895   22 900 t

                                 1900   17 700 „

                                 1903   18 400 „

[2]) Wiedenfeld a. a. O. S. 337.

fällig, im Versand erscheint Bremen sogar mit fast dem doppelten Quantum [1]). Im einzelnen ist der Einfluß der Handels- und Schiffahrtsorganisation deutlich erkennbar, so daß der Bedarf dieses Gebietes an Baumwolle, Reis, Tabak, Petroleum, Holz, Getreide vornehmlich von Bremen, der an Kaffee, Häuten, Harz und Gummi, Fetten, Wein dagegen von Hamburg aus befriedigt wird. Das Übergewicht der Elbhäfen im Empfang vor allem an Eisen und Eisenwaren vom Rheingebiet etc., worauf Wiedenfeld seine obige Behauptung vor allem stützte, ist neuerdings ganz geschwunden [2]). Über den Main nach Süden erstreckt sich wie bei Hamburg so auch der Verkehr Bremens hauptsächlich in Gütern, die Spezialzweige seines Handels bilden, in umfangreicher Weise jedoch heute allein in Baumwolle nach dem Elsaß und der Schweiz. Während im Versand die Weserhäfen infolge der Bedeutung dieses Artikels weit die Elbhäfen übertreffen, ist hinsichtlich des Eingangs aus Süddeutschland und der Schweiz das Verhältnis umgekehrt [3]). Man geht kaum fehl, die Überlegenheit Hamburgs für den Verkehr in letzterer Richtung, der sich neben dem Empfang an Eisenwaren und Bier hauptsächlich als Stückgutverkehr vollzieht, auf die Bevorzugung mittels der Ostafrika- und Levantetarife zurückzuführen. Wenn es demnach dem Weserhafen in etwas ausgedehnterem Maße gelungen ist, für seinen Seeverkehr aus der preußischen Eisenbahnpolitik gegen die Rheinmündungshäfen Nutzen zu ziehen, so ist es dennoch kein Viertel des dem Seeverkehr dienenden Hinterlandverkehrs — wenn man den Anteil am Versand nimmt, der als Maximum gelten kann —, welches Bremen mit diesen Gebieten unterhält. Ähnlich wie Bremen hinsichtlich des südwestlichen

---

[1]) Verkehrsbezirk 22—28:

Empfang abzüglich Kohlen:	Elbhäfen	281 000 t	Versand:	146 000 t
„ „ „	Weserhäfen	288 000 „	„	252 000 „

[2]) Empfang an Eisen und Eisenwaren aus Verkehrsbezirk 21—28:

	1903
Elbhäfen	213 000 t
Weserhäfen	210 000 „

[3]) Verkehrsbezirk 29—36, 56:

Elbhäfen: Empfang .	74 000 t	Versand	57 000 t
Weserhäfen: Empfang .	29 000 „	Versand	. 151 000 „

Hinterlandes den Vorteil kürzerer Bahnverbindung vor Hamburg genoß, so im Elbgebiet, namentlich für alle Bezirke östlich der Elbe, letzterer Hafen, weshalb Bremen selbst für die Güter, welche von seinem Handel besonders gepflegt werden, dem Elbhafen den Vorrang im Eisenbahnverkehr einräumen muß, Baumwolle und Tabak allein ausgenommen. Mit diesen Spezialartikeln greift es bis nach Österreich-Ungarn und Rußland aus. Aber auch nach Einbeziehung des Verkehrsbezirks 19, welcher neben dem zur Elbe tendierenden Regierungsbezirk Merseburg (Halle) den Regierungsbezirk Erfurt und die thüringischen Staaten umfaßt, sowie von Schleswig-Holstein und Mecklenburg (Verkehrsbezirk 5—8), erreicht dieses Elbgebiet im weitesten Sinne (Summe III) 1903 im Empfang 7,1 %, im Versand 14,5 % des Hinterlandverkehrs der Weserhäfen. Bringt man dagegen noch den gewaltigen Binnenschiffahrtsverkehr Hamburgs in Anrechnung, so ist ohne weiteres klar, mit welch starken Banden das Elbgebiet in seiner weitesten Ausdehnung an den Mündungshafen gefesselt ist. Mithin liegt in den Gebieten nördlich des Mains, die nicht nach dem Rhein und der Elbe neigen, also vor allem in Hannover und den angrenzenden Teilen Westfalens und Hessen-Nassaus samt den thüringischen Mittelstaaten, d. h. aber insgesamt im Wesergebiet das Schwergewicht des bremischen Verkehrs. Im Versand nimmt es mit mehr als 60 % die größere Hälfte des Hinterlandverkehrs auf, noch höher stellt sich nach Ausscheidung des Kohlenverkehrs sein Anteil an der Beschaffung des Empfangs. Um dieses Gebiet streitet Bremen ausschließlich mit Hamburg, sonst greift ihm kein anderer Welthafen in dasselbe hinein. Nach dieser Richtung hin sind beide Häfen in den Eisenbahnverbindungen gleichgestellt, was in dem ungefähren Gleichstand des Bahnverkehrs der Elb- und Weserhäfen mit den Verkehrsbezirken 11 und 21 zum Ausdruck gelangt [1]). Die Scheidung

---

[1]) Elbhäfen: 1903   Weserhäfen:

Elbhäfen:	1903	Weserhäfen:
540 000 t	Empfang:	473 000 t
549 000 „	Versand:	802 000 „
1 089 000 t		1 275 000 t

Der Verkehr der thüringischen Gebiete, welcher hierher zu rechnen wäre, ist nicht statistisch auszusondern, im übrigen gibt die Provinz Hannover völlig den Ausschlag.

nach den einzelnen Güterklassen erfolgt hauptsächlich auf
Grund der mehrfach berührten Verschiedenheiten in der Ausgestaltung des Handels und der seewärtigen Verbindungen, so
daß Bremen im Empfang, Hamburg dagegen im Versand dorthin der schwächere Teil ist. Wenn hier Bremen im ganzen
einen doppelt so hohen Verkehr unterhält wie Hamburg, so
verdankt es dies allein der Mitwirkung der Binnenschiffahrt [1]).
Mir ist völlig unerfindlich, wie Wiedenfeld behaupten kann,
daß hier die Art der binnenländischen Verkehrsverhältnisse
kaum einen Einfluß ausübe, da die Weser zu wenig leistungs-
fähig sei, um Bremen einen nennenswerten Vorzug zu gewähren [2]). Für den Eisenbahnverkehr beider Plätze ergibt sich
daher insgesamt keine derartig verschiedene Gestaltung, um
daraus etwa die verschiedene Verkehrsstellung derselben abzuleiten, indem dem Übergewicht Hamburgs in den östlichen
Hinterlandbeziehungen eine schwächere Ausbildung des Verkehrs in südlicher und südwestlicher Richtung gegenübersteht,
sondern sie beruht auf der geschilderten grundverschiedenen
Leistungsfähigkeit der rückwärtigen Wasserverbindungen beider
Häfen. Der Verkehrsbereich der Weser umfaßt bei weitem
nicht das gesamte Fluß- und Quellgebiet des Stromes. Am
weitesten dehnt er sich am rechten Ufer aus, auf dieser Seite
werden Celle, Hildesheim, der Westharz, Nordhausen und
Goslar etwa die äußersten Punkte sein [3]). Enger noch ist der
Umschlagsbezirk nach der westlichen Richtung hin. Hier bildet
die Linie Bielefeld-Warburg bereits die Grenze. Nach Süden
hin dringt der Weserverkehr höchstens bis Marburg vor, denn
dort setzt der von Frankfurt beherrschte Bereich der Main-
schiffahrt ein. Die in den 90er Jahren ausgeführte Kanalisierung der Fulda bis Kassel hat auf den Wasserverkehr bisher nicht in nennenswertem Umfange eingewirkt. Teilweise
mag hieran die eigenartige Anlage und tarifarische Behandlung

---

[1]) Weserverkehr 771 000 t.

[2]) Wiedenfeld a. a. O. S. 336/337 spricht dabei ausdrücklich von
dem Gebiet nördlich vom Main und westlich der Elbe, um das sich
Hamburg und Bremen streiten, in das ihnen keiner der anderen Welthäfen hineingreift.

[3]) Metterhausen a. a. O. S. 76/77.

des Kasseler Hafens seitens der preußischen Eisenbahnverwaltung
schuld sein [1]). Der bedeutsamere Grund liegt indessen in den
noch immer unsicheren Wasserständen der kanalisierten Strecke,
außerdem in dem Zeitverlust an den sieben Fuldaschleusen,
sowie dem großen Umweg auf diesem Teil des Flusses, beträgt
doch die Entfernung Karlshafen-Kassel auf dem Wasserwege
74 km, dagegen auf dem Schienenwege nur 49 km. Noch
aussichtsloser wird die Stellung Kassels durch den Bau eines
Gleisanschlusses in Münden, nach dessen Fertigstellung die
Mehrentfernung des Wasserwegs (40 km) mit 16 km $\frac{2}{3}$ der
Entfernung auf dem Bahnwege (24 km) erreicht. Dieser Vorsprung der Eisenbahn hinsichtlich der Entfernung besteht auch
im Verkehr mit dem Mündungshafen, indem die Stromlänge
Bremen-Kassel 395 km beträgt gegenüber einer Bahnentfernung
von nur 288 km. Infolge dieser Verhältnisse beträgt im Bergverkehr die Differenz zwischen Bahn- und Schiffsfracht nur
0,60 Mk. per Tonne für Güter des Spezialtarifs III zu Gunsten
der letzteren (76 Mk. gegen 70 Mk. für 10 t), sie wird vollständig aufgehoben für Umschlagsgüter, da die Krangebühr im
Kasseler Hafen 6 Mk. pro 10 t ausmacht [2]). Da die Bremer
Schleppschiffahrtsgesellschaft die 1900 eingeführte Fuldaabgabe
auf ihre Rechnung übernommen hat, so hat sich die Relation
wenigstens nicht zu Ungunsten der Schiffahrt verschoben, jedoch eine Herabsetzung der Frachten unmöglich gemacht, so
daß nach wie vor Kassel auf den Empfang der wenig umfangreichen hochwertigen Güter beschränkt ist (21 000 t 1903). An
Waren zur Verladung flußwärts stehen ihm überhaupt nur Erden,
als Ton- und Schwerspat, insgesamt 17 000 t, zur Verfügung.
Ähnliche Sätze bestehen für den Bergverkehr des gesamten
Stromes, so daß der Binnenschiffahrt in der Hauptsache nur

---

[1]) Der Hafen ist an die Station Bettenhausen der Nebenbahn Kassel-
Waldkappel angeschlossen, wodurch für den Weiterversand nach Thü-
ringen, Frankfurt etc. ein zweckloser Umweg von über 13 km (Kassel-
Ober- und Unterstadt) entsteht. Selbst der Name der Tarifstation „Kassel-
Fuldahafen" ist erst auf wiederholte Vorstellungen der Interessenten
Ende 1904 eingeführt worden, vgl. Jahresbericht Bremen 1903, S. 16.

[2]) Jahresbericht der Vereinigung der Weserschiffahrtsinteressenten
1898, S. 17 und Metterhausen a. a. O. S. 82.

Getreide und Mühlenfabrikate, welche von der Bahn teuer gefahren werden, als Massengüter zufallen, dagegen bestehen im
Talverkehr Frachtsätze, die kaum höher als auf der Elbe und
dem Rhein sind [1]), und daher der Binnenschiffahrt erlauben,
sich neben den Transporten geringwertiger Baustoffe, wie Steine,
auch erheblichen Anteil am Export von Zucker und Kalisalzen
zu sichern.

Daß es Bremen, derart eingeengt zwischen Rhein und Elbe,
überhaupt gelungen ist, seinen Seeverkehr auf die heutige Höhe
zu bringen, zeugt von der Tatkraft dieses kleinen Gemeinwesens
in Bezug auf intensive Pflege einzelner Spezialzweige des Handels
und die Schaffung überaus leistungsfähiger Schiffahrtsverbindungen mit europäischen und überseeischen Ländern. Zugleich
lehrt aber die Entwicklung, daß diese Faktoren immer mehr
vor der Bedeutung so leistungsfähiger Hinterlandverbindungen
der Nachbarhäfen, wie sie die mächtigen Ströme darstellen, an
Wert eingebüßt haben, und daß der Handel, wollte er sich
konkurrenzfähig erhalten, notgedrungen diesen großen Ver-
kehrslinien folgen mußte, wie vor allem die großartige Ablenkung der Petroleumeinfuhr nach den Rhein- und Elbmündungshäfen beweist. Wenn Bremen im Seeumschlagsverkehr,
der heute noch etwa $1/8$ der seewärtigen Einfuhr verteilt, auch
einen teilweisen Ersatz auf der Grundlage seiner Handels- und
Schiffahrtsorganisation gefunden hat, der ihm insbesondere
mittels ausgedehnten Seeleichterdienstes nach der Elbe und
neuerdings nach dem Dortmund-Emskanal gestattet, an deren
überlegenen Leistungsfähigkeit zu partizipieren [2]), so zweifelt
doch niemand daran, daß dies nur ein kümmerlicher Notbehelf
sein kann. Insbesondere ist er gegenüber einem Welthafen
wie Hamburg mit seinen ausgreifenden überseeischen Verbindungen auf die Dauer nicht haltbar, und gerade ein Vergleich
mit dem Transitverkehr dieses Hafens zeigt, daß er heute nur
mehr als eine Funktion des Hinterlandverkehrs zu betrachten

---

[1]) Vgl. über die Frachtsätze der Weserschiffahrt Seibt a. a. O.
S. 990 und 991.

[2]) Vgl. Drucksachen des Internationalen Schiffahrtskongresses 1902,
Abteilung II Seeschiffahrt, 2. Frage: Verkehr mit Seeprähmen: G. de
Thierry, Bremen 1902, S. 2—10.

ist, d. h. er hat seine frühere selbständige Entwicklung verloren. Unter diesen Umständen darf Bremen eine Steigerung seiner Wettbewerbsfähigkeit allein in der Erweiterung des Hinterlandverkehrs suchen. Auf dem Gebiete des Eisenbahnverkehrs wird Bremen sie schwerlich trotz aller Tarifmaßnahmen der preußischen Verwaltung finden; das geht wohl zur Genüge aus den Einzeldarstellungen hervor und darüber ist man sich in dortigen Handelskreisen vollständig klar, ebenso wie über den hohen Wert dieser Politik für die Erhaltung des Verkehrs auf dem heutigen Umfang [1]). Mithin setzt der Weserhafen seine größte Hoffnung auf den Ausbau seiner binnenwärtigen Wasserverbindungen. Eine weitergehende Regulierung der Weser kann keine nennenswerte Abhilfe schaffen [2]); das geht deutlich aus dem Ergebnis der Fuldakanalisation und der langsamen Entwicklung Kassels hervor. Die Binnenschiffahrtsinteressenten und auch die bremische Handelskammer fordern die Gewährung von billigen Tarifen für die Weserumschlagsplätze [3]). Wahrscheinlich würde dadurch allerdings das Verkehrsgebiet der Weser im Süden gegenüber Frankfurt, Gustavsburg und Mannheim, die über derartige Vergünstigungen im Verkehr mit Thüringen verfügen, etwas ausgedehnt werden, aber im ganzen würden sie den Weserverkehr kaum steigern; ja die Verluste, welche ihm der Elbumschlag durch die Einführung des Tarifs für Ausfuhrzucker seit 1901 zugefügt hat, zeigen, daß solche Tarife für Binnenumschlagsplätze eine zweischneidige Waffe sind, die sich sehr leicht gegen die minder leistungsfähige Weserschiffahrt wenden können. Nur ein moderner Mittellandkanal, der zusammen mit der Ausgestaltung der mittleren Weser eine Schiffahrtsverbindung mit dem Rhein, vor allem aber mit dem rheinisch-westfälischen Industriegebiet und der Elbe schaffen würde, ist das Mittel, durch welches Bremen einigermaßen in den Stand gesetzt würde, an dem

---

[1]) Jahresbericht Bremen 1903, S. 86, 87: 1895, S. 19; 1902, S. 76, 77.

[2]) Jahresbericht der freien Vereinigung der Weserschiffahrtsinteressenten 1900, S. 24/25.

[3]) Jahresbericht der freien Vereinigung der Weserschiffahrtsinteressenten 1902, S. 15; Jahresbericht Bremen 1900, S. 61.

Aufschwung der konkurrierenden Häfen teilzunehmen [1]). Diesem
großen Ziele ist es durch die neue preußische, 1905 zum
Gesetz erhobene Kanalvorlage zu seinem Unglück eigentlich
um keinen Schritt näher gekommen. Die Verbindung mit
der Elbe ist an dem Widerstand des Parlaments gescheitert,
d. h. der Teil des Projekts, der, nach der Beunruhigung Hamburgs
zu urteilen, den größten Nutzen für Bremen in sich barg.
Zugleich mit der Umwandlung des Rhein-Elbekanals in den
Torso Rhein-Hannover ist aber auch der Plan fallen gelassen,
die Weser durch Kanalisierung in eine dem Kanal gleichwertige
Wasserstraße umzuwandeln [2]). Infolgedessen müßte die neue
Wasserstraße vielmehr die Rheinmündungshäfen und Emden
zum Nachteil Bremens unterstützen, wenn es nicht die preußische
Regierung für geraten hält, den Kanalverkehr mittels hoher
Abgaben und Ausnutzung des Schleppmonopols überhaupt von
vornherein zu hemmen.

Des Güterverkehrs der übrigen Weserhäfen ist in der Einzeldarstellung
zwischendurch Erwähnung getan. Geestemünde
beschränkt sich im wesentlichen auf den Petroleum- und
Fischereiverkehr, für dessen rasche Abwicklung die Bahnverwaltung
durch einen besonderen Bahnhof und Zugdispositionen
Vorsorge getroffen hat. Die Abmessungen der Hafenschleusen
und -becken sind indessen nur für kleine Seeschiffe berechnet.
Das oldenburgische Nordenham hat einige Bedeutung für den
Viehverkehr mit England. Brake und Vegesack, von denen
das erstere etwa 500 000 t Güter — allein 400 000 t Getreide —
seewärts empfängt, sind lediglich Vorhäfen von Bremen-Stadt,

---

[1]) **Aftalion** a. a. O. S. 584 gibt sich überschwenglichen Hoffnungen
hin: Brême, reliée au canal de l'Elbe au Rhin par la Weser qu'elle aura
canalisée, jouira d'un vaste hinterland, depuis la Westphalie et les provinces
du Rhin à l'Ouest, jusqu'aux bassins de l'Elbe, de l'Oder et même
de la Vistule à l'Est. Ein Transportmittel, das dem Rhein- und Elbstrom
gleichwertig ist, kann eine solche langgestreckte künstliche
Wasserstraße, beschwert durch notwendige Beschränkung des Schiffahrtsbetriebs
und Abgaben, nicht sein, solange die natürlichen Wasserstraßen
abgabenfrei sind.

[2]) Jahresbericht Bremen 1904, S. 9 und 73. Es soll nunmehr das
zur Verbesserung der Wasserverhältnisse der Oberweser erforderliche
Wasser durch Errichtung von Stauweihern im Quellgebiet beschafft werden.

für dessen Rechnung dieser Verkehr hauptsächlich vor sich
geht. Alle diese Plätze sind völlig von den gleichen Verbindungen mit dem Hinterland wie Bremen - Bremerhafen abhängig.

b) Emden

Unter den kleineren deutschen Nordseehäfen steht Emden
heute an erster Stelle; es ist der einzige selbständige Hafen
neben Hamburg und Bremen. Mit einem seewärtigen Empfang
von 501400 t 1903 ist die Höhe des bremischen Vorhafens
Brake erreicht, dazu kommt noch der Ausgang mit 283100 t.
Diese Stellung wird ganz treffend durch den Raumgehalt der
beladen eingelaufenen Seeschiffe zum Ausdruck gebracht:

in Registertonnen netto 1903:

Emden	369 200	Nordenham	127 700
Geestemünde	337 700	Altona	276 200
Brake	271 500	Harburg	64 000

Direkte Vergleichszahlen mit früheren Jahren lassen sich für den
Seegüterverkehr Emdens nicht aufstellen. Obige Zahlen für
1903 konnten dem Artikel des dortigen Oberbürgermeisters Fürbringer: „Zweck, Bedeutung des Emdener Hafens" [1]) entnommen werden. Hieraus konnten überhaupt die vereinzelten dürf-
tigen Angaben des Jahresberichts der Handelskammer für Ostfriesland und Papenburg ergänzt werden [2]). In diesem fehlt
bei den Jahren 1890 und 1895 jegliche Bezifferung des Seeverkehrs. Indessen zeigt schon die geringe Höhe des Raumgehalts aller zu Handelszwecken angekommenen Schiffe mit
36300 Registert. 1890 und 77900 Registert. 1899, daß der Seeverkehr Emdens erst seit der Eröffnung des Dortmund-Emskanals
Mitte 1899 nennenswerten Umfang erreicht hat. Aus diesem
Grunde braucht der Verlauf höchstens bis zum Jahre 1900
zurückverfolgt zu werden. Noch spärlicher sind in den Handels-

---

[1]) Zeitschrift für Binnenschiffahrt 1904, S. 408.
[2]) Die seltsamerweise in der Binnenschiffahrtsstatistik unter „Ems-
wachtschiff" gebuchten Güter entstammen fast ausschließlich dem Seeverkehr der Emshäfen, ein Vergleich ergibt aber ihre Unvollständigkeit,
so daß sie völlig unbrauchbar sind. Das gleiche gilt für die Notierungsstelle in Leer (ab zu Tal, an zu Berg).

kammerberichten die Ausweise über den Binnenschiffahrtsverkehr; hinsichtlich dessen man daher auf die Reichsstatistik:
Emden zu Berg resp. zu Tal und umgekehrt, angewiesen ist.
Diese Anschreibungen erfolgen aber erst seit 1901; die früheren
Angaben: Emden: Ems-Jadekanal und Schleuse zu Nesserland
sind gänzlich unvergleichbar. Über den Eisenbahnverkehr Emdens besitzen wir nur die Gesamtzahlen der Bahnhöfe Emden
und Emden-Außenhafen. Die häufigen Angaben betreffend
einzelne Güter, welche aus der Verkehrsstatistik der Eisen-
bahndirektion in Münster zitiert werden, sind zu Gegenüber-
stellungen gar nicht geeignet, weil sie sich auf Rechnungsjahre
beziehen. Somit müssen wir auf die alle Emshäfen umfassende
Eisenbahngüterstatistik zurückgreifen. Aus ihr entnehme ich
auch die Verteilung und Herkunft des Eisenbahnverkehrs.
Westfalen (Verkehrsbezirk 22 und 24) darf dem Verkehr auf
dem Dortmund-Emskanal: Schleuse zu Meppen, gegenübergestellt werden, während dem übrigen Wasserverkehr Emdens,
also abzüglich des Durchgangs an jener Meldestelle, der Bahnverkehr mit den benachbarten Landesteilen, Hannover, Oldenburg, Weserhäfen (Verkehrsbezirk 9 und 11), sowie Holland
(Verkehrsbezirk 61) entspricht. Bei einzelnen Gütern nötigt
der interne Verkehr auf dem Kanal (Steinkohlen, Steine), bei
anderen der Anteil der anderen Emshäfen Leer und Papenburg (Holz) zur Vorsicht; hier müssen andere Kombinationen
aushelfen, wie das die im Anhang beigefügte Tabelle am an-
schaulichsten macht.

Der Eingang seewärts, welcher 1903: 501400 t Güter
erreicht, erscheint als Ausgang mittels Eisenbahn und Wasserstraße zu 464400 t im Hinterlandverkehr Emdens. Davon entfallen nur 19200 t auf den Schienenweg, während die übrigen
445200 t durch die Binnenschiffahrt befördert werden, die somit 95,9% dieses Verkehrs bewältigt. Die Abnahme des Bahnversands gegen 1902 (21200 t) findet sich in noch erhöhtem
Maße bei dem Bahnverkehr aller Emshäfen wieder: 89200 t
1903 gegen 110000 t 1902. Für sie insgesamt darf der Anteil des Wasserwegs auf etwa 84% 1903 und 77% 1902[1])

---

[1]) Emden ab zu Tal und Berg, Leer ab zu Berg: 1902: 366900 t,
1903: 472500 t.

geschätzt werden. Zugleich ist ersichtlich, daß die Abnahme des bahnwärtigen Empfangs nach der Eröffnung des Kanals einsetzt, indem sein höchster Stand in das Jahr 1898 mit 126600 t fällt. Mehr als die Hälfte der Eisenbahnabfuhr verbleiben in der nächsten Umgebung. Seit 1898 schwankt die Menge der auf diesem Wege nach Hannover, Oldenburg, Holland abgesetzten Waren zwischen 61900 t (1900) und 50400 t (1903). Ungefähr die gleichen Summen führt die Flußschiffahrt hierhin aus, wurden doch im letzten Jahre allein zu Tal 40500 t abgefertigt, die überwiegend über Delfzyl nach Groningen und dem entfernteren Holland bestimmt waren. Der Bahnversand nach Westfalen ist unter der Konkurrenz der Wasserverbindung absolut von 58900 t 1898 stetig bis auf die Hälfte: 24300 t 1903 gesunken, wogegen der Durchgang bei Meppen zu Berg rasch von 178200 t 1900 auf 490300 t stieg. . Über diese Provinz hinaus erstreckt sich der Absatzkreis der Emshäfen nicht, selbst in das Rheinland (Verkehrsbezirk 23, 25—28) gelangen nur 7400 t per Schienenweg. Die Nähe der Rheinisch-Westfälischen Kohlengruben hat eine Kohleneinfuhr, welche in Bremen und besonders in Hamburg wertvoll genug ist, bei Emden vollständig zum Schwinden gebracht, indem in dem letzten Jahre höchstens 4000 t seewärts herangebracht sind[1]). Die höhere, fast ganz vom Wasserweg übernommene Abfuhr landwärts[2]) beruht in der Hauptsache auf der Zufuhr aus dem Ruhrrevier. Von der Gesamteinfuhr bestehen $\frac{2}{5}$ aus schwedischem Eisenerz: 1903: 213900 t, das vollständig auf dem Dortmund-Emskanal nach Westfalen weiterverfrachtet wurde[3]); ganz ausnahmsweise beteiligte sich die Bahn 1902 mit 3000 t nach Westfalen und dem Rheingebiet. Wenn auch die Verladungen auf dem Wasserwege eine günstige Entwicklung aufweisen: 1900: 46300 t[4]), so ist der Bereich Emdens doch ganz auf die Versorgung der Dortmunder Werke (Union) beschränkt geblieben[5]). Es ist dies der einzige Betrieb, der unmittelbar

---

[1]) Steinkohlen und -koks: 1900: 4300 t, 1903: 3600 t.
[2]) 1903: 9300 t, davon 94,2%.
[3]) Emden ab: 205600 t, Meppen zu Berg 212400 t.
[4]) Meppen durch zu Berg.
[5]) Dortmund an: 1900: 42200 t; 1902: 135700 t; 1903: 207200 t.

am Kanal gelegen ist. Schon für Hüttenwerke in der Nähe Dortmunds, z. B. das Eisen- und Stahlwerk Hösch, ist mit rund 3 Mk. Fracht infolge der Refaktien der niederländischen Eisenbahnen jeder Vorsprung hinsichtlich der Billigkeit ausgeglichen, und bei gleichen Kosten hat der Bahntransport über Holland den Vorzug größerer Schnelligkeit[1]). Da beim Import von Roheisen immer eine Anschlußfracht erforderlich ist, scheidet die Wasserstraße ganz aus, und der Schienenweg ist außer stande, mit Bremen und der Rheinmündung zu konkurrieren[2]). Das gleiche trifft für die Einfuhr von verarbeitetem Eisen aller Art zu, bei welchem der Bahnversand der Emshäfen im letzten Jahr nur 4700 t erreicht, wovon die Hälfte in der Umgebung untergebracht wurde[3]); auch hier ist die Eisenbahn auf weitere Entfernungen nicht konkurrenzfähig. Als die am Kanal belegenen Eisenwerke 1900 einen regen Bedarf nach ausländischem Halbzeug hatten, befriedigte ihn der Wasserweg zu 3400 t[4]), welche Menge mit dem Aufhören dieser Nachfrage auf minimale 900 t zurückging[5]). Bei Massengütern trägt der Schienenweg nur in Holz, dem Artikel, in welchem die Emshäfen einen lebhaften Eigenhandel betreiben, zur Verteilung ins Industriegebiet bei. Im letzten Jahre wurden in Emden 14 800 t, in Leer 22 400 t, in Papenburg 15 800 t, insgesamt 53 000 t aus den Ostseehäfen und Norwegen importiert. Der Gesamteingang wird erheblich höher sein, denn der Ausgang der Emshäfen in das Hinterland beziffert sich auf 83 200 t, von denen die Eisenbahn 35 700 t beförderte. Nach Westfalen gelangten 20 000 t, nach den Rheinlanden nur 3300 t. Demgegenüber betrug der Wasser-

---

[1]) Obige Firma hat bezahlt für den Transport schwedischer Eisenerze von Amsterdam nach Emmerich (125 km) 0,77 Mk. p. t., rechnet man hierzu den Frachtsatz Emmerich-Dortmund (100 × 2,2) so ergeben sich rund 3 Mk., die gleichen Kosten über Emden: Kanalfracht (2,35 Mk.) + Bahnfracht (60—70 Pfg.) = rund 3 Mk.

[2]) Emshäfen ab 1903: Roh- und Brucheisen 1800 t, davon Verkehrsbezirk 9—11, 61: 700 t.

[3]) Verkehrsbezirk 9—11, 61: 2000 t.

[4]) Meppen durch zu Berg.

[5]) Emden ab zu Berg; Dortmund an zu Berg 1000 t 1903.

versand in Emden und Leer zu Berg 47500 t = 57,1%, und
da 38200 t über Meppen hinaus gefahren werden, hat er im
Fernverkehr bedeutend die Oberhand erlangt. Dem Wettbewerb der Rheinhäfen und dem vermehrten Bahnverkehr der
Weserhäfen[1]) hat indessen die Emsmündung nicht widerstehen
können. Ihr bahnwärtiger Versand verzeichnet seit 1900:
51800 t in allen Richtungen, vor allem aber nach Westfalen
einen erheblichen Rückgang[2]), und wenn die Einfuhr nicht
mehr als um 20000 t (1900: 73500 t)[3]) sank, so verdanken
es die Emshäfen der Steigerung des Wasserverkehrs (1900:
33600 t = 39,4%), der im Gegensatz zur Eisenbahn die frühere
Höhe im Verkehr mit Westfalen behauptet hat[4]). An sonstigen
geringwertigen Massengütern fehlt es der Einfuhr vollständig.
Der kleine Ausgang an Steinen und Steinwaren mit 4600 t
1903 wird zur Hälfte (48,4%) von der Binnenschiffahrt bewältigt, die ihre Transporte über Meppen hinaus sendet, während die Bahn nur den lokalen Bedarf befriedigt[5]). Da bei
Düngemitteln ein Umschlag am Endpunkte erforderlich ist,
versagt der Kanal hier völlig. Nachdem die 1900 versuchte
Spedition auf dem Bahnwege (2400 t) aufgegeben ist, muß
Emden diesen Artikel völlig den Nachbarhäfen überlassen.
Mehr Glück hat es dagegen in der Einfuhr von Getreide gehabt, weil infolge des durch hohe Tarife erschwerten Bahnversands ab Bremen der Dortmund-Emskanal den Emshäfen
einen Vorteil gewährt, ebenso kamen ihnen die Wasserverbindungen nach Holland zu nutze, wurden doch von der 1903:
212000 t betragenden Getreideeinfuhr, das sind ²/₅ der gesamten
seewärtigen Einfuhr Emdens, allein 52000 t über Delfzyl[6])
dorthin verschifft. An erster Stelle steht die Gersteneinfuhr mit
112400 t. Die unglaubliche Flüchtigkeit, mit welcher an den

---

[1]) Weserhäfen ab nach Verkehrsbezirk 22—28: 1890: 15000 t, 1900;
41600 t, 1903: 50400 t.
[2]) Verkehrsbezirk 22 und 24: 1900: 26800 t, 1903: 19800 t.
[3]) Davon Emden 31900 t.
[4]) Meppen zu Berg 1900: 42100 t.
[5]) Emden ab 2200 t; Meppen zu Berg 2500 t, Emshäfen bahnwärts
gesamt 2400 t, davon Verkehrsbezirk 9—11, 61: 1500 t.
[6]) Fürbringer a. a. O. S. 408.

Notierungsstellen zu Emden und Meppen die Unterscheidung von Gerste und „anderen Getreiden und Hülsenfrüchten" bei der Notierung des Binnenschiffahrtsverkehrs bewerkstelligt zu werden scheint[1]), zwingt dazu, den Hinterlandverkehr zusammen mit jenen Artikeln zu betrachten. Da aber hiervon nur 7600 t Mais seewärts angebracht werden, so umfassen jene Ziffern fast ausnahmslos Gerste. Der Schienenweg führt an beiden Gütern nur ganz geringe Quantitäten nach der Umgebung aus, so an Gerste 7700 t, an Mais etc. 2100 t, so daß der Wasserstraße sicher über 90 % der Verteilung gebühren. Außer den beachtenswerten Mengen, die talwärts an Gerste nach Holland verfrachtet werden: 1903: 26 500 t, gehen die Transporte vollständig über Meppen hinaus nach Westfalen, wo die Ausbreitung Emdens auf Kosten der Rheinhäfen erst nach dem Jahre 1900 [2]) eingetreten ist. An dem Ausgang des weiteren Getreides, des Hafers, dessen seewärtige Einfuhr (1903: 12 900 t) zur Hälfte, nämlich zu 6100 t, an das Hinterland abgegeben wird, ist der Kanal in einem ähnlichen Verhältnis (83,9 %) beteiligt. Der minimale Bahnverkehr bleibt in der Nähe, wogegen die Wassertransporte nach dem Industriegebiet bestimmt sind [3]). Die Einfuhr von Weizen (1903: 40 900 t) wird, soweit sie unverarbeitet weiterversandt wird,

---

[1]) So werden von Emden zu Berg abgemeldet:

	1902	1903
an Gerste .	33 500 t	120 900 t
an anderem Getreide etc.	54 200 „	1 600 „
Zusammen:	127 700 t	122 500 t

Dagegen gehen bei Meppen zu Berg:

	1902	1903
an Gerste	19 300 t	33 800 t
an anderem Getreide etc.	64 000 „	98 800 „
Zusammen:	83 000 t	132 600 t

[2])

1900

Gegen	3 100 t	an Gerste
„	12 200 „	„ anderem Getreide etc.
	15 300 t	

Der Versand Bremens ist nach wie vor minimal.

[3])

| Emden ab: | 5100 t |
| Meppen zu Berg | 8600 „ |

d. h. zu ³/₄, ganz (99,6 %) vom Wasserweg übernommen; abgesehen von 2300 nach Holland über Delfzyl verfrachteten Tonnen richtete sich die Ausfuhr nach Westfalen [1]). Die 36 600 seewärts empfangenen Tonnen Roggen erscheinen zur Hälfte (17 700 t) im Hinterlandsverkehr wieder. Hierfür liegt das Absatzgebiet mehr in den benachbarten Bezirken. Dorthin führt die Eisenbahn 4300 t aus, und auch die Binnenschiffahrt vermag nur mit etwa 7200 t nach Dortmund [2]) vorzudringen, ist also für die Hälfte ihres Versands, der 13 300 t = 75,4 % beträgt, ebenfalls auf die Provinz Hannover und Holland angewiesen. Nach letzterem Land gingen beispielsweise 1902: 8700 t talwärts ab. In Mehl und Mühlenfabrikaten erreicht der Versand land- und flußwärts etwa 2000 t, wobei sich die Wasserstraße im Versand nach Westfalen lebhaft beteiligt. Wegen der Geringfügigkeit des Verkehrs sind die Schwankungen ihres Anteils (1902: 45,7 %, 1903: 5,0 %) wohl zumeist zufälliger Natur, falls sie nicht gar allein auf der verschiedenen Genauigkeit in der Anschreibung beruhen [3]). Dasselbe gilt vom ebenfalls kleinen Ausgang an Fetten und fetten Ölen (1902: 2900 t), doch beweisen die konstanten Zahlen des Dortmunder Empfangs [4]) gegenüber den gleichmäßig niedrigen Bahnausgängen, daß er ganz überwiegend auf dem Kanalwege vor sich geht. Ausschließlich wird der Petroleumverkehr aus Bremen durch die Wasserstraße bedient (1903: 4900 t Meppen zu Berg), deren Transporte fast ausnahmslos den Kanal bis Dortmund benutzten [5]), wie das auch bei dem gleichgerichteten Verkehr in Harzen, Teer etc.

---

[1])   Emden ab zu Berg   27 900 t
         Meppen durch zu Berg . .   28 200 „
[2]) Dortmund an zu Berg 1903; die niedrigeren Ziffern für Meppen sind unzuverlässig.
[3]) Die Notierungen bei Dortmund dürfen nicht auf die Emshäfen bezogen werden, da sie dem Empfang von heimischen Mühlen zuzurechnen sind, die das auf dem Wasserwege eingeführte Getreide zum Teil verarbeiten.

		1902	1903
[4])	Dortmund an zu Berg .	2300 t	2700 t
	Emshäfen ab gesamt	320 „	270 „

[5]) Dortmund an 1903: 4100 t.

(1100 t 1903) der Fall ist[1]). Andererseits vollzieht sich die
ebenso mäßige Fischabfuhr auf dem Bahnwege, indem auf
dem Kanal in Dortmund nur etwa 400 t Heringe etc. eintrafen,
während die Emshäfen auf dem Bahnwege im gleichen Jahre
(1903) 4700 t verschickten, von denen über die Hälfte in Hannover, Oldenburg etc. abgesetzt wurde. Der einzige Artikel,
in welchem sie das Absatzfeld wesentlich nach Osten und Süden erweitert haben, ist Gemüse, das 1900 zu 12800 t auf
dem Schienenwege verschickt wurde. Allein dieser Versand
steht in keiner Beziehung zum Seeverkehr, sondern ist lediglich das Produkt der heimischen Landwirtschaft.

Dem Ausgang seewärts, der für 1903 schon auf 283100 t
angegeben wurde, entspricht ein Empfang binnenwärts in der
Höhe von 374100 t, von denen 265500 t, also 71,0% auf dem
Wasserwege eintreffen. Ein kleiner Bruchteil dieses letzteren
Eingangs, nämlich 28300 t, geht bergwärts aus dem holländischen Kanalnetz ein; er besteht völlig aus Baumaterial für den
Bedarf Emdens (Steine, Mauersteine etc.). Berücksichtigen wir
den gesamten Hinterlandverkehr der Emshäfen, der sich auf
567100 t 1903 beläuft, so erniedrigt sich hierfür der Anteil
der Binnenschiffahrt mit 303000 t[2]) auf 53,4%, da der Bahnempfang wegen der großen Kohlenanfuhr nach den übrigen
Hafenplätzen mehr als das doppelte Quantum wie der Emdener[3])
beträgt. Diese Differenz dient jedoch beinahe ganz dem heimischen Konsum, da jene Häfen keine 5000 t Steinkohlen und
-koks auf dem Seewege ausführen. Wie beim Versand tritt
auch beim bahnwärtigen Empfang nach der Eröffnung des Dortmund-Emskanals eine Senkung ein (1898: Emshäfen 185500 t;
1900: 163400 t). Sie ist jedoch vorübergehend, denn seit 1902
ist die Bahnzufuhr in langsamer Steigerung begriffen. Dieselbe
beruht zum Teil allerdings auf der vermehrten Anfuhr aus den
angrenzenden Gebieten Hannovers, Oldenburgs und Hollands[4]),
die ebensowenig wie die entsprechenden Wasserzufuhren dem
Seeverkehr dient, sondern als Nahrungsmittel oder Bau- und

---

[1]) Dortmund an 1903: 900 t.
[2]) Emden an zu Tal und Berg, Leer an zu Tal.
[3]) Emden 1903: 108600 t; Weserhäfen 264100 t.
[4]) Verkehrsbezirk 9 und 11, 61: 1898: 29100 t; 1903: 49600 t.

Brennstoff den Platzbedarf befriedigt. Im Verkehr mit Westfalen ist die Steigerung weit kleiner, in dieser Richtung übertrifft der Empfang des letzten Jahres mit 150800 t den Stand
von 1898 (123200 t) nur um ein geringes. Der Eingang aus
den Rheinlanden schreitet stetig fort, erreicht aber 1903 noch
keine 50000 t[1]). Damit ist der Verkehrsbereich der Emshäfen
völlig umschlossen; demnach stützen sie ihre Ausfuhrtätigkeit
lediglich auf das rheinisch-westfälische Industriegebiet, und aus
der Entwicklung des Durchgangs zu Meppen geht hervor, daß
sie in wachsendem Grade vom Wasserweg getragen wird. Beschränkt sich schon die Einfuhr seewärts auf wenige Güter,
so trifft dies bei der Ausfuhr in noch höherem Maße zu. Es
sind eigentlich nur Kohle und Eisen, die beiden Erzeugnisse
des obengenannten Hinterlandes, die ihren Weg über Emden
nehmen. Mit 185800 t in Emden und 4800 t in Leer werden
²/₃ der Ausfuhr durch Kohlen und Koks ausgefüllt, welche
nach den preußischen Ostseehäfen (Kratzwiek) versandt wurden.
An dem Eingang binnenwärts beteiligte sich der Wasserweg
etwa zur Hälfte (145900 t = 49,9% 1903). Gleich dem Wasserverkehr stammt der Empfang mittels Eisenbahn vorwiegend
aus Westfalen; nur 20100 t der bahnwärts eingetroffenen
146500 t entfallen auf das Rheingebiet[2]). Daneben erreicht
die Ausfuhr von verarbeitetem Eisen nicht mehr als 62100 t.
Es handelt sich hier ausschließlich um den Export von Eisen-
bahnmaterial und Platten, Blechen etc. nach Tsingtau und
Schantung. Die Eisenbahn liefert im ganzen nur 24100 t
Eisenwaren in allen Emshäfen an, davon je 11000 t aus Westfalen und dem Rheinland. Folglich fällt dem Kanal an dem
Empfang von 67700 t 1903 mit 64,5% die größere Hälfte zu.
In beiden Fällen erstreckt sich das Verkehrsgebiet der Wasserstraße nicht über die ohne Umladung erreichbaren Produktionsstätten hinaus. Bei Eisenfabrikaten sind ihm nicht einmal diese
Gebiete sicher. Durch die Refaktien und die Rheinstraße sind
dem Emswege manche große Transporte der Dortmunder Union
entgangen[3]). Die kleine Ausfuhr der Emshäfen an Stroh-

---

[1]) Verkehrsbezirk 23, 25—28: 1898: 24400 t; 1903: 47200 t.
[2]) Verkehrsbezirk 23, 25—28.
[3]) Fürbringer a. a. O. S. 410.

pappe, Papier etc., insgesamt 8800 t 1903, basiert vollständig auf der dort ansässigen Industrie [1]). Andererseits erreicht die Durchfuhr an Steinen aller Art bei Meppen zu Tal (1903: 21600 t) nur zum geringsten Teil die Strommündung. Was davon in Emden zu Tal eintrifft (9700 t) wird wie die größere Einfuhr aus Holland zu Berg (22400 t) vom lokalen Baugewerbe verbraucht, so daß der Anteil der Binnenschiffahrt an diesen Artikeln (81,9%) nicht für den Seeverkehr in Betracht kommt [2]).

Danach steht der Seeverkehr in dem innigsten Abhängigkeitsverhältnis zur Binnenschiffahrt, wobei der Eisenbahn im großen und ganzen eine ausgleichende und ergänzende Tätigkeit zukommt [3]), so daß hierin der westlichste Seehafen des Deutschen Reiches mit Memel, dem östlichsten Platz, auf einer Stufe steht. Beide Häfen bedienen sich überdies im lokalen Austausch weitverzweigter Wasserverbindungen. Der große Unterschied liegt aber in der grundverschiedenen Leistungsfähigkeit der Wasserstraße für den Fernverkehr und dem wirtschaftlichen Zustande dieses Hinterlandes, welche beide Faktoren eben für Emden eine stetige Verkehrsentwicklung in Aussicht stellen. Natürlich bietet die Verkehrszunahme des Dortmund-Emskanals in der ersten kurzen Zeit seines Betriebs, in welche obendrein die Eröffnung des Emdener Seehafens fällt, hierfür durchaus keinen Maßstab. Jedoch läßt sich jetzt schon ein Bild von dem Wirkungskreis dieser neuen Wasserstraße zusammenstellen. Nach Westen zu ist jeder Wettbewerb gegenüber der Rheinstraße bis in die Gegend zwischen Gelsenkirchen und Herne ausgeschlossen [4]). Der Einfluß der holländischen und belgischen Häfen reicht indessen noch viel näher an den Kanal heran, und selbst direkt am Wasser belegene Eisenwerke schwanken im Export zwischen beiden Wegen. Ebenso reicht der Bereich des Dortmund-Emskanals kaum weiter nach Süden. Im Hagener, Iserlohner und Siegener Bezirk erweist sich die

---

[1]) Eingang bahnwärts: 1000 t.

[2]) Ganz unbedeutend ist der Empfang an Roheisen, von welchem 1903: 3600 t bahnwärts angebracht wurden.

[3]) Palmgrên a. a. O. S. 122. Fürbringer a. a. O. S. 409.

[4]) Fürbringer a. a. O. S. 410.

Rheinschiffahrt ab Ruhrort-Duisburg noch immer übermächtig, was allerdings zum Teil alter Verbindungen und der Gewohnheit wegen geschehen mag[1]). Nur gegen Osten dehnt sich das Verkehrsgebiet der Emshäfen etwas weiter seitwärts von der Wasserstraße aus, weil ihnen eben die deutschen Nordseehäfen nicht mittels ähnlich leistungsfähiger Wasserwege wie die Rheinmündungshäfen Konkurrenz bereiten können. Trotz der für die ersten fünf Jahre besonders niedrig bemessenen Befahrungsgebühren beschränkt sich demnach der Einfluß des Kanals im besten Falle auf einen schmalen Streifen zu beiden Seiten seines Laufs. Obwohl Emden in wichtigen Eisenbahntarifen mit Bremen gleichgestellt ist, hat es dem Wettbewerb der östlichen Nordseehäfen auf dem Schienenweg gar nicht begegnen können. In dieser Beziehung hat allein der Bahnbezug von Steinkohlen an Umfang gewonnen, weil hier die Binnenschiffahrt durch ihre Transporte mit einem Massenverkehr die Grundlage für den Export abgab. Nach diesen Erfahrungen ist es fraglich, ob selbst eine tarifarische Begünstigung gegenüber Hamburg und Bremen[2]), wie solche neuerdings im Kohlenverkehr als Anfang eingeführt worden ist, wesentliche Erfolge erzielen kann. Auch der Wasserweg kommt selbst innerhalb seines engen Wirkungsfeldes nur in geringwertigen Massengütern und den wenigen höherwertigen Einfuhrgütern (Getreide), welche von der Ausnahmetarifierung unberührt sind, gegen die Konkurrenz der benachbarten Nordseehäfen auf. In den wenigen höherwertigen Artikeln, die wie Kolonialwaren, Fette und Petroleum den neuen Kanal benutzen, ist Emden keineswegs selbständiger Seehafen, indem es den Häfen der Weser und Elbe, namentlich Bremen, gelungen ist, ihr auf den eingelebten Handelsverbindungen und den vielseitigen Schiffahrts-

---

[1]) Martens, Syndikus zu Dortmund: Die wirtschaftlichen Interessen von Rheinland und Westfalen und der Dortmund-Emskanal, Zeitschrift für Binnenschiffahrt 1904, S. 416.

[2]) Es ist wohl mehr als bloßer Zufall, daß die preußische Tarifpolitik da ihren gewohnheitsmäßigen Grundsatz, die deutschen Hafenplätze gleich zu behandeln, kurzerhand aufgibt, wo es sich um den Wettbewerb mit einer modernen Wasserstraße handelt, ebenso wie sie in demselben Fall den höheren Grundsatz verläßt, die deutschen Seehäfen zu fördern.

verkehr beruhendes Übergewicht zu benutzen, um sich durch die sofortige Organisation eines Seeleichterdienstes die geringen Vorteile der neuen Wasserstraße für diese Artikel zu sichern. Nun ist der Dortmund-Emskanal zweifelsohne keine als Selbstzweck gebaute Wasserverbindung, und schon das Gesetz vom 9. Juli 1886, § 1, bezeichnet ihn als eine Teilstrecke des Kanals, welcher bestimmt ist, den Rhein mit der Ems, Weser und Elbe zu verbinden, er sollte, um das regierungsseitig angewandte Schlagwort (Denkschrift von 1892) zu wiederholen, zur „Schaffung einer deutschen Rheinmündung" dienen. Allein es ist durchaus nicht sicher, ja sogar unwahrscheinlich, daß dieser Plan, wie er nun tatsächlich als Hannover-Rheinkanal zur Ausführung kommen soll, die ihm zugeteilte Aufgabe erfüllen wird. Für diese Ansicht spricht die zähe Ausdauer, mit welcher Emden, das nach obiger Meinung der Regierung gerade die größten Vorteile erwarten sollte, sich gegen eine Verbindung mit dem Rhein wehrt. So schreibt die Handelskammer für Ostfriesland und Papenburg im Jahresbericht für 1900, S. 12/13: „Es muß die schwersten Bedenken erregen, daß in dem Rhein-Weser-Elbekanal ein Projekt aufgetaucht ist, das die holländischen Häfen und namentlich Rotterdam vermöge des Dortmund-Rheinkanals mit dem rheinisch-westfälischen Industriegebiet in eine bessere Verbindung bringt, und damit in nationaler Beziehung das gerade Gegenteil von dem bewirkt, was der Dortmund-Emskanal hat leisten sollen". Diese Besorgnis hatte sich sogar in diesen Kreisen zu dem heute gegenstandslosen Plan verdichtet, statt der gefürchteten Strecke Dortmund-Rhein einen künstlichen Wasserweg von Ruhrort nach der mittleren Ems zu bauen[1]). Und solange der Rheinstrom abgabenfrei ist, ist die Befürchtung Emdens sicher gerechtfertigt. Es muß damit gerechnet werden, daß die großen Rheinhäfen voraussichtlich sich über Dortmund hinaus geltend machen werden; so nehmen die interessierten Kreise Rotterdams ganz allgemein an, ihren Einflußbereich bis etwa Münster ausdehnen zu können[2]). Infolgedessen läge nur die Möglich-

---

[1]) Über diese Eingabe des Magistrats und Bürgervorsteherkollegiums der Stadt Emden vgl. Jahresbericht Bremen 1901, S. 66.

[2]) Wiedenfeld a. a. O. S. 347.

keit vor, daß der Hannover-Rheinkanal den Verkehrsbereich der Emshäfen gegen Osten ausdehnen könnte. Dies ist nicht von der Hand zu weisen, und zwar würde es hauptsächlich auf Kosten Bremens erfolgen, dem eine gleich leistungsfähige Wasserverbindung versagt worden ist. Wenn man den für unsere Betrachtung maßgebenden Zweck des Dortmund-Ems-kanals darin erschöpft sieht, den Seeverkehr der alten, durch die Ungunst der Verhältnisse zurückgegangenen Seehandels-plätze an der Ems zu neuem Aufblühen zu bringen[1]), so ist er durch ihn erfüllt und wird es noch mehr durch den be-schlossenen Kanal werden. Ein Welthafen neben Bremen und Rotterdam etc. wird Emden allerdings nie werden, dafür sorgt schon die Konkurrenz des hinsichtlich Schnelligkeit und Billig-keit weit überlegenen Rheinstroms[2]). Eine andere Frage ist es[3]), ob überhaupt eine Ausdehnung Emdens vom Standpunkte der deutschen Seeschiffahrt wünschenswert ist. Eine derartige Erweiterung wäre nur durch weitgehende Tarifermäßigung er-reichbar, und müßte völlig auf Kosten Bremens erfolgen. Dann würden zwei kleinere Häfen an die Stelle des heutigen einen Welthafens treten, durch welche Zersplitterung das Über-gewicht Hamburgs eine unnötige Steigerung erfahren würde; dies ist auch darum nicht wünschenswert, weil die Rivalität der beiden qualitativ miteinander Schritt haltenden Handelsplätze dem ganzen Hinterlande zu gute kommt, während andererseits das Beispiel Frankreichs warnend zeigt, daß kleinere Häfen leicht in Abhängigkeit von den nahen ausländischen Großhäfen geraten. Sehen wir also nun zu, wie sich die Verkehrsgestal-tung dieser Hafenplätze, Amsterdam, Rotterdam und Antwerpen auf die Binnenschiffahrt, insbesondere den Rheinverkehr, stützt.

---

[1]) Palmgrên a. a. O. S. 79.

[2]) Nach Fürbringer a. a. O. S. 410 beansprucht die Fahrt von Emden nach Herne (266 km) mindestens 5 Tage, die Strecke Rotterdam Ruhrort dagegen bei 214 km nur 29 Stunden. Für Eisenerz beträgt in diesen Richtungen der Vorsprung des Rheins etwa 1 Mk. p. t. (1,25 Mk. gegen 2,35 Mk.). Die Meinung, daß die Konkurrenz der holländischen und belgischen Häfen einen nennenswerten Verkehr in Emden überhaupt nicht entstehen lassen würde — welcher Lehmann-Felskowsky a. a. O. S. 30 entgegentritt —, ist meines Wissens nie ernsthaft gehegt worden.

[3]) Wiedenfeld regt sie a. a. O. S. 348 an.

c) Die Rheinmündungshäfen, insbesondere im Verkehr mit dem deutschen Hinterland

Als am Anfang des Abschnittes über die Beziehungen zum Hinterland der Schwierigkeiten gedacht wurde, den Güterverkehr der Seehäfen erschöpfend zahlenmäßig zu erfassen, ist bereits die Lückenhaftigkeit des statistischen Materials betreffend die holländischen und belgischen Häfen konstatiert worden. In Bezug auf den Seeverkehr liegen nur für Rotterdam einigermaßen ausreichende Daten vor. Die spärlichen Ausweise der Rotterdamer Handelskammer finden eine wertvolle Ergänzung und teilweise Korrektur durch die äußerst sachkundigen, ausführlichen Konsularberichte des dortigen rumänischen Generalkonsuls, Gust. H. Müller[1]). Bei Antwerpen ist allein die Gesamtmenge des seewärtigen Ein- und Ausgangs bekannt, denn in den Einzelnachweisen[2]) ist der See- und Binnenschiffahrtsverkehr als: „Trafic total par mer, canaux et rivières" zusammengefaßt. Für Amsterdam fehlen sogar diese Schlußziffern, und die Angaben über den Generalimport und Generalexport gestatten ähnlich wie die Jahresberichte Antwerpens nur in den Fällen Folgerungen hinsichtlich des Seeverkehrs, wo die Natur der Ware die seewärtige Richtung des Verkehrs anzeigt, wie das insbesondere bei der Einfuhr tropischer Produkte zutrifft, oder wo die Berichte diese Richtung ausdrücklich bemerken. Im Gegensatz zu Rotterdam und Antwerpen, die den Eisenbahnempfang und -versand nur im ganzen anschreiben, wissen wir über den Bahnverkehr Amsterdams wenigstens die Zusammensetzung nach den hauptsächlichen Gütergruppen, wobei allerdings die verschiedene Ausgliederung der Verkehrsstatistik bei den beiden großen, den Hafen der Zuidersee bedienenden Bahngesellschaften[3]) manchmal Ungelegenheiten bereitet. Der Gesamt-

---

[1]) Rapport Consulaire sur l'année 1903, 1904 par Gust. H. Müller, Consul Général de Roumanie à Rotterdam.

[2]) Chambre de Commerce d'Anvers, Mouvement . . . de la place d'Anvers, Rapport sur l'exercise 1903.

[3]) Holländische Eisenbahngesellschaft und Gesellschaft für den Betrieb der Staatsbahnen.

güterverkehr der Rheinmündungshäfen auf den Binnenwasserstraßen entzieht sich jeder Kontrolle [1]); nicht mehr als der
Raumgehalt der eingetroffenen Binnenfahrzeuge ist für die drei
Plätze bekannt. Besser unterrichtet sind wir über den Verkehr mit dem deutschen Hinterland, der uns ja auch in erster
Linie zu beschäftigen hat. Die holländischen Anschreibungen
zu Lobith sondern den Rheinverkehr Rotterdams und Amsterdams aus. Der Mangel, daß alle belgischen Häfen zusammengefaßt werden, ist weniger fühlbar, weil sich der betreffende
Verkehr überwiegend mit dem Haupthafen Antwerpen vollzieht; während z. B. im Jahre 1902 vom Talverkehr zu Lobith
1 848 400 t nach Belgien bestimmt waren, empfing nach dem
„Tableau général du commerce avec les pays étrangers" Antwerpen mittels Fluß- und Kanalschiffahrt vom Deutschen
Reiche 1 357 500 t = 73,4 %, umgekehrt waren 838 000 t von
diesem Hafen nach Deutschland abgemeldet, das sind 60,3 %
des Bergverkehrs belgischer Häfen über Lobith (1 390 400 t).
Für die meisten Handelsgüter ist das Übergewicht Antwerpens
noch bedeutsamer als in diesen Zahlen zum Ausdruck gelangt.
Man kann behaupten, daß sich hier der gesamte Rheinverkehr
Belgiens mit Ausnahme von Kohlen und Eisen konzentriert.
In weit geringerem Maße gilt dies vom Eisenbahnverkehr
Belgiens und Hollands mit dem Deutschen Reiche, wie er in
der „Statistik der Güterbewegung auf deutschen Eisenbahnen"
dargestellt wird. Nur bei überseeischen Produkten ist jeder
Zweifel über die Beteiligung der Seehäfen ausgeschlossen; obiges
Zahlenwerk ist jedoch die einzige Quelle, um über die Ausgestaltung des Einflußbereichs der Rheinmündungshäfen mittels
des Schienenwegs Anhaltspunkte zu gewinnen. Über das Verhältnis der Anschreibungen von Lobith und Emmerich ist
bereits das nötige gesagt. Da sich der Wasserverkehr der
mittel- und oberrheinischen Häfen mit Ausnahme von Steinkohlen, Eisen und Steinen bergwärts und Holz talwärts praktisch fast ganz mit den Mündungshäfen vollzieht, so kann für

---

[1]) Jedoch ziehe ich die deutschen Anschreibungen zur Kontrolle und
Korrektur heran, wenn sie sich in besserer Übereinstimmung mit den
Aufzeichnungen des Ortsverkehrs am deutschen Rhein befinden.

alle anderen Güter eine Dreiteilung des Rheingebiets eintreten.
In den Verkehrsbezirken 29—36 wird der Eisenbahnverkehr
Hollands und Belgiens mit Süddeutschland erfaßt, während
deren Wasserverkehr vor allem als Ortsverkehr Mannheim-
Ludwigshafens erscheint. Daneben kommt in sehr bescheidenem
Umfange noch der Verkehr des Hafens von Worms in Betracht.
Die Plätze oberhalb der Neckarmündung, wie Rheinau, Speyer,
Maxau (Karlsruhe), Kehl und Straßburg unterhalten mit dem
Niederrhein einen direkten Verkehr nur in Gütern, welche, wie
Kohlen und Eisen, in keiner Beziehung zur Seeschiffahrt stehen [1]).
Auch nach der Regulierung des Oberrheins vollzieht sich sein
Wasserverkehr mit den Mündungshäfen weitaus überwiegend
im Umschlag in Mannheim-Ludwigshafen, so daß der Hafen-
verkehr obiger Plätze in den wenigsten Fällen neben dem von
Mannheim-Ludwigshafen in Anrechnung gebracht werden darf,
sondern ihm meistens als dessen Hinterlandverkehr unter-
geordnet werden muß [2]). Das gleiche gilt in noch höherem
Maße für den Neckarverkehr, der fast ausschließlich in Mannheim
entsprechend in die Erscheinung tritt [3]). Haben wir so im Verkehr mit dem Neckar und Oberrhein den Hinterlandsverkehr der
Hafengruppe an der Neckarmündung kennen gelernt, soweit er
sich des Wasserwegs bedient — Mannheim und Ludwigshafen sind
eine wirtschaftliche Einheit [4]) und müssen dementsprechend
zusammen betrachtet werden —, so zeigt uns die Eisenbahngüterstatistik die bahnwärtige An- und Abfuhr dieser Häfen
(Verkehrsbezirk 34). Es liegt am nächsten, diesen Bahnver-

---

[1]) Für den Talverkehr dieser Plätze in Holz bietet der Durchgang
auf dem Rhein bei Mannheim einen guten Maßstab.

[2]) Mannheim-Ludwigshafen an zu Tal, resp. ab zu Berg (Rhein).

[3]) Mannheim (Neckar ab zu Berg resp. an zu Tal) bei Holz und
Salz auch durch zu Tal.

[4]) Wie dies richtig in der Eisenbahngüterstatistik geschieht. Die
Jahresberichte der Zentralkommission für die Rheinschiffahrt und die
Reichsstatistik betr. Binnenschiffahrt behandeln beide Häfen getrennt.
Diesem Umstand ist es wohl zuzuschreiben, daß W. Nasse: Der Rhein als
Wasserstraße (Schriften des Vereins für Sozialpolitik: Die Schiffahrt
der deutschen Ströme Bd. III, I. S. 171 ff.) Mannheim und Ludwigs-
hafen ganz getrennt behandelt, obwohl er vorher selbst (S. 164, 165) zu-
gesteht, daß sie in gewissem Sinne eine wirtschaftliche Einheit bilden.

kehr in einen linksrheinischen (Verkehrsbezirk 29—32) und
rechtsrheinischen (Verkehrsbezirk 33, 35 und 36) zu trennen
und die entfernteren Gebiete, so die Schweiz (Verkehrsbezirk 56)
und Österreich-Ungarn (Verkehrsbezirk 52—55), gegebenenfalls auch die Rheinprovinz links des Rheins (Verkehrsbezirk
26, 27) und Hessen-Nassau (Verkehrsbezirk 21) gesondert
auszuweisen. Im Verkehr des Verkehrsbezirks 21 mit Holland
und Belgien wird deren Eisenbahnverkehr mit dem mittelrheinischen Gebiet erfaßt, wogegen dessen Wasserverkehr
als Ortsverkehr von Bingen, Biebrich, Mainz, Gustavsburg und
Frankfurt a. M. ermittelt werden kann. Das Hinterland jener
Häfen ist statistisch nicht zu umgrenzen, bleibt aber, wie aus den
folgenden Angaben ersichtlich, im allgemeinen auf die Provinz
Hessen-Nassau und Oberhessen beschränkt. Der Wasserverkehr
des oberen Mainlaufs (Bayern) nimmt auch heute nur talwärts als
Flößerei größere Dimensionen an. Ebenso erweitert sich der
Verkehrsbereich dieser Hafengruppe mittels Schienenweg nur
bei wenigen Gütern, die selbstverständlich erwähnt werden,
nach Bayern (Verkehrsbezirk 36) und ganz vereinzelt nach
der Rheinprovinz (Verkehrsbezirk 27) und Thüringen (Verkehrsbezirk 19). Der Bahnverkehr der Rheinmündungsstaaten
mit dem Niederrhein wird als Verkehr des linksrheinischen
Gebiets, nämlich dieses Teils der Rheinprovinz (Verkehrsbezirk 26 und 27), sowie andererseits des rechten Ufers (Verkehrsbezirk 22, 23 und 25) und Westfalens (Verkehrsbezirk 24)
dargestellt. Ihr Wasserverkehr wird dagegen als Differenz der
Angaben zu Lobith resp. Emmerich und der angegebenen
mittel- und oberrheinischen Häfen und umgekehrt ermittelt.
Daneben wird hierfür der Ortsverkehr der niederrheinischen
Schiffahrtsplätze selbst herangezogen, also neben Koblenz,
Neuß und Wesel vor allem Ruhrort-Duisburg-Hochfeld,
Köln und Düsseldorf. Über ihre landwärtigen Beziehungen
liegen allein für die sogen. Rheinhafenstationen [1]) (Verkehrs-

---

[1]) Ruhrort-Duisburg-Hochfeld sind als Hafenkomplex unter allen Umständen zusammen zu betrachten. Es hängt sehr oft vom Zufall ab
(zeitweise Überfüllung der Ladeplätze oder der Bahnhöfe und Wahl
des Spediteurs), wohin die Waren dirigiert werden; gegen die getrennte

bezirk 28) Ausweise vor, die zur Kontrolle der entsprechenden Binnenschiffahrtsstatistik benutzt worden sind. In ihnen enthüllt sich jedoch auch die wichtige Tatsache, daß der Verkehrsbereich der niederrheinischen Häfen mit wenigen Ausnahmen auf das oben umgrenzte Gebiet (Verkehrsbezirk 22 bis 28) beschränkt ist; somit ist es richtig, den gesamten Wasserverkehr dieser Plätze auf das Gebiet des Niederrheins in Anrechnung zu bringen. Der einzige Bezirk in östlicher Richtung, in dem in bedeutendem Maße ein Einfluß der Rheinmündungshäfen nachweisbar ist, ist die Provinz Hannover und Oldenburg (Verkehrsbezirk 11), was gegebenenfalls dargelegt werden muß [1]).

Nachdem schon einleitend [2]) der Gesamtgüterverkehr zur See der drei Häfen erwähnt worden ist, nötigt die geschilderte Unvollkommenheit der statistischen Unterlagen, hier von der orientierenden Gegenüberstellung des Gesamtverkehrs auf Eisenbahnen und Wasserstraßen abzusehen und sofort in die Untersuchung der einzelnen Güter einzutreten. Dann erst können die lückenhaften Gesamtausweise dazu dienen, die Anschauung von der Bedeutung Amsterdams, Rotterdams und Antwerpens zu klären, sowie im besonderen die Stellung der Binnenschiffahrt zum Seeverkehr dieser Handelszentren zu beleuchten.

α) Der Verkehr der holländischen und belgischen Rheinmündungshäfen in den wichtigsten Gütern

αα) Die Einfuhr seewärts

Weil das Rheingebiet mit seiner ausgiebigen Steinkohlenproduktion das naturgegebene Hinterland der Mündungshäfen bildet, tritt in ihrer seewärtigen Einfuhr die Bedeutung von Kohle und Koks im Gegensatz zu Hamburg, wo diese

---

Anrechnung insbesondere Hochfelds, in den Jahresberichten der Zentralkommission wendet sich z. B. auch Jahresbericht Duisburg 1900, S. 37.

[1]) Der Verkehr der mittelelbischen Gebiete (Verkehrsbezirk 18—20) mit Holland und Belgien basiert überwiegend auf dem Versand von Düngesalz und anderen Salzen, die für den Verbrauch bestimmt sind.

[2]) Vgl. S. 1.

Artikel ein volles Drittel des Empfangs ausmachen, unter gewöhnlichen Umständen relativ sehr zurück. Im Jahre 1903 betrug sie in Rotterdam 382 900 t (1902: 380 700 t), in Amsterdam 144 300 t (188 500 t); höher ist auch die Einfuhr Antwerpens sicher nicht zu veranschlagen [1]), welche wohl vollständig dem Bedarfe der Hafenstadt und des näheren belgischen Hinterlandes dient [2]). Ähnlich verbleibt der Eingang Amsterdams im heimischen Gebiet, denn die Ausfuhr auf dem Binnenwasserwege nach Deutschland ist minimal [3]), und der Versand per Eisenbahn 1903: 36 700 t gelangt schwerlich über die Grenze, da der Empfang des Deutschen Reiches an Kohlen aus Holland: 182 000 t fast ausschließlich rechts des Rheins abgesetzt wird [4]) und deshalb dem bequemer gelegenen Rotterdam zugeschrieben werden muß. Für diesen Platz hat die Verteilung der Einfuhr mittels des weitverzweigten holländischen Kanalnetzes große Bedeutung, doch fehlt hierüber, wie erwähnt, jeder zahlenmäßige Anhaltspunkt. Dagegen ist er in normalen Jahren beim Export nach Deutschland überwiegend auf den Schienenweg angewiesen, indem von diesen Mengen: 1903: 228 500 t nur 46 500 t = 20,4 % (1902: 53 200 t) dem Rhein zugefallen sind. Da seine Verladungen seit 1890 (32 200 t) nur mäßig, die der Bahn aber von 6600 t auf 182 000 t zugenommen haben, hat sich eine vollständige Umkehrung seines Anteils vollzogen (1890: 82,9 %). Nur der außerordentliche Kohlenmangel im Jahre 1900 führte zu einer starken Belebung der Einfuhr aus England, in Amsterdam erreichte sie 452 700 t, in Rotterdam gar 1 172 500 t. Wenn der erstere Hafen praktisch allein den Vorteil hatte, den Be-

---

[1]) Der gesamte Eingang auf See- und Binnenschiffen an Kohlen etc. zu Antwerpen erreichte 1903: 1 174 200 t, von denen allein 970 000 t aus Deutschland stammten.

[2]) Der große Export an Kohlen und Koks aus Belgien nach Deutschland auf dem Bahnwege 1903: 366 600 t (neben der linkseitigen Rheinprovinz [Verkehrsbezirk 26, 27], vor allem nach Elsaß-Lothringen), basiert völlig auf der dortigen Kohlenförderung; der Ausgang über Lobith nach Deutschland ist ganz geringfügig (1903: 4200 t).

[3]) Lobith zu Berg von Amsterdam: 1902: 3400 t; 1903: 700 t.

[4]) Verkehrsbezirk 26, 27: Empfang aus Holland 1903: 171 600 t.

darf des sonst von der deutschen Produktion ausgefüllten
holländischen Gebiets zu decken, so setzte Rotterdam die Hälfte
seiner Einfuhr, nämlich 568 400 t, auf dem Rhein nach
Deutschland ab, so daß in diesem Jahr die Binnenschiffahrt
am gesamten Empfang des Deutschen Reiches aus Holland
(728 600 t) wie 1890 zu 81,6 % beteiligt war. Wegen seiner
abgelegenen Lage zum Rheinverkehr konnte Amsterdam diese
günstige Konjunktur nur mit 26 300 t (Lobith z. B.) ausnützen;
aus demselben Grund gelang dies Antwerpen ebenso beschränkt [1]). Über die Verteilung der über Lobith eingeführten
englischen Kohle, 1900 insgesamt 632 300 t (gegen 1903:
50 700 t) ist ziffernmäßig so gut wie nichts bekannt, aber es
ist für die Schwere des Notstands bezeichnend, daß selbst die
Häfen des Kohlenproduktionsgebiets ansehnliche Mengen Kohlen
und Koks zu Berg empfingen [2]). Im Hafenverkehr der weiter
stromauf belegenen Stromstrecke, dem eigentlichen Absatzfeld
der ausländischen Kohle, kann sie statistisch nicht von der
auf dem gleichen Wege angefahrenen Ruhrkohle getrennt werden. Die meisten mittel- und oberrheinischen Handelskammern
berichten von einer erheblichen Zufuhr englischer Kohle, während hiervon in normalen Zeiten in Frankfurt a. M. z. B. nur
Anthrazit und australische Gaskohle zur Versorgung der nächsten Ortschaften in Betracht kommt [3]), und sonst die Ruhrkohle den Markt beherrscht. Der Vorzug, dessen sich diese
im allgemeinen beim Mannheimer Handel erfreut, hat auch hier
den lebhaften Bezug englischer Industriekohlen nicht hindern
können [4]) und es ist fraglich, ob die Schätzung der dortigen
Handelskammer mit 40 700 t für 1. Januar bis November 1901 [5])
nicht zu niedrig gegriffen ist. Ja sie gelangten darüber hin-

---

[1]) Im Jahre 1900 gingen über Lobith aus belgischen Häfen 36 200 t
Kohlen zu Berg, während von Antwerpen 40 600 t wasserwärts nach
Deutschland abgemeldet werden.

[2]) Wesel-Hochfeld an zu Berg 1900: 43 900 t.

[3]) Jahresbericht der Handelskammer zu Frankfurt a. M. 1901, II, S. 86
und 1903, II, S. 146, vgl. auch Nasse a. a. O. S. 218.

[4]) Jahresbericht der Handelskammer zu Mannheim 1900, S. 28* und
Jahresbericht der Zentralkommission für die Rheinschiffahrt 1900, S. 65.

[5]) Vgl. Internationaler Schiffahrtskongreß zu Düsseldorf 1902: Binnenschiffahrtsabgaben I, 2. Frage: Bericht von E. Heubach, S. 14.

aus auf dem Wasserwege und wegen des niedrigen Wasserstandes hauptsächlich im Umschlag über Mannheim nach dem Elsaß[1]) und Bayern. Daß die englische Kohle trotz ihrer geringeren Brauchbarkeit sich zumal in den Mündungshäfen neben dem deutschen Produkt behauptet, ist durch den Umstand erklärlich, daß sie sich infolge der größeren Härte besser zur Wasserversendung eignet[2]). Außerdem haben sich die englischen Händler schnell die Vorteile des modernen Seeleichterdienstes für die Verbindung mit den holländischen Häfen zu nutze gemacht[3]).

War hiernach das Anwachsen der Steinkohle in der Seeeinfuhr eine vorübergehende Erscheinung, so hat unter der Einfuhr geringwertiger Bau- und Brennstoffe das Holz eine stetig steigende Bedeutung gewonnen. Eine Ausnahme macht Amsterdam, wo der Empfang an Bau- und Nutzholz zwischen 214 400 t (1895) und 275 700 t (1902) schwankt. Diese Mengen werden größtenteils von dem örtlichen Baugewerbe und gleich der Einfuhr zu Zaandam (1903: 235 500 t) vom dortigen Schiffsbau absorbiert. Der Absatz ins deutsche Hinterland ist verhältnismäßig klein; er wird überwiegend durch die Binnenschiffahrt bewältigt, denn während die Bahn überhaupt nur 17 100 t 1903 (10 700 t 1895) versandte, gingen allein 20 100 t per Rheinschiff über die Reichsgrenze zu Berg, und die Stagnation seit 1890 (19 600 t) entspricht dem erwähnten Stillstand im Seeverkehr. Wie sehr dagegen Rotterdam die Steigerung seiner Holzeinfuhr von 668 500 t 1900 auf 867 200 t 1903 auf die Rheinschiffahrt stützt, erhellt sich daraus, daß der Export via Lobith, der 1890 etwa 67 100 t betrug, in steter Aufwärtsbewegung 1900: 512 300 t erreichte und bis 1903 auf 618 700 t weiter gestiegen ist. Mit Amsterdam und den kleineren Häfen wurden in diesem Jahre 673 600 t Holz und Holzwaren aus Holland auf dem Rhein nach Deutschland verschickt, wogegen der gleichlinige Bahnverkehr nur 25 100 t (1890: 12 100 t) umfaßt. Die im letzten Jahre in Antwerpen

---

[1]) Jahresbericht Ruhrort 1900/01, S. 10.

[2]) Vgl. Nasse a. a. O. S. 171, indem sie die Anwendung der Kohlenkipper und den Druck durch hohe Schichtung besser verträgt.

[3]) Ysselsteyn a. a. O. S. 122.

eingeführten 510100 t verbleiben fast ganz in Belgien, aber
es ist bezeichnend, daß auch dieser Hafen, soweit er sich
an der Versorgung Deutschlands beteiligt, überwiegend die
Wasserstraße benutzt, indem die Ausfuhr aus Belgien zu 78,9 %
(1900: 82,8 %) auf derselben vor sich ging (gegen 58,0 %
1890), und ihre Steigerung ausschließlich durch die Vermehrung des Durchgangs zu Lobith von 5500 t auf 17600 t [1]) in
diesem Zeitraum ermöglicht wurde. Am gesamten Holztransit-
verkehr beider Rheinmündungsstaaten nach Deutschland war
bereits 1890 der Rhein mit 168200 t = 91,3 % beteiligt.
Nachdem dieser Anteil stetig bis auf 691000 t = 95,9 % 1903
gestiegen ist, kommt für ihn heute praktisch nur der Wasserweg
noch in Betracht. In der Hauptsache stammt die Holzeinfuhr
über Rotterdam und Antwerpen aus Nordamerika und Schweden,
in geringerem Umfang von Südrußland, Rumänien, d. h. Galatz,
Fiume und Odessa, und aus preußischen und russischen Ostseehäfen [2]); in neuester Zeit scheint der Bezug aus letzteren
Gebieten nennenswerte Fortschritte sogar in Mannheim gemacht zu haben [3]). Da Holz ein Hauptartikel der nach der
Ostsee verkehrenden Rheinseeschiffahrt und der Seeleichter
ist [4]), so ist dieser direkte Verkehr in Abzug zu bringen; er
ist indessen mit 12000 t 1903 geringfügig genug [5]). Bei-
weitem den größten Teil der bergwärts beförderten Holzmengen nehmen die Häfen des Niederrheins auf, nämlich etwa

---

[1]) Dem entspricht ein Ausgang von 19000 t Holz in Antwerpen auf
See- und Binnenschiffen nach Deutschland.

[2]) Nasse a. a. O. S. 467 und Jahresbericht der Handelskammer zu
Duisburg 1901, S. 71.

[3]) Eichenes Langholz aus Riga, vgl. Jahresbericht zu Köln 1904 (vor-
läufig), S. 14, Mannheim 1904, II, S. 46.

[4]) Jahresbericht der Handelskammer zu Duisburg 1901, S. 72, ins-
besondere von Duisburg aus die Rhein- und Seeschiffahrtsgesellschaft zu
Köln und die Elbinger Dampfschiffreederei S. Schichau. Jahresbericht
Duisburg 1900, S. 20.

[5]) Die Minderanschreibungen zu Lobith gegenüber Emmerich 1890
bis 1900 sind dadurch zu erklären, daß erst seitdem der direkte Rhein-
seeverkehr holländischerseits berücksichtigt wird. Die gewaltige Differenz
1895 ist wohl einem Druckfehler bei Emmerich (439837 statt 339837 t)
zuzuschreiben.

460 000 t 1903 gegen 127 000 t 1890 [1]). In diesem Abschnitt
weist der kleine, besonders durch die Rheinseeschiffahrt nach
Köln gespeiste Verkehr der Stromstrecke Köln-Koblenz mit
30 300 t 1903 seit 1895 (32 400 t) gar keine Entwicklung auf.
Dagegen hat der Empfang der Gruppe Ürdingen, Düsseldorf,
Neuß: 1903: 166 600 t gegen 1890: 33 500 t, ebenso der Häfen
Ruhrort-Duisburg etc. mit 188 200 t gegen 61 200 t kräftig
zugenommen; wobei im letzteren Fall der Hochstand der wirtschaftlichen Lage im Jahre 1900 in dem höchsten Stand der
Zufuhr: 215 800 t (ohne Duisburg-Rheinufer) am deutlichsten
zum Ausdruck kommt, weil hier der Bedarf des Industriegebiets
umgeschlagen wird. Ziemlich ergebnislos sind die Konkurrenzbestrebungen der Eisenbahn im rheinisch-westfälisch-niederländischen Verkehr verlaufen [2]), im Jahre 1903 versandte Holland
nach dem Niederrhein (Verkehrsbezirk 22—28) nur 23 900 t
per Bahn, in der Hauptsache nach den linksrheinischen Gegenden [3]). Mehr Erfolg hat die Bahn, wie dargetan, mit den
deutschen Seehafenausnahmetarifen vor allem von Bremen aus
gehabt, während der von den Rheinhäfen gefürchtete Dortmund-Emskanal [4]) seine Güter vor allem dem parallelen Bahnverkehr ab Emden entzogen hat. Aus dem obigen geht jedenfalls mit Bestimmtheit hervor, daß all dieser Wettbewerb der
Rheinschiffahrt bisher keinen nennenswerten Abbruch hat tun
können. Über die Rheinprovinz hinaus reicht der Einfluß der
Eisenbahnen weder bei den deutschen, noch den holländischen
und belgischen Häfen; daran vermochte auch der 1898 er-
lassene Durchfuhrtarif für amerikanisches Holz von Elb- und
Weserhäfen nach Basel und der Schweiz nichts zu ändern.
Im mittleren Stromgebiet sind es neben Amöneburg [5]) besonders

---

[1]) Durchgang zu Lobith abzüglich der Bergankunft der Häfen Frankfurt bis Mannheim.

[2]) Denkschrift: Der Niederrhein .... Arnecke, Jahresbericht Ruhrort
1899/1900, S. 72.

[3]) Verkehrsbezirk 26, 27 aus Holland 17 300 t.

[4]) Insbesondere ist die Befürchtung der Rheinhäfen (Jahresbericht
Ruhrort 1899/1900, S. 72), der Kanal werde Papenburg und Dortmund
zu gefährlichen Konkurrenten machen, nicht eingetroffen.

[5]) Kastel-Amöneburg an zu Berg 1903: 4800 t.

die Rheinhäfen zwischen Bingen und Gustavsburg (Mainzer
Hobelwerke), welche mit 19 800 t 1903 (1900: 34 600 t)
gegen 8900 t 1890 ihre Bezüge bergwärts vergrößert haben,
während der Empfang Frankfurts seit 1895 wohl infolge der
durch billige Tarife geförderten Bahneinfuhr aus Südosteuropa
und der Mainflößerei auf geringeren Beträgen [1] stationär blieb.
Den relativ stärksten Zuwachs zeigt der Verkehr der oberrheinischen Plätze. In Mannheim-Ludwigshafen, dem dortigen
Hauptstapelplatz für überseeisches Holz, wird die Zunahme
von 30 400 t 1890 auf 197 200 t 1903, an der besonders schwedische, amerikanische und russische Hölzer beteiligt sind [2],
bloß im Jahre 1902 bei allgemeiner Krisis und schlechten
Wasserständen unterbrochen [3]. Wachsende Mengen nimmt
das lokale Gewerbe ab, wachsende Transporte geben Mannheim-Ludwigshafen aber auch an das Hinterland weiter.
Langsam stieg der Bahnversand nach dem deutschen, linken
Rheinufer auf 1903: 36 100 t [4] (1890: 22 000 t), wobei in
erster Linie der industrielle Bedarf Lothringens in Frage
kommt. Schneller hat diese Höhe (36 600 t 1903) der Ausgang nach Baden und Bayern erreicht, der noch 1890 unerheblich [5] war; ebenso ist seit dem Bestehen des billigen Tarifs
(1898) die Abfuhr nach der Schweiz nennenswert geworden [6]. Mit Unrecht macht Nasse [7] für die schleppende
Entwicklung des lothringischen Absatzes die Konkurrenz der
belgischen Seehäfen verantwortlich, aber auch für den kleinen
Umfang der Verladungen nach dem linksrheinischen Teil der
Rheinprovinz (Saarrevier) trifft diese Ursache nicht zu [8]. Nach
beiden Gebieten ist der bahnwärtige Versand Belgiens minimal
und trotz der Refaktien der belgischen Bahnen ist der Fracht-

---

[1] Frankfurt an zu Berg 1895: 15 000 t; 1903: 14 000 t.
[2] Jahresbericht zu Mannheim 1903, II, S. 38*.
[3] Mannheim-Ludwigshafen an zu Berg 1902: 90 700 t.
[4] Verkehrsbezirk 29—32.
[5] Verkehrsbezirk 33, 35, 36: 1890: 6400 t.
[6] Verkehrsbezirk 56: 1903: 4800 t.
[7] A. a. O. S. 179.
[8] Mannheim-Ludwigshafen 1903 ab nach Verkehrsbezirk 26, 27:
6800 t.

vorteil noch immer auf seiten Mannheims; ein gefährlicher Konkurrent scheint dagegen Dünkirchen und Havre mit Hilfe des französischen Kanalnetzes zu werden. Sicher ist, daß diese Häfen im Verkehr mit Saarburg etwa dieselben Frachten wie der Rheinumschlag aufweisen[1]). Insgesamt belief sich der Bahnausgang Mannheim-Ludwigshafens auf 89 600 t 1903 (1890: 38 300 t). Hierzu ist in den letzten Jahren eine Verfrachtung des dort verarbeiteten Holzes auf dem Wasserwege bergwärts zu beobachten, die 1903: 10 400 t betrug. Daneben tritt seit einiger Zeit ein bedeutsamer direkter Bezug der oberhalb belegenen Rheinhäfen von der Mündung und dem Niederrhein, trafen hier[2]) doch 1903: 34 100 t (1900: 12 900 t) Holz und Holzwaren im Bergverkehr ein.

In Betreff anderer Baumaterialien ist die eigene Gewinnung der Rheinlande zu groß, als daß für eine erhebliche seewärtige Einfuhr der Mündungshäfen Raum bliebe. Mit einiger Gewißheit stammt von dem Versand der Mündungsstaaten nach Deutschland an Steinen aller Art nur der Wasserversand Rotterdams über Lobith mit zuletzt 11 100 t[3]) aus dem Seeverkehr, während der bedeutende Bahnversand Hollands und Belgiens der dortigen Produktion zuzuschreiben ist. Auf dem gleichen Wege geht die 5200 t (1900) bis 15 300 t betragende Einfuhr von Zement und Kalk[4]) nach Deutschland vor sich. In beiden Fällen vermag der Rheinhafen Rotterdam mittels

---

[1]) Frachtsätze pro 10 t nach Jahresbericht der Handelskammer zu Mannheim 1903, I, S. 311:

Dünkirchen-Saarburg: 100 Mk., Havre-Saarburg 105 Mk. (Kanalfracht),
Antwerpen-Saarburg (423 km): 130 Mk. für europäisches Holz,
             147 „ , amerikanisches Holz,
Mannheim-Saarburg (191 km): 69 Mk. für europ., 98 Mk. für amerik. Holz,
Rheinfracht Rotterdam-Mann-

heim	ca. 31 „	„ 31 „	{(1903 durchschn.
			{3,60 fl. pro Last).
	100 Mk.	129 Mk.	

[2]) Speyer, Karlsruhe-Kehl-Straßburg.

[3]) Daneben noch der Rheinverkehr Amsterdams zu 2100 t, wogegen der zwischen 11 100 t 1900 und 2200 t 1903 schwankende Export Belgiens über Lobith kaum dem seewärtigen Eingang Antwerpens entstammt.

[4]) Emmerich durch zu Berg.

des Wasserweges etwa bis Köln vorzudringen [1]). Mit noch geringerer Berechtigung dürfte der stattliche Eisenbahnempfang Deutschlands aus Holland und Belgien an Erde, Kreide etc. dem Seeverkehr zugeschoben werden, wogegen dies bei dem 76100 t 1903 (1890: 27200 t) hohen Durchgang zu Lobith, als von den Mündungshäfen angemeldet, zu rechtfertigen ist. Hier ist es Amsterdam gelungen, Rotterdam den Vorrang streitig zu machen [2]). Die fernere Verfolgung der Einfuhr ist wegen der schlechten Klassifikation — enthält sie doch die dem Rhein entnommenen Mengen Kies für Eisenbahnbauzwecke — undurchführbar; in der Hauptsache handelt es sich um Phosphaterde nach den Ruhrhäfen, die wie die Steine (Kalkstein) im Hochofenbetrieb verwendet werden [3]).

Ist für diese geringwertigen Massengüter die Herrschaft der Rheinschiffahrt unbestritten, so ist der Wettbewerb der Eisenbahn bei der Einfuhr von Erzen zeitweise nicht ganz so erfolglos gewesen, aber es sei sogleich festgestellt, daß alle Versuche der preußischen Eisenbahnverwaltung, durch mehrfach verstärkte Ausnahmetarifierung die großen Erztransporte nach Rheinland-Westfalen auf die deutschen Nordseehäfen abzulenken, gänzlich unwirksam geblieben sind [4]). Die ausländischen Rheinhäfen waren und sind die Importeure der mit dem Bedarf des Rheingebiets rasch gestiegenen Erzmengen. Im Jahre 1903 belief sich die Erzeinfuhr Rotterdams auf rund 4200000 t, das sind über $1/3$ der gesamten Einfuhr, gegen nur eine Million Tonnen im Jahre 1890. Darunter nehmen die

---

[1]) An Steinen und Steinwaaren:

	1890	1903
Emmerich durch zu Berg	26500 t;	16900 t
Wesel bis Köln an zu Berg	24700 „	11700 „

Die große Ankunft bergwärts von Zement in Mannheim ist hauptsächlich Produkt der Amöneburger Zementfabriken, vgl. Jahresbericht Mannheim 1903, II, S. 30*.

[2]) Lobith durch zu Berg:

	1900	1903
von Amsterdam	200 t;	21900 t
„ „ „ „ „ Rotterdam	48800 „	29900 „

[3]) Nasse 'a. a. O. S. 270', auch Fr. Schulte: Die Rheinschiffahrt und die Eisenbahnen. Schriften des Vereins für Sozialpolitik, Rheinschiffahrt a. a. O. S. 475.

[4]) Denkschrift rheinischer Interessenten a. a. O. S. 11.

Eisenerze mit 1903: 3868000 t, die früher überwiegend aus Spanien, heute zu fast gleichen Teilen aus diesem Lande und aus Schweden[1]) bezogen werden, weitaus den ersten Platz ein. Das in Holland eingeführte Erz gelangt, abgesehen von un- wesentlichen Mengen Schwefelkies (6—8000 t)[2]), zur Verwen- dung in Deutschland. Deshalb bietet der zwischen beiden Ländern gepflogene Verkehr in diesem Fall einen recht genauen Maßstab für die Einfuhrgestaltung der holländischen Seehäfen. Da sehen wir denn, daß der ausnahmslos ins rechtsrheinische Deutschland (Verkehrsbezirk 22—25, 28) bestimmte Bahnversand Hollands im Jahre 1900: 455000 t als höchsten Stand erreicht, aber dann mit 178700 t 1903 unter den Stand von 1890 (394300 t) zurücksinkt. Es ist dies zweifellos die unmittelbare Folge der Eröffnung des Dortmund - Ems - Kanals. Betroffen wurde hiervon allein Amsterdam, das seine Erzeinfuhr auf die Bahnverbindung stützte. Schon vordem glückte es diesem Hafen nur bei geschlossener Rheinschiffahrt, umfangreiche Transporte zu erhalten, indem dann mit Rücksicht auf den nötigen Wagenraum ein Teil der Rotterdamer Einfuhr über Amsterdam dirigiert wurde[3]). Mit der Eröffnung des Emdener Hafens verlegte das über Amsterdam importierende Haus seine Filiale von dort nach Emden und Antwerpen, und dement- sprechend sank die bahnwärtige Abfuhr an Erzen von 254700 t 1900 auf 11900 t 1903. Zu gleicher Zeit wurde die Verfrach- tung von Eisenerz mittels Rheinschiff, die 1900 noch 30500 t betragen hatte, bedeutungslos[4]), da sie wegen ihrer Kleinheit jederzeit vom Bahnverkehr abhängig war, so daß Amsterdam mit seiner Einfuhr von 12200 t Erzen und Phosphaten 1903 heute aus der Liste der Erzeinfuhrhäfen gestrichen werden muß. Die Einfuhr Rotterdams finden wir mit 3649000 t 1903 fast ganz auf dem Binnenwasserwege nach Deutschland in Be-

---

	1900	1903
[1]) Aus Spanien	1344000 t;	1638000 t
„ Schweden	780000 „	1431000 „

[2]) Rapport Consulaire 1903 (Rotterdam), a. a. O. S. 33.

[3]) Jahresbericht der Handelskammer zu Amsterdam (holl.) 1902, S. 196.

[4]) Lobith durch zu Berg 1903: 2800 t.

wegung [1]). Wie sehr der Maashafen seine überragende Stellung im Verkehr mit Eisenerz auf die Binnenschiffahrt gründet, geht einmal aus dem mächtigen Wachstum des Durchgangs zu Lobith seit 1890: 449 700 t hervor, dann aber aus der stetig zunehmenden Bedeutung des Rheins, der im Jahre 1890 keine $^2/_3$ (57,8 %), 1903 dagegen 95,5 % des holländischen Eisenerzversands bewältigte [2]). Wenn demgegenüber Antwerpen die Einfuhr jenes Artikels allmählich bis auf 589 300 t 1903 gehoben hat, so beruht dies vor allem auf dem Bedarf der belgischen Werke, denn der ganze Versand Belgiens an Eisenerz umfaßte in diesem Jahr nur 267 100 t. Obenein entstammt der Bahnausgang 1903: 68 400 t, zum größten Teil, nämlich besonders im Verkehr mit Elsaß-Lothringen [3]), der umfangreichen belgischen Eigenproduktion, so daß dem Antwerpener Seeempfang höchstens die gleichbleibenden Mengen zuzusprechen sind, welche Belgien bahnwärts in die Rheinprovinz schickt: 1903 nach Verkehrsbezirk 22—28: 13 300 t [4]). Hierbei ist auf dem rechten Rheinufer ein Verlust an die Rheinschiffahrt unverkennbar) [5]. Andererseits gingen 1890: 96 700 t über Lobith aus Belgien bergwärts; dieser Durchgang erreicht seit 1900 rund 200 000 t (1903: 198 700 t). Mithin ist Antwerpen, soweit es sich trotz der weiteren Entfernung an der Versorgung der deutschen Industrie beteiligen will, an die Rheinschiffahrt gebunden. Und bringen wir selbst den vollen belgischen Bahnversand in Anschlag, so kommt doch die steigende Benutzung des Wasserwegs zum Ausdruck, da vom Gesamtausgang Hol-

---

[1]) Ysselsteyn a. a. O. S. 111.

[2]) Lobith aus Holland durch zu Berg 1890: 538 700 t; 1903: 3 763 300 t. Im letzten Jahre wurden von den kleineren holländischen Häfen über 100 000 t Eisenerz über Lobith ausgeführt. Damit wird die auf ähnliche Erscheinungen im Anfang der 90er Jahre fußende Vermutung Stubmanns (a. a. O. S. 178), es handle sich hierbei um Transporte, die ursprünglich von Amsterdam stammten, früher aber mangels direkter Wasserverbindung in kleineren Häfen umgeschlagen sind, hinfällig. Wahrscheinlich werden diese Mengen dort gelöscht, wenn im Haupthafen Rotterdam zeitweise Platzmangel eintritt.

[3]) Verkehrsbezirk 29, 30: 1903: 55 000 t.

[4]) 1890: 15 300 t.

[5]) Verkehrsbezirk 22—25, 28 aus Belgien 1890: 13 500 t; 1903; 4700 t.

lands und Belgiens auf den Rheingrenzverkehr im Jahre 1890 [1]):
59,9 %, 1903 aber 94,1 % entfielen. Das wasserwärts eingeführte Eisenerz findet im rheinisch-westfälischen Industriebezirk alleinigen Absatz [2]). Außer verhältnismäßig geringen
Quantitäten, die Düsseldorf (1903 an z. B. 14800 t) neuerdings
der Bahnverladung ab Rotterdam abspenstig gemacht [3]) hat,
geschieht der Umschlag in den Ruhrhäfen. Die Zufuhrgestal-
tung in dem eigentlichen Hafengebiet zu Ruhrort-Duisburg-
Hochfeld [4]) gibt kein richtiges Bild. Die Umladung hat sich
immer mehr nach besonderen, nahen Ladestellen verzogen,
so verlegte noch 1901 die Hütte Vulkan ihre Spedition
aus der Hafenmündung nach dem Duisburger Rheinufer [5]), wo
1903: 363000 t angebracht wurden. Die großen Werke haben
alle eigene Löschplätze angelegt, so zu Alsum, Rheinhausen
(Krupp), Hütte Phönix bei Laar unterhalb Ruhrort, Luftball,
Nordhafen [6]). Fassen wir den gesamten Bergverkehr in Eisenerz dieses ausgedehnten Hafenkomplexes zusammen, so ergibt
sich ebenso deutlich wie aus dem Durchgangsverkehr zu Lobith,
daß weder die Eisenbahnen trotz billigster Frachterstellung [7])
noch der Dortmund-Emskanal der Bevorzugung des Wasserwegs, d. h. hier Rotterdams, und dem Umschlag in den Ruhrhäfen (1890: 518000 t; 1903: ca. 3930000 t) Einhalt getan
haben. In ähnlicher Weise beruht das Monopol Rotterdams
für die Versorgung der Rheinlande mit a n d e r e n E r z e n
auf der Leistung der Binnenschiffahrt. Die dortige Einfuhr

---

[1]) Durchgang zu Lobith 1890: 625400 t; 1903: 3962000 t.

[2]) Geringe Mengen gelangen über Oberlahnstein zur Verhüttung
nach der Georghütte (Lahn) und Sophienhütte (Saar). Jahresbericht der
Zentralkommission für die Rheinschiffahrt 1900, S. 76.

[3]) Nasse a. a. O. S. 248. Daneben kommen in Köln 3000—6000 t
Eisenerz an.

[4]) An zu Berg 1890: 481100 t; 1903: 2286500 t.

[5]) Jahresbericht der Zentralkommission f. d. Rheinschiffahrt 1900, S. 81.

[6]) Vgl. Jahresbericht der Handelskammer zu Ruhrort 1903/04, S. 35.
Es wurden gelöscht in Alsum 1903: 738900 t Eisenerz, in Rheinhausen
1903: 290700 t Eisenerz, in Laar (Phönix) 1901: 244000 t Erz.

[7]) Nach der Denkschrift: Der Niederrhein (Ruhrort) a. a. O. S. 72
mit Anrechnung der holländischen Refaktien noch unter 1 Pf. p. tkm;
betr. Dortmund-Emskanal vgl. Nasse a. a. O. S. 261.

in der Höhe von 1903: 324000 t, die neben Nickel-, Zink-
und Chromerz [1]) hauptsächlich, nämlich zu 269500 t, aus
Schwefelkies und Kupfererz aus Spanien besteht, erscheint mit
324000 t genau als Durchgang bei Lobith wieder. Wie für
Eisenerz, hat der Bahnversand Hollands, der sich völlig nach
dem rechten Rheinufer richtet, große absolute Verluste erlitten:
1890: 40800 t, 1903: 15800 t, so daß die Ausfuhr auf dem
Rhein, zu der Amsterdam [2]) nur wenig beiträgt, mit 331300 t
1903 gegen 109100 t heute 95,5 % der ganzen holländischen
Ausfuhr nach Deutschland auf sich vereinigt (gegen 72,8 %
1890). Die deutschen Häfen verzichten auf jede Beteiligung
am rheinischen Absatz, Antwerpens Einfluß scheint auch unbeträchtlich zu sein, wird doch in der Statistik des Scheldehafens
bloß Eisenerz ausgewiesen. Auf jeden Fall ist der Hauptteil
des deutschen Empfangs aus Belgien als Zink- und Bleierz [3])
Produkt des dortigen Bergbaus. Das gilt besonders für die
bahnwärtigen Verladungen nach dem Saarrevier und Lothringen.
Bezeichnend ist, daß ins rechtsrheinische Gebiet keine erheblichen Mengen auf diesem Wege gelangen [4]), und daß sich
auch für den Gesamtversand Belgiens der Wasserweg durch
die Steigerung der Durchfuhr zu Berg auf 99900 t 1903
(1890: 21100 t) das Übergewicht mit 53,8 % gegen 39,8 %
verschafft hat. Der nach den Angaben zu Lobith von 130100 t
1890 auf 431200 t 1903 [5]) vermehrte Eingang zu Wasser an
Erzen außer Eisenerz wird nicht überwiegend von den Häfen
des Niederrheins aufgenommen; wohl empfingen die drei Ruhrhäfen samt dem Duisburger Rheinufer 1903: 67700 t gegen
15400 t Schwefelkies und Zinkerze, die den Bedarf der Duisburger
Schwefelsäurefabrik und der Zinkwerke Oberhausens decken
sollten [6]), wohl empfängt Köln unter starkem Wettbewerb

---

[1]) Nickelerz 29200 t, Zinkerz 15000 t, Chromerz 10300 t.

[2]) Höchstens 1902: 12400 t.

[3]) Niederrhein (Ruhrort) a. a. O. S. 73.

[4]) Verkehrsbezirk 22—28 aus Belgien 1903: 8700 t andere Erze.
Insgesamt aus Belgien 1903: 85900 t, gegen 1890: 31800 t.

[5]) Die Notierungsstelle zu Emmerich gibt für 1903 höhere Ziffern:
513000 t; sie sind jedoch sehr unzuverlässig, werden doch 1900 z. B. nur
92000 t ausgewiesen gegen 332800 t nach holländischen Angaben.

[6]) In diesem Fall, wo nicht der Bedarf unmittelbar erreichbarer

des Mülheimer Rheinhafens [1]) 22 600 t für die benachbarte chemische Industrie, aber das ausgedehnteste Absatzgebiet der Erzeinfuhr liegt am Oberrhein, wo in Mannheim-Ludwigshafen im Jahre 1903: 119 100 t „andere Erze" gegen 40 700 t bergwärts eintrafen, die nach dem unbedeutenden Ausgang per Eisenbahn zu urteilen als Schwefelkies in den umfangreichen chemischen Werken Ludwigshafens verbraucht werden [2]). Bei der Erzanfuhr des Mittelrheins, wo vor allem Kastel-Amöneburg 15 500 t erhält, handelt es sich in erster Linie um Abbrände vom unteren Stromlauf [2]); sie ist folglich schon im Empfang der betreffenden (Ruhr-)Häfen gebucht. Neben der Einfuhr der Kupfer-, Blei- und Zinkerze gewinnt auch ihr Eingang in verhütteter Form als unedle, rohe Metalle außer Eisen stetig an Umfang. Alle Versuche, durch Ausnahmetarife diesen Verkehr den deutschen Häfen zuzuführen, sind vom ersten bis zum letzten im Jahre 1902, der besonders mit Rücksicht auf Emden Kupfer und Zinn aus der Wagenladungsklasse B in den Spezialtarif II versetzte, gescheitert. Nicht viel erfolgreicher sind die Bemühungen der Bahn im holländisch-deutschen Verkehr gewesen, nämlich 5 600 t Blei und Zink nach der Rheinprovinz im Jahre 1903, dagegen vollzog er sich mit 21 900 t = 96,5 % 1890 und 1903: 49 100 t = 89,8 % auf dem Rheinwege. Amsterdam ist es nicht geglückt, die ungünstige Lage zum Rhein durch seinen Eigenhandel in kolonialem Zinn auszugleichen, indem es auch nach der Verbesserung des Merwedekanals höchstens 5—6000 t über Lobith bergwärts schickt, während Rotterdam durch seine Verschiffungen nach dem deutschen Rhein im Betrage von 20 700 t 1890 und 42 800 t 1903 den holländischen Versand beherrscht. Antwerpens (seewärtige) Einfuhr an rohen Metallen außer Eisen: 1903: 81 500 t übertrifft diejenige des Maashafens, doch bleibt wie beim Erzverkehr zweifelhaft, wieviel vom Ausgang Bel-

---

Werke zu befriedigen ist, wie bei Eisenerz, versagt der Dortmund-Emskanal vollständig.

[1]) Jahresbericht der Handelskammer zu Köln 1900, S. XIX, Nasse a. a. O. S. 234 und Jahresbericht der Zentralkommission für die Rheinschiffahrt 1900, S. 75.

[2]) Nasse a. a. O. S. 194, bezw. S. 213.

giens nach dem Deutschen Reiche, der im letzten Jahre 49 100 t
gegen 12 800 t 1890 erreicht, auf die Seeeinfuhr über Antwerpen entfällt. Wir müssen uns hier wieder mit der Tatsache bescheiden, daß er zu $^2/_3$ (1890: 60,0 %, 1903: 64,5 %)
auf Rheinschiffen vor sich geht[1]). Die größere Hälfte der
wasserwärts eingeführten Metalle wird auf die Häfen des Niederrheins verteilt, wo insgesamt 60 800 t 1903 (1890: 9800 t) zu
Berg ankamen[2]). Davon nahm Alsum allein 33 500 t auf, Köln
weitere 15 600 t (1890: 6600 t); die eigentlichen Häfen des
Ruhrbezirks, sowie Düsseldorf und Ürdingen teilen sich in den
Rest. Wenn der Rhein schon in diesen näheren Gebieten ein
entschiedenes Übergewicht über den Bahnversand von den Seehäfen hat — der allein mit Sicherheit auf sie zu beziehende
Versand Hollands nach den Verkehrsbezirken 22—28 umfaßt
1903 knapp 5000 t — so wird das entferntere Gebiet von den
Rheinmündungshäfen, in diesem Fall von Rotterdam, ganz auf
dem Wasserwege versorgt. Die Rheinhäfen Biebrich bis Gustavsburg haben steigende Mengen empfangen, zuletzt 13 400 t
(1890: 4600 t). Unter ihnen steht Mainz an erster Stelle[3]),
wo die niederländischen Personenboote ihr für die Werke zu
Gustavsburg bestimmtes Rohkupfer umschlagen. Daneben gelangen nach Frankfurt a. M. seit 1890: 4—7000 t „andere
Metalle" Der Bedarf Südwestdeutschlands wird in Mannheim-
Ludwigshafen umgeladen. Die seit 1895 (7100 t) schnell auf
24 509 t 1903 aufgeblühte Rheinzufuhr dient nur zum geringsten Teil der lokalen Industrie, und minimale Transporte
werden nach dem Oberrhein und auf dem Neckar bergwärts ver-

---

[1]) Das Fehlen besonderer Nachweises von „anderen Metallen" im
Antwerpener Binnenschiffahrtsversand nach Deutschland läßt darauf
schließen, daß es sich vorzugsweise um Produkte des belgischen Bergbaus handelt.

[2]) In diesem Fall ist der Verkehr der Häfen von Alsum bis Köln berücksichtigt; nicht der Durchgangsverkehr zu Lobith oder Emmerich,
der etwas erheblicher ist, da die Differenz auch der letzteren Notierungen und des Verkehrs der mittel- und oberrheinischen Häfen mit
46 800 t weit hinter obigen Zahlen für den Ortsverkehr am Niederrhein
zurückbleibt.

[3]) Nasse a. a. O. S. 209.

schifft [1]). Leider erfaßt die Eisenbahngüterbewegungsstatistik allein den Verkehr in Blei und Zink, von denen 1903: 15900 t (1890: 5200 t) versandt wurden [2]). Das linksrheinische Hinterland (Verkehrsbezirk 29—32) und die Schweiz haben keine bedeutsamen Mengen dieser Metalle abgenommen; der Absatz richtet sich nach der anderen Rheinseite, wo das nähere Baden, auch Württemberg und besonders Bayern 1903 zusammen 9000 t gegen 3000 t 1890 empfingen, so daß hier das Gebiet zu suchen ist, dessen Bedarf die Vermehrung der Mannheimer Wasseranfuhr von unedlen Metallen außer Eisen ermöglicht hat. Als im Jahre 1900 die inländischen Hochöfen der außerordentlichen Nachfrage der Eisenwerke nicht zu genügen vermochten, wurde zum Ersatz ausländisches Roheisen in großem Umfange eingeführt. Nur verhältnismäßig geringe Transporte konnten die Elb- und Weserhäfen den Rheinmündungshäfen beim Import englischen Rohmaterials abgewinnen [3]), wogegen die Niederlande 430500 t nach Deutschland warfen. Trotz der seit 1884 durchgeführten Ermäßigung der Bahnfrachten, durch welche Rotterdam direkt nach Oberhausen, Essen, Dortmund [4]) etc. bahnwärts verfrachten kann, bediente sich diese Ausfuhr zu 89,7 % (1903: 79,5 %) der Binnenschiffahrt. Amsterdams Anteil erreicht mit 13300 t (Lobith z. B.) 1900 das Maximum, Rotterdam vereinigte hingegen 369700 t auf sich, welche Summe dann mit dem Rückgang der Konjunktur auf 67300 t, d. h. unter den Stand von 1890 [5]), fiel. Man kann also behaupten, daß Rotterdam infolge der Lage am Rheinstrom der Hauptstapelplatz für Roheisen ist [6]). Antwerpens Roheiseneinfuhr aus England ist sehr beschränkt [7]). Wie bei

[1]) Mannheim-Ludwigshafen ab zu Berg 1903: 1900 t, davon Neckar bergwärts 1903: 700 t.

[2]) Aus der Differenz der Zufuhr wasserwärts und des Bahnausgangs mag man den Umfang des Bezugs von Kupfer und Zinn ermessen.

[3]) Elbhäfen nach Verkehrsbezirk   21—28 1900: 21100 t
Weserhäfen nach Verkehrsbezirk   10200 „

[4]) Nasse a. a. O. S. 267.

[5]) 122200 t.

[6]) Nasse a. a. O. S. 119.

[7]) Von den 1903 (318200 t) auf See- und Binnenschiffen eingeführten Eisen und Stahl stammten allein 232000 t aus Deutschland.

anderen Metallen wird auch die starke Einfuhr von Roheisen aus Belgien nach Deutschland (1900: 91400 t) überwiegend belgisches Erzeugnis sein, und daß auch in dieser Richtung der Wasserweg stetig gegenüber der Bahn Terrain gewonnen hat, bis er 1903 fast ³/₄ bewältigt (73,7 % gegen 1890: 6,0 %), lehrt deutlich die überragende Wichtigkeit des Rheins für diesen Artikel. Naturgemäß richtet sich die Einfuhr über Lobith in erster Linie nach dem rheinisch-westfälischen Industriebezirk, in dessen Haupthäfen Duisburg-Ruhrort-Hochfeld 201000 t 1900 Roh- und Brucheisen zu Berg [1]) eintrafen. Mit der Rheinprovinz ist der Bereich der Rheinmündungshäfen auf dem Schienenwege erschöpft [2]), dagegen gelang es ihnen im Jahre 1900, ausländisches Rohmaterial nach dem Mittelrhein und vorzüglich nach Mannheim-Ludwigshafen wasserwärts abzusetzen. Insbesondere die Ausdehnung der Anfuhren letzterer Gruppe auf 138800 t 1900 (1890: 52900 t) wird dem englischen Roheisen zugeschrieben.[3]); da aber eine quantitative Trennung vom eingeführten heimischen Material unmöglich, soll nur kurz erwähnt werden, daß die entsprechende Bahnabfuhr (125300 t) zu einem Drittel dem Bedarf des rechtsrheinischen Hinterlandes diente, und daß hiervon größere Mengen die Schweiz, sowie Elsaß-Lothringen, die Pfalz und das Saarrevier aufnahmen [4]). Gemäß dem industriellen Charakter des deutschen Hinterlandes trägt verarbeitetes Eisen fast nichts zur Einfuhr der holländischen und belgischen Seehäfen bei. Erwähnenswert ist dieser Artikel höchstens für Rotterdam [5]). Den höchsten Stand erreichte der Versand Hollands

---

[1]) 1903: 26500 t, dazu in Alsum 29900 t; die Zufuhr der Häfen Ürdingen bis Köln erreichte 1900 ausnahmsweise 13300 t.

[2]) Jahresbericht der Handelskammer zu Mannheim 1900, S. 222.

[3]) Nasse a. a. O. S. 94. Dagegen wurde die wieder erstarkte Zufuhr 1903: 105300 t durch vermehrte Bezüge von den rheinischen Hütten hervorgerufen.

[4]) Mannheim-Ludwigshafen ab nach
Verkehrsbezirk 33—36: 48300 t; Verkehrsbezirk 29—32: 27300 t
„ 56: 31100 „ „ 26—27: 10700 „

[5]) Zu Antwerpen wurden 1903 nur 45000 t verarbeitetes Eisen und 32600 t Maschinen eingeführt (par mer, canaux et rivières); da hiervon allein 23000 t deutscher Herkunft waren, liegt auf der Hand, daß der

ins Deutsche Reich im Jahre 1900 mit 36300 t und es ist bezeichnend für die Leistungsfähigkeit der Rheinschiffahrt, daß sie sich an diesen hochwertigen Transporten, bestand doch ²/₅ derselben aus Maschinen etc., zu 69,8 % (1890: von 16700 t 53,4 %) beteiligte, die sie fast immer ganz [1]) dem Seeverkehr des Maashafens entnommen hat. Wenn ferner die Elb- und Weserhäfen insgesamt mehr verarbeitetes Eisen nach dem Rheingebiet und Süddeutschland bahnwärts verfrachtet haben als die Niederlande [2]), so ist ersichtlich, wie sehr Rotterdam ihnen gegenüber seine Wettbewerbsfähigkeit auf die Wasserverbindung stützt. Gleich den Bahnausfuhren wird der Durchgangsverkehr zu Lobith (1900 insgesamt 30800 t) [3]) nach der Rheinprovinz bestimmt sein, statistisch läßt sich sein Verbleib nicht feststellen [4]).

Wenn schon bei den genannten geringwertigen Massengütern, die teilweise von der Eisenbahn zu einem Preise von weniger als 1 Pfg. per Tonnenkilometer gefahren werden, die Rheinschiffahrt entschieden die größten Transportmengen den vorgelagerten Seehäfen abnahm und dadurch das Stromgebiet an sie fesselte, so kann man vermuten, daß dies in noch ausgedehnterem Maße bei dem höherwertigen Getreide, welches ja als unerwünschtes Einfuhrgut von den preußischen Bahnen in die normalen Tarife (Spezialtarif I) aufgenommen ist, der Fall sein wird; dabei steht eine Warengruppe in Frage, die für die Ver-

---

Versand Belgiens (1903: 22000 t) nach Deutschland größtenteils der belgischen Produktion entstammte.

[1]) Nur 1900 ist Amsterdam mit 6000 t beteiligt.

[2]) Nämlich nach Verkehrsbezirk 21—36, 56, 57: 16800 t, davon die Hälfte Maschinen. Die Niederlande versandten dagegen nur 10900 t nach Deutschland.

[3]) Die durchweg höheren Angaben zu Emmerich (1900: 35700 t) beruhen auf der verschiedenen Abgrenzung von Roheisen und verarbeitetem Eisen.

[4]) Im Hafenverkehr des unteren und mittleren Stromlaufs gelangen nur unbedeutende Mengen von Maschinen zur Anschreibung, während die umfangreiche Ankunft zu Berg in Mannheim-Ludwigshafen (1900: 61500 t) fast ganz rheinischen Ursprunges ist, wie das für Maschinen (10000 t) ausdrücklich bemerkt wird (Jahresbericht der Handelskammer zu Mannheim 1899, S. 29).

kehrsstellung der holländischen und belgischen Häfen von fun-
damentaler Bedeutung ist, wurden doch in Rotterdam im Jahre 1903:
2972000 t Getreide und Hülsenfrüchte [1]) seewärts eingeführt,
in Antwerpen 2501000 t, außerdem zu Amsterdam und Zaandam 129000 t (das bedeutet aber bei Rotterdam ¼, beim
Scheldehafen gar ⅓ des ganzen Seeempfangs), während Hamburg nicht mehr als 1926000 t im Seeverkehr aufweist. An
erster Stelle steht die Einfuhr von Weizen; Rotterdam empfing bereits 1890 450600 t, und diese Summe hat sich unter
einem großen, durch schwache Inlandsernten und die Aufhebung
des Identitätsnachweises veranlaßtem Sprunge auf 805 600 t im
Jahre 1895 und dann stetig bis auf 1243600 t 1903 gehoben, die
zur Hälfte über die Schwarzmeerhäfen aus Rußland, Rumänien
und Bulgarien bezogen wurden. In den Rest teilten sich die
Türkei, Argentinien und die Vereinigten Staaten ziemlich gleichmäßig [2]). Bis auf 150—200000 t finden wir diesen gewaltigen
Eingang rheinaufwärts nach Deutschland in Bewegung [3]). Da
die Binnenschiffahrt in diesem Verkehr alleiniges Transportmittel ist [4]), hat der Massenverkehr Rotterdam derartig begünstigt, daß nicht nur der geringe Wasserverkehr Amsterdams nach Deutschland aufgehört hat, sondern auch die dortigen
Müller gezwungen sind, ihren Bedarf auf dem Binnenwasserwege über Rotterdam zu decken, weil dieser Hafen eben auf
Grund jenes Rheinverkehrs über regelmäßige Schiffahrtsverbindungen mit den Produktionsländern verfügt [5]). Infolgedessen
ist Weizen aus den Einfuhrlisten Amsterdams und Zaandams
fast verschwunden: 1903: 7800 t gegen 54300 t 1895. Die
selbst den Maashafen übertreffende Weizeneinfuhr Antwerpens
aus den Donauländern sowie Nord- und Südamerika, insgesamt

---

[1]) Ohne Ölsaaten etc.
[2]) 1903 aus dem Schwarzen Meer   679 400 t
      aus des Türkei etc.   179 100 „
      aus Südamerika   209 200 „
    „   aus Nordamerika   145 000 „
[3]) Durch zu Lobith 1890: 300400 t; 1903: 1030600 t ab Rotterdam.
[4]) Über Lobith gingen 1903: 1033200 t aus Holland zu Berg = 99,8%
(1890: 99,6%) seines Versands nach Deutschland.
[5]) Jahresbericht der Handelskammer zu Amsterdam 1900 (englisch),
S. 83 und 1903 (holl.), S. 100.

1590700 t 1903, und auch ihre neuerliche beträchtliche Steigerung (1900: 1083200 t) verdankt dieser Hafen dem Konsum des nahen heimischen Hinterlandes. Im Absatz nach Deutschland bleibt er weit hinter Rotterdam zurück. Die kleine Verladung bahnwärts nach dem linksrheinischen Preußen ist heute unter der Konkurrenz des Rheins bedeutungslos geworden [1]), und im Versand über Lobith, der im letzten Jahre 96,9 % (1890: 88,9 %) der Ausfuhr Belgiens bewältigte, machen seine Häfen seit 1895 (305200 t, 1903: 320600 t) keinerlei Fortschritte. Den weitaus größten, und noch immer steigenden Teil der über Lobith insgesamt importierten Mengen (1890: 398600 t; 1903: 1353800 t) empfangen Mannheim-Ludwigshafen, die unbestritten ersten deutschen Handelsplätze in Weizen, nämlich 278000 t und 1071000 t 1890—1903; von denen aus ganz Süddeutschland und ein Teil der Schweiz mit Brotgetreide versorgt wird. In letzterer Richtung haben die Rheinmündungshäfen allerdings in neuester Zeit gegenüber dem durch billige Eisenbahntarife angeregten Bezug russischer Ware über Genua und Marseille [2]) die frühere Höhe der Verladungen nicht aufrecht erhalten können: Mannheim-Ludwigshafen ab nach Verkehrsbezirk 56: 1900: 99500 t; 1903: 71700 t. Dagegen ist ihnen die Versorgung Badens, Württembergs und Bayerns auf dem Bahnwege unbeschränkt verblieben. Wenn trotz der auf 250600 t (1890: 145700 t) gesteigerten Abfuhr in diese Gebiete die ganzen Bahnverladungen unverarbeiteten Weizens nicht der Rheinanfuhr entsprechend zugenommen haben (1890: 249100 t, 1903: 459800 t), so liegt die Ursache neben der Ausbreitung der lokalen Mühlenindustrie darin, daß der 1890 noch ausschließlich auf dem Schienenweg bewältigte Absatz nach dem Oberrhein [3]) jetzt etwa zur Hälfte das Binnenschiff

---

[1]) Bahnversand Belgiens nach
    Verkehrsbezirk 26, 27 1890: 5400 t; 1903: 2900 t
       „   29   „ 6100 „   7400 „
[2]) Jahresbericht der Handelskammer zu Mannheim 1900, S. 14*; Zentralkommission für die Rheinschiffahrt 1900, S. 62.
[3]) Mannheim-Ludwigshafen ab per Bahn nach Verkehrsbezirk 29 bis 32 1890: 65800 t; 1903: 135600 t; Mannheim ab zu Berg (Rhein) 1903: 133600 t, außerdem gingen 6900 t auf dem Neckar bergwärts.

benutzt. Andererseits scheint die Meinung der Mannheimer Handelskammer über eine Umgehung Mannheims durch einen direkten Verkehr der oberrheinischen und holländisch-belgischen Häfen stark übertrieben zu sein[1]). Die in letzter Zeit rasch auf 52900 t gestiegene Anfuhr zu Worms (Mühlen) dient gleich der ebenso hohen, aber seit 1895 stagnierenden Einfuhr Frankfurts[2]) zum größten Teil dem städtischen Verbrauch, während zur Steigerung des Empfangs der mittelrheinischen Häfen[3]), vor allem in Mainz und Gustavsburg, wohl auch der Absatz nach Süddeutschland beigetragen hat. Der Empfang in den Ruhrhäfen schwankt seit 1895 zwischen 150600 t 1900 und 184100 t 1903. Der Versuch der dortigen Interessevertretungen[4]), dies mit einer Ablenkung über Emden zu erklären, muß wegen des kleinen Weizenverkehrs auf dem Dortmund-Emskanal[5]) und der gerade in den letzten Jahren gesteigerten Anfuhr zu Ruhrort-Duisburg zurückgewiesen werden, und die Zunahme des Empfangs in Neuß, Köln und Düsseldorf, mit dem die Ruhrhäfen sich in die Versorgung Rheinland-Westfalens und des Wuppertals teilen, auf insgesamt die gleiche Höhe, läßt die Ursache deutlich genug werden[6]). Weil der Versand an Roggen von den Seehäfen nach dem Rheingebiet noch mehr als der des Weizens die Dienste der Binnenschiffahrt in Anspruch nimmt — nämlich für Holland 99,3%, für Belgien 94,6% 1903 —, hat sich die Einfuhr dieser Getreideart vollständig in Rotterdam konzentriert. Sein Empfang seewärts

---

[1]) So im Jahresbericht der Handelskammer zu Mannheim 1900, S. 14*, 1903, II, S. 16*. Die Häfen Rheinau bis Straßburg empfingen (1903: 165100 t) wenig mehr Weizen, als zu Mannheim-Ludwigshafen rheinaufwärts abgegangen ist (133600 t).

[2]) 1895: 56500 t, 1903: 60600 t, von denen nur 4400 t mainwärts weitergingen. Daran hat auch die Inbetriebnahme der Siloanlagen 1901 nichts geändert (Jahresbericht der Handelskammer zu Frankfurt a. M. 1901, I, S. 1); über den Verbleib des dort eingeführten Getreides s. h. Nasse a. a. O. S. 218.

[3]) Bingen bis Gustavsburg an zu Berg 1890: 6800 t; 1903: 27000 t.

[4]) Der Niederrhein (Ruhrort) a. a. O. S. 70, und Jahresbericht der Handelskammer zu Duisburg 1903, S. 47.

[5]) Meppen durch zu Berg 1903: 28200 t.

[6]) Ürdingen, Düsseldorf, Neuß an zu Berg 1890: 25200 t; 1903: 113500 t; Köln zu Berg 1890: 19100 t; 1903: 52400 t.

wuchs auf 559000 t (gegen 353400 t 1890), von denen die
Schwarzmeerhäfen allein 425700 t lieferten, und parallel stieg
die Ausfuhr via Lobith auf 348900 t (1890: 233700 t). Demgegenüber mußte Amsterdam seinen geringen Rheinverkehr
ganz aufgeben[1]), so daß die Einfuhr zu Amsterdam und Zaandam allmählich bis auf 36000 t 1903 (1895: 77100 t) gesunken
ist. Auch Antwerpen bringt den Roggeneingang nur 1903
ausnahmsweise auf 73100 t; den Versand nach Deutschland
auf dem Schienenweg hat Rotterdam ganz, und soweit er auf
dem Rhein stattfand, bis auf einen kleinen Rest aufgesogen[2]).
Anders wie bei Weizen wird die Roggeneinfuhr über Lobith
(zu 361200 t 1903) überwiegend am Niederrhein abgesetzt und
hier, wo die übrigen Häfen nur gleichbleibende Mengen
(ca. 40—50000 t) empfingen[3]), vermochte auch Ruhrort-Duisburg die Ankunft zu Berg dem wachsenden Bedarf seines
Hinterlandes gemäß von 132100 t 1890 auf 213100 t 1903 zu
steigern. Der Verkehr der weiter stromauf belegenen Häfen
neigt dazu, Mannheim-Ludwigshafen zu bevorzugen, denn während hier 74800 t 1903 gegen 32800 t 1890 eintrafen, be-
wahrten Worms und die Hafenplätze Bingen bis Gustavsburg
nur mit Mühe ihren kleineren Stand, und der Empfang Frankfurts, im Umschlag nach Bayern etc. durch das Mühlengewerbe
Mannheims gestört, büßte bedeutend ein[4]). Die Ausbreitung
der Verarbeitung des Roggens am dortigen Platze erklärt,
warum trotz der größeren Rheinanfuhren der Ausgang per
Schienenweg, den Mannheim-Ludwigshafen zu fast gleichen
Teilen nach dem links- und rechtsrheinischen Süddeutschland
unterhält, von 27600 t 1890 auf 14200 t[5]) fallen konnte, ohne

---

[1]) Lobith durch zu Berg 1890: 14000 t; 1903: 100 t.

[2]) Belgien ab nach Deutschland per Bahn 1890: 11000 t; 1903: 700 t;
per Wasserstraße 1890: 30400 t; 1903: 12200 t.

[3]) Ürdingen, Düsseldorf-Neuß an zu Berg 1890: 25400 t; 1903:
27400 t; Köln an zu Berg 1890: 20600 t; 1903: 18900 t.

[4]) Frankfurt an zu Berg   1890: 22900 t; 1903:   7800 t
     Bingen-Gustavsburg   9500 „   9300 „
     Worms . . .   11900 „   13500 „

[5]) Mannheim-Ludwigshafen ab nach
     Verkehrsbezirk 29—32   1890: 10700 t; 1903: 6600 t
               33, 35, 36   14600 „   4700 „

daß gleichzeitig die Weiterverfrachtung rheinaufwärts 13000 t
überstieg. Da demgegenüber die oberhalb gelegenen Häfen,
vor allem Karlsruhe, zusammen 32300 t Roggen empfingen,
hat scheinbar die Regulierung des Oberrheins eine fühlbare
Ausschaltung Mannheims im Versand von Rotterdam nach dem
mittleren Baden und Elsaß bewirkt. Ähnlich wie das rohe
Brotgetreide ist die Einfuhr an Mehl und Mühlenfabrikaten
nach Deutschland an den Rhein gebunden, der im Empfang
aus Holland zuletzt 96,0% beansprucht. Antwerpen vermag
bei seinem geringen Import überhaupt nicht dort hinüber-
zugreifen, dagegen gelingt es Amsterdam, gestützt auf seine
Mühlenindustrie, etwa 6—11000 t auf dem Rhein über die
Grenze zu schicken[1]). Den Hauptteil und die Erhöhung des
Wasserverkehrs über Lobith auf 69900 t 1903 gegen 48900 t 1890
muß es Rotterdam überlassen, das bei einer Einfuhr von 139700 t
Mehl 1900 neben dem Hafen der Zuidersee an der Deckung
des holländischen Bedarfs arbeitet. Die Einfuhr norddeutscher
Fabrikate nach dem Oberrhein hat den durch die Aufhebung
des Identitätsnachweises empfangenen Schlag noch nicht ver-
wunden; der Eingang in Mannheim-Ludwigshafen bleibt selbst
nach dem neuerlichen Aufschwung 1903: 25900 t hinter den
Ziffern des Jahres 1890 zurück[2]). Daher muß der sehr umfangreich gewordene Eisenbahnversand (1903: 135500 t gegen
37300 t 1890), der besonders in der Richtung nach Bayern
und Baden, sowie zum Saargebiet große Fortschritte gemacht
hat[3]), und zu dem sich in jüngster Zeit ein starker Versand

---

[1]) D. h. ebensoviel wie dort überhaupt per Bahn abgefahren wird.
Daneben muß die Leistung der Binnenschiffahrt im internen Verkehr
sehr bedeutend sein, da die Einfuhr an Mehl 1903 15800 t, 1900
gar 50400 t betrug, und außerdem die lokale Mühlenindustrie ausgedehnt ist.

[2]) An zu Berg 1890: 31200 t; 1895: 16000 t; vgl. Jahresbericht der
Handelskammer zu Mannheim 1895, II, S. 16*.

[3]) Mannheim-Ludwigshafen ab nach (1890 mit Kleie)

		1890	1903
Verkehrsbezirk 33, 35, 36		10600 t;	79600 t
„	29—32	21700 „	35000 „
„	26, 27	2000 „	11300 „

nach dem Oberrhein zur Versorgung der Reichslande gesellt
hat (1903: 23 600 t ab zu Berg) [1]), auf die Verarbeitung des
auf dem Wasserwege bezogenen Brotgetreides angerechnet
werden. Das gleiche gilt für die von dort bahnwärts versandten 59 100 t Kleie, die außer von den Bezugsgebieten der
Mühlenfabrikate besonders von Hessen-Darmstadt und Oberhessen [2]) abgenommen wurden. Unter der Konkurrenz der in
Mannheim-Ludwigshafen angesiedelten Industrie sank die an
sich nicht bedeutende Zufuhr in Gustavsburg und Mainz [3]), die
auf den Umschlag nach Bayern und Hessen eingerichtet waren,
während der dem städtischen Konsum dienende Empfang Frankfurts sich bis auf 29 000 t entwickelte. Bedeutenden Aufschwung verzeichnet der Empfang an Mehl- und Mühlenfabrikaten auf der unteren Strecke in Ürdingen (1903: 30 100 t),
und Düsseldorf-Neuß (37 800 t) [4]), so daß auf diese letztgenannten vier Häfen die Zunahme der Einfuhr fremder Mehle
über Rotterdam entfällt, denn der Wassereingang an Mühlenfabrikaten ist wie in Köln, so auch in Ruhrort-Duisburg unerheblich geblieben [5]). Die von den Rheinhafenstationen (Verkehrsbezirk 28) bahnwärts versandten hohen Mengen an Mehl
und Mühlenfabrikaten (1903: 113 900 t) und an Kleie [6]) (35 000 t)
sind mithin wie bei den oberrheinischen Häfen auf das von
Rotterdam per Kahn angebrachte Getreide zu beziehen. In
Betreff der Gerste ist es dem Hafen des Dortmund-Emskanals,
Emden, gelungen, mit zuletzt 112 400 t seewärtiger Einfuhr an
der Versorgung Westfalens teilzunehmen, dies hat aber die Einfuhr über Rotterdam nur im Eröffnungsjahre auf 208 000 t 1900
(1895: 292 800 t) mindern können; im Jahre 1903 erreichte
sie dann bereits 427 800 t. Ungefähr die Hälfte dieser vom
Schwarzen Meer eingeführten Gerstemengen konsumiert die

---

[1]) Dem entspricht eine Ankunft zu Berg in den Häfen Karlsruhe bis
Straßburg: 18 800 t.

[2]) 1903 Verkehrsbezirk 21: 10 800 t; Verkehrsbezirk 29—32: 30 000 t.

[3]) Bingen bis Gustavsburg an zu Berg 1890: 7900 t; 1903: 4900 t.

[4]) 1890: 5400 t resp. 3400 t.

[5]) 1903 Empfang zu Berg in Köln und Koblenz zusammen: 11 700 t;
Ruhrort-Duisburg-Hochfeld: 12 900 t.

[6]) Davon sogar nach Hessen-Nassau (Verkehrsbezirk 21): 15 200 t.

Hafenstadt und Holland, und die andere nach Deutschland auf dem Wasserwege verbrachte Hälfte [1]) zeigt den Einfluß Emdens sogar noch geringer. Amsterdam deckt mit seiner Einfuhr (1903: 29300 t) nur den Bedarf holländischer Landesteile, und ihre Minderung [2]) zeigt, daß Rotterdam sein Übergewicht auch dort geltend macht. Ähnlich beschränkt ist der Bereich der großen (1903: 283200 t) Gersteeinfuhr Antwerpens, indem es den Bahnversand zur Rheinprovinz hat einschränken müssen, und daneben in der Verfrachtung rheinwärts mühsam den früheren Stand behauptet [3]). Wenn auch im Gesamtverkehr Rotterdams der Wettbewerb Emdens kaum merklich ist, so wird er doch im Hafenverkehr Ruhrort-Duisburgs recht fühlbar; ihnen gelingt es erst 1903 wieder, mit 112800 t die frühere Höhe der Anfuhren zu erklimmen [4]). Somit verdankt Rotterdam die Steigerung seines deutschen Absatzes einmal dem wachsenden Bedarf der übrigen unterrheinischen Häfen wie Ürdingen, Düsseldorf-Neuß (1903: 35900 t), Köln (19300 t) und Wesel, zum anderen dem Versand zum Oberrhein, wo Mannheim-Ludwigshafen 1903: 62400 t gegen 32700 t 1890 empfingen. Die hier angefahrene Gerste wird in steigendem Maße am Orte selbst zu Futter- und Brauereizwecken verwandt, denn der bahnwärtige Ausgang weist in der Richtung auf Bayern und Württemberg, sowie nach der Pfalz gegen 1890 eher einen Rückgang auf: insgesamt ab: 1890: 34300 t, 1903: 27600 t, und auch der besonders nach Karlsruhe bestimmte Versand rheinaufwärts bleibt in sehr bescheidenen Grenzen [5]). Daß die Einfuhr von Getreide der Rheinschiffahrt als unbestrittene Domäne verblieben ist, liegt nicht so sehr an dem Fehlen ein-

---

[1]) Der Versand Hollands nach Deutschland bediente sich 1903 zu 99,1 % (1890: 98,1 %) des Rheins; von Rotterdam wurden über Lobith bergwärts deklariert 1895: 142300 t; 1900: 181000 t; 1903: 235300 t.

[2]) 1895: 31500 t.

[3]) Belgien: Versand nach Deutschland per Bahn 1890: 6600 t; 1903: 2800 t; via Lobith 1890: 23100 t; 1903: 19700 t.

[4]) Gegen 1900: 70000 t und 1895: 107000 t. Dem entspricht ein Bahnversand der Rheinhafenstationen von 1900: 75600; 1903: 102700 t.

[5]) Mannheim-Ludwigshafen ab zu Berg 1903: 8400 t; ihm entspricht ein Empfang der Häfen Rheinau-Straßburg von 13400 t.

greifender Differentialtarife [1]), sondern vielmehr daran, daß die
Schiffsverfrachtung vor dem Bahntransport ganz bedeutende
Vorteile bietet (lose Schüttung etc.); daher haben die Aus-
nahmetarife für Hafer, Mais und Ölsaaten nur den geringen
Erfolg gehabt, daß Bremen unter Ausnutzung seiner aus-
gezeichneten Schiffahrtslinien kleine Quantitäten von amerikani-
schem Mais nach Rheinland-Westfalen wirft. In denselben
Grenzen hält sich der bahnwärtige Versand Hollands und Belgiens nach günstig gelegenen Stationen der Rheinprovinz und
Lothringens an Mais und Hülsenfrüchten [2]). Mithin wird der
Kampf um das deutsche Hinterland ebenfalls mit Hilfe der
Wasserverbindungen ausgefochten. An erster Stelle steht die
Einfuhr von Mais in Antwerpen mit 503300 t, dem Rotterdam
mit 413900 t 1903 (1890: 75300 t) bedenklich nahegerückt
ist; aber die festgefügte Handels- und Schiffahrtsorganisation
des ersteren Platzes hat nicht verhindert, daß der Maashafen dank seiner besseren Lage zum Rhein den Vorsprung
Antwerpens im Verkehr mit Deutschland bereits 1900 völlig
aufgehoben hat, indem Rotterdam 165500 t, und die belgischen
Häfen 150200 t über Lobith [3]) schickten und dies Verhältnis
dann gewahrt wurde. Auf dem Amsterdamer Getreidemarkt
ist Mais der wichtigste Artikel, doch belief sich die Einfuhr
hier im Jahre des höchsten Standes 1900 auf nur 82400 t.
Da die Verbindung mit dem Rhein versagt, muß Amsterdam
die Versorgung Deutschlands Rotterdam überlassen [4]). Der
Niederrhein, der noch 1890 mit 52000 t die Hälfte der Rhein-
zufuhren aufnahm, hat diesen Anteil auf knapp $1/3$ vermindert,
und sogar 1900—1903 absolut von 153000 t auf 103000 t
abgenommen [5]). Während nämlich die auf lokale Absatzkreise

---

[1]) Nach: Der Niederrhein (Ruhrort) a. a. O. S. 70 etwa 3—3,2 Pfg.
Streckensatz ab Rotterdam.

[2]) Weserhäfen ab nach Verkehrsbezirk 22—28: 10400 t Mais und
Hülsenfrüchte; Holland ab gesamt: 12100 t; Belgien do. 9300 t 1903.

[3]) Gegen 1890: 75800 und 41000 t „andere Getreide und Hülsenfrüchte".

[4]) Selbst angenommen, daß der ganze Bahnversand Hollands dem
Amsterdamer Ausgang gutzuschreiben sei; denn derselbe beträgt nur
6,9 % 1903 des Versands Hollands nach Deutschland.

[5]) Lobith abzüglich Bergempfang der mittel- und oberrhein. Häfen.

beschränkten Häfen zu Wesel, Ürdingen, Düsseldorf-Neuß und Köln ihren Empfang langsam vermehrten [1]), zeigen die ausschlaggebenden Ruhrhäfen in diesem Zeitraum eine Abnahme von 99 500 t auf 66 000 t in „anderem Getreide und Hülsenfrüchten" [2]). Leider läßt sich die Kehrseite des zweifellos hierin enthaltenen Wettbewerbs des Dortmund-Emskanals wegen der mangelhaften Emdener Statistik [3]) nicht zeigen. Ebenso weist der schwache Eingang der mittelrheinischen Häfen, da sie nur den Verbrauch der Umgegend decken, seit 1890 einen geringen, in den letzten Jahren überhaupt keinen Fortschritt auf [4]), so daß wiederum Mannheim-Ludwigshafen mit der Steigerung des Empfangs von 49 600 t 1890 auf 173 700 t, die allein 1902 durch die schlechte Maisernte in Amerika unterbrochen wird, es sind, die die Zunahme der Einfuhr von der Rheinmündung her ermöglicht haben. Wohl wird den Häfen Rotterdam und Antwerpen die Versorgung der Schweiz und Vorarlbergs im Umschlag über Mannheim in Konkurrenz mit den Mittelmeerhäfen durch Tarifmaßnahmen schweizerischer Bahnen sehr erschwert [5]), aber der Konsum des linksrheinischen Hinterlandes und besonders Badens und Bayerns bot derart reichlich Ersatz, daß die Bahnversendung auf 96 300 t 1903 (1890: 45 400 t) stieg und zugleich der Wasserverkehr nach dem Oberrhein (besonders Straßburg) 47 300 t 1900 und 24 900 t 1903 umfaßte, wohin die Mündungshäfen heute auch direkt verfrachten [6]). Ja, als im Jahre 1904 die Maisernte der Donauländer mißraten war, und die Elbe wegen Wassermangel versagte, wurden große Mengen von den holländischen und belgi-

---

[1]) Davon Ürdingen, Düsseldorf, Neuß 1903: 17 400 t, Köln 18 800 t.

[2]) Dem entspricht die Bewegung des Bahnversands von 99 200 t auf 63 100 t.

[3]) Vgl. darüber bei Emden S. 318/319.

[4]) Bingen bis Gustavsburg an zu Berg 1890: 3500 t; 1903: 8500 t; Frankfurt a. M. an zu Berg 1890: 11 600 t; 1903: 29 300 t.

[5]) Vgl. Jahresbericht der Handelskammer zu Mannheim 1904, I, S. 256. Die Frachten ab Mannheim sind auf einer Reihe schweizerischer Bahnen höher als für andere Getreidearten, während sie im Verkehr mit Genua und Marseille den Getreidefrachten gleichgestellt sind. Daher versenden Mannheim-Ludwigshafen nach der Schweiz 1903 nur 13 100 t.

[6]) Rheinau bis Straßburg an zu Berg 1903: 33 800 t.

schen Seeplätzen über Mannheim nach Böhmen verladen [1]).
Für die Einfuhr an Hafer aus der russischen Ostsee und der
Türkei kommt nur Rotterdam in Frage; wie sehr es dieselbe
(1903: 327600 t gegen 143100 t 1890), auf die Binnenschifffahrt stützt, lehrt die Beobachtung, daß sie sich fast ganz als
Durchgang zu Lobith wiederfindet (1890: 118400 t, 1903:
280600 t) und daß der Gesamtversand der Niederlande allein
(1903: 99,4%) auf dem Rhein vor sich geht [2]). Dem steigenden Bedarf des industriellen Hinterlands entsprechend, ist der
durch keine Konkurrenz seitens Emdens beeinträchtigte Empfang Ruhrort-Duisburgs bis auf 178200 t 1903 gestiegen [3]).
An der Versorgung des weiteren rheinisch-westfälischen Bezirks vermag auch Düsseldorf noch teilzunehmen, doch bleibt
sein Empfang gleich dem der auf lokale Absatzkreise ein-
geengten Häfen zu Köln, Frankfurt, Mainz etc. weit hinter
dem Umsatz der Ruhrhäfen zurück [4]). Der zweitgrößte Empfänger ist Mannheim-Ludwigshafen mit 107200 t 1903. Von
hier aus wird auf dem Bahnwege die steigende Nachfrage der
Pfalz und Elsaß-Lothringens und der näheren Umgebung befriedigt, und infolge des Verlustes, den der Versand nach der
Schweiz durch den verstärkten Wettbewerb von Genua und Marseille erlitten hat [5]), hat auch der gesamte Versand per Schienenweg (1890: 32200 t, 1903: 46900 t) mit der Steigerung der
Anfuhren (1890: 38100 t) nicht Schritt halten können; dafür ist

---

[1]) Jahresbericht der Handelskammer zu Mannheim 1904, I, S. 12.

[2]) Der 1903: 50000 t betragende Versand Belgiens nach Deutschland, wovon 75,7 % per Kahn, stammt überwiegend, vor allem wohl
hinsichtlich des Bahnanteils (Lothringen) aus Belgien selbst, denn die
Einfuhr Antwerpens auf See- und Flußschiffen belief sich 1903 auf nur
50600 t.

[3]) Gegen 1890: 57700 t; demgemäß stieg auch die Bahnausfuhr von
53400 t auf 165400 t. — Wenn Stubmann a. a. O. S. 102 meint, daß
sich unter den von Holland ausgeführten Hafermengen ein gut Teil
Eigenprodukte befinden, so spricht dagegen, daß der Versand über Lobith
fast ausschließlich von Rotterdam stammt.

[4]) An zu Berg 1903: Ürdingen, Düsseldorf, Neuß 32200 t; Köln
13400 t; Frankfurt 17500 t.

[5]) Mannheim-Ludwigshafen ab nach Verkehrsbezirk 56 1890 : 21900 t;
1903: 12700 t (Schweiz).

aber die Verfrachtung nach dem Oberrhein (Straßburg) mit
zuletzt 27800 t eingesprungen[1]). Auf den ersten Blick scheint
es, als ob im Verkehr mit Ölsaaten die Eisenbahn der Wasserstraße gegenüber erfolgreich wäre, indem ihr Anteil am Versand
aus Holland langsam von 13,3% 1890 auf 22,9% steigt, aber schon
die andersartige Entwicklung ihres Anteils bezüglich Belgiens
(5,0% und 1,4%) legt die Vermutung nahe, daß die Ausnahmetarifierung nicht die Ursache ist; und in der Tat beruht die
Steigerung des holländischen Bahnversands (von 9100 t auf
35400 t) einzig auf dem vermehrten Bezuge der linksrheinischen Ölmühlen des Regierungsbezirks Düsseldorf[2]); in allen
anderen Gebieten ist die Binnenschiffahrt unbestrittenes Transportmittel. Die zwischen 48700 t (1900) und 98200 t (1903)
schwankende Einfuhr Amsterdams an Saaten ist bis auf 10000
bis 18000 t wasserwärts nach Deutschland verfrachteter Ölsaat für die lokale Industrie (Zaandam) bestimmt. Dagegen
wird die in Rotterdam angebrachte Menge, die sich für Leinsaat auf 131700 t 1903 beläuft, abgesehen von der obigen
holländischen bahnwärtigen Ausfuhr nach der Rheinprovinz
über Lobith ausgefahren: 1903 108800 t. Wie aus dem Stillstand dieses Verkehrs seit 1895 (115400 t) gegenüber dem
Anwachsen der belgischen Ziffern von 81200 t auf 173000 t
deutlich wird, hat Antwerpen den Vorzug besserer Schiffahrtsverbindungen mit dem einen Produktionsgebiet Südamerika erfolgreich gegen Rotterdam ausgespielt, aber es konnte dies
eben nur Dank seiner Wasserverbindung mit dem Rhein, so daß
1903 insgesamt 292300 t Ölsaaten etc. bei Lobith bergwärts
passierten, gegen 113100 t 1890. Gemäß dem Umfange der
einschlägigen Industrie zu Neuß entfällt auf Neuß und Düsseldorf etwa die Hälfte der am Niederrhein gelandeten Mengen,
und ihre Zunahme auf 59200 t (1890: 36600 t) zeigt, daß
auch hier die Schiffahrt sich neben dem Bahnversand ab Holland gut behauptet. Größere Quantitäten nehmen außerdem
die Mühlen zu Ürdingen (1903: 29100 t) und Wesel (11900 t),
und auch die in Ruhrort-Duisburg angebrachten Mengen (22900 t)

---

[1]) Rheinau bis Straßburg an zu Berg 1903: 28300 t.
[2]) Nach Verkehrsbezirk 26, 27 1890: 7300 t; 1903: 34100 t.

werden überwiegend am Platze verarbeitet [1]). Die am Mittelrhein eingehenden Ölsaaten (1903: 20 900 t) werden zumeist über Gustavsburg nach den Ölmühlen Hessens befördert [2]). Die größte Tonnenzahl vereinigt jedoch der Empfang Mannheim-Ludwigshafens mit 66 000 t 1903 (1890: 37 300 t), wobei die anstrebende Bewegung nur im Jahre 1900 [3]) infolge der vorjährigen indischen Mißernte ins Gegenteil verkehrt wird. Sie wird neben dem Bedarfe der ausgedehnten örtlichen Industrie stark vom Versand binnenwärts getragen, und auch hier ist wieder die Überlegenheit des Wasserwegs unverkennbar, da die Eisenbahn ihre besonders nach Baden und Württemberg gerichteten Verladungen mit 21 000 t höchstens behauptet, wogegen allein die Verfrachtung neckarwärts nach den Heilbronner Fabriken diesen Umfang in stetem Wachstum erreichte [4]). Daneben empfangen die oberrheinischen Häfen, vor allem Karlsruhe, in den letzten Jahren erhebliche Transporte an Ölsaat [5]), die sie zum Teil über Mannheim, zum steigenden Teil aber direkt von den Mündungshäfen beziehen. Für uns ist es ziemlich gleichgültig, ob der Versand der Rheinmündungshäfen an Ölen und Fetten schon als solcher seewärts eingeführt wurde, wie in Rotterdam, das als Hauptmarkt für amerikanisches Margarin [6]) 1900: 198 200 t Fette etc. empfing, oder der Verarbeitung der importierten Ölsaaten entspringt wie in Amsterdam, wo nur 11—12 000 t Öle 1900—1903 überhaupt eintrafen. Hier interessiert uns vor allem, daß trotz der bekannten Seehafenausnahmetarife dieser Versand sich in steigendem Umfange, in Holland zu 66,8 % 1903 (1890: 62,1 %), in Belgien zu 68,2 % (1890: 47,4 %) der Rheinstraße zuwendet. Gleich dem

---

[1]) Bahnversand der Rheinhafenstationen 1903: 8100 t Saaten.

[2]) Nasse a. a. O. S. 204.

[3]) Jahresbericht der Zentralkommission für die Rheinschiffahrt 1900 S. 62; 1895: 44 500 t; 1900: 43 800 t.

[4]) Mannheim (Neckar) ab zu Berg 1890: 5300 t; 1903: 20 200 t; dagegen Mannheim-Ludwigshafen ab per Bahn gesamt 1890: 20 700 t; 1903: 20 600 t; davon Verkehrsbezirk 33, 35, 36 1890: 17 300 t; 1903: 17 000 t.

[5]) Karlsruhe bis Straßburg an zu Berg 1903: 11 200 t; dagegen Mannheim-Ludwigshafen ab zu Berg (Rhein) 4400 t.

[6]) Ysselsteyn a. a. O. S. 117.

10 700—11 700 t betragenden Versand Belgiens [1]) beschränkt
sich die rasch ansteigende, fast mit dem Wasserweg Schritt
haltende bahnwärtige Ausfuhr Hollands auf die Rheinprovinz
links des Rheins (Verkehrsbezirk 26, 27: 1890: 26 300 t, 1903:
41 600 t); sie ist von der daselbst aufblühenden Margarine-
fabrikation veranlaßt [2]) und stammt, da die gesamte Bahnabfuhr
Amsterdams seit 1895 merklich zurückgeht [3]), aus der Produktion Rotterdams. Aber auch bei diesem Hafen liegt das Schwergewicht im Ausgang per Kahn mit 76 500 t 1903 (gegen 34 800 t)
und eben darauf beruht der bemerkenswerte Fortschritt Antwerpens im Verkehr mit Deutschland [4]). Trotz der direkten
Bahnverladung ist der Umschlag nach dem linksrheinischen
Gebiet in Ürdingen, Düsseldorf, Neuß, sowie in Köln und Koblenz auf 16 200 t resp. 19 500 t angewachsen [5]). Andererseits
haben die Rheinmündungshäfen am rechten Rheinufer mittels
der Wasserstraße den an Hamburg und Bremen verlorenen
Absatz zurückerobert: der Import über die Ruhrhäfen ist heute
mit 13 100 t 1903 gleich dem über die Elb- und Weserhäfen [6]).
Die Versorgung des mittelrheinischen Bezirks beherrschen sie
kraft der Bezüge der dortigen Häfen vollständig, wobei Frankfurts Zunahme bestimmend wirkt [7]). Und was bedeuten 3000
bis 4000 t, d. h. der Versand der Elbhäfen nach Süddeutschland und der Schweiz, gegenüber den 57 700 t fetter Öle und
Fette, welche Rotterdam und Antwerpen im Jahre 1903 schnell

---

[1]) Nur etwa 3000 t gehen bahnwärts nach Elsaß-Lothringen.

[2]) Der Niederrhein (Ruhrort) a. a. O. S. 73.

[3]) 1895: 21 500 t; 1903: 17 900 t, daneben per Kahn über Lobith
6200 t.

[4]) Belgien per Schienenweg   1890: 10 700 t; 1903: 11 700 t
     „   „   Wasserstraße   9 600 „   25 000 „

[5]) 1890: 6700 t resp. 11 500 t.

[6]) Nach Verkehrsbezirk 21—28: 14 500 t; die höheren Versandziffern
aus den Rheinhafenstationen 1903: 20 800 t dürfen wegen der besonders
in den letzten Jahren erheblichen lokalen Fabrikation (Ölmühlen, Talg-
schmelzen etc.) nicht in Rechnung gezogen werden, vielmehr ist die
Differenz gegenüber dem obigen Empfang zu Berg für die Verteilung
der eingeführten Ölsaat zu berücksichtigen. Daneben ist der Dortmund-
Emskanal (1903: 3700 t Meppen durch zu Berg) ungefährlich geblieben.

[7]) Bingen bis Gustavsburg 1890: 12 700 t; 1903: 11 000 t; Frankfurt
1890: 6900 t; 1903: 12 400 t.

steigend (1895: 18400 t) nach Mannheim-Ludwigshafen per Schiff anliefern? Es handelt sich dabei neben Rohmaterial für die lokalen Speiseölfabriken, besonders um Palmkernkokosöle etc. für die ausgedehnte Seifenindustrie Badens [1]), die vom Auslande und von Norddeutschland auf dem Seewege zugeführt werden. Vom gesamten Bahnversand: 40100 t gingen allein 23300 t in die Verkehrsbezirke 33, 35, 36, während der Rest sich auf die Pfalz und Reichslande verteilt, und Mannheim seit einiger Zeit seinen Bereich nach der Schweiz ausdehnt [2]). Außerdem ist die Verfrachtung rhein- und neckaraufwärts nennenswert [3]). Zweifellos entstammt ein Teil der von Ludwigshafen und Mannheim binnenwärts verfrachteten Fette und Öle der ansässigen Ölindustrie, und wäre eigentlich auf die Verteilung der angebrachten Ölfrüchte anzurechnen. Ganz gilt dies für den Bahnversand an Ölkuchen in der Höhe von 15200 t [4]). Leider liegt über den Wasserverkehr in diesem Artikel wie in Kleie keinerlei Angabe vor, aber die Eisenbahngüterstatistik liefert die wichtigen Tatsachen, daß bei diesen niedrigen Tarifen unterstellten Futtermitteln der Einfluß Hollands und Belgiens nicht über die Rheinprovinz hinausreicht [5]), und daß der Versand der deutschen Nordseehäfen nach dem deutschen Süden und Südwesten mit ca. 33000 t Ölkuchen und 15000 t Kleie nicht mehr weit dahinter (41000 und 44000 t) zurücksteht, daß also die Rheinmündungshäfen für derartig ausnahmetarifarisch behandelte geringwertige Güter, hier speziell die aus dem Import direkt oder indirekt gewonnenen Futtermittel, aus der kürzeren Bahnentfernung keinen Vorteil ableiten können. Noch deutlicher tritt diese Beobachtung im Verkehr mit Düngemitteln zu Tage, denn während hierin der Bahnversand der vorgelagerten Rheinmündungsstaaten nach dem gesamten Stromgebiet des unteren und mittleren Laufs (Verkehrsbezirke 21 bis 28) von 41300 t auf 35900 t 1890—1903 sank und sich

---

[1]) Vgl. Landgraf a. a. O. S. 22; Nasse a. a. O. S. 185; Jahresbericht der Zentralkommission für die Rheinschiffahrt 1900, S. 65.

[2]) Mannheim-Ludwigshafen ab nach Verkehrsbezirk 56: 1903: 4100 t.

[3]) 3500 t resp. 3300 t.

[4]) Desgleichen vom Versand der Rheinhafenstationen: 10000 t.

[5]) Nur Belgien versandte 1903: 5200 t Kleie nach Süddeutschland.

nur durch den vermehrten Empfang der Reichslande aus Belgien, der schwerlich mit der Seeeinfuhr zusammenhängt, auf der früheren Höhe halten konnte[1]), stieg der Versand der Elb- und Weserhäfen nach dem gesamten Rheingebiet, sowie Süddeutschland und der Schweiz von 18 200 auf 39 900 t, und erreicht für die Verkehrsbezirke 21—28 bereits (31 100 t) den Empfang aus Holland und Belgien. Der durch diesen Wettbewerb bedingten Stagnation der holländischen Bahnverfrachtungen entspricht es, daß Amsterdam, dem die Benutzung des Wasserwegs vollständig versagt blieb, im Jahre 1902 als Maximum 14 400 t versandte, und somit in der Einfuhr von Düngemitteln keine Rolle spielt, während Rotterdam 1900: 108 200 t seewärts empfing und seit diesem Jahre den Durchgang zu Lobith von 59 700 auf 88 200 t steigerte. Auch bei Antwerpen ist der Zusammenhang zwischen der Zunahme der Einfuhr von 12 000 auf 92 800 t 1900—03 und des belgischen Anteils am Versand über Lobith von 37 900 auf 71 700 t unverkennbar[2]). Danach beruht das Übergewicht der Rheinmündungshäfen ganz allein auf dem Rheinverkehr, der nach den Lobither Notierungen im Jahre 1903: 162 000 t, nach denen zu Emmerich gar 233 600 t umfaßte[3]). Der Ruhrort-Duisburger Hafen bleibt diesen Einfuhren verschlossen, da die dort angesiedelte großartige Industrie zur Herstellung der Düngemittel, die sie 1903 als Phosphatmehl etc. zu 112 300 t über ganz Deutschland verschickte[4]), ausschließlich die beim Hochofenbetrieb des Ruhrreviers abfallenden Schlacken verarbeitet. Hauptabnehmer der über Rotterdam und Antwerpen importierten Rohphosphate sind am Niederrhein die chemischen Fabriken zu Kalk. Der Eingang im Kölner Hafen mit 52 300 t

---

[1]) 1890: 51 800 t; 1903: 58 700 t.

[2]) Weiteres darf aus dem Gesamtversand Belgiens nach Deutschland (1903: 114 600 t) nicht geschlossen werden, da derselbe, insbesondere wohl der Bahnversand (42 900 t), der etwa zu gleichen Teilen nach der linksrheinischen Rheinprovinz und Lothringen bestimmt ist, großenteils der belgischen Produktion (Thomasschlacke) entstammt.

[3]) Die Ziffern für Emmerich durch zu Berg 1900: 488 000 t sind ein offenbarer Fehler für 88 000 t (Lobith 99 100 t).

[4]) Davon nach Verkehrsbezirk 1—20: 56 100 t.

1903 (gegen 5200 t 1890) gibt kein vollständiges Bild der für
sie angelieferten Mengen, da neuerdings die dorthin bestimmten
Düngemittel recht beträchtlich nach dem gegenüberliegenden
Mühlheim abgelenkt worden sind [1]). Eine ähnlich dominierende
Stellung nehmen am Mittelrhein die Werke zu Kastel und
Amöneburg mit 28200 t Empfang 1903 ein [2]), der dann verarbeitet überwiegend von der Rheinschiffahrt talwärts verschickt
wird [3]). Der stetig seit der Mitte der 90er Jahre gewachsene
Versand Rotterdams und Antwerpens wird vollständig durch
die Bezüge Mannheim-Ludwigshafens bestimmt [4]), wo im Jahre
1903: 55200 t, d. h. $\frac{1}{3}$ der über Lobith eingeführten Düngemittel als zu Berg eingetroffen notiert wurden (gegen 18700 t
1895). Und es scheint sogar, als wenn diese Notierungen noch
unvollständig seien, vielleicht weil neben den gebrauchsfertigen
Düngemitteln (besonders Chilesalpeter) [5]) die von den dortigen
Superphosphatfabriken bezogenen Rohphosphate nicht genügend
berücksichtigt sind. Wenigstens umfaßt der Bahnversand 1903:
84400 t, der, außer langsam vergrößerten, nicht unbeträcht-
lichen Transporten für die Schweiz, zu fast gleichen Teilen
nach Baden, Württemberg und Bayern, sowie dem übrigen deutschen Hinterland verteilt wurde [6]).

Nachdem so die geringwertigen Massengüter erledigt sind,
bleiben nur noch die höherwertigen Waren zu untersuchen, die
als Nahrungs- und Genußmittel oder als industrielle Rohstoffe
aus dem Auslande importiert, weitgehende Tarifermäßigungen
im Verkehr mit den holländisch-belgischen und den deutschen
Nordseehäfen genießen. Unter den Genußmitteln steht die

---

[1]) Jahresbericht der Handelskammer zu Köln 1900, S. XIX.

[2]) Alle übrigen Häfen von Bingen bis Gustavsburg und Frankfurt a. M.
empfingen zusammen nur 10700 t bergwärts.

[3]) Ab zu Tal 1903: 21700 t.

[4]) Selbst im letzten Jahre, wo auch ausnahmsweise in Worms 8800 t
eingingen, erreicht der Empfang der Häfen Rheinau bis Straßburg nur
4900 t.

[5]) Jahresbericht der Zentralkommission für die Rheinschiffahrt 1900,
S. 62.

[6]) Ab nach Verkehrsbezirk 56 1890: 4700 t; Verkehrsbezirk 33, 35, 36:
14700 t; Verkehrsbezirk 29—32: 18900 t; Verkehrsbezirk 56 1903: 14300 t;
Verkehrsbezirk 33, 35, 36: 36500 t; Verkehrsbezirk 29—32: 30700 t.

Einfuhr von **Kaffee** etc. an erster Stelle. Noch am Anfang unserer Periode behauptete hierin Amsterdam den Vorrang, dann tritt bei diesem Hafen ein gewisser Stillstand ein, und der kleine Aufschwung, der sich mit 36 400 t 1903 seit 1895 (29 000 t) unter den durch den Ausfall der Ernten bedingten Schwankungen konstatieren läßt, beruht ganz auf dem Anteil des Tees[1]). Insbesondere zeigt der Bahnversand eine rückläufige Bewegung, und wir beobachten, daß gegenüber dem geringfügigen Wasserverkehr Amsterdams[2]), Rotterdam seinen Ausgang über Lobith von 14 800 t 1895 auf 38 100 t steigert, und daß der gesamte Verkehr Hollands sich zu 76,4 % 1903 (1890: 71,9 %) auf dem Rhein abspielt; so ist es klar, daß der Maashafen es diesem verdankt, daß er heute als Kaffeeeinfuhrhafen (1900: 79 700 t) die übrigen Häfen überflügelt hat. Das hat auch Antwerpen mit einem Empfang von 40 700 t Kaffee 1903 erfahren müssen, und es hat sich den geringen Versand nach Deutschland nur durch das Einspringen der Binnenschifffahrt, die heute 59,0 % (gegen 36,6 % 1890) bewältigt, für die rückläufige Bewegung des Eisenbahnverkehrs[3]) entschädigt. Im ganzen bleibt der 1903: 15 400 t erreichende Bahnversand der Rheinmündungsstaaten auf die Rheinprovinz beschränkt[4]). Wenn hier die konkurrierenden deutschen Häfen in neuester Zeit die ausländischen Plätze eingeholt haben und daneben Hamburg bemerkenswerte Sendungen nach Süddeutschland und der Schweiz verfrachtet[5]), so ist deutlich, daß die Mündungshäfen dem Druck nur durch die Steigerung der Wasserabfuhr von 19 100 t auf 44 700 t 1895—1903[6]) haben begegnen

---

[1]) 1895: 3100 t; 1903: 8800 t.

[2]) 1903: 2300 t.

[3]) Versand Belgiens nach Deutschland

      per Bahn 1890: 5300 t; 1903: 2900 t
      per Kahn   ,   3000 ,   ,   4200 ,

[4]) Verkehrsbezirk 22—28: 12 100 t; erwähnenswert ist nur noch der belgische Versand nach Elsaß-Lothringen mit 1100 t.

[5]) Elb- und Weserhäfen ab nach Verkehrsbezirk 21—28: 10 500 t; Elbhäfen ab nach Verkehrsbezirk 29—36: 3600 t; Verkehrsbezirk 56: 1400 t.

[6]) Nach Lobither Anschreibungen, während bei Emmerich sogar

können. Daß die aufsteigende Bewegung in Rotterdam [1]) erst
nach der Eröffnung eines geregelten Dampfschiffsdienstes mit
Santos im Jahre 1897 einsetzte [2]), wodurch der bisherige Vorteil Hamburgs und Antwerpens in dieser Beziehung wegfiel,
und daß seitdem Hamburg in der Rheinprovinz keine Fortschritte, Antwerpen gar Rückschritte erlebt hat, kann meines
Erachtens nur so gedeutet werden, daß eben die Binnenwasser-
verbindung Rotterdams die primäre Ursache gewesen ist.
Während noch bei Duisburg-Ruhrort die Seehafenausnahmetarife jede größere Konkurrenz der Binnenschiffahrt hintan-
halten [3]), beläuft sich schon der Wasserempfang von Ürdingen,
Düsseldorf-Neuß auf 5000 t Kaffee, Tee etc. 1903, und der
steigende Bedarf des Köln-Koblenzer Hinterlandes ist mit
11 300 t (1895: 5700 t) mittels Flußschiff gedeckt, ebenso am
Mittelrhein mit 10 900 t (6300 t 1890), in welche sich Frankfurt und die übrigen Häfen zur Hälfte teilten. Sind schon hier
die Rheinhäfen ganz auf den Wasserweg angewiesen, um dem
Wettbewerb der deutschen Häfen zu begegnen, so gilt dies
auch im Gebiet südlich des Mains, und wie weit es ihnen gelungen ist, zeigt der Empfang Mannheim-Ludwigshafens, der
mit 17 600 t 1903 (1895: 5900 t) den Bahnversand Hamburgs
nach Süddeutschland und der Schweiz weit hinter sich gelassen
hat. Da der Eisenbahnversand wegen seiner Unvollständigkeit
zum Vergleich unbrauchbar [4]) ist, sei nur darauf hingewiesen,
daß ein guter Teil der Mehranfuhr wasserwärts im Bergverkehr
weiterbefördert wurde (1903: ab zu Berg 4700 t), indem insbesondere die Brennereien Heilbronns steigende Beträge ab-
nahmen [5]). Noch erheblicher als für Kaffee ist das Über-

---

52 200 t notiert werden; die dortige Ziffer für 1902: 188 925 t ist ein
Druckfehler für 88 925 t (Lobith 37 600 t).

[1]) Seit 1890 (Rotterdam-Lobith durch zu Berg: 19 000 t) Rückgang.

[2]) Ysselsteyn a. a. O. S. 115.

[3]) Rheinhafenstationen an zu Berg 1903: 500 t; ab per Bahn: 1300 t.

[4]) Jahresbericht der Handelskammer zu Mannheim 1903, II, S. 29*.
Der statistisch erfaßte Bahnabgang: 4700 t enthält nur einen geringen
Teil des wirklichen Bahnabgangs, denn dieser vollzieht sich hauptsäch-
lich im Sammelladungs- und Stückgutverkehr.

[5]) Jahresbericht der Zentralkommission für die Rheinschiffahrt 1900,

gewicht der Rheinschiffahrt und dadurch der vorgelagerten
Häfen, insbesondere Rotterdams, für den Verkehr in Reis.
In erster Linie dient die Einfuhr Rotterdams (1900: 55 100 t)
und Amsterdams (1900: 34 600 t, 1902: 51 900 t) dem Bedarfe der heimischen Mühlen, die gleich der Dordrechter Anlage hauptsächlich für den holländischen Konsum und den
Export arbeiten [1]), in stärkerem Maße gilt dies für die 1903:
78 600 t betragende Einfuhr Antwerpens. Gleich dem unbedeutenden Versand dieses Hafens nach Deutschland ist auch
der ähnliche gleichgerichtete Ausgang Amsterdams im Abnehmen begriffen, zudem haben die Weserhäfen trotz des hoch-
entwickelten Eigenhandels sowohl in Rheinland-Westfalen wie
in Süddeutschland und der Schweiz an Einfluß verloren [2]).
Andererseits hat Rotterdam die Ausfuhr über Lobith von
5100 t auf 20 500 t im Zeitraum 1890—1903 vermehrt, so
daß der Rhein jetzt 87,8 % gegen 78,4 % 1890 des gesamten
Versands von Holland und Belgien nach dem Deutschen Reich
umfaßt. Wie bei Kaffee spricht sich auch bei Reis der Wettbewerb der Eisenbahn in minimalen Zufuhren Duisburg-Ruhrorts aus, und wahrscheinlich ist auch diese Konkurrenz seitens
Bremens an dem kleinen und mäßig zunehmenden Empfang
der anderen unterrheinischen Häfen schuld [3]). Lebhafter ist
dann die Entwicklung des Eingangs in den Plätzen am Mittelrhein [4]). Aber in der Hauptsache beruht der gesteigerte Absatz Rotterdams auf dem Bezuge Mannheim-Ludwigshafens,
die mit 12 600 t 1903 gegen 5100 t 1890 die Hälfte des
Durchgangs zu Lobith absorbieren. Wenn man der Statistik

S. 64. Neckar (Mannheim) ab zu Berg 1895: 1000 t; 1903: 8200 t. Daneben Rheinau-Straßburg an zu Berg 1903: 2200 t.

[1]) Ysselsteyn a. a. O. S. 110; von 46 600 t Reis wurden 1903:
31 400 t als Reis und Reismehl seewärts wieder ausgeführt.

[2]) Belgien ab nach Deutschland 1890: 4600 t; 1903: 2700 t; davon
per Kahn 3400 und 1400 t. Amsterdam-Lobith durch zu Berg 1895:
3300 t; 1903: 2400 t. Weserhäfen ab nach Verkehrsbezirk 22—28 1890:
15 800 t; 1903: 13 700 t; Verkehrsbezirk 29—36, 56 1890: 8200 t; 1903:
4300 t.

[3]) Ruhrort-Duisburg an zu Berg 1903: 400 t, ab per Bahn 300 t,
Düsseldorf-Neuß an zu Berg 1903: 1300 t; Köln-Koblenz: 2300 t.

[4]) Bingen bis Gustavsburg an zu Berg: 2300 t; Frankfurt: 1800 t.

der Güterbewegung auf deutschen Eisenbahnen Glauben schenken will [1]), hat der Bahnausgang nach Baden, Württemberg und Bayern seit 1900 zweifellos infolge des württembergischen Verbots der Verwendung von Reis für Brauzwecke (1. Oktober 1900) nachgelassen. Da diese Lücke im bahnwärtigen Versand nur unvollkommen durch vermehrte Bezüge der Pfalz, der Reichslande und Schweiz ausgeglichen wurde [2]), fiel die Zufuhr auf 10 800 t, und ihr neuerliches Steigen beruht neben dem lokalen Verbrauch auf der Verladung wasserwärts (zu Berg 1903: 3000 t), aus welcher der beträchtliche Empfang der oberrheinischen Häfen überwiegend [3]) gedeckt wurde. Mehr und mehr wird das Rheingebiet mit Zucker anstatt bahnwärts von Mittel- und Süddeutschland vom Osten her auf dem Seewege versorgt [4]), und bei diesem Artikel, dessen Bahnimport nicht durch billige Tarife gefördert wird, ist die Herrschaft der Rheinschiffahrt unbestritten, indem die Einfuhr von Zucker, Sirup etc. aus Holland nach Deutschland zu 98,9 % 1903 (1890: 95,8 %) den Wasserweg benutzte [5]). Amsterdam hat sich am Wasserversand im Höchstfalle mit 12 900 t (1902) beteiligt; seine zwischen 47 400 und 92 900 t (1900 und 1902) schwankende Einfuhr verbleibt auch nach der Raffination im Lande. Rotterdams Einfuhr war dagegen, 1900: 74 000 t stark, fast ganz (60 500 t) auf dem Rhein nach Deutschland in Bewegung, und seitdem ist seine Durchfuhr über Lobith, die noch 1890 (8400 t) kaum erwähnenswert war, bis auf

---

[1]) Wie bei Kaffee entzieht sich ein Teil des Verkehrs von Reis als Stückgut etc. der statistischen Feststellung.

[2]) Mannheim-Ludwigshafen ab nach

	Verkehrsbezirk	33, 35, 36	1900: 5400 t;	1903: 3100 t
	„	29—32	2200 „	„ 2500 „
	„	56	„ 800 „	„ 1400 „

[3]) Karlsruhe bis Straßburg an zu Berg 1903: 4500 t.

[4]) Jahresbericht der Zentralkommission für die Rheinschiffahrt 1900, S. 65.

[5]) Die Ausfuhr nach Deutschland entstammt ganz dem seewärtigen Import (vgl. Stubmann a. a. O. S. 107), denn die geringe eigene Ausfuhr Hollands (1903: 5300 t) richtet sich nach England (G. Müller, Rapport Consulaire 1903, S. 106).

82 100 t 1903 weiter gestiegen. Von den insgesamt 99 500 t[1])
oder nach den wahrscheinlicheren Angaben des deutschen Grenz-
zollamts von 111 200 t, die rheinauf die Grenze passierten,
waren allein 75 000 t nach Mannheim-Ludwigshafen bestimmt,
dessen seit 1895 (14 000 t) schnell vergrößerter Empfang vor
allem die gleiche Entwicklung des Rotterdamer Seeverkehrs
ermöglicht hat. Soweit sich aus den scheinbar unvollständigen
Ziffern des Bahnausgangs urteilen läßt, haben jene Mengen besonders im linksrheinischen Hinterland und Hessen-Darmstadt
Abnahme gefunden[2]). Daneben werden kleinere Sendungen
auf dem Neckar zu Berg geschickt, während der nicht sehr
erhebliche Empfang der weiter rheinauf gelegenen Plätze zumeist im direkten Verkehr mit den Seehäfen begründet ist[3]).
Das Hinterland der mittelrheinischen Plätze liegt zu nahe an
den mitteldeutschen Produktionsstätten, als daß für sie ein
entwicklungsfähiger Eingang wasserwärts in Frage käme (insgesamt ca. 12 000 t jährlich). Dagegen gewinnt am Unterrhein vor allem der Bezug Kölns für seine ausgedehnten
Raffinerien[4]) erhöhte Bedeutung (1903: 20 900 t), aber auch
die übrigen Plätze, wie Ürdingen, Düsseldorf-Neuß (14 800 t)
und Koblenz, sogar Ruhrort-Duisburg, empfangen heute erhebliche Zuckertransporte von den Mündungshäfen[5]). War es
bei Zucker das Fehlen von Ausnahmefrachten im Wagenladungsverkehr, so hat bei Wein der Vorzug größerer Ruhe
dazu beigetragen, die Bezüge auswärtiger Ware über See auf
dem Rhein zusammenzuhalten, so von Holland zu 93,5 % 1903
(1890: 94,5 %). Wohl zu $^3/_4$ dient die seewärtige Einfuhr
Hollands — in Rotterdam wurden im Jahre 1900: 34 900 t,
in Amsterdam 17 900 t importiert — dem heimischen Verbrauch, da sein Versand nach Deutschland 13 000 t nicht über-

---

[1]) Der Import Antwerpens, 1903: 22 100 t, dient fast ausnahmslos
dem belgischen Konsum; nur in einzelnen Jahren (1903: 5400 t) beteiligt
es sich wasserwärts mit kleinen Posten am Versand nach Deutschland.

[2]) Vom Bahnversand 1890: 16 900 t; 1903: 34 900 t gingen nach Verkehrsbezirk 29—32 1890: 1400 t; 1903: 25 800 t.

[3]) Mannheim (Neckar) durch und ab zu Berg 1903: 2400 t; Rheinau
bis Straßburg an zu Berg: 6200 t.

[4]) Nasse a. a. O. S. 234.

[5]) Koblenz an zu Berg 1903: 7200 t; Ruhrort-Duisburg: 4900 t.

steigt. Aber daß auch die leistungsfähigere Hinterlandverbindung mit Deutschland das Übergewicht Rotterdams befestigt hat[1]), geht aus der Tatsache hervor, daß seine Verladungen via Lobith heute mit 8300 t das Doppelte der Ziffern für 1890 erreichen, während Amsterdam trotz seiner Handelsbeziehungen mit 3300 t vorlieb nehmen muß[2]). Nach dem schmalen Umfang des Empfangs in den unterrheinischen Städten zu schließen[3]), ist der wachsende Versand Rotterdams vorwiegend nach Mannheim-Ludwigshafen bestimmt gewesen, wo im Jahre 1903: 8600 t gegen 2800 t per Kahn eintrafen. Wenn diese Ziffern auch durch die Sendungen vom Mittelrhein beeinflußt sein mögen, so handelt es sich bei der Steigerung hauptsächlich um spanische Verschnittweine, die den bahnwärts bezogenen italienischen Produkten lebhafte Konkurrenz bereiten[4]). Selbst die einzigartige Stellung als Tabakmarkt hat nicht hindern können, daß Amsterdam in diesem Artikel hinter Rotterdam zurücktreten muß. Bereits 1900 erreichte die Tabakeinfuhr des letzteren Hafens 35 000 t gegen 39 700 t Tabak und Zigarren in Amsterdam, und im Jahre 1903 hat der Maashafen mit 10 100 t mehr über Lobith verschickt, als der parallele Versand Amsterdams und der Bahnversand Hollands insgesamt[5]) beträgt. Wie sich so im holländisch-deutschen Verkehr eine entschiedene Bevorzugung des Wasserwegs (1890: 58,4 %, 1903: 73,0 %) geltend macht[6]), so hat diese Über-

---

[1]) In ähnlicher Weise hat Rotterdam die zeitweilig nicht unerhebliche Einfuhr ostdeutschen Sprits etc. nach dem Rheingebiet an sich gezogen, indem z. B. 1900 der Durchfuhr zu Emmerich 12 800 t nur ein geringer holländischer Bahnversand gegenübersteht.

[2]) Die Gesamteinfuhr Antwerpens 1903: 18 800 t verbleibt bis auf einen kleinen Bahnversand nach Elsaß-Lothringen in Belgien.

[3]) Düsseldorf und Köln 1903: 3200 t. Der Empfang der mittelrheinischen Plätze beruht wohl vorzugsweise auf Lokalverkehr; er ist übrigens seit 1890 nicht gestiegen (1903: 5800 t).

[4]) Aus obigem Grunde und weil die Abfuhr sich meistens im Stückgutverkehr vollzieht, muß darauf verzichtet werden, ihre Verteilung zu erörtern. Vgl. Jahresbericht der Handelskammer zu Mannheim 1903, II, S. 26.

[5]) 1903: 2600 + 4700 t.

[6]) Antwerpen kann bei einem Import von 15 000 t Tabak nur 1400 t mittels Rheinschiff nach Deutschland absetzen.

legenheit der Binnenschiffahrt ab Rotterdam andererseits die deutschen Nordseehäfen gezwungen, trotz der billigen Tarife und des starken bremischen Eigenhandels den Versand nach dem ganzen Rheingebiet und der Schweiz absolut einzuschränken[1]). Demgegenüber erhöhen neben Köln und den mittelrheinischen Häfen[2]) Mannheim-Ludwigshafen ihren Empfang von 2800 t auf 10500 t 1890—1903. Da der Bahnversand auch die Erzeugnisse der in Mannheim gehandelten inländischen Tabakerzeugnisse einschließt, sei nur erwähnt, daß er sich überwiegend nach Baden, Württemberg und Bayern richtet; außerdem wurden in den letzten Jahren bedeutende Mengen per Flußschiff nach oberhalb gelegenen Rheinstationen weiterverfrachtet[3]). Die Einfuhr von Fischen aller Art hat, trotz aller Vorteile, welche ihr die preußischen Staatsbahnen auf dem Wege über die deutschen Häfen boten, ganz augenscheinlich die Wasserstraße bevorzugt, indem der Versand von Elb- und Weserhäfen nach den Verkehrsbezirken 21—36, 56 im Jahre 1903 keine 10000 t erreichte, während der Durchgang über Lobith auf 33000 t (1895: 17100 t) stieg. Dazwischen eingeengt, vermochte sich der bahnwärtige Ausgang der Niederlande nach Deutschland nicht über den Stand von 1890: 17100 t auszudehnen und auch Belgien bleibt mit der kleinen Ausfuhr per Schienenweg[4]) auf den linken Teil der Rheinprovinz beschränkt. Ganz ausschließlich hat aus diesem Vordringen der Binnenschiffahrt, die heute 65,8 % gegen 50,5 % 1890 des holländisch-deutschen Verkehrs bewältigt, Rotterdam Nutzen gezogen, da es mit 31700 t 1903 den Wasserversand der Niederlande auf sich vereinigt[5]). Am Unterrhein weist seit

---

<table>
<tr><td></td><td>1890</td><td>1903</td></tr>
<tr><td>[1]) Bremen ab nach: Verkehrsbezirk 21—36, 56:</td><td>14500 t</td><td>13000 t</td></tr>
<tr><td>Hamburg ab nach: „ 21—36, 56:</td><td>2200 „</td><td>1400 „</td></tr>
</table>

[2]) 1903: 1400 + 2800 t; die Stagnation der Duisburger Schiffsanfuhr zwischen 1700 und 2500 t ist nicht durch die Konkurrenz der Eisenbahn bewirkt: vgl. der Niederrhein (Ruhrort) a. a. O. S. 72.

[3]) Mannheim-Ludwigshafen ab per Bahn: 1903: 7700 t, davon nach Verkehrsbezirk 33—36: 4500 t; Mannheim-Ludwigshafen ab per Kahn: 1903: 1400 t.

[4]) Insgesamt 1903 ab: 3100 t.

[5]) Danach scheinen die gesamten holländischen Räuchereien für den

mehreren Jahren der Bahnversand Duisburg-Ruhrorts mit zuletzt 7100 t erhebliche Fortschritte auf[1]), dort nehmen auch
Düsseldorf und Köln größere Mengen auf. Indessen liegt das
hauptsächliche Absatzgebiet der Rotterdamer Einfuhren in Süddeutschland, für das am Mittelrhein 1903: 9300 t (gegen 1890:
4900 t) und in Mannheim-Ludwigshafen 4600 t zu Berg eintrafen. Bei dieser Hafengruppe, die dem direkten Bahnverkehr
sogar die Versorgung des Saarreviers streitig macht, wird die
aufsteigende Bewegung allerdings in den Jahren 1895 und 1900
unterbrochen, als der niedrige Wasserstand während der Haupt-
versandzeit September und Oktober die Schiffahrt nach diesen
Plätzen behinderte[2]). Wegen der berühmten Gemüse- und
Obstzucht der Rheinmündungsstaaten bleibt ungewiß, wieviel
der gewaltigen, besonders nach Westfalen und der Rheinprovinz
gerichteten Bahnabfuhr (1903: insgesamt 119800 t) auf die
Einfuhr seewärts angerechnet werden darf. Weit unbedenklicher ist dies beim Wasserversand über Lobith zu 32700 t
Baumfrüchten, weil er praktisch vollständig von Rotterdam an-
geliefert wird, und man braucht nur dessen Entwicklung (1890:
8000 t) zu betrachten, um zu bemerken, daß die Rheinschifffahrt trotz des neuerdings recht belangreichen Versands ab
Weser- und zumal Elbhäfen (1903: insgesamt 10200 t) nach
Verkehrsbezirken 21—36, 56, allein schon ein Übergewicht
Rotterdams statuiert. Schätzungsweise verbleibt die größere
Hälfte der Wasserzufuhren am Niederrhein, wo besonders
Ürdingen und Düsseldorf (1903: 7300 t) umfangreiche Sendungen empfangen. Die weitgehendste Ausdehnung hat aber
der 1890 noch minimale Empfang Mannheim-Ludwigshafens
mit 11400 t 1903 erfahren, der, soweit er nicht am Orte ver-
zehrt wird, in der Hauptsache nach dem rechtsrheinischen

Wasserweg den Umschlag über Rotterdam zu benutzen. Für sie ist
auch in erster Linie das zu 10100 t in Amsterdam eingeführte Salz
bestimmt, denn der Gesamtausgang Hollands und Belgiens nach Deutschland erreicht nur ca. 4000 t.

[1]) Gegen 1900: 2400 t, die niedrigeren Ziffern der Schiffszufuhren
sind unzuverlässig.

[2]) Jahresbericht der Handelskammer zu Mannheim 1895, II, S. 19*.

Hinterlande per Bahn und daneben auch per Flußschiff abgesetzt wird [1]).

Unter den mittel- und höherwertigen Roh- und Hilfsstoffen der Industrie, deren Einfuhr die preußische Tarifpolitik, sei es aus nationalen Rücksichten oder aus Konkurrenzbestrebungen gegen die Rheinschiffahrt über die deutschen Häfen abzulenken suchte, nimmt im Verkehr der Rheinmündungshäfen das Petroleum die erste Stelle ein, und man darf die Behauptung wagen, daß ihre Bedeutung für diesen Import sich genau nach der Leistungsfähigkeit ihrer Wasserverbindung mit dem Hinterland gestaltet hat. Schon einmal hatte die Rheinstraße ein beinahe unbeschränktes Monopol für die Petroleumabfuhr nach Deutschland bedeutet, und zwar zu Beginn der Achtzigerjahre für Antwerpen, das an Handels- und Schiffahrtsorganisation den holländischen Häfen weit voraus war. Der so auf die Rheinfrachten gestützte Aufschwung dieses Hafens, der 1884 81 % des Durchgangs über Lobith auf sich vereinigte, war so gewaltig, daß die erste Petroleumfirma Bremens plante, ihren Sitz nach Rotterdam zu verlegen [2]). Erst die letzte und einschneidendste Tarifmaßnahme zu Gunsten Bremens im Jahre 1887 hatte Erfolg, so daß die Weserhäfen 1890 ca. 93000 t nach dem Rheingebiet sowie Süddeutschland und der Schweiz verfrachteten, wogegen Antwerpen den Versand nach Deutschland auf 50900 t, davon 57,0 % per Kahn, einschränkte und seitdem sowohl im Bahnverkehr, der sich außer einigen Transporten nach Elsaß-Lothringen mit dem linken preußischen Rheinufer abspielt, als auch im Rheinverkehr weiter eingebüßt hat. Damit spielt (1903: 41900 t) der belgische Hafen, trotzdem er die größte Seeeinfuhr (1903: 426100 t) der Rheinhäfen aufweist, im Versand nach Deutschland nur noch eine Nebenrolle. Angesichts dieser gewaltigen Einfuhr muß die Erklärung hierfür: „Die Antwerpener Kaufleute wollten infolge der Verluste in Petroleum Mitte der Achtzigerjahre [3]) nichts

---

[1]) Versand Mannheim-Ludwigshafen an Obst, Gemüse etc. 1903: per Bahn 6000 t, davon nach Verkehrsbezirk 33—36: 4400 t, per Neckar zu Berg 1500 t.

[2]) Fr. Schulte a. a. O. S. 481.

[3]) Preisschwankungen infolge der Konkurrenz Rußlands und Nordamerikas.

mehr mit dem Artikel zu tun haben"[1]), als völlig verfehlt zurückgewiesen werden, vielmehr liegt der Grund in den Umwälzungen der Wasserbeförderung. Der schwere Druck des Bremer Wettbewerbs spornte die Rheinschiffahrt an, kein Mittel zur Transportverbilligung unversucht zu lassen; an die Stelle des Fasses trat das Kastenschiff[2]), dazu kamen umfangreiche Tankanlagen im Rheingebiet, und es versteht sich fast von selbst, daß Rotterdam als Hauptrheinhafen als Ausgangspunkt gewählt wurde. Mit dem Bau der dortigen Tanks 1888 ist die günstige Wendung für die Rheinschiffahrt und Rotterdam im besonderen gesichert. Sein Wasserversand über Lobith stieg von 53 700 t auf 215 700 t 1890/1900, und seine seewärtige Einfuhr, die in diesem letzten Jahre 265 300 t umfaßte, erreichte 1903: 322 100 t. Daneben wuchs die Einfuhr Amsterdams auf 136 400 t 1903, und wie sehr auch dieser Eingang auf der neuen Kanalverbindung mit dem Rhein beruht, zeigt die Tatsache, daß der Bahnausgang schwankend 8—13 000 umfaßt, während der Versand über die deutsche Grenze zu Wasser von minimalen Anfängen 1890 stetig bis auf 62 300 t 1903 gestiegen ist. Gleich wie der holländische Wasserverkehr den geringen parallelen Bahnausgang besonders durch Verluste in der Provinz Hessen-Nassau absolut einengte[3]) und infolgedessen jetzt 97,4 % (1890: 87,9 %) in dieser Verkehrsbeziehung beansprucht — der Zusammenhang mit dem Rückgang des belgischen Versands bedarf keiner Erläuterung mehr — so hat er auch Bremen in jeder Richtung zurückgeworfen[4]) (1903 nach Verkehrsbezirk 21—36, 56: 16 800 t). Hand in Hand mit dem Abdrängen der im Weserhafen ansässigen „Deutsch-

---

[1]) Stubmann a. a. O. S. 116.

[2]) Bereits 1890 wurde ⅛ der Mannheimer Einfuhr lose dorthin verbracht (Jahresbericht der Handelskammer zu Mannheim 1890, II, S. 20*.

[3]) Holland ab per Bahn nach Deutschland:

	1890	1903
insgesamt	9600 t	7600 t
davon Verkehrsbezirk 21 aus Holland und Belgien	3300 t	900 t

[4]) In keiner Weise hat dafür die Verfrachtung von Bremen mittels Seeleichters nach Stationen des Dortmund-Emskanals Ersatz geboten; der gesamte Durchgang mit Petroleum und anderen Mineralölen zu Meppen erreicht höchstens 4—5000 t.

amerikanischen Petroleumgesellschaft" vom Bahnversand nach
dem rechten Rheinufer und mit dem hierdurch gefestigten
Monopol der Wasserbeförderung, ging die Unterwerfung des
selbständigen rheinischen Handels unter die Standard-Oil-Cy.[1]).
Wollten bei dem Lagermonopol dieser Gesellschaft die unab-
hängigen Firmen (Pure-Oil-Cy.) nicht ganz auf den Absatz im
Rheingebiet verzichten, so mußten sie den Bahnversand von
den deutschen Nordseehäfen wählen, unter denen allein Hamburg wegen der Anlehnung an den auf die Elbschiffahrt gestützten Import günstige Aussichten bot. Nur durch diese
Umstände wird erklärlich, daß die Elbhäfen 1903: 18300 t
gegen 7800 t 1890 in das umstrittene Gebiet schicken konnten,
doch reicht entgegen den Behauptungen der Mannheimer Handelskammer[2]) ihr Einfluß praktisch nicht über Rheinland-Westfalen hinaus. Das tatsächliche Lagermonopol der Standard-
Oil-Cy.[3]) setzt dieselbe in den Stand, die Verteilung der 1903:
309000 t betragenden Lobither Einfuhr ganz nach Zweckmäßigkeit einzurichten und zu ändern. Das gesamte Absatzgebiet wurde in Distrikte eingeteilt. Die Rheinprovinz wird
von den Tanks in Duisburg, Düsseldorf, Neuß und Mülheim a. Rh. versorgt. Die Versandziffern der das Ruhrrevier
speisenden Rheinhafenstationen weisen mit 34200 t 1903 seit
1890 (7400 t) einen fortgesetzten Aufschwung auf, so daß
also das neuerliche Vordringen Hamburgs nach Rheinland-
Westfalen dem Bezuge über Duisburg bis jetzt keinen Abbruch
getan hat[4]). Der Rückgang der anscheinend nicht vollständig
erfaßten Schiffszufuhr in Ruhrort-Duisburg-Hochfeld (1900:
36100; 1903: 28400 t) hängt mit der fortschreitenden Regu-

---

[1]) Im Jahresbericht für 1904, I, S. 42 sagt die Mannheimer Handelskammer: „der selbständige früher bedeutende Petroleumgroßhandel hat
zu bestehen aufgehört."

[2]) Jahresbericht 1897, II, S. 27 und 1900, S. 29; darauf fußt auch
wohl Nasse a. a. O. S. 177. Demgegenüber versandten die Elbhäfen
1903 nach Verkehrsbezirk 29—36, 56, 57 nur 2300 t; die Weserhäfen:
2800 t.

[3]) Deutsch-Amerikanische Petroleumgesellschaft und Mannheim-Bremer
Petroleumaktiengesellschaft.

[4]) So meint auch der Jahresbericht der Handelskammer zu Duisburg
1903, S. 50/51 und: Niederrhein (Ruhrort a. a. O. S. 73).

lierung des Oberrheins zusammen, die das bei Niedrigwasser übliche Ablichtern der Kähne[1]) am Duisburger Lager immer mehr in Wegfall bringt. Im Jahre 1895 wurden die Tankanlagen zu Düsseldorf in Betrieb gesetzt, wodurch der Eingang von Düsseldorf und Neuß auf 38 100 t (1890: 8700 t) stieg und sich bis 1900 auf 48 300 t entwickelte; seitdem[2]) wird Köln von dort und Mülheim versorgt; sein Empfang (1903: 7600 t) besteht fast ganz aus Mineralölen. Das Mosel- und Nahetal, sowie Hessen-Nassau etc. ist von den Reservoiren zu Mainz und zum Teil von den Ende der Neunzigerjahre angelegten Einrichtungen Frankfurts abhängig, insgesamt trafen 1903: 40 200 t Petroleum etc. am Mittelrhein ein[3]). Süddeutschland wird von der Gruppe Mannheim-Ludwigshafen aus versorgt. Die Versuche, einen Teil des elsaß-lothringischen Bedarfs direkt über Straßburg zu decken, sind nur in bescheidenem Umfange geglückt: der Empfang der Plätze von Rheinau bis Straßburg ist 1900/03 von 20 800 auf 15 900 t gesunken; obenein wird er noch zur Hälfte aus den Mannheimer Lagern geschöpft[4]). Unter diesen Umständen erreichte der Empfang Mannheim-Ludwigshafens 1903: 156 700 t gegen 1890: 40 600 t, d. h. er hat etwa stets die Hälfte der Gesamtzufuhr über Lobith aufgenommen. An diesem Wachstum ist besonders der Bahnversand nach Baden, Württemberg und Bayern mit 73 600 t 1903 (1890: 23 100 t), sowie die Ausfuhr nach der Schweiz (23 300 gegen 4700 t) beteiligt. Daneben hat Mannheim seinen Bereich gegenüber Mainz, vor allem aber gegenüber den deutschen Nordseehäfen bis nach Thüringen ausgedehnt[5]). Mit derselben Wucht hat sich die Beförderung des

---

[1]) Jahresbericht der Zentralkommission für die Rheinschiffahrt 1901, S. 81, ebenso 1895, S. 63.

[2]) Köln an zu Berg: 1890: 14 500 t; 1895: 6700 t, vgl. Nasse a. a. O. S. 234.

	1895	1903
[3]) Bingen-Gustavsburg an zu Berg	20 600 t	24 200 t
Frankfurt a. M. . . .	2 300 „	16 000 „

Noch 1895 (Jahresbericht der Handelskammer zu Frankfurt S. 217) war dieser Platz völlig auf Bezüge von Mainz und Mannheim abhängig.

[4]) Mannheim-Ludwigshafen ab zu Berg: 1900: 10 900 t; 1903: 9 500 t.

[5]) Verkehrsbezirk 19 und 21: 1903: 7400 t.

Farbholzes dem Wasserwege zugewandt[1]). Die geringen
Sendungen, die Hamburg und die holländischen und belgischen
Häfen auf Grund der Ausnahmetarife bahnwärts nach dem
Rheingebiet warfen, sind heute kaum noch nennenswert[2]).
Demgegenüber hat infolge Minderverbrauchs (Teerfarben) allerdings auch die Einfuhr über Lobith seit 1895 (43 500 t) mit einem
Stande von 37 000 t 1903 langsam abgenommen. Aber es ist
bezeichnend, daß dieser Verlust allein von Antwerpen getragen
wird, dessen Wasserversand auf 6 700 t (1895: 13 600 t) zurückging, und das sich bei einer Gesamteinfuhr von 29 300 t 1903
den früheren Anteil (1896) am Versand nach Deutschland[3])
nur durch stärkere Ausnutzung der Wasserverbindung (1890:
61,3; 1903: 91,9 %) wahren konnte. Rotterdam dagegen, das
im allgemeinen[4]) allein für den Versand dorthin in Frage
kommt, hat mit 30 100 t die Höhe von 1895 (29 900 t) im
Wasserausgang behauptet, dem die aus Mittel- und Südamerika stammende Einfuhr genau entspricht[5]). Da die Verteilung der über die Reichsgrenze rheinaufwärts importierten
Farbhölzer[6]) zum größten Teile an privaten Ladeplätzen vor
sich geht, kommt dem erfaßbaren Empfang der eigentlichen
Häfen nur symptomatische Bedeutung zu. Weil die Gruppe
Ruhrort bis Ürdingen den durch Minderbedarf verursachten Ausfall auf den Bahnverkehr von den Seehäfen aus abwälzen konnte,
erhält sie den Wassereingang auf 4 300—6 300 t 1895/1903,

---

[1]) Für Sumach gilt nach Jahresbericht der Handelskammer zu Frankfurt 1901, I, S. 98 das gleiche.

	1890	1903
[2]) Elbhäfen ab nach Verkehrsbezirk 21—36, 56:	1100 t	600 t
Holland ab gesamt	1600 „	500 „
Belgien „ „	2600 „	600 „

[3]) Insgesamt: 1890: 6800 t; 1903: 7300 t.

[4]) Ausnahmsweise verschickte 1900 Amsterdam 3500 t wasserwärts
nach Deutschland.

[5]) Wie sehr Rotterdam auf die Benützung des Rheins angewiesen
ist, geht daraus hervor, daß z. B. 1900 die seewärtige Einfuhr 28400 t,
der Durchgang zu Lobith 28800 t betrug, und daß der Versand Hollands
nach Deutschland sich 1903 zu 98,5% (1890: 91,4%) desselben bediente.

[6]) Die weit niedrigeren und sehr schwankenden Notierungen zu Emmerich bleiben unberücksichtigt.

wogegen die südlicheren Häfen Düsseldorf bis Koblenz, die bereits 1890 ihr Hinterland ganz beherrschten, diesen Verlust selbst übernehmen mußten [1]). Am Oberrhein ist die Verringerung des Bedarfs anscheinend sehr mäßig, denn der Rückgang im Empfang zu Mannheim-Ludwigshafen auf 2700 t 1903 (1890: 6600 t) wird fast durch die direkten Bezüge von Worms, vor allem aber der Häfen Karlsruhe bis Straßburg aufgewogen [2]).

An Harzen, Teer etc. ist der Versand der deutschen Nordseehäfen nach dem Rheingebiet und Süddeutschland unbedeutend geblieben, die geringe Zunahme Hamburgs im Verkehr mit Rheinland-Westfalen ist überwiegend auf Kosten Bremens geschehen. Andererseits haben die Ausnahmetarife den Häfen Antwerpen und Amsterdam, die sich eines starken Propregeschäfts in Gummi und Harzen des Kongostaats und der indischen Kolonien erfreuen, einen wesentlichen Versand nach der Rheinprovinz per Schienenweg gesichert. Namentlich der Empfang des rechten Rheinufers aus Belgien [3]) ist erstaunlich angewachsen: 1903: 10200 t. Die ebenfalls dorthin gerichtete Bahnausfuhr Hollands steigt ganz unvermittelt auf 40700 t 1900, um sofort wieder bis 1903 (8600 t) unter den Stand von 1890 zu fallen. Die Ziffern des Amsterdamer bahnwärtigen Ausgangs [4]) geben die Gewißheit, daß es sich um den Verkehr dieses Hafens handelt. Wahrscheinlich ließ damals die Hochkonjunktur bei der Dringlichkeit des Bedarfs mehr auf die Schnelligkeit als auf die Billigkeit des Transports sehen. Wie vorher das Fehlen einer modernen Wasserverbindung den Import niedrig hielt, so war auch sein nach-

---

[1]) 1890: 6400 t; 1903: 1400 t.

	1890	1903
[2]) Worms . . .	200 t	800 t
Karlsruhe bis Straßburg . . —		2600 ,

Ihm entspricht die Abnahme des Bahnversands von Mannheim-Ludwigshafen nach Verkehrsbezirk 29—32 von 3300 t auf 500 t.

[3]) Insgesamt entsandte Belgien per Bahn nach Deutschland:
1890: 2200 t
1903: 12000 „

[4]) Die holländische Eisenbahngesellschaft führte aus:
1900: 35600 t
1903: 9300 „

heriger Aufschwung vollständig an deren Vorhandensein geknüpft [1]). Rotterdam verdankt die Einfuhr an Harzen (1900: 26 400 t) ausschließlich der Weiterverfrachtung auf dem Rhein, indem die Sendungen an Teer, Pech. Harz etc. via Lobith im Wettbewerb mit Amsterdam mühsam auf 36 700 t 1903 (1890: 27 000 t) steigen. Somit wächst der Anteil der Binnenschifffahrt am Gesamtausgang Hollands, abgesehen vom Jahre 1900 (60,7 %), von 74,0 % auf 87,3 % und wiederum bleibt Antwerpen wegen der abgelegenen Lage zum Rhein trotz seiner Welthandelsstellung hinter den beiden Rheinhäfen im Versand nach Deutschland zurück [2]). Mit dem Verschwinden der 1900er lebhaften Bahntransporte ab Amsterdam gewinnt sofort der bis dahin unerhebliche Wasserbezug über Ruhrort-Duisburg-Hochfeld große Bedeutung 1903: 24 400 t. Daneben empfängt Düsseldorf steigende Mengen, und die Unterbrechung der gleichen Bewegung in Köln [3]) ist nur der Ablenkung nach dem benachbarten Mühlheim zuzuschreiben. Die mittelrheinischen Häfen beteiligen sich wachsend am Umschlage nach Süddeutschland, doch bleiben sie mit einem Empfang von 16 100 t 1903 [4]) weit hinter den oberrheinischen Plätzen zurück, die etwa die Hälfte der Durchfuhr über Lobith [5]) aufnehmen; denn zum Eingang Mannheim-Ludwigshafens mit 36 200 t 1903 (gegen 17 400 t) muß neben den kleineren direkten Bezügen der Plätze Karlsruhe bis Straßburg [6]) besonders der Verkehr des neuen Hafens in der Rheinau mit 13 000 t gezählt werden. Die Zufuhr Mannheims wird überwiegend am Orte auf Brauerpeche, Teer

---

	1895	1903
[1]) Amsterdam: Import an Teer und Pech .	5100 t	39 000 t
„ Export via Lobith .	800 „	35 000 „

[2]) Versand Belgiens dorthin 1903: 27 800 t, davon 56,7% per Kahn.

	1890	1900	1903
[3]) Düsseldorf-Ürdingen an zu Berg	2300 t	4500 t	6200 t
Köln-Koblenz	7100 „	11 100 „	9800 „

	1890	1903
[4]) Bingen bis Gustavsburg	4600 t	10 300 t
Frankfurt a. M.	1400 „	5800 „

[5]) Lobith durch zu Berg .1890: 33 800 t; 1903: 91 500 t.

[6]) 1903: 4500 t an zu Berg.

und Lacke verarbeitet [1]), die zumeist in Baden, Württemberg und Bayern, außerdem auch im linksrheinischen deutschen Hinterlande, neuerlich sogar in der Schweiz, in Frankreich und Luxemburg Absatz finden [2]). In weit geringerem Maße vermag die Rheinschiffahrt die Einfuhr der höherwertigen Rohstoffe der Textil- und Lederindustrie zu unterstützen, die von den preußischen Bahnen von Binnenplätzen aus zu den teuren Normaltarifen befördert werden, so daß am Niederrhein nur dann noch ein ausschlaggebender Vorteil liegt, wenn die Verarbeitung am Hafenplatz selbst unter tunlichster Vermeidung jedes Eisenbahntransports vorgenommen wird [3]), — im großen und ganzen zum Schaden der Mündungshäfen, denn daß diese Transporte, einmal auf die Eisenbahn gedrängt, leicht ihren Weg über die obenein tarifarisch begünstigten deutschen Plätze nehmen, zeigt gleich die Einfuhr von Häuten und Fellen. Hier mußte dies in erster Linie Antwerpen erfahren, indem sein fast ausschließlich per Schienenweg (95—96 %) stattfindender Versand nach Deutschland, besonders im wichtigsten Absatzfeld, im linken Teil der Rheinprovinz [4]), von 14 200 t auf 10 700 t 1890—1903 sank, während Hamburg den Ausgang nach dem Rheingebiet und Süddeutschland, gestützt auf gleich leistungsfähige Schiffahrtslinien nach Südamerika, im selben Zeitraum von 3900 t auf 13 200 t hob. Eingekeilt zwischen diese beiden mächtigen Rivalen sieht Amsterdam sich mit seinem geringen Import (1903: 6700 t) auf den Verbrauch der näheren Umgebung beschränkt, während Rotterdam, wenn es auch in der Einfuhr dem Scheldehafen [5]) lange nicht nahe kommt, doch im Ausgang nach

---

[1]) Landgraf a. a. O. S. 22.

[2]) Vom Bahnversand waren 1903 bestimmt nach:

Verkehrsbezirk 33—36   14 700 t   Verkehrsbezirk 29—32   6100 t
Verkehrsbezirk 56   1300 „   Verkehrsbezirk 58—59   2000 „

Daneben gingen 2600 t Teer, Harz etc. wasserwärts im Bergverkehr (Neckar) aus.

[3]) Der Niederrhein (Ruhrort) a. a. O. S. 70.

[4]) Belgien per Bahn nach Verkehrsbezirk 26—27: 1890: 9300 t, 1903: 5300 t.

	1900	1903
[5]) Generalimport zu Rotterdam	16 400 t	?
„ Antwerpen	33 500 „	44 200 t

Deutschland diesen Hafen vermittels einer Durchfuhr von 8900 t
1903 (1890: 4600 t)[1] über Lobith ungefähr eingeholt hat. Aus
obigen Gründen spielt der Empfang an Häuten, Fellen etc. in
den Ruhrhäfen trotz der Nähe Mülheims mit seiner namhaften
Lederfabrikation keine Rolle; auch der geringe Empfang der
Häfen Ürdingen bis Koblenz (1903: 1800 t) dient nur dem
Bedarf der lokalen Gewerbe; und die Entwicklung des Rheingrenzverkehrs auf zuletzt 10200 t[2] beruht völlig auf dem in
den mittel- und oberrheinischen Plätzen sich trotz der Seehafenausnahmetarife abspielenden Umschlage nach Süddeutschland. So empfingen die Häfen Bingen bis Frankfurt 1903:
5600 t (1890: 2400 t), Worms 1000 t und Mannheim-Ludwigshafen 6600 t (2500 t), deren Bahnversand sich auf beide Rheinufer[3] gleichmäßig verteilt. Ganz ähnlich liegen die Verhältnisse bei Flachs, Hanf und Jute. Wieder steht dem
Rückgang des belgischen Bahnversands bei geringer Bean-
spruchung der Wasserstraße ein Aufschwung der Versandziffern der deutschen Elb- und Weserhäfen nach West- und
Südwestdeutschland gegenüber, zugleich wird auch der bahnwärtige Ausgang Hollands in Mitleidenschaft gezogen[4], und die
Ziffern zeigen, daß sich dieser Verlust der Rheinhäfen sowohl
auf die Rheinprovinz als auch auf Süddeutschland erstreckt[5].
Daß trotzdem Amsterdam die Einfuhr von Flachs und Hanf auf
10600 t 1903 erhöhen konnte, ist allein die Wirkung des neuen

---

[1] Der Bahnversand Hollands nach Deutschland umfaßte 1903 nur
3400 t (1890: 2300 t), so daß der Anteil des Rheines von 66,7 auf 74%
1890—1903 gestiegen ist.

[2] Nach den Angaben zu Emmerich sogar 13.800 t.

[3] Mannheim-Ludwigshafen ab nach:

	1903	
Verkehrsbezirk 29—32	1600 t	
33, 35, 36	2600 „	

[4]

	1890	1903
Belgien per Bahn nach Deutschland	4700 t	2200 t
Holland „ „ „ „	5500 „	5900 „
Weserhäfen ab nach Verkehrsbezirk 21—28	600 „	2100 „
Elbhäfen ab nach Verkehrsbezirk 21 bis 36, 56, 57 . .	600 „	3800 „

[5] Aus Holland und Belgien:

	1890	1903
Verkehrsbezirk 29—36	2700 t	500 t
22—28	5400 „	2400 „

Merwedekanals, der eine Abfuhr von 5900 t 1903 (1895: 14 t) nach Deutschland ermöglichte, ebenso beruht der Import Rotterdams (1900: 14500 t) allein auf der Verfrachtung über Lobith: 1895: 4500 t, 1903: 13900 t. Wenn nach alledem die beiden letzten Rheinhäfen Hamburg und Bremen relativ vom rheinischen Markt verdrängt haben, so geschah das ausschließlich mit Hilfe der Binnenschiffahrt, die insgesamt 21400 t Flachs und Hanf 1903 (1890: 6900 t) rheinaufwärts sandte [1]). Am Niederrhein, in Köln, hat sie ihnen allerdings weichen müssen [2]), dafür aber das andere, größere Konsumtionszentrum Mannheim gewonnen. Besonders in den letzten Jahren hat der Wasserempfang Mannheim-Ludwigshafens, der 1890 kaum erwähnenswert war, rasch zugenommen (1900: 3800 t), und erreicht heute 12400 t. Und daß es sich um einen Lokalbedarf handelt, ergibt die gleichzeitige schwache Bewegung des Bahnversands nach ganz Süddeutschland, dem währenddessen auch nur ein wenig umfangreicher Ausgang flußaufwärts zur Seite tritt [3]). Der letztere ist nach den oberen Rheinhäfen bestimmt, die daneben den Anfang eines direkten Bezugs von den Mündungshäfen zeigen [4]). Ein einzigartiges Beispiel, wie es den Nordseehäfen gelungen ist, durch einschneidende Detarifierung, zugleich aber verbunden mit dem Eigenhandel und den allgemein als vorzüglich anerkannten Lagereinrichtungen Bremens, den Verkehr von der Wasserstraße abzuziehen und wie dadurch auch der Bahnverkehr der Rheinseehäfen geschädigt wird, bietet die Einfuhr von Baumwolle. Mit den genannten Waffen stürzten sich die Weserhäfen Ende der 80er Jahre auf den belgischen Haupthandelsplatz und vermehrten seit 1890 den Versand, wie bei Betrachtung Bremens eingehend dargetan, nach dem Rheingebiet und

---

[1]) Nach Lobither Angaben. Die Ziffer bei Emmerich 1895: 35403 t ist offenbar für 5403 t verdruckt. (Lobith: 5600 t.)

[2]) Ürdingen-Köln an zu Berg 1895: 4900 t; 1903: 1900 t.

[3]) Mannheim-Ludwigshafen:

	1900	1903
ab per Bahn insgesamt	3600 t	4900 t
ab per Flußschiff zu Berg . .	200 „	1100 „

[4]) Kehl und Straßburg an zu Berg: 1890: 1000 t; 1903: 2000 t.

der Schweiz, vor allem aber nach Südwestdeutschland (Verkehrsbezirk 21—36, 56) von 96 700 t auf 1903: 213 800 t, daneben vermochte dort auch Hamburg festen Fuß zu fassen: 1903: 14 100 t. Soweit der kleine Bahnversand Amsterdams nicht den deutschen Häfen zufiel[1], ging er auf Rotterdam über, welches auch gegenüber Antwerpen die geringere Bahnentfernung nach den niederrheinischen Absatzgebieten, besonders den rechtsrheinischen Teilen geltend machte[2] und infolgedessen die Verminderung seiner Wasserabfuhr im schmalen Ausgang nach Deutschland ·nicht spürte[3]). Unter diesen Verhältnissen bewahrte Antwerpen im Eisenbahnverkehr kaum im Versand nach der nahen Rheinprovinz mit 17 500 t 1903 (1890: 17 200 t) den Umfang des Jahres 1890 und verlor den Versand nach dem Elsaß und dem übrigen Süddeutschland[4] bis auf einen kleinen Rest an die Hansestädte. Wenn trotzdem der Ausgang des Scheldehafens nach dem Deutschen Reiche mit 53 600 t 1890 und 46 900 t 1903 absolut nur wenig eingebüßt hat, so verdankt er dies dem neuen ·Aufschwung der Wasserstraße, die heute mit 24 500 t 1903 52,1 % gegen (10 700 t) 1900 40,2 % und (15 300 t) 1890 28,5 % des gesamten belgischen Ausgangs bewältigt. Ihm verdankt Antwerpen auch zum größten Teil die Steigerung der Einfuhr auf 97 900 t 1903 (1900: 57 000 t)[5]). Am Unterrhein ist jeder Wettbewerb der Rheinschiffahrt über die Uferstrecken hinaus ausgeschlossen, das zeigt die Abnahme der geringen Zufuhren in Ruhrort-Duisburg und Köln, wohl aber lohnt sich noch immer die Versorgung der unmittelbar erreichbaren Werke, so daß in Düsseldorf und Neuß die Zufuhr sich auf 8700 t 1903

---

[1] Amsterdam ab per Bahn 1895: 5100 t: 1903: 1000 t.

[2] Rotterdam: Lobith durch zu Berg 1900: 4000 t; 1903: 1600 t.

	1890	1903
[3] Holland per Bahn nach Deutschland .	6700 t	14 100 t
davon nach Verkehrsbezirk 22—25, 28	2700 „	8000 „

[4] Belgien per Bahn ab nach:

	1890	1903
Verkehrsbezirk 29—32	15 900 t	3400 t
Verkehrsbezirk 33—36 .	5 000 „	1300 „

[5] Handelskammer zu Antwerpen: Rapport sur 1903, S. 73.

(gegen 1890—1902 3700—5200 t) erhöhte. Während desgleichen am Mittelrhein jedweder Umschlag [1]) der Konkurrenz
Bremens hat weichen müssen und bis vor kurzem Antwerpen
im Versand nach dem Oberrhein ein ähnliches erlebte, ist in
letzter Zeit der Bahnversand [2]) Mannheim-Ludwigshafens aus
der Depression 1900 (5800 t) über die Höhe von 1890 (8700 t)
auf 12300 t emporgeschnellt. Hierbei ist in erster Linie der
Ausgang für die elsässischen Spinnereien beteiligt [3]), so daß
allein die Binnenschiffahrt dem belgischen Hafen hier wie im
übrigen Süddeutschland ermöglicht hat, wenigstens einen Teil
des früheren Einflusses in die Gegenwart hinüber zu retten.
Für Wolle fehlt eine ähnliche tarifarische Vorzugsstellung
der Weser- und Elbhäfen, und sofort sehen wir ihren Versand in das mit den Rheinmündungshäfen umstrittene Gebiet
auf geringe Beträge beschränkt [4]). Demnach konnte das durch
Wollhandel ausgezeichnete Antwerpen seinen Bahnversand
dorthin in keiner Weise ausdehnen: Belgien ab 1890: 30400 t,
1903: 31900 t, ja derselbe nahm in der Hauptrichtung nach
dem entfernteren Süd- und vor allem Südwestdeutschland sichtbar ab [5]), und nur das Eingreifen der Rheinschiffahrt mit zuletzt
8100 t erhöhte den Absatz Antwerpens nach Deutschland und
trug dadurch zur Erweiterung der Wolleinfuhr auf 71800 t
1903 (1900: 62300 t) wesentlich bei. Ganz stützt Amsterdam
die kleine langsam ansteigende seewärtige Einfuhr (1903:
5000 t) auf den Transport via Lobith [6]), ebenso ist der nicht
viel umfangreichere Empfang Rotterdams (1900: 7900 t) an
den gleichen Weg gebunden [7]), denn der gesamte holländische

---

[1]) Mainz, Gustavsburg, Frankfurt an zu Berg 1890: 2900 t.

[2]) Die Empfangsziffern des Wasserverkehrs decken sich in den letzten
Jahren nicht damit, sie scheinen mit 1903: 7200 t unvollständig zu sein.

[3]) Ab nach Verkehrsbezirk 29—32: 1900: 700 t; 1903: 4100 t.

[4]) Elbhäfen ab nach Verkehrsbezirk 21—36, 56, 57: 1903: 2100 t
Weserhäfen ab nach Verkehrsbezirk 21—36, 56, 57: 1903: 1500 „

[5]) Belgien ab nach:

	1890	1903
Verkehrsbezirk 29—32 .	16600 t	11800 t
Verkehrsbezirk 33—36 . .	2700 „	2300 „

[6]) 1890: 300 t; 1903: 3800 t.

[7]) 1903: 6000 t.

Ausgang per Schiene verharrt seit 1890 auf derselben niedrigen Stufe [1]). Die minimalen Empfangsziffern der niederrheinischen und mittelrheinischen Plätze und die Übereinstimmung der Ankünfte zu Mannheim-Ludwigshafen mit den Notierungen an der Reichsgrenze [2]) lehren, daß die Binnenschiffahrt für Wolle erst auf längere Entfernungen den holländischen und belgischen Häfen ihre Unterstützung gegen Hamburg und Bremen zu leihen vermag; aber dort steigt der Empfang jener beiden Rheinhäfen unausgesetzt bis 14 300 t 1902 (1890: 5500 t) und trägt ihren Einfluß über Süddeutschland bis nach Österreich und der Schweiz [3]).

ββ) Der Ausgang seewärts

Das Rückgrat der Ausfuhr in den Rheinmündungshäfen wird von den massigen bergbaulichen und metallurgischen Erzeugnissen der Rheinlande gebildet, besteht doch beispielsweise der seewärtige Versand Rotterdams, ungerechnet die zur Ausrüstung der Handelsflotte benötigten Mengen, in neuerer Zeit regelmäßig zu mehr als der Hälfte aus Kohle und Eisen. Unter ihnen stehen, wenigstens was Rotterdam angeht, die Steinkohlen und Koks an erster Stelle. Ihr Export hat sich hier in den letzten Jahren auffallend gesteigert, zuletzt betrug er 918 800 t (1902: 628 900 t), die überwiegend nach französischen und spanischen Häfen bestimmt waren. Außerdem wurden noch 535 000 t Bunkerkohle in die Seeschiffe umgeschlagen [4]). Die preußischen Staatsbahnen haben ganz außerordentliche Anstrengungen gemacht, diesen Verkehr der Rheinstraße abspenstig zu machen. Der niedrigste Tarif mit festen Einheitssätzen, der sogen. Fünfwagentarif (50 t), geht bis auf 50 + 1,7 Pfg. resp. 1,8 Pfg. im Versand von deutschen Produktionsstätten nach Rotterdam resp. Amster-

---

[1]) 1903: 3200 t.

[2]) Die im Jahre 1903 um ca. 4000 t über Lobither Angaben hinausgehenden Notierungen zu Emmerich sind schon dadurch unglaubwürdig.

[3]) Mannheim-Ludwigshafen ab p. Bahn nach Verkehrsbezirk 55: 1100 t
  „   „   „   „ „ „   „   56: 1100 „

[4]) Rapport Consulaire (G. H. Müller) 1903, S. 36/37.

dam herunter, im Verkehr mit Antwerpen gar auf $40 + 1,7$ Pfg. Indessen werden bei weitem die umfangreichsten Transporte nach Holland — 1898: $^2/_3$ derselben[1]) — zu Sonderzugtarifen (200—300 t geschlossen in einer Woche) gefahren, die den jeweiligen Preisen der englischen Kohle in den niederländischen Hafenorten angepaßt werden und durchschnittlich eine Ermäßigung von 40 Pfg. pro Tonne gegenüber dem Rohstofftarif bedeuten. Dadurch gelang es der Bahn, im Jahre 1890 über die Hälfte der Kohlenausfuhr nach den Niederlanden ($47,4\%= 1\,799\,900$ t) an sich zu ziehen und ihre erhebliche Steigerung bis 1900 allein aufzunehmen, so daß sie ihren Anteil auf $71,5\%$ erhöhte, um dann bei dem erneuten Aufschwunge 1903: $61,7\%$ ($= 3\,666\,200$ t) zu behaupten. Es wäre voreilig, dieses Verhältnis zwischen Eisenbahn und Rheinstraße und besonders die Verschiebung zu Gunsten der ersteren auf den Verkehr mit Rotterdam zu übertragen, da es in erster Linie durch die für den Verbrauch des holländischen Binnenlandes bestimmten Mengen beeinflußt wird. Hier ist ein Wettbewerb seitens der Schiffahrt nur noch für solche Konsumplätze erfolgreich, die unmittelbar auf dem Wasserwege durch Kähne großer Abmessungen versorgt werden können oder die, wie die ländlichen Verbrauchsstätten, an Kanäle, aber nicht an Eisenbahnen angeschlossen sind[2]). In Rotterdam lieferten die Bahnen im Jahre 1900: 573 800 t Kohlen und Koks an, während in Lobith nur 121 100 t als dorthin bestimmt talwärts notiert waren, das sind also nicht mehr als $17,4\%$ des Empfangs der Hafenstadt aus dem Hinterlande. Dann aber wich der Rückgang der Binnenschiffahrt (1895: 165 000 t) der entgegengesetzten Bewegung, und sie erreichte, gefördert durch milde Winter[3]) im Jahre 1903: 682 700 t[4]). Mit der An-

---

[1]) Vgl. Fr. Schulte a. a. O. S. 408—410, nämlich 1 954 000 t von 2 739 000 t aus dem Ruhrbezirk nach Holland versandten Kohlen.

[2]) Der Niederrhein (Ruhrort) a. a. O. S. 67.

[3]) Jahresbericht der Zentralkommission für die Rheinschiffahrt 1901, S. 88; 1903, S. 91.

[4]) H. R. Meyer, Government Regulation of Railway Rates, 1905, S. 38 behauptet fälschlich, daß die Eisenbahnen nach Dortrecht, Rotterdam und Amsterdam jährlich $2^1/_2$ Mill. t, die Rheinschiffe aber dorthin nur 170 000 t Kohlen bringen.

nahme, daß in diesem Jahre der Anteil Rotterdams am Empfang Hollands bahnwärts aus Deutschland seit 1900 ($\frac{1}{5}$) unverändert geblieben ist, kommen wir zum Schlusse, daß jetzt von dem damit auf 1 400 000 t geschätzten Empfang[1] aus dem Hinterland eine volle Hälfte von der Rheinschiffahrt angefahren und fast ausschließlich in die Seeschiffe umgeschlagen wird[2]). Jedenfalls beruht die Steigerung des Exports seit 1900 völlig auf ihren Leistungen. Diese innige Abhängigkeit vom Rhein- und Seeverkehr wird negativerweise in Amsterdam offenbar. Dort, wo die Wasserankünfte sehr schmal sind (Lobith 1903: 37 900 t), ist auch der Export unbedeutend (28 600 t), so daß der ansehnliche Bahneingang (1903: 865 900 t) durch den örtlichen Bedarf veranlaßt ist. Immer größere Bedeutung hat die Kohlenausfuhr nach Belgien gewonnen und wenn auch sicherlich große Transporte der wasserwärts dorthin über Lobith dirigierten Mengen für belgische Binnenplätze und unter Ausnahmezuständen, wie während des Bergarbeiterstreiks im nordfranzösischen Kohlenbecken 1902[3]), nach Frankreich gehen[4]), so trifft dies für die deutsche Bahnausfuhr wahrscheinlich in ähnlicher Weise zu[5]), so daß die Ziffern des belgischen Gesamtverkehrs Folgerungen auf den Empfang Antwerpens und die Beteiligung der Wasserstraße daran gestatten. Insbesondere kann als feststehend gelten, daß dieser

---

[1]) Damit stimmt die Ziffer des Exports und der von Deutschland gelieferten Bunkerkohlen: 919 000 + 425 000 t = 1 344 000 t sehr gut überein.

[2]) Jahresbericht der Handelskammer zu Duisburg 1903, S. 82.

[3]) Jahresbericht der Zentralkommission für die Rheinschifffahrt 1902, S. 81.

[4]) Während 1902 $\frac{2}{3}$ der in Lobith talwärts nach Belgien deklarierten Güter aus Kohlen bestanden, füllen sie im Empfang Antwerpens aus Deutschland mittels Flußschiff nur $\frac{1}{3}$ des gesamten Schiffsraums. Damit stimmt gut überein, daß 1903 bei einem Wasserversand nach Belgien von 1 586 000 t 970 000 t wasserwärts aus Deutschland in Antwerpen eintrafen.

[5]) Glaubwürdigerweise (E. R. La Part de l'Allemagne ... Anvers, Revue d'Economie pol. a. a. O. S. 791/792) wird versichert, daß Rotterdam bahnwärts sehr beträchtlich größere Kohlenmengen aus Deutschland empfange als Antwerpen, wobei Belgien insgesamt 1903: 1 440 000 t empfing, Rotterdam aber ca. 700 000 t.

Platz hauptsächlich den Aufschwung des belgischen Imports von 867 000 t 1890 bis 1903: 3 026 000 verursacht hat. Vor allem deckt die Zufuhr Antwerpens den Bedarf der anlaufenden Dampfschiffe, und läßt man obige Angaben als Maßstab gelten, so hat die Binnenschiffahrt im letzten Jahre etwa die Hälfte (52,4 %) bewältigt, was mit den Rotterdamer Verhältnissen ebenso wie die Steigerung seit 1890 (39,9 %) auffallend gut übereinstimmt. Die wachsende Bedeutung des Wasserwegs gründet sich darauf, daß seit 1898 der Norddeutsche Lloyd ihn im Gegensatz zu den anderen Schiffahrtsgesellschaften für die Bekohlung seiner Schiffe mehr und mehr bevorzugt[1]) und die Eisenbahn nur im Falle geschlossener Schiffahrt beansprucht, hierdurch wird die Behauptung entkräftet, daß „der außerordentlich starke und zugleich an kurze Fristen gebundene Bedarf an Bunkerkohlen nur durch den Sonderzugsverkehr der Bahn genügend befriedigt werden könnte"[2]). Ähnlich wie der Bahnversand nach den Rheinmündungsstaaten auf Rheinland-Westfalen, so ist der Wasserversand auf den Ruhrbezirk[3]) beschränkt; er kommt fast ganz in den Ruhrhäfen[4]) zum Umschlag, wo 1903: 3 922 100 t gegen 1 700 400 t 1890 talwärts abgingen. Neben Ruhrort ist es Duisburg[5]), das durch seine Hafeneinrichtungen einen stets wachsenden Teil über seinen Hafen zieht. Im Verkehr mit Hamburg und Bremen haben die Seehafenausnahmetarife nur die Wirkung gehabt, die englische Kohle im Lokalbedarf und als Bunkermaterial zurückzudrängen. Der eigentliche Export über diese Häfen, der in Wettbewerb mit den holländischen und belgischen Plätzen treten könnte, bleibt minimal[6]). Auch

---

[1]) Nasse a. a. O. S. 257.

[2]) Fr. Schulte a. a. O. S. 410.

[3]) In jüngster Zeit gelangen von Köln aus nicht unbeträchtliche Mengen Braunkohle zum Versand nach Holland. Jahresbericht der Handelskammer zu Köln 1904, S. 30.

[4]) Daneben ist nur die Ladestelle der Zeche Rheinpreußen (Homberg) 1903: mit 162 000 t Verkehr bemerkenswert.

	1890	1903
[5]) Hafen zu Ruhrort	1 401 200 t	2 569 800 t
Hafen zu Duisburg	260 100 „	1 238 600 „

[6]) Der Niederrhein (Ruhrort) a. a. O. S. 67.

die Konkurrenz der Emshäfen ist mit einer Ausfuhr von 1903: ca. 190 000 t Steinkohlen und Koks trotz des Dortmund-Emskanals und der Ausdehnung des Sonderzugsystems auf Emden für den Umschlag der Ruhrhäfen und damit für den Ausgang Rotterdams und Antwerpens nicht fühlbar geworden. Anders haben diese Bestrebungen, den Export über „nationale" Häfen zu lenken, auf die Eisenabfuhr der Rheinlande gewirkt. Dabei besteht allerdings ein Unterschied zwischen rohem und verarbeitetem Eisen. Für das erstere, dessen Ausfuhr in den letzten Jahren erheblich genug geworden ist, sind die Seehafenausnahmetarife ziemlich erfolglos geblieben; nur Bremen empfängt nennenswerte Mengen aus den Rheinlanden und Lothringen [1]) zur seewärtigen Verschiffung. Emden kommt nach wie vor für Roheisen überhaupt nicht in Betracht. Vielmehr vollzieht sich die Abfuhr aus den Rheinlanden über Rotterdam, wo 1903 135 200 t (1900: 2300 t) rheinabwärts eintrafen, und das erdrückende Übergewicht der Binnenschiffahrt wird durch einen Anteil von 93,2 % (1900: 45,8 %) am deutschen Versand nach Holland gekennzeichnet. In geringem Maße nur ist der kolossale Aufschwung des Roheisenexports nach Belgien auf 451 900 t 1903 dem Rhein (1903: 26 000 t) zugefallen, doch muß dahingestellt bleiben, wieviel davon, besonders von dem Bahnversand Lothringens (1903: 353 800 t gegen 1900: 24 100 t nach Holland und Belgien), auf dem er fast allein beruht, für die eisenverarbeitenden Industrien Belgiens bestimmt ist. Demgegenüber sei darauf hingewiesen, daß auch der Rhein sich einen bedeutenden Teil der lothringischen Abfuhr gesichert hat, indem in Mannheim-Ludwigshafen aus den Verkehrsbezirken 29—32 38 300 t Roheisen eintrafen. In erheblicherem Umfang wird indessen die bis auf 60 200 t 1903 (1900: 14 500 t) gestiegene Wasserverfrachtung dieser Gruppe vom Empfang aus dem Saarrevier getragen (Verkehrsbezirk 27: 94 600 t), und während sich der bahnwärtige Versand der linksrheinischen Rheinlande nach den Mündungsstaaten mit 22 000 t 1903 erschöpft, treten zum Umschlag über Ludwigshafen noch die in den mittel- und unter-

---

[1]) Weserhäfen 1903 aus Verkehrsbezirk 22—29: 22 800 t.

rheinischen Plätzen abgefahrenen Mengen [1]), unter denen Köln als Hafen des Aachener Bezirks 1903: 26 400 t talwärts verschickt. Daß die holländischen und belgischen Häfen sich neben Bremen an der Exportsteigerung der rheinisch-westfälischen Industrie beteiligen konnten, verdanken sie allein der Leistung der Binnenschiffahrt, die in den Häfen Ruhrort-Duisburg-Hochfeld [2]) samt dem Duisburger Rheinufer 1903: 59 200 t [3]) gegen 2000 t 1900 zur Verfrachtung stromabwärts empfing, während der Bahnausgang der Verkehrsbezirke 22 bis 25, 28 nach der Rheinmündung seit 1890 zwischen 51 und 57 000 t schwankt. Mit ungleich stärkerer Wucht haben die Elb- und Weserhäfen auf Grund eines förmlichen Systems von Ausnahmetarifen für die mächtig angeschwollene Ausfuhr deutscher Eisenhalb- und -fertigfabrikate in das nach der Rheinmündung tendierende Gebiet eingegriffen, wie schon bei der Darstellung dieser Häfen erörtert ist. Trotz der ähnlichen Vergünstigung, welche die preußischen Bahnen dem Bahnverkehr nach niederländischen Plätzen gewährt, trotz der Refaktien der dortigen Eisenbahngesellschaften haben Hamburg und Bremen mit zusammen 402 800 t 1903 (1890: 156 100 t) mehr verarbeitetes Eisen aus dem rheinisch-westfälischen Industriebezirk (Verkehrsbezirke 21—28) an sich gezogen, als es Holland auf dem Schienenwege aus Deutschland möglich war: 1903: 347 500 t (1890: 167 400 t), welche Summen wir mit einiger Gewißheit als Bahnempfang Rotterdams betrachten dürfen (S. 391 Anm. 1). Wenn dennoch dieser Hafen die beiden deutschen Rivalen mit einer seewärtigen Ausfuhr von 990 800 t 1903 (611 900 t 1902) Eisen aller Art stark überflügelt hat, so ist das ganz allein auf die Verbindung mit dem Rhein zurück-

---

[1]) Der Versand Bingens an Roheisen aus dem Hunsrück (Bingen bis Gustavsburg ab zu Tal 1903: 9200 t) sowie Frankfurts (15 700 t), der neben Erzeugnissen der Gelnhauser Hütten namentlich Brucheisen umfaßt, ist überwiegend für die Industrie am Niederrhein bestimmt. Vgl. auch Nasse a. a. O. S. 222.

[2]) Außerdem gingen in Düsseldorf 1903: 4000 t Roheisen im Talverkehr aus.

[3]) Bezüglich der großen Differenz mit dem Bahnempfang der Rheinhafenstationen (1900: 288 400 t; 1903: 329 000 t) sei daran erinnert, daß in ihrer Nähe große Eisen- und Stahlwerke liegen.

zuführen, der ihm neben dem erwähnten Rohmaterial in rascher
Steigerung seit 1900 (87 500 t; 1890: 19 800 t) im Jahre 1902:
462 700 und 1903 508 300 t verarbeitetes Eisen heranbrachte[1]).
Amsterdam gar ist bloß durch die Umgestaltung des Wasserwegs zum Rhein Anfang der 90er Jahre in den Stand gesetzt,
sich in mäßigem Umfang an diesem Export zu beteiligen (1890:
2800 t; 1903: 33 500 t Lobith zu Tal). Diese wachsende Bedeutung der Binnenschiffahrt für die vorgelagerten Häfen wird
recht gut durch die Steigerung ihres Anteils am Empfang der
Niederlande aus Deutschland von 12,5 % auf 62,2 % 1890/1903
veranschaulicht. Leider mangeln alle Angaben über den seewärtigen Ausgang Antwerpens an Eisen, doch geben die
Ziffern über den gesamten Versand auf See- und Binnenschiffen: 1900: 385 300 t und 1903: 2 093 200 t Eisen aller
Art (ohne Maschinen) einen Begriff von seinem Umfang, und
die Tatsache, daß im letzten Jahre nur 1 416 000 t dieser
Artikel überhaupt aus dem deutschen Hinterland nach Belgien
gelangen, zeigt, wie sehr daran das heimische Produkt beteiligt ist. An verarbeitetem Eisen, das uns hier besonders
interessiert, empfing Belgien auf dem Bahnwege 1903: 680 500 t
gegen 187 200 t 1890. Davon liefert nicht Lothringen oder
das Saarrevier[2]) die bedeutendsten Mengen, wie zu erwarten
wäre, sondern das entferntere rechtsrheinische Gebiet mit
280 900 t 1903 (1890: 84 800 t), obwohl infolge der Tarifierung seitens der holländischen Bahnen der Frachtvorteil zu
Gunsten Rotterdams für einige Güter von Ruhrort, Oberhausen,
Dortmund etc. 1,25—1,55 Frs. pro Tonne, von Bochum in
gewissen Fällen gar 2,04 Frs. beträgt[3]). Der Grund ist also

---

[1]) Rotterdam: Roheisen . 135 200 t per Lobith
     ,   Verarbeitetes Eisen 508 300 „ „
Holland aus Deutschland . 347 500 „
                                  991 000 t
                         . . .
Rotterdam: Ausgang seewärts . 990 800 t

	1890	1903
[2]) Verkehrsbezirk 29	41 600 t	199 500 t
Verkehrsbezirk 26—27	47 800 „	184 000 „

[3]) E. R., La part de l'Allemagne a. a. O. S. 792.

nicht so sehr in den Ausnahmetarifen [1]), sondern in den überlegenen Schiffahrtsverbindungen des Scheldehafens mit Nordamerika (Bevorzugung durch den Norddeutschen Lloyd?) zu
sehen. Wenn wir uns nun erinnern, daß Rotterdam auf dem
Wasserwege 1903: 508 300 t empfing, und wir jetzt erfahren,
daß dagegen der Versand über Lobith nach Belgien nur 282 800 t[2])
verarbeitetes Eisen erreichte, so erhellt sich, daß es dem Maashafen allein mittels der größeren Leistungsfähigkeit seiner
Wasserverbindung gelungen ist, ein Übergewicht Antwerpens
im Verkehr mit Deutschland zu verhindern, und dabei beginnt auch im Empfang Belgiens der Wasserweg eine erhebliche Rolle zu spielen (1890: 10,8%, 1903: 29,4%). In erster
Linie beruht die Steigerung des insgesamt 855 100 t 1903
betragenden Talverkehrs an der Reichsgrenze (gegen 1900:
202 300 t)[3]) naturgemäß auf der parallelen Bewegung der
Hauptexporthäfen des Industriebezirks, nämlich der Ruhrhäfen,
die nach einem gewissen Stillstand während der 90er Jahre
(1895: 150 400 t) im Jahre 1900: 162 300 t, 1902: 540 400 t
talwärts verschickten. Die neue Stagnation 1903 (559 000 t)
ist zweifellos durch den Dortmund-Emskanal verursacht, der
den jetzt langsamer fließenden Mehrversand des östlichen
Bezirks[4]) aufgesogen hat, wogegen die Häfen des westlichen
und südlichen Teils der Rheinprovinz, wohin der Einfluß des
neuen Kanals nicht dringt, ihren Abgang zu Tal weiter stei-

---

[1]) Daß die kürzere Eisenbahnentfernung gegenüber Hamburg, die
für Burbach (Saar), 693 km zu 379 km beträgt, keineswegs an und für
sich einen Vorteil in sich schließt, zeigt sich darin, daß noch bis 1902 die
Frachten für Eisen, Stahl, Räder etc. für beide Plätze fast gleich standen
(Hamburg 10,99, Antwerpen 10,25 Frs. per t) und daß heute noch die
Elbhäfen ansehnliche Mengen Halbzeug und Fertigfabrikate aus Lothringen
empfangen (aus Verkehrsbezirk 29—36, 56: 16 300 t, 1903) vgl. sub. 3.
a. a. O. S. 787.

[2]) Diese Zahlen dürfen für Antwerpen fast ganz in Anspruch genommen werden, da dasselbe auf See- und Binnenschiffen 255 000 t
Eisen aus Deutschland empfing.

[3]) Wie im vorigen sind auch hier die holländischen Notierungen berücksichtigt, welche besser als die Anschreibungen zu Emmerich — die
durchweg höher sind, was sich zum Teil aus niedrigeren Angaben für
Roheisen erklärt — zu den Anschreibungen im Ortsverkehr passen.

[4]) Meppen durch zu Tal; 1902: 31 000; 1903: 50 500 t.

gerten, so Köln mit 18400 t (1902: 10800 t) vor allem aber Düsseldorf mit 45800 t (27600 t). Am Unterrhein ist ferner mit einem vermehrten Versand der nicht statistisch erfaßten Ladestellen zu Engers, Neuwied u. a. zu rechnen. Auf der oberen Stromstrecke [1]) fällt die Steigerung des Talversands von Mannheim-Ludwigshafen auf 172300 t 1903 gegen 14300 t 1900 in die Augen, die insbesondere durch die Bezüge vom Saarrevier zur Ausfuhr nach Amerika via Rotterdam [2]) 1900: 39800 t, 1903: 82900 t) hervorgerufen ist, während der nicht unbedeutende und wohl auch teilweise nach dem niederrheinischen Industriegebiet bestimmte Umschlag lothringischer Produkte wegen der Konkurrenz der direkten Bahnverfrachtung über Antwerpen seit 1890 keine rechten Fortschritte macht [3]). Quantitativ bleibt dahinter noch der Empfang aus Baden, Württemberg und Bayern zurück, doch offenbart sich, daß der höherwertige Export dieser Gebiete immer den Rheinumschlag vor der bahnwärtigen Verladung nach Holland und Belgien bevorzugt [4]). Ob unter den Eisenfabrikaten die Gruppe der Maschinen etc. der allgemeinen Entwicklung gefolgt ist, ist nicht exakt zu beweisen, immerhin sprechen einige Anzeichen dafür. In Betreff des Wasserverkehrs gehen die Angaben des deutschen und holländischen Grenzzollamtes völlig auseinander [5]), die Notierungen im Ortsverkehr [6]) sind lückenhaft, da die Abfuhr sich zum Teil als Stückgutverkehr vollzieht; hinsichtlich des Bahnverkehrs fehlt bei dem Mangel aller Feststellungen im seewärtigen Ausgang der Mündungshäfen jede Kontrolle darüber, wieviel vom recht beträchtlichen Bahnversand Deutschlands nach Holland (1903: 20400 t) und Belgien (22700 t) zur seewärtigen Verschiffung gelangt. Darum

---

[1]) Daneben versenden die mittelrheinischen Häfen nur zusammen: 15200 t 1903.

[2]) Jahresbericht der Handelskammer zu Mannheim 1903, II. S. 32*.

[3]) Verkehrsbezirk 29—32: 1890: 24000 t; 1903: 37600 t.

[4]) Verkehrsbezirk 33, 35, 36 nach Mannheim-Ludwigshafen 1890: 3300 t; 1903: 16600 t. Verkehrsbezirk 30—36 nach Holland und Belgien 1890: 7600 t; 1903: 9500 t.

[5]) Z. B. 1903: Lobith durch zu Tal: 7700 t; Emmerich: 13300 t.

[6]) Nach ihnen haben Ruhrort-Duisburg 1903 nur 267 t Maschinen etc. talwärts versandt.

sei nur betont, daß die Rheinstraße im Versand nach Holland relative wie absolute Zunahmen aufweist (1890: 1300 t = 14,8%, 1903: 5800 t = 22,2%) und daß denselben eine über den ganzen Stromlauf sich erstreckende Steigerung im Ortsverkehr entspricht[1]). In verstärktem Maße gilt, daß die holländischen und belgischen Häfen einer drohenden Bevorzugung Hamburgs für den Versand Süddeutschlands allein mittels der Binnen-schiffahrt begegnet sind[2]). An sonstigen unedlen Me-tallen stellt die Rheinprovinz, sowie Westfalen und Hessen-Nassau noch Blei für die Ausfuhr zur Verfügung. Es muß als übereilt bezeichnet werden, die Abnahme des Durchgangs über Lobith[3]) an unedlen Metallen (1890: 9700 t, 1900: 7700 t), der überdies mit 17 200 und 11 600 t 1902/03 einen neuerlichen Aufschwung aufweist, auf den Wettbewerb der Ausnahmetarife 15 b, c im nordwestdeutschen Seehafenverkehr und die tarif- und außertarifmäßigen Erleichterungen im nieder-ländischen Bahnverkehr zu schieben, denn dieser wie jener hat seit 1890 keine nennenswerten Fortschritte zu verzeichnen[4]). Ebenso schließt sich der Empfang Belgiens von deutschen Eisenbahnen der Bewegung des Rheingrenzverkehrs an[5]) und wie hier der Rückgang der Wasserstraße[6]) auch den relativen Anteil derselben am Gesamtempfang sinken läßt (31,6 resp. 17,3% 1890/1903), so bedeutet andererseits die verhältnismäßige

		1890	1903
[1])	Düsseldorf ab zu Tal	30 t	2600 t
	Köln ab zu Tal	300 „	2900 „
	Bingen-Frankfurt	900 „	2400 „

	1890	1903
[2]) Mannheim-Ludwigshafen ab zu Tal	1200 t	3600 t
Holland und Belgien aus Verkehrsbezirk 29—36	6000 „	7000 „
Elbhäfen aus Verkehrsbezirk 29—36, 56, 57	3400 „	7500 „

[3]) Die Ziffern des Jahres 1890: 97 055 t sind offenbar um eine Stelle nach links verschoben. Die Lobither Anschreibungen sind jedenfalls glaubwürdiger als die von Emmerich, welche die Denkschrift: Der Nieder-rhein (Ruhrort) a. a. O. S. 69 zu obigem falschem Schluß verleitet haben.

[4]) Elb- und Weserhäfen aus Verkehrsbezirk 21—28 1900: 4300 t; 1903: 5000 t. Holland per Bahn aus Deutschland 1900: 5100 t; 1903: 4500 t.

[5]) Belgien per Bahn aus Deutschland 1890: 11 700 t; 1903: 10 900 t.

[6]) Belgien, Lobith durch zu Tal 1890: 5400 t; 1903: 2300 t.

Zunahme des Rheins im holländischen Verkehr (46,0 und 67,5 %) eine absolute Steigerung, die allein dem Hauptrhein-hafen Rotterdam (7600 gegen 4000 t) zu gute gekommen ist. Die zur Ausfuhr über Lobith bestimmten Mengen der Rhein-provinz und Westfalens gelangen größtenteils in Köln zum Umschlag (1903: 10000 t), während die Ruhrhäfen unter dem Einfluß der zunehmenden direkten Bahnverladung nach bel-gischen Häfen[1]) ihre Verladungen talwärts sehr eingeschränkt haben[2]). Daneben gelangen in letzter Zeit wachsende Men-gen hessischer Produkte über den Mittelrhein zur Abfuhr, wenn auch ein Teil der dort talwärts abgefahrenen unedlen Metalle (1903: 4800 t) aus Abfällen etc. bestehen mag, die am Niederrhein wieder verarbeitet werden, wie das wohl überwiegend für die auffallende Wasserverfrachtung Mann-heim-Ludwigshafens (1903: 6700 t, 1902: 1900 t) Geltung hat.

Unter den schweren Massengütern, die im Talverkehr des Rheinstroms eine große Rolle spielen, sind neben den Erzeug-nissen des Bergbaus und der metallurgischen Industrie die Baumaterialien zu nennen. Holz und Steine sind quantitativ weitaus am bedeutsamsten, doch können sie kurz erledigt werden, da sie dem Seeverkehr der Mündungshäfen fast gar nicht dienen. Die gesamte Ausfuhr nach den Niederlanden an Steinen und Steinwaren schwankt zwischen 413700 t (1890) und 533400 t (1900), die sich zu 97,3 und 96,4 % dem Wasserwege zuwenden. In erster Linie wird damit der Bedarf des holländischen Binnenlandes befriedigt und auch die steigenden Mengen, welche Rotterdam (1895: 18900 und 1903: 122500 t) und Amsterdam (1903: 14900 t) durch die Binnenschiffahrt empfangen, werden wohl vom örtlichen Bau-gewerbe aufgenommen. Ähnlich steht es mit den kleineren Summen, welche Belgien (1903: 50900 t) zuletzt zu 22,2 % auf dem Wasserwege aus Deutschland empfängt. Gleich dem Bahnverkehr stammt der 1903: 474300 t betragende Gesamt-

---

[1]) Belgien aus Verkehrsbezirk 22—25, 28 1890: 1000 t; 1903: 4100 t.

[2]) Ruhrort-Duisburg ab zu Tal 1890: 4900 t; 1903: 1100 t. Daß neben Köln das rheinische Blei über Wesel rheinwärts exportiert wird, wie Fr. Schulte a. a. O. S. 454 will, ist sehr unwahrscheinlich; überdies bietet die Hafenstatistik dieses Platzes dafür keinen Anhaltspunkt.

durchgang über Lobith[1]) aus der Rheinprovinz; sein Umschlag geschieht durchweg an privaten Ladestellen, insbesondere der Basalt-Aktiengesellschaft in Linz[2]). Die gewaltigen,
vom oberen Stromlauf und seinen Nebenflüssen, hauptsächlich
im Floßverkehr talwärts gehenden Holzmengen werden fast
ausschließlich über die Häfen des Niederrheins nach dem
Industriebezirk abgesetzt; nur etwa 30 000—60 000 t gelangen
über Emmerich nach den Rheinmündungsstaaten, und von
diesen kaum 8000—11 000 t nach den Mündungshäfen (Rotterdam), so daß also die Differenz für den Bedarf des Baugewerbes
und des Schiffbaues in Anspruch genommen werden muß.
Die gleiche Verwendung findet das auf dem Schienenwege
nach Holland und Belgien geschaffte Holz, dessen Menge gemäß
dem steigenden Eigenverbrauch des hauptsächlichen Herkunftsgebietes, der Rheinprovinz und Hessen-Nassaus, zurückgeht
(1890: 55 100 t, 1903: 37 000 t). Es ist für die Leistungsfähigkeit der Rheinschiffahrt bezeichnend, daß die 1886 eingeführten
Ausfuhrtarife von Bayern nach den Rheinmündungsstaaten
völlig unwirksam geblieben sind[3]). Wegen der Wichtigkeit
für die allgemeine Verkehrsstellung der rheinischen Binnenhäfen sei darauf hingewiesen, daß Mannheim-Ludwigshafen
ihre Stellung als Hauptstapelplatz für süddeutsches Holz allmählich verloren haben; langsam sinkt ihre Abfuhr wasserwärts von 190 100 auf 165 500 t 1890/1903. Einesteils hat
sich im näheren Hinterlande die für die Abfuhr verfügbare
Quantität infolge des Bedarfs der dortigen Sägereien und der
Zellstoffindustrie vermindert[4]), so daß der Stammholzhandel
genötigt ist, mehr Niederbayern, Oberpfalz und Österreich
aufzusuchen. Von dorther wird das Holz billiger über die

---

[1]) Die Ziffer für Emmerich 1903: 112 600 t ist ein Versehen.

[2]) Dieselbe verlud im Kölner Wasserbaubezirk 1903: 363 000 t Güter.
Außerdem hatte der Ladeplatz der Brohltalbahn bei Beuel einen Verkehr
von 110 000 t.

[3]) Nach Belgien versandten die Verkehrsbezirke 29—36 1890: 8600 t;
1903: 7100 t. Die bayrischen Tarife treten eigentlich nur bei Schiff-
fahrtsschluß in Wirksamkeit.

[4]) Neckar (Mannheim) an und durch zu Tal 1890: 148 600 t; 1903:
92 700 t.

Mainroute verfrachtet [1]), so daß der Stromverkehr bei Frankfurt (ab und durch zu Tal) [2]) von 219 400 auf 357 400 t 1890
bis 1903 anwächst. Andererseits haben die Transporte des südwestlichen Badens und Bayerns nach der Regulierung des Oberrheins in sehr starkem Maße den Umschlag in Karlsruhe und
Kehl aufgesucht [3]). Im Gegensatz zu diesen Baustoffen trägt
der Z e m e n t nicht wenig zum Ausgang der holländischen und
belgischen Häfen bei, vor allem in Antwerpen, wo der größte Teil
des Empfangs auf der Binnenwasserstraße von 462 000 t 1903 auf
Rechnung des Seeverkehrs zu setzen ist; indessen wird er weitaus
überwiegend der belgischen Produktion entnommen; nur 47 000 t
liefert Deutschland aus dem Hinterland in Antwerpen an, und
zwar vollständig auf dem Wasserwege, wie die Zusammensetzung des belgischen Gesamtempfangs beweist [4]). Ganz auf
die Verbindung mit dem deutschen Rhein ist die Ausfuhr der
holländischen Häfen gegründet [5]), und hier zeigt Rotterdam
seine Überlegenheit gegenüber Antwerpen durch die stete
Steigerung der Wasseranfuhren bis auf 60 300 t. Daneben
erhielt Amsterdam auf dem gleichen Wege 16 000—18 000 t,
besonders zur Verschiffung mit der Südamerikalinie [6]); ihr
Anwachsen seit 1901 auf 28 600 t 1903 ist durch die Nachfrage in Niederländisch-Indien [7]) veranlaßt, mit denen ja der
Hafen der Zuidersee durch vielseitige Handels- und Schiff-

---

[1]) Jahresbericht der Handelskammer zu Mannheim 1899, II, S. 37*.

[2]) Dem entspricht ein Durchgang bei Würzburg von 225 500 und
356 100 t.

[3]) Jahresbericht der Handelskammer zu Mannheim 1903, II, S. 38*.
Mannheim-Ludwigshafen an aus Verkehrsbezirk 33, 35, 36 1900: 176 200 t;
1903: 114 700 t. Rheinau-Straßburg ab zu Tal 1900: 6100 t; 1903:
109 800 t.

[4]) Belgien aus Deutschland per Eisenbahn und Wasserstraße 1890:
27 400 t; 1903: 58 600 t; davon auf letzterer 92,8 u. 93,2 %.

[5]) Der neuerdings ziemlich umfangreiche Bahnempfang Hollands aus
Deutschland (1903: 20 200 t) beruht ganz auf dem Versand der nahen
rechtsrheinischen Teile der Rheinprovinz nach dem angrenzenden niederländischen Gebiet.

[6]) Jahresbericht der Handelskammer zu Amsterdam 1901 (holländisch)
S. 238.

[7]) Jahresbericht der Zentralkommission für die Rheinschiffahrt 1901.
S. 88.

fahrtsbeziehungen verbunden ist. Die ganze Verfrachtung von
Zement, Traß und Kalk über Lobith zu Tal, welche mit den
für das holländische Inland bestimmten, belangreichen Mengen
(Wasserbauten) im Jahre 1903: 177200 t erreicht, stammt, was
den Zement angeht [1]), neben den Fabriken bei Oberkassel
(Bonn) vom Mittelrhein, wo die Werke zu Amöneburg 66000 t
1903 talwärts verschickten [2]), und aus dem Versand Mannheim-
Ludwigshafens; die hier in steter Zunahme, zuletzt zu 77400
verfrachteten Tonnen Zement etc. (gegen 36200 t 1890) [3]) gehören der Erzeugung der lokalen und nachbarlichen Fabriken
in Leimen, Neckarelz, Lauffen a. N., Heidelberg u. a. an, wie
die Herkunft des Bahnempfangs beweist [4]). Greift Bremen
bei Zement in einigem Umfange auf dem Schienenwege nach
Westfalen herüber (Verkehrsbezirk 24, 20400 t 1903), so gestattet ihm andererseits die Kanalisation der Fulda die Teilnahme am Export von Tonerde, Schwerspat etc. aus
der Provinz Hessen-Nassau, doch hat dieser Verkehr über
Kassel, der sich obendrein teilweise auf Kosten der direkten
Bahnverladungen nach den Weserhäfen entwickelt hat, dem
Ausgang über Rotterdam nicht geschadet, was die ununterbrochene Zunahme des Verkehrs an Erden im hauptsächlich
in Betracht kommenden Hafen zu Frankfurt mit 1903: 21900 t
(1895: 8500 t ab zu Tal) zeigt. Im Gebiet des mittleren
Rheins werden besonders über Vallendar, daneben neuerdings
auch über Koblenz [5]), Ton und Braunstein zur Mündung
verfrachtet. Ebendorthin gehen überwiegend die in Mannheim-Ludwigshafen talwärts ausdeklarierten, sehr bedeutenden
Mengen an Erde, Lehm etc., die die pfälzische Industrie der

---

[1]) Der Traß kommt hauptsächlich bei Andernach, Brohl etc. auf den
Rhein.

[2]) Bedeutende Mengen (1903: 23200 t) werden auch in Frankfurt in
die Rheinschiffe umgeschlagen.

[3]) Die Unterbrechung 1895: 17900 t ist die Folge eines Brandes der
Heidelberger Zementfabrik; vgl. Jahresbericht der Handelskammer zu
Mannheim 1895, II, S. 21*.

[4]) Mannheim-Ludwigshafen an per Bahn 1903: 71100 t, davon Verkehrsbezirk 33: 67400 t.

[5]) Güterverkehr zu Vallendar 1901: 60000 t. Koblenz ab zu Tal
1903: 10700 t Erde etc.

Steine und Erden[1]) zur Verfügung stellt. Die Sammelposition, in welcher diese Waren in der deutschen Statistik geführt werden, verwehrt jeden Einblick, wieviel von der gewaltigen Ausfuhr nach den Niederlanden über See weitergeführt wird, denn vom Versand dorthin über Lobith von 757500 t 1903 verbleiben ⅔ im Binnengebiet (Kies). Jedenfalls gelangt aber ein beträchtlicher Teil des von 10400 t auf 247100 t 1895 bis 1903 gestiegenen Wasserempfangs zu Rotterdam zur Ausfuhr, und die Beschränkung des Bahnempfangs auf 33300 t = 4,2 %, die noch dazu überwiegend aus den angrenzenden Gebieten stammen[2]), lehrt, daß die Ausfuhr der Erden ganz auf den Wasserweg angewiesen ist[3]). Das gleiche gilt von dem geringen Versand an Asphalt für Wasserbauten in England über Rotterdam, indem es sich bei der Durchfuhr zu Emmerich an Teer, Asphalt etc. von 4200 t 1902[4]) um Teile des Mannheim-Ludwigshafener Wasserausgangs (1903: 9500 t) handelt, der zu 4—6000 t aus der Schweiz eintrifft[5]). Gemäß der kräftigen Nachfrage der heimischen Landwirtschaft hat der überseeische Export von Düngemitteln aus dem Rheingebiet, der besonders den Wasserweg via Rotterdam benutzte (dorthin über Lobith: 42400 t 1890, 22600 t 1903), sehr nachgelassen. Die bedeutenden Mengen, welche trotzdem die deutsche Industrie an Düngemitteln teils auf dem Wasserwege von Ruhrort, Oberhausen (Phosphatmehl) und daneben von Amöneburg nach Holland und Belgien (Lobith: 38100—60900 t 1902 und 1900) verfrachtet, teils, und in steigendem Umfange auf dem Bahnwege aus der linksseitigen Rheinprovinz und Hannover (Abraumsalze) nach den Niederlanden und aus Lothringen nach Belgien absetzt[6]), finden in

---

[1]) Mannheim-Ludwigshafen ab zu Tal 1903: 59100 t; an per Bahn: 77000 t; davon aus Verkehrsbezirk 31: 72800 t.

[2]) Verkehrsbezirk 26 u. 27 allein 1903: 20100 t.

[3]) Die nach Belgien 1903: 65800 t Erden, wovon 55,6 % per Rheinschiff, dienen wohl völlig dem inländischen Bedarf. Auf die Unbedeutendheit dieser Artikel für Antwerpen deutet schon hin, daß dort dieselben nicht gesondert im Massenverkehr ausgewiesen werden.

[4]) Die Ziffer für 1903: 120669 t ist ja sicher verdruckt.

[5]) Jahresbericht der Handelskammer zu Mannheim 1890, II, S. 22*.

[6]) Ruhrort-Duisburg ab zu Tal 1903: 29800 t; Kastel-Amöneburg

diesen Ländern selbst Aufnahme. Vielleicht, daß ein geringer Teil der in letzterer Richtung gefahrenen Düngemittel (1903: 54 600 t) dem Seeverkehr Antwerpens dient, doch beruht dessen umfangreicher Ausgang auf See- und Binnenschiffen, 410 700 t, auf der Produktion Belgiens [1]).

Der wachsende Eigenbedarf ist auch der Grund, warum der Export an landwirtschaftlichen Erzeugnissen in rohem oder verarbeitetem Zustande über die Rheinmündungshäfen so stark eingebüßt hat. An erster Stelle steht heute die Ausfuhr von G e r s t e nach England, die ausnahmslos auf dem Rheinwege vor sich geht [2]), und fast ganz Rotterdam aufsucht, wo der Empfang wasserwärts den Umfang von 8600 t gegen 17 900 t 1903/1895 bewahrt hat. In diesem Falle liegt die Ursache in der Verringerung der bayrischen und böhmischen Braugerste, die in Mannheim-Ludwigshafen vornehmlich umgeschlagen wird. Der hier bemerkbare Rückgang im Empfang aus Bayern beruht wohl auf dem erhöhten eigenen Verbrauch, der Rückgang der österreichischen Zufuhren aber ist dem Wettbewerb der Elbschiffahrt zuzuschreiben [3]), und der Ausgleich des Talversands (1890: 6900 t, 1903: 9700 t) ist durch die Zufuhren hessischer Gerste [3]) bewirkt, die am Niederrhein als Futtermittel verwendet wird. Dieselbe ist auch Gegenstand der beträchtlichen Verschiffungen in den mittelrheinischen Häfen, und der Rückgang in den Häfen Bingen bis Gustavsburg, der durch den Verkehr Frankfurts [4]) nicht aufgewogen wird, beruht wohl gleicherweise auf dem Ausbleiben der österreichischen

---

1903: 21 700 t. Versand Deutschlands per Bahn nach Holland 1903: 107 300 t, nach Belgien: 90 700 t.

[1]) Vom Durchgang zu Lobith nach Belgien 1903: 12 200 t gelangen nur 3000 t nach Antwerpen.

[2]) Der Versand von Deutschland nach Holland wird 1890 zu 99,6 % = 18 900 t, 1903 zu 10 700 t = 99,8 % vom Rhein bewältigt.

[3]) Mannheim-Ludwigshafen:

	1890	1903
aus Verkehrsbezirk 33, 35, 36	8200 t	4 500 t
aus Verkehrsbezirk 53—55	3600 „	2 000 „
aus Verkehrsbezirk 29—32	5800 „	11 300 „

[4]) Bingen-Gustavsburg ab zu Tal 1890: 11 300 t; 1903: 4000 t; Frankfurt a. M. 1890: 5900 t; 1903: 6300 t. Vgl. N a s s e a. a. O. S. 222.

Transporte. Ebenfalls am Niederrhein verbleiben bis auf 2000 bis 3000 t (Emmerich durch zu Tal) die in Mannheim sowie in Mainz und Frankfurt auf den Rhein überführten süddeutschen und österreichischen Mengen an anderem Getreide (Malz) und Hülsenfrüchten; ebenso reicht gegenüber dem Einflusse Hamburgs der Bereich Mannheims für die Verfrachtung des aus Süddeutschland und den Donauländern angefahrenen getrockneten Obstes knapp bis nach Rheinland-Westfalen, und die 2000—3000 t Obst, Gemüse etc. des Durchgangs zu Emmerich stammen vom mittelrheinischen Gebiet; sie sind gleich dem durch Ausnahmetarife unterstützten Bahnversand nach Holland und Belgien (1903: 6700 t) für den Konsum dieser Länder bestimmt; vielleicht, daß ein geringer Bruchteil nach England seewärts weiter geht. Dagegen erscheinen die Kartoffeln seit einigen Jahren mit ziemlicher Regelmäßigkeit als Ausfuhrartikel nach diesem Lande, wobei der Zusammenhang mit dem Auftreten größerer Sendungen über Lobith zu Tal (1903: 12 600 t), die in Mannheim, aus Süddeutschland stammend, den Wasserweg betreten [1]), unverkennbar ist. Ohne alle Bedeutung ist der seewärtige Export deutscher Mühlenfabrikate über die Rheinmündungshäfen. Der recht erhebliche Talversand Mannheim-Ludwigshafens (1903: 39 500 t) samt dem der übrigen Häfen (Karlsruhe 3900 t), der von den lokalen Mühlen aus den rheinaufwärts bezogenen Rohmaterialien geliefert wird, verbleibt bis auf 6000—10 000 t in Deutschland und auch davon gelangt nur eine Hälfte zur Küste nach Rotterdam (1903: 4000 t). Noch unwichtiger ist unter dem Wettbewerb amerikanischer Mehle die Bahnausfuhr nach Holland geworden [2]) und die nicht geringe Ausfuhr der Häfen — Amsterdam weist allein einen Generalexport von 26 500 t Kartoffelmehl 1903

---

[1]) Mannheim-Ludwigshafen ab zu Tal: 11 400 t; an aus Verkehrsbezirk 33—36: 14 100 t. Die umfangreichen Sendungen an Kartoffeln, die Holland in stark schwankenden Beträgen aus Deutschland auf dem Bahnwege (1900: 12 000 t; 1903: 43 700 t) besonders aus dem weiteren Elbgebiet empfängt, dienen wohl dem inländischen Bedarfe und machen der seewärtigen Verschiffung über Hamburg und Bremen dorthin Konkurrenz.

[2]) 1890: 19 300 t; 1903: 3700 t.

auf — fußt völlig auf der lokalen Mühlenindustrie, die ihre
Rohstoffe überwiegend der seewärtigen Einfuhr entnimmt. In
ähnlicher Weise stützt sich die mit 141 000 t 1903 (114 400 t
1895) verhältnismäßig umfangreiche Zuckerausfuhr Amsterdams auf die Produktion der erstarkten heimischen Zuckerfabriken. Wir haben hier ein typisches Beispiel, wie auch
im Nahverkehr die Wasserstraße der Bahn überlegen sein
kann, indem die dortige Zufuhr auf dem Schienenweg, seit
1895 (30 900 t) im Rückgang, heute praktisch minimal ist [1]).
Der sich trotz Ausnahmetarifierung fast allein der Rheinstraße
bedienende Export (nach Holland 1890: 82,4 %) von Deutschland, besonders von den Raffinerien zu Köln (ab zu Tal 1890:
23 500 t, 1903: 4600 t) hat sich infolge der größeren Aufnahmefähigkeit des örtlichen Marktes sehr verringert [2]), und
diesen Verlust hat der Rheinhafen Rotterdam zu tragen, der
diese Transporte über Lobith vornehmlich (1890: 16 500 t,
1903: 3000 t) empfing. Zu den Gütern, welche im Talverkehr
die längsten Wege zurücklegen, gehört das Salz aus den
Salinen am oberen Neckar, das seit alters her stromabwärts,
daneben neuerdings in steigendem Maße mittels Eisenbahn
nach Mannheim-Ludwigshafen dirigiert wird [3]). Die von hier
talwärts abgehenden, von 89 600 t 1890 auf 171 300 1903
anwachsenden Massensendungen bleiben zu mehr als der Hälfte
am Niederrhein auf deutschem Gebiet, wo besonders die chemische Industrie die Mehranfuhren verarbeitet [4]). Nur 77 600 t
Salz gelangten 1903 (gegen 49 400 t 1890) über Lobith zu

---

[1]) Jahresbericht der Handelskammer zu Amsterdam 1902 (holländisch),
S. 393.

[2]) Der Niederrhein (Ruhrort) a. a. O. S. 69.

[3]) Mannheim (Neckar) an und durch zu Tal 1890: 91 400 t; 1903:
136 300 t. Mannheim-Ludwigshafen an per Bahn 1890: 18 200 t; 1903:
72 400 t.

[4]) Ein geringer Teil des in der Rheinprovinz verarbeiteten Salzes
geht als Soda nach den Rheinmündungsstaaten; schneller als die Verfrachtung wasserwärts (1903: Düsseldorf zu Tal 3300 t; Köln 1700 t)
wächst der Bahnversand (Verkehrsbezirk 22—28 1890: 2700 t; 1903:
7100 t); da zugleich der Versand Mannheim-Ludwigshafens (1890: 12 800 t)
wegfällt, und somit der Durchgang zu Emmerich von 9300 t auf 4100 t
sinkt, erlangt der Schienenweg das Übergewicht.

Tal, und waren zu gleichen Teilen nach Belgien und Holland
bestimmt. Aber während die nach Belgien deklarierte Quantität,
die 69,1 % seines Empfangs aus Deutschland umfaßt, fast ganz
(35000 t) den Seehafen Antwerpen [1]) erreicht, um teilweise
nach England verfrachtet zu werden, geht die geringste Menge
des Salzes, welches Holland auf dem Rhein erhält (38300 t
= 83,6 % der Gesamteinfuhr aus Deutschland) nach den großen
Hafenplätzen. Amsterdam hat überhaupt den früheren Bezug
über Lobith (1895: 10700 t) aufgegeben, und auch Rotterdam
empfängt auf diesem Wege nur 10100 t (1890: 6400 t). Der
Hauptteil des rheinabwärts gefahrenen Salzes und wohl auch
die bahnwärtigen Bezüge, die die Mündungsstaaten im Verkehr
mit der Rheinprovinz und Lothringen [2]) aufweisen, sind für
den dortigen Verbrauch bestimmt [3]), dessen großer und wachsender Umfang sich durch den Bedarf der chemischen Fabriken
und Fischräuchereien erklärt.

Mußten wir danach den obigen für die Rheinschiffahrt sehr
bedeutsamen Gütern jeden Anteil am seewärtigen Ausgang der
holländischen und belgischen Häfen absprechen oder denselben
zum mindesten auf ein bescheidenes Maß beschränken, so
bleibt noch zu untersuchen, wie die Binnenschiffahrt die vorgelagerten Seehäfen hinsichtlich der Ausfuhr deutscher höherwertiger gewerblicher Produkte, soweit sie wie die metallurgischen nicht in anderem Zusammenhange schon erledigt sind,
und daneben der im deutschen Hinterland erzeugten Getränke
als Wein und Bier unterstützt. Für die Ausfuhr des Weines
bedient sich das Rheingebiet ganz ausschließlich des Wasserwegs [4]), und gibt diese deshalb den Mündungshäfen als solchen
ein tatsächliches Monopol. Unter ihnen ist es Rotterdam, das
seine günstigste Wasserverbindung derart ausnutzt, daß es mit
einem Wassereingang von 25000 t 1903 gegen 11500 t

---

[1]) Antwerpen: Eingang aus Deutschland par mer canaux et rivières.

[2]) Holland an per Bahn aus Deutschland 1903: 7600 t.
    Belgien an per Bahn aus Deutschland 1903: 17600 t.

[3]) Stubmann a. a. O. S. 87—89.

[4]) Es gelangen nach den Rheinmündungsstaaten keine 2000 t Wein
per Eisenbahn; der Versand nach Holland vollzieht sich zu 99,1 % 1903
(1890: 97,7 %) auf dem Rhein.

1890 $^8/_9$ des gesamten Rheingrenzverkehrs auf sich vereinigt[1]). Der vornehmliche Ursprung dieses Verkehrs, der im Jahre 1903 28 600 t, nach deutschen Anschreibungen sogar 34 000 t erreicht, liegt, wie zu erwarten, am Mittelrhein, wo 17 500 t (1890: 11 900 t) vor allem von Mainz und Bingen versandt wurden. Wie hier die Produktion Rheinhessens, so spielt im Ausgang von Koblenz das Moselgebiet die Hauptrolle (1903: 3600 t). Steigende Mengen gehen auch von der Saar und Mosel direkt auf den Rhein über[2]). Eine außerordentliche Steigerung hat die Ausfuhr pfälzischer Weine über Mannheim-Ludwigshafen erfahren, wo 1903: 11 700 t gegen 2600 t 1890 zu Tal abgingen[3]). Während die Nordseehäfen Deutschlands bei Wein überhaupt auf jede Beteiligung verzichten mußten, war es ihnen gelungen, aus Bayern namhafte Mengen Bier zur überseeischen Ausfuhr an sich zu ziehen; aber es ist schon darauf hingewiesen, daß ihr Empfang durch den Rückgang im Verkehr der Elbhäfen, der von den Weserhäfen nicht ausgeglichen worden ist, absolut an Umfang eingebüßt hat[4]), und hier können wir beobachten, daß die Ursache in einer Ablenkung nach den holländischen und belgischen Häfen liegt. Einmal hat der bahnwärtige Empfang Belgiens aus Bayern von 2600 t auf 9800 t zugenommen, zum andern weist aber die Benutzung des Wasserwegs seitens des bayrischen Exports eine stete Steigerung auf. Derselbe bewältigt heute 72,9 % der deutschen Ausfuhr nach Holland (1890: 35,9 %) und allein auf die Zufuhr rheinwärts[5]) mit 7000 t 1903

---

[1]) Amsterdam kann trotz seines Handels nur 1500—2500 t auf diesem Wege an sich ziehen, und der Empfang Belgiens, wohl hauptsächlich auf die Versorgung Antwerpens (Ozeandampfer) beschränkt, sinkt von 1500 auf 900 t.

[2]) Mosel (Koblenz) durch zu Tal 1903: 6000 t. Bei Köln 1903: 4400 t handelt es sich wohl überwiegend um die Weiterversendung talwärts angebrachter Mengen, die also schon einmal notiert sind.

[3]) Vom entsprechenden Bahnempfang (13 700 t) stammten 10 400 t aus Verkehrsbezirk 31.

	1890	1903
[4]) Elbhäfen an aus Verkehrsbezirk 29—36	19 000 t	12 500 t
Weserhäfen an aus Verkehrsbezirk 36	3 700 „	6 900 „

[5]) Die Einfuhr auf dem Schienenweg (1903: 2700 t) besteht über-

(1400 t 1895) stützt Rotterdam seine Ausfuhr nach England etc. Dieser Export süddeutscher Biere gelangt zum Teil in Mainz zum Umschlage, dessen Versandziffern [1]) jedoch nicht ganz für denselben (Kulmbach, Nürnberg) in Anspruch genommen werden darf, da die dortigen Brauereien für den Absatz nach den Rheinlanden gern den Wasserweg benutzen und ebenfalls böhmisches (Pilsen) Bier dort auf den Rhein übergeht; zum anderen Teil erreicht das Bier schon in Mannheim die Wasserstraße [2]), wo im Jahre 1903: 3200 t gegen 1500 t 1890 per Bahn aus Bayern (München) eintrafen [3]). Wie bei den vorigen Gütern gründet sich auch wohl die Bevorzugung des Wasserwegs für die Ausfuhr süd- und mitteldeutscher Glas- und Töpferwaren neben der Billigkeit auf das Fehlen aller Erschütterungen während des Transports. Der Empfang Hollands an Glas und Glaswaren aus dem deutschen Hinterland, der sich 1890 nur zu einem Drittel (32,3 %) der Binnenschiffahrt bediente, tut dies heute zu zwei Dritteln (1903: 64,4 %). Amsterdam war für seine Ausfuhr auf den Schienenweg angewiesen; sie ist denn auch entsprechend der kleinen und nicht fortschreitenden Bahneinfuhr nach Holland [4]) wenig umfangreich geblieben und ihre geringe Entwicklung auf 4800 t (1900: 2900 t) fällt mit dem Auftreten größerer Wasseranfuhren über Lobith [5]) zusammen. Rotterdam dagegen empfing mit 14200 t 1903 gegen 3300 t 1890 die steigenden

---

wiegend aus Produkten der nachbarlichen Rheinprovinz, die dem holländischen Konsum dienen; das gleiche gilt wohl für die bahnwärtige Einfuhr Belgiens aus dem rechten Teil der Rheinprovinz (+ 4100 t).

[1]) 1890: 1100 t; 1903: 5800 t. Mit der Behauptung Nasses (a. a. O. S. 209), daß der größte Teil der Abfuhr am Orte erzeugt wird, steht die Bemerkung in dem Jahresbericht der Zentralkommission für die Rheinschiffahrt 1901, S. 73 in Widerspruch.

[2]) Vgl. Landgraf a. a. O. S. 25; Jahresbericht der Zentralkommission für die Rheinschiffahrt 1901, S. 67; Jahresbericht der Handelskammer zu Mannheim 1900, S. 23*.

[3]) Die Wasserabfuhren (1903: 1400 t) scheinen nur unvollständig erfaßt zu sein; anderseits dient die Bahnanfuhr aus der Pfalz und Baden (6700 t) dem lokalen Konsum.

[4]) 1890: 7100 t; 1903: 8600 t.

[5]) 1900: 500 t; 1903: 1100 t.

Transporte der Wasserstraße. Ebenso stellt sich für Belgien der Empfang pro Waggon als stillstehend heraus[1]). Wenn hier dennoch der Eingang aus Deutschland von 17600 t auf 28300 t 1890—1903 steigt, so verdankt dies der belgische Hafen, für dessen Ausfuhr jene Mengen wohl in erster Linie bestimmt sind, dem Wasserweg, der seinen Anteil von 8,3 auf 36,7 % erhöhte. Seine gewaltige seewärtige Verschiffung von 210200 t 1903 stützt Antwerpen indessen, wie schon aus der verhältnismäßig schwachen Einfuhr aus dem Deutschen Reiche hervorgeht, auf die berühmte belgische Glasindustrie mit ihrem Hauptsitz im Sambretal (Charleroi). Auf dem Bahnwege erstrecken die Rheinmündungshäfen ihren Einfluß nicht über die Rheinprovinz hinaus[2]). Es ist für sie bei dem Wachstum dieser Verladungen, das gegenüber dem des Empfangs der deutschen Nordseehäfen aus diesem Gebiet gering erscheint[8]), sehr bedeutsam, daß sich die Wasserabfuhr, insbesondere in Düsseldorf, auf 16500 t (1890: 5600 t) stark vermehrt hat. Die Teilnahme am Export mitteldeutscher, vor allem Thüringer Glaswaren im Wettbewerb mit der Elbschifffahrt und den Ausnahmetarifen nach Hamburg und Bremen wird den ausländischen Plätzen allein durch den Rhein und Main ermöglicht; hier, besonders in Frankfurt, steigt die Menge auch nach der Kanalisierung der Weser weiter und erreicht 1902: 13200 t gegen 7200 t 1895 und 1800 t 1890. Daneben kommt noch der Versand Mannheim-Ludwighafens mit 2800 t 1903 in Betracht, welcher Hafen neben Produkten der Rheinprovinz (Saar) sogar neuerdings Artikel aus Böhmen[4]) an sich zieht. In ganz ähnlicher Weise haben die Rheinmündungshäfen bei der Ausfuhr von Steingut und Por-

---

[1]) 1890: 16200 t; 1903: 18000 t.

[2]) Die Verladung der Verkehrsbezirke 29—36 nach Holland und Belgien sinkt bis auf 1900 t 1903 (1890: 3900 t).

	1890	1903
[8]) Elb- und Weserhäfen aus Verkehrsbezirk 21—28	7200 t	12300 t
Holland und Belgien aus Verkehrsbezirk 22—28	15500 „	20200 „

[4]) Vom Empfang Mannheim-Ludwigshafens per Bahn (1903: 6600 t) stammten aus Verkehrsbezirk 26, 27: 1100 t; aus Verkehrsbezirk 54, 55: 1600 t.

zellan mehr und mehr auf die Rheinstraße zurückgegriffen.
Im Jahre 1890 vollzog sich der Eingang aus Deutschland in
den beiden betreffenden Staaten zu 42,4 %, 1900 dagegen zu
70,9 % über Emmerich. Während hier die Tonwaren langsam steigend mit 6600 t 1890 und 13 000 t[1]) 1900 erscheinen,
sinkt der Bahnbezug sogar absolut auf 5300 t (1890: 9000 t),
was durch den Wegfall der früher belangreichen Transporte
aus Süddeutschland verursacht ist[2]). In diesem Falle liegt
eine Ablenkung derselben über Mannheim-Ludwigshafen vor,
die heute 13 100 t talwärts verfrachten (1890: 400 t), wie aus
der Zunahme des dortigen Bahnempfangs aus den Verkehrsbezirken 29—32[3]) ersichtlich ist. Außerdem gelangen in
Konkurrenz mit der Elbe in neuester Zeit erhebliche Mengen
österreichisch-böhmischer Tonwaren zum Umschlag, während
sie die Verfrachtung thüringischer Waren wieder mehr den
Mainhäfen überlassen müssen[4]). Diese Plätze am Mittelrhein,
vor allem Frankfurt, haben den Bereich der Rheinhäfen durch
die Steigerung ihrer Abfuhr von 3700 t 1890 auf 16900 t
1903 Tonwaren etc. kräftig gegenüber den deutschen Nordseehäfen und auch entgegen den Bemühungen der Weserschifffahrt nach Mitteldeutschland erweitert. Aber auch für andere
hochwertige Industrieprodukte nehmen die holländischen und
belgischen Seehäfen die Leistungen der Rheinschiffahrt in Anspruch, und die wenigen zahlenmäßigen Angaben, welche vorliegen, liefern genügend Anhaltspunkte, um auch für sie die
Bedeutung des Rheins zu erkennen. So vollzieht sich die Ausfuhr von Leder, Fellen etc. von Deutschland nach Holland
(1903: 7800 t) zu 79,2 % auf dem Wasserwege (1890: 66,3 %),
wobei der Eingang Rotterdams über Lobith auf 6000 t (1890:

---

[1]) Die hohe Ziffer 1902: 25 800 t wird nicht berücksichtigt, weil sie
an und für sich unwahrscheinlich, keine Bestätigung durch die Gestaltung des Ortsverkehrs findet.

[2]) Verkehrsbezirk 29—36 nach Holland und Belgien 1890: 4600 t,
1903: 700 t.

[3]) Mannheim-Ludwigshafen an aus Verkehrbezirk 29—32 1890: 400 t,
1903: 4300 t; aus Verkehrsbezirk 26, 27 1890: — t, 1903: 1100 t.

[4]) Mannheim-Ludwigshafen an aus Verkehrsbezirk 54, 55 1903:
3600 t; Verkehrsbezirk 18—21: 700 t, gegen 1900: 1100 t.

1900 t) ansteigt. Am Unterrhein verfrachten Köln und Düsseldorf erhebliche Mengen (1903: 1400 t), während am mittleren Stromlauf Frankfurt noch umfangreichere Sendungen der Binnenschiffahrt zur Beförderung übergibt (4400 t gegen 1300 t 1890), und auch der Mehrversand Süddeutschlands ist der Binnenschiffahrt ab Mannheim-Ludwigshafen (ab zu Tal 1890: 400 t; 1903: 3200 t) zugefallen [1]. Der größte Teil der für England bestimmten Papierwaren pflegt auf dem Rhein weiter zu gehen [2], und wenn auch über den Wasserverkehr nichts bekannt ist, so läßt doch der Bahnempfang Mannheim-Ludwigshafens mit 39 100 t Papier und Pappe gegen 9900 t 1890 den Umfang dieser Verladungen ahnen [3]. Überhaupt gibt es keine Industrieprodukte Süddeutschlands und Rheinland-Westfalens, an deren Export sich die Rheinschiffahrt nicht kraft ihrer Leistungsfähigkeit zu Gunsten der Mündungshäfen beteiligte, und selbst hinsichtlich der wertvollen Erzeugnisse der Schweiz, wie Uhren, kondensierte Milch, Käse [4], ist die Schiffahrt ab Mannheim-Ludwigshafen gegenüber dem Wettbewerb der Eisenbahn erfolgreich genug gewesen; andererseits gelangen zahlreiche Sendungen thüringischer Spielwaren im Umschlag über Frankfurt, neuerdings auch über Mannheim rheinabwärts zur Ausfuhr [5].

---

[1] Der Bahnversand der Verkehrsbezirke 29—36 nach Belgien schwankt zwischen 1000 und 1400 t.

[2] Jahresbericht der Handelskammer zu Mannheim 1901, S. 89*.

[3] Dagegen empfangen Holland und Belgien nur 1500 t aus Verkehrsbezirk 29—36. Ebenso bedient sich die Ausfuhr von Lumpen nach Nordamerika trotz ihrer Einreihung in Spezialtarif III überwiegend des Wasserwegs (Jahresbericht der Zentralkommission für die Rheinschiffahrt 1901, S. 65). Mannheim-Ludwigshafen ab zu Tal 1903: 5800 t. Emmerich durch zu Tal 6800 t.

[4] Dufourny a. a. O. S. 65; Jahresbericht der Handelskammer zu Mannheim 1895, S. 20*; Jahresbericht der Zentralkommission für die Rheinschiffahrt 1901, S. 69. Nach dem Jahresbericht der Handelskammer zu Mannheim 1903, II, S. 28* betrug der Wasserversand an kondensierter Milch 11 400 t (1895: 1500 t); Käse 7900 t (1895: 3900 t).

[5] Jahresbericht der Handelskammer zu Mannheim 1903, I, S. 316.

β) Die Bedeutung der Binnenschiffahrt für die verkehrswirtschaftliche Stellung der Rheinmündungshäfen

Nachdem im einzelnen die Beteiligung der Wasserstraße an der Einfuhr und Ausfuhr der verschiedenen Güter, aus welchen sich der seewärtige Verkehr Amsterdams, Rotterdams und Antwerpens zusammensetzt, dargelegt ist, können wir die Frage beantworten, welche Bedeutung denn der Binnenschiffahrt hinsichtlich der Stellung dieser Häfen überhaupt zuzusprechen sei, und hierbei dürfen nun auch die Daten über den Gesamtverkehr der betreffenden Plätze zur Illustration verwertet werden. Vorerst muß betrachtet werden, wie diese Hafengruppe sich mit dem Wettbewerb der deutschen Nordseehäfen abgefunden hat, und zuerst, wie weit sich ihr Einfluß mit Hilfe des Verkehrsmittels, das sie mit jenen gemeinsam hat, der Eisenbahnen, erstreckt. Der Bereich der holländisch-belgischen Häfen auf dem Schienenwege reicht in Konkurrenz mit ihnen nicht über das weitere Rheingebiet hinaus. Wie aus den Einzeldarstellungen hervorgeht, beschränkt er sich in der Hauptsache auf das rheinisch-westfälische Industriegebiet, hinsichtlich Antwerpens mit Ausdehnung auf Lothringen. Schon im übrigen Süddeutschland und in der Schweiz ist er nur noch in Spezialartikeln des Handels fühlbar, und gar in Mitteldeutschland (Elbgebiet), wo schon Bremen mit geringem Erfolg gegen das auf die Elbschiffahrt gestützte Hamburg ankämpfte, ist ihr Einfluß minimal. Man darf behaupten, daß die Seehafenausnahmetarife den Rheinhäfen mehr geschadet als genützt haben, trotz der Unterstützung der holländischen und belgischen Bahnen. In Gütern, welche die preußische Tarifpolitik der Wasserbeförderung abspenstig gemacht hat, wie Baumwolle, und in großem Maßstabe verarbeitetes Eisen bei der Ausfuhr, haben die deutschen Häfen die größten Fortschritte gemacht; bisweilen waren sogar hier absolute Einbußen der ausländischen Plätze zu beobachten. Indessen handelt es sich nur um vereinzelte Fälle. Im großen und ganzen hat sich die Rheinschiffahrt der Eisenbahn weit überlegen gezeigt — am auffälligsten tritt uns dies bei dem

einschneidender Detarifierung unterliegenden Petroleum entgegen —, d. h. den Rheinmündungshäfen ist es gelungen,
mit Hilfe der Binnenschiffahrt ihre Verkehrsstellung gegenüber
den deutschen Nordseehäfen kräftig auszudehnen, insbesondere
alle Massengüter der Einfuhr, aber auch der Ausfuhr dieses
deutschen Hinterlandes in steigendem Maße an sich zu fesseln.
Dies kommt sowohl im Vergleich der Einfuhr über Lobith mit
dem Bahnversand der Elb- und Weserhäfen nach dem umstrittenen Gebiet als auch des Verkehrs in umgekehrter Richtung zum Ausdruck, selbst wenn wir für letzteren den Verkehr in Kohle etc. aussondern, der doch bei Rotterdam und
Antwerpen neuerdings sehr belangreich dem Versand seewärts
dient:

	1890	1903
Einfuhr: Versand der Elb- und Weserhäfen nach Verkehrsbezirk 21—36. 56, 57	414 000 t	670 000 t
Durchfuhr über Lobith zu Berg	2 962 000 „	10 023 000 „
Ausfuhr: Empfang der Verkehrsbezirke 8 u. 9 abzügl. Kohlen etc. aus Verkehrsbezirk 21—36, 56, 57 . .	401 000 t	709 000 t
Durchfuhr über Lobith zu Tal[1]), abzügl. Kohlen und Erden, Steine etc.	709 000 „	1 960 000 „

Darin spricht sich aus, daß die Tarifpolitik in der Ablenkung der Ausfuhr nach nationalen Häfen relativ am erfolg-
reichsten war, aber für beide Verkehrsrichtungen gilt, daß der
Eisenbahnverkehr der Elb- und Weserhäfen sich im Zeitraum
1890—1903 etwa um die Hälfte des früheren Standes vermehrte, dagegen der Durchgang bei Lobith sich ungefähr verdreifacht hat. Wie sich dieser Rheinverkehr auf den Stromlauf verteilt, ist im einzelnen klargelegt worden; es ist nur
daran zu erinnern, daß der Verkehr der schweren Massengüter
in erster Linie mit dem Niederrhein unterhalten wird, von
dem Bedarf an Rohstoffen und zur Ausfuhr bestimmten Produkten Rheinland-Westfalens abhängig ist, dagegen der wachsende Bergverkehr an Nahrungs- und Genußmitteln und höherwertigen Rohstoffen, wie Petroleum, Fette etc., in steigendem
Umfange von den Häfen des mittleren und oberen Rhein-

---

[1]) Insgesamt 1890: 2 858 000 t; 1903: 7 087 000 t.

gebiets, vor allem Mannheim-Ludwigshafens, aufgenommen wird. Andererseits steigt aber auch die Menge der hier zur Ausfuhr rheinabwärts gelangenden Industrieprodukte. Mittels des dortigen Umschlags verteidigen die Rheinmündungshäfen ihre Verkehrsstellung in Süddeutschland gegen die tarifarisch begünstigten deutschen Nordseehäfen und haben allein mittels desselben ihren Einfluß nach Mitteldeutschland (Thüringen) ihnen gegenüber [1]) ausgedehnt. Ebenso ist es allein die Verbindung mit dem Rhein, die ihnen ermöglicht, dem Ansturm der französischen, italienischen und österreichischen Mittelmeerhäfen im Kampfe um den Schweizer Markt bis jetzt erfolgreich zu begegnen. Es ist bezeichnend, daß sie in südöstlicher Richtung in Böhmen und Österreich, wo sie auf das durch die Elbe an Hamburg angeschlossene Gebiet stoßen, gewöhnlich auf einen geringen Verkehr beschränkt sind, daß sie aber, sobald einmal die natürliche Einfuhrstraße, die Elbe, infolge kleinen Wasserstandes im Oberlauf fast völlig versagt, wie im Jahre 1904, der Umschlag am Rhein dorthin sogleich bedeutendere Dimensionen annimmt [2]). Wie sehr auch die einzelnen Binnenhäfen durch den Ausbau des Stromgebiets in ihrer Entwicklung gehemmt sind, so Mannheim durch die Regulierung des Oberrheins, und die Plätze des Rheingaus durch die Kanalisation des unteren Mains bis Frankfurt, und letzterer Hafen durch die Weiterführung bis Offenbach, für die Mündungshäfen bedeutet dies eine Stärkung in den Hinterlandsbeziehungen; ebenso ist auch die neue beschlossene durchgreifende Regulierung des Oberrheins bis Straßburg, sowie der Nebenflüsse [3]), die seit langem geplant ist, zu beurteilen. In weit geringerem Maße als die preußische Tarifpolitik hat der Dortmund-Emskanal den Verkehr der holländischen und belgischen Häfen schädigen können. Insbesondere hat die ununterbrochene Entwicklung der Ruhrhäfen bewiesen, daß er

---

[1]) Auch gegenüber dem Weserverkehr Bremens.

[2]) Vgl. für Mais: Jahresbericht der Handelskammer zu Mannheim 1904, I, S. 12.

[3]) Ihre Bedeutung für den Verkehr der Seehäfen ist heute gleich Null; der Verkehr des Neckar, der einzig größeren Umfang hat, besteht vorwiegend aus Holz und Salz im Talverkehr.

dem Verkehr jener Seehäfen in erster Linie nur dort und insoweit Abbruch getan hat, als sie sich auf den Schienenweg stützen mußten, wie das besonders für Amsterdam bezüglich der Erzeinfuhr gilt, und daß diese künstliche Wasserverbindung in fast allen anderen Fällen auf die Bedienung des unmittelbar erreichbaren Gebiets beschränkt geblieben ist.

Wenn schon für die Verkehrsgestaltung der Rheinmündungshäfen insgesamt die Leistung der Rheinschiffahrt nach obigem von entscheidendem Einfluß war, so ist die verschieden leistungsfähige Verbindung mit derselben, wie bereits im einzelnen dargelegt worden ist, maßgebend für die Entwicklung der drei Haupthäfen geworden. Entsprechend der bequemsten Verbindung mit dem deutschen Rhein hat sich Rotterdam an die erste Stelle aufgeschwungen, obwohl sein Eigenhandel hinter dem der beiden Nachbarhäfen sehr zurücksteht. Im Eisenbahnverkehr wird es außerordentlich von Antwerpen übertroffen und ragt kaum über Amsterdam hervor. Im Eingang steigt dieser von 703 400 t 1895 auf 1 149 600 t 1898 und mehrt sich unter erheblichen Schwankungen[1] langsam bis auf 1 392 000 t 1903. Noch ungünstiger ist die Entwicklung des Ausgangs gewesen, denn er schwankt seit 1895 um 800 000 t[2] und sinkt zuletzt mit 748 700 t 1903 unter den Stand von 1895 (799 100 t). Demgegenüber verschickte der Maashafen schon 1890: 2 087 000 t wasserwärts nach Deutschland, und dieses Quantum wuchs mit einigen Unterbrechungen bis auf 8 007 500 t 1903, so daß also heute von der ganzen seewärtigen Einfuhr[3] ungefähr 7/10 auf dem Rhein nach Deutschland wieder in Bewegung sind, und das Verhältnis des Bahnausgangs zum Wasserversand über Lobith (1:11) läßt die Bedeutung des letzteren noch in hellerem Lichte erscheinen. Und während hinsichtlich der Zufuhr aus dem Hinterland der deutsche Rheinverkehr nur 539 000 t im Jahre 1895 dem gesamten Bahneingang von 703 400 t gegenüberstellen konnte, hat auch hier der rasche Aufschwung des Empfanges via Lobith nach 1900 mit 2 330 800 t 1903 das Verhältnis der beiden

---

[1] 1900: 962 300 t.
[2] 1902: 838 500 t.   [3] 1903: 11 846 400 t.

Binnentransportmittel mehr als umgekehrt. Danach muß die Angabe Havestadts[1]) für den Anfang der 80er Jahre, daß mehr als 60 % des gesamten Rotterdamer Seeverkehrs auf dem Rhein von und nach Deutschland befördert werden, heute für das Minimum angesehen werden.

Der Hafen der Zuidersee kann infolge seiner ungünstigen Lage zum Rhein im Umsatz schwerer Massengüter den Wettbewerb mit dem südlichen Nachbarhafen nicht aufnehmen. Andererseits ist der Eigenhandel Amsterdams, der vor allem die hochwertigen Produkte der heimischen Kolonien umfaßt, nicht so sehr an die Benutzung der Wasserstraße gebunden. So sehen wir denn, daß der Eingang per Eisenbahn mit 1 237 300 t 1903 dem entsprechenden Verkehr Rotterdams sehr nahe kommt. Aber wie in dieser Richtung die geringe Konkurrenzfähigkeit diesem Hafen gegenüber sich in einer viel langsameren Entwicklung (1895: 996 300 t) offenbart, so teilt der Eisenbahnversand mit der Senkung 1903: 355 900 t auf die Höhe des Jahres 1895 (310 900 t) das Schicksal des Maashafens, nur daß der Rückschlag gegen 1902 (668 200 t) wegen der Ablenkung der Erzeinfuhr nach Emden viel empfindlicher ist. Wenn trotzdem der Generalimport Amsterdams auch nach den neuen Einbußen im Vergleich zum Jahre 1895 (1 053 400 t, 1903: 1 312 800 t) eine mäßige Zunahme aufweist, so verdankt er dies allein der im Jahre 1892 eröffneten modernen Wasserstraße zum Rhein, indem die in Lobith vom Zuidersee bergwärts deklarierte Gütermenge (von 89 000 t 1890) stetig bis auf 292 600 t 1900 anschwoll und seitdem ungefähr ihren Umfang behauptet (1903: 256 900 t). Andererseits geht die unausgesetzte Steigerung des Generalexports auf 677 500 t 1903 (1895: 511 400 t) Hand in Hand mit der Aufwärtsbewegung der Zufuhr vom deutschen Rhein (1895: 99 100 t; 1903: 180 800 t). Somit hat zwar der Merwedekanal den Raum für eine weitere Ausdehnung des Verkehrsbereichs geöffnet[2]) und den Verkehr in den teuren Spezialartikeln, in denen Amsterdam dem

---

[1]) Havestadt, Die Wasser- und Landverbindungen Rotterdams 1881, S. 5.

[2]) Jahresbericht der Handelskammer zu Amsterdam 1895, S. 190 (englisch).

scharfen Wettbewerb Hamburgs und Bremens ausgesetzt ist, erleichtert, aber er bedeutet vom Rhein her einen Umweg, wobei sich heute der Charakter einer künstlichen Wasserstraße bei gänzlicher Abgabenfreiheit vor allem durch Zeitverluste an den Schleusen fühlbar macht [1]), deren Fehlen dem näher gelegenen Rotterdam einen Vorsprung verleiht. Man ist sich in Amsterdam sehr genau bewußt, daß das gewaltige Übergewicht des Maashafens in erster Hinsicht auf der ungleich höheren Leistungsfähigkeit der rückwärtigen Wasserverbindung beruht und richtet daher sein besonderes Augenmerk auf deren weitere Ausgestaltung [2]). In Holland teilen sich beide Häfen, ohne daß eine scharfe räumliche Grenzlinie besteht, gestützt auf die weitverzweigten Kanalverbindungen. Hier sind die Eisenbahnen kaum wettbewerbsfähig [3]), da beide Häfen gleich den Binnenplätzen von zahlreichen Adern durchzogen sind und dadurch beim Wassertransport jede Umladung unnötig ist. Es scheint, als wenn auch in dieser Beziehung Rotterdam seine auf den Massentransport nach und vom deutschen Rhein aufgebaute verkehrswirtschaftliche Überlegenheit gegen den Schwesterhafen erfolgreich verwertet [4]) und als wenn der ziemlich rege Warenaustausch, der zwischen den beiden Häfen auf der für Nachtbetrieb eingerichteten Kanalverbindung sich vollzieht, vor allem dem Seeverkehr Rotterdams dient, das z. B. in steigendem Umfange das für Amsterdamer Mühlen bestimmte Getreide über seinen Hafen lenkt, um es ihnen auf dem Binnenwasserwege zuzuführen [5]).

---

[1]) Jahresbericht der Handelskammer zu Amsterdam 1903, S. 262 (holländisch).

[2]) Jahresbericht der Handelskammer zu Amsterdam 1895, S. 186 (englisch): a more rapid development of the A. Rhine traffic is very desirable as a means of support of the transatlantic commerce of our port.

[3]) Wiedenfeld a. a. O. S. 350.

[4]) Im Jahre 1903 belief sich die Tragfähigkeit der in Amsterdam eingetroffenen Binnenschiffe auf 553 200 cbm; davon 262 500 cbm vom deutschen Rhein; dem gegenüber wurden schon 1900 in Rotterdam 14 973 000 t Tragfähigkeit der eingegangenen Binnenfahrzeuge deklariert.

[5]) Jahresbericht der Handelskammer zu Amsterdam 1903, S. 100 (holländisch).

Unter den drei Rheinhäfen hat Antwerpen kraft seiner Lage und der machtvollen Handelsorganisation das ausgedehnteste Hinterland. Dieses erstreckt sich über das industriereiche Belgien hinaus auf das ganze Rheingebiet, erfaßt den Streifen längs der deutsch-französischen Grenze und dehnt sich auf das übrige nordöstliche Frankreich und selbst Holland aus. Im Eisenbahnverkehr ist der Scheldehafen mit einem Eingang von 1903: 4235000 t (1900: 3226000 t) und dem Ausgang von 2943000 t (1900: 3435000 t) [1] dem Rivalen Rotterdam weit voraus; das ist sicher ein Ausdruck für die günstige Wirkung obiger Faktoren. Dennoch hat er demselben hinsichtlich der Gesamtgüterbewegung zur See mit 11382000 t gegen 12449000 t im Jahre 1902 den ersten Platz räumen müssen. Während er bezüglich der Ausfuhr mit 4988000 t diese Stellung behauptet, wiewohl ihm Rotterdam auch in dieser Richtung näher gerückt ist (1902: 2305000 t; 1903: 3297000 t), ist er von diesem Hafen in der ausschlaggebenden, umfangreichen Einfuhr völlig überholt worden, wie ihre Entwicklung seit 1880 deutlich zeigt:

	1880	1890	1900	1902
Antwerpen:	2505000 t	3438000 t	5492000 t	6394000 t
Rotterdam:	2260000 „	4227000 „	10500000 „	10144000 „ [2]

Die Ursache für die weniger günstige Entwicklung Antwerpens, die nach den obigen Daten unleugbar ist, dürfte nach allem nicht zum mindesten in der langsameren Ausdehnung des Binnenschiffahrtsverkehrs liegen. Während in Rotterdam 1900 die Tragfähigkeit der ankommenden Binnenfahrzeuge 14973000 Registert. betrug, erreichte sie in Antwerpen nur 4994000 Registert. (1890: 2775000). Die zunehmende Bedeutung des Verkehrs mit dem deutschen Rhein wird ersichtlich, indem 1890 die aus Deutschland eintreffenden Schiffe [3] etwa $^1/_7$, dagegen 1903 $^1/_4$ der Tonnenzahl ausmachten. Die

---

[1] Nach den Angaben der Handelskammer zu Antwerpen, betreffend den Bahnverkehr Anvers-Bassins et Anvers-Sud; für 1900 nach Wiedenfeld a. a. O. S. 351.

[2] 1903: 11846000 t.

[3] 1890: 396000 t; 1903: 1734000 t.

hervorragende Rolle, die überhaupt das deutsche Hinterland im seewärtigen Verkehr Antwerpens spielt, wird durch die sachkundigen Schätzungen des Artikels: La Part de l'Allemagne dans le Trafic du Port d'Anvers [1]) geklärt, nach denen sie für 1902 auf 1 500 000 bis 1 800 000 t = $\frac{1}{3}$ des seewärtigen Ausgangs und für den Eingang auf 1 600 000 t = $\frac{1}{4}$ berechnet wird, wobei in beiden Richtungen die Binnenschiffahrt eine volle Hälfte bewältigt. Wir haben im einzelnen gesehen, daß der Eisenbahnverkehr mit diesem Gebiete infolge der Konkurrenz der deutschen Nordseehäfen und neuerdings auch der Bestrebungen der holländischen Bahnen zu Gunsten des Maashafens wenig ausdehnungsfähig gewesen ist, insbesondere im Ausgang nach Deutschland in den meisten Gütern einen Stillstand aufweist, in manchen Artikeln, z. B. Baumwolle, sogar einen erheblichen Rückgang, und daß eine großzügige Aufwärtsbewegung allein in den Fällen zu beobachten ist, wo wie z. B. bei Getreide, insbesondere Weizen, der Wasserverkehr dieselbe ermöglicht hat. Dadurch wird gekennzeichnet, daß sich das Schwergewicht mehr und mehr nach dem Umfang des Wasserverkehrs mit dem deutschen Rhein hin verschiebt, d. h. aber, daß der Wettbewerb mit dem gleichgerichteten Verkehr Rotterdams ausschlaggebend geworden ist. Die Ziffern des beiderseitigen Binnenschiffahrtsverkehrs zeigen, daß die ungleich schnellere Entwicklung des Maashafens in erster Linie auf die bequemere und sichere Zuwegung zum Rhein gegründet ist [2]): 1902

	Eingang von	Ausgang nach
	dem deutschen Rhein	
Antwerpen	1 357 400 t	838 000 t
Rotterdam	1 314 700 „	6 453 400 „

Hiernach ist das Übergewicht Rotterdams im Bergverkehr geradezu erdrückend, aber auch bezüglich der höherwertigen Einfuhr aus Deutschland haben die ausgedehnten Handels- und Schiffahrtsverbindungen Antwerpens nicht verhindern

---

[1]) Revue d'économie politique 1904, S. 780 ff.
[2]) A. Dorn, Die Seehäfen des Weltverkehrs 1891, I. Bd., S. 659; La part de l'Allemagne . . . a. a. O. S. 778 u. 789.

können, daß der Maashafen Antwerpens frühere Überlegenheit
vollständig gebrochen hat [1]). Man ist sich in Antwerpen der in
dieser Richtung drohenden Gefahr vollauf bewußt, und es zeugt
von dem Werte, den man dort der Binnenschiffahrt beimißt,
daß man als einzigen Ausweg außer der Verbesserung des
Hafens eine direkte Kanalverbindung mit dem Rhein betrachtet,
die bei Krefeld münden würde, und so die Entfernung zwischen
dieser Stadt und dem Scheldehafen um 150 km abkürzen
würde. Aber abgesehen davon, daß eine vorbehaltslose Ein-
willigung Deutschlands auf Grund der herrschenden Politik zu
Gunsten der deutschen Häfen nicht sicher ist, ist kaum zu er-
warten, daß die Niederlande, über deren Gebiet nach den
Projekten Hendriks der Kanal geführt werden müßte, im
Interesse Rotterdams keine Schwierigkeiten bereiten werden.
Diese Verbindung ist jedenfalls das einzige Mittel, den heutigen
Platz neben Rotterdam auf die Dauer zu behaupten, und zugleich des Zuwachses, den dieser Hafen von dem Bau eines
Mittellandkanals bestimmt erwartet [2]), teilhaftig zu werden [3]).
Antwerpen muß umsomehr Bedacht nehmen, seine Stellung in
Deutschland zu verstärken, als ihm im Verkehr mit Frank-
reich, der bereits durch den Zwischenplatzzollzuschlag (surtaxe
d'entrepôt) sehr eingeengt ist [4]), ein weiterer Rückgang von
seiten Dünkirchen droht: wenn nämlich außer den schon fertigen neuen Hafenanlagen der 1901 beschlossene Ausbau des
nordöstlichen Kanalnetzes durchgeführt sein wird, so daß die
Entfernung Nancy-Dünkirchen um 126 km auf ⁴/₅ der jetzigen
Länge verringert wird [5]).

---

[1]) Wiedenfeld kommt, da ihm nur die Ziffern über den Rheinverkehr Belgiens (1902: 1 848 400 t Lobith durch zu Tal) zur Verfügung
stehen, zu dem unrichtigen Schluß, daß Rotterdam im Talverkehr hinter
Antwerpen zurückbleibt, a. a. O. S. 351.

[2]) Ysselsteyn a. a. O. S. 50.

[3]) La part de l'Allemagne. a. a. O. S. 794—797.

[4]) Sowohl direkt als auch im Umschlag über Mannheim. In Bezug
auf letzteren, der völlig aufgegeben werden mußte, spricht Dufourny
a. a. O. S. 66 irrtümlich von deutschen Unterscheidungszöllen.

[5]) Wiedenfeld a. a. O. S. 353.

Schlußwort

Nach dem bisher Gesagten wird die Folgerung berechtigt sein, daß es die verschieden glückliche Verbindung mit dem Hinterland ist, welche die Gestaltung des Seeverkehrs in den deutschen und den mit ihnen konkurrierenden benachbarten Häfen in erster Linie bestimmt hat, und daß bezüglich derselben die Binnenwasserstraßen den Umfang und die Entwicklung während des Zeitraumes 1890—1903 in ihren Grundzügen vorgezeichnet haben. In der verschiedenen Leistungsfähigkeit der Binnenschiffahrtsverbindungen haben wir den Grund für den verschiedenen Anteil der Rheinmündungshäfen am Verkehr mit Deutschland sehen müssen; sie hat Rotterdam, dem in der Handels- und Schiffahrtsorganisation hinter Antwerpen zurückstehenden Teil, das Übergewicht vor diesem gesichert; sie allein erlaubt Amsterdam, seine alten Handelsverbindungen in bescheidenem Maße auch für die Gegenwart in Deutschland zur Geltung zu bringen. Und die Bedeutung der Rheinschiffahrt für die Mündungshäfen muß umso höher bewertet werden, als es diesen auf dem Schienenwege keineswegs gelungen ist, die die deutschen Nordseehäfen begünstigende Tarifpolitik der preußischen Verwaltung durch Maßnahmen der heimischen Eisenbahnen auszugleichen. Dabei ist es doppelt bemerkenswert, daß die holländischen und belgischen Häfen in der Rheinschiffahrt das Mittel gefunden haben, ihr Übergewicht im umstrittenen Hinterland noch mehr zu festigen. Emden verdankt seinen neuerlichen Aufschwung vollständig dem Dortmund-Emskanal, ohne damit allerdings dem Verkehr auf der konkurrierenden natürlichen Wasserstraße des Rheins bis jetzt irgendwie gefährlich geworden zu sein. Das Beispiel Hamburgs und Bremens zeigt klar die Einwirkung der Binnenschiffahrt: Bremen, das weder in der Lage zum Meere, den Hafeneinrichtungen, der Schiffahrtsorganisation noch im Eigenhandel hinter dem Elbhafen zurückbleibt, ist dennoch zur untergeordneten Rolle verurteilt und gründet obenein seine neuerliche Entwicklung zum größeren Teil auf die Weserschiffahrt. Ähnlich weiß Hamburg seine Verbindung mit der Oberelbe im Verkehr mit den Ostseeländern gegen die Ostseehäfen aus-

zunutzen, indem es einmal Lübeck aus seiner früheren Position
verdrängt und andererseits Stettin den größten Teil des märkischen Hinterlandes mit Berlin abspenstig gemacht hat und
mit nicht viel geringerem Erfolg in Schlesien eindringt. Wir
haben gesehen, daß dieser Kampf vorwiegend mit Hilfe der
Binnenwasserstraßen ausgefochten wird. Wie hier der Oderhafen als der schwächere Gegner unterliegt, so gilt das gleiche
im Wettbewerb mit Lübeck, das sich durch den Elbe-Travekanal eine namhafte Ausdehnung des Seeverkehrs verschafft
hat. Denn dieser Fortschritt geschieht fast ausschließlich auf
Kosten des Stettiner Eisenbahn- und Wasserstraßenverkehrs,
während die auf Hamburg gerichtete leistungsfähigere Elbschiffahrt den Wettbewerb nur in vereinzelten Fällen gespürt
hat. Wenn es der baltischen Hansestadt noch vermittels ihrer
Handels- und Schiffahrtsverbindungen gelang, per Eisenbahn
einen beträchtlichen Verkehr des westlichen und mittleren
Deutschlands mit den skandinavischen Ländern über ihren
Hafen zu lenken, so nimmt der Mangel an Binnenwasser-
verbindungen den holsteinischen und mecklenburgischen Hafenplätzen, die jene Faktoren bei weitem nicht so ausgebildet
haben, jede Möglichkeit, ihre Verkehrsstellung rückwärts über
das lokale Hinterland auszudehnen. Gemäß der Abnahme der
Leistungsfähigkeit der Stromgebiete, die von der Oder nach
Osten zu sehr rasch vor sich geht, verliert auch die Binnenschiffahrt schnell an absoluter Bedeutung. Aber infolge der
russischen Tarifpolitik, welche das nationale Hinterland systematisch von den vorgelagerten deutschen Häfen abzusperren
sucht, hat auch hier die Binnenschiffahrt eine höhere Bedeutung für dieselben inne, als von vornherein anzunehmen wäre.
Zum ersten erhält sie allein ihnen die Möglichkeit, ihren Einfluß in einem Artikel zu bewahren, nämlich den gewaltigen
Holzexport der russischen Gebiete zu behaupten, da die Floßschiffahrt auf der Memel und Weichsel bisher allen Bemühungen
der russischen Bahnen erfolgreich getrotzt hat. Andererseits leiht sie ihnen mittels der verzweigten Wasserläufe die
Unterstützung bei der Bedienung des näheren heimischen
Hinterlandes, wie hier sehr gut der Erfolg Königsbergs Memel
gegenüber veranschaulicht. Die Aussicht auf Ausdehnung des

Verkehrs können diese östlichen Ströme wegen der technischen
Unvollkommenheit allerdings nicht bieten; das zeigt am deutlichsten der Gegensatz des jeder direkten Eisenbahnverbindung
mit Rußland entbehrenden Memelhafens und der tarifarisch
höchst begünstigten russischen Ostseehäfen. Jedoch sogar in
diesem Fall noch lehrt die verschiedene Entwicklung Libaus
und Rigas, daß der Wert der Düna und ihrer Flößerei für
den letzteren Hafen nicht niedrig veranschlagt werden darf.
Es ist schon mehrfach betont, daß sich die Bedeutung der
Binnenschiffahrt nicht mit dem Anteil erschöpft, den sie tatsächlich an der Verteilung und Beschaffung des Seeverkehrs
nimmt und den wir in Hamburg und Rotterdam auf etwa ⅔
beziffern können. Sie gewährt durch den Massenverkehr überhaupt Gelegenheit, durch ermöglichte Verbesserung der Hafenanlagen, der Schiffahrtsverbindungen etc. andere höherwertige
Güter über den betreffenden Hafen zu ziehen, mögen diese
nun ihr oder der Eisenbahn zufallen. Sie allein liefert den
Hafenplätzen die notwendigste Vorbedingung für die Entfaltung
einer wirklichen Großindustrie[1]), deren Massenverkehr in
höherem Grade einer Ablenkung widerstrebt. Außerdem ist
die Tatsache unbestreitbar, daß sie die Eisenbahnverwaltungen
schon aus Wettbewerbsrücksichten zu einer dem Mündungshafen günstigen Tarifpolitik gezwungen haben.

Welche der beiden Verkehrsmittel, auf denen sich der Verkehr vom und zum deutschen Hinterland für die deutschen,
niederländischen und belgischen Seehäfen vollzieht, sind heute
die bedeutsamsten für die Erschließung des Hinterlandes, die
Flüsse und anderen Binnenwasserstraßen oder die Schienenwege? Stellen wir uns einen Augenblick lang den extremen
Fall vor, daß die Eisenbahnen im unmittelbaren Anschluß an
die Seehäfen unbenutzbar würden, so ist kein Zweifel, daß
dies sehr störend wirken müßte. Aber nicht für alle Güter und
für alle Häfen gleichartig. In erster Linie würde die Zufuhr
und Abfuhr der hochwertigen, leicht verderblichen Güter beim
Versagen der Bahnverbindung des Seehafens betroffen. Jedoch am wenigsten in Hamburg und Rotterdam. Denn die

---

[1]) Vgl. Syndikus Dr. Sievert, Die Entwicklung der Industrie in den
deutschen Seestädten 1902.

Binnenschiffahrt, welche diese Häfen bedient, hat sich auch heute schon hinsichtlich Schnelligkeit[1]), Regelmäßigkeit und Sicherheit des Transports der Aufgabe gewachsen gezeigt, umfangreiche Transporte der höchstwertigen Güter zu bewältigen, soweit nicht klimatische und Wasserverhältnisse zeitweilig den Wasserweg unbenutzbar machen.

Nicht in hochwertigen und leichtverderblichen Waren jedoch, sondern in dauerbaren Massengütern von geringerem oder mäßigem spezifischen Wert liegt heute — wie eingehend im einzelnen dargelegt wurde — das Fundament der Blüte des Seeverkehrs der für Deutschland wichtigsten Häfen. Dies gilt nicht nur für die Einfuhr, sondern in gewissem Maße auch für die Ausfuhr über See. Würden demgemäß die Binnenwasserstraßen plötzlich leistungsunfähig, ohne daß zugleich eine völlige Umwälzung der jetzigen Eisenbahntarifpolitik — etwa nach amerikanischem Vorbild — einträte, so würde die Wirkung geradezu vernichtend sein müssen: Hamburg und Rotterdam würden in die ungünstige Lage der östlichen deutschen Häfen versetzt. Ihr Aktionsradius[2]) würde sich gewaltig verkleinern. Zum Teil müßte bis jetzt bestehender Verkehr mit dem deutschen Hinterlande überhaupt absterben. Im übrigen bestände die Gefahr, daß französische Häfen der Nordsee, wie Dünkirchen und Havre, französische, italienische und sonstige Häfen des Mittelmeers, russische Hafenplätze des Schwarzen und Baltischen Meeres das Erbteil antreten würden.

Niemand denkt wohl daran, die Eisenbahnen oder Binnenwasserstraßen als Vermittler des Seeverkehrs der Häfen mit dem deutschen Hinterlande völlig auszuschalten. Keineswegs ausgeschlossen ist aber, daß durch Abgaben vom Flußverkehr

---

[1]) Sogar auf der Elbe ließ bereits 1901 die Österr.-Nordwest-Dampfschiffahrtsgesellschaft 9 Eilfrachtdampfer laufen, die die Strecke Hamburg-Laube-Tetschen ohne Fahrtunterbrechung zurücklegten.

[2]) Es wäre einer eingehenden Untersuchung seitens eines über große Waren- und Ortskenntnis verfügenden Beobachters wert, festzustellen, wie weit sich der Aktionsradius der verschiedenen Häfen im einzelnen erstreckt; aus den Eisenbahntarifen und den veröffentlichten Frachtnotizen der Binnenschiffahrt läßt er sich nicht mit genügender Genauigkeit ableiten.

eine Verteuerung der Binnenschiffahrtsfrachten und damit
eine Einschränkung des Aktionsradius der für Deutschland
wichtigen Seehäfen herbeigeführt wird. Die Gefahr ist sogar
groß, wenn nicht bei Einführung von Flußschiffahrtsabgaben
eine wesentliche Verbesserung der Wasserstraßen mit der Wirkung verbilligter Selbstkosten der Schiffahrt oder eine radikale
Änderung der Eisenbahntarifpolitik sofort mit eintritt.

Die verhängnisvolle Wirkung würde sich keineswegs bloß
auf die Einfuhr beschränken. Da die letztere zugleich die
Bedingung für billige Ausfrachten ist, so müßte die Fracht-
verteuerung, welche die Einfuhr trifft, auch der Ausfuhr deutscher Produkte über See Hemmnisse bereiten.

Wir sind stolz auf die Entwicklung des deutschen Seehandels. Wir bringen erhebliche finanzielle Opfer zur Vergrößerung der Kriegsmarine, die den deutschen Seeverkehr
unterstützen soll. Eine Voraussetzung, mit der der deutsche
Verkehr über See steht und fällt, war bisher der wohlfeile,
von der Staatsbahntarifpolitik unabhängige Verkehr auf Binnenwasserstraßen. Vernichtet man oder erschwert man dessen
Blüte, so setzt man sich in einen logischen Widerspruch zu
der Politik der Förderung des Seeverkehrs, die offiziell pro-
klamiert wird. Die Opfer für die Flotte sind vergeblich, wenn
der Verkehr der Seehäfen mit dem deutschen Hinterland
Hemmungen oder Einschränkungen erfährt. Seeverkehr und
Binnenwasserstraßenverkehr sind heute in Deutschland aufein-
ander angewiesen, solange die Eisenbahnen sich nicht der Aufgabe gewachsen zeigen, einen Fernverkehr in Massengütern in
der Richtung der Einfuhr sowohl wie der Ausfuhr so wohlfeil
wie in Amerika zu bewältigen [1]).

Ein Einwand könnte erhoben werden: es sei durch unsere
Untersuchungen erwiesen, daß nicht nur Hamburg, sondern
auch die nicht zum Deutschen Reiche gehörigen Häfen Rotter-

---

[1]) Vgl. betreffend Amerika Prof. H. Richard Meyer, Government
Regulation of Railway Rates, New York 1905, S. 203 ff. Für die deutschen Verhältnisse ist diese Schrift nur mit äußerster Vorsicht zu verwerten, da dem Verfasser hier in wichtigen Punkten sehr geringe Sachkenntnis verratende Unrichtigkeiten nachzuweisen sind (wie dies in einzelnen Anmerkungen geschehen ist).

dam und Antwerpen von den leistungsfähigen und abgaben-
freien Binnenwasserstraßen den größten Vorteil ziehen. Dies
kann keineswegs völlig geleugnet werden. Ist es aber wirklich vom nationalen Standpunkt aus ein Unglück, oder nicht
vielmehr ein Vorteil, daß ein Teil des deutschen Seehandels
über belgische und niederländische Häfen dank der Rheinstraße
geht? Was würde denn eintreten, wenn es gelänge, die Frage
der Binnenschiffahrtsabgaben so zu regeln, daß nur der Rheinverkehr, nicht der Elbverkehr verteuert und geschädigt würde?
Würden wir von der Verbindung mit Antwerpen und Rotterdam losgelöst und unser gesamter Seeverkehr über deutsche
Häfen geleitet, so bedeutet dies für den Fall einer Verwick-
lung in einen Krieg mit einer oder zwei überlegenen See-
mächten, daß wir uns der Dienste derjenigen Häfen berauben,
die als neutrale Häfen weit schwerer — solange das Völker-
recht respektiert wird — vom Zugang zum Weltverkehr ab-
geschnitten werden können als die deutschen Häfen. Und wer
sind die Kaufleute, die in Rotterdam und Antwerpen den Verkehr mit Deutschland fördern? Ein großer und angesehener
Teil davon sind Deutsche, die mit angestrengter Arbeit diese
Position errungen haben.

Es wäre kein unbedingter Vorteil, wenn Hamburg, Bremen
und Emden die gesamte Stellung von Antwerpen und Rotterdam an sich reißen würden. Aber daß auch dieses durch eine
Politik der Schiffahrtsabgaben je erreicht wird, ist weit weniger
wahrscheinlich, als daß alle diese Seehäfen miteinander leiden.
Es wäre ein schlechter Trost für Hamburg, wenn es zurückgeht, zu wissen, daß die Konkurrenzplätze an der Rheinmündung noch schlechter daran sein würden.

Wer den deutschen Seehandel blühend und zunehmend
sehen will, der darf nicht den Binnenwasserverkehr, von dem
in Hamburg und Rotterdam $^2/_3$ des Seeverkehrs unmittelbar
abhängig sind, in den Bedingungen schädigen, welche seine
Leistungsfähigkeit begründeten. Keines der Verkehrsmittel
kann gedeihen ohne die übrigen.

Anhang

Beispiele für die statistische Erfassung des Güterverkehrs der einzelnen Häfen

A. = Ausgang, G. = Eingang, E. = Eisenbahn, S. = Seewärts, W. = Wasserstraße.

		1890		1895		1900		1902		1903	
		Tonnen	%	Tonnen	%	Tonnen	%	Tonnen	%	Tonnen	%
Hamburg: Eingang seewärts. Steinkohlen und Koks (1890: 1 dz. = 1,59 M.)	G. S.	1 600 255	—	1 595 469	—	3 008 209	—	2 780 113	—	3 052 634	—
Hamburg	A. E.	17 400	13,4	21 347	9,4	132 541	16,6	78 962	12,3	55 568	7,7
	A. W.	112 200	86,6	205 901	90,6	664 648	83,4	562 931	87,7	668 209	92,3
nach der Reichsstatistik (Oberelbe durch z. B.)	W.	67 400	—	56 139	—	155 797	—	227 917	—	231 428	—
Harburg: Süderelbe ab z. B.	W.	—	—	249	—	2	—	481	—	3 601	—
Elbhäfen ab gesamt	E.	44 150	—	.	.	203 232	—	146 016	—	116 495	—
Davon: Vkbzk. 5—7	E.	20 429	—	—	—	56 306	—	70 859	—	58 774	—
Lübeck: Elbe-Travekanal an z. B.	W.	—	—	—	—	2 916	—	600	—	533	—
Dömitz: Durch und an z. B.	W.	4 138	—	7 980	—	12 964	—	5 408	—	12 774	—
Vkbzk. 16, 17.	E.	406	—	—	—	6 736	—	5 465	—	1 905	—
Rathenow durch z. B.	W.	60 345	—	130 635	—	438 520	—	362 344	—	457 542	—
Vkbzk. 1—4, 50, 51, 12—15	E.	28	—	.	.	1 728	—	3 099	—	1 338	—
Vkbzk. 18—20	E.	4 056	—	—	—	47 392	—	8 466	—	2 631	—
Mittelelbe: abzügl. Lübeck, Dömitz, Bathe-now, Hitzacker und Lüneburg {nach den Tab. Übers.}	W.	40 701	—	57 949	—	186 428	—	172 057	—	187 903	—
Gesamt-abgang {nach der Reichsstat.}	W.	?		?		?		?		?	
Davon: Magdeburg-Schönebeck an z. B. (1890 nur Magdeburg)	W.	27 935	—	16 944	—	89 118	—	102 067	—	147 171	—
Aken an z. B.	W.	?		1 375	—	3 945	—	1 828	—	2 754	—

	1890 Tonnen	%	1895 Tonnen	%	1900 Tonnen	%	1902 Tonnen	%	1903 Tonnen	%
Dresden										
W. Vkbzk. 52—55	56	—	456	—	17 251	—	3 886	—	7 188	—
E. Schandau durch z. B.	5	—	..	—	14 086	—	12	—	60	—
W. Vkbzk. 9—11	1	—	90	—	23 048	—	16 684	—	7 214	—
E. Hitzacker und Lüneburg an z. B.	19 040	—	..	—	58 891	—	57 784	—	51 503	—
W.	7 015	—	9 496	—	10 772	—	6 319	—	5 846	—
E. Vkbzk. 21—28	139	—	..	—	6 241	—	72	—	142	—
E. Vkbzk. 29—36, 56, 57	29	—	..	—	13 910	—	51	—	77	—
Lübeck: Eingang seewärts.										
Holz und Holzwaren ohne Holzzeugmasse (1895: 1 cbm = 0,6 t) G S.	166 363	—	169 029	—	262 835	—	257 023	—	248 469	—
Elbe-Travekanal ab, Trave ab z. B. und z. T., Wakenitz ab A. W.	4 277	2,9	2 700	1,9	15 803	7,4	26 831	12,9	50 818	22,3
Ohne mecklenburgische Bahn . A. E.	140 872	97,1	140 743	98,1	197 556	92,6	180 911	87,1	174 672	77,6

Vom Bahnversand waren bestimmt nach Vkbzk. 1903:

- 1890: 6d, 7, 8 davon Hamburg — 97 851
- 1895: davon Hamburg — 41 158
- 1900: 5, 6 — 1545; 18—20 — 14 454; 12—17 — 3 687
- 1902: 9—11 — 44 258; 21—28 — 25 225
- 1903: 29—36 — 1 627; Summe — 174 672

	1890 Tonnen	%	1895 Tonnen	%	1900 Tonnen	%	1902 Tonnen	%	1903 Tonnen	%
Stettin: Ausgang seewärts.										
Zucker, Melasse, Sirup A. S.	156 876	—	129 707	—	175 488	—	148 908	—	149 470	—
Stettin G. E.	46 200	—	55 789 (Rohzucker)	—	74 172 (ohne Sirup)	—	78 050	60,8	73 619	56,0
(nur Zucker) G. W.	?	—	?	—	?	—	50 300	39,2	58 124	44,0
Küstrin und Eberswalde durch und ab z. T. W.	112 943	—	59 389	—	100 378	—	104 110	—	?	—
Pommersche Häfen ab gesamt E.	41 489	—	....	—	63 107	—	....	—	64 587	—
Davon: Vkbzk. 3 und 5 E.	14 108	—	....	—	34 574	—	....	—	29 833	—
Vkbzk. 12 E.	10 018	—	....	—	1 674	—	....	—	2 938	—
Warthe (Küstrin) durch z. T. W.	10 360	—	17 700	—	66 060	—	59 583	—	77 796	—
Eberswalde (Finowkanal) durch z. B. W.	45 363	—	24 098	—	49 905	—	68 500	—	74 876	—
Vkbzk. 13—15 E.	3 262	—	....	—	2 320	—	....	—	1 478	—
Vkbzk. 52—55 E.	—	—	....	—	93	—	....	—	237	—
Küstrin (Oder) durch z. T. W.	102 583	—	41 629	—	34 918	—	41 397	—	?	—

		1890 Tonnen	1890 %	1895 Tonnen	1895 %	1900 Tonnen	1900 %	1902 Tonnen	1902 %	1903 Tonnen	1903 %
Stettin (Fortsetzung).											
Glogau, Maltsch, Tschischerzig ab z. T.	W.	9 280	—	4 676	—	46 741	—	34 771	—	44 333	—
Breslau ab z. T.	W.	82 910	—	133 292	—	98 226	—	112 184	—	138 536	—
„ durch z. T.	W.	777	—	1 010	—	26 665	—	16 182	—	13 158	—
Fürstenberg (Oder-Spreekanal) durch z. Spree	W.	—	—	—	—	175 629	—	174 362	—	255 094	—
Vkbzk. 16, 17	E.	12 334	—	..	—	22 612	—	..	—	28 724	—
Vkbzk. 18—20	E.	1 157	—	..	—	1 352	—	..	—	1 174	—
Eberswalde (Finowkanal) durch z. T.	W.	—	—	60	—	—	—	4 130	—	5 174	—
Danzig: Ausgang seewärts.											
Holz und Holzwaren	A.S.	237 535	—	235 544	—	255 342	—	242 689	—	260 602	—
	G.E.	22 427	7,5	15 616	6,1	73 958	22,3	64 311	26,6	84 654	23,7
	G.W.	276 677	92,5	223 550	93,9	257 044	77,7	177 825	73,4	272 411	76,3
Weichsel z. T.											
Thorn ab und durch z. T.	W.	954 835	—	604 290	—	724 224	—	434 336	—	831 697	—
Elbinger Weichsel (Richtg. Weichsel)	W.	?	—	?	—	12 990	—	16 139	—	16 055	—
Danzig durch z. T.	W.	276 677	—	223 550	—	257 044	—	177 825	—	272 411	—
Rothebud Schleuse (Richtg. Weichsel)	W.	19 352	—	19 590	—	16 364	—	3 917	—	6 871	—
„ (Richtg. Frisch. Haff)	W.	6 349	—	5 794	—	7 807	—	3 478	—	3 220	—
Königsberg an, durch z. B, Pillau an	W.	469	—	549	—	3 791	—	2 036	—	2 286	—
Bromberger Kanal: 2. Schleuse z. B.	W.	611 434	—	378 148	—	368 033	—	367 295	—	465 086	—

Bahnempfang Danzigs: 1903: Vkbzk. 1, 2 · 3, 4 · 5—11, 16—36

	1890	1895	1900	1902	1903
Vkbzk. 1, 2 / 3, 4	57 704 · 5 208	12 · 1 335	16—36 · 3 111	51 / 7 911 (1890: 608)	52—55 / 8 842 (1890: 50) · 115

Königsberg.

		1890 Tonnen	1890 %	1895 Tonnen	1895 %	1900 Tonnen	1900 %	1902 Tonnen	1902 %	1903 Tonnen	1903 %
Königsberg. (1 cbm = 0,6 t)	A.S.	156 567	—	114 583	—	148 621	—	127 303	—	142 907	—
	G.E.	14 078	3,2	18 751	5,7	36 023 / 44 920	8,0 / 10,0	49 082	15,0	62 614	15,8
Ohne Pillan											
An z. B., an und durch z. T.	G.W.	421 246	96,8	308 914	94,3	402 299	92,0 / 90,0	277 633	85,0	332 802	84,2

Memel.

		1890 Tonnen	1890 %	1895 Tonnen	1895 %	1900 Tonnen	1900 %	1902 Tonnen	1902 %	1903 Tonnen	1903 %
(1895: schätzgsw. 10000 t. eich. Stäbe)	G.E.	11 632	2,6	11 924 (?)	2,9	33 754	7,3	24 477	7,3	21 603	5,5
	G.W.	445 190	97,4	377 820	97,1	431 929	92,7	315 462	92,7	367 773	94,5

Memel z. T.

	1890 Tonnen	%	1895 Tonnen	%	1900 Tonnen	%	1902 Tonnen	%	1903 Tonnen	%
Schmaleningken durch z. T. W.	928 380	—	692 368	—	721 370	—	511 168	—	787 296	—
Tilsit ab und durch z. T. (1890 und 1895 unvollständig)	79 851	—	62 213	—	723 545	—	480 652	—	747 564	—
Lankuppen durch z. T.	894 888	—	363 083	—	390 742	—	287 673	—	363 657	—
Sküpen durch z. T.	302 653	—	175 207	—	192 952	—	157 712	—	153 449	—
Memel an	445 200	43,3	377 821	44,9	430 929	48,1	315 462	53,9	367 773	50,6
Labiau durch z. B.	583 792	56,7	464 374	55,1	465 835	51,9	269 655	46,1	362 790	49,4
Königsberg an und durch z. T.	420 809	—	307 973	—	398 508	—	275 549	—	330 409	—

Libau.

1900 (nach cbf.)

Ausgang z. See 151 500 — Eingang p. Bahn 190 100 — Davon aus Südwest 154 000

Riga.

1903: Tonnen (nach cbf.).

Ausgang z. See 810 500 — Eingang landwrts. 1 028 100 — Davon p. Wasserstr. 810 000 — p. Eisenbahn 218 100 — Davon aus Südw. 49 000

Wert in Rubel   16 977 000   …   15 619 000

Nach Gebieten sind unterschieden als

Südwest

bei Libau:
1. Libau-Romny.
2. Moskau-Brest.
3. Petersburg-Warschau.
4. Südwestbahnen.

bei Riga:
1. Libau-Romnyer Bahn.
2. Moskau-Brest.
3. Petersburg-Warschau.
4. Südwestbahnen.
5. Warschau-Wien.
6. Weichselbahn.

Südost und Süd

bei Libau:
1. Charkow-Nikolajew.
2. Jekaterinenbahn.
3. Kursk-Charkow-Sewastopol.
4. Moskau-Kiew-Woronesch.
5. Moskau-Kursk.
6. Riga-Orel.
7. Slatoust-Ssamara.
8. Ssyran-Mjasma.
9. Südostbahnen.

bei Riga:
1. wie bei Libau.
2. „ „ „
3. „ „ „
4. „ „ „
5. Moskau-Nischny-Nowgorod.
6. Moskau-Windau-Rybinsk.
7. Nikolaibahn.
8. Ssamara-Slatoust.
9. Südostbahnen.
10. Südostbahnen.
11. Ssysran-Mjasma.

Nordost

bei Libau:
1. Baltische u. Pskow-Riga.
2. Moskau-Kasan.
3. Moskau-Windau.
4. Rjasan-Uralsk.

bei Riga:
1. Moskau-Jaroslaw-Archangelsk.
2. Moskau-Kasan.
3. Rjasan-Uralsk.
4. Sibirische Bahn.

Bremen: Eingang seewärts.

Petroleum u. and. Mineralöle	1890 Tonnen	1890 %	1895 Tonnen	1895 /o	1900 Tonnen	1900 %	1902 Tonnen	1902 %	1903 Tonnen	1903 %
G.S.	183 230	—	125 351	—	87 256	—	73 839	—	63 026	—
A.E.	121 202	97,8	79 399	98,1	62 992	93,0	57 942	97,6	48 150	97,9
A.W.	2 709	2,2	1 553	1,9	4 720	7,0	1 442	2,4	1 047	2,1

Bremen ab nach (Reichsstatistik, Oberweser)

	1890 Tonnen	1890 %	1895 Tonnen	1895 /o	1900 Tonnen	1900 %	1902 Tonnen	1902 %	1903 Tonnen	1903 %
W.	2 884	—	1 231	—	5 708	—	1 306	—	915	—
Weserhäfen ab gesamt. E.	143 312	—	....		78 423	—	....		58 584	—
Vkbzk. 11 E.	25 007	—	....		85 873	—	....		27 111	—
Vkbzk. 21 E.	11 973	—	....		6 890	—	....		3 431	—
Vkbzk. 22—28 E.	41 425	—	....		14 899	—	....		10 534	—
Vkbzk. 29—36, 56 E.	39 813	—	....		4 049	—	....		2 803	—
Vkbzk. 1, 3, 12—15, 50, 51. E.	748	—			369	—			241	—
Vkbzk. 16, 17 E.	3 947	—			1 064	—			1 173	—
Vkbzk. 18—20 E.	14 069	—			9 815	—			3 476	—

Emden: Ausgang seewärts.

Steinkohlen und Koks

	Seewärts	Emshäfen gesamt	Eingang per Eisenbahn	Eingang per Wasserweg	%	Vkbzk. 9, 11 u. 61	Vkbzk. 22—24	Meppen d. z. T.	Davon Dortmund ab z. T.	Vkbzk. 23, 25—28
1900:	7 090	16 380	84 157	45 316	30,3	43	69 555	57 734	13 309	14 446
1902:	63 280	73 480	104 346			493	88 964	101 453	14 416	14 868
1903:	185 821	190 581	146 472	145 923	49,9	41	126 331	233 977	21 753	20 053

Rheinmündungshäfen: Eingang seewärts.

Weizen und Spelz.

	1890 Tonnen	1890 %	1895 Tonnen	1895 /o	1900 Tonnen	1900 %	1902 Tonnen	1902 %	1903 Tonnen	1903 %
Amsterdam und Zaandam G.S.	?		54 319	—	20 844	—	21 506	—	7 754	—
„ Lobith z. B. A.W.	1 530	—	8 435	—	1 533	—	4 314	—	925	—
Rotterdam G.S.	450 592	—	805 632	—	849 372	—	1 131 041	—	1 243 575	—
„ Lobith z. B. A.W.	300 866	—	643 435	—	723 287	—	960 602	—	1 030 567	—
Holland: Versand nach Deutschland E.	1 875	0,4			1 257	0,2			1 941	0,2
W.	301 975	99,6			730 930	99,8	964 916	99,8	1 033 163	99,8
Antwerpen (Generalimport) G.S.					1 083 159				1 590 707	
Belgien: Versand nach Deutschland E.	12 094	11,1			7 545	3,3			10 367	3,1
W.	96 607	88,9	305 194	—	223 788	96,7	383 956		320 629	96,9

		1890		1895		1900		1902		1903	
		Tonnen	%	Tonnen	%	Tonnen	%	Tonnen	%	Tonnen	%
Insgesamt: Vkbzk. 60, 61 ab	E.	13 496	—		—	8 802	—		—	12 308	—
„ Lobith durch z. B.	W.	398 582	—	957 064	—	954 718	—	1 348 872	—	1 353 792	—
„ Emmerich durch z. B.	W.	401 786	—	928 169	—	860 541	—	1 320 375	—	1 238 087	—
Niederrhein: Vkbzk. 22—28 aus Holland u. Belgien	E.	6 591	—			4 852	—			4 864	—
Lobith abzgl. Frankfurt bis Mannheim	W.	97 141		317 821		271 716		266 444		142 243	
Davon Vkbzk. 22—25,28 aus Holland	E.	320	—		—	268	—		—	490	—
„ 26, 27	E.	864	—		—	921	—		—	1 430	—
„ 26, 27 aus Belgien	E.	5 897	—		—	3 645	—		—	2 984	—
Wesel an z. B.	W.	237	—	925	—	999	—	1 062	—	1 239	—
Ruhrort-Duisburg-Hochfeld an z. B.	W.	69 577	—	154 051	—	150 592	—	165 597	—	184 108	—
Ürdingen-Düsseldorf-Neuß an z. B.	W.	25 235	—	57 530	—	64 353	—	93 219	—	113 545	—
Köln an z. B.	W.	19 110	—	38 116	—	35 660	—	47 140	—	52 412	—
Mittelrhein: Bingen bis Gustavsburg an z. B.	W.	6 572	—	15 921	—	16 820	—	22 699	—	26 955	—
Frankfurt a. M. an z. B.	W.	13 410	—	56 490	—	40 766	—	55 747	—	60 645	—
ab z. B.	W.	167	—	915	—	1 879	—	4 974	—	4 433	—
Oberrhein: Vkbzk. 29 aus Belgien	E.	6 077	—		—	3 849	—		—	7 398	—
Worms an z. B.	W.	3 254	—	5 972	—	39 204	—	51 180	—	52 850	—
Mannheim-Ludwigshafen an z. B.	W.	278 038	—	560 860	—	643 798	—	919 331	—	1 070 999	—
„ ab z. B.	W.	772	—	42 470	—	41 428	—	76 059	—	140 514	—
„ ab gesamt	E.	249 129	—		—	399 966	—		—	459 773	—
Davon Vkbzk. 29—32	E.	65 834	—		—	99 646	—		—	135 558	—
„ 56	E.	34 677	—		—	99 488	—		—	71 676	—
Rheinau bis Straßburg an z. B.	W.	—	—		—	67 814	—	146 465	—	165 055	—
Vkbzk. 33—36	E.	145 690	—	1 905	—	198 207	—		—	250 619	—
Mannheim (Neckar) ab z. B.	W.	72	—		—	2 083	—	4 080	—	6 936	—
Vkbzk. 26—27	E.	2 026	—		—	2 045	—		—	1 599	—